KIRSTEN LANGENBACH

Eisenzeitliche Schiffsausrüstung im Bereich von Nord- und Ostsee

Schriften des
Deutschen Schiffahrtsmuseums

Für das Deutsche Schiffahrtsmuseum
herausgegeben von Uwe Schnall

Band 49

KIRSTEN LANGENBACH

Eisenzeitliche Schiffsausrüstung

im Bereich von
Nord- und Ostsee

KABEL

D6

© 1998 Deutsches Schiffahrtsmuseum, Bremerhaven, und
Kabel Verlag GmbH, Hamburg

Redaktion: Dr. Uwe Schnall

Satz und Reproduktion: DSP · Wiefelstede
Druck und Bindung: Druckerei zu Altenburg · Altenburg
ISBN 3-8225-0451-3

Inhaltsverzeichnis

Vorwort   7

I. Ausrüstung – ein Aspekt der Schiffahrt   9
    1. Der Forschungsstand   10
    2. Die Quellen   14
    3. Darstellung der Methodik   19

II. Gegenstände für den Betrieb eines Schiffes   22
    1. Steuerruder   22
    2. Anker   32
    3. Laufplanken   38
    4. Beiboote   40
    5. Ösfässer   41
    6. Einrichtungen zum Verstauen von Ausrüstungsteilen an Bord   45

III. Der Antrieb   47
    1. Paddel und Riemen   47
    2. Die Beseglung   59
    3. Manöver auf See   101

IV. Das täglichen Leben der Mannschaft   104

V. Landeplätze und Infrastruktur der Schiffahrt   126
    1. Landeplätze   127
    2. Landemanöver   155

VI. Schiffe und ihre Ausrüstung   165

Abkürzungsverzeichnis   167

Katalog   168

Fundtabellen   200

Literatur   202

Abbildungsnachweis   219

Vorwort

Die vorliegende Arbeit wurde im Juni 1991 als Dissertation an der Philosophischen Fakultät der Universität Münster vorgelegt. Die Literaturaufnahme endete im März 1991. Für die Drucklegung wurde keine erneute Durchsicht der in der Zwischenzeit erschienenen Literatur durchgeführt, da ich nach Beendigung meines Studiums in einem anderen Bereich der Ur- und Frühgeschichte, der Stadtarchäologie, tätig wurde und noch immer bin. Eine Verfolgung der neuesten Forschungsergebnisse im Bereich der maritimen Archäologie war somit nur sporadisch möglich. Immerhin konnte ich den Stoff so weit verfolgen, daß ich mich überzeugen konnte, daß auch nach sechs Jahren die hier vorgelegte Arbeit relevante Ergebnisse enthält. Da auch keine großen Materialvorlagen – wie etwa die endgültige Publikation der Funde von Skuldelev oder aus dem Hafen von Haithabu – in diesem Zeitraum erfolgten, wird der Leser auch den Katalogteil als nützliche Zusammenfassung der relevanten Funde verwenden können.

Die im Kapitel 4 dargestellten Fundorte von unterschiedlichen Einrichtungen für die Schiffahrt verwenden in ihrer Beschreibung in den Fußnoten Abkürzungen, die auch im Katalog benutzt wurden.

An dieser Stelle möchte ich den Personen, die an der Entstehung dieser Arbeit beteiligt waren, meinen Dank aussprechen:

Die Anregung für das Thema stammt von Prof. Dr. Ellmers, Bremerhaven, der die Weiterentwicklung mit Interesse verfolgte. Cand. mag. Ole Crumlin-Pedersen, Fleming Rieck sowie Herr Erik Andersen, Roskilde, waren mir während meines Aufenthaltes in Kopenhagen außerordentlich behilflich. Ferner sorgten Frau Elsa Lindström, Dr. Jan Peder Lamm und Dr. Carl Olaf Cederlund, Stockholm, sowie Dr. Irmelin Martens und Dr. Arne Emil Christensen, Oslo, dafür, daß mir das Material der dortigen Museen zugänglich gemacht wurde. Fachliche, aber auch persönliche Unterstützung leisteten Frau Claudia Neutzer, M.A., Herr Stephen Langenbach sowie besonders Herr Dr. Kai Göpel. Für das Erscheinen dieser Arbeit in der Schriftreihe des Deutschen Schiffahrtsmuseums in Bremerhaven trug Herr Dr. Uwe Schnall Sorge.

Die umfassendste Unterstützung erfuhr ich durch meinen akademischen Lehrer, Prof. Dr. Torsten Capelle, der das Entstehen dieser Arbeit mit regem Interesse verfolgt und vorangetrieben hat.

Kirsten Langenbach

I. Ausrüstung – ein Aspekt der Schiffahrt

Die wissenschaftliche Auseinandersetzung mit Schiffen und Booten[1] wird innerhalb der Ur- und Frühgeschichte mitunter bereits als eigener Forschungszweig, »Schiffsarchäologie«[2] oder »maritime Archäologie«[3], betrachtet. Obwohl heute weithin akzeptiert ist, daß neben dem eigentlichen Schiff auch das direkte Umfeld – Ausrüstung, Ladung, Navigation, Manöver und Operationsweise sowie Landeinrichtungen – in die Untersuchungen miteinbezogen werden muß (McGrail 1987, 1) (Abb. 1a), stehen doch nach wie vor der Schiffskörper und die damit verbundenen Fragen nach Bauweise und Seetüchtigkeit im Zentrum des Interesses. Die Ausrüstung von Schiffen, d.h. all diejenigen nicht permanent am Schiffskörper fixierten Gegenstände, die im weitesten Sinn zum Betrieb eines Schiffes benutzt worden sind, wurde hingegen mehr als Randbereich angesehen und nur im Rahmen allgemeiner Darstellungen über Schiffe abgehandelt.

Zur Ausrüstung zählen Teile des Antriebs, also Riemen, Paddel und Takelage, sowie alle sonstigen lose im Schiff befindlichen Geräte, die den Betrieb des Schiffes ermöglichen bzw. erleichtern, wie z.B. Anker, Laufplanke usw. In dieser Arbeit sei der Begriff aber auch um die fest am Rumpf sitzenden Teile des Antriebs, wie Kielschwein oder Dolle, und diejenigen Gegenstände, die der Mannschaft zur Verwahrung und Zubereitung der Nahrung und als persönliche Gebrauchsartikel dienten sowie Unterbringung von Mannschaft und Gerät während der Fahrt gewährleisteten, erweitert. Hier sind Gegenstände des täglichen Gebrauchs wie Kochgeschirr, aber auch Zelte und Schlafsäcke für die Übernachtung auf der Fahrt zu nennen – kurz alles, was das tägliche Leben der Mannschaft für die Dauer ihrer Fahrt betraf.[4] Denn die Lebensumstände und Gewohnheiten der Seeleute bestimmen wie das eigentliche Gerät den Ablauf der Schiffahrt. Ausdrücklich ausgeklammert sei der Bereich des Rumpfes und seiner Bauweise mit der sich daran anknüpfenden Diskussion über die Evolution der Schiffe sowie die Behandlung von Ladung und Navigation.[5]

In geographischer Hinsicht ist diese Arbeit auf die heutigen Anrainerstaaten von Nord- und Ostsee beschränkt, wobei das Material aus Großbritannien und Irland aufgrund seines Umfanges nicht systematisch aufgearbeitet werden soll; aus diesem Bereich sind lediglich aussagekräftige Beispiele zur Beleuchtung besonderer Problematik herangezogen worden. Die Abgrenzung dieses Raumes nach Süden ist mit einer ungefähren Linie, die

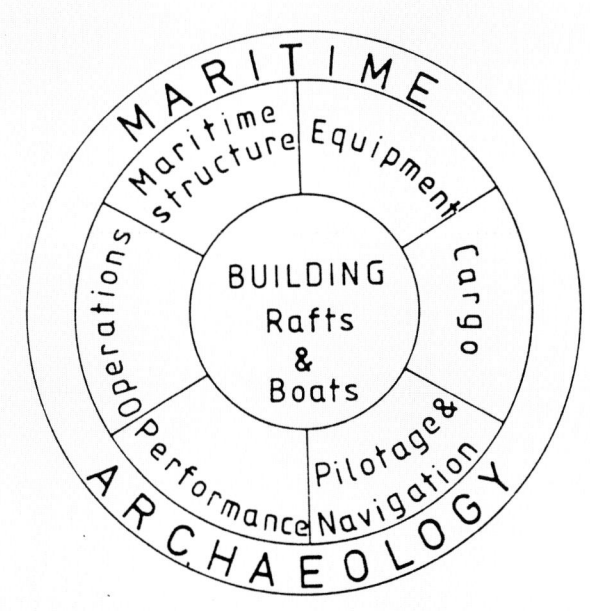

Abb. 1a Arbeitsgebiet der maritimen Archäologie.

---

1 Trotz der heute üblichen begrifflichen Unterscheidung zwischen größerem »Schiff« und kleinerem »Boot« sollen beide Wörter in dieser Arbeit als Synonyme verwendet werden, da eine solche Trennung im archäologischen Material nicht immer möglich ist.

2 Dieser Ausdruck impliziert sicher größeren Abstand und methodische Eigenständigkeit gegenüber der »normalen« Archäologie, als dies tatsächlich der Fall ist, weshalb er in dieser Arbeit auch nicht verwendet werden soll.

3 Dieser Begriff wurde zwar nie verbindlich definiert, doch er umreißt das Tätigkeitsfeld recht gut: Alle heute unter Wasser liegenden menschlichen Hinterlassenschaften, z.B. Siedlungen, Landungsanlagen und Sperren eines Fahrwassers, sowie Schiffe und ihre Einrichtungen; vgl. Muckelroy 1978, 9; McGrail 1987, 1/2.

4 Vgl. Ellmers (1983a, 498-500), der darüber hinaus auch gesetzte Gegenstände der Fischerei und Bewaffnung sowie die Mannschaftsstruktur zur Kategorie der Schiffsausrüstung zählt.

5 Zu dieser Frage sei auf die umfassende Arbeit von Schnall (1975) verwiesen.

im westlichen Bereich nördlich der Mittelgebirge und im östlichen entlang des Baltischen Höhenrückens verläuft, willkürlich. Doch da einerseits eine strikte Trennung zwischen Binnen- und Hochseeschiffahrt vor der Neuzeit Makulatur ist (Ellmers 1989, 291) und andererseits die südlich dieser Linie angetroffenen Boote sehr wahrscheinlich nicht im Verkehr entlang der Küste eingesetzt wurden, scheint die Einbeziehung der der Küste nachgelagerten Tiefebenen als Berührungsgebiete zwischen gemischter See- und Binnenschiffahrt und reiner Binnenschiffahrt gerechtfertigt, auch wenn hier die sonst geltenden Kulturgrenzen außer acht gelassen werden. Ferner werden die wenigen Funde der nordatlantischen Inseln mit aufgenommen, die dem wikingischen Kulturmilieu zuzuschreiben sind. Nur ausnahmsweise mit in die Materialaufnahme einbezogen ist das Gebiet südlich bzw. westlich des Rheines, solange es unter römischer Herrschaft stand, da eine Darstellung dieser Funde in ihrem kulturellen Zusammenhang den Rahmen dieser Arbeit sprengen würde.

Die zeitlichen Eckdaten sind auf die Jahre 500 v.Chr. und 1200 n.Chr. festgesetzt, was der Eisenzeit nach skandinavischer Terminologie, also von ca. 500 v.Chr. bis 1050 n.Chr., und dem Beginn des Mittelalters in Skandinavien und Osteuropa entspricht. Das Jahr 1050, das gemeinhin den Endpunkt der Frühgeschichte markiert, hat sich innerhalb der maritimen Archäologie als nicht relevant erwiesen (Crumlin-Pedersen 1981; Ellmers 1972), da sich die Schiffe erst im Laufe des 13. und 14. Jahrhunderts entscheidend veränderten. Andererseits nimmt gerade nach 1200 die Menge der heranzuziehenden Schriftquellen in einem solchen Umfang zu, daß die Bearbeitung des späten Mittelalters eine eigene Abhandlung erfordern würde. Allein mit der Berücksichtigung der altnordischen Literatur wurde diese Grenze überschritten (s.u.).

1. Der Forschungsstand

Die Ausrüstung kann nicht losgelöst von den Fahrzeugen betrachtet werden, auf denen sie Verwendung fand, sondern sie ist vielmehr *ein* Teil – und nicht der unwichtigste – der funktionalen Zusammenhänge, welche ein Schiff erst einsatzfähig machen. Da im weiteren Verlauf immer wieder einzelne Funde in ihrem Verhältnis zu dem dazugehörigen Schiff dargestellt werden sollen, sei an dieser Stelle ein kurzer Überblick über die Forschung im Bereich des Schiffbaus gegeben.

Bereits mit dem Beginn der Urgeschichtsforschung in Nordeuropa in der Mitte des 19. Jahrhunderts zogen Felszeichnungen von Schiffen die Aufmerksamkeit der Forschung auf sich. Doch erst mit den Grabungen im Moor von Nydam und dem dortigen Fund eines Bootes der Römischen Kaiserzeit setzte eine systematische Erforschung von prähistorischen Schiffen in diesem Raum ein (Engelhardt 1865; 1866). Durch die Funde der norwegischen Bootgräber erhöhte sich die Anzahl bekannter Schiffe zu Beginn dieses Jahrhunderts beträchtlich (Oseberg I, 251-78), und auch aus Mooren (Shetelig & Johannessen 1929; Rosenberg 1937) sowie verlandetem Strandbereich oder Flußläufen (Lienau 1934; Humbla & Post 1937) wurden Schiffe und Teile davon bekannt. Doch erst 1951 erschien eine von Brøgger und Shetelig publizierte Zusammenfassung der skandinavischen Boote, die eine durchgehende Entwicklungslinie dieser Fundgruppe vorstellte. Mit der Ausgrabung der Schiffe von Skuldelev (Nr. 37) 1957-62 begann der zweite Schub innerhalb der Forschung: Seitdem hat sich die Zahl der Funde stark erhöht.[6] Gleichzeitig setzten sich verschiedene Forscher[7] intensiv mit der typologischen und chronologischen Ordnung des Materials auseinander, indem sie neben den archäologischen Funden auch konsequent die bereits in früheren Arbeiten vorgelegten[8], aber nur sporadisch in die Argumentation einbezogenen schriftlichen und bildlichen Quellen auswerteten. Seit der Mitte der 70er Jahre werden diese Ergebnisse durch Neufunde ergänzt und durch naturwissenschaftliche Datierungen von Altfunden überprüft. Als neue Forschungsansätze gesellten sich kurze Zeit später die Experimentalarchäologie auch im Bereich der Schiffahrt und die damit einhergehende Wiederaufnahme der Erforschung ethnographisch bekannter

---

[6] Vgl. die Aufstellung der Funde in Crumlin-Pedersen 1985, 220 Fig. 2.
[7] Hier sind als die wohl am intensivsten diskutierten Beiträge von Crumlin-Pedersen (1965) und Ellmers (1972) zu nennen, die die ältere Literatur systematisch aufarbeiten. Eine gleichfalls große Wirkung erzielten die Beiträge des Symposiums von Kopenhagen, die Hasslöff u.a. (1972) publizierten.
[8] Falk (1912) für die nordischen Schriftquellen, in besonderem Maße die gotländischen Bildsteine (Lindqvist 1941), den Teppich von Bayeux (Stenton [Hg.] 1957) und die von Heinsius (1956 [²1986]) erstmals in größerem Umfang herangezogenen Siegel mittelalterlicher Städte.

Boote[9] hinzu, so daß nach über 20 Jahren intensiver Beschäftigung mit prähistorischen und mittelalterlichen Schiffen doch ein recht klares Bild der entsprechenden Schiffahrt entworfen werden kann.

Demnach ist die Hauptentwicklungslinie trotz einiger kontrovers diskutierter Einzelfragen folgendermaßen zu skizzieren, wobei nicht oft genug darauf hingewiesen werden kann, daß die aufgelisteten Bootstypen und Bautraditionen *nicht* als typologische Reihung, sei sie nun chronologischer oder entwicklungstechnischer Natur, verstanden werden darf:

Boote werden nach ihrem Baumaterial, Holz, Leder oder Schilf, unterschieden, wobei letzteres in dem oben umrissenen Raum keine Rolle spielt (Greenhill [Hg.] 1976, 92-5; Ellmers 1979b, 472). Aus Holz können mehrere Typen gefertigt sein, nämlich Einbäume (ausgehöhlte Baumstämme), Flöße (parallel nebeneinander angeordnete Baumstämme oder Teile davon) und Plankenboote. Einbäume sind in Europa seit dem Frühmesolithikum bekannt (Pesse: Ellmers 1979b, 480) und seitdem offensichtlich kontinuierlich bis in dieses Jahrhundert gebaut worden. Sie weisen eine breite Palette an unterschiedlichen Typen auf, und ihre weitere Verwendung nach dem Aufkommen der Plankenboote ist kein Zeichen kultureller oder technologischer Rückständigkeit (Crumlin-Pedersen 1972a, passim). Für eisenzeitliche Fellboote[10] gibt es nur wenige Quellen und Funde, die sich auf Irland und Schottland beschränken. Es handelt sich dabei um Holzgestelle, über die ein geschlossenes (meist zusammengenähtes) Stück Leder gespannt wurde. Solche Boote sind aus Schriftquellen für die römische Kaiserzeit und das frühe Mittelalter, auch als Hochseeschiffe, belegt (Hornell 1946, 112-6). Direkte Quellen sind jedoch rar, und so ist man bei der Rekonstruktion dieser Typen in hohem Maße auf historisch belegte Exemplare angewiesen (ebd., 116-48).

Innerhalb der Plankenboote, die in dem hier interessierenden Bereich stets in Schalenbauweise[11] gebaut sind, werden üblicherweise mehrere Typen und Bautraditionen unterschieden. An Typen sind zu nennen: Prahme, d.h. flachbodige Schiffe von nahezu rechteckiger Form, erweiterte, d.h. mit mindestens einem Plankengang über dem Baumstamm versehene Einbäume sowie Kielboote, die einen wirklichen Kiel oder eine verstärkende Kielplanke als herausragendes Konstruktionsmerkmal aufweisen. Innerhalb der Bautraditionen spielen im nord- und nordwesteuropäischen Zusammenhang lediglich die keltische, skandinavische und die noch ungenügend definierte slawische Tradition eine Rolle. Obwohl diese Termini chronologische Differenziertheit anzuzeigen scheinen, sei noch einmal mit Nachdruck darauf hingewiesen, daß alle Bootstypen und Bautraditionen zeitlich nebeneinander existierten. Die Benennungen der Bautraditionen bezeichnen lediglich das hauptsächliche Verbreitungsgebiet.

Unter dem Begriff der *keltischen oder keltisch/ römischen Bautradition*[12] sind die Boote zusammengefaßt, die im Bereich der großen Flußläufe Mittel- und Westeuropas gefunden wurden und deutlich nicht mit der im Mittelmeer ausgeführten Bauweise in Verbindung zu bringen sind. Es handelt sich dabei bis auf die Boote von Brügge (Nr. 12) und Blackfriars (Nr. 8) um unbesegelte, bis zu 30 m lange Flußboote, die folgende Charakteristika aufweisen: Die Längsplanken des Bodens sind in der Regel Kante an Kante gelegt, ohne sich zu überlappen (»Karweelbauweise«), und innen mittels Eisennägel durch Querbalken zusammengehalten, wobei die Nägel oft umgeschlagen und ins Holz zurückgetrieben wurden. Die beiden besegelten Exemplare führten den Mast in einer Mastspur, die bei anderen Schiffen als Befestigung für einen Treidelmast interpretiert wird (vgl. Kap. III,2). Die Seitenwände sind manchmal geklinkert (Brügge Nr. 12), aber auch einfache Setzborde über einem Einbaum (Utrecht[13] Nr. 14) mit einem außen angebrachten Schalholz über der Verbindungsstelle sind bekannt. Diese Boote sind nochmals aufgrund ihrer Bauweise in mehrere Untertypen differenziert worden (Marsden 1976, 43-54), was aber hier nicht weiter ausgeführt werden soll. Fest-

---

9 Bereits 1866 wies Engelhardt auf die Ähnlichkeit der norwegischen Nordlandboote mit den prähistorischen hin (s.u.). Dieser Ansatz wurde in Skandinavien zwar nie vollständig aus dem Auge verloren, aber die systematische Aufarbeitung und Einbeziehung in die archäologische Forschung begann erst um die Mitte der 70er Jahre.

10 Aus der Bronzezeit ist von Barns Farm, Dalgety (Fife) ein Bootgrab mit Fellbooten bekannt (Watkins 1980).

11 D.h. zuerst wurden die Planken zusammengefügt und dann erst die Querversteifungen in Form von Querhölzern und Spanten eingesetzt.

12 Eingeführt wurde dieser Begriff von Ellmers (1969); vgl. weiterhin Marsden 1967 und 1976; de Weerd 1987.

13 Crumlin-Pedersen (1965, 96) und Ellmers (1972, 60) bezeichneten das Schiff von Utrecht aufgrund der unzureichenden Publikationslage noch als Prototyp des seegehenden, besegelten Holks aus dem 8./9. Jahrhundert, was Vlek (1987, 145) entschieden zurückwies.

zuhalten ist, daß sehr viele der am besten belegten Boote der »keltischen Bautradition« aus römischem oder mittelalterlichem Milieu stammen. Über den Umfang des römischen Einflusses besteht jedoch kein Konsens: Er wird als nicht vorhanden (Ellmers 1969, 122/3) oder als gering (Marsden 1976, 52) betrachtet, doch sieht Höckmann (1983, 433/4) in dieser Bautradition eine Verschmelzung von einheimischen und römischen Elementen, bei der das Römische eindeutig überwiegt. De Weerd (1987, 396-9) weist den römischen Fuß als Grundmaßeinheit auch der mittelalterlichen Schiffe nach. Da es sich jedoch meist um Schiffe handelt, die außerhalb des oben umrissenen Arbeitsgebietes oder aber in römischem Milieu angetroffen wurden, werden die Repräsentanten der keltischen Tradition in dieser Arbeit lediglich in ihren Randbereichen erfaßt.

In Skandinavien wurden entweder aus der Tradition der Einbäume (Crumlin-Pedersen 1972a, 231) oder auch aus der der Rinden- bzw. Fellboote (Ellmers 1979b, 524) spätestens zu Beginn der vorrömischen Eisenzeit geklinkerte Plankenboote entwickelt, die wie die Fahrzeuge auf den Felsbildern der Bronzezeit gepaddelt wurden. Im Verlauf der Kaiserzeit wurden die Paddel durch über Keipen geführte Riemen ersetzt. Das Segel ist nicht vor der späten Vendelzeit belegt, und auch dann nicht durch Funde, sondern lediglich auf den gotländischen Bildsteinen (s.u.). Bis zum Beginn der Wikingerzeit läßt sich aufgrund der wenigen Funde eine regelhafte Bauweise nur schlecht erfassen. Es finden sich Birkenrindenboote (z.B. Istorp: Ellmers 1972, Nr. 112), Einbäume (z.B. Vaaler Moor: Ellmers 1972, Nr. 70), aber auch Boote, deren Bauelemente bereits die Grundzüge der wikingerzeitlichen Boote aufweisen: Die Längsversteifung bildet eine besonders kräftige Bodenplanke, die Querversteifung wird durch Einbau von Spanten erreicht, und die geklinkerten Plankengänge sind untereinander durch Taue (»genäht«), Holznägel oder Eisennägel bzw. -niete verbunden. Alle Boote verfügen über ein Seitenruder zur Steuerung. Mit der Wikingerzeit werden die Funde zahlreicher. Nun weisen alle Schiffe einen wirklichen Kiel auf, und auch das Segel spiegelt sich in den Funden wider. Ab ungefähr der Mitte des 10. Jahrhunderts werden im Norden Kriegs- und Handelsschiffe anhand der Relation zwischen Länge und Breite sowie dem bei Handelsschiffen deutlich unter 1 m liegenden Spantenabstand unterschieden (Ellmers 1972, 34) (Abb. 1,b). Erstere, z.B. das Schiffe Skuldelev 2 (Nr. 37.2), sind im Verhältnis zu ihrer Länge schmaler als die Handelsschiffe, d.h. sie wirken schlanker, sind sehr leicht und wendig gebaut und zum Segeln wie auch, bei einem Spantenabstand von ca. 1 m, für eine größere Mannschaft zum Rudern ausgelegt. Die Handelsschiffe,

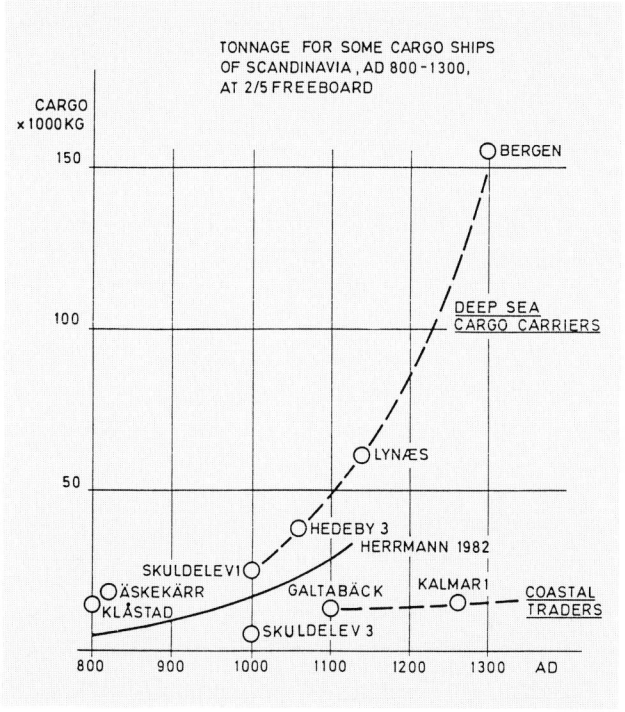

Abb. 1b Unterscheidung skandinavischer Handelsschiffe anhand ihrer Tonnage.

z.B. die Schiffe Skuldelev 1 (Nr. 37.1) und Äskekärr (Nr. 66), sind demgegenüber breiter gebaut, haben an Bug und Heck Halbdecks, die mittschiffs einen Laderaum frei lassen, und verfügen neben dem Segel nur über 5-6 Riemen. In dieser Bautradition wurde auch das 1248 in den Boden gelangte Schiff aus Bergen, das auf eine Breite von 9-10 m zu rekonstruieren ist (Christensen 1985, 182), angefertigt. Eine eigenständige angelsächsische Bautradition lassen die Quellen zwar vermuten, sie zeichnet sich aber in den Funden nicht mit hinreichender Deutlichkeit ab (Fenwick 1978, 195-248). Vielmehr ist damit zu rechnen, daß die Sachsen ihre kontinentale Bauweise nach der Einwanderung nach Britannien um die Mitte des 5. Jahrhunderts beibehielten und im Laufe der Jahrhunderte lediglich modifizierten (Ellmers 1978a, 501. 507; Cammeron 1982, 324. 327).

Neben dieser Bautradition existierten aber auch in Skandinavien bis weit in die Neuzeit hinein genähte Plankenboote, die jedoch den Lappen und Finnen zugeschrieben werden (Westerdahl 1985a; Forsell 1985).

Die slawische Bautradition (Smolarek 1969; Slaski 1978) wird von der skandinavischen im wesentlichen dadurch unterschieden, daß hier noch während der Wikingerzeit Holznägel zur Verbindung der geklinkerten Planken untereinander benutzt worden sind. Bei allen bisher im slawischen Bereich angetroffenen Fahrzeugen fand sich an Stelle eines im skandinavischen Bereich üblichen Kielschweines eine Mastspur, doch erlaubt der derzeitige Forschungsstand keine allgemeingültigen Rückschlüsse.

An dieser Stelle seien einige Bemerkungen über Boote als Fundgegenstand angeführt. Jede Publikation eines von Erdschichten überlagerten Schiffes stellt bereits insofern eine Interpretation des Befundes dar, als daß auch bei gut erhaltenen Funden wie bei den Bootgräbern von Oseberg und Gokstad (Nr. 58. 47) nicht alle Hölzer in ihrem korrekten Funktionszusammenhang zutage kamen. Bei verunglückten oder absichtlich versenkten Schiffen (z.B. Skuldelev [Nr. 37]) wurden die Schiffswände – soweit überhaupt noch vorhanden – so sehr zusammengedrückt, daß nur eine eindimensionale Ansammlung von Hölzern angetroffen wurde. Deren Verbindung untereinander ergibt sich auch nicht unbedingt aus den Befunden, sondern muß erst im Laufe der Bearbeitung im Museum rekonstruiert werden (Olsen & Crumlin-Pedersen 1967, 95; 1978, 77-81). Die Unsicherheit dieses ersten Schrittes kann durch sorgfältige Dokumentation des Befundes sehr gering gehalten werden, doch gerade bei älteren Funden ist dies nicht immer gegeben. Dieser Umstand macht sich bei den in der Regel kleineren und weniger komplex zusammengefügten Ausrüstungsteilen nur bei den zur Takelage zählenden Gegenständen bemerkbar, da sie praktisch nie in ihrem vollen Funktionszusammenhang erhalten sind. Hier bildet die Beurteilung des Charakters des Schiffes, seiner Größe und Bauweise, die Basis für die Interpretation der Ausrüstung.

Problematisch ist im Bereich der Ausrüstung weiterhin, daß das meiste Material aus Holz besteht, welches zur Erhaltung nicht nur besonderer Überlieferungsbedingungen im Boden bedarf, sondern auch große Sorgfalt bei der Grabung und der Magazinierung erfordert.[14] Gerade bei älteren Funden haben die geringe Erfahrung mit der Konservierung und Magazinierung und deren hohe Kosten zu dem Verlust des Fundstückes geführt.[15] Andere Funde sind im Laufe ihres Museumsaufenthaltes so weit geschrumpft, daß man heute auf alte, nicht immer befriedigende Zeichnungen zurückgreifen muß. Doch auch sorgfältig konserviertes Holz kann bis zu ca. 3% an Länge verlieren, wobei die Schrumpfungsrate je nach Art und Herkunft des Holzes beträchtlich variiert (de Jong 1977, 36). Bei älteren Holzfunden, deren Konservierung zudem auch meistens erst eine geraume Zeit nach der Bergung einsetzte, ist aus heutiger Sicht eine Schrumpfung von über 10% in der Länge nicht auszuschließen (ebd., 31). Diesem Umstand muß bei der Interpretation von Größenverhältnissen, beispielsweise vom Steuerruder zum dazugehörigen Schiff, Rechnung getragen werden.

Über die Verwendung von Holz als Werkstoff im Schiffbau vor 1200 sind nur wenige Daten bekannt. Die meisten beziehen sich auf die Auswahl und Bearbeitung der Bauteile für den Rumpf (McGrail 1987, 23-43; Eichler 1990, 1-88). Die Verbreitung der einzelnen Holzarten in Nordeuropa läßt darauf schließen, daß nicht allein die Spezies des Baumes für die Auswahl eines bestimmten Stammes ausschlaggebend war, sondern in noch viel höherem Maße dessen Qualität (Wagner 1986). Auf der anderen Seite ist es eine Tatsache, daß Eiche sehr viel härter als beispielsweise Kiefer ist, so daß die Verwendung der Holzarten nicht beliebig gewesen zu sein scheint (Crumlin-Pedersen 1986). Für die kleineren Geräte der Schiffsausrüstung wurde sicher weniger Sorgfalt auf die Auswahl der Hölzer für den Schiffsrumpf verwendet. Es ist davon auszugehen, daß sonst nicht verwendete oder zufällig greifbare Holzstücke verarbeitet wurden. Bei den größeren Gegenständen – Steuerruder, Riemen, Kielschwein, Mastfisch und Mast – mag die Holzart eine viel größere Rolle gespielt haben. Doch da sie bis auf Riemen und Masten, die soweit bekannt aus Kiefer hergestellt wurden, aus Eiche bestehen und in keinem Fall die Qualität des Holzes näher untersucht wurde, ist zu diesem Themenbereich keine Aussage möglich.

---

14 Vgl. Capelle 1980.
15 Vgl. die Fundgeschichte von Brügge (Nr. 12) und Nydam (Nr. 34).

2. Die Quellen

Ein gesonderter Abschnitt über Quellen scheint angesichts der bereits vorhandenen Literatur über Schiffe müßig zu sein. Doch da eine Darstellung von Ausrüstungsgegenständen in ihrem kulturellen Zusammenhang angestrebt ist, muß die Grundlage für die Erschließung der einzelnen Gegenstände deutlich herausgestellt werden. Daneben soll hier Rechenschaft darüber abgelegt werden, aus welchen Gründen Teile bestimmter Fundgruppen außer acht gelassen und andere nur mit gewissen Vorbehalten verwendet werden.
Hinweise auf Schiffe und ihre Ausrüstung sind in den folgenden Fundkategorien vorhanden[16]:
Als *Einzelfunde* sind alle Schiffe und Teile davon zu bezeichnen, die ohne erkennbaren Zusammenhang mit einer der folgenden Fundgruppen angetroffen werden. Bei mehr oder minder vollständigen Schiffen handelt es sich in der Regel um Fahrzeuge, die in Strandnähe oder auf offener See verunglückt sind und von der Mannschaft aufgegeben oder aber systematisch abgewrackt wurden. Bei Schiffsteilen, die aus dem Meer gefischt oder an den Strand gespült wurden, dürfte es sich um Gegenstände handeln, die sich von einem auf See gesunkenen Schiff losgerissen haben. In einigen Fällen wurden alte Schiffe absichtlich versenkt, um eine *Sperre im Fahrwasser* zu errichten. In diese Kategorie fällt aber auch eine ganze Reihe von einzeln oder in kleinen Gruppen gefundener Schiffsteile, die als Bauteile oder Halbfabrikate vorübergehend in feuchtes Milieu gelegt worden sind, um sie später besser bearbeiten zu können.
Einzelfunde tauchen in dem gesamten hier behandelten Zeitraum auf. Eine Bestimmung, ob es sich um einzeln deponierte Gegenstände oder nur aufgrund der Überlieferung einzeln angetroffene Exemplare handelt, kann jedoch in der Regel nicht vorgenommen werden. Bezüglich Ausrüstung, Takelage und persönlichen Besitz der Seeleute ist ihr Aussagewert als gering einzustufen, da die Schiffe, egal ob in der Nähe des Strandes verunglückt oder abgewrackt, soweit wie möglich entleert und ausgeschlachtet wurden. Zurück blieben nur solche Stücke, die nicht weiterverwendet werden sollten oder nicht geborgen werden konnten. Selbst diese waren u.U. der Strömung ausgesetzt und sind weggerissen worden.
Auch in *Siedlungen* sind Schiffe und Teile davon in den Boden gelangt. Außer in den wenigen gegrabenen Hafenanlagen, die eine beträchtliche Anzahl solcher Funde liefern, tauchen sie auch in oft weit vom Wasser entfernten Füllschichten oder Abfallgruben auf. In jedem Fall sind sie aus ihrem primären Fundverband herausgerissen, und ihre Verbindung zu Schiffen muß erst nachgewiesen werden. Auch bei Funden aus dem Hafenbereich liegt die Schwierigkeit darin, das Material der Schiffe von dem der Siedlung zu trennen. Als Sonderfall kann der *Werftplatz* von Fribrødre Å (Nr. 25) betrachtet werden, zu dem offenbar keine Siedlung gehört.
Schiffsteile in Siedlungen tauchen im hier behandelten Material bereits mit den Handelsorten der Wikingerzeit auf, doch erst in mittelalterlichen Städten finden sie sich in nennenswertem Umfang. Bei Ausrüstungsgegenständen, wie Schöpfgefäßen oder Wasserfässern, ist es ebenso wie bei Teilen der persönlichen Ausrüstung wegen der Vermischung mit Abfällen der Siedlung nur in seltenen Glücksfällen wahrscheinlich zu machen, daß sie auf Schiffen Verwendung fanden. Andererseits bildet das Fundmaterial aus Hafenbereichen einen signifikanten Kontrast zu dem aus anderen Quellengattungen bekannten Funden.
Schiffe und Schiffsteile können auch in Zusammenhang mit *Opferfunden* angetroffen werden, was heute aufgrund der Überlieferungsbedingungen von Holz nur bei Opfern aus Seen und Mooren faßbar ist. Als Teil des Opfers waren sie bezüglich Behandlung und Auswahl der Gegenstände dessen Ritualen unterworfen, d.h. sie wurden wie die anderen Opfer zerstört, und es ist in Betracht zu ziehen, daß sie als pars pro toto im Moor versenkt wurden. Es ist für jeden Fundplatz einzeln zu prüfen, ob er als Opfer angesprochen werden kann oder ob es sich nicht doch um den Fund einer anderen Kategorie handelt, der lediglich in einem heutigen Moor angetroffen wurde.[17]
Deutlich von den Opferfunden zu trennen sind *Materialdepots* in Mooren oder ruhigen Gewässern, wo Schiffsteile und Halbfabrikate nur vorübergehend in feuchtem Milieu niedergelegt worden sind. Bei Einzelfunden aus Mooren läßt sich in der Regel nicht mehr feststellen, ob es sich um einen nicht vollständig bekannt gewordenen

---

16 Die hier dargestellten Fundkategorien entsprechen den im Katalogteil verwendeten.
17 So wurde z.B. das Bootgrab von Holmedal (Nr. 52) in einem Moor angetroffen.

Opferplatz oder um den Teil eines solchen Depots handelt.

Die Verbreitung der Opfer mit Schiffen oder Teilen davon konzentriert sich auf Südskandinavien mit den großen Mooropferfunden der jüngeren Kaiser- und frühen Völkerwanderungszeit sowie in geringerem Maße auf Norwegen, wo die Ansprache als Opfer meist weniger eindeutig ist. Zeitlich streuen sie mit Zwischenräumen über die gesamte Eisenzeit bis in die Vendelzeit. Da meist ganze Boote und zumindest Teile der Ausrüstung deponiert wurden, bietet ihr Fundmaterial einen recht breiten Ausschnitt des Schiffszubehörs. Allerdings ist der Umstand, daß die zu opfernden Gegenstände nach uns nicht nachvollziehbaren Kriterien ausgewählt wurden, in Rechnung zu stellen. Darüber hinaus sind die Opfer nicht als geschlossene Funde zu werten, so daß die Zugehörigkeit der Ausrüstungsgegenstände zu einem bestimmten Boot erst geprüft werden muß. Auch ist es bei manchen Mooropfern durchaus möglich, daß die Boote früher oder später als das Opfer ins Moor gelangt sind und nicht mit diesem in Verbindung stehen.

Im Gegensatz zu den oben behandelten Quellen bestehen bei *Bootgräbern und Gräbern mit Teilen von Booten oder deren Ausrüstung* keine Zweifel über die Zusammengehörigkeit der einzelnen Funde und den Zeitpunkt ihrer Niederlegung. Müller-Willes (1968/69) Untersuchung dieser Fundgruppe ergab ca. 430 Körper- und Brandbestattungen in meist recht kleinen Booten, wobei die sekundär als Särge verwendeten Schiffsteile in christlichen Bestattungen[18] nicht miteinbezogen sind. In diesem Zusammenhang sei auch auf *Schiffssetzungen* aus Stein hingewiesen, die eine vergleichbare chronologische und chorologische Verbreitung aufweisen. Obwohl die Schiffe durchaus Einzelheiten in der Konstruktion aufweisen (Capelle 1986, 31), sind die Details doch so schematisch angegeben, daß diese Gräber keine Informationen zur Schiffsausrüstung liefern.

Bootgräber finden sich im gesamten skandinavischen Raum, von sporadischen Funden im Spätneolithikum bis zum Ende der Wikingerzeit, doch ihr Schwerpunkt liegt in der jüngeren Eisenzeit, vorzugsweise in Norwegen und in etwas geringerem Umfang in Schweden. Auch in den Zielorten der skandinavischen Expansion der Wikingerzeit, in Westeuropa und dem Bereich der südlichen Ostseeküste, wurden vereinzelt Bestattungen mit Booten angetroffen (Müller-Wille 1968/69, Karten 4-9). In diesen Gräbern wurden sowohl Männer als auch Frauen beigesetzt, und auch die Beigaben weisen ein sehr breit gestreutes Spektrum auf. Um einer Verwechslung von Booten mit anderen Leichenbehältnissen, wie Sarg oder Wagenkasten, vorzubeugen, definiert Müller-Wille trotz der von ihm selber aufgeführten Einwände Bootgräber auf der Grundlage des Befundes bei unverbrannt mitgegebenen Booten und bei verbrannten nach der Anzahl der verwendeten Niete und Nägel. Demnach sind Brandbestattungen mit 50-100 Nieten und Nägeln als »wahrscheinliche« und solche mit mehr als 100 Nieten als »sichere« Bootgräber zu betrachten. Bei Körperbestattungen greift er nur bei unsicheren Befunden auf die Zahl der Niete und Nägel zurück, wobei er dann Gräber mit unter 50 Nieten und Nägeln als »wahrscheinliche« Bootgräber anspricht und alle mit mehr als 50 als »sicher« (Müller-Wille 1968/69, 33 ff.). Die Ansprache als Bootgrab gestaltet sich besonders bei Brandbestattungen und unsachgemäß geborgenen Körperbestattungen, bei denen kein Holz mehr vorhanden war, als problematisch, besonders da spätere Untersuchungen an Wagengräbern gezeigt haben, daß Wagen mit 150 Nieten und Nägeln keineswegs auszuschließen sind.[19] Gleichfalls veranlaßte die erneute Bearbeitung der Grabfunde aus Kaupang Blindheim (Blindheim u.a. [Hg.] 1981, 109-14) dazu, auch Brandgräber mit unter 50 Nieten und Nägeln aufgrund der mitgefundenen ankerförmigen Niete, die als Spezifikum von Schiffen betrachtet werden, als Bootgräber anzusprechen. Die Berücksichtigung von Brandgräbern oder Bestattungen mit unzureichender Funddokumentation würde eine Überprüfung der Niete nach Art sowie Länge und Abstand der Nietplatten erfordern, was jedoch den Umfang dieser Arbeit übersteigen würde. Die von Müller-Wille aufgestellte Fundliste dürfte auf diese Art eine nicht unerhebliche Modifizierung erfahren.

Wie alle Gräber spiegeln auch Bootgräber nicht a priori die tatsächlichen Lebensverhältnisse des hier Bestatteten wider, sondern es ist davon auszugehen, daß Art und Menge der Beigaben den religiösen und sozialen Vorstellungen der Hinterbliebenen entsprachen. Für eine Interpretation der Beigaben ist also zuerst zu klären, welche

---

18 Z.B. die drei Exemplare aus Lund (Nr. 69).
19 Z.B. die Gräber 4 und 19 aus Fyrkat (Roesdahl 1977, 131 f).

Bedeutung dem Schiff in einem Grab beizumessen ist: Denkbar sind Erklärungen des Schiffes als Transportmittel ins Jenseits[20] oder als »normale« Beigabe, die der sozialen Stellung des Toten bzw. seiner Erben Ausdruck verleihen soll (Uecker 1966, 87; Næss 1969, 75), wobei die eine Interpretation die andere nicht notwendigerweise ausschließt. Ohne diese lange geführte Diskussion aufnehmen zu wollen, ist doch festzuhalten, daß beide Positionen keinen Beleg dafür bieten, daß ein funktionstüchtiges Schiff in den Boden gelangt ist. Gegen eine solche Annahme spricht die große Variationsbreite der Beigaben, die auch bei nicht beraubten Gräbern keine regelgebundene Wiederkehr bestimmter Gegenstände erkennen läßt (Müller-Wille 1968/69, 42ff. und Katalog I).

Der Quellenwert von Bootgräbern ist also durchaus als ambivalent zu bezeichnen, da sie einerseits Schiffsausrüstung und Takelage in ihrem Funktionszusammenhang zeigen, andererseits aber keine Gewähr dafür bieten, daß die zum Schiff zu zählenden Gegenstände vollständig und ohne Veränderung mit ins Grab gelangten. So wurde z.B. durch die Anlage einer Grabkammer wie in Gokstad und Oseberg das Schiff mittschiffs nicht unbeträchtlich verändert. Zudem muß bei Geräten, die auch im Haushalt Verwendung finden können, erst der Vergleich mit dem Inventar anderer gleichzeitiger Gräber den Beleg erbringen, daß diese nicht das gängige Grabgut der Epoche darstellen.

Die recht kleine Fundgruppe der *bildlichen Darstellungen* von Schiffen oder Teilen davon beschränkt sich, neben dem überaus ergiebigen Teppich von Bayeux[21], im wesentlichen auf die Bildsteine aus Gotland und Münzen der Wikingerzeit. In weit geringerem Umfang finden sie sich auf Runensteinen im gesamten skandinavischen Raum, innen auf den Steinen einer Grabkammer oder als Graffiti auf verschiedenem Material. Illustrationen kirchlicher Bücher sind nur mit Vorbehalt zu verwenden, da hier auch antike Traditionen Eingang fanden. Somit bieten Datierung und Herkunft der Buchausgabe nicht unbedingt einen Anhaltspunkt für die Interpretation der dargestellten Schiffe[22], was ihren Quellenwert erheblich vermindert. Die Siegel mittelalterlicher Städte liegen fast alle außerhalb des hier gesteckten zeitlichen Rahmens (vgl. Ewe 1972).

Diese Bilder stellen die einzige Quellengruppe dar, welche Schiffe und ihr Zubehör in ihrem Verhältnis zueinander zeigen bzw. wie dieses von den Zeitgenossen aufgefaßt wurde, und sind von der Forschung extensiv benutzt worden (Farrell 1979b). Hierbei ist jedoch dem Umstand Rechnung zu tragen, daß nicht perspektivisch gearbeitet wurde und dem Künstler, der nicht zwangsläufig ein Seemann war, sicherlich auch einige Irrtümer unterliefen. Darüber hinaus ist zu berücksichtigen, daß künstlerische Konventionen, stilistischer Ausdruck, Besonderheiten des Werkstoffes und auch der Dilettantismus des Künstlers die Darstellung in einer Weise beeinflußt haben können, daß sie nach Maßgaben heutigen Verständnisses nicht mehr bzw. nur noch falsch zu interpretieren ist. Eine Darstellung ist entweder in ihrer Gesamtheit zu verwenden oder vollständig als irrelevant zurückzuweisen. Die begrenzte zeitliche und räumliche Verbreitung stellt ein gewisses Problem dar, da die hieran gewonnenen Informationen nicht beliebig auf andere Gebiete und Zeiten übertragbar sind.

Eine Besonderheit stellt das goldene Bootsmodell dar, das in dem Schatzfund von Broighter, Irland, zutage kam (Cunnington 1884). Es handelt sich um ein fast ovales Schiff, dessen Ausrüstung ebenfalls in Teilen vorhanden ist. Der Schatz wird durch die anderen Gegenstände in das 1. Jahrhundert v.Chr. datiert.

An letzter Stelle seien die *Schriftquellen* vorgestellt. Diese sind grob in antike und spätantike sowie mittelalterliche einzuteilen. Die ersteren behandeln das Gebiet der »Barbaren« in der Regel nur in kurzen Notizen und auch dann, bis auf Tacitus' »Germania«, meist Randbereiche des Arbeitsgebietes, wie z.B. Caesars Bericht über die Schiffe der Veneter, eines keltischen Volks an der französischen Atlantikküste (Caesar, Bell. Gall. III, 13). Die wenigen in diesem Zusammenhang relevanten antiken Quellen beziehen sich auf den frühen Teil der Prinzipatszeit. Die mittelalterlichen Schriftquellen setzen mit Rimberts »Vita Anskarii« aus der Mitte und Alfreds Zusatz zur »Weltgeschichte des Orosius« am Ende des 9. Jahrhunderts ein, doch über gelegentliche Erwähnungen,

---

20 Neuerlich von Ellmers 1986 mit Hilfe der gotländischen Bildsteine gestützt; zur älteren Literatur vgl. Uecker 1966.
21 Dieser wird zwar in der Literatur als Quelle für skandinavische und angelsächsische Kultur herangezogen, doch ist er ein Produkt des 12. Jahrhunderts aus der Normandie, die zu diesem Zeitpunkt auch in der normannischen Oberschicht stark romanisiert war (Wood Breese 1977, 59-61).
22 Z.B. der Utrechter Psalter, auf dem spätrömische Schiffe mediterraner Bauweise abgebildet sind (Vlek 1987, 81-5).

wie in der »Vita Anskarii«, hinausgehende Informationen wie Schiffs- und Seerechte tauchen im lateinischen Mittelalter erst mit den Stadtrechten ab dem 13. Jahrhundert auf (Goetz 1983, 130). Daneben existiert die reiche nordische Literatur. Da die Stadtrechte und Urkunden des Mittelalters weit über den hier gesteckten Zeitrahmen hinausweisen, sollen sie nur in Ausnahmefällen Verwendung finden. Im Gegensatz dazu darf von der nordischen Literatur, die ab dem 13. Jahrhundert niedergeschrieben wurde, erwartet werden, daß sie durchaus Gegebenheiten des wikingerzeitlichen Skandinaviens widerspiegelt. Dieser Gedanke hat bereits früh durch die Arbeit Falks[23] in die Forschung Eingang gefunden; gerade aus diesem Grund erscheint ein kurzer Abriß über diese Quellenart notwendig:

Die nordische Literatur gliedert sich in Prosa (Sagas), die darin überlieferte Dichtung (Skaldik) sowie die eddische Dichtung, die stilistisch und inhaltlich – sie behandelt Mythologie und Heldensagen – eine Sonderstellung einnimmt.[24] Letztere bietet über die Nennung einzelner Gegenstände hinaus, deren Übersetzung ihrerseits nicht unproblematisch ist, keine Nachrichten über Schiffe.

Anders verhält es sich mit den Sagas[25]: Hier findet sich ein überaus reiches Material, welches, mit der entsprechenden Sorgfalt behandelt, wertvolle Informationen über wikingerzeitliche und mittelalterliche Schiffahrt zu liefern imstande ist (Schnall 1975). Es handelt sich hierbei um Erzählungen, die hauptsächlich in der Zeit vom späten 9. bis ins 11. Jahrhundert spielen und nach mehr oder minder langer mündlicher Tradierung ab dem 13. Jahrhundert aufgezeichnet wurden. Die heute erhaltenen Handschriften reichen bis in die Zeit um 1250 zurück, doch stammen die ältesten Handschriften mancher Sagas erst aus dem 14. oder gar 15. Jahrhundert.[26] Die Sammelbezeichnung »Saga« läßt die Vorstellung einer geschlossenen Literaturgattung entstehen, was aber nur insofern zutrifft, als daß diese Werke recht deutlich von gleichzeitiger Literatur des europäischen Kontinentes mit Ausnahme Norwegens abzusetzen sind.[27] Tatsächlich aber bezeichnet dieser Begriff schriftlich fixierte Erzählungen sehr unterschiedlichen Charakters – von Werken, die historische Ereignisse darstellen (Königssagas und Isländersagas), über Heiligengeschichten (Bischofssagas, Legenden) bis zu Sagas mit phantastischem Inhalt oder solchen, die vor langer Zeit spielende Ereignisse oder Helden behandeln und keine Ambitionen zur Schilderung des Geschehens in seiner historischen Wirklichkeit zeigen (Lügensagas, Vorzeitsagas und Rittersagas). Bei manchen der letztgenannten Sagas und der Heiligengeschichten handelt es sich zudem um Übersetzungen kontinentalen Stoffes. Für die Auswertung dieser Literatur im Bereich der Sachkultur sind lediglich Königssagas und Isländersagas, einschließlich der Sturlunga Saga[28], als primäre Quellen zu verwerten, da nur hier die Schilderung von Verhältnissen vorausgesetzt werden darf, die von den zeitgenössischen Zuhörern als wahr akzeptiert werden sollten.[29] In gewisser Weise trifft das auch auf manche Bischofssaga zu, doch hier finden sich keine verwertbaren Angaben über Schiffe oder ihren Betrieb.

Die skaldische Dichtung[30] wird von vielen Forschern als Quelle zur Sachkultur für unergiebig betrachtet, weil es sich nicht um einen für den heutigen Leser ohne weiteres verständlichen Text handelt. Doch wie Malmros (1985) zeigt, ist ihre Verwendung durchaus fruchtbar und gibt einen wichtigen Kontrast zu den aus Sagas gewonnenen Erkenntnissen. Skaldische Verse sind als Preisgedichte auf herausragende Personen oder Ereignisse konzipiert und in einem festgefügten Stil verfaßt, der den gemeinten Begriff weitläufig umschreibt und zusammengehörige Wörter und Geschehnisse recht weit auseinanderreißt. Gerade diese komplizierte Struktur gewährleistet aber, daß der Text tatsächlich unverändert überliefert wurde, denn Veränderungen, die auch vorkommen, verraten sich dadurch, daß sie nicht mehr in den Stil passen oder keinen Sinn mehr ergeben.

Der Bereich der Wortetymologie[31] soll hingegen nur in

---

23 Falk 1912; auf ihn stützen sich alle folgenden Arbeiten.
24 Zur nordischen Literatur im allgemeinen vgl. Jan de Vries: Altnordische Literaturgeschichte. 2 Bde. Leipzig 1941-42.
25 Hierzu allgemein Kurt Schier: Sagaliteratur. Sammlung Metzler 78. Stuttgart 1970.
26 Zur Überlieferung und Edierung isländischer Handschriften vgl. Poul Møller: De islandske håndskrifter i dokumentarisk belysning. København 1965, S.20-36.
27 Vgl. hierzu Lars Lönnroth: European Sources of Icelandic Saga-Writing. An Essay Based on Previous Studies. Stockholm 1965.
28 Diese Saga wird in der Forschung von den Isländersagas getrennt behandelt, weil sie im Gegensatz zu letzteren in der Gegenwart des Schreibers spielt.
29 Die Autoren haben aber auch bewußt historisch gearbeitet und sehr genau ausgewählt, welchen Überlieferungen sie Glauben schenkten; z.B. Snorri Sturluson in der Einleitung seiner Heimskringla.
30 Vgl. hierzu Klaus von See: Skaldendichtung. München 1980.
31 Von Günther (1987) speziell auf die Schiffahrt bezogen aufgearbeitet.

Ausnahmefällen hinzugezogen werden, da die Erstverwendung von Wörtern in der Regel nicht auch nur annähernd exakt datiert werden kann.

Welcher Wert den einzelnen Quellen beigemessen werden darf, ist in jedem Fall erneut zu prüfen. Für alle gilt, daß sie keineswegs verfaßt wurden, um der Nachwelt ein möglichst genaues und vollständiges Bild des Alltagslebens im allgemeinen und von Schiffen im besonderen zu vermitteln. Immer existierten für die Abfassung eines Werkes, besonders von Geschichtswerken, auch politische Interessen aus der zeitgenössischen Gegenwart des Autors, welche den Bericht verzerren konnten. Zu berücksichtigen ist ferner, daß sehr viele Quellen erst in beträchtlichem zeitlichen und zum Teil auch räumlichen Abstand zu den geschilderten Ereignissen aufgezeichnet wurden, was ihre Verläßlichkeit nicht gerade steigert.

Über die nordische Literatur als Quelle für die Schiffahrt bis in das Jahr 1200 ist festzuhalten, daß die heute vorliegenden Quellen nicht in dem Sinne verstanden werden dürfen, daß sie direkten Zugang zu der Zeit gewähren, in der die Sagas spielen. Unabhängig davon, ob die Sagas als Neuschöpfungen des 13. Jahrhunderts oder als mündlich tradierte Geschichten aus der Wikingerzeit, die lediglich später modifiziert aufgezeichnet wurden, aufgefaßt werden[32], ist nicht zu übersehen, daß die Realität der Spielzeit sich nicht ungebrochen bis in die Schreibezeit hinein erhalten hat. Methodische Ansätze, die in den Sagas gegebenen Informationen als historische Realität zu verwerten, wie es noch Gelehrte zu Anfang dieses Jahrhunderts versuchten (z.B. Falk 1912), sind einer kritischeren Sichtweise gewichen. Diese wertet nicht alles als Erfindung der Zeit nach dem Verlust der staatlichen Unabhängigkeit Islands, sieht aber auch, daß nach den über 200 Jahren, die zwischen der Handlung und der Niederschrift liegen, keine ungebrochene Überlieferung vorliegen kann. Dieses liegt in dem Charakter mündlich tradierter Erzählungen begründet, die stets ihrem Publikum und den sozialen Verhältnissen der Gegenwart des Erzählers, nicht aber der Geschichtsdarstellung im heutigen Sinne angepaßt sind.[33] Die Sagas spiegeln also die Vorstellungen wider, die man sich im Island des 13. Jahrhunderts von der Vergangenheit machte, was nicht unbedingt mit der geschichtlichen Realität übereinstimmen muß.[34] Strenggenommen dürften sie demnach im Bereich der Sachkultur lediglich als Quellen für die Zeit der ersten Niederschrift verwendet werden. Doch da sich die Schiffahrt in der Zeit des 12./13. Jahrhunderts in der Phase des Niedergangs befand – 1187 gab es kein hochseegehendes Schiff mehr im Besitz eines Isländers, und auch vorher bestand die isländische Flotte zum überwiegenden Teil aus Fischer- und Reisebooten (Kristjánsson 1964, 27/8. 61-3) – und zudem in den oben als verläßlich eingestuften Sagagattungen auch bewußt zwischen alten und neuen Einrichtungen unterschieden wird[35], erscheint ihre Berücksichtigung dennoch als zulässig. Durch ihre Isolation – in der Zeit war die Islandfahrt nur Norwegern erlaubt – waren die Isländer nicht in der Lage, der nach 1200 in Europa sprunghaft einsetzenden wirtschaftlichen Entwicklung zu folgen (Thorsteinsson 1985, 103). In Fragen der Organisation von Handel und Besitz sind Sagas als Quellen für die Wikingerzeit jedoch zurückzuweisen. Zusammenfassend ist also festzuhalten, daß alle uns zur Verfügung stehenden Quellen lediglich Einzelaspekte zur Frage der Schiffsausrüstung beleuchten, was nur zum Teil mit der tatsächlichen Verbreitung der einzelnen Gegenstände und der Möglichkeit der Überlieferung von Holz zusammenhängt. Eine besonders kritische Zeit stellt hier die Periode von Völkerwanderungs- und Vendelzeit dar, wo praktisch keine sicheren Bodenfunde existieren, dafür aber das reiche Material der gotländischen Bildsteine. Die hier gewonnenen Erkenntnisse sind wiederum nur mit Schwierigkeiten auf andere Fundgruppen zu übertragen. Für die vorrömische Eisenzeit existieren nur der Moorfund von Hjortspring und Caesars Bericht über die venetischen Schiffe. Die jüngere Kaiserzeit und die Wikingerzeit dürfen neben dem Mittelalter als die am besten belegten Perioden gelten, was in etwa der zeitlichen Verteilung der übrigen Funde in Skandinavien entspricht.

---

[32] Dieses sind die beiden grundsätzlichen Positionen innerhalb der altnordischen Literaturwissenschaft; zur Debatte zwischen Vertretern der Thesen von »Buchprosa« und »Freiprosa« vgl. H. Bekker-Nielsen, Th. D. Olsen und O. Widding: Norrøn fortællekunst. København 1965.
[33] Zu mündlichen Texten vgl. Walter J. Ong: Oralität und Literalität. Die Technologisierung des Wortes. Opladen 1982; besonders die Seiten 37-80.
[34] Streblin-Kamenskij: The Saga Mind. Odense 1973, besonders S. 22-38.
[35] Z.B. die Episode, in der Grettir ein Schiff ausschöpft und ausdrücklich vermerkt wird, daß man zu dieser Zeit eine andere Methode verwendete als zur Zeit der Niederschrift (Thule Bd. 5, 43; IF 7 [Grettis s.] Kap. 17).

3. Darstellung der Methodik

Boote müssen, wie alle menschlichen Erzeugnisse, in ihrem kulturellen Zusammenhang gesehen werden – eine Erkenntnis, die auch im Bereich der maritimen Archäologie nicht neu ist. Doch besteht gerade hier eine Tendenz dazu, die Behandlung der technischen und ästhetischen Aspekte der Boote in den Mittelpunkt der Untersuchung zu rücken und die kulturelle Interpretation als »Dreingabe« zu betrachten. Dieses führt meiner Meinung nach zu der unzulässigen Konzentration auf das Schiff als Gegenstand einer Evolution, die gleich einem Naturgesetz auf die Entstehung der frühneuzeitlichen Segelschiffe über Etappen wie die Wikingerschiffe und die Hansekogge abzielt. Niemand kann vernünftigerweise der Darstellung eines Bootes als vorwiegend technisch bedingter Einheit entgegentreten, denn schließlich dient es einem bestimmten Zweck – dem Transport von Menschen, Tieren und Gegenständen über Wasser. Diesem kann es nicht in jeder beliebigen Ausformung gerecht werden, sondern es muß den naturräumlichen und kulturgeographischen Voraussetzungen sowie dem genaueren Verwendungszweck, etwa als Fähre oder Mannschaftsboot, angepaßt sein. Doch ergibt sich auch unter Berücksichtigung dieser Determinanten ein Set an möglichen Lösungen.[36] Welche Ausformung ein Boot *tatsächlich* erfährt, liegt im Ermessensspielraum seines Nutzers: Welche Risiken als tragbar eingeschätzt wurden und welchen Aufwand bei Herstellung und Unterhaltung man zu unternehmen bereit war, ist auch eine Frage der gesellschaftlichen Akzeptanz.[37] Gerade solche Überlegungen sind aus der heutigen Position nicht nachvollziehbar, denn nach welchen Kriterien ein Schiff als »seetüchtig« betrachtet wurde[38], entzieht sich unserer Kenntnis. Gleiches gilt für die Ausrüstung: Das Fehlen von Segeln auf technisches Unvermögen zurückzuführen, wird der historischen Situation nicht gerecht, zumal wenn Besegelung in der weiteren Umgebung durchaus bekannt ist. Auch daß Komfortbedürfnis und Ernährung der Mannschaft stark mit der von Land her gewohnten Lebensweise zusammenhängen, steht außer Frage. Somit lassen sich Schiffe, ihr Bau und ihre Handhabung nicht auf ein technisches Problem reduzieren, das die Menschheit im Laufe ihrer Geschichte immer besser in den Griff bekam. Ausrüstung in der hier definierten Form stellt sich als überaus heterogen zusammengesetztes Material dar, dessen einzige Gemeinsamkeit sich über ihre Funktion bestimmen läßt. Gerade hier liegt aber auch das Hauptproblem dieser Fundgruppe begründet: Nicht alle Gegenstände zeichnen sich durch eine distinktive Form gegenüber Objekten mit ähnlicher Funktion aus, die aber nicht auf einem Schiff Verwendung fanden, während andere für den heutigen Betrachter in ihrer Funktion überhaupt nicht oder nur unvollständig zu erfassen sind (s.u. Kap. II und III).

Gerade bei der Materialansprache hat sich der relativ neue Forschungszweig der Experimentalarchäologie in Verbindung mit der ethnologischen Forschung als besonders fruchtbar erwiesen. Da für den heutigen Betrachter ein Großteil der prähistorischen Boote und ihrer Handhabung außerhalb seiner Erfahrung liegt, war die Forschung lange auf ungefähre Schätzungen von Fachleuten, die mit modernen Booten vertraut waren (Brøgger & Shetelig ²1971), oder auf Versuche mit Modellen (Håsum 1974) angewiesen. Die Forschungen von Erik Andersen (1975; 1980) an den Nordlandbooten und andere Projekte[39] haben aber gezeigt, daß z.B. auch ein Segelschiff mit nur einem Rahsegel kreuzen kann, was zuvor heftigst bestritten worden war.[40]

Durch die ethnographische Forschung wurde der Blick darauf gelenkt, wie weit ein bestimmtes Phänomen, wie etwa das Fellboot, verbreitet sein kann, ohne daß kultureller Kontakt postuliert werden kann (Hornell 1946, Kap VII-X), aber auch darauf, welche unüberschaubare Vielfalt in der Ausgestaltung einer bestimmten Funktionseinheit möglich ist. Es kann nicht Aufgabe dieser Arbeit sein, systematisch Ausrüstungsgegenstände aus allen Gebieten der Welt als Parallelen zu den prähistorischen und frühmittelalterlichen europäischen Funden heranzuziehen. Doch können meines Erachtens auch Materialien

---

36 Als Beispiel sei auf die Verwendung eines großen Keramikgefäßes als Boot und von zusammengebundenen Keramikgefäßen als Floß hingewiesen (Hornell 1946, 5/6).
37 Vgl. hierzu J. Habermas: Technik und Wissenschaft als »Idologie«. Frankfurt/Main ⁴1970, besonders S. 48-59.
38 Die Bestimmung des farmannalog von 1274 (Kap. 2), nach dem ein Schiff, das nur dreimal in 24 Stunden ausgeschöpft werden muß, seetüchtig sei, nimmt sich aus heutiger Sicht eher bedenklich aus.
39 Vgl. hierzu die Aufsätze zu den einzelnen Projekten in Crumlin-Pedersen & Vimmer (Hg.) 1986.
40 Vgl. die Darstellung der Forschungsdiskussion bei Håsum (1974, 76-84).

von kulturell und von den natürlichen Bedingungen her völlig unterschiedlich determinierten Gesellschaften zur Erklärung eines Funktionszusammenhanges herangezogen werden, ohne daß diese Parallelen jedoch auf die soziale Stellung der Beteiligten übertragbar sind.[41]

Eng mit der ethnologischen Forschung verknüpft ist die Experimentalarchäologie. Coles (1977, 235/6) nennt drei Ebenen des Experimentes in Bezug auf Boote: 1. die Simulierung eines alten Zustandes, was wissenschaftlich nicht nutzbar ist, 2. die Herstellung einer exakten Kopie mit adäquaten Mitteln und Materialien, wobei ethnographische Quellen eine große Rolle spielen, und 3. die Überprüfung der Funktion einer solchermaßen hergestellten Replik. Das größte Hindernis liegt in allen Fällen in der schlechten Quellenlage. Für den Sektor der Ausrüstung ist lediglich die letztgenannte Ebene von Belang. Sollen diese Experimente in der Wissenschaft als Beweismittel gelten, so müssen sie so angelegt sein, daß die Fragestellung vorher erarbeitet ist und auch durchgehalten wird sowie daß das Experiment mehrmals wiederholt wird und auch wiederholbar bleibt (ebd., 239, 241). Zu trennen sind hierbei Langstreckenfahrten und Fahrten in Flüssen und küstennahen Gewässern, wobei letztere über den größeren Erkenntniswert für die Archäologie verfügen (Coles 1979, 52). Der Feststellung Coles (1979, 94), es sei [...] *surely the range of possibilities that we seek to discover and understand, rather than the rigid assumptions of imagined 'facts'* [...], ist für die Wertung von Experimenten mit Bootrepliken nichts hinzuzufügen.

Nach vorindustrieller Fertigungsweise gebaute Boote stellen ohne Zweifel eine unschätzbare Quelle für Untersuchungen zu prähistorischem Schiffbau und entsprechender Ausrüstung dar, und ihre bei weitem noch nicht abgeschlossene systematische Aufarbeitung wird sicher zum besseren Verständnis in diesem Bereich beitragen. Doch muß an dieser Stelle ausdrücklich festgestellt werden, daß weder Experimente mit Nachbauten noch die Erforschung traditioneller Schiffe letztlich einen Beweis dafür liefern können, daß ein bestimmtes prähistorisch belegtes Gerät oder ein Gegenstand auch tatsächlich auf diese Weise und nicht anders gehandhabt wurde. Beide Forschungsansätze zeigen, was *möglich* ist, nicht die historische Realität – diese läßt sich erst durch das vorhandene archäologische Material überprüfen.

In dieser Arbeit soll versucht werden, sowohl den funktionalen als auch den kulturellen Aspekt der archäologischen Gegenstandsgruppe »Schiffsausrüstung« zu erfassen.[42] Daher soll das Fundmaterial erst in seiner chronologischen Gliederung vorgestellt werden, weil, wie die Darstellung über die einzelnen Bautraditionen erkennen läßt, Schiffbau wie Ausrüstung trotz aller Kontinuität auch während der Eisenzeit Veränderungen unterworfen waren. Einige Elemente wurden eingeführt – als auffälligste Phänomene sei auf das Rudern oder die Besegelung hingewiesen –, doch läßt sich nicht mit Sicherheit sagen, daß dafür andere außer Gebrauch kamen.[43] Daran anschließend soll untersucht werden, ob sich anhand der Anordnung der Ausrüstungsgegenstände innerhalb einer Zeitstufe eine technologische oder ethnisch/kulturelle Zuweisung[44] ergibt. An keiner Stelle, auch nicht bei den Gegenständen des täglichen Gebrauchs der Mannschaft (s. Kap. IV), wird der Versuch unternommen, für das Material statistisch auswertbare Größen, etwa die Blattfläche von Riemen im Verhältnis zur Länge ihres Stieles, zu formulieren. Eine solche intersubjektive Überprüfbarkeit, wie sie McGrail (1987, passim) für Schiffe und ihre Teile anstrebt, findet ihre Begrenzung in der Masse und Verwertbarkeit der Daten: Sie sind nicht nur zum Teil unpubliziert, sondern aufgrund des Schrumpfungsprozesses des Holzes, besonders bei Altfunden, sowie des fragmentarischen Zustandes überhaupt nicht ermittelbar. Darüber hinaus läßt sich bis auf wenige Ausnahmen keine gesicherte Verbindung der hier behandelten Fundstücke zu einem bestimmten Schiff nachweisen, was den Aussagewert einer solchen Größe erheblich reduziert. Auch gestatten die von McGrail ermittelten Werte keine Rückschlüsse auf das zugehörige Schiff.[45] Außerdem erscheinen statistische Daten aufgrund ihrer schmalen

---

41 Hierzu sind, selbst wenn man den Weg der Übertragbarkeit rezenter primitiver Gesellschaftsformen auf archäologisch belegte Kulturen prinzipiell für gangbar hält, in etwa auf der gleichen Ebene funktionierende Gesellschaften vorauszusetzen; vgl. Gibbon 1984, 313-25; Wylie 1985, 104.
42 Zu den unterschiedlichen Perspektiven, einen Gegenstand zu betrachten, vgl. Rathje & Schiffer 1982, 63-7.
43 Für eine negative Aussage ist das Material zu lückenhaft, zumal sich die Quellenlage mit jedem Neufund entscheidend ändern kann.
44 Vgl. Rathje & Schiffer 1982, 67; von sehr unterschiedlichen methodischen Voraussetzungen ausgehend, diskutieren u.a. Sackett (1982) und Hodder (1982) diese Frage; konträr Shanks & Tilley (1987, bes. S. 92-5).
45 Z.B. McGrail 1987, 248, Tab. 12.10: Bei dem Versuch, die Maße der Steuerruder in ein Verhältnis zum Schiff zu setzen, hebt sich das Nydamschiff nicht deutlich von den Schiffen von Oseberg, Gokstad und Tune ab.

Basis und des daraus resultierenden stichprobenhaften Charakters wenig für einen Vergleich untereinander geeignet. Statt dessen soll versucht werden, die Verwendungsweise und so weit möglich die Häufigkeit der einzelnen Gegenstände abzuschätzen, indem die Orte, an denen die Geräte zum Einsatz kamen, untersucht werden.

Da Gegenstände, die zur Ernährung der Seeleute auf der Fahrt dienten, sich nicht von anderem Haushaltsgerät absetzen (s. Kap. IV), sollen ferner Fundorte, die nachweislich als Stützpunkte der Schiffahrt gedient haben, daraufhin untersucht werden, ob sie anhand der Zusammensetzung ihres Fundmateriales Aussagen über diese Gegenstandsgruppe zulassen. Den Ausgangspunkt einer solchen Überlegung bildet die von Forschern wie Hougen (1969a, 110) und Steuer (1987, 135) formulierte Annahme, daß beispielsweise importierte Keramik nicht automatisch als Handelsgut anzusprechen sein muß, sondern auch von Fremden, wahrscheinlich Kaufleuten oder Seeleuten, zur Deckung des eigenen Bedarfs auf Reisen verwendet worden sein kann. Auf diese Weise ließen sich aber nur Seeleute aus einem kulturell unterscheidbaren Milieu wahrscheinlich machen, nicht aber solche, die über denselben Formen- und Materialvorrat wie den am Fundort üblichen verfügten.

Somit spielt die Frage nach Handel und Handelsbeziehungen sicher eine außerordentlich große Rolle, doch darf dabei nicht vergessen werden, daß Schiffe selbstverständlich auch in anderen Bereichen Verwendung fanden. So sind sicherlich in der gesamten Eisenzeit Schiffe auch für Menschenbewegungen, seien sie nun friedlicher oder kriegerischer Natur gewesen, zur Fischerei und als Fähren in der Landwirtschaft[46] benutzt worden und trugen damit zur Lebensmittelversorgung in einem von Fall zu Fall differierenden Ausmaß bei. Auch diese Aktivitäten sind unter dem Begriff 'Schiffahrt' zu subsumieren und folglich Teil dieser Untersuchung.

---

[46] Z.B. in Dänemark im 19. und frühen 20. Jahrhundert (Rasmussen 1953, 22-4).

II. Gegenstände für den Betrieb eines Schiffes

In dieser Gruppe sind solche Gegenstände zusammengefaßt, die den Betrieb von Schiffen ermöglichen oder erleichtern, ohne daß sie zum Antrieb dienen oder in den Bereich der Lebensführung der Mannschaft fallen. Zwischen den einzelnen Fundkategorien besteht darüber hinaus, daß alle ungeachtet der Besitzverhältnisse gemeinschaftlich von der Mannschaft benutzt wurden, keine Verbindung. An dieser Stelle sei ausdrücklich betont, daß keine allgemeingültige »Checkliste«, sondern eine Auflistung von Gegenständen, die in unterschiedlicher Zusammensetzung *tatsächlich* Verwendung fanden, angestrebt ist.

In den meisten Fällen handelt es sich um Gegenstände, deren Verwendung auf Schiffen nicht in Frage zu stellen ist. Andererseits ist beispielsweise die Gruppe der Ösfässer nicht eo ipso von Gegenständen ähnlicher Verwendung zu unterscheiden, weshalb jede Gegenstandsgruppe zuerst definiert und von ähnlichen Exemplaren anderer Funktion abgesetzt werden soll. Auffallend ist, daß vor 1200 außer in geringem Umfang bei Steuerrudern lediglich bei Stockankern Eisen verwendet wurde, während im Bereich der mediterranen Schiffbauweise die Verarbeitung von Metallen bei Ausrüstungsteilen durchaus üblich war (Fiori & Joncheray 1973).[1]

1. Steuerruder (Abb. 2-5)

Unter Steuerrudern[2] versteht man Ruder, die nicht zur Fortbewegung, sondern zum Ändern und bei Segelschiffen auch zum Halten des gefahrenen Kurses dienen. Bei kleineren Booten oder ruhigen Gewässern können dazu auch die Paddel oder Staken benutzt werden, deren doppelte Funktion sich im archäologischen Fundmaterial nicht erkennen läßt; gleichfalls läßt sich der Kurs über asymmetrisches Arbeiten mit Staken und Riemen ändern. Doch bei größeren Schiffen erweisen sich diese Manöver als zunehmend inadäquat, ohne daß sich eine feste Regel für die Obergrenze der Ruderer oder Länge des Schiffes festlegen ließe. In diesem Abschnitt sollen lediglich die Form der Ruder und ihre Befestigung am Schiff behandelt werden, wohingegen ihre Verwendung während der Fahrt an anderer Stelle diskutiert wird (Kap. III).

Ein Steuerruder unterscheidet sich von einem Riemen durch die Größe seines Blattes und eine Griffvorrichtung, die entweder durch einen knopfartigen Abschluß, einem Paddel ähnelnd, oder durch eine quer zum Blatt stehende Pinne gebildet wird. Besonders bei kleineren Schiffen ist eine dauerhafte Montage am Rumpf nicht notwendig. Das früheste Exemplar eines Steuerruders stammt aus dem Opferfund von Hjortspring (Nr. 30.a) aus der frühen vorrömischen Eisenzeit, wo sich wahrscheinlich je ein Ruder mit schmalem, symmetrischen Blatt an Bug und Heck befand. Da lediglich eines der vier Fragmente während der Grabung dokumentiert werden konnte, ist über ihre Form und Befestigung am Boot keine Aussage möglich. Die Verwendung von Bugrudern ist für die Völkerwanderungszeit belegt (s.u.).

An der Grenze zur römischen Kaiserzeit steht die Darstellung eines Segelschiffes auf einer keltischen Münze, die in einer Siedlungsschicht des ersten nachchristlichen Jahrhunderts in der Castle Street in Canterbury angetroffen und wahrscheinlich in Ostkent, am ehesten im ersten Viertel des 1. Jahrhunderts, geschlagen wurde (Muckelroy u.a. 1978). Das Schiff dürfte mit den von Caesar beschriebenen venetischen Schiffen in Verbindung zu bringen sein und verfügt über ein relativ schmales Ruder mit parallel verlaufenden Seitenkanten. Die etwas jüngeren Ruder von Lochlee (Nr. 7.a.) und Nydam (Nr. 34.2.a) sind mit einer Länge von 2,90 m bzw. 3,20 m bei einer maximalen Breite von 35 bzw. 55 cm eher als große Paddel zu bezeichnen, auch wenn das nicht weiter bekannte Exem-

---

[1] Die von Trotzig (1978, 108-10) vorgebrachte Interpretation von 11 Tüllenbeschlägen aus Bronze (»bronskluba«) als Beschlag für die Pinne eines Steuerruders ist zurückzuweisen, da keines dieser Exemplare in einem Fundmilieu zutage kam, das auf eine Verwendung dieser Bronzegegenstände auf Schiffen schließen läßt

[2] Als »Ruder« werden in dieser Arbeit nur Steuerruder bezeichnet. Für die im landläufigen Sinne ebenfalls als Ruder bezeichneten Antriebsmittel wird ausschließlich der Begriff »Riemen« verwendet.

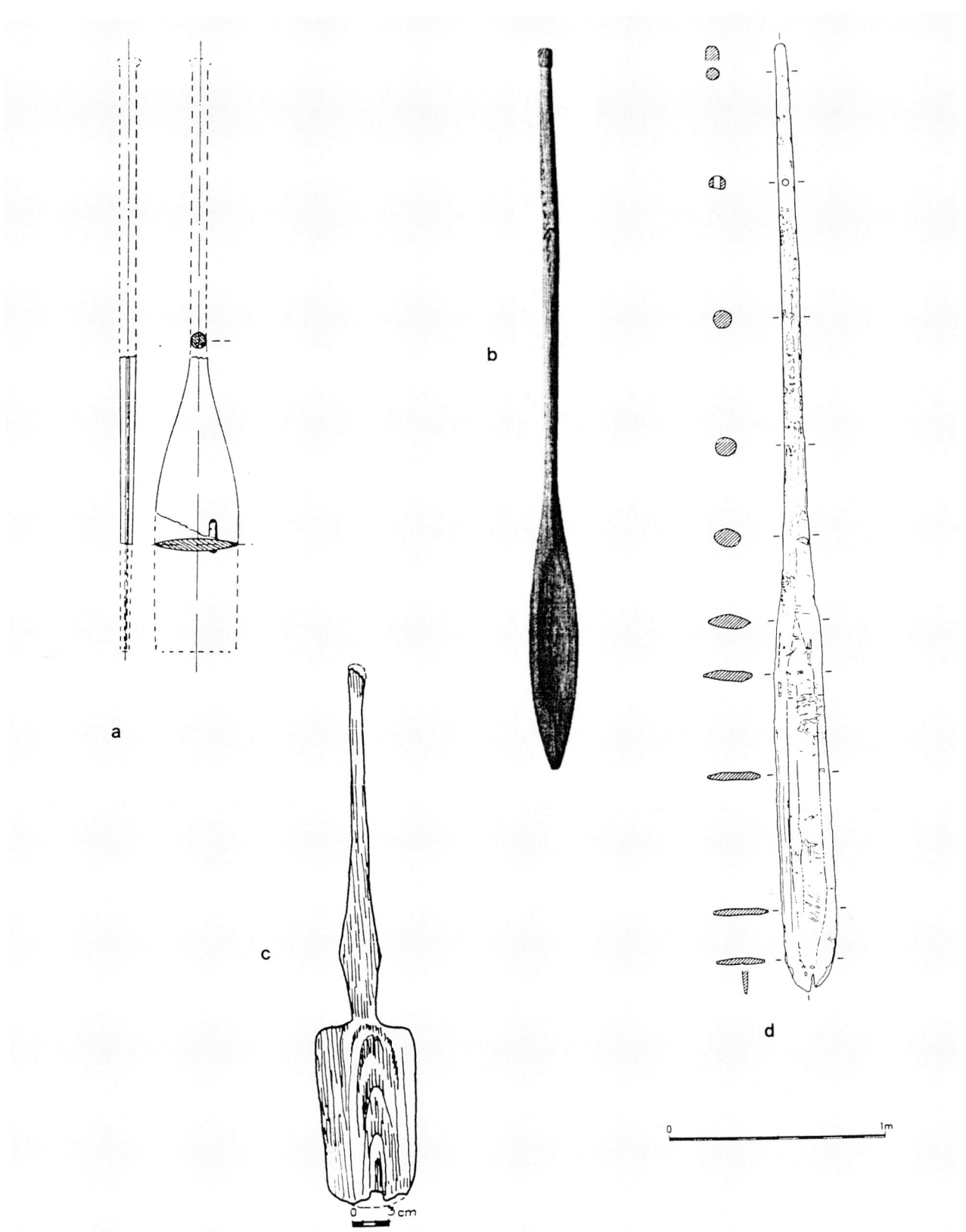

Abb. 2 Symmetrische Steuerruder: a Hjortspring, o.M.; b Årby M.: 1:12; c Stettin; d Alsodde

plar aus Lochlee ein relativ langes Blatt aufgewiesen haben soll. Bei dem Stück aus Nydam macht das Blatt nur ungefähr die Hälfte der Länge aus – im Verhältnis zu den wikingerzeitlichen Rudern eher wenig -, doch es zeigt bereits eine asymmetrische Form, die es mit den Rudern aus Kvalsund und Oseberg verbindet: Am Blatt ist aufgrund seiner Form die zum Bug weisende Seite von der zum Heck weisenden zu unterscheiden, was sich auch im Querschnitt zeigt, der vorne breiter ist als hinten. Nach ca. drei Vierteln des Blattes ist es durchlocht, und darunter ist an einer Seite eine Klampe angebracht.[3] Von der Ruderpinne wurde ein leider nicht in situ dokumentiertes Holzstück mit zwei natürlichen Astgabelungen angetroffen, deren eine im rechten Winkel zum Stiel des Ruders stand. Es ist der Länge nach durchbohrt und wurde auf den Stiel aufgesetzt. Zwar ist die Befestigung nicht durch entsprechende Befunde belegt, aber die von Shetelig 1930 (17/8) vorgeschlagene Rekonstruktion ist heute allgemein anerkannt: Durch das Loch wurde wahrscheinlich eine Leine geführt, um das Ruder besser unter Kontrolle zu halten, während die Klampe am ehesten als Puffer zur Schiffswand diente. Eine weitere Leine über die Reling, die ohne erkennbare Spuren mit dem Ruder verbunden war, wird als Sicherung angenommen. Shetelig nimmt eine Befestigung am zweiten Spant an, der allerdings nicht extra dafür ausgestattet ist. Für Åkerlunds (1963, 79-83) Rekonstruktion der Ruderaufhängung, die denen der Wikingerzeit nachempfunden ist, findet sich allerdings kein Beleg am Schiff, doch weist er zurecht darauf hin, daß die aufgenagelte Klampe keinen Schutz für das Ruder vor Druck gegen das Schiff bietet. Möglicherweise sollte sie das Ruder während der Fahrt justieren, doch bleibt ihre Funktion ungeklärt. Genausowenig läßt sich die Ausrichtung der Pinne festlegen. Gestützt auf die Zeichnung von Engelhardt spricht sich Åkerlund dafür aus, daß der rechtwinklig abstehende Ast in Fahrtrichtung nach hinten ausgelegt war, während Shetelig ihn im rechten Winkel zum Blatt Richtung Steuermann rekonstruieren möchte. Letztere Darstellung scheint plausibler, da das Holzstück aufgrund seiner Durchbohrung sehr wahrscheinlich als Zapfen für ein weiteres längliches Holzstück diente, das die eigentliche Pinne, d.h. den Griff für den Steuermann, darstellte.

Aus der Völkerwanderungszeit sind neben dem nur äußerst fragmentarisch erhaltenen Ruder von Holmedal (Nr. 52.a), das keine weiteren Aussagen zuläßt, besonders die gotländischen Bildsteine des 5./6. Jahrhunderts zu nennen: Hier sind Ruderboote vom sog. Brotyp dargestellt, bei denen je ein Steuermann im Vorschiff steht und der andere am Heck sitzt. Manchmal sind diese Ruder etwas kräftiger und breiter am gelegentlich dreieckigen Blatt gezeichnet als die Riemen. Ihre Verbindung mit dem Schiffsrumpf ist nicht erkennbar, doch sind beide Ruder an der selben Seite des Rumpfes eingezeichnet, was allerdings wenig sinnvoll scheint. Ellmers (1972, 82; 1989, 313/4) verweist als Grund für eine doppelte Steuereinrichtung auf Gepflogenheiten der Binnenschiffahrt auf dem Rhein und anderen großen Flüssen im 19. Jahrhundert, wo ein Bug- und ein Heckruder während der Talfahrt Verwendung fanden, um das Schiff durch Paddel- oder Wriggbewegungen schneller lenken zu können. Aber diese Erklärung ist nicht direkt auf Gotland zu übertragen, da dort die Binnengewässer keine so hohe Fließgeschwindigkeit wie die mitteleuropäischen Ströme aufweisen. Ein indirekter Hinweis auf doppelte Steuerung findet sich in dem allerdings um ca. fünf Jahrhunderte älteren Bericht des Tacitus (Germania, Kap. 44), wo das Bild eines vollständig symmetrischen Bootes entworfen wird, das demnach auch über zwei Ruder verfügte (Much & Jankuhn 1967, 494/5). Auf den Randbereich der keltischen Bautradition bezieht sich die Angabe des Tacitus (Annales II, 6) über den Flottenbau des Germanicus, bei dem auch [...] *Schiffe mit Steuerrudern vorn und hinten* [gebaut wurden, K.L.], *um die Ruderbewegung schnell rückwärts ausführen und mit dem Vorder- oder Hinterteil anlegen zu können* [...]. Diese Schiffe waren für den Einsatz im Wattenmeer vorgesehen. In Verbindung mit dem Befund aus Hjortspring finden sich also ausreichende Belege für die Verwendung eines Bugruders neben einem Heckruder aus dem Nord- und Ostseebereich. Denkbar ist eine nur punktuelle Verwendung eines Bugruders bei besonderen Manövern, etwa beim Landen oder in sehr engen Gewässern, wo das während der Fahrt alleine benutzte Heckruder nicht ausreiche, das Boot hinreichend präzise zu bewegen.

In die Vendelzeit sind die Ruder des großen Kvalsundbootes (Nr. 55.1.a) und das nicht näher bekannte Frag-

---

3 »Klampe« bezeichnet hier keine Vorrichtung zum Belegen einer Leine, sondern einen Klotz oder Steg aus Holz; zur Definition vgl. Claviez 1973, 168.

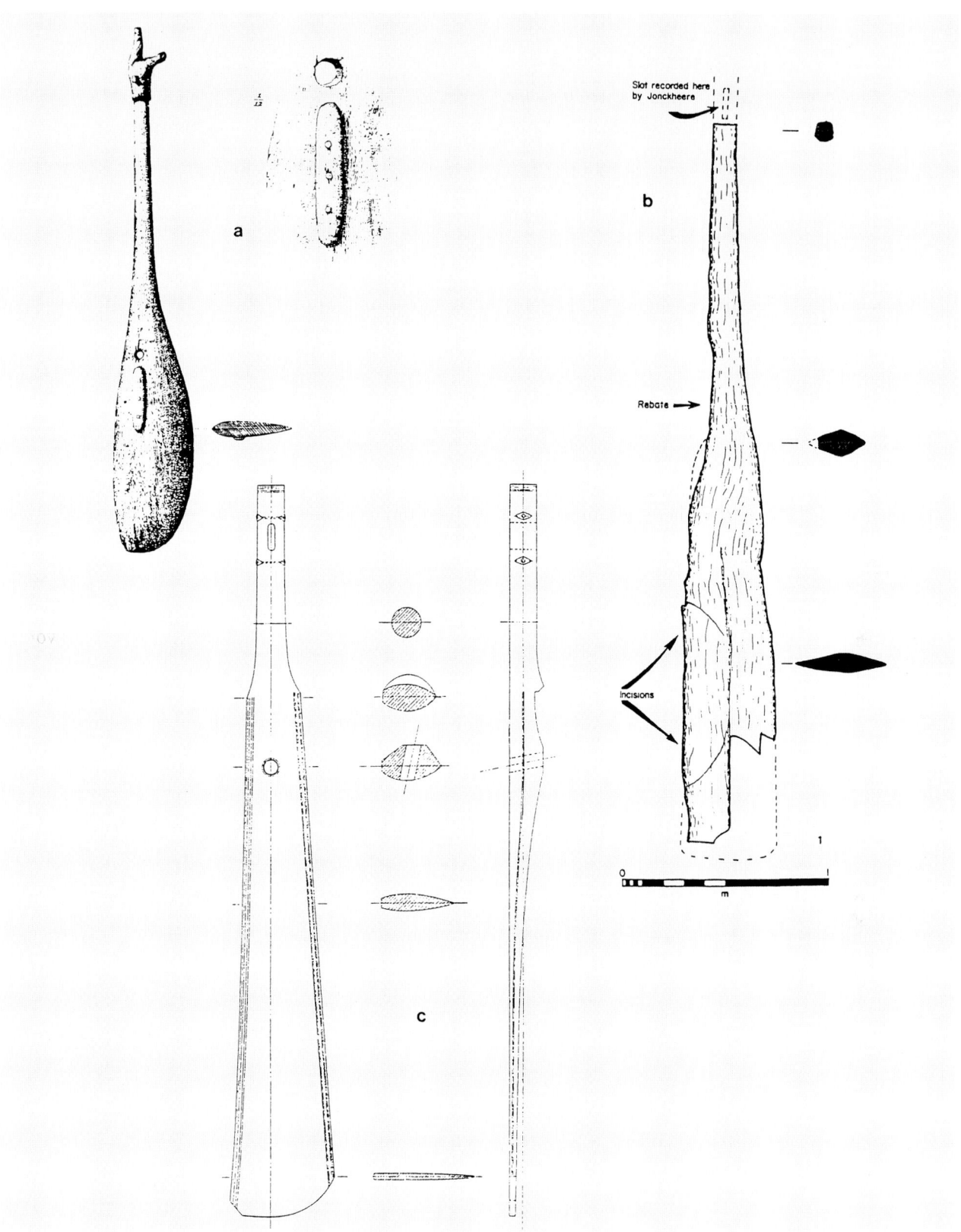

Abb. 3 Asymmetrische Steuerruder: a Nydam; b Brügge; c Oseberg, o.M.

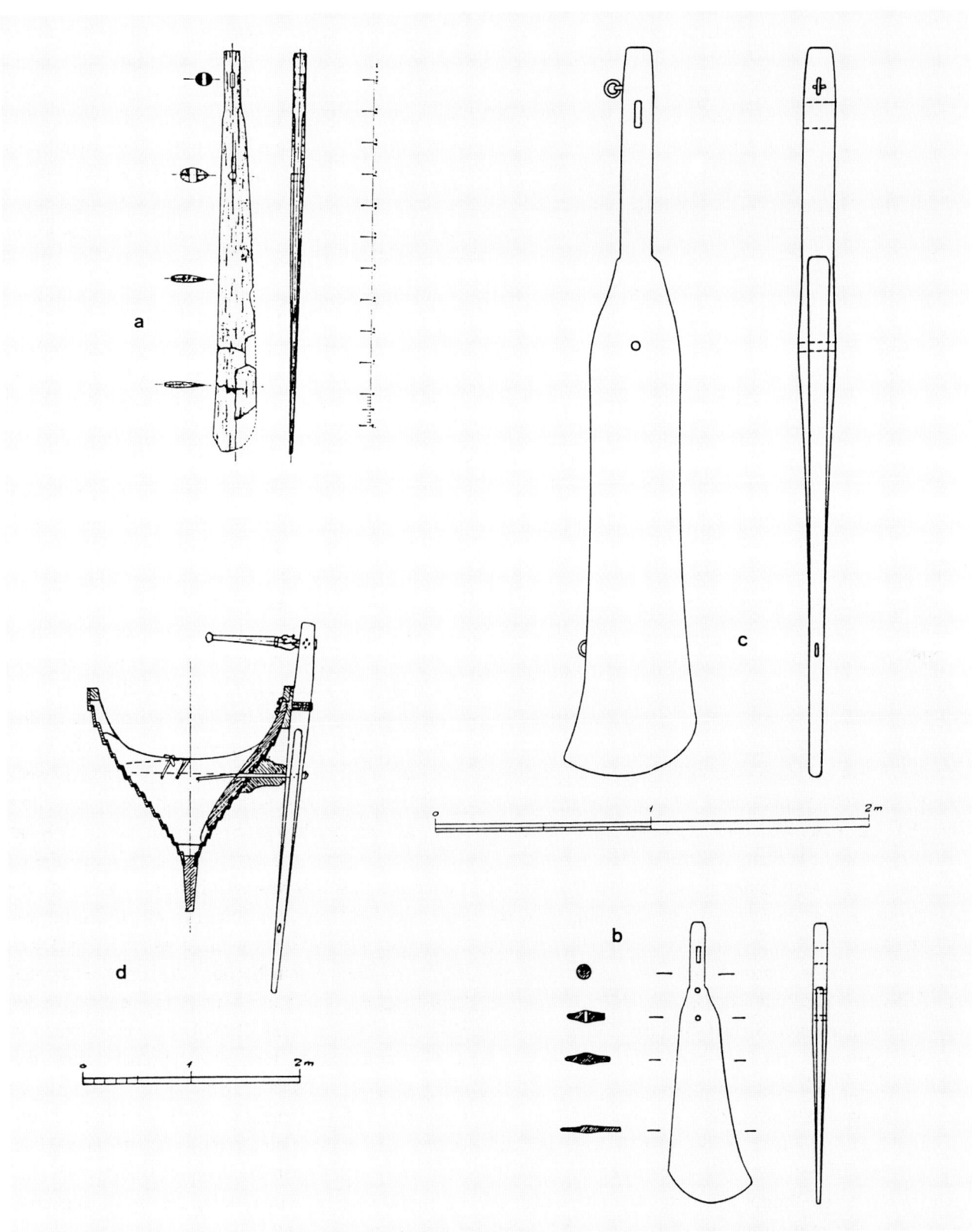

Abb. 4 Asymmetrische Steuerruder: A Kvalsund; b Gokstad, Boot 2 (Nr. 47.2.a), selber M. wie c; c Gokstad, großes Schiff; d Befestigung von c am Rumpf.

ment aus Hessens (Nr. 17.a) zu datieren. Das Ruder von Kvalsund weist im wesentlichen dieselbe Form auf wie die wikingerzeitlichen Ruder, d.h. einen kurzen Hals mit einem ovalen Loch für die Ruderpinne und ein langes Blatt, das in diesem Fall schmal und am unteren Ende asymmetrisch abgerundet sowie mit nicht ganz parallel verlaufenden Seiten und kleinen, wenig abgesetzten Schultern ausgestattet ist. Die zum Bug weisende Seitenkante ist breiter als die zum Heck weisende. Auch das stark zerstörte Fragment der Pinne, deren eines Ende durch das Loch im Hals des Ruders geschoben wurde, ist erhalten. Hinter diesem Zapfen verdickt sich der Querschnitt, so daß es nicht weiter nach hinten rutschen kann, während eine Sicherung nach vorne, gegen ein unbeabsichtigtes Herausziehen, nicht belegt ist. Da das Ruder vor der Grabung geborgen worden war, ist die Befestigungsweise nur indirekt aus dem Fragment einer warzenförmigen Klampe zu erschließen, die wie bei den wikingerzeitlichen Grabfunden aus Norwegen das Ruder an der Bordwand fixiert haben dürfte.

Gleichfalls in diesen Zeithorizont gehören merowingische Münzen mit Schiffsdarstellungen, die spatenförmige Ruder zeigen (s.u.).

Erst mit den Grabfunden der Wikingerzeit von Oseberg (Nr. 58.c), Gokstad (Nr. 47.1.c, 2.a, 3.a, 4.a) und Tune (Nr. 63.c) liegen so vollständige Daten vor, daß sich Aussagen über das Verhältnis von Steuerruder zum Schiff machen lassen. In der Form entsprechen sie dem oben beschriebenen Exemplar aus Kvalsund, nur bei drei Stücken aus Gokstad schwingt das Blatt an der zum Heck weisenden Unterkante mehr nach hinten aus als sonst üblich. Auch das Ausmaß, in dem die Schultern abgesetzt sind, variiert geringfügig.

Das früheste Beispiel aus dieser Gruppe von Mannschaftsbooten ist das Ruder von Oseberg, das an zwei relativ weit oben gelegenen Stellen mit dem Rumpf in Verbindung stand: über ein Loch ca. 30 cm unterhalb der Schultern und durch ein Lederband, das am Griff und an der Reling angebracht war. Das Loch liegt an der Stelle auf, wo am Rumpf eine Klampe angenagelt ist, die das Ruder einerseits fixiert, es anderseits aber auch davor schützt, gegen den Rumpf gedrückt zu werden. Durch das Loch im Ruder, die Klampe und eine Durchbohrung der Schiffswand wurde eine Weidenrute bis zum Ruderspant geführt. Zusätzlich war der Spant, an dem das Ruder angebracht war, höher als die übrigen Spanten gezogen und durch eine Leiste verstärkt. Das Ruder reicht in senkrechter Stellung ungefähr 20 cm unter den tiefsten Punkt des Kiels und 40 cm über die Reling. Die Vermutung, daß es wie einige andere Gegenstände aus Oseberg ursprünglich nicht zum Schiff gehörte, ist sicher nicht von der Hand zu weisen (Brøgger & Shetelig ²1971, 110), aber doch wenig wahrscheinlich, zumal das Ruder in der richtigen Position angetroffen wurde.

Aus der zweiten Hälfte des 10. Jahrhunderts stammt das Ruder des Gokstadschiffes, das auf die oben in Zusammenhang mit dem Schiff von Oseberg beschriebene Weise am Rumpf befestigt wurde. Hier ist auch die dafür notwendige Weidenrute am dahinterliegenden Ruderspant befestigt angetroffen worden. Als Besonderheit weist das Ruder weiter unten am Blatt, ca. 60 cm oberhalb der Unterkante, eine Eisenkrampe an der hinteren Seitenkante auf, durch die wahrscheinlich eine Leine zum Heben bzw. Senken des Ruders geführt wurde, die allerdings nicht gefunden wurde. An der achterlichen Kante am Hals befindet sich ein Ringbolzen, durch den wahrscheinlich eine Sicherungsleine für die über 1 m lange Pinne lief, welche jedoch an anderer Stelle im Grab angetroffen wurde. Wo der Ruderhals an der Reling anliegt, ist ein ca. 10 cm dickes Lager mit einer Aussparung für das Ruder aus der Planke herausgearbeitet. Beiderseits dieser Aussparung befinden sich längliche Löcher, deren Zweck am ehesten darin bestanden haben dürfte, eine weitere Leine zum Hals zu führen. Es ist anzunehmen, daß das Ruder in Arbeitsstellung ungefähr 50 cm über die Reling und unter dem Kiel hinausragte (Dammann 1983, 12). Bei den Booten von Gokstad ist aufgrund ihrer Größe bezweifelt worden, daß die Ruder wirklich hier verwendet wurden. So konnte bei dem Nachbau des kleinsten Bootes, des Færing, das Ruder nur ohne Pinne benutzt werden (McGrail & McKee 1974), obwohl ein Loch hierfür vorhanden war. Die Ruder für die kleinen Boote weisen dieselbe Form wie das Ruder des Schiffes auf, doch verfügen sie nicht über Metallösen für eine Leine, die ihr Aufheben erleichtert. Über ihre Anbringung an den jeweiligen Booten ist nichts durch den Fundkontext belegt, doch wird eine ähnliche Konstruktion wie bei dem Schiff angenommen (Dammann 1983, 16).

Bei dem gleichzeitigen Fund von Tune verfügt das Ruder gleichfalls über ein Loch im oberen Bereich des Blattes und eine Krampe an der hinteren unteren Seitenkante. Die Form mit einem langen und schmalen Blatt sowie die geringe Länge sind zum Teil auf spätere Trockenrisse zurückzuführen. Die Aufhängung wird auf dieselbe Weise wie zuvor bei Gokstad rekonstruiert, doch ist diese Partie des Rumpfes nicht erhalten.

In diese Reihe ist auch das Ruder des größeren Bootes von Fjørtoft (Nr. 46.a) zu stellen, das ungefähr mit dem Fund von Oseberg gleichzeitig ist. Seine vordere Seitenkante verläuft jedoch gerade, während die hintere eine leicht geschwungene Schulter zeigt. Den Gebrauchsspuren nach zu urteilen, war es mit einem anscheinend breiten Lederriemen direkt unterhalb des Halses am Rumpf befestigt; das Loch weist eine Form auf, die auf längeren Gebrauch hinweist.

In die zweite Hälfte des 9. Jahrhunderts wird der datierte Einzelfund von Southwold (Nr. 9.a) gesetzt, der wohl auch zu einem hochseetüchtigen Schiff gehörte, sich aber doch in einigen Details von den oben angesprochenen Exemplaren unterscheidet. Zwar findet sich auch hier ein längliches Loch für die Ruderpinne, doch ist das Loch für die Befestigung am Rumpf rechteckig und war anscheinend mit Eisen ausgeschlagen. Die Aufhängung muß also anders als die oben beschriebene ausgesehen haben, evtl. mit einer starren Eisenachse, ist jedoch nicht rekonstruierbar. Beide Seiten verlaufen gerade, wenn auch nicht parallel.

Neben diesen Exemplaren existiert eine weitere Gruppe von wikingerzeitlichen Steuerrudern, die jedoch nicht im Küsten- oder Hochseeverkehr, sondern im Binnenbereich Verwendung fanden. Von den oben vorgestellten Rudern hebt sich diese Gruppe durch ein in Form und Querschnitt symmetrisches Blatt ab, welches allerdings stark unterschiedliche Formen aufweist. Aufgrund ihrer Gestalt werden sie hier als »Paddelruder« bezeichnet.

Das Ruder des Ruderboots von Årby (Nr. 65.a), von Roberts (1986, 120) und McGrail (1987, 207) als Paddel bezeichnet[4], verfügt über ein sehr kleines und schmales Blatt mit einem spitzen Abschluß. Der Abschluß des Griffes durch einen Knopf statt einer Pinne sowie der Fundort mitten im Boot lassen auf eine freihändige Handhabung schließen, was allerdings aufgrund des Fehlens des Achterschiffes nicht zu beweisen ist. Dies wäre bei dem zugehörigen Boot, das am ehesten als ein kleines Flußboot zu bezeichnen ist, durchaus nicht ungewöhnlich. In dieselbe Gruppe gehört das Ruder aus Stettin (Nr. 83.a), das ein spatenförmiges Blatt aufweist. Auch hier fehlen Spuren der Befestigung. Fraglich, wenn auch nicht auszuschließen, muß die Verwendung des Ruders auf dem Boot bleiben, unter dem es gefunden wurde. Auch das Exemplar aus Antwerpen (Nr. 11.a) gehört mit seinem spatenförmigen Blatt in diese Gruppe, doch ist seine Datierung in die Wikingerzeit alles andere als sicher. Es gehört zu einem Flußboot ohne Segelantrieb und wurde anscheinend durch ein Loch in der Bordwand an Backbord geführt, wie es auf den karolingischen Münzen dokumentiert ist (s.u.). Einzelheiten lassen sich wegen der schlechten Dokumentation nicht feststellen.

Bildliche Darstellungen von Steuerrudern aus der Vendel- und Wikingerzeit sind relativ häufig, doch müssen bei einer Interpretation solcher Zeugnisse deren Material, zumeist Stein, sowie die geringe Größe der Darstellung in Rechnung gezogen werden. Beides wird eine detaillierte Zeichnung erschwert haben. Die auf den gotländischen und den wenigen anderen Bildsteinen dargestellten Segelschiffe und teilweise auch die Ruderboote aus der Zeit des 8.-12. Jahrhunderts zeigen häufig Steuerruder, die jedoch nicht selten nur in dem unter dem Schiff herausragenden Teil zu sehen sind. Die Ruder weisen unabhängig von ihrem Fundort zwei Varianten wahrscheinlich asymmetrischer Ruder auf, wobei die leichten Abweichungen innerhalb dieser Varianten auf unterschiedliche Zeichenstile und Vollständigkeit in der Darstellung oder der Erhaltung zurückzuführen sind: Die größte Gruppe verfügt über deutlich mehr oder weniger eckig nach hinten gezogene und gerade abgeschlossene untere Blattenden und in der Regel nicht parallel zueinander verlaufende Seitenkanten. Ein kleiner Schulterabsatz ist nur selten erkennbar, da diese Partie oft nicht detailliert zur Darstellung kam. Ruder dieser Ausprägung dürften in ihrer Form dem Exemplar von Alsodde (Nr. 23.a) entsprechen. In einer zahlenmäßig sehr viel kleineren Gruppe ist das Ruder auch mit parallel verlaufenden Seitenkanten und einem unten abgerundeten Blatt ohne

---

[4] Diese Interpretation beruht auf einer erneuten Untersuchung des Fundes durch Roberts, bei der die Spuren einer fehlenden Ducht achterlich der vorhandenen beobachtet wurden. Diese soll nach Roberts (1986, 120) zur Aufnahme einer herausnehmbaren Ducht gedient haben, auf der man beim Paddeln saß, während sie beim Rudern entfernt wurde. Da die dazugehörigen Pläne noch nicht publiziert sind, ist diese These zur Zeit nicht überprüfbar.

erkennbare Verdickung, dem Exemplar Kvalsund vergleichbar, dargestellt. Nur auf dem Stein von Tullstorp, Schonen, aus der Wikingerzeit ist das Blatt stark nach hinten ausgeschwungen (Christiansson 1953, 82 Abb. 7). In drei Fällen ist die Pinne zu erkennen, doch lediglich auf dem Stein von Smiss I (Stenkyrka sn.; Nylén & Lamm 1978, Nr. 295) läßt die Zeichnung erkennen, daß die Pinne durch den Hals des Ruders gesteckt ist und dann rechtwinklig nach oben (wahrscheinlich eine falsche Perspektive für einen Winkel auf derselben Ebene) abbiegt; die durch das Ruder verlaufende Partie ist ein wenig kürzer als die nach dem Knick. Bis auf den Stein von einem unbekannten Fundort aus Gotland aus dem 8.-9. Jahrhundert (Nylén & Lamm 1981, Nr. 377, Abb. S. 138) ist kein sicherer Beleg für eine Montage des Ruders an Backbord zu erbringen; soweit feststellbar, sind die restlichen Ruder an Steuerbord angebracht. In diesen drei Fällen, in denen die Pinne angegeben ist, aber auch auf einer Reihe von anderen Steinen aus Gotland, wo sich der dargestellte Teil des Ruders nach oben verlängern läßt, wird das Steuer nicht von der am achterlichsten dargestellten Person gehandhabt, sondern von der davor befindlichen, doch gibt es auch Gegenbeispiele (z.B. das Segelschiff von Ardre VIII [Nylén & Lamm 1978 Nr. 16]).

In das 8. und 9. Jahrhundert sind die sog. Dorestadmünzen zu datieren, auf denen auch als Holke klassifizierte Segelschiffe dargestellt sind (Skåre 1964). Hier finden sich Ruder mit spatenförmigem Blatt und Quergriff, die als Paddelruder zu charakterisieren sind.

Die Steuerruder, die auf dem Teppich von Bayeux dargestellt sind (Stenton 1957, Taf. 5-7. 36. 42-43), unterscheiden sich nicht übermäßig voneinander: Manchmal ist die Ruderpinne ausgelassen, und die Ruderblätter der normannischen Schiffe sind alle an der hinteren unteren Kante in einer leichten Spirale nach außen gezogen, was bei den angelsächsischen nicht der Fall ist. Sie haben ein eher schmales Blatt ohne markanten Schulterabsatz, und wie auf dem Ausschnitt von Tafel 43 erkennbar ist, war die Ruderpinne nicht wie bei den oben beschriebenen Funden durch ein Loch im Hals gesteckt, sondern umgekehrt: Hier wurde der Hals durch ein Loch in der Pinne geführt. Auf Tafel 30 ist eine Manschette über dem Ruderhals auf der Höhe des Übergangs vom zweiten zum dritten Bordgang von oben sichtbar. Weitere Hinweise auf die Befestigung der Ruder am Rumpf liegen nicht vor.

Bei der Darstellung der Landung der Normannen (Taf. 43, rechts) ist in einem Fall das Ruder aufgeholt.

Ungefähr in das 10. Jahrhundert wird die Darstellung der Arche auf dem Manuskript der Caedmon Genesis datiert, wo ein federmesserförmiges Steuerruder an Backbord mittels einer Lasche befestigt ist (Fenwick 1978, 200) (Abb. 11.d). Spatenförmige Seitenruder wie die aus Antwerpen und Stettin sind für zwei Flußboote aus dem »Eadwine Psalter« aus dem 12. Jahrhundert belegt (Fenwick 1978, 209), das jedoch auf älteren Vorläufern basiert und somit geographisch und chronologisch nicht näher einzuordnen ist. Eines weist deutlich einen Quergriff als Pinne auf, und in beide Fällen ist der Stiel am zweiten Plankengang von oben durch die Bordwand geführt.

Aus der mittelalterlichen Siedlung von Novgorod (Nr. 85.a) sind 25 Ruder bekannt geworden, von denen vier aufgrund ihrer Schichtzugehörigkeit in die Zeit von 1025/1054 bis 1177/1198 datiert werden. Auch die späteren Exemplare, das jüngste stammt aus der Schicht 1, weisen typologisch keine Veränderungen auf. Anhand ihrer Form sind sie den Paddelrudern von Årby und Stettin an die Seite zu stellen, doch ist wegen ihrer Größe – bis zu 2,35 m Länge – nicht damit zu rechnen, daß alle freihändig zu handhaben gewesen wären. Da über die Entwicklung des Schiffbaus aus dieser Region nichts bekannt ist, muß die Beantwortung der Frage nach der Art ihrer Anbringung und ihrer Benutzung – evtl. handelt es sich bei einigen Exemplaren um Bugruder (Ellmers 1972, 82) – Spekulation bleiben.[5]

Eine relativ große Anzahl an undatierten Einzelfunden wurde aus dem dänischen Fahrwasser (Alsodde [Nr. 23.a], Jungshoved [Nr. 31.a], Rebæk [Nr. 35.a], Vorså [Nr. 39.a]), dem Kanal vor Southwold (Nr. 9.b), in norwegischen Moorfunden (Bøtnes [Nr. 43.a.], Dale [Nr. 45.a], Harøy [Nr. 50.a]) geborgen. Ihre Datierung in die Zeit vor 1200 ist nicht gesichert – aus Bergen sind sie bis in die Schicht 1332-1413 (vor Feuer 3) bekannt (Christensen 1985, 153) –, aber doch sehr wahrscheinlich, zumal sie von Hochseeschiffen stammen dürften (s.u.). Aufgrund ihrer Fundsituation sind die Ruder von Uppsala (Nr. 74.a) und Visby (Nr. 76.a), von dem keine Beschreibung vorliegt, in die

---

[5] Die von Kolchin (1989, 105 und Taf. 108) vorgeschlagene Rekonstruktion eines Schiffes aus Novgorod des 12.-13. Jahrhunderts ist aus mehreren Funden und Bilddarstellungen zusammengesetzt; ein solches Schiff hat sicher nie existiert.

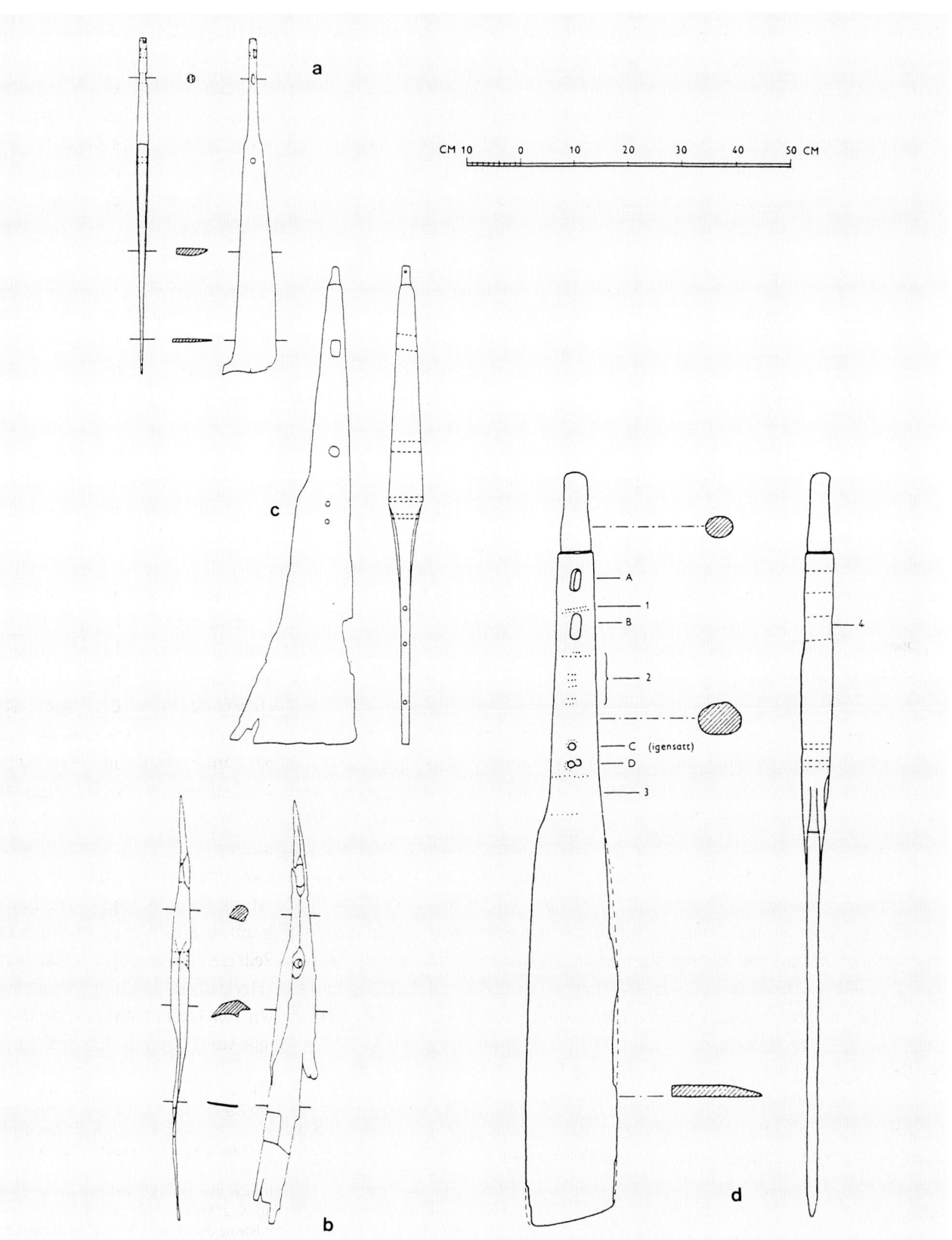

Abb. 5 Asymmetrische Steuerruder: a Vorså, o.M.; b Jungshoved, o.M.: c Rebæk, o.M.: d Uppsala.

Zeit vor 1200 zu datieren, wobei offen bleibt, welcher Periode der jüngeren Eisenzeit oder des frühen (skandinavischen) Mittelalters sie zuzuweisen sind.

Von den sehr schlecht erhaltenen norwegischen Funden ist das Stück von Bøtnes mit dem Ruder von Nydam verwandt, während dasjenige aus Harøy der Gruppe der oben beschriebenen Ruder aus den norwegischen Bootgräbern entspricht. Als Unikat darf der Fund eines Rohlings für ein Seitenruder von Dale gelten, der eine gerade Vorderseite aufweist. Leider gibt es hier keinerlei Anhaltspunkte für eine Datierung. Das Exemplar aus Southwold (Nr. 9.b) ist von der Form her identisch mit dem durch C 14-Datierung in die 2. Hälfte des 9. Jahrhunderts gesetzten Ruder desselben Fundortes.

Die dänischen und schwedischen Exemplare heben sich insofern von den oben beschriebenen wikingerzeitlichen Steurrudern ab, als die Blätter der Stücke von Uppsala und Rebæk gerade verlaufende Vorderseiten aufweisen und die Ruder von Vorså und Rebæk an der hinteren Unterkante stark nach hinten ausgezogen sind. Das Bemerkenswerte an diesen Rudern ist die Tatsache, daß die Stücke von Vorså und Uppsala zwei Löcher für die Ruderpinne aufweisen. Das Ruder von Uppsala hat anscheinend auf zwei Schiffen Verwendung gefunden, da zwei Löcher für die Befestigung am Rumpf vorhanden sind (Lindqvist 1948, 70). Das Vorsåruder hingegen hat nur ein Loch zur Befestigung am Rumpf, so daß die von Crumlin-Pedersen (1960, 111) vorgeschlagene Rekonstruktion schlüssig scheint: Er geht davon aus, daß das Ruder in seichtem Wasser etwas höher als sonst aufgeholt wurde, um es nicht durch eine Grundberührung zu gefährden. Da hierbei der Ruderhals weiter zum Bug komme als in der Normalstellung, habe man einen zweiten Ansatzpunkt für die Ruderpinne geschaffen. Unterstützt wird diese Darstellung durch die Position des oberen Lochs, die eine leicht gebogene Pinne voraussetzt. Hierbei ist jedoch keinesfalls auszuschließen, daß das Ruder an zwei Schiffen montiert worden war, wobei dasselbe Loch für die Befestigung benutzt wurde, aber unterschiedliche Löcher für die Ruderpinne. Das schlecht erhaltene Stück aus Jungshoved war möglicherweise an der *Backbordseite* angebracht (Crumlin-Pedersen 1966, 260).

Aus dem Bereich außerhalb des Arbeitsgebietes sei auf zwei Ruder verwiesen: auf die aus dem römischen Reich stammenden Funde von Brügge (Nr. 12.b) und Zwammerdam. Das Ruder des Schiffes aus Brügge zeigt trotz seines schlechten Erhaltungszustandes, daß Seitenruder mit Pinne im Nordwesten des römischen Reiches im zweiten Jahrhundert bekannt waren. Das Blatt ist allerdings symmetrisch. Hinweise auf die Aufhängung fehlen, doch es dürfte mit dem Ruder auf der Münze von Canterbury (Abb. 68, a) vergleichbar sein. Auf diese Weise unterstützt dieser Fund die These, daß im Bereich der keltischen Schiffsbautradition Seitenruder, wie sie später ab der Vendelzeit in Nordeuropa belegt sind, bereits in der älteren Eisenzeit Verwendung fanden. Auf der anderen Seite zeigt das Exemplar von Zwammerdam[6] einen Aufbau, der trotz einiger Abweichungen mit dem Ruder von Nydam vergleichbar ist, auch wenn de Weerd (1978, 20) es aufgrund der Tatsache, daß es aus mehreren Teilen verzapft und mit Eisennägeln zusammengefügt ist, für aus dem mediterranen Raum beeinflußt hält. Für ein Wippruder, das gleichfalls aus diesem Bereich bekannt ist[7], dürfte es zu kurz sein.

In West- und Nordeuropa sind für die Zeit vor 1200 ausschließlich Seitenruder archäologisch belegt, die bis auf wenige unsichere Ausnahmen steuerbords kurz vor dem Heck angebracht waren. Andererseits tauchen in der zweiten Hälfte des 12. Jahrhunderts (McGrail 1987, 251) die ersten Darstellungen von Stevenrudern[8] auf, die aber aus kirchlichem Kontext stammen und somit eher kulturelle Beeinflussung auf künstlerischem Gebiet zeigen als historische Realität dieses Raumes (s.o. S. 16). Geläufiger werden solche Darstellungen auf Städtesiegeln der Mitte des 13. Jahrhunderts (Ewe 1972, passim), doch im Fundmaterial tauchen sie erst mit dem als Kogge klassifizierten Schiff von Kolding auf, das in das 14. Jahrhundert datiert wird (Crumlin-Pedersen 1979a, 18). Hier läßt sich die Anbringung eines Heckruders durch den Fund von stark verwitterten Resten von Eisenbeschlägen nachweisen, wie sie bei der Kogge von Vigsø aus dem frühen 15.

---

6 De Weerd 1978, 17.20, Abb. 24; McGrail 1987, 242-4, Abb. 12.33: Zusammen mit fünf Booten am Rande eines römischen Lagers angetroffen; keinem der Boote zuzuweisen; L. 5,15 m, davon 2,35 m Blatt; größte Br. des Blattes 1,24 m; aus drei Teilen zusammengesetzt; 2 Löcher nebeneinander im oberen Teil des Blattes.

7 Z.B. aus dem See von Neuchâtel und als Relief auf dem Grabmal des Blussus; Ellmers 1972, Abb. 49. 81-2; McGrail 1987, 241-3.

8 Es handelt sich um die Taufsteine der Winchester Cathedral (McGrail 1987, Abb. 8.18) und von Zedelgem, Brügge, (Fenwick 1978, Fig. 8.12b), die beide ein Schiff zeigen, das als Holk angesprochen wird.

Jahrhundert belegt sind (ebd.). Der Durchbruch in der Verwendung von Stevenrudern liegt mithin nach 1200. Vor diesem Zeitpunkt waren zwei Gruppen von Seitenrudern in Gebrauch, die eine mit symmetrischem und die andere mit asymmetrischem Blatt.

Die erste Gruppe, oben als Paddelruder bezeichnet, ist erst mit der Wikingerzeit sicher im Fundmaterial vertreten, doch ist anzunehmen, daß die unsicheren Exemplare von Hjortspring sowie die auf merowingischen Münzen dargestellten Ruder gleichfalls in diese Kategorie gehören (Abb. 48.b-e). Die Art ihrer Befestigung am Rumpf ist für keinen der Funde belegt, doch lassen bildliche Darstellungen darauf schließen, daß die Ruder durch eine hoch am Rumpf sitzende Lasche oder Leine geführt wurden. Eine Handhabung ohne feste Fixierung am Rumpf, evtl. auch durch eine längere Leine gesichert, ist jedoch bei den kleineren Exemplaren denkbar. Die wikingerzeitlichen und mittelalterlichen Funde stammen aus dem Ostseebereich oder aus Gebieten mit großen Binnengewässern. Soweit erkennbar sind sie mit Schiffen, die sich vorzugsweise für den Binnenverkehr eignen, in Verbindung zu bringen, doch ist auch eine Verwendung auf großen Schiffen und Segelschiffen bezeugt. Diese Art von Rudern wurde bis in die Gegenwart benutzt und dürfte aus der Verwendung von Paddeln zum Steuern bereits vor der Eisenzeit entstanden sein.

Die Gruppe der Seitenruder mit asymmetrischem Blatt ist mit der späten Kaiserzeit in Nordeuropa nachweisbar, aber im römischen Einflußbereich ist dieser Typ bereits im 2. Jahrhundert bekannt. Alle Exemplare weisen eine Steuerpinne bzw. eine Vorrichtung dafür auf und waren bis auf das Stück von Nydam fest mit dem Rumpf verbunden. Der Punkt, an dem sie am Rumpf befestigt sind, ist gleichzeitig ihr Drehpunkt beim Heben und Senken. Diese Verbindung konnte nicht starr sein, da die Steuerung durch eine Bewegung nach Backbord und Steuerbord erzielt wird. Die besondere Ausgestaltung des Ruderspantes ab der Vendelzeit läßt eine Übertragung dieses Rudertyps auf Schiffe zu, bei denen die eigentliche Steuereinrichtung fehlt. Eine Benutzung des Ruders in zwei unterschiedlichen Höhen ist nur in einem Fall belegt. Diese Gruppe ist im gesamten Arbeitsgebiet bis auf die östliche Ostsee verbreitet und wurde ausschließlich auf Seeschiffen verwendet, aber diese brauchen nicht zwingend Segel getragen zu haben. Die hydrodynamische Wirkungsweise der Ruder soll weiter im Zusammenhang mit dem Antrieb diskutiert werden.

Eine besondere Art der Rudereinrichtung stellt die Verwendung eines Bugruders dar, die in dem hier behandelten Raum sporadisch in der vorrömischen Eisenzeit und in der Völkerwanderungszeit belegt und für die Kaiserzeit anzunehmen ist.[9] Ihre Form ist unbekannt, doch treten sie soweit feststellbar ausschließlich bei Fahrzeugen ohne Segel auf, was ein symmetrisches Ruder vermuten läßt.

2. Anker (Abb. 6-10)

Anker dienen in der Regel dazu, Schiffe kurzfristig oder auch über längere Zeit an einem Ort, meist vor der Küste ohne Kaianlagen, zu halten. Hierzu reicht es, einen genügend schweren Gegenstand, etwa einen Stein, an einem Tau zu befestigen und auf den Grund herabzulassen. Solche Anker sind ethnologisch und historisch hinlänglich bekannt (Schmidt 1983, 5-18), doch sind sie im archäologischen Fundmaterial wegen der geringen oder gar nicht erfolgten Bearbeitung nur in so eindeutigen Fundsituationen wie in Oseberg (Nr. 58.f.1) zu erkennen.[10] Aber auch sehr viel leichtere Anker und solche mit einer Holzkonstruktion können aufgrund ihrer Widerhaken, die sich in den Seeboden eingraben, diese Aufgabe erfüllen. Dabei ist es zweckmäßig, wenn der Kopf des Ankers beschwert wird, da hierdurch der Zug auf die Flunken vermindert wird. Der Anker kann sich dann schneller eingraben und wird nicht so leicht durch die Strömung oder den Zug des Schiffes ausgebrochen. Der Teppich von Bayeux zeigt die Verwendung von Ankern am Strand oder in seichtem Wasser (s. Kap. V.2).

Aus dem Bereich der Nord- und Ostsee sind bis 1200 lediglich zwei Arten der Ankerkonstruktion bekannt[11]: solche mit einem Rahmenwerk aus Holz, das einen Stein

---

9 Daß auf dem Graffito von Upper Deale Church, das in die frühe Normannenzeit datiert wird, ein Bugruder abgebildet ist (Fenwick 1978, 209), ist mehr als zweifelhaft.

10 Wobei sich auch hier die Frage stellt, ob es sich wirklich um einen tatsächlich genutzten Anker handelt oder nicht doch um eine rituell bedingte »Befestigung« des Schiffes im Grab, wie sie aus der Gísla saga (Thule Bd. 8, 88; IF 6, Kap. 17) bekannt ist.

11 Das »Greifeisen« des Bootsmodells von Broighter ist einzigartig und unsicher; s.u.

einschließt, und Stockanker aus Eisen, wie sie auch heute noch Verwendung finden. Letztere verfügen über eine Stange und Flunken aus Eisen sowie einen rechtwinklig zu den Flunken angebrachten Stock, in dem hier bearbeiteten Gebiet aus Holz. Dieser Stock soll verhindern, daß der Anker sich lediglich auf den Seeboden legt: Er dreht den Anker nämlich so, daß sich zumindest eine Flunke in den Boden bohren kann.

Anhand der Ausformung ihrer Arme entwickelte Kapitän (1984, 42/3) eine Typologie mediterraner Eisenanker, die jedoch nicht in dieser Form auf die nördlich der Alpen gefundenen Exemplare übertragbar ist, da die mediterranen Typen mit einem durch ein Auge im Schaft geführten Eisenstock versehen waren und zudem die genaue Ausformung der Typen nicht exakt miteinander korrespondiert. Dem hier behandelten Material wird Ellmers Gliederung anhand der Flunkenformen eher gerecht (1987, 156-8). Diese typologische Gliederung in ein festgefügtes chronologisches System umzusetzen, ist aufgrund des heute bekannten Fundmateriales jedoch problematisch, da die Materialbasis zu dünn ist. Außerdem sind eiserne Stockanker sowie hölzerne Anker auch aus dem hohen Mittelalter (Åkerlund 1951, Taf. 5,b) und der Neuzeit bekannt (Rasmussen 1968, 33), so daß die Einbeziehung undatierter und einzeln angetroffener Exemplare in diese Untersuchung nicht sinnvoll ist.

Daß bedeutend mehr Stockanker als solche mit Holzrahmen bekannt geworden sind, ist zum einen materialbedingt auf die besseren Erhaltungschancen des Eisens zurückzuführen. Darüber hinaus macht sich in den Fundzahlen der Umstand bemerkbar, daß Stockanker anhand ihrer Form wesentlich leichter zu erkennen sind als Holzanker, die in fragmentarischem Zustand überaus schwer identifizierbar sind. Andererseits stellten Stockanker aufgrund ihres Materials einen beträchtlichen Wert dar, der bei einem evtl. Verlust sicher nicht ohne weiteres aufgegeben wurde, sondern Gegenstand umfangreicher Bergungsbemühungen gewesen sein dürfte.

Aus der vorrömischen Eisenzeit liegen aus Nord- und Westeuropa keine gesicherten Ankerfunde vor. Zwar spricht Ellmers (1987, 159/60, Abb. 7) zwei Holzstücke aus Hjortspring[12] als *die abgebrochenen Flunken eines kreuzförmigen Holzankers* (ebd., 160) an. Doch ist der Beschreibung des Ausgräbers Rosenberg (1937, 65-67) zu entnehmen, daß die Stücke keinesfalls zusammen und

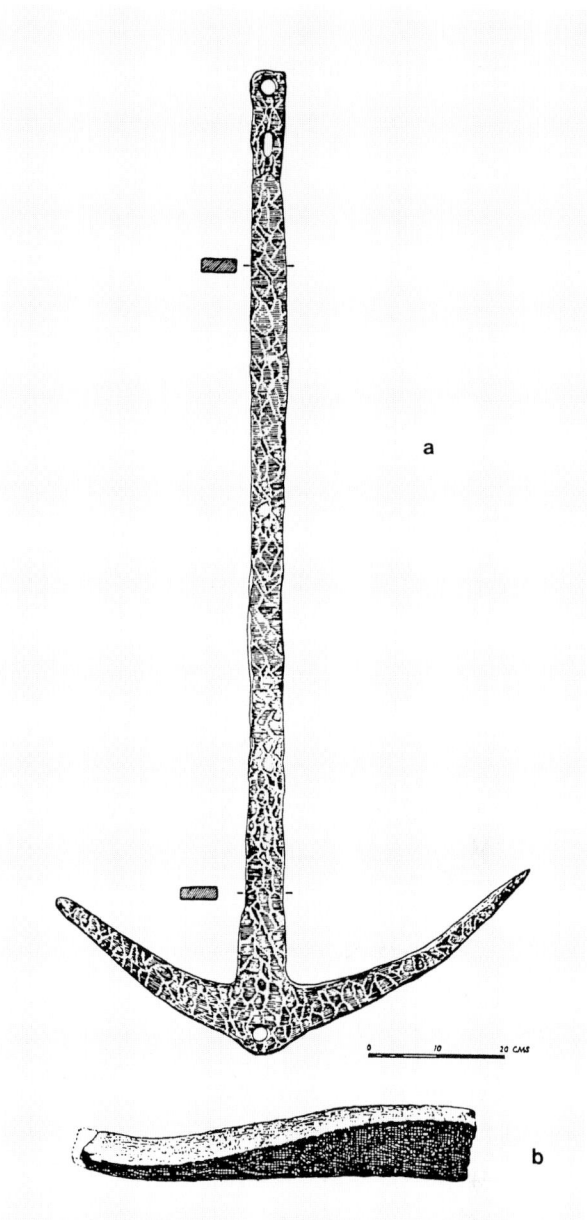

Abb. 6 Stockanker: a Bulberry; b Nydam, o.M.

12 Es handelt sich um die beiden Fundstücke Nr. 571 und 572, die Rosenberg (1937, 65-7) folgendermaßen beschreibt: *Ein wie eine grobe Ziehnadel hergerichtetes Gerät mit einem runden, gerade abschließenden Griff, einer langen dünnen Spitze und, am Übergang zwischen den beiden Teilen, einem viereckigen Auge.* [Eigene Übersetzung] Nr. 571 ist an der Spitze und am Loch etwas abgebrochen, und Nr. 572 wurde in zwei Teile zerbrochen aufgefunden, ließ sich aber vollständig zusammensetzen. Die zusammengesetzte Länge beläuft sich auf 26,5 bzw. 34,3 cm, die Dicke an den Enden auf jeweils 2,1-2,3 cm. An den Augen betragen Dicke und Breite der Stücke außen 2,0 x 2,7 cm (hier Innenmaße des Auges 1,5 x 1,5 cm) bzw. 2,1 x 2,7 cm. Beide sind sorgfältig abgerundet und geglättet und wurden an unterschiedlichen Stellen jeweils über einer Ansammlung von Schnüren angetroffen. Rosenberg hält eine Verwendung bei der Herstellung von Tauwerk für möglich.

auch ohne einen größeren Stein angetroffen wurden. Außerdem rechnet Rosenberg zumindest bei einem Stück damit, daß es am dickeren Ende vollständig, d.h. nicht abgebrochen war, wie es Ellmers Rekonstruktion voraussetzt. Eine Klärung ist anhand der von Rosenberg vorgelegten Publikation nicht möglich. Der Umstand, daß es sich bei den beiden Hölzern nur um sehr dünne und kurze Stücke handelt – die größte Breite an den Enden beträgt 2,7 cm, und an den Augen mißt die Einfassung lediglich 0,5 cm in der Breite und 1 cm in der Dicke –, ist kein Argument gegen eine Interpretation als Anker, da er auch zur Befestigung des Schiffes am Ufer gedient haben könnte. In diesem Fall müßte er nicht ein so großes Gewicht aufbringen wie ein im offenen Wasser benutztes Exemplar. Solange keine Vergleichsfunde zu diesen Stücken aus Hjortspring vorliegen, muß ihre Ansprache mithin offen bleiben. Gleichfalls in die vorrömische Eisenzeit wird das Bootsmodell von Broighter, Irland, datiert, zu dem eine Stange gehört, die an einem Ende in vier zurückgebogenen kleinen Stangen endet. Evans (1897, 392) hat sie als Enterhaken bezeichnet, während McGrail (1987, 253) durchaus die Möglichkeit erwägt, daß es sich hier um einen Draggen handelt, der an einer Leine befestigt war. Keine der beiden Interpretationen kann überzeugen, da Parallelfunde fehlen.

Erst an der Wende zur römischen Kaiserzeit tauchen gesicherte Exemplare in Form von eisernen Stockankern auf: Das früheste Beispiel stammt aus dem in der Höhenbefestigung von Bulberry angetroffenen Depotfund aus der ersten Hälfte des 1. Jahrhunderts n.Chr. (Nr. 4.a), bei dem es sich offensichtlich um eine Ansammlung von Altmetall handelt. Das Stück, das mit einer ungefähr 6,50 m langen Eisenkette versehen ist, verfügt über kaum abgesetzte, spitz auslaufende Flunken. Doch die Herkunft des Ankers ist wegen fehlender Metallanalysen nicht zu klären, obwohl Cunliff (1972, 304/5) eine Herstellung im römischen Milieu aus metallurgischer Sicht für ziemlich wahrscheinlich hält. Andererseits berichtet Caesar (Bell. Gall., III. 13), daß die an der französischen Kanalküste wohnenden Veneti statt der ihm vertrauten Seile eiserne Ketten als Ankertrossen verwenden. Da die Form dieser Anker aber nicht beschrieben wird, muß die Frage, ob die Bewohner der Kanalküste bereits während der römischen Invasion in Gallien 58-52 v.Chr. Stockanker benutzten, unbeantwortet bleiben. Als gesichert darf lediglich betrachtet werden, daß ihnen mediterrane Ankertypen schon länger bekannt waren (s.u.).

Keinesfalls eindeutig sind die Befunde bezüglich der möglicherweise vier Anker aus den Opfermooren von Nydam (Nr. 34.4.a) und dem von Vimose (Nr. 38.b). Bei beiden Fundorten stammen die Stockanker nicht aus den Grabungen von Engelhardt bzw. sind wie das Exemplar aus Nydam (Nr. 34.4.a.1) so fragmentiert, daß eine Ansprache als Flunke eines Stockankers mit Fragezeichen versehen werden muß. Bei allen Stücken, außer dem letztgenannten, ist jedoch aufgrund der Fundgeschichte eine nach der Nutzung als Opferplatz erfolgte Deponierung durchaus in Erwägung zu ziehen, besonders da beide Fundorte evtl. eine unbekannte Zeit lang offene Gewässer waren. Eine genaue Datierung innerhalb der Niederlegungsdauer der beiden Plätze ist daher von vornherein ausgeschlossen. Trotz aller Unwägbarkeiten gibt es aber ausreichende Gründe, die Anker als Teil der Opfer zu betrachten. So ist für Nydam und Vimose die Niederlegung von Booten oder Teilen davon mit Ausrüstung belegt, und die Angaben Engelhardts (1869, 25/6) sowie die Skizzen von Nils Kuntz (Ilkjær & Lønstrup 1981, 12) belegen eindeutig eiserne Stockanker mit einem Loch im unteren Dreieck und ohne Stock. Zweifelhaft muß jedoch bleiben, ob es sich tatsächlich um drei unterschiedliche Exemplare handelt oder ob Nr. 34.4.a.2 und 3 lediglich mehrfach dokumentiert sind. Das Exemplar aus Vimose ist nur aus schriftlichen Notizen bekannt, doch kommt für den erwähnten Eisenanker nur der Typ des Stockankers in Frage. Auch in Vimose wurden Teile von Booten angetroffen, doch muß dieser Ankerfund wegen seiner ungenauen Fundortangabe als weniger sicher als derjenige von Nydam betrachtet werden. Für alle Exemplare ist eine typologische Einordnung aufgrund ihrer mangelhaften Dokumentation nicht durchführbar, doch die Skizze aus Nydam (Nr. 34.4.c) läßt am ehesten auf dreieckige Flunkenspitzen und V-förmig ansetzende Arme schließen, und das Fragment (Nr. 34.4.a) stellt eine meißelförmige Flunke dar, wie sie aus römischem Fundzusammenhang bekannt ist (Ellmers 1987, 156). Die wahrscheinlichste Datierung für die Exemplare aus Nydam liegt in der Zeit von der jüngeren Kaiserzeit bis Völkerwanderungszeit, für dasjenige aus Vimose von der jüngeren Kaiserzeit bis zur älteren Vendelzeit.

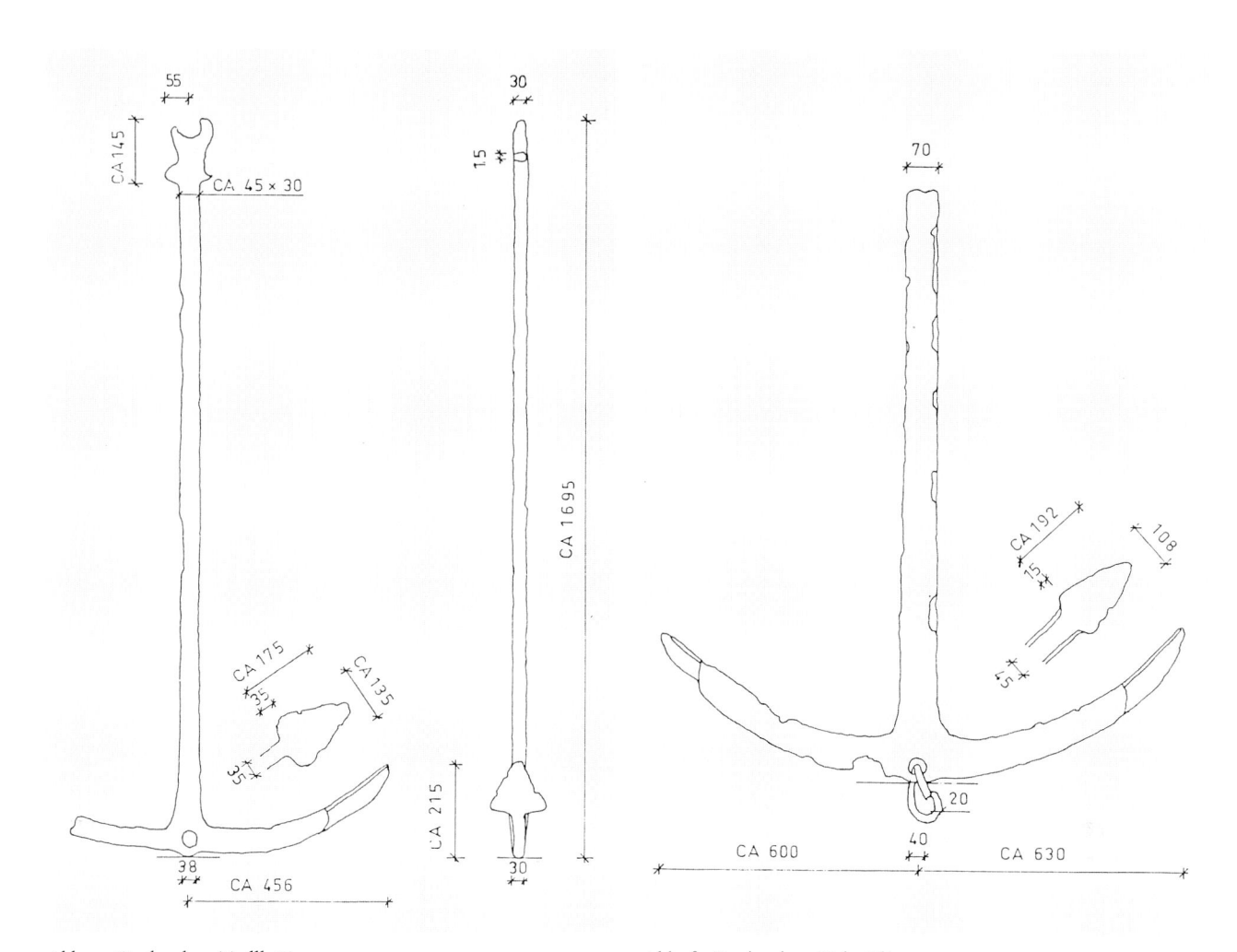

Abb. 7 Stockanker: Trollhättan.

Abb. 8 Stockanker: Södertälje.

Anders, aber dadurch nicht weniger problematisch verhält es sich mit dem Stockanker von Trollhättan (Nr. 72.a): Hier liegt zwar eine relativ ausführliche, wenn auch alte Beschreibung des Fundes vor, doch ist heute das Fundstück nicht mehr mit vollständiger Sicherheit auszumachen (vgl. die Fundgeschichte von Trollhättan und Södertälje [Nr. 71]). Dieser Fundort ist deshalb von besonderer Bedeutung, weil sich hier mit einer relativ großen Wahrscheinlichkeit ein Stockanker einem vorwikingerzeitlichen Fundmilieu zuweisen läßt. Der Fundplatz, ein hochgelegener Inlandsee, besaß vor dem Kanalbau des 18. Jahrhunderts keinen schiffbaren Zugang, so daß ein Anker von solcher Größe, der sicherlich nicht auf kleinen Binnenschiffen Verwendung fand, nicht unbeabsichtigterweise verloren gehen konnte[13], sondern absichtlich dort niedergelegt worden war. Aus dem Fundbericht des Ingenieurs Nordewall rekonstruiert Hagberg (1960, 82/3)

einen Opferfund des 6. Jahrhunderts, der hauptsächlich aus Goldschmuck bestand. Ob es sich bei der erwähnten Holzkonstruktion, worunter sich auch unerkannte Bootsreste befunden haben können, tatsächlich um eine Brücke handelt, sei dahingestellt, doch sind solche Befunde aus dem kaiserzeitlichen Opfermoor von Oberdorla bekannt (Behm-Blanke 1989, 175/6). Da der Anker dem Bericht nach in der Nähe des Schmuckes und der Holzkonstruktion angetroffen wurde, darf die Datierung eines Stockankers in das 6. Jahrhundert als gesichert gelten. Die genaue Ausformung dieses Exemplares, im Katalog ist eine Flunke angegeben, muß jedoch aufgrund der Fundgeschichte fraglich bleiben.

[13] Auch wenn nicht vollständig ausgeschlossen werden kann, daß größere Schiffe, wie in zahlreichen Schriftquellen auch für das Mittelalter belegt, für eine kurze militärische Operation dorthin geschleppt wurden. Doch der Fundort liegt 112 Fuß, mehr als 30 Meter, über der Göta Älv (Hagberg 1960, 76. 82).

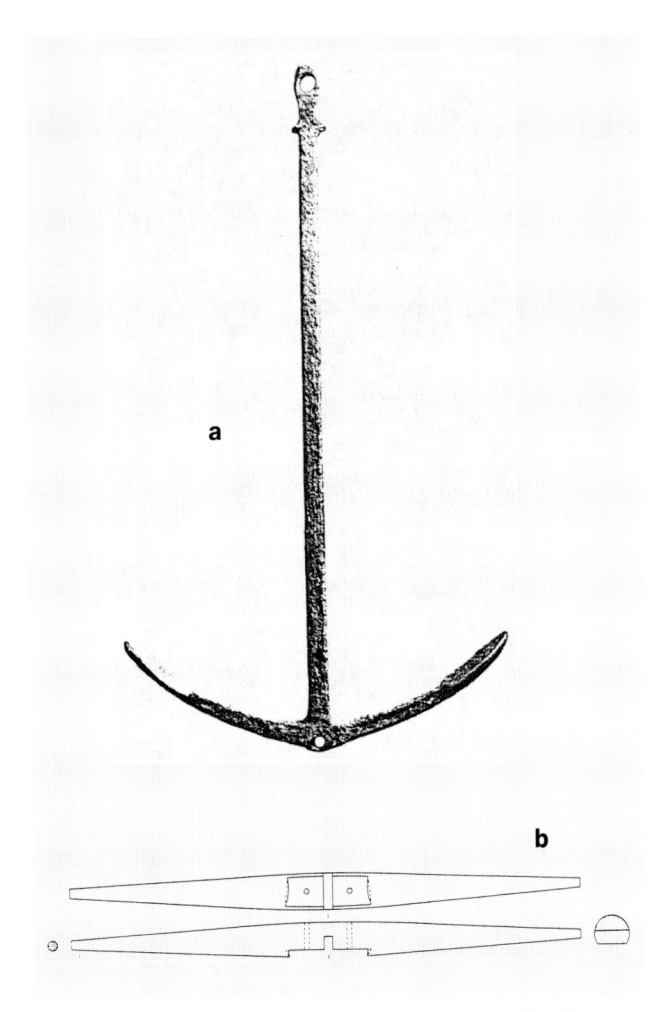

Abb. 9 Stockanker: a Bursnesset, o.M.; b Stock von Gokstad, M 1:40.

Die Mehrzahl der erhaltenen Anker stammt aus der Wikingerzeit, darunter auch die beiden einzigen sicheren Anker mit einem Rahmenwerk aus Holz.

In die Zeit um 800 wird der Stockanker von Ribe (Nr. 36.a) datiert. Zwar wurde er außerhalb einer regulären Grabung gefunden, doch war es möglich, ihn der Füllschicht, die den Beginn der Handwerkersiedlung bezeichnet, zuzuordnen. Offensichtlich handelt es sich hier um einen Verlustfund, wenn er nicht als eine Art Bauopfer betrachtet werden soll. Die Flunken sind lorbeerblattförmig. Weitere Stockanker wurden in Bootgräbern angetroffen: Oseberg (Nr. 58.f.2), Gunnarshaug (Nr. 48.1.b), Gokstad (Nr. 47.1.f) und Ladby (Nr. 32.a). Das älteste Exemplar dieser Gruppe stammt aus Oseberg. Das Schiff verfügt neben dem relativ kleinen Stockanker auch über einen großen Stein, dessen Verwendung auf See aber nicht gesichert ist. Der Eisenanker wurde im Vorschiff angetroffen, aber Stock und Anker waren getrennt ins Grab gelegt worden, so daß die Art der Verbindung unbekannt bleibt. Der Anker ist mit 1,02 m Länge sowohl im Verhältnis zum Schiff, das mit seinen 30 Ruderern dem von Ladby vergleichbar ist, als auch zu dem mehr als doppelt so langen Holzstock, klein. Wie bei anderen Ausrüstungsteilen muß also auch hier damit gerechnet werden, daß die einzelnen Teile ursprünglich nicht zueinander bzw. zu diesem Schiff gehörten. Möglicherweise war die Ankertrosse am 16. Spant an einer Klampe befestigt. In der Mitte des 10. Jahrhunderts wurde das Exemplar von Gokstad niedergelegt, von dem jedoch nur der 2,75 m lange Stock erhalten ist. Von den Eisenteilen, die unabhängig vom Stock relativ weit oben im Hügel angetroffen wurden, sind nur Rostspuren übriggeblieben. Aus der gleichen Zeit stammt das Bootgrab von Ladby, in dem sich zwar die Eisentrosse und die anderen Eisenteile, nicht jedoch der Stock erhalten haben. Für das auf 32 Ruderer ausgelegte besegelte Mannschaftsboot war die Trosse aus einer ungefähr 10 m langen Eisenkette und einem geschlagenen Basttau unbekannter Länge vorgesehen, so daß der Anker sicher auch dafür geplant war, das Schiff in tieferem Gewässer zu halten. Mit dem langen Vorlauf der Eisenkette dürfte der Anker ausreichend Zeit gehabt haben, sich in den Seeboden einzugraben. Alle Stockanker weisen, soweit erhalten, dieselbe Form auf: Der Schaft besteht aus einer viereckigen Stange, die am oberen Ende und im Kreuz ein Loch für einen Ring aufweist. Der Stock war aus einem Stück gearbeitet, aber in keinem Fall wurde er an seinem Platz angetroffen. Die Arme waren gleichmäßig gerundet und die Flunken lorbeerblattförmig.

Anker mit einem hölzernen Rahmenwerk sind aus den Hafenplätzen Kaupang (Nr. 53.1.a) und Wollin (Nr. 84.b) bekannt; sie sind zur gleichen Zeit in den Boden gelangt, aber, soweit erkennbar – der Anker aus Wollin ist nur fragmentarisch erhalten und nur in kurzen Notizen publiziert –, von unterschiedlicher Bauweise. Das Exemplar aus Kaupang besteht aus vier natürlich gewachsenen, schräg angebrachten Holmen, die zusammen mit eingesetzten Querverstrebungen einen Stein einschließen. Der Anker aus Wollin hingegen besaß als unteren Abschluß ein Kreuz, auf dem der Stein stand und das an den Seiten auf unbekannte Weise befestigt wurde.

Auch auf dem Teppich von Bayeux sind Stockanker zu

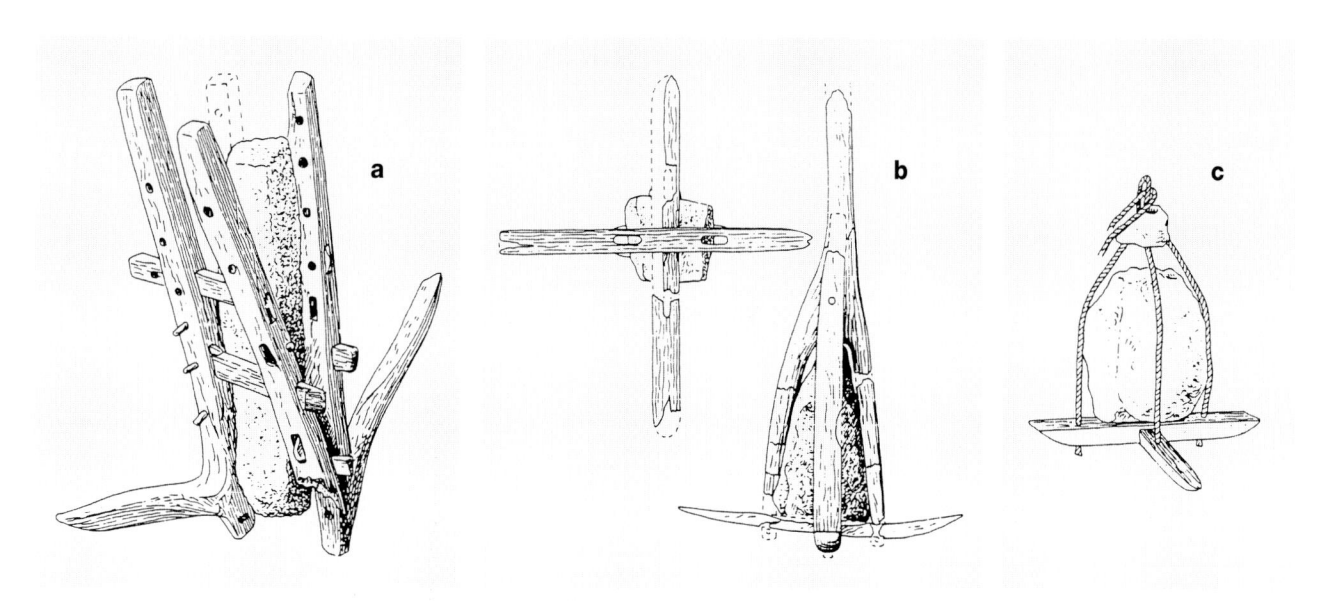

Abb. 10 Holzanker: a Kaupang; b Kalmar, Hochmittelalter; c Nest, Kr. Köslin, Neuzeit.

sehen, die dazu verwendet werden, die Schiffe am Strand festzulegen.[14] Ihrer Form nach unterscheiden sie sich nicht von den oben vorgestellten, doch scheinen sie über kein Loch im Kreuz zu verfügen und lassen an der Schnittstelle von Schaft und Stock einen runden Aufsatz, evtl. eine Scheibe, erkennen.

Darüber hinaus sind sechs Stockanker bekannt geworden, die sich aufgrund ihrer Fundumstände der Zeit vor 1200 zuweisen lassen, ohne daß sie innerhalb der Eisenzeit näher zu datieren wären. Anhand der oben angeführten Beispiele dürften sie jedoch aus der jüngeren Eisenzeit stammen. Der Anker von Bursnesset (Nr. 44.a) ist mit einem kleinen Absatz am Schaft zum Abstützen des Stockes versehen und zeigt dreieckige, aus dem Arm herausgesetzte Flunken. Bei den beiden Ankern aus Södertälje ist die Zuweisung der vorhandenen Exemplare zu einem bestimmten Fundort unmöglich (vgl. Katalog). Von der Form her sind sie mit dem oben dargestellten Stück aus Trollhättan identisch. Das Stück aus Sigtuna (Nr. 70.b) läßt sich wegen des Fehlens seiner Flunken nicht weiter einordnen, und über die Exemplare von Salmorth (Nr. 20.a) und Lurøy (Nr. 56.a) ist nichts Näheres bekannt.

In den nordischen Schriftquellen ist allenthalben von Ankern die Rede, doch genauere Auskünfte über die Tatsache ihrer Verwendung hinaus sind rar. Immerhin findet sich hier (Thule Bd. 3, 91; ÍF 2 [Egils s.] Kap. 30) ein eindeutiger Beleg für die Verwendung eines Steines als Anker auf einem Achtruderer. Im übrigen sind nur Ankertaue ungenannten Materials, wohl am ehesten solche aus Bast, als Verbindungskabel vor Anker liegender Schiffe zum Land genannt (z.B. Thule Bd. 15, 283; ÍF 27 [Ólafs s. hins helga] Kap. 150).

Aus römischem Milieu ist auch nördlich der Alpen eine Reihe von Stockankern bekannt geworden, die alle meißelförmige Flunken aufweisen (Ellmers 1987, 156-8). Als Unikum steht der Bleistock da, der vor Porth Felen, einer kleinen Bucht der Halbinsel Llŷnin (Nordwales), von Tauchern geborgen wurde. Es handelt sich um eine 1,18 m lange und 71,5 kg schwere gegossene Bleistange, die zu einem mediterranen Ankertyp mit Holzrahmen gehört und in die hellenistische bis frühimperiale Zeit, am ehesten in das 2. Jahrhundert oder etwas später, datiert wird (Boon 1977). Die Interpretation dieses Einzelfundes muß natürlich Spekulation bleiben, doch ist es sehr wohl denkbar, daß er von einem Schiff aus dem Mittelmeer dort verloren wurde.

Die Verwendung von Stockankern wird im allgemeinen dahingehend interpretiert, daß das Loch im Kreuz zur Befestigung einer Leine diente, an der eine Boje hing. Auf diese Art ist das Wiederfinden eines ausgelegten Ankers sehr viel leichter. Über ihre Herkunft läßt sich anhand des heutigen Forschungsstands wenig sagen, da keine Metallanalysen vorliegen. Diese könnten evtl. die Frage zu

---

14 Zum Landeverfahren vgl. Kap. V.2

entscheiden helfen, ob die Anker aufgrund ihrer Eisenqualität wirklich dazu geeignet waren, längere Zeit dem Salzwasser zu widerstehen. Ein römischer Ursprung ist in hohem Maße wahrscheinlich (Ellmers 1987, 158), u.a. auch wegen der aus dem Lateinischen übernommenen Bezeichnung, aber wegen der schmalen Materialbasis nicht zu belegen.

3. Laufplanken (Abb. 11)

Laufplanken sind Allzweckgeräte, die zur Überbrückung eines ungangbaren oder stark abschüssigen Geländes dienen. Dies ist auf Schiffen nicht auf die Überwindung des Höhenunterschiedes zwischen Strand und dem an Land gezogenen Schiff beschränkt, sondern erstreckt sich auch auf die Verbindung zwischen zwei annähernd gleichhohen, schwimmenden Schiffen oder zu einer Landungsbrücke. Absolut notwendig zum Verlassen des Schiffes sind sie jedoch nicht, wie auf dem Teppich von Bayeux vorgeführt, wo die Mannschaft mit geschürzter Kleidung durch das seichte Wasser an Land watet.

Obwohl die Verwendung einfacher glatter Planken als Laufplanken auch denkbar ist, sind sie im archäologischen Fundmaterial nur in einer festen Ausprägung aus der Wikingerzeit bekannt: aus den Gräbern von Gunnarshaug (Nr. 48.1.c), Oseberg (Nr. 58.g) und Gokstad (Nr. 47.1.g). Sie zeigen leicht hervorstehende Stege auf der Lauffläche und einen Keil an einem Ende der Unterseite. Das Verhältnis der Höhe des Schiffes mittschiffs und die Länge der Laufplanke beträgt für Oseberg 1,6:6,9 und für Gokstad 2,02/1,95:4,7.

Graphische Darstellungen von Laufplanken finden sich auf dem Bildstein Stora Hammars I aus dem 8.-12. Jahrhundert (Nylén & Lamm 1978 Nr. 184) (Abb. 45). Hier ist ein Boot ohne Segel oder Riemen, aber mit einem Steuerruder und einer vier Mann starken Besatzung dargestellt, das sich auf eine an Land befindliche Menschengruppe zuzubewegen scheint. Der relativ weit unten am Bug gezeichnete Strich ist am wahrscheinlichsten als Laufplanke anzusprechen (Lindqvist 1942, 74), obwohl es sich auch um eine während der Landung zum Abstützen des Schiffes benutzte Stange handeln kann (vgl. Kap. V.2). Nur ungenau in das 10. Jahrhundert wird die Darstellung von Noahs Arche in der Caedmon Genesis datiert (Fenwick 1978, 200), wo steuerbords am Vorschiff eines gleichfalls nur mit einem Ruder versehenen Schiffes eine Leiter mit vier ungleichmäßig verteilten Sprossen zu sehen ist. Glatte Planken sind auch auf einer Miniatur des 12. Jahrhunderts dargestellt (Ellmers 1972, 143; Moll G 19, h 2), wo Krieger aus beruderten Schiffen, die noch im Wasser liegen, über lange Planken an Land gelangen.

Auffallend ist, daß Laufplanken ausschließlich in Verbindung mit Kriegsschiffen angetroffen werden bzw. dargestellt sind. Nur in der Sagaliteratur[15] treten sie auch bei Handelsschiffen in Erscheinung: so etwa bei einem Handelsschiff, das am Ausgang des Lachswasserfjordes auf Fahrtwind wartete und auch nachts die Laufplanke nicht einzog (Thule Bd. 6, 95/6; ÍF 5 [Laxdœla s.] Kap. 30). In solchen Situationen waren die Schiffe durchaus nicht an Land gezogen, so daß eine oder mehrere Laufplanken die einzige trockenen Fußes zu bewältigende Verbindung zwischen Schiff und Land waren (Thule Bd. 3, 111; ÍF 2 [Egils s.] Kap. 40: fram- und skutbryggja). Über das Aussehen dieser Planken und ihren Verbleib während der Fahrt geben die Quellen keine Auskunft. Lediglich bei Kriegsschiffen ist belegt, daß sie zur Verbindung der Schiffe untereinander in kriegerischen Auseinandersetzungen dienten (z.B. Thule Bd. 7, 152; ÍF 2 [Eyrbyggja s.] Kap. 51).

Es ist also festzuhalten, daß Laufplanken auf Schiffen aufgrund ihrer Bauweise sowie ihrer Darstellung in Funktionszusammenhängen bei bildlichen und schriftlichen Quellen in der Regel zur Überwindung von Höhenunterschieden dienten, was ihr Fehlen vor der Vendelzeit mit der geringen Bordhöhe der Schiffe erklärt. Auch wenn Schiffe offensichtlich im Wasser lagen, werden Laufstege nicht in Verbindung mit einer Landungsbrücke oder einem Kai erwähnt. Auch im farmannalǫg (Kap. 20) des Stadtrechts von Bergen von 1276 ist nur von einem allerdings begehrten Ankerplatz oder Landeplatz die Rede, nicht von einer festen Hafeneinrichtung.

---

[15] An dieser Stelle sei darauf hingewiesen, daß im Altnordischen lediglich ein Grundwort, »bryggja«, zur Bezeichnung von Laufplanken, Hafenbrücken, Stegen und Brücken über einen Fluß oder ein Tal existierte. Welche dieser »Brücken« in den einzelnen Texten gemeint ist, ergibt sich oft nur aus dem Kontext, der allerdings auch nicht immer eindeutig ist; Cleasby, Vigfússon & Craigie 1883-86.

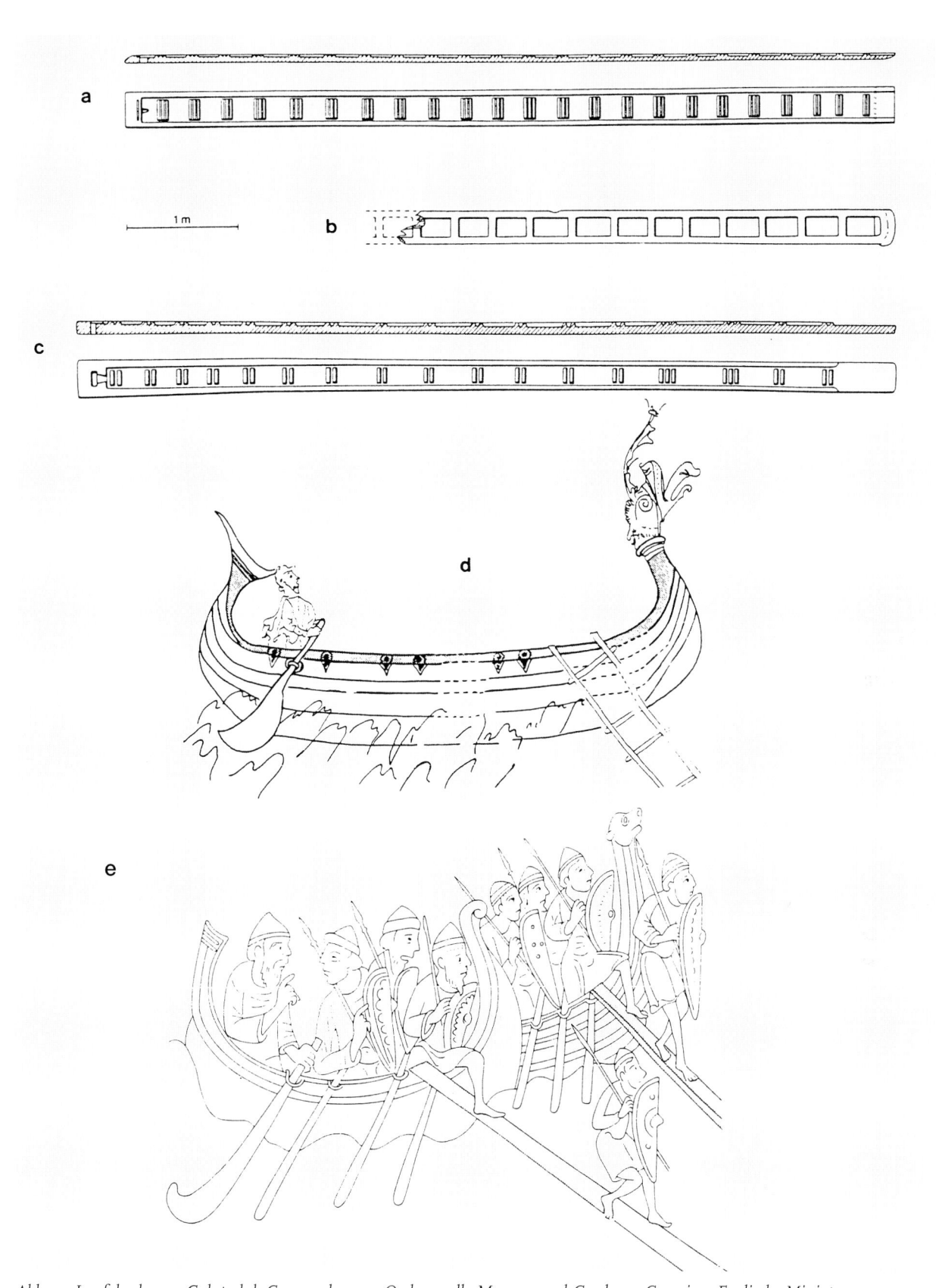

Abb. 11 Laufplanken: a Gokstad; b Gunnarshaug; c Oseberg, alle M ca. 1:50; d Caedmon Genesis; e Englische Miniatur.

4. Beiboote

Beiboote zeichnen sich nicht durch eine bestimmte Ausgestaltung oder gar einen eigenen Typ gegenüber anderen kleinen Booten aus. Allein ihre Funktion als Begleitboot eines größeren Schiffes ist für ihre Ansprache ausschlaggebend, und es ist mehr als wahrscheinlich, daß kleinere Ruderboote lediglich zeitweise als Beiboote eingesetzt und ansonsten wie andere Jollen benutzt wurden. Beiboote kommen, den erzählenden nordischen Quellen nach zu urteilen, hauptsächlich im Verkehr zwischen einem auf Reede liegenden Schiff und dem Land bzw. zwischen zwei schwimmenden Schiffen zur Anwendung. Doch können sie auch als zusätzlicher Platz zum Verstauen von Ladung oder Gepäck oder ähnlichem, zum Erkunden unbekannten Fahrwassers sowie als Rettungsboote, aber auch zum Heben des Ankers (Heinsius ²1986, 148) benutzt werden. Hierzu ist am ehesten an mittels Riemen oder Paddel angetriebene Boote zu denken, da ein Segel das Manövrieren auf engem Raum oder unruhiger See sehr erschwert. Die gelegentliche Nutzung eines Segels ist nicht von vornherein auszuschließen, allerdings erst für die Hansezeit belegt (Heinsius ²1986, 149).

Im archäologischen Fundmaterial lassen sich Boote nur aufgrund ihres Fundzusammenhanges als Beiboote ansprechen, was die Möglichkeit ihres Nachweises praktisch auf Bootgräber beschränkt. Selbst bei Moorfunden mit zwei Booten, bei denen das eine kleiner ist als das andere, läßt sich eine solche Beziehung letztlich nicht belegen, obwohl diese Interpretation bei Fjørtoft (vgl. Katalog Nr. 46) und Kvalsund (vgl. Katalog Nr. 55) bei einem Längenverhältnis von großem zu kleinem Boot von 1,7:1 für Fjørtoft und fast 2:1 für Kvalsund durchaus erwägenswert, doch nicht sehr wahrscheinlich ist.

Als sicheres Beiboot darf das Boot 2 von Gunnarshaug (Nr. 48.2) aus der späten Vendelzeit gelten, dessen Erhaltungszustand allerdings keine Rekonstruktion zuläßt. Auch eines der beiden kleineren Boote von Gokstad (Nr. 47.3,4) diente wahrscheinlich als solches, doch ist anhand ihrer Größe (ca. 8 m mit unbekannter Breite gegenüber 6,51 x 1,38 m) keine eindeutige Zuweisung möglich. Auf einem der beiden Boote muß zudem eine Mastspur (Nr. 47.4.a) montiert gewesen sein, doch sind wahrscheinlich beide besegelt gewesen (Christensen 1959, 58/9).

Auch auf dem Teppich von Bayeux ist an einer Stelle ein Beiboot abgebildet: Als Harald von England aus den Kanal überquert, wird es einfach in Schlepp genommen (Stenton 1957, Taf. 6). Anscheinend dasselbe Boot wird, nun mit Stevenzier und Rojepforten versehen, zum Ausbringen des Ankers an den Strand benutzt (a.a.O., Taf. 7. 8). Das Boot unterscheidet sich in seiner Bauweise nicht von den anderen auf dem Teppich dargestellten Kriegsschiffen.

Beiboote tauchen allenthalben in der nordischen Literatur auf, meist in Verbindung mit Kaufschiffen, aber auch mit einem nicht hochseegehenden Küstenschiff (Thule Bd. 6, 95-6; ÍF 5, [Laxdœla s.] Kap. 30). Stets handelt es sich dabei um ein einziges Beiboot (Thule Bd. 7, 72; ÍF 4 [Eyrbyggja s.] Kap. 29), doch scheint seine Größe in keinem festen Verhältnis zur Größe des Schiffes zu stehen.[16] Die Beiboote verfügen offenbar über dieselben Einrichtungen für das Steuerruder wie große Boote (Thule Bd. 3, 160; ÍF 2 [Egils s.] Kap. 56) und besitzen über Keipen geführte Riemen (ebd.). In einem Fall ist erwähnt, daß das Boot mit einem Mann besetzt hinter dem Schiff hergeschleppt wurde (Thule Bd. 16, 277; ÍF 28 [Heimskringla, Haraldssona s.] Kap. 6), doch ist auch belegt, daß sich die Boote auf dem Schiff befanden (Thule Bd. 6, 95-6; ÍF 5 [Laxdœla s.] Kap. 30), in einem Fall als umgedreht hinter dem Mast liegend spezifiziert (Thule Bd. 5, 43; ÍF 7 [Grettis s.] Kap. 17). Weitere Informationen sind aus diesen Quellen nicht zu entnehmen.

Zusammenfassend ist festzuhalten, daß Beiboote erst mit der späten Vendelzeit auftauchen und auch weiterhin im archäologischen Material selten bleiben. Wo sie während der Fahrt verstaut wurden, ist auch anhand der Schriftquellen nicht zu ermitteln, doch auf dem Siegel von Sandwich (1238) ist eines mittschiffs ziemlich weit oben an der Steuerbordreling mit dem Kiel nach unten dargestellt. Über die Feststellung, daß Beiboote höchstwahrscheinlich vom gleichen Typ und gleicher Ausstattung wie andere kleine Ruderboote gewesen sein dürften, hinausgehende Aussagen sind für die behandelte Zeit nicht möglich.

---

16 Es sind sowohl Beiboote mit einer Größe von 20 Mann (Thule Bd. 3, 82; ÍF 2 [Egils s.] Kap. 27) als auch solche, die lediglich die Hälfte der Besatzung eines Grönlandfahrers aufnehmen konnten (Thule Bd. 13, 47; ÍF 4 [Eiríks s. rauða] Kap. 13), bekannt.

5. Ösfässer (Abb. 12, 13)

Offene Boote sind in besonderem Maße der Gefahr ausgesetzt, daß während der Fahrt so viel Wasser in den Schiffskörper gelangt, daß sie sinken. Gerade Boote mit niedriger Bordwand nehmen schon bei normalem Seegang leicht Wasser über, doch können sie, wieder an Land, einfach umgedreht werden. Höher gebaute Schiffe nehmen zwar weniger Seewasser über, doch werden sie auch nicht mit einer solchen Regelmäßigkeit wie kleinere Schiffe aus dem Wasser gezogen, so daß sie durch die nie vollständig dichten Plankengänge Wasser ziehen und auch durch Regenwasser vollaufen können. Dieses bereits unter normalen Verhältnissen vorhandene Risiko erhöht sich bei stürmischer See natürlich weiter. Das Wasser sammelt sich dann an der am tiefsten gelegenen Stelle im Schiff, beiderseits des Kiels in der Bilge. Hier befinden sich an manchen Schiffen (z.B. Årby [Nr. 65]) mit Zapfen verschlossene Ablauflöcher, die jedoch natürlich nur an Land geöffnet werden können. Auf See muß das eindringende Wasser über die Bordwand wieder hinausbefördert werden, um ein zu tiefes Eintauchen des Schiffes zu verhindern.

Die hierzu benutzten Gegenstände werden unter dem Oberbegriff 'Ösfaß' zusammengefaßt. Neben den unten beschriebenen Geräten ist in diesem Bereich auch der Gebrauch von Eimern denkbar, sei es zum Ausschöpfen bei höherem Wasserstand, sei es zum Sammeln des mittels kleinerer Ösfässer aufgenommenen Wassers. Doch da eine solche Verwendung weder archäologisch zu erschließen noch anhand der Fundsituation wahrscheinlich zu machen ist, entziehen sie sich der Ansprache und werden nicht im Zusammenhang mit den archäologischen Funden behandelt.

Die im archäologischen Fundmaterial als »Ösfaß« betitelten Exemplare sind alle aus einem Stück Holz gefertigt und besitzen eine relativ flache Schale, an der ein Griff ausgearbeitet wurde. Die Ausformung der Schale variiert von oval und am vorderen Ende spitz bis scheffelförmig. Durch diese Formgebung ist eine Abgrenzung zu Schalen mit Griff, großen Löffeln oder Scheffeln, etwa für Korn, typologisch nicht durchführbar, und somit ist der Fundkontext, in Zusammenhang mit einem Schiffsfund oder einem Hafen, in der Regel ausschlaggebend für ihre Ansprache. Gefäße mit Stielgriff und abgerundetem vorderen Ende sind nicht zum Ausschöpfen eines Schiffes in der Bilge geeignet, da sie sich nicht dem gerade verlaufenden Boden anpassen. Solche Gefäße sind eher zum Schöpfen von Flüssigkeit aus einem größeren Behälter verwendet worden (vgl. Katalog Nr. 58). Insgesamt sind 9 Exemplare aus der Zeit vor 1200 bekannt:

Das älteste Beispiel stammt aus dem Opferfund von Hjortspring (Nr. 30.c), wo es in der Nähe des Bootes angetroffen wurde. Mit seiner spitzovalen Form und seinem flachen Boden ist es einer Schale ähnlich, doch finden sich weder unter dem anderen Holzgeschirr dieses Fundortes noch in anderen Moorfunden, die wahrscheinlich der vorrömischen Eisenzeit zuzuweisen sind, ähnliche Gefäße. Die Holzgefäße aus den jütischen Mooren von Hvorslev (Glob 1942, 268 Abb. 10) und Nørre Smedeby (Becker 1948, 94 Abb. 4) sind aufgrund ihrer rundlichen Form als Haushaltsgeräte anzusprechen, zumal beide aus einem Fundmilieu ohne Schiffe stammen.[17] Auch im keramischen Inventar findet sich kein vergleichbares Exemplar.

Im Kiefernboot von Nydam wurden zwei Holzgefäße angetroffen, von denen eines (Nr. 34.1.b) aufgrund seiner breiten und tiefen Schaufel mit gerader Kante als Ösfaß angesprochen werden kann, während das andere, das sehr viel schlechter dokumentiert ist, am ehesten eine Schöpfkelle ist. Leider sind für dieses Exemplar keine Maße greifbar. Eine Datierung in die jüngere Kaiserzeit ist wahrscheinlich.

Der überwiegende Teil der Ösfässer stammt aus Siedlungen der Wikingerzeit, was ihre Ansprache als Schiffsausrüstung unsicher macht. Das älteste und einzige sichere Exemplar dieser Gruppe stammt aus dem Bootgrab von Oseberg (Nr. 58.k), wo es zusammen mit den anderen Ausrüstungsteilen im Vorschiff, direkt auf dem Boden des Schiffes liegend, angetroffen wurde. Es handelt sich mit seiner Länge von 1,38 m um das größte bekannte Exemplar, wobei die schaufelförmige Schale sehr flach ist. Das von Christensen (1985, 149) als Ösfaß bezeichnete Fragment wurde in der Wassertonne des Schiffes angetroffen und diente als Schöpfgefäß für Trinkwasser (vgl. Katalog Nr. 58). Über die beiden Stücke vom Fundplatz an der Fribrødre Å (Nr. 27.b) sind keine weiteren Infor-

---

17 Müller-Wille (1968/69, 189) führt Hvorslev zwar unter der Rubrik »Boote und Bootsteile in Mooren« auf, doch beruht dies auf einer Fehlinterpretation des dort gefundenen 'Doppelruders'; s. Kap. III.1.

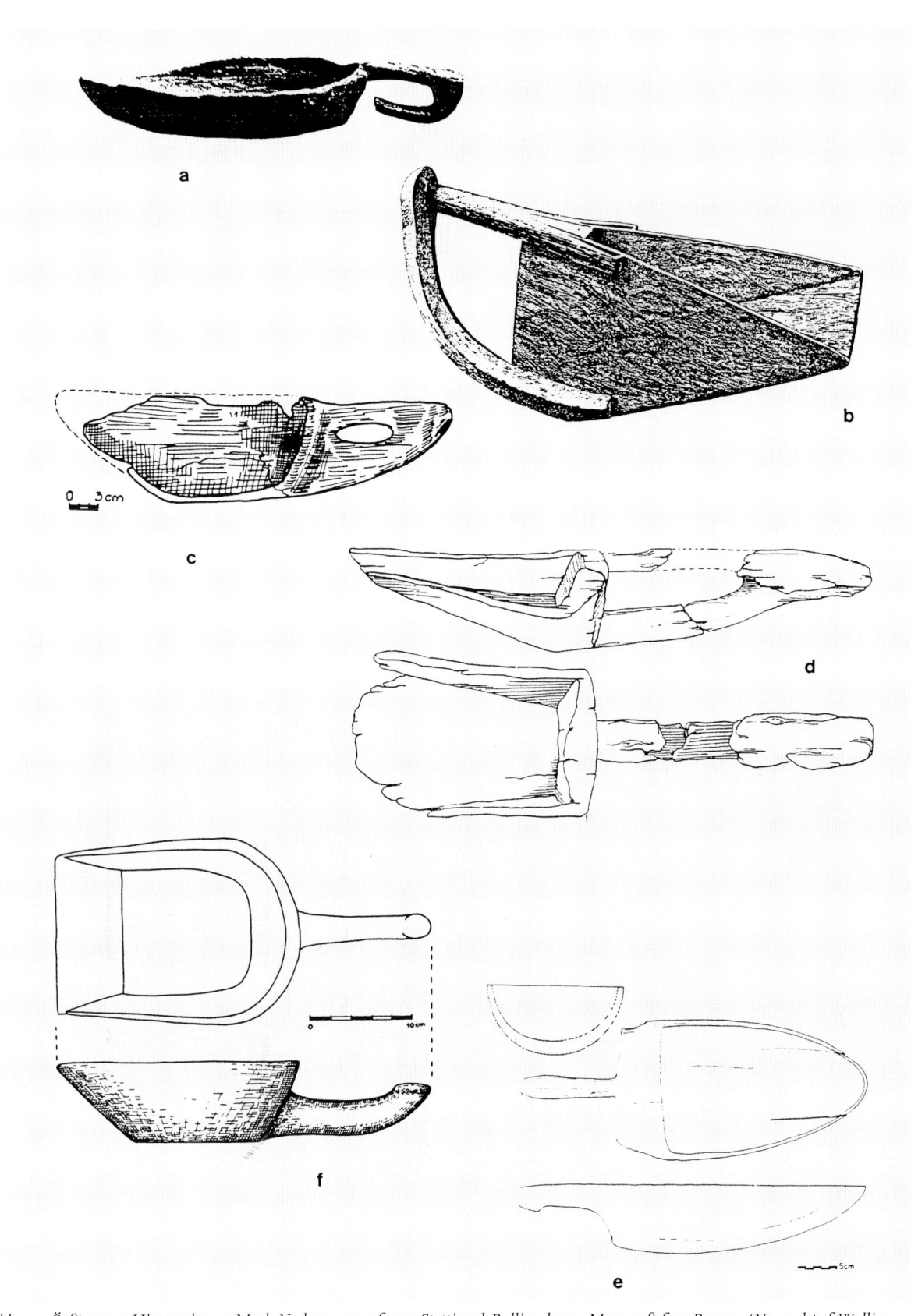

Abb. 12 Ösfässer: a Hjortspring, o.M.: b Nydam, ca. 1:6,5; c Stettin; d Ballingderry, M ca. 1:8,6; e Bergen (Nr. 41.b); f Wollin.

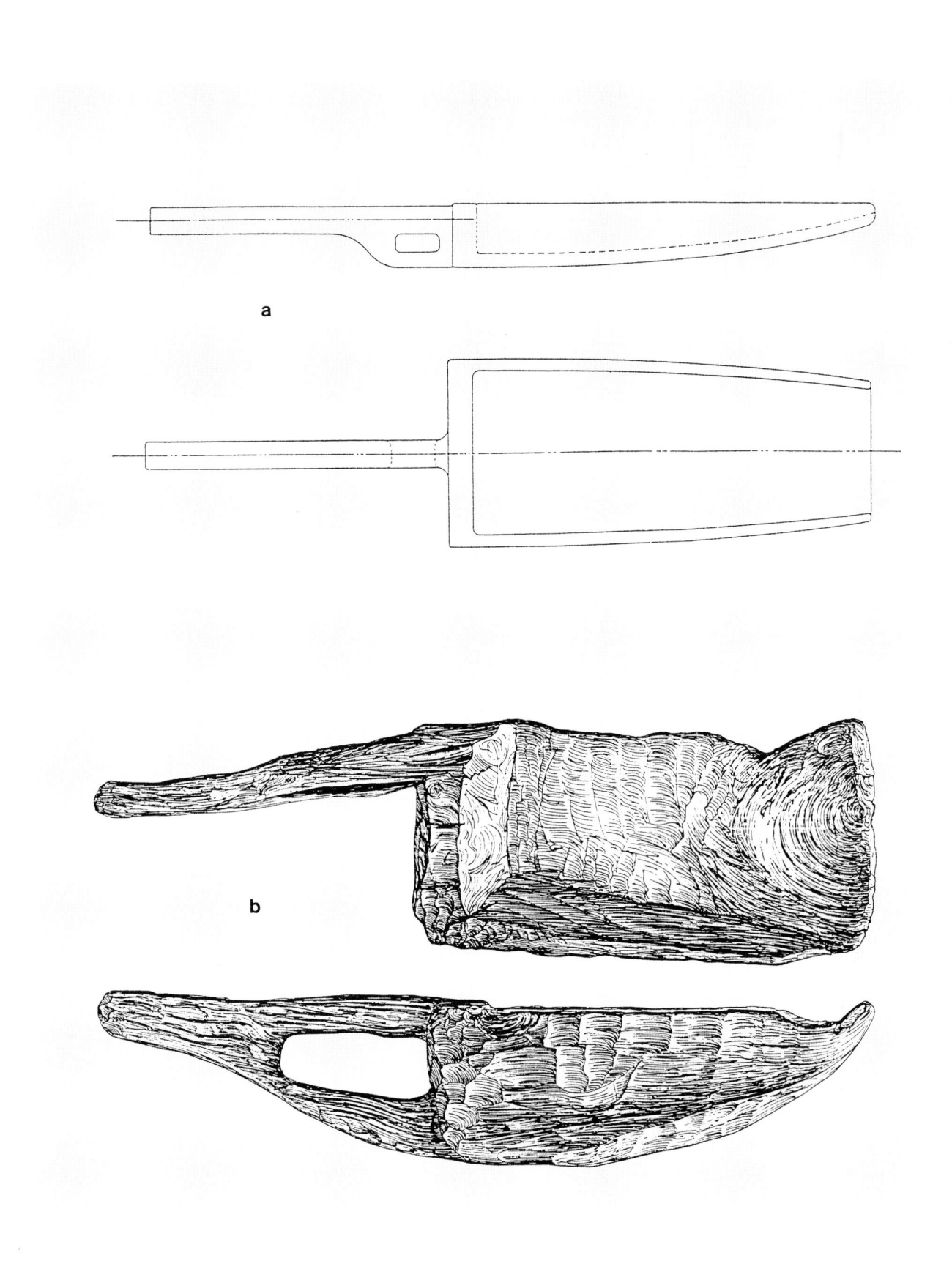

Abb. 13 Ösfässer: a Oseberg, M 1:10; b Elisenhof, M 1:3.

mationen greifbar. Das Ösfaß aus dem Crannog von Ballinderry (Nr. 1.b) war sicher für ein kleineres Boot als das von Oseberg gedacht. Seine Schale ist zum vorderen Ende von unten nach oben abgeschrägt. Eine vergleichbare Form weisen die Exemplare von Elisenhof (Nr. 15.a), Stettin (Nr. 83.b) und Wollin (Nr. 84.c) auf; die beiden letztgenannten stammen aus dem Hafen bzw. der Hafensiedlung. Aufgrund ihrer Form und ihres Fundortes ist auch eine Verwendung beispielsweise als Kornscheffel nicht auszuschließen. Das Exemplar von Stettin wurde zwar mit einem Boot aus der zweiten Hälfte des 9. Jahrhunderts gefunden, doch ist eine sekundäre Einschwemmung nicht auszuschließen.

Ebenfalls zusammen mit Siedlungsmaterial wurde das fragmentarische Ösfaß aus Bergen (Nr. 41.b) angetroffen. Es ist vom gleichen Typ wie die nach 1200 zu datierenden Stücke dieses Platzes: Das vordere Ende ist spitz und leicht abgeschrägt; am hinteren Ende der Schale ist die Wand schwach nach oben gezogen, damit das Wasser nicht so leicht über den Griff laufen kann. Drei vergleichbare Exemplare sind von einem undatierten Moorfund aus Norwegen bekannt (Christensen 1985, 149; Fig. 10.5-7). Neben diesen Exemplaren sind auch sechs weitere Ösfässer in Bergen (Christensen 1985, 149; Fig. 10, 1-4) und eines in Tønsberg[18] angetroffen worden, die bis in die Zeit vor 1413 zu datieren sind. Die Stücke aus Bergen sind alle vom oben beschriebenen Typ, und auch dasjenige aus Tønsberg ist in der Aufsicht fast tropfenförmig, wobei das schmalere Ende vorne ist. Die Funde von Novgorod zeigen, wie unsicher die Ansprache eines Gefäßes als Ösgefäß eines Schiffes ist. Hier kamen nämlich in unterschiedlichen Schichten nach 1200 sechs Gefäße zutage, die dem Ösfaß von Oseberg sehr nahe stehen, doch werden drei von Kolchin (1989, 73. 103) als Kornscheffel und drei als Ösfässer angesprochen. Der einzig greifbare Unterschied besteht in der Länge: Einer der »Scheffel« war 33 cm lang, davon 14 cm Griff, und 12 cm an der Schaufel breit; das größte »Ösfaß« ist 84 cm lang und 15 cm breit. Da es sich in allen Fällen um Siedlungsfunde ohne maritimen Zusammenhang handelt, kann eine solche Klassifizierung nicht akzeptiert werden, sind doch die kleineren Exemplare genausogut zum Ausschöpfen eines Schiffes geeignet wie die größeren, die ihrerseits ebensogut zum Abmessen und Verpacken größerer Mengen Korn zu verwenden waren.

Im archäologischen Fundmaterial treten also sehr unterschiedliche Typen von Ösfässern auf, deren Länge zwischen 32 cm und 1,38 m mißt. Auch die Schale zeigt keine typenspezifische Ausformung, außer daß sie am vorderen Ende entweder spitz oder gerade mit abgeschrägter Wand versehen ist.

Ösfässer selbst sind in den Sagas nicht beschrieben, doch über den Vorgang des Ausschöpfens eines Schiffes finden sich zwei Passagen mit ähnlicher Aussage. Aus der Grettis Saga stammt folgende Darstellung von einer Überfahrt von Island nach Norwegen in einem Wasser ziehenden Kaufschiff: *Damals war keine Rinne für das Schöpfwasser auf den Seeschiffen; man tat das, was Bottichschöpfen [»bytuaustr«] oder Trogschöpfen genannt wurde. Das war mühsam und schwierig; man brauchte dazu zwei Bottiche, der eine ging dann hinunter, wenn der andere hinaufging.*[19] Auch in der Fóstbrœðra Saga (Thule Bd. 13, 277; ÍF 6, Kap. 20) findet sich der Vermerk, daß statt einer Rinne ein Bottich verwendet wurde, mit dem Zusatz, daß das Leeren des Eimers von zwei übereinander stehenden Personen besorgt wird. In beiden Fällen wird die Arbeit des Bottichfüllens bzw. des Über-Bord-Kippens als schwere und auch nasse Arbeit vorgeführt, deren schnelle Erledigung zur Profilierung des jeweiligen Protagonisten dient. Diesen Textstellen zufolge wurden bei hochbordigen Seeschiffen das Bilgewasser erst durch ein ungenanntes Gerät in ein Gefäß[20] befördert, das dann von zwei oder mehreren Männern über die Bordwand nach außen entleert wurde. Dieses Verfahren betrachteten jedoch bereits die Sagaschreiber als antiquiert: Zur ihrer Zeit, d.h. im 14. Jahrhundert, wurde das Bilgewasser über eine Rinne nach außen geleitet, wobei es sich bei der Rinne und dem Gerät, mit dem das Wasser in diese hineingebracht wurde, mit Sicherheit nicht um eine Pumpe handelte.

Es ist somit festzuhalten, daß es relativ wenige Fundstücke und Quellen zu dem Bereich des Ausschöpfens des Bilgewassers gibt, was aber trotzdem als eine der am häufigsten ausgeführten Arbeiten während einer längeren Fahrt angesehen werden darf. Aber auch bei Booten,

---

18 Olsen; Mus. Tønsberg, Inv. Nr. 1503.
19 Zitiert nach: Die Saga von Grettir. Aus dem Altisländischen übersetzt und kommentiert von Hubert Seelov. Düsseldorf-Köln 1974, 49; dieselbe Stelle: Thule Bd. 5, 46; ÍF 7, Kap. 17.
20 So die allgemeinere Übersetzung von »byta« -u, f.

die wie dasjenige von Hjortspring deutlich ausschließlich für Fahrten am Tage ausgelegt waren, gehören Ösfässer zur Grundausstattung, so daß sie auch in der Zeit ohne Funde, d.h. der Kaiser- bis Vendelzeit, als vorhanden angenommen werden dürfen. Die in den Sagas angesprochenen Eimer oder Bottiche sind lediglich für solche Schiffe als Notwendigkeit vorauszusetzen, dessen Bordhöhe mehr als etwa einen Meter beträgt; archäologisch lassen sie sich nicht als Teil der Schiffsausrüstung aussondern. Die Form der Ösfässer scheint sich am ehesten nach dem Fundort sowie der Größe des Schiffes, keinesfalls jedoch nach ihrer chronologischen Stellung auszurichten: In Bergen ist dieser Typ auch nach der Ankunft der hansischen Kaufleute gleichgeblieben und unterscheidet sich nicht gravierend von den Exemplaren aus Tønsberg und Hjorstring oder historisch belegten Beispielen (Christensen 1985, 205). Die beiden Stücke aus Stettin und Wollin hingegen stehen einander näher als den anderen aus dem skandinavischen Bereich und weisen Parallelen zu dem irischen Exemplar aus Ballingderry auf. Aus dem polynesisch/mikronesischen Raum (Koch 1984, 27; Abb. 18, 1. 2) und dem neuzeitlichen Norwegen (Hornell 1946, 211; Abb. 40, b. c) bekannte Ösfässer mit einem in der Schale liegenden Griff sind aus der Zeit vor 1200 nicht bekannt geworden. Die geringe Anzahl der bekannten Ösfässer mag zu einem Teil darauf zurückzuführen sein, daß auch Geräte, die dem Augenschein nach nicht zum Ausschöpfen von Booten geeignet erscheinen, doch ausschließlich zu diesem Zweck hergestellt und verwendet wurden.[21] Auch das Ösgefäß von Oseberg wäre als Siedlungsfund ohne Parallelfunde wahrscheinlich nicht als solches erkannt worden.

6. Einrichtungen zum Verstauen von Ausrüstungsteilen an Bord (Abb. 14)

Unter dieser Bezeichnung sind diejenigen Einrichtungen an Schiffen zusammengefaßt, deren hauptsächliche Aufgabe in der Aufnahme von momentan nicht benutzten Riemen und anderen Rundhölzern bestand. Die wenigen Belege, alle aus der Wikingerzeit und dem frühen (skandinavischen) Mittelalter, sind in zwei Gruppen zu unterteilen.
Die eine besteht aus den gabelförmigen Haltern, die mitt-

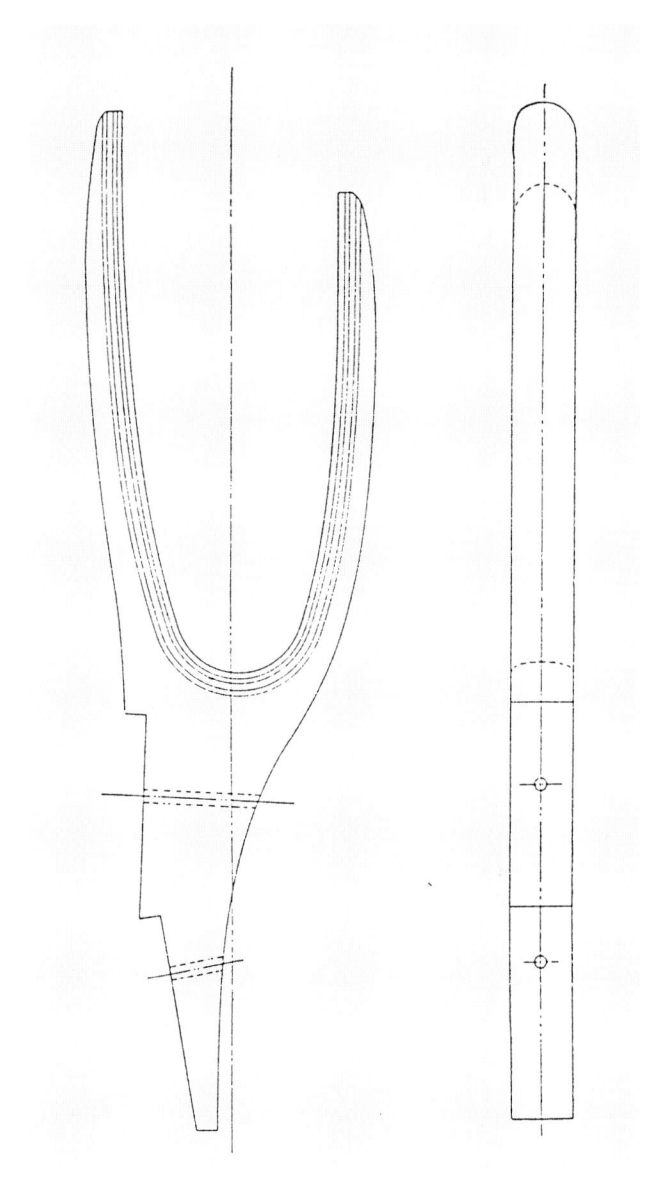

Abb. 14 Einrichtung zum Verstauen von Rundhölzern: Oseberg, M ca. 1:10.

schiffs an Steuerbord an der Bordwand der Schiffe von Oseberg (Nr. 58.j) und Ellingå (Nr. 26.b) angebracht sind. Für Oseberg werden aufgrund der Befestigungsspuren vier solcher Gabeln angesetzt, die ca. 3,20 m voneinander entfernt waren und 82 cm über die Reling hinausragten. Für Ellingå liegen keine weiteren Informationen vor, doch ist die Backbordseite hier so zerstört, daß sich keine Spuren einer Gabel erhalten konnten. Eine paarige

---

21 So z.B. bei Indianern der amerikanischen Nordwestküste, die ein wie eine kleine Handwiege geformtes Gerät zum Schöpfen benutzten (Hartmann, Horst 1984, Abb. 25, rechts)

Anordnung ist jedoch in jedem Fall anzunehmen, da sonst die Trimmung des Schiffes stark gelitten hätte. Welche Gegenstände hier verstaut wurden, ist natürlich nicht mehr festzustellen, doch eignen sie sich aufgrund ihrer Form und Anbringung nicht zur Aufnahme von schweren oder sperrigen Gegenständen, sondern am ehesten für lange und schmale Geräte wie Riemen und Rundhölzer. Aber auch die Verwahrung einer Laufplanke oder bestimmter Teile der Ladung ist vorstellbar.

Die andere, sehr viel schwerer zu interpretierende »Gruppe« besteht lediglich aus den sog. »Ständern« (Nr. 58.h) des Gokstadschiffes (Abb. 49). Es handelt sich um drei Stangen, die oben einen Querbalken aufweisen und in einem Abstand von ca. 5,5 m mittschiffs über der Kiellinie angebracht waren. Bis auf den mittleren Ständer, der sich direkt vor dem Mast befand, sind sie herausnehmbar. Die Querbalken liegen etwa 2,4 m über dem Tiljendeck. Ihre Nutzung als Stauplatz wurde nie in Frage gestellt, doch ist die genaue Art ihrer Verwendung sehr unterschiedlich aufgefaßt worden: Brøgger & Shetelig (^{2}1971, 89/90) meinen, daß hier Rundhölzer und Riemen abgelegt wurden, während Dammann (1983, 12) die Riemen wegen ihrer Länge ausschließt. Cottell (1984, 137) möchte diese Ständer zusammen mit den Löchern, die allgemein der Aufhängung der Schilde zugeschrieben werden, als Hilfen zum Aufstellen bzw. Abbauen des Mastes bei schwerer See verstanden wissen. Tatsächlich findet sich aus heutiger Sicht kein unmittelbar erkennbarer Grund für diese Ständer. Einerseits liegen sie mit 2,4 m Höhe über dem Deck außerhalb der Reichweite selbst großer Menschen, andererseits verhindert der Mast einen über alle drei Ständer reichenden Gebrauch gerade in der Mitte der Ständer, wo sie am tragfähigsten sind. Gegen eine Verwendung, wie Cottell sie vorgeschlagen hat, spricht die Tatsache, daß ausgerechnet der Ständer unmittelbar vor dem Mast starr befestigt ist und somit beim Entfernen bzw. Einsetzen des Mastes im Wege sein würde. Meiner Meinung nach weist die geschwungene Form der Querbalken an ihrer Oberseite darauf hin, daß an diesen beiden Stellen jeweils Rundhölzer auflagen, wobei der mittlere Ständer von beiden Seiten aus erreichbar gewesen sein muß, d.h. wenn das Schiff nicht unter Segel fuhr. Das Segel müßte sonst nämlich außen um den vorderen Ständer geführt werden, was wenig wahrscheinlich ist; es ist am ehesten damit zu rechnen, daß hier Rahe und andere Rundhölzer während des Ruderbetriebes oder beim Ruhen des Schiffes aufbewahrt wurden. Über dem hinteren und mittleren Ständer können, auch wenn das Segel gesetzt war, Gegenstände gelegen haben. Dabei gibt der Abstand zwischen den beiden Holmen keinesfalls die Mindestgröße dieser Gegenstände an, da sie auch aneinander festgezurrt werden konnten. Allerdings scheint eine solche Nutzung wegen der Schlingerbewegungen beim Segeln nur in einem geringen Umfang denkbar. Die Beweglichkeit der äußeren Ständer ermöglichte es, die dort aufbewahrten Rundhölzer auf Griffhöhe abzusenken.

Die wenigen Beispiele, die zum Verstauen zeitweise nicht gebrauchter Ausrüstungsteile dienten, haben aufgrund ihrer geringen Zahl nur begrenzten Aussagewert. Ihr seltenes Vorkommen ist z.T. sicher auf ihre Plazierung über der meist nicht erhaltenen Reling sowie die wenigen Befestigungsspuren zurückzuführen. Alle drei Beispiele stammen aus der Wikingerzeit bzw. dem Mittelalter und sind im Skagerrakraum angetroffen worden. Hieraus auf eine lokale Verbreitung schließen zu wollen, ist jedoch nicht zulässig, da sich damit die Gemeinsamkeiten auch erschöpfen: Paarig angeordnete Gabeln über der Reling tauchen sowohl bei einem nur begrenzt hochseetüchtigen Mannschaftsschiff wie auch bei einem Handelsschiff auf, während die beiden räumlich, zeitlich und bautechnisch recht eng miteinander verbundenen Schiffe von Oseberg und Gokstad zwei völlig verschiedene Konstruktionen aufweisen.

Nur unbefriedigend zu beantworten ist auch die Frage, welche Gegenstände genau hier verstaut wurden. Es wurde bereits dargelegt, daß sich diese Einrichtungen am ehesten für lange und schmale Objekte eignen, doch spricht nichts dagegen, daß hier auch andere Dinge – etwa in einem Sack verpackt – gelagert wurden. Eine Konstruktion wie bei dem Gokstadschiff ist zudem recht umständlich, besonders wenn man die relativ gering zu veranschlagende Ladekapazität in Rechnung stellt. Außerdem wirft das Vorkommen auf dem Handelsschiff von Ellingå die Frage auf, ob hier wirklich nur Riemen, die bei diesem Typ auf ca. 5-8 m Länge anzusetzen sind, und gerade nicht gebrauchte Rundhölzer verstaut wurden. Aus der Zeit nach 1200 sind solche Vorrichtungen nicht bekannt.

III. Der Antrieb

Der Antrieb eines Schiffes wird üblicherweise in Antrieb durch Muskelkraft von Menschen oder Tieren und solchen, der Wind oder künstlich erzeugte Energie umsetzt, unterschieden. Die erstgenannte Antriebsart läßt sich weiter in Riemen- und Paddelantrieb sowie Staken und Treideln unterteilen. Da in dem hier behandelten Arbeitsbereich Treideln bis auf das Boot von Utrecht (s.u.) lediglich für das römische Gebiet bzw. nur ungenau durch mittelalterliche Schriftquellen nachweisbar ist (Ellmers 1989, 313) und sich für einen Antrieb ausschließlich über Staken auf archäologischer Basis kein Beweis erbringen läßt[1], soll ihre Verwendung im Zusammenhang mit Landemanövern dargestellt werden. Um die jeweiligen Antriebsarten sinnvoll diskutieren zu können, ist es angebracht, auch Gegenstände zu berücksichtigen, die strenggenommen nicht zur Ausrüstung gehören. Es handelt sich dabei um Dinge wie Keipen und Kielschweine, die zwar fest am Schiffsrumpf angebracht sind und in der Regel auch dort verbleiben, aber doch als integrale Bestandteile des Antriebs betrachtet werden müssen.

1. Paddel und Riemen

Die Fortbewegung eines Bootes durch Paddeln ist seit den frühesten Einbaumfunden des Mesolithikums belegt, beschränkt sich aber keinesfalls nur auf kleinere Boote.[2] Die Paddler blicken in Fahrtrichtung und handhaben die Paddel freihändig, d.h. ohne daß diese an der Schiffswand aufliegen. Die Haltung der Paddler variiert von Stehen bis Sitzen, auch Sitzbänke sind nicht unbekannt (McGrail 1987, 206). Die Länge der Paddel richtet sich nach der Haltung des Paddlers.

Rudern ist für Nordeuropa erst durch den Moorfund von Mangersnes (Nr. 57.a) aus dem späten Teil der älteren Kaiserzeit belegt. Im Unterschied zum Paddeln liegt hier der Riemen[3] an einer speziell dafür vorgesehenen Einrichtung auf, die gleichzeitig als Widerlager für den Riemen dient; folglich werden Paddel so gegriffen, daß die Hände untereinander plaziert sind, und senkrecht geführt, Riemen hingegen flach horizontal geführt, wobei die Hände nebeneinander liegen. Ruderer können unterschiedlich zur Fahrtrichtung sitzen. Man unterscheidet zwischen Pullen, dem Durchziehen mindestens eines Paares von Riemen durch das Wasser, und Wriggen, bei dem das Boot durch das Hin- und Herbewegen eines über das Heck ausgebrachten Riemens vorwärts bewegt wird.[4] McGrail und Farrell (1979) haben 12 unterschiedliche Methoden der Handhabung von Riemen aufgelistet, doch sollen hier nur diejenigen behandelt werden, die vor 1200 in Gebrauch waren. Diese Untersuchung zeigt jedoch, daß die Ruderer auch beim Pullen nicht ausschließlich mit dem Rücken zur Fahrtrichtung sitzen, sondern daß besonders bei kleineren Booten die Ruderer gelegentlich in Fahrtrichtung blicken oder einander gegenüber sitzen (ebd. Abb. 10. 1).

Für Paddel und Riemen ist eine unüberschaubare Vielfalt an Formen belegt, doch zeichnen sie sich alle durch einen Griff, einen relativ langen Stiel und ein mehr oder minder schmales Blatt mit lanzettförmiger oder gerader Unterkante aus; bei Paddeln kann das Blatt auch recht breit sein (McGrail 1987, 206). Wenn überhaupt eine Unterscheidung zwischen Paddel und Riemen allein anhand ihrer Form möglich ist, dann durch die Ausgestaltung des Griffes, der bei Paddeln oft, aber keineswegs immer, einen parallel zur Blattbreite stehenden Abschluß aufweist. Bei Riemen fehlt ein solcher Abschluß, aber es findet sich manchmal eine Verdickung des Stieles kurz vor dem Griff, die als Gegengewicht zum Blatt die Handhabung des Riemens erleichtern soll. Im Unterschied zu Steuerrudern ist das Blatt bei Riemen und Paddeln immer symmetrisch.

Problematischer als diese Ähnlichkeit erweist sich jedoch die mangelhafte Abgrenzung zu Spaten und Grab-

---

[1] Stakstangen hinterlassen, wie Paddel auch, keine Spuren am Schiffsrumpf und zeigen nur in wenigen Ausnahmefällen eine Ausformung, die sie als solche zu erkennen gibt (vgl. z.B. Hornell 1946, Fig. 17. 26, a).
[2] Aus Melanesien sind Boote mit 50 Paddeln bekannt (Helfrich 1984, 52).
[3] So die einzig korrekte Bezeichnung neben der verwandten Form »Remen«; »Ruder« meint ausschließlich ein Steuerruder.
[4] Vgl. Claviez 1973 unter den entsprechenden Stichworten.

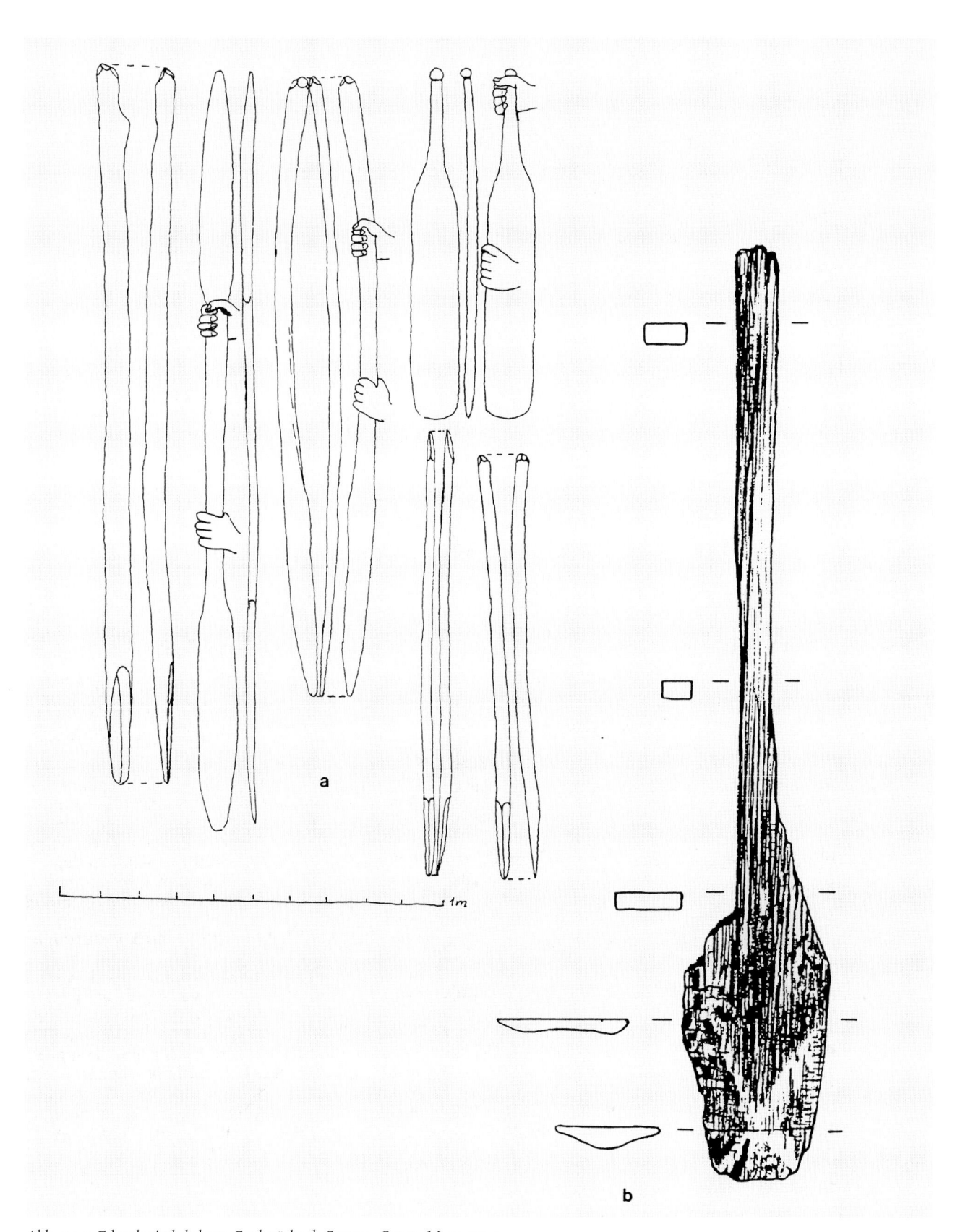

Abb. 15 a Ethnologisch belegte Grabstöcke; b Spaten, Orust, M ca. 1:7,4.

48

stöcken: Wie Steensberg (1986, 88-109) anhand ethnologisch belegter Beispiele herausstellt, ist eine Unterscheidung auf typologischer Basis praktisch undurchführbar (Abb. 15,a). Auch bei den gelegentlich als »Doppelpaddel« angesprochenen Gegenständen handelt es sich eher um Grabgeräte als um Bootszubehör[5]; tatsächlich von Eskimo als Paddel benutzte Doppelpaddel weisen einen längeren Griff zwischen den Blättern auf (ebd., 102). Daher wird hier auf die Einbeziehung datierter Riemen oder Paddel ohne einen erkennbaren maritimen Fundzusammenhang verzichtet. Auf diese Weise reduziert sich der Umfang des Fundmaterials nicht unwesentlich[6], doch scheint eine solche Verfahrensweise in Anbetracht der zumeist auch unsicheren Datierung angebracht. Zur Interpretation können solche Funde ohnehin keinen Beitrag leisten.

Die Verwendung von *Paddeln* (Abb. 16) ist lediglich anhand zweier Funde sicher belegt. Das ist weniger auf ihre geringe Verbreitung, sondern vielmehr auf die Tatsache zurückzuführen, daß Paddel zum einen ohne Fundzusammenhang mit einem entsprechenden Boot in der Regel nicht als solche zu erkennen sind und zum anderen an den Booten keine Spuren hinterlassen wie die Benutzung von Riemen.

Aus der vorrömischen Eisenzeit stammt der Fund von Hjortspring (Nr. 30.b), dessen ungefähr 14 m langes und knapp 2 m breites Boot[7] bei einer Bordhöhe von 68 bzw. 77 cm von bis zu 20 Paddlern angetrieben werden konnte. Diese Zahl ergibt sich aus den anzunehmenden Sitzbänken, die wahrscheinlich doppelt besetzt waren und in einem Abstand von ca. 1 m angebracht sind (Rosenberg 1937, 89). Von den mindestens 11 angetroffenen Paddeln ist nur eines fast vollständig erhalten und auf eine Länge von 1,45 m zu rekonstruieren. Die Länge der Blätter variiert zwischen 44 und 58 cm, so daß auch die Gesamtlänge der Paddel unterschiedlich sein kann, und ihre Breite zwischen 5 und 9,5 cm, während die Länge des Schaftes – soweit feststellbar – einheitlich etwa 1 m beträgt. Der Griff weist bei den meisten Exemplaren eine Öse auf, was darauf hinweist, daß sie hängend aufbewahrt wurden, wenn sie nicht in Gebrauch waren. In Anbetracht der geringen Bordhöhe ist am ehesten davon auszugehen, daß die Paddler wie auf der Felszeichnung von Brandskog standen[8], die wahrscheinlich bronzezeitlich, evtl. aber auch eisenzeitlich ist. Ein weiterer Paddelfund ist in Zusammenhang mit dem Floß von Weitendorf (Nr. 22.b) gemacht worden, der durch einen Beifund in die späte Kaiserzeit datiert wird. Da es sich um ein Fragment handelt, läßt es keine weiteren Aussagen zu. Wegen seiner Verwendung auf einem Floß, das auch nur für eine Fahrt stromabwärts gebaut werden konnte (Ellmers 1989, 308), ist jedoch die Möglichkeit, daß dieses Paddel nicht ausschließlich zum Antrieb, sondern im gleichen Umfang zum Steuern benutzt wurde, durchaus erwägenswert. Aus der frühen Kaiserzeit stammt die Aussage des Tacitus (Germania Kap. 44) über die Schiffe der Germanen: [...] *noch machen sie Ruder in Reihen an den Schiffswänden fest; lose, wie manchmal auf Flüssen, und je nach Bedarf hier oder dort verwendbar ist das Ruderwerk.* Hier ist wohl Paddeln gemeint (Much & Jankuhn 1967, 499); daß Paddel nicht ausdrücklich genannt sind, ist auf das Fehlen eines speziellen Begriffs in der lateinischen Sprache zurückzuführen. Allerdings ist die Möglichkeit nicht vollständig von der Hand zu weisen, daß Tacitus, an die fest angebrachten Dollen des mediterranen Raumes gewöhnt, herausnehmbare oder umgedreht montierte Dollen meint (a.a.O.).

Unsichere Hinweise auf die Verwendung von Paddeln stammen aus zwei Crannogs: In Buston (Nr. 5.a) wurden das Fragment eines Paddels oder Riemens der späten Völkerwanderungs-/frühen Vendelzeit sowie, ohne direk-

---

5 Z.B. das »double-oar« von Lochlee (vgl. Katalog Nr. 7). Auch das Exemplar von Gemla, Öja sn., Småland, (Ellmers 1989, 312) muß letztendlich sowohl hinsichtlich seiner Datierung (Kjellmark & v.Post 1936, 365/6) als auch der Ansprache fraglich bleiben: Die Blätter weisen einen Längenunterschied von 14,5 cm auf; für eine Verwendung als Paddel spräche, daß die Blätter nicht in einer Ebene liegen, sondern um ca. 45° gegeneinander verdreht sind, sofern dieses nicht durch die Austrocknung des Objektes im Museum entstanden ist.

6 Hier sind beispielsweise Funde zu nennen wie das einzeln angetroffene »Paddel« von Orust, Bohuslän (Abb. 15,b), das durch C 14-Bestimmung in die Zeit zwischen 965 und 1305 datiert wurde (Cullberg 1986, 27), wegen seines Schulterabsatzes aber am ehesten als Spaten gedient haben dürfte; auch die »Riemen-« und »Dollenfunde« der Feddersen Wierde sind nicht akzeptabel: Der »Riemen« ist nur noch 43 cm lang und anhand der kurzen Darstellung nur aufgrund seines Materials (Eiche gegenüber Esche) von den ebenfalls hier gefundenen spatenähnlichen Geräten zu unterscheiden (Körber-Grohne 1967, 29 [Tab. I]; Haarnagel 1979, 296), während selbst die größte der drei »Dollen« nur für Riemen mit einem Schaftdurchmesser von unter 5 cm passen würden (Haarnagel 1979, 296, Taf. 30, 1-3); zu den undatierte Funde mit Bootsteilen und Paddeln oder Riemen zählen z.B.: Valkijärv (Ellmers 1972, Nr. 128), Sneisen (Müller-Wille 1968/69, Nr. III, 55), Værøy (ebd., Nr. III, 54).

7 Die Maße sind von Rosenberg (1937, 72/3) übernommen; vgl. Katalog.

8 Vgl. hierzu Arthur Nordén: Brandskogs-skeppet. Vår bronsålders märkligaste skeppsbild. In: Fv. 1925, 376-91.

ten Zusammenhang, ein erweiterter Einbaum angetroffen. Das Dollbord läßt keine Riemeneinrichtungen erkennen. Aus der Wikingerzeit stammen die Exemplar aus Bullingderry (Nr. 1.b), deren fragmentarische Erhaltung allerdings keine genaue Ansprache gestattet. Die Möglichkeit, daß das im Boot von Årby gefundene Paddelruder als Paddel und nicht als Steuerruder verwendet wurde, ist bereits oben diskutiert worden (S. 28).

Die Menge an Belegen für die Verwendung von *Riemen* ist nicht zuletzt darauf zurückzuführen, daß diese Art des Antriebs auch am Boot deutliche Spuren hinterläßt, auch wenn das eigentliche Widerlager verschwunden ist. Aus dem hier behandelten archäologischen Material sind zwei Möglichkeiten für das Widerlager bekannt: Dollen[9], die auf der Reling aufgesetzt oder in diese hineingearbeitet wurden, sowie bei höheren Schiffen Rojepforten, die in einen der oberen Bordgänge hineingeschnitten wurden. Dollen sind in drei unterschiedlichen Ausformungen bekannt, von denen die Keipe am häufigsten vertreten ist, aber auch Ruderpflöcke und Klampen tauchen auf. Bei Ruderpflöcken ist es unmöglich zu entscheiden, in welche Richtung die Ruderer arbeiteten, was dagegen bei Klampen und Keipen der Fall ist: Bei normalem Gebrauch liegen die Riemen an der dafür vorgesehen leichten Ausrundung vor dem Horn bzw. der Klampe an und werden dort durch eine Leine gesichert. Natürlich ist auch hier der Riemen zum Pullen in beide Richtungen zu verwenden, da die Leine auch ein Widerlager bilden kann. Doch die Anbringung der Dollen so, daß der Riemen leicht achterlich der die Ruderbank tragenden Spanten zu liegen kam, läßt im Zusammenhang mit der deutlich massiveren Gestaltung einer Seite als Widerlager darauf schließen, daß die archäologisch belegten Keipen und Klampen eine Verwendung der Riemen zeigen, bei der die Ruderer mit dem Rücken zur Fahrtrichtung sitzen. Auf diese Weise wurden auch die durch Rojepforten geführten Riemen gehandhabt, jedoch mit dem Unterschied, daß diese genau zwischen den Ruderplätzen lagen. Inwieweit sich hieraus eine andere Art der Umset-

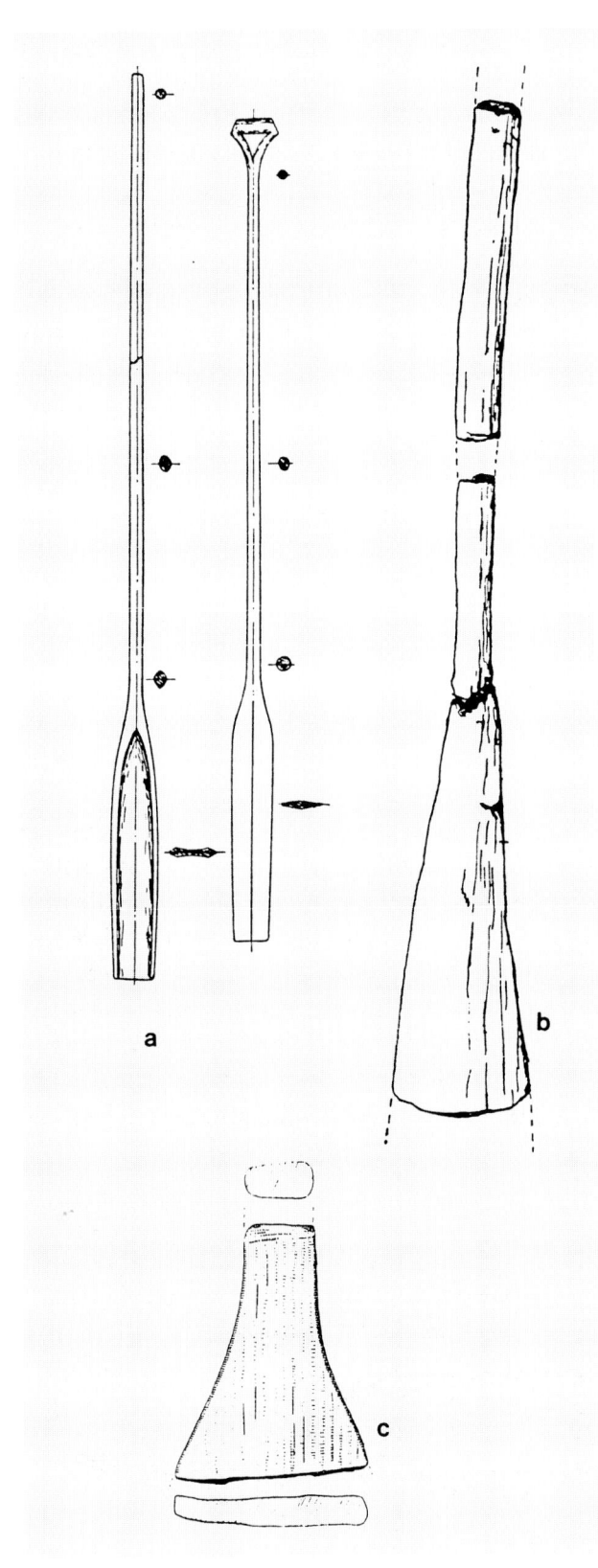

Abb. 16 Paddel: a Hjortspring, o.M.; b Weitendorf, M 1:3; c Ballingderry, M 1:6.

---

[9] Ursprünglich ist mit »Dolle« im Angelsächsischen und Altnordischen ein Pflock oder ein Bolzen gemeint (Günther 1987, 105/6). Die gabelförmige Ausführung, die heute im allgemeinen Dolle genannt wird (Claviez 1973, 64), zeigt eine nach 1200 einsetzende Entwicklung (McGrail & Farrell 1979, 158). In der vorliegenden Arbeit wird 'Dolle' als Oberbegriff für alle Widerlager von Riemen verwendet, die über die Reling geführt werden.

zung von Muskelkraft in Energie ergibt, ist wegen fehlender Vergleichsmöglichkeiten nicht feststellbar (Gjessing 1986, 166/7).

Der früheste Beleg für die Verwendung von Riemen ist das Modell von Broighter aus dem späten Teil der vorrömischen Eisenzeit. Hier fanden sich 15 Riemen mit größtenteils lanzettförmigem Blatt (Evans 1897, 393; Abb. 68,c), die anscheinend durch die auf der Reling befestigten Schlaufen geführt wurden. Die Art der Befestigung durch einfache Laschen entspricht der des Steuerruders (s.o.), so daß mit einer abgekürzten Darstellung zu rechnen ist; aber solche Laschen als einzig sichtbare Befestigung finden sich auch auf Darstellungen mediterraner Provenienz des 13. Jahrhunderts (McGrail & Farrell 1979, Abb. 9).

Der früheste Fund von Keipen aus Nordeuropa stammt aus dem Moorfund von Mangersnes (Nr. 57.a. 1, 2; Abb. 17,a.b). Hier ergab die C 14-Analyse einer Keipe das Datum 155 ± 125, während die zweite lediglich in der gleichen Schicht zutage kam. Beide Exemplare verfügen über ein Loch bzw. eine Aussparung zur Befestigung einer Halteleine und sind auf die Reling montiert gewesen. Doch ist angesichts der Tatsache, daß lediglich eine der wenigen genommenen C 14-Proben ein so altes Datum zeigte, eine umfangreiche Untersuchung dieses Neufundes abzuwarten. Aus der ersten Hälfte des 4. Jahrhunderts stammt der Moorfund von Halsnøy (Nr. 49.a), zu dem auch ein Boot gehört. Leider ist dieses auch hier nicht zu rekonstruieren, doch es wurde eine Keipe angetroffen. In die späte Kaiserzeit werden die Bootfunde von Nydam gesetzt, wo bereits zwei Formen der Dollen voll-

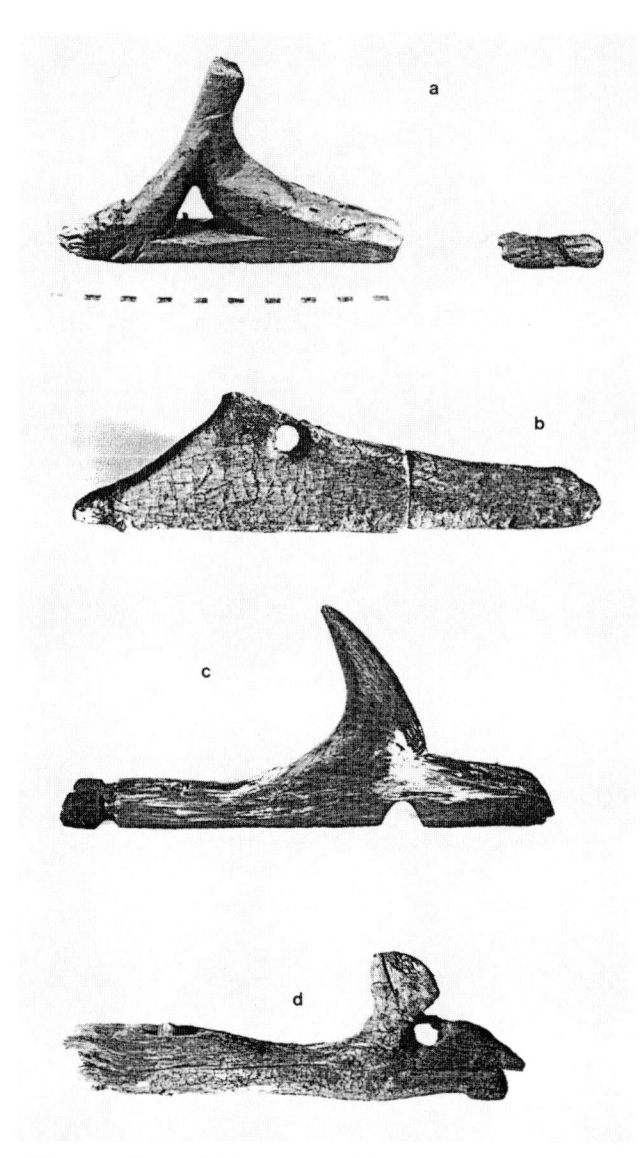

Abb. 17 Dollen: a–d Mangersnes, o.M.

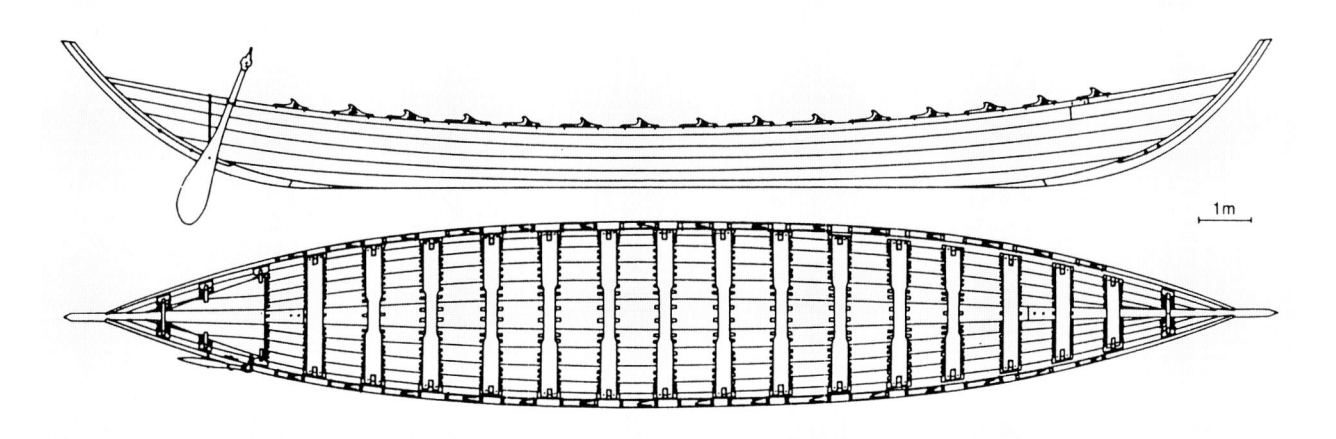

Abb. 18 Nydam, Rekonstruktion des großen Eichenbootes (Nr. 34.2).

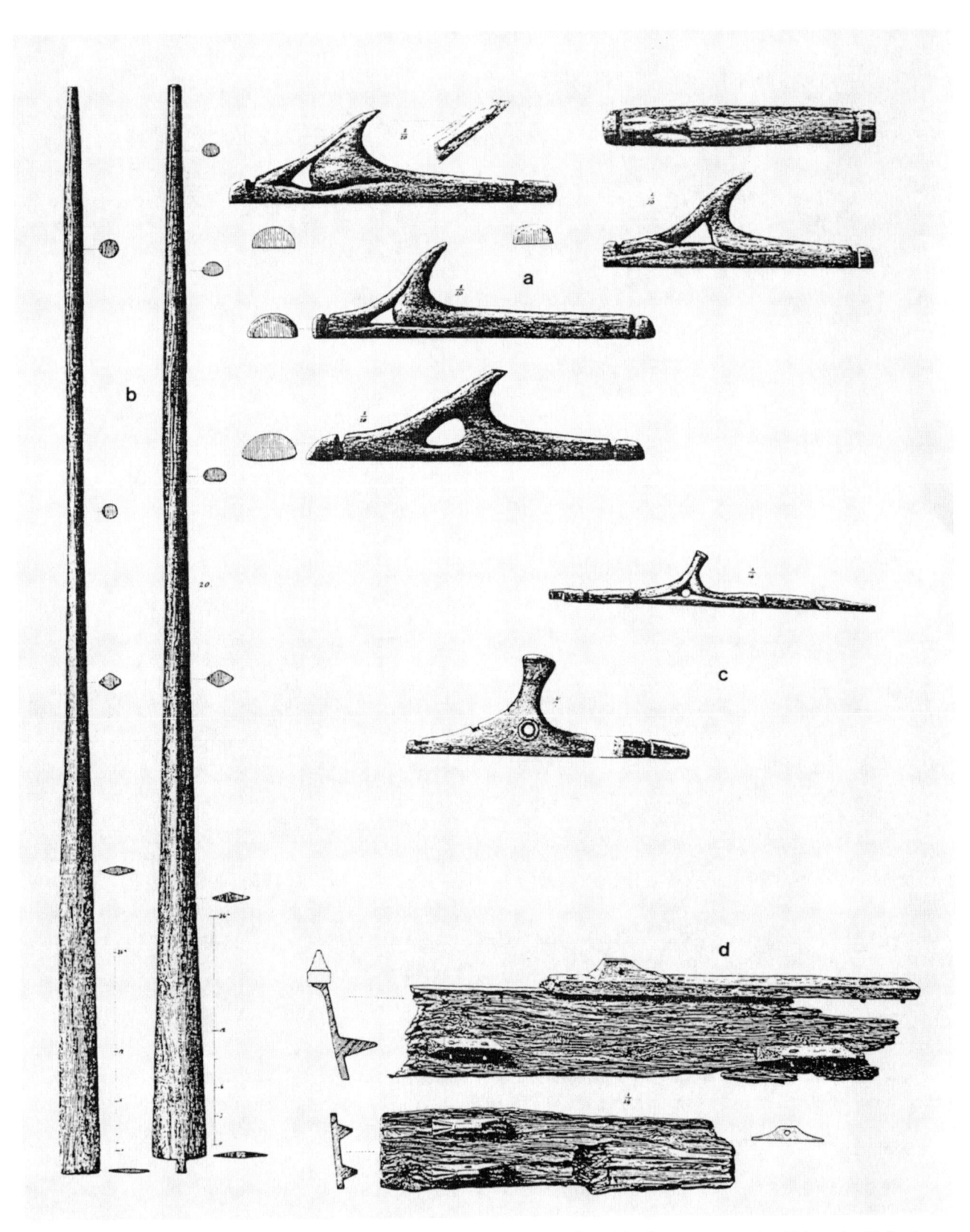

Abb. 19 Riemen und Dollen. Nydam: a Keipen M ca. 1:10 und b Riemen des großen Eichenbootes (Nr. 34.2); c Keipen des Kiefernbootes (Nr. 34.3), M ca. 1:14 und 1:7; d Dolle des kleinen Eichenbootes (Nr. 34.1), M ca. 1:14.

52

ständig ausgebildet sind. Das nicht rekonstruierbare Eichenboot war mit einer auf die Reling aufgesetzten Leiste (Nr. 34.1.a; Abb. 19,d) versehen, aus der eine Klampe herausgearbeitet war. In dieser befindet sich ein Loch, durch das eine Leine gezogen werden konnte, um die Riemen zu befestigen. Das eigentliche Widerlager stellt also die Klampe dar, doch der Riemen lag wahrscheinlich ausschließlich an der steileren Seite an. Die beiden anderen Boote waren mit Keipen ausgestattet, die über der Reling festgezurrt wurden. Beide zeigen in der Ausformung leichte Unterschiede – diejenigen des großen Eichenbootes (Nr. 34.2.b) sind aus einer natürlich gewachsenen Astgabel gearbeitet, während bei denjenigen des Kiefernbootes (Nr. 34.3.a) das Horn geschnitzt und weniger stark nach hinten gebogen ist –, doch das Prinzip ist bei beiden gleich (Abb. 18; 19,a-c). Die Riemen wurden in die Beugen der Hörner gelegt und waren ausschließlich in dieser Position zu benutzen. Durch die Löcher bzw. Öffnungen wurden Leinen geführt, damit die Ruderer ihre Riemen loslassen konnten, ohne daß diese verlorengingen. Das große Boot ist für bis zu 30 Ruderer ausgelegt[10] und wurde mit 3,02 bzw. 3,52 m langen Riemen angetrieben. Weder Blatt noch Griff sind bei ihnen besonders markiert.

Die in Ejsbøl zutage gekommenen Keipen und Riemen (Nr. 25.a, b) sind, soweit sie überhaupt zum Opferfund gerechnet werden dürfen, am ehesten der frühen Völkerwanderungszeit zuzuweisen und weichen nicht von den Exemplaren aus Nydam ab. An der Wende des 6. zum 7. Jahrhundert steht der Fund des kleinen Hasnæsbootes, bei dem auch zwei fragmentierte Keipen (Nr. 29.1.a) angetroffen wurden. Über das Schiff und die Art der Anbringung ist nichts weiter bekannt, doch die Stelle, wo der Riemen angelegt wurde, ist ein wenig eckig ausgestaltet. Aus der Zeit zwischen 500 und 700 stammen auch die auf gotländischen Bildsteinen dargestellten Ruderboote (Abb. 20).

Nur wenig später, in die erste Hälfte des 7. Jahrhunderts, ist das Bootgrab von Sutton Hoo zu datieren, wo sich der Schatten einer Keipe (Nr. 10.a) erhalten hat. Sie wurde mittels schwerer Eisennägel über der Reling befestigt. Das Boot ist mit seinen ca. 27,30 m Länge und bis zu 40 Ruderern dem Nydamboot vergleichbar. In diesem Zusammenhang ist auch das Bootgrab von Ashby Dell (Nr. 3.a) zu erwähnen, das allerdings nur aus alten Berichten bekannt ist und im 5.-7. Jahrhundert anzusiedeln ist. Hier sollen auf einem ungefähr 16,5 m langen Boot sieben Keipen festgezurrt gewesen sein. Aus dem Ende des 7. Jahrhunderts ist das kleine Boot von Kvalsund (vgl. Katalog Nr. 55) bekannt, welches auf der Reling Befestigungsspuren einer Dolle aufweist. Die Riemen (Nr. 55.2; Abb. 21,c) sind aufgrund ihrer Länge, bis zu 3,15 m, am ehesten dem großen Boot zuzuweisen. Bei diesem sind jedoch keine Hinweise auf ihre Anbringung erhalten.

Die meisten Funde mit Hinweisen zum Ruderantrieb stammen aus der Wikingerzeit, wo neben Dollen auch Rojepforten auftauchen. Das Material soll hier nur exemplarisch dargestellt werden, die einzelnen Fundorte sind der Tabelle 2 zu entnehmen.

Das früheste Beispiel für *Rojepforten* zeigt das Osebergschiff (Nr. 58.d, e). Hier befinden sich im obersten Bordgang zwischen zwei Spanten an jeder Seite 15 Rojepforten in Form von runden Löchern mit einem nach achtern weisenden, schräg nach oben verlaufenden Schlitz. Dieses Phänomen findet sich auch bei allen anderen Rojepforten

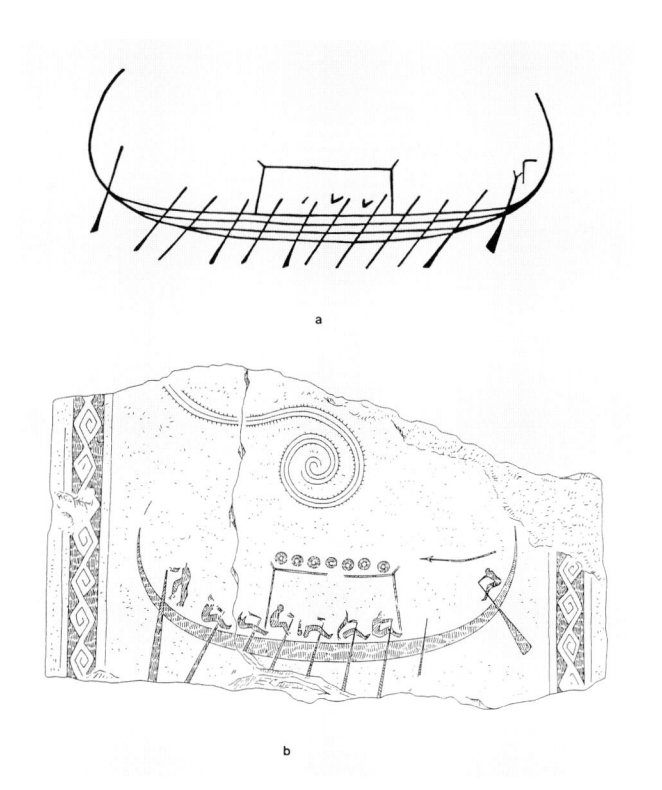

Abb. 20 Gotländische Bildsteine, Ruderboote: a Bro I; b Stenkyrka.

---

10 Zu den divergierenden Maßangaben des Nydambootes, die keine Berechnung über die Position der Riemen zum Wasserspiegel zulassen, vgl. Katalog.

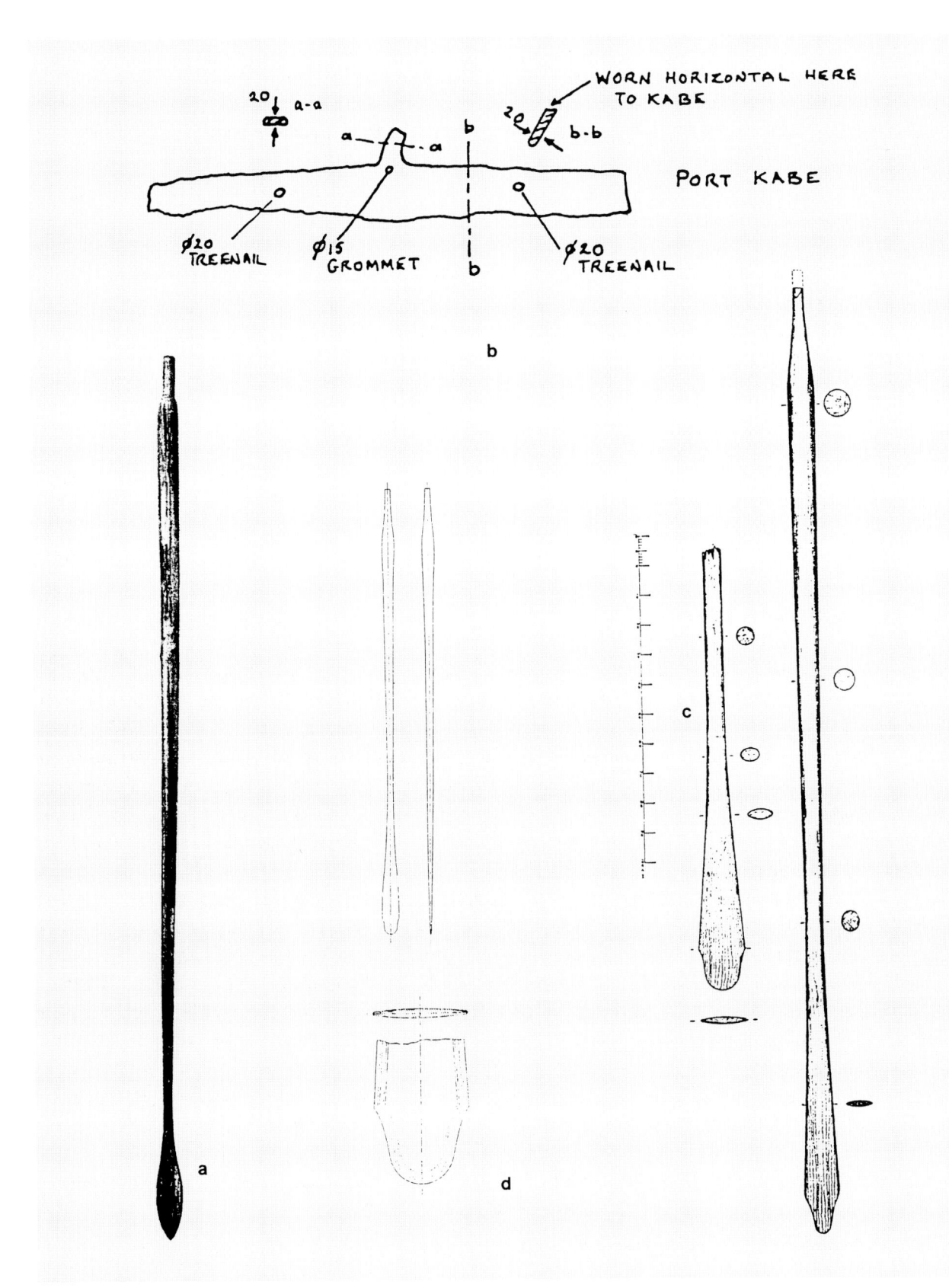

Abb. 21 Riemen und Dollen: a Årby, M ca. 1:13; b Årby, M ca. 1:10; c Kvalsund; d Oseberg, o.M.

und gibt die größtmögliche Blattbreite an: Da die Riemen aller Wahrscheinlichkeit nach von innen durch die Pforte nach außen gesteckt wurden, kann das Blatt nicht breiter als der Durchmesser der Rojepforte plus die Länge des Schlitzes gewesen sein – für Oseberg sind das bis zu 18 cm. Ihre Position über der Wasserlinie variiert entsprechend ihrer Lage am Schiff, so daß die Rojepforten bei voller Ladung mittschiffs ca. 60 cm, die achterlichsten 80 cm und die am Bug 95 cm über der Wasseroberfläche zu liegen kamen (Oseberg I, 317). Die 3,7-4,03 m langen Riemen (Abb. 21,d) waren offensichtlich extra für die Bestattung hergestellt worden, was ihren Aussagewert beträchtlich mindert. Das Gokstadschiff (Abb. 49) zeigt dieselbe Anordnung von 16 Rojepforten an jeder Seite, zu denen Verschlüsse gehörten (Nr. 47.1.d). Doch diese befinden sich im etwas dicker als sonst gearbeiteten dritten Bordgang von oben. Auch hier weisen die gefundenen Riemen unterschiedliche Längen von 5,50-5,85 m auf. Dammann (1983, 13) schließt aufgrund der Höhe der Pforten über dem Tiljendeck und der Länge der Riemen, daß die Riemengriffe ca. 65 m über dem Tiljendeck zu liegen kamen und die Ruderer somit im Sitzen arbeiten mußten. Ruderbänke sind auf diesem Schiff jedoch nicht vorhanden, doch rechnet er mit der Verwendung von großen Kisten, wie sie in Oseberg gefunden wurden, als Sitz für die Ruderer. Da diese jedoch aller Wahrscheinlichkeit nach nicht zur Schiffsausrüstung zählen, muß diese Interpretation fraglich bleiben. Bei dem Mannschaftsboot von Ralswiek (Nr. 19.1.b; Abb. 32,c) waren die Riemen zudem durch eine Leine gesichert. Alle Mannschaftsschiffe der Wikingerzeit zeigen diese von Ellmers (1972, 33) als charakteristisch herausgestellte Anordnung von Rojepforten zwischen den Spanten, die ca. 1 m auseinanderliegen. Doch auch Handelsschiffe waren mit Rojepforten ausgestattet, die allerdings nicht gleichmäßig über die gesamte Schiffslänge verteilt waren, sondern sich auf die Halbdecks vorne und achtern beschränkten, während der Bereich des Laderaumes frei blieb (Ellmers 1972, 33/4). Das kleine Handelsschiff von Skuldelev (Nr. 37.3.b) weist zudem noch zwei Besonderheiten auf (Abb. 38; 39): Zum einen war an Backbord eine Pforte mehr als an Steuerbord angelegt, und zum anderen haben sie eine rechteckige bzw. trapezoide Form. Alle lagen ca. 50 cm über dem Halbdeck und 24 cm über dem Querbalken, der als Ruderbank diente. Den Gebrauchsspuren nach zu urteilen, wurden hauptsächlich die markierten Rojepforten benutzt (Olsen & Crumlin-Pedersen 1967, 128). Auch das große Handelsschiff von Skuldelev verfügt über Rojepforten (Nr. 37.1.b), deren Anzahl sich allerdings nicht rekonstruieren läßt (Abb. 55; 56). Ihre Form, untere Basis gerade und obere abgerundet, läßt darauf schließen, daß die Riemen oben anlagen (Olsen & Crumlin-Pedersen 1967, 108). Die Unterkante der Rojepforten liegt 60-70 cm über dem Halbdeck. Das Wrack 5 von Skuldelev zeigt zwei unterschiedliche Reihen von Rojepforten (Nr. 37.4.b), was auf eine Verwendung dieses Plankenganges auf zwei Schiffen schließen läßt: sechs runde von außen mit viereckigen Holzplatten dauerhaft verschlossene und in einem Abstand von durchschnittlich 78 cm angelegte Pforten – was am ehesten auf ein Handelsschiff hindeutet – sowie 11 quadratische, in einem Abstand von durchschnittlich 90 cm eingeschnittene Pforten. Nur die letzteren sind aufgrund ihrer Anordnung auf dem Schiff benutzt worden. Die Verwendung von Rojepforten ist bis in das frühe (skandinavische) Mittelalter zu verfolgen (Dublin [Nr. 2.b]).

Daneben blieben *Dollen* für kleinere Boote (Abb. 22), bis zu knapp 10 m Länge (Fjørtoft [vgl. Katalog Nr. 46], Gokstad [Nr. 47.2]) und einmal sogar bei einem 12,76 m langen Ruderboot (Danzig-Ohra [Nr. 81]), natürlich weiterhin in Gebrauch. Entscheidend für die Verwendung von Rojepforten oder Dollen dürfte allerdings die Bordhöhe gewesen sein, die bei dem niedrigsten nachgewiesenen Schiff mit Rojepforte bei knapp 1 m liegt (Ralswiek [Nr. 19.1]), während sie bei dem größten Boot mit Dollen 70 cm beträgt (Danzig-Ohra [Nr. 81]). Hieraus eine feste Regel erstellen zu wollen, scheint jedoch angesichts der geringen Zahl der Funde nicht vertretbar. Der Großteil der Dollenfunde besteht aus Keipen, die nun allerdings nicht mehr ausschließlich auf die Reling gesetzt, sondern auch als Leisten innenbords angebracht (Årby [Nr. 65.b]; Abb. 21,a.b) oder in die Esing eingefälzt wurden (Gunnarshaug [Nr. 48.2.a]). Eine Sonderform von Dollen stammt von dem als Mannschaftsboot charakterisierten Ruderboot von Danzig-Ohra (Nr. 81.a; Abb. 23), das zugleich das längste und höchste bekannte Boot mit Dollen ist. Diese lassen sich als Dolle mit zwei Pflöcken bezeichnen, zwischen denen der Riemen geführt wurde. Die Ausrundung in Reling und Dollbord achterlich der Dolle läßt vermuten, daß der Ruderer in Fahrtrichtung

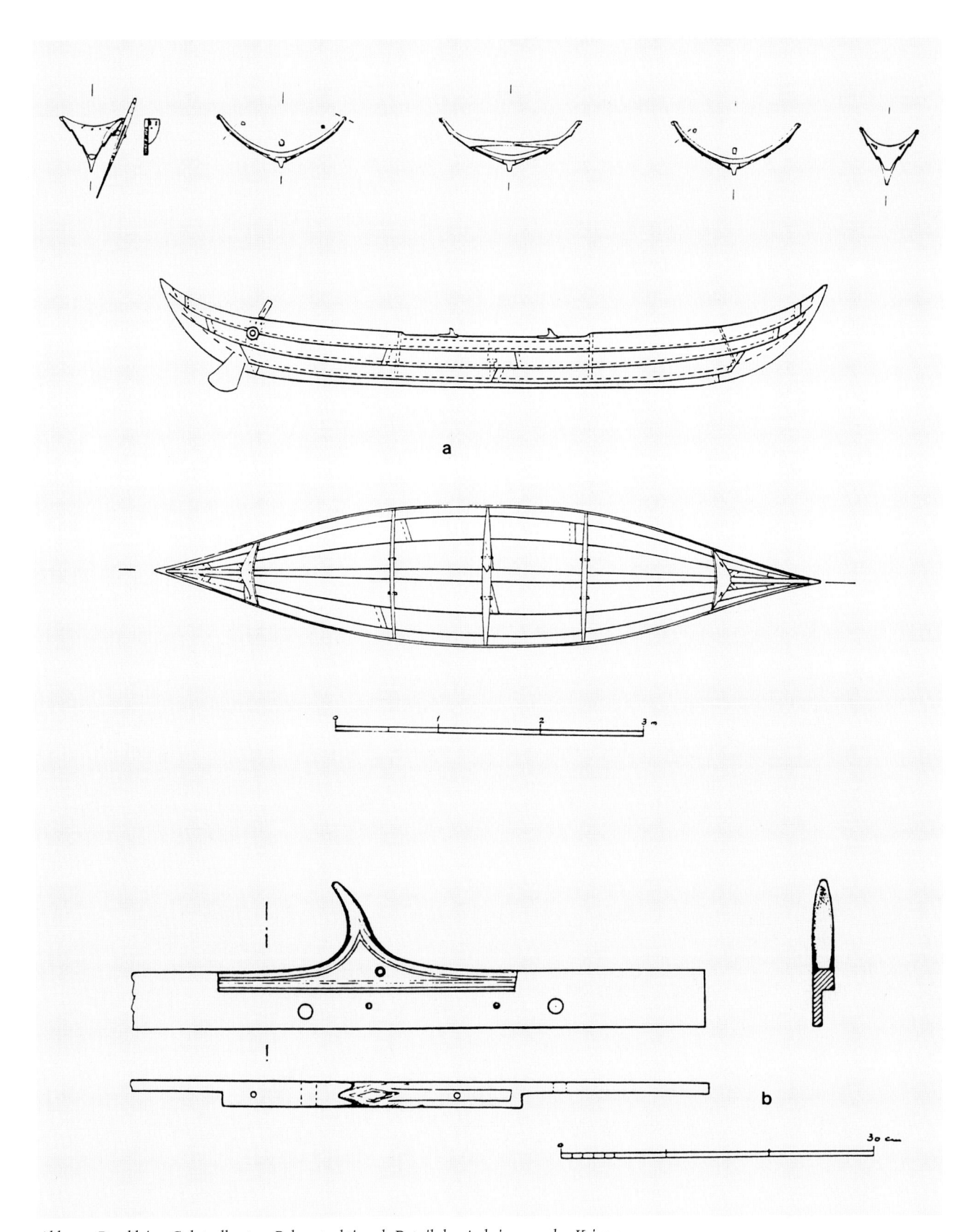

Abb. 22 Das kleine Gokstadboot: a Rekonstruktion; b Detail der Anbringung der Keipen.

blickte und den Riemen von sich wegdrückte. Als endgültiger Nachweis für diese Rudertechnik kann dieser schlecht datierte und zudem nur rekonstruierte Fund nicht herangezogen werden. Auch aus dem (skandinavischen) Frühmittelalter sind Keipen und Riemen nur ohne Zusammenhang mit einem Boot bekannt. Aus Bergen stammt eine Keipe (Nr. 41.a.4; Abb. 24,a), die hinter dem Horn ein Loch aufweist, in dem sich möglicherweise ein Pflock befand. Ansonsten wurden die Keipen aus Bergen, wie aus älteren Funden bekannt, entweder auf der Reling bzw. Esing oder an deren Innenseite angebracht. Lediglich zwei Ruderpflöcke stammen von diesem Fundort, von denen einer in die Zeit um 1300 datiert ist (Christensen 1985, 120). Nur die Exemplare von Novgorod (Nr. 85.b. c; Abb. 24,b-g) zeichnen sich durch eine abweichende Form aus: Neben den auch sonst üblichen Typen finden sich hier Keipen, die direkt vor dem Horn eine halbrunde, aus dem Holz herausgearbeitete Einbuchtung aufweisen, in welche der Riemen gelegt wurde. Die Riemen verfügen alle über ein ausgeprägtes Gegengewicht kurz vor dem Griff, einige auch über geschwungene Blätter.

In den nordischen Schriftquellen ist allenthalben vom Rudern die Rede, ohne daß jedoch Hinweise auf Rudertechniken oder ähnliches gegeben werden. Duchten werden zum losen Inventar eines Bootes gerechnet (Thule

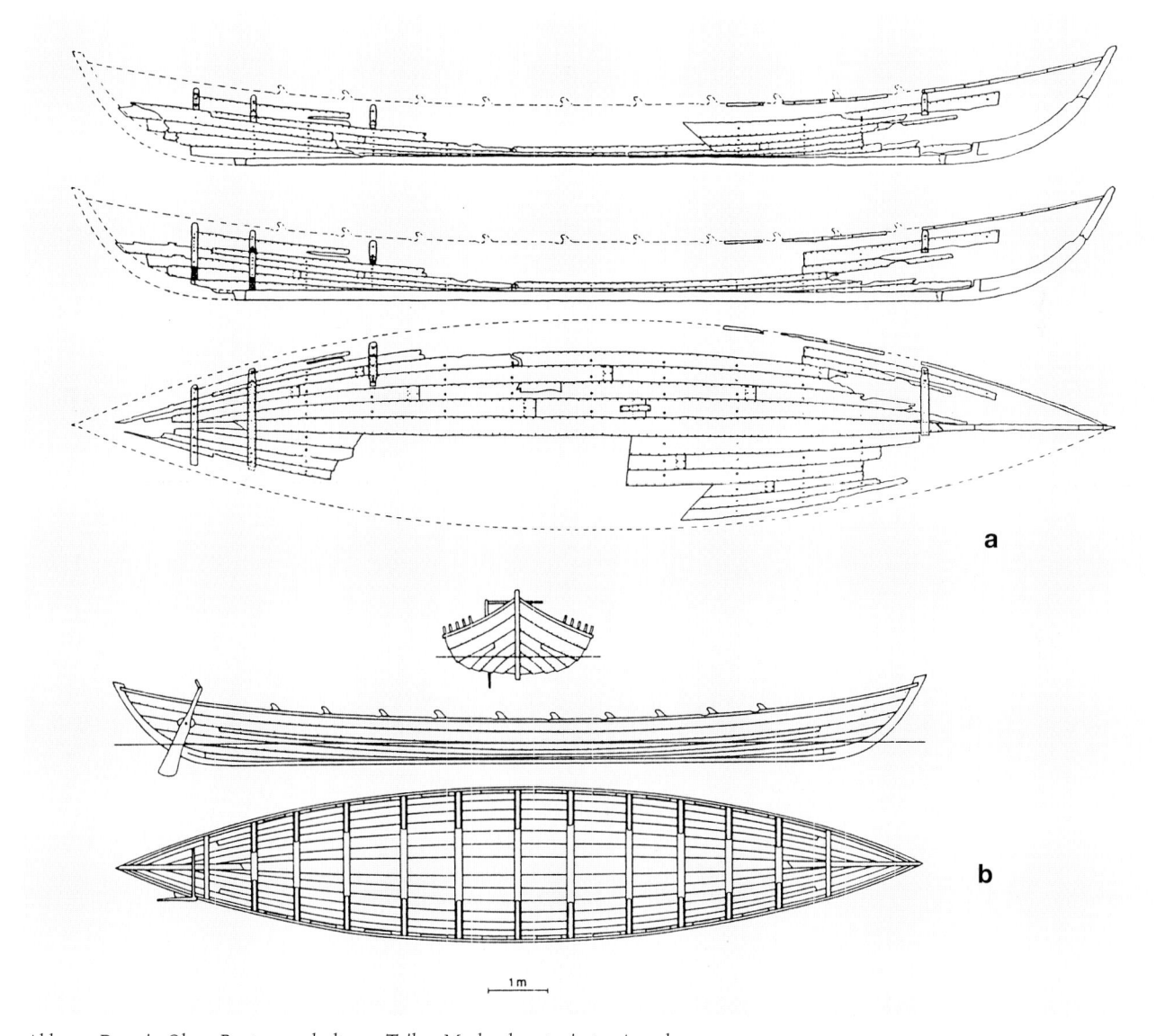

Abb. 23 Danzig-Ohre, Boot 1: a erhaltener Teil, o.M.; b rekonstruiertes Aussehen.

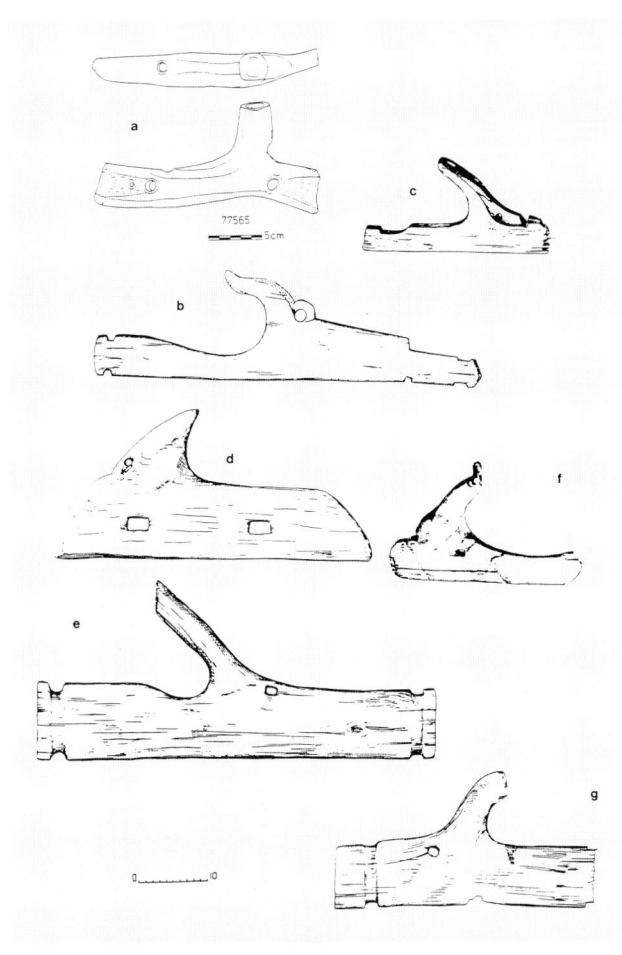

Abb. 24 Keipen und Riemen: a Bergen (Nr. 41.a.4); Novgorod, alle selber Maßstab: b Nr. 85.b.1; c Nr. 85.b.2; d Nr. 85.b.3; e Nr. 85.b.5; f, g Nr. 85.b.7-25.

Bd. 8, 105; ÍF 6 [Gísla s.] Kap. 24) und dürften wohl zusammen mit dem anderen Inventar aufbewahrt worden sein (s.u.).

Zusammenfassend ist festzuhalten, daß das für alle Zeiten und Plätze mit Schiffahrt bekannte Antriebsmittel Paddel in der Zeit zwischen 500 v.Chr. und 1200 n.Chr. nur in seltenen Ausnahmefällen tatsächlich zu belegen ist. Hieraus läßt sich aber kein Schluß über die Häufigkeit seiner Verwendung ableiten, sondern vielmehr die Problematik des Nachweises demonstrieren. Eine kontinuierliche Benutzung von Paddeln bis in die Neuzeit ist vorauszusetzen. Auch aus dem spätrömischen Milieu von Trier ist Paddeln durch zwei Keramikfragmente bekannt; in einem Fall handelt es sich offensichtlich um ein Plankenboot. Ellmers (1977/78, 102) sieht hierin Darstellungen von Sachsen, die in der ersten Hälfte des 4. Jahrhunderts das römische Reich von See her überfielen. Der Einsatz von Riemen ist für den westeuropäischen Bereich für die späte vorrömische Eisenzeit, für den Norden evtl. für den späten Teil der frühen, sicher aber für die späte Kaiserzeit nachweisbar. Hier zeigen sich bereits deutlich voneinander abgehobene Dollentypen in Form von einfachen Laschen, Keipen und Klampen. Mit dem Beginn der Wikingerzeit tauchen daneben bei Schiffen ab ungefähr 1 m Bordhöhe mittschiffs Rojepforten[11] auf. Sehr wahrscheinlich auch in diese Zeit gehört das früheste Beispiel für Ruderpflöcke, und auch das erste Erscheinen einer Keipe mit hinter dem Horn liegendem Ruderpflock stammt aus der Zeit kurz vor 1200. Sichere Belege für die Verwendung von Ruderpflöcken datieren allerdings erst in die Zeit um 1300 (Christensen 1985, 120). Der erweiterte Einbaum von Kentmere, Westmoreland, Cumbria, zeigt eine weitere Dollenvariante: Hier wurde eine Leiste von innen gegen die Reling gesetzt, in die eine bis unter die Relingskante reichende, halbrunde Aussparung eingearbeitet ist. Anhand der C 14-Datierung von 1320 ± 130 liegt diese Form jedoch außerhalb des Arbeitsfeldes. Wriggen läßt sich für den hier behandelten Raum vor 1200 nicht nachweisen. Für die Frage, ob Dollen oder Rojepforten verwendet wurden, ist ausschließlich die Bordhöhe ausschlaggebend. Um Riemen effektiv einsetzen zu können, sollten sie in einem möglichst flachen Winkel auf die Wasseroberfläche treffen (Gjessing 1986, 164). Dieser wird jedoch mit zunehmender Bordhöhe immer steiler, so daß es vorteilhaft ist, wenn die Riemen nicht über die Bordwand geführt werden.

Bezüglich der Anwendung von Riemen sei angemerkt, daß es keinen Grund gibt, mehr als einen Mann pro Riemen anzunehmen. Zwar berichtet eine Reihe von Sagas davon, daß zwei oder drei Personen einen Riemen bedienten, doch kommt Malmros (1985, 127) nach einem Vergleich zwischen den Aussagen aus der erzählenden Sagaliteratur und der skaldischen Dichtung zu dem Schluß, daß dieses eine Entwicklung des 13. oder sogar 14. Jahrhunderts widerspiegelt. In den Mannschaftsschiffen auch des 11. Jahrhunderts sieht sie vielmehr solche

---

11 Das Goldmodell von Dürnberg aus der Latène A Periode verfügt zwar auch über je ein Loch im oberen Bereich der Bordwand an Bug und Heck, doch befinden diese sich nur an einer Seite und lassen zusammen mit der breiten Form der Riemen eher auf Wriggen als auf Pullen schließen (Ellmers 1978b, 10/1).

schlanken Schiffe wie Skuldelev Wrack 2 (Nr. 37.2). Über die physikalischen Gesetzmäßigkeiten des Ruderns, sei es über Dollen oder durch Rojepforten, ist so gut wie nichts bekannt. Ellmers (1972, 34) schätzt, daß ein Ruderer nicht weniger als 90 cm Abstand zum Vor- bzw. Hintermann benötigt, um seine Kraft effektiv einsetzen zu können. Daß der Abstand auf Handelsschiffen geringer ist, sei auf die auf größere Tragfähigkeit abzielende Bauweise mit enger gesetzten Spanten zurückzuführen. Tatsächlich weisen Handelsschiffe auch weniger Rojepforten auf, so daß hier die Effektivität der Ruderer eine untergeordnete Rolle gespielt haben dürfte. Bei Mannschaftsschiffen, wo Schnelligkeit und Wendigkeit eine alles entscheidende Eigenschaft darstellten, stand der Ruderantrieb gleichberechtigt neben dem Segel (Almgren 1962, 193). Dieses Verhältnis soll weiter unten behandelt werden.

2. Die Besegelung

Belege für Segel finden sich in Nordwesteuropa um die Zeitenwende, in Nordeuropa erst ab der Zeit um 500 (Ellmers 1975). Hierbei handelt es sich stets um symmetrische, einzelne Rahsegel, was sich erst im Laufe des 15. Jahrhunderts ändert (McGrail 1987, 239). Zwar fehlt es nicht an Versuchen, auf bronzezeitlichen Felsbildern Segel in Form eines unbearbeiteten Baumes, der statt eines Segels noch mit seinen belaubten Ästen im Boot aufgestellt wurde, nachweisen zu wollen (Farrell 1977, 1979; Schovsbo 1980). Doch handelt es sich hierbei um derart vage Hinweise, daß sie aufgrund ihres singulären Auftretens nicht als Beleg herangezogen werden können. Der Nachweis, *daß* ein Segel vorhanden war[12], ist in der Regel leicht zu führen; eine in der Forschung lange und mithin kontrovers diskutierte Frage ist jedoch, *wie* dieses aussah. Das Problem liegt in der Quellenlage begründet (Christensen 1979a, 183. 189): Da kein Schiff auch nur halbwegs vollständig getakelt angetroffen wurde, bleibt die Forschung darauf angewiesen, ein funktionstüchtiges Schiff aus den Zeugnissen von Bildquellen, verschiedenen Funden und Schriftquellen »zusammenzusetzen«. Diese Quellengruppen zeigen aber jede für sich nur Dinge, die die anderen nicht darstellen, so daß eine Überprüfung der an einer Gruppe gewonnenen Interpretation

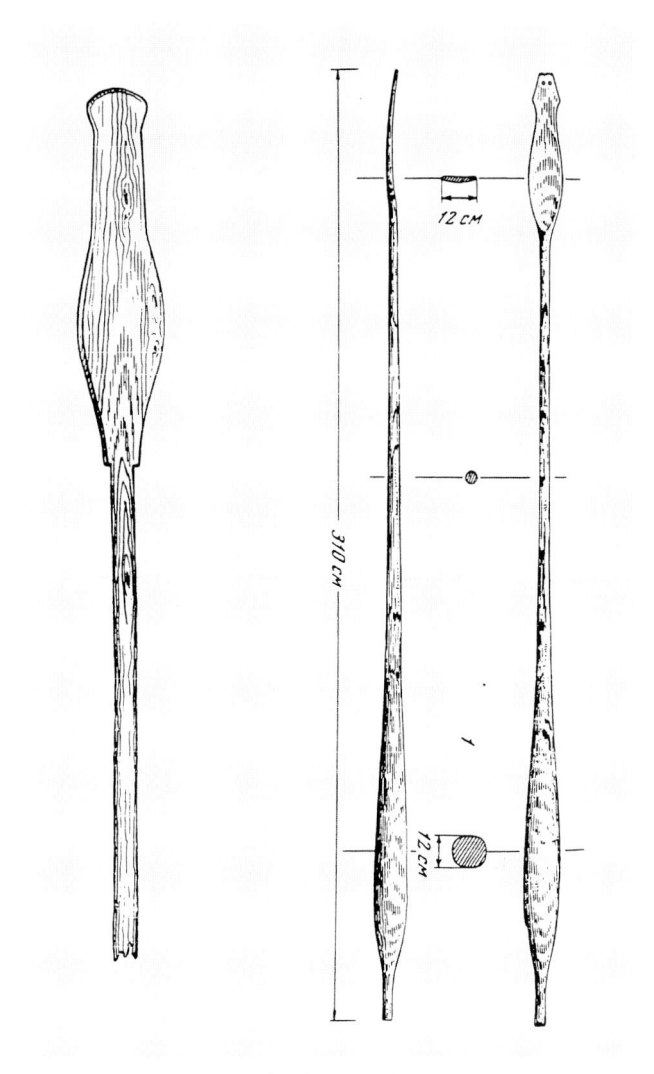

Abb. 25 Riemen, Novgorod: a hochmittelalterliches Exemplar; b Exemplar der Zeit 1116–1134.

durch eine andere fast ausgeschlossen ist: Auf Bildern, fast ausschließlich gotländische Bildsteine und wikingerzeitliche Münzen, finden sich Hinweise über die Takelage, welche oberhalb der Reling plaziert ist, wohingegen die Verbindung zu einer in ihren Abmessungen bekannten Rumpfform fehlt. Die archäologischen Funde liefern Informationen über die Befestigung von Mast und Takelage am Schiff, die auch einem bestimmten Unterwasserschiff mit mehr oder minder klar umrissenen Eigen-

---

12 Es gibt allerdings auch Beispiele dafür, daß die Segeleinrichtungen kleinerer Boote keine nennenswerten Spuren am Rumpf hinterlassen; so sind der Mast und das stehende Gut auf färöigischen Booten dergestalt montiert, daß sich ein Segel auf archäologischem Weg nicht belegen läßt (Gøtche 1985, 65-72).

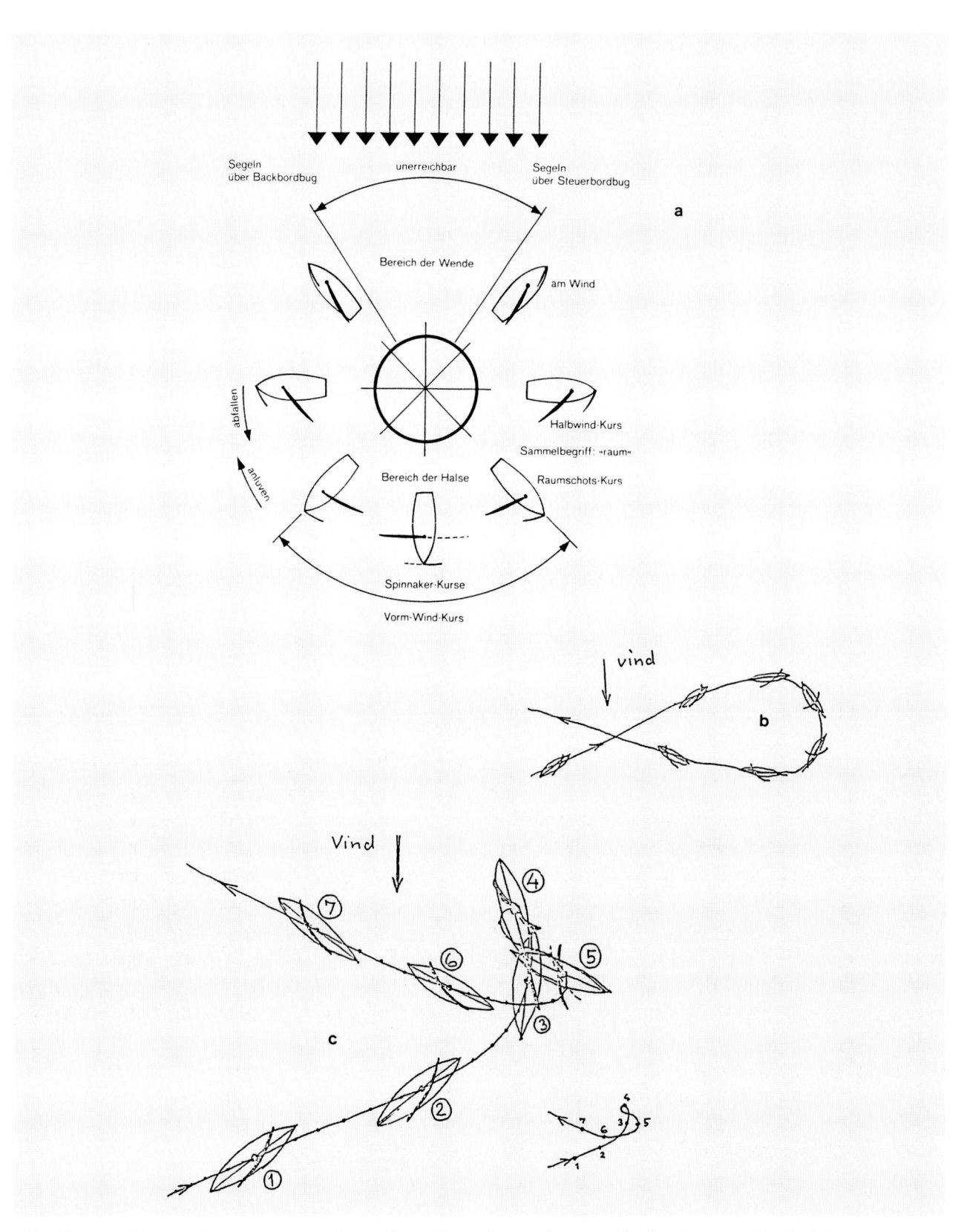

Abb. 26 a Bezeichnungen der Kurse eines Segelbootes, dargestellt an einer modernen Segelyacht mit Vor- und Backtakelung; Manöver eines Rahseglers: b Halse; c Wende.

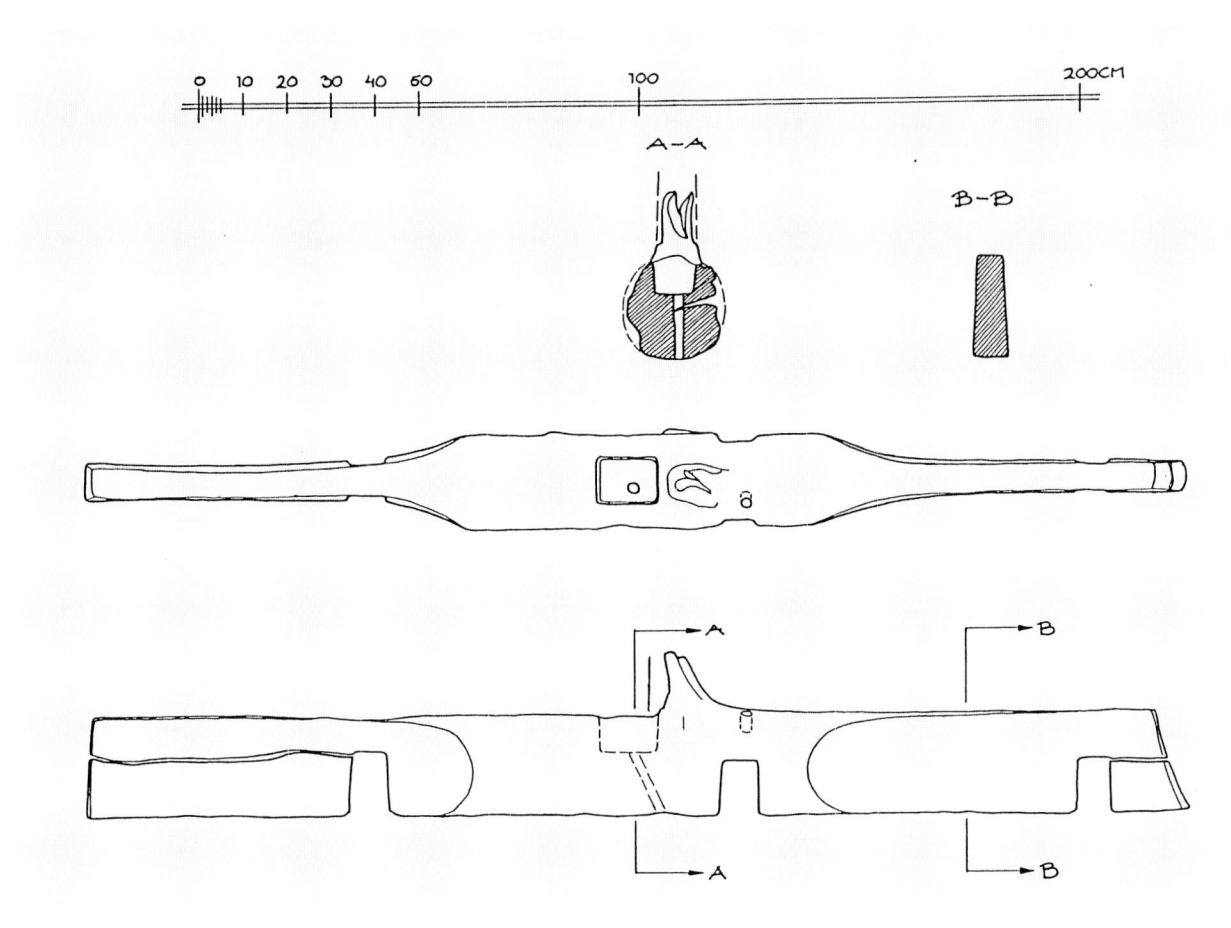

Abb. 27 Kielschwein von Äskekärr.

schaften zuzuordnen sind, hingegen jeglicher eindeutig zu interpretierenden Belege auf die oberhalb des Rumpfes gelegenen Einheiten ermangeln. Schriftquellen können einen Eindruck über die Handhabung des Segels vermitteln, sagen aber nichts über das Aussehen der einzelnen Funktionseinheiten aus. Doch selbst relativ umfassende Quellen lassen immer noch einen recht großen Interpretationsspielraum. Wegen dieser schlechten Ausgangsposition sind ethnologisch bezeugte Schiffe mit einem großen Rahsegel und die aus der Benutzung von Repliken erzielten Erkenntnisse mit in die Untersuchung einzubeziehen. Außerdem scheint es wenig sinnvoll, die Funde in ihrer chronologischen Reihenfolge vorzustellen, da zeitlich und besonders räumlich weit auseinanderliegende Zeugnisse zusammengezogen werden müssen, um sich überhaupt dem Bild eines funktionstüchtigen Schiffes annähern zu können. Auf diese Weise gehen leider geographische Eigenheiten und chronologisch bedingte Differenzierungen verloren.

Unter Takelage, oder auch Rigg, versteht man jeden Gegenstand, der in irgendeiner Weise dazu beiträgt, das Segel zu sichern oder zu bedienen (Claviez 1973, 323). Man unterscheidet zwischen dem stehenden und dem laufenden Gut, d.h. Leinen und ihren Halterungen zur Stabilisierung des Mastes (Stage und Wanten) bzw. zur Trimmung und Bewegung des Segels (Rah, Brassen, Schoten usw.). Der größte Teil dieser Gegenstände fällt unter die dieser Arbeit zugrundeliegende Definition von Schiffsausrüstung, nicht jedoch die Teile, welche den Mast mit dem Schiffsrumpf verbinden. Diese sind fest angebracht und werden in der Regel auch kaum für den Winter ausgebaut worden sein.[13] Der Mast ruht in einer Spur, die entweder in einem extra dafür hergestellten

[13] Crumlin-Pedersen (1972b, 75) weist jedoch unter Bezugnahme auf das hohe Gewicht des Mastfisches von Hadsund (Nr. 25.a) - heute 142 kg - darauf hin, daß die Herausnahme des Mastfisches vor dem Anlandziehen eines Schiffes durchaus wünschenswert erscheint; aufgrund ihrer Befestigungsweise sei es durchaus möglich, solche Mastfische wie andere Ausrüstungsteile zu entfernen.

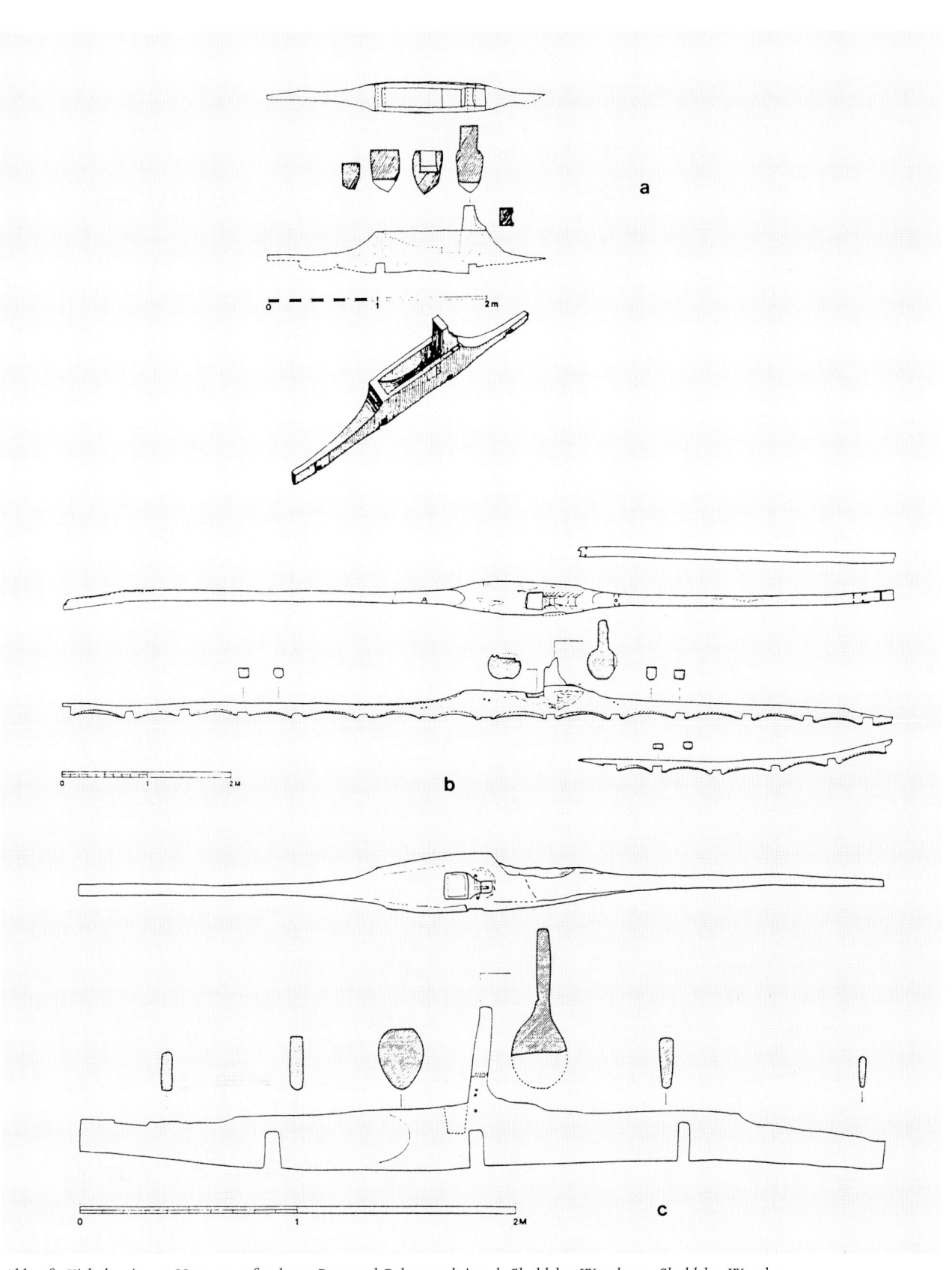

Abb. 28 Kielschweine: a Hasnæs, gefundener Part und Rekonstruktion; b Skuldelev Wrack 2; c Skuldelev Wrack 3.

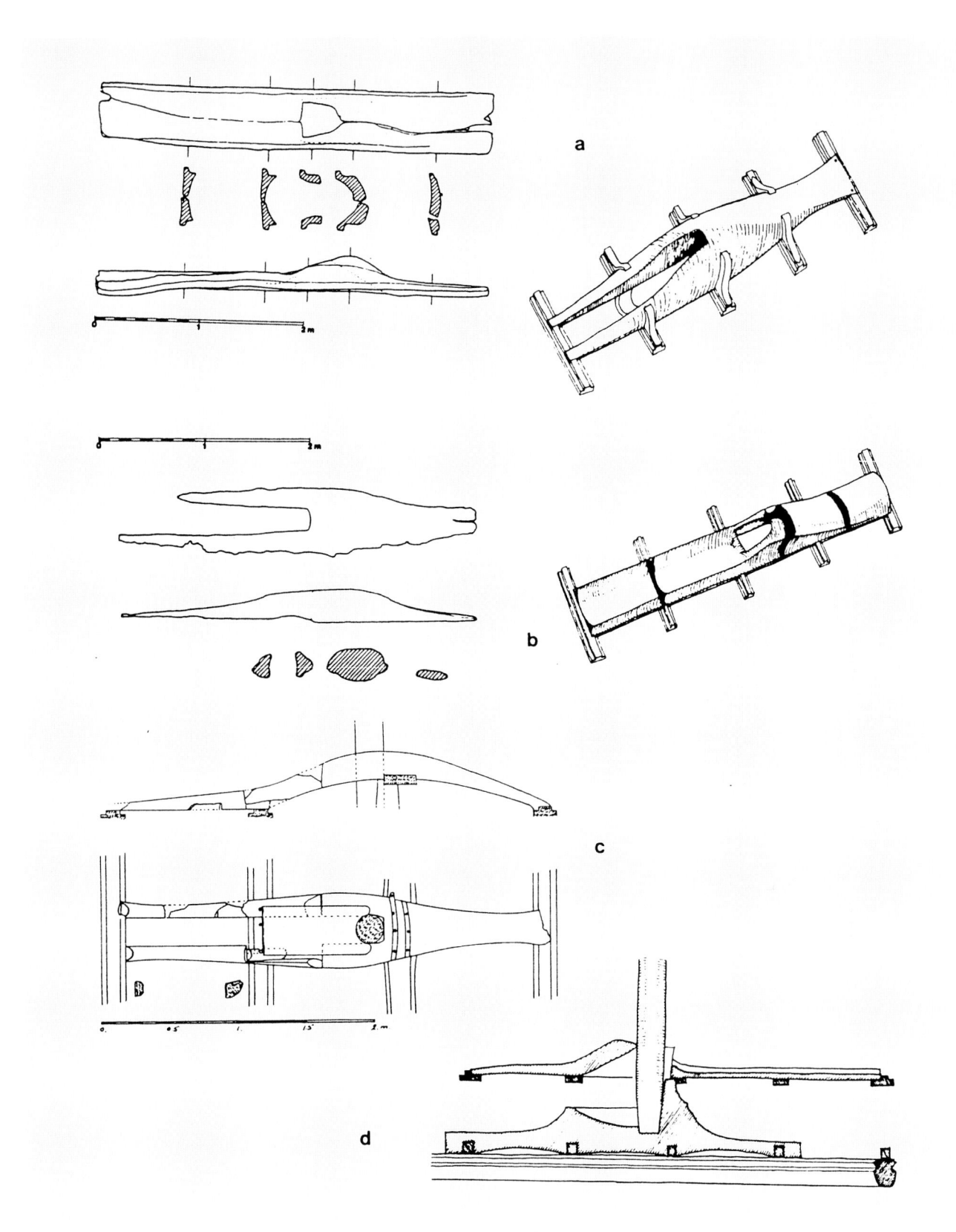

Abb. 29 Mastfische: a Hadsund, gefundener Part und Rekonstruktion; b Århus Bugt, gefundener Part und Rekonstruktion; c Oseberg; d Rekonstruktion der Verbindung zwischen Kielschwein aus Hasnæs und Mastfisch aus Hadsund.

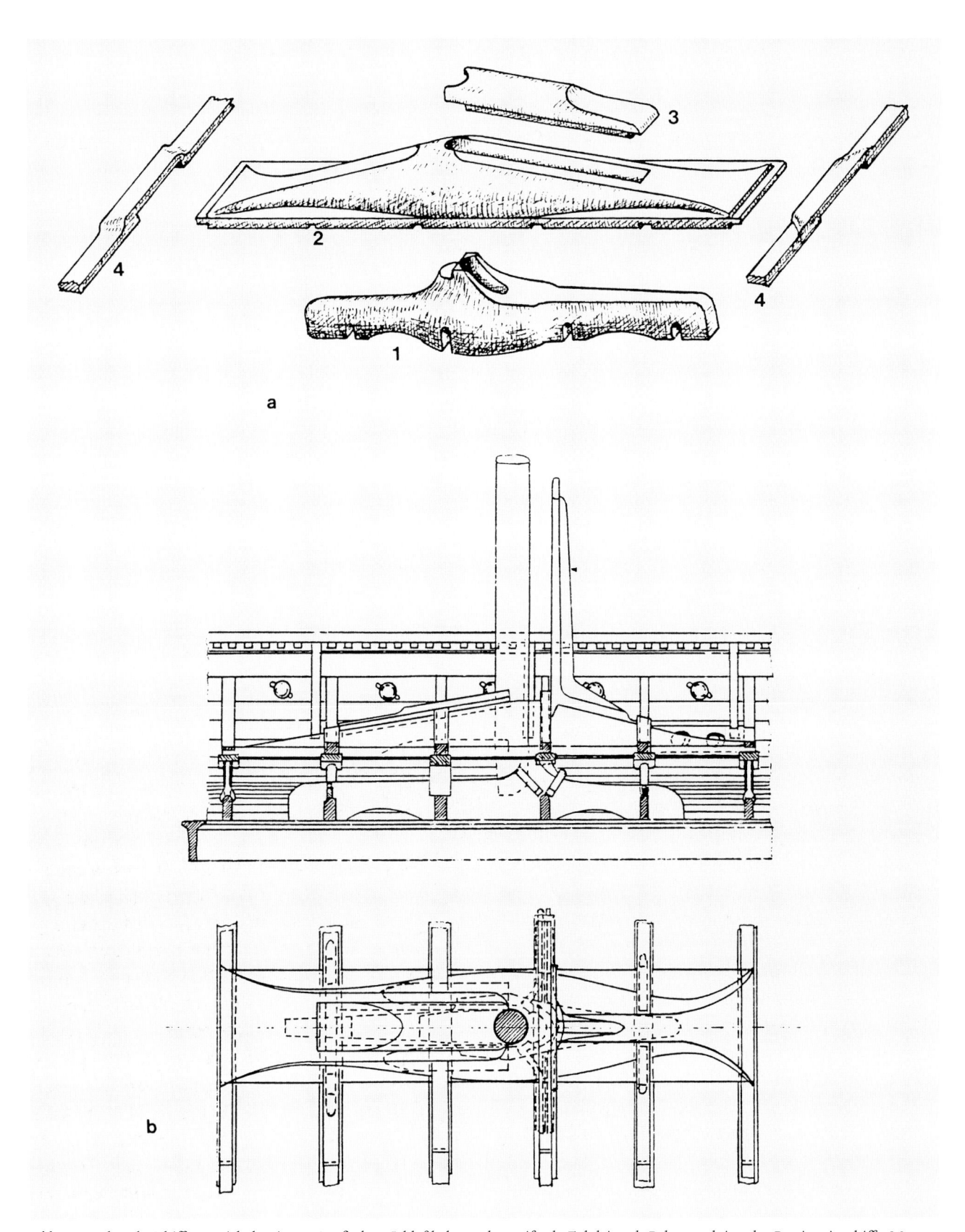

Abb. 30 Gokstad, Schiff: a 1 Kielschwein, 2 Mastfisch, 3 Schloßholz, 4 übergreifende Falzleiste; b Rekonstruktion der Partie mittschiffs, M 1:50.

Kielschwein oder in einen Spant eingearbeitet ist bzw. sich an diesen anlehnt. Hier wird die durch das Segel angesammelte Kraft auf den Schiffskörper übertragen, d.h. in Bewegung umgesetzt. Oberhalb der Mastspur befindet sich eine weitere Stütze vor dem Mast, um der durch das Segel hervorgerufenen Hebelwirkung entgegenzuwirken. Diese Stütze kann ein einfacher Querbalken sein, aber auch ein aus einem Holzblock gearbeiteter Mastfisch oder ein Loch in der Ducht.

Bei Schiffen nordischer Bauweise befindet sich die Mastspur in einem *Kielschwein* (Abb. 28), das direkt auf dem Kiel aufliegt und an der Unterseite Aussparungen für die darunterliegenden Spanten aufweist. Befestigt ist es durch Knie zumindest an dem achterlich des Mastes gelegenen Teil; der vor dem Mast liegende Teil wird durch den Druck niedergehalten und ist oft ohne Befestigung. Die eigentliche Spur ist wenigstens an einer Seite eckig, damit sich der Mast nicht darin drehen kann. In der Regel ist auch eine Astgabelung vor der Spur stehengelassen worden, die den nach vorne gerichteten Druck des Mastes mit abfedern soll. Mit Ausnahme der Stücke von Schleswig (Nr. 21.a) und Äskekärr (Nr. 66.a) ist diese Astgabel stets so plaziert, daß sie direkt über der Aussparung für den Mastspant liegt. Bei dem Kielschwein des Osebergschiffes (Nr. 58.a), des großen Schiffes von Hasnæs (Nr. 29.2.a) und des Exemplares aus Dublin (Nr. 2.a) ist eine nach achtern laufende Gleitschiene eingearbeitet, die das Auf- und Niederbringen des Mastes erleichtern soll. Bis auf das Exemplar des Mannschaftsschiffes Skuldelev 2 (Nr. 37.2.a), das auch beträchtlich zur Längsversteifung beigetragen haben dürfte (Olsen & Crumlin-Pedersen 1967, 116), sind alle Kielschweine aus einem Stück gearbeitet. Auf der Höhe des Decks war entweder ein Mastfisch angebracht, oder ein Querbalken, gelegentlich mit einer leichten Aussparung für den Mast versehen, übernahm bei Handelsschiffen dessen Funktion (Äskekärr [Nr. 66], Skuldelev 1 [Nr. 37.1] und 5 [Nr. 37.4]). Von den insgesamt sechs bekannten *Mastfischen* (Abb. 29) sind jedoch nur drei datiert und mit einem bestimmten Schiff, in allen Fällen Mannschaftsschiffen der frühen Wikingerzeit, in Verbindung zu bringen (Oseberg [Nr. 58.b], Gokstad [Nr. 47.1.b] und Tune [Nr. 63.b]). Dieses enge Verbreitungsfeld läßt vermuten, daß auch die undatierten Stücke ungefähr in diesen Zeithorizont gehören, zumal ein Mastfisch in den spät einsetzenden Fundorten von

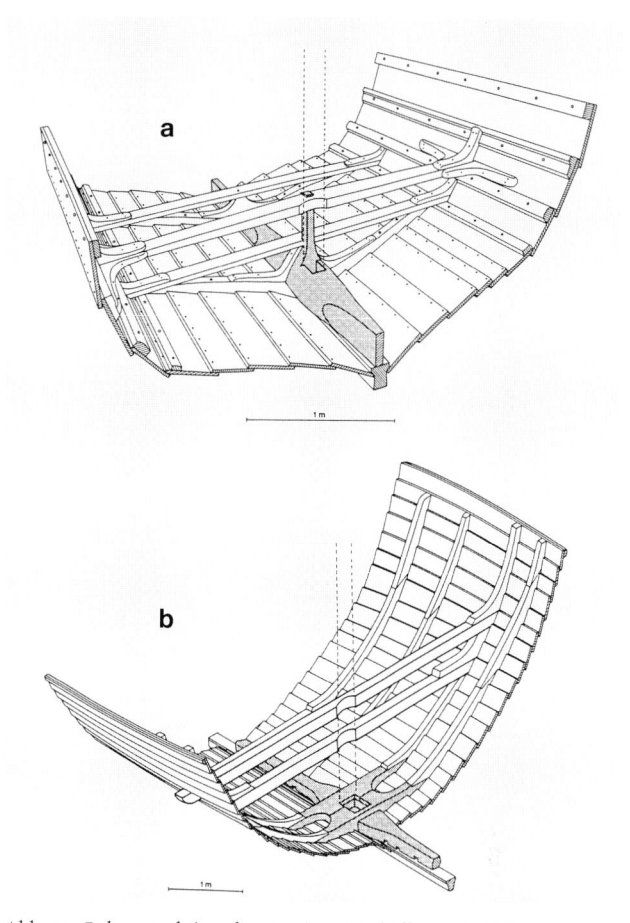

Abb. 31 Rekonstruktion der Partie mittschiffs: a Skuldelev Wrack 3; b Sjøvold.

Bergen und Novgorod nicht belegt ist. Bei den drei oben genannten Schiffen sind sie über die »biti« der Spanten mittschiffs eingefalzt bzw. eingezapft und werden seitlich durch Knie an diesen festgehalten. Crumlin-Pedersen (1972b, 74-8) unterscheidet zwischen einem Typ, der nach achtern offen ist (Oseberg [Nr. 58.b] und Århus Bugt [Nr. 24.a]), und einem solchen, der auch am nach achtern liegenden Ende geschlossen ist (Gokstad [Nr. 47.1.b], Tune [Nr. 63.b], Rong [Nr. 60.a], Hadsund [Nr. 28.a]). Die Mastführungen sind bei der nach hinten offenen Gruppe 1,80 bzw. knapp 2 m lang und bei der hinten geschlossenen zwischen 38 und 175 cm. Sie geben dem Mast einen Spielraum Richtung Heck, welcher in Oseberg und Gokstad durch ein Schloßholz gesichert war. Doch zieht diese Einteilung wohl kaum eine andere Art der Niederbringung des Mastes nach sich, da auch die nach achtern offenen Mastführungen durch die Querbalken, auf denen der Mastfisch auflag, verschlossen waren. Zwar wurde vorge-

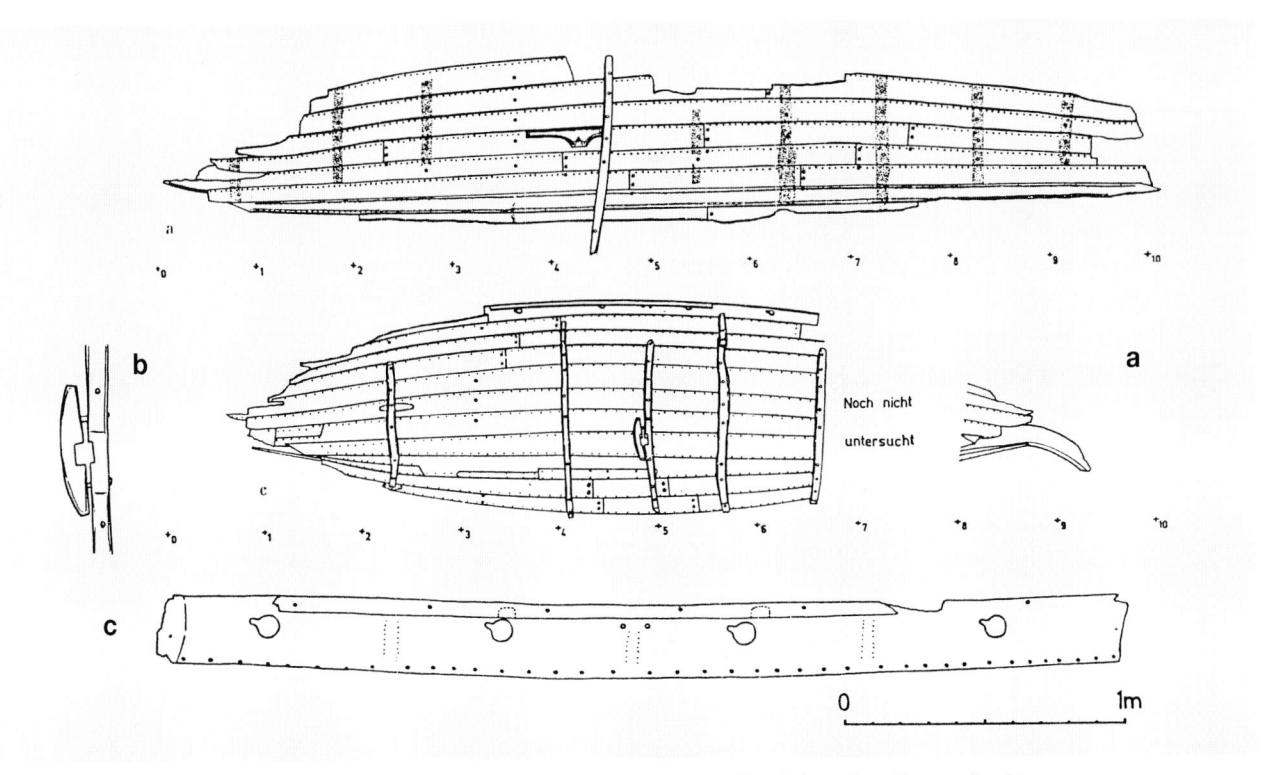

Abb. 32 Ralswiek, Mannschaftsboot 1 (Nr. 19.1): a Planum; b Mastlasche; c Dollbord (b und c selber Maßstab).

schlagen (Brøgger & Shetelig ²1971, 44; Crumlin-Pedersen 1972b, 75), daß bei Mastfischen wie dem von Oseberg der Mast trotz Gleitschiene im Kielschwein nach achtern niedergebracht wurde, doch das scheint aufgrund des vor der Spur liegenden Stumpfes wie auch der durch die Querbalken eingeschränkten Bewegungsfreiheit nach achtern wenig wahrscheinlich. Vielmehr ist davon auszugehen, daß der Mast wie auf dem Teppich von Bayeux dargestellt (Abb. 111) über den Bug gefällt wurde. Der Spielraum für den Mast im Mastfisch sowie die Gleitschiene am Kielschwein dienen dazu, daß der Mast beim Auf- oder Niederbringen nicht senkrecht durch die obere Stütze geführt werden muß, sondern schräg eingebracht werden kann. Die Leinen des stehenden Gutes sind hierbei als Flaschenzug verwendbar. Eine solche Einrichtung hat natürlich nur dann einen Sinn, wenn der Mast öfters aus der Mastspur entfernt wird, was besonders bei Mannschaftsschiffen der Fall war (s.u.).

Bei Schiffen aus dem Ostseeraum, die der slawischen Bautradition zugeschrieben werden, ist eine andere Art der Verbindung zwischen Mast und Rumpf zu beobachten: Hier wird die Mastspur durch eine Lasche, die achtern des Mastspantes befestigt wurde, und den Mastspant gebildet. Beispiele hierfür sind das Mannschaftsboot von Ralswiek (Nr. 19.1.a; Abb. 32), die Boote von Charbrow (Nr. 78.a; Abb. 33,a) und Lebafelde (Nr. 79.a) sowie der Siedlungsfund von Wollin (Nr. 84.b). Eine andere Art der Mastspur ist ebenfalls im slawischen Bereich angetroffen worden: Bei dem Boot von Baumgarth (Nr. 77.a) ist die Spur direkt in den Spant eingearbeitet (Abb. 33,b). Diese Art, eine Mastspur zu bilden, findet sich auch bei dem eher schlecht erhaltenen Boot von Bulverket (Nr. 67.a), das sich jedoch nicht einer bestimmten Bautradition zuweisen läßt.[14] Die obere *Masthalterung* ist nur bei den Booten von Bulverket (Nr. 67.b) und Baumgarth (Nr. 77.b) bekannt, bei denen der Mast durch ein Loch in der über der Mastspur liegenden Ducht geführt wurde. Verglichen mit der bei Schiffen skandinavischer Bauweise verwendeten Mastbefestigung, nimmt sich diese Art relativ einfach und unkompliziert aus. Es wurde offenbar kein Wert darauf gelegt, das Auf- und Niederbringen des Mastes zu erleichtern, was vermuten läßt, daß dies nicht zur täglichen Praxis gehörte.

---

[14] Die Provenienz des Bootes von Bulverket ist stark umstritten: Varenius (1979, 24) charakterisiert es als skandinavisches Boot mit slawischem Einschlag. Nylén weist es der skandinavische Bauweise zu (s.u.).

Aus dem *westeuropäischen Bereich* ist das Bootmodell von Broighter der einzige nicht römisch beeinflußte Fund. Zwar ist die Befestigung des Mastes nicht rekonstruierbar, doch besteht die obere Masthalterung aus einem Loch durch die mittschiffs gelegene Ruderbank bzw. Querbalken (Abb. 68,c). Die Anbringung der Rah und der Spiere ist gleichfalls unbekannt (Evans 1897, 392; McGrail 1987, 229). Die Schiffe der keltischen Bautradition von Brügge (Nr. 12.a; Abb. 35,c) und Blackfriars (Nr. 8.a; Abb. 35,a. b) sind hier nur bedingt als Parallelen heranzuziehen, da sie aus römischem Fundmilieu stammen. Das auf 180 ± 80 datierte Boot von Brügge verfügt als Mastspur über ein Loch in einem Spant, der wahrscheinlich in der Mitte lag. Trotz der schlechten Erhaltung wird das Boot als Segelboot auch für den Küstenbereich betrachtet (Marsden 1976, 44).[15] Das ebenfalls dem 2. Jahrhundert zugewiesene Boot von Blackfriars weist dieselbe Konstruktion auf, doch liegt hier die Mastspur etwas vor dem Mittelpunkt des Schiffes. Trotzdem dürfte es sich um die Spur für einen Segel tragenden Mast handeln. Eine solche Einrichtung ist auch aus anderen Booten keltischer Bautradition bekannt, unter denen sich reine Binnenboote befinden (Marsden 1976; McGrail 1987, 226). Anders verhält es sich bei dem Boot von Utrecht (Nr. 14.a; Abb. 34), das an den Anfang des 11. Jahrhunderts zu datieren ist. Dessen Mastspur ist nach ungefähr einem Viertel der Gesamtlänge vom Heck aus wie die beiden vorhergenannten Exemplare in einen Spant eingearbeitet. Doch lassen die Lage im Schiff, seine geringe Größe sowie das Fehlen eines Kieles Vlek (1987, 127) die Verwendung des Mastes zum Treideln vermuten, was das Boot als Flußboot charakterisiert.[16] Im Unterschied zu einem nur zum Segeln mit einem großen Rahsegel ausgelegten Mast ist es bei einem Mast, der als Ansatzpunkt für eine Treidelleine dient, zweckmäßig, diesen Punkt etwa 30 % der Länge ± 10 % vom Bug entfernt zu legen, da durch den Druck die Schiffspartien vor dem Mast tiefer ins Wasser eingetaucht werden (McGrail 1987, 216). Auch andere kiellose Binnenboote keltischer Bautradition, wie Yverdon 2[17] (Arnold 1989, 12) und Bevaix NE 1970 (Arnold 1980, 187), sowie spätmittelalterliche Schiffe aus dem Nord- und Ostseeraum (s.u.) haben ihre Mastspur deutlich zum Bug hin versetzt, ohne daß sich ihre Funktion nur aufgrund der Position im Schiff bestimmen ließe. Bei den Flußbooten muß eine eindeutige Zuweisung als Treidel- oder Segel-

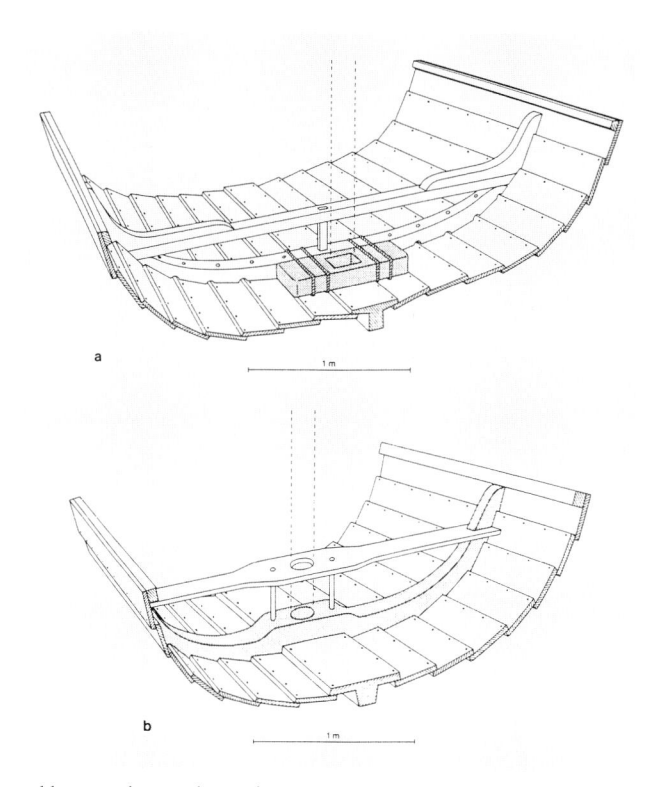

Abb. 33 Rekonstruktion der Partie mittschiffs: a Charbrow; b Skizze einer Rekonstruktion, die derjenigen von Baumgarth entspricht.

mast jedenfalls offengelassen werden, da diese Masten für beide Zwecke verwendbar sind. Segel waren auf diesen Booten aller Wahrscheinlichkeit nach nur bei raumem Wind zu benutzen (McGrail 1987, 217).

Die unterschiedlichen Arten, den Mast zu befestigen, einer bestimmten Bautradition zuweisen zu wollen, wie es für den slawischen Bereich versucht wurde (Smolarek 1969, 342-51; Slaski 1978, 123), scheint jedoch anhand der Funde wenig sinnvoll: Zwar sind Masthalterungen durch Kielschwein und Mastfisch bzw. Querbalken auf den skandinavischen Raum beschränkt und solche mit Mast-

---

[15] Anders McGrail (1987, 217/8), der meint, daß die Mastspur aufgrund ihrer Lage im Schiff als Halterung für einen Treidelmast in Betracht kommt; die schlechte Erhaltung des Fundes macht eine solche Interpretation jedoch schwierig.
[16] Die von Vlek (1987, 142) ebenfalls als mögliche Einrichtung für einen Treidelmast vorgestellte »Mastspur« des erweiterten Einbaumes aus Velsen, C 14-Datierung 1025-1150, ist mit ihren 4 x 6 cm jedoch so klein, daß sie kaum einen Mast, weder zum Treideln noch zum Segeln, getragen haben kann.
[17] Der Kahn Yverdon 2 verfügt über zwei Mastspuren in Form von Klötzen, die unabhängig von einem Spant auf dem Boden in der Nähe beider Enden montiert sind. Wahrscheinlich wurde nur jeweils eine Spur verwendet.

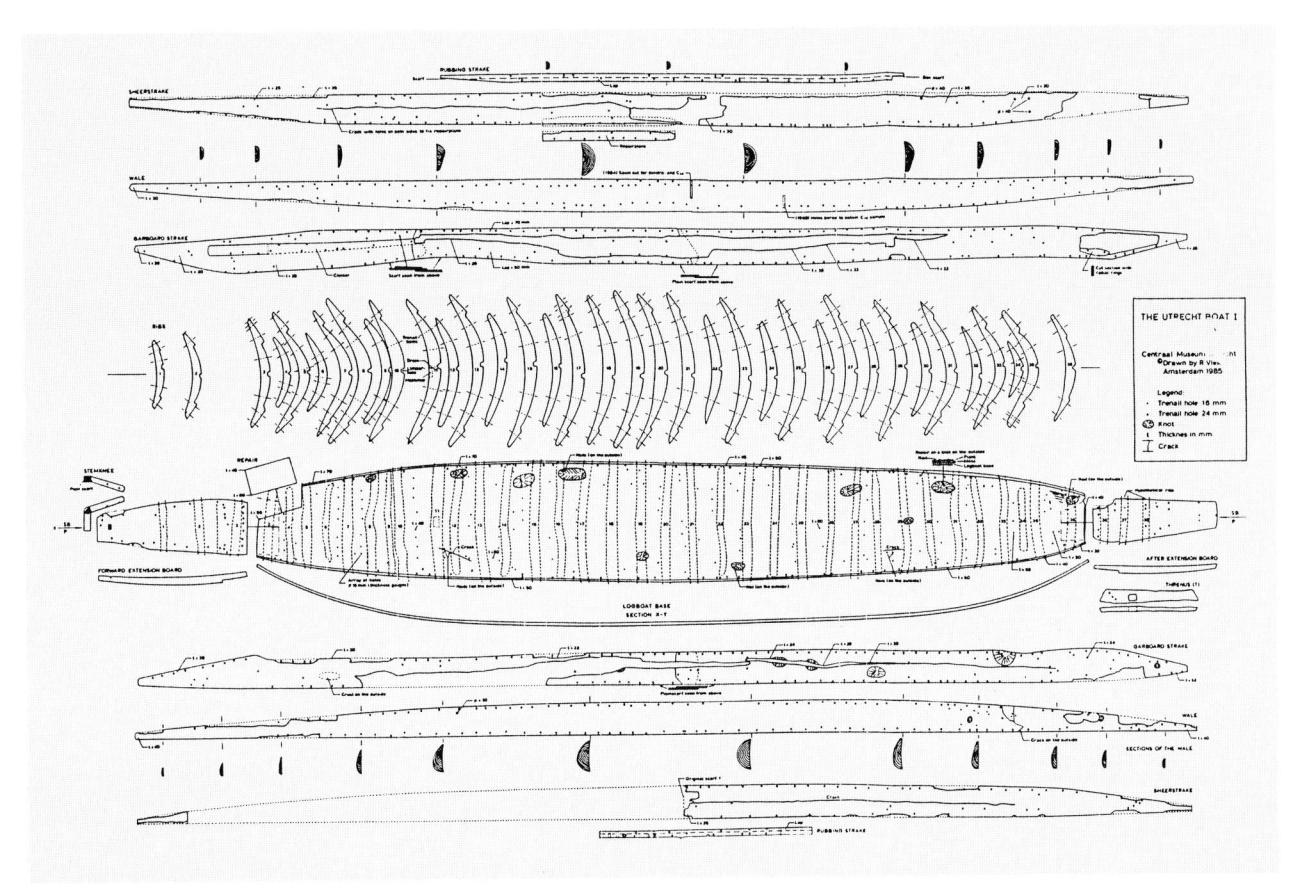

Abb. 34 Boot von Utrecht, M ca. 1:140.

spur im oder am Spant und Mastführung durch die Ducht bis auf das Boot von Bulverket auf den Bereich der slawischen Kultur und der keltischen Schiffbautradition, doch muß auch anderen Aspekten Rechnung getragen werden. So sind die mit der zuerst beschriebenen Masthalterung ausgerüsteten Boote alle auch im Bereich von Nordsee und Kattegatt benutzt worden, und es handelt sich auch um größere Schiffe, die wohl zumindest für die Nordseeüberquerung gedacht waren. Die mit der als slawisch betrachteten Art der Mastführung versehenen Boote sind nicht nur kürzer, sondern vor allem auch niedriger[18] und dürften die Ostsee nie verlassen haben. In diese Richtung weist auch der Fund von Bulverket, obwohl er wegen seiner schlechten Dokumentation als einziges Beweisstück wenig geeignet ist. Doch auch die Funde von Bergen zeigen, daß es sich hierbei weniger um durch Bautraditionen, sondern am ehesten durch die Schiffsgröße bestimmte Ausführungen handelt: In Schichten des 14. Jahrhunderts wurden Mastspuren angetroffen, von denen eine mit denen des Ostseeraumes verwandt ist und Ähnlichkeiten mit solchen Exemplaren aufweist, die im 19. Jahrhundert bei Acht- bis Zehnruderern Verwendung fanden (Christensen 1985, 84/5), auch in dem sehr fragmentarischen Schiff von Sørenga, Oslo, aus der Zeit um 1350, welches zudem noch vor dem masttragenden Spant Spuren einer senkrechten Halterung aufweist (Christensen 1973, 102). In Åbo, Finnland, wurde ein klinkergebautes Handelsschiff[19] gefunden, dessen Mast in einem Kielschwein ruht und durch einen quer zum Kiel liegenden Balken zusätzlich gehalten wird (Forsell 1980, 17). C 14-Analysen datieren es auf 1310 ± 80, und auch aus dem hochmittelalterlichen Tønsberg sind solche Exemplare bekannt.[20] Bei den in dänischen Fahrwassern entdeckten Koggen von Vejby (um 1380 gesunken) und Kol-

---

18 Die Bordhöhe bei besegelten Schiffen skandinavischer Bauweise (die kleinen Boote von Gokstad nicht mit einbezogen) liegt zwischen 1,2 (Skuldelev Wrack 6) und 2,7 (Falsterbo) m, bei denen 'slawischer Bautradition' zwischen 86 cm (Baumgarth) und ca. 1 m (Ralswiek).
19 Forsell (1980, 19) rekonstruiert es auf eine Länge von 6,5-7 m, eine Breite von 2,30-2,40 m und eine Höhe von 90 cm.
20 Mus. Tønsberg TH 0093, TR 1414, TL 2748: vgl. Olsen.

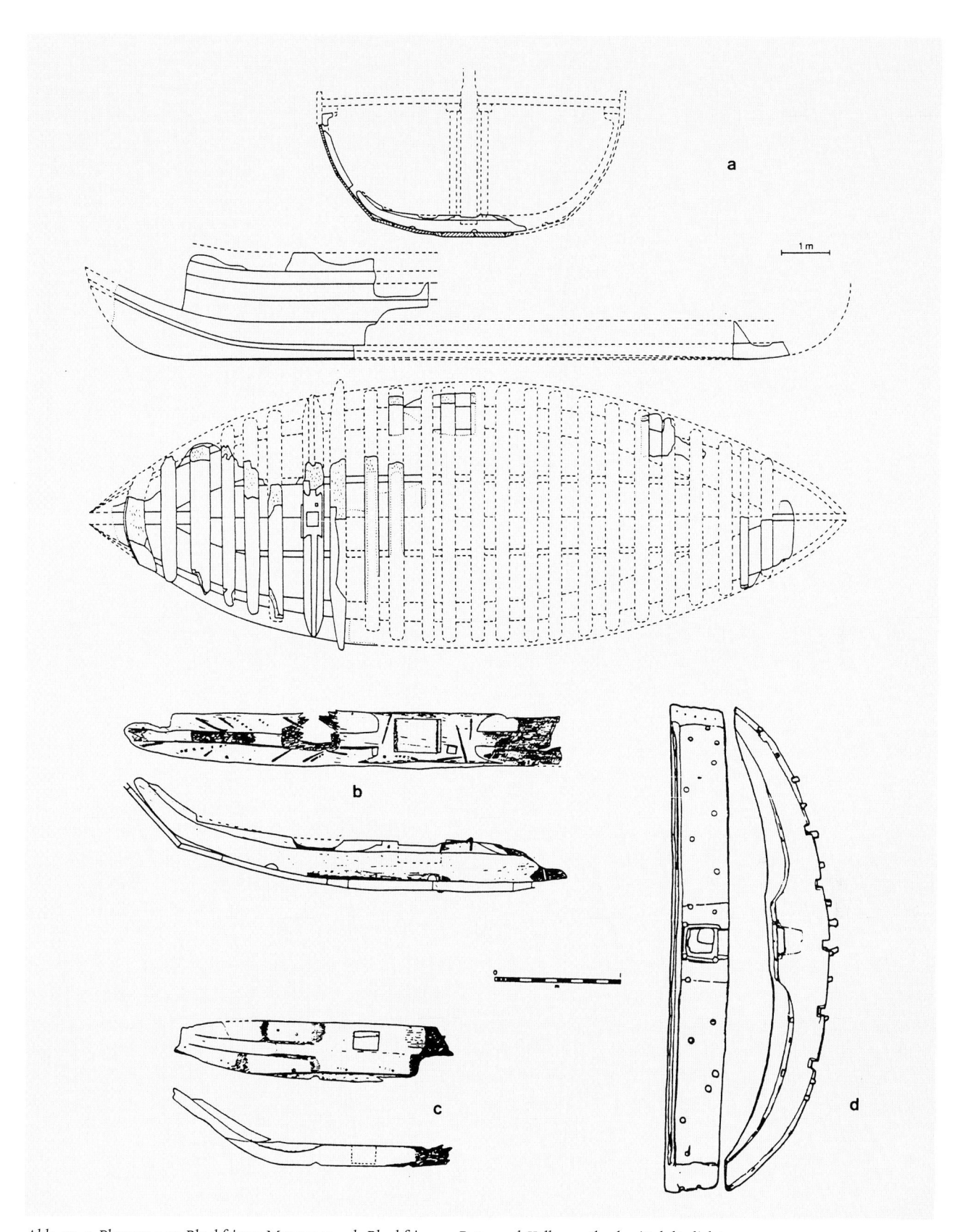

Abb. 35 a Planum von Blackfriars; Mastspuren: b Blackfriars; c Brügge; d Kollerup (hochmittelalterlich).

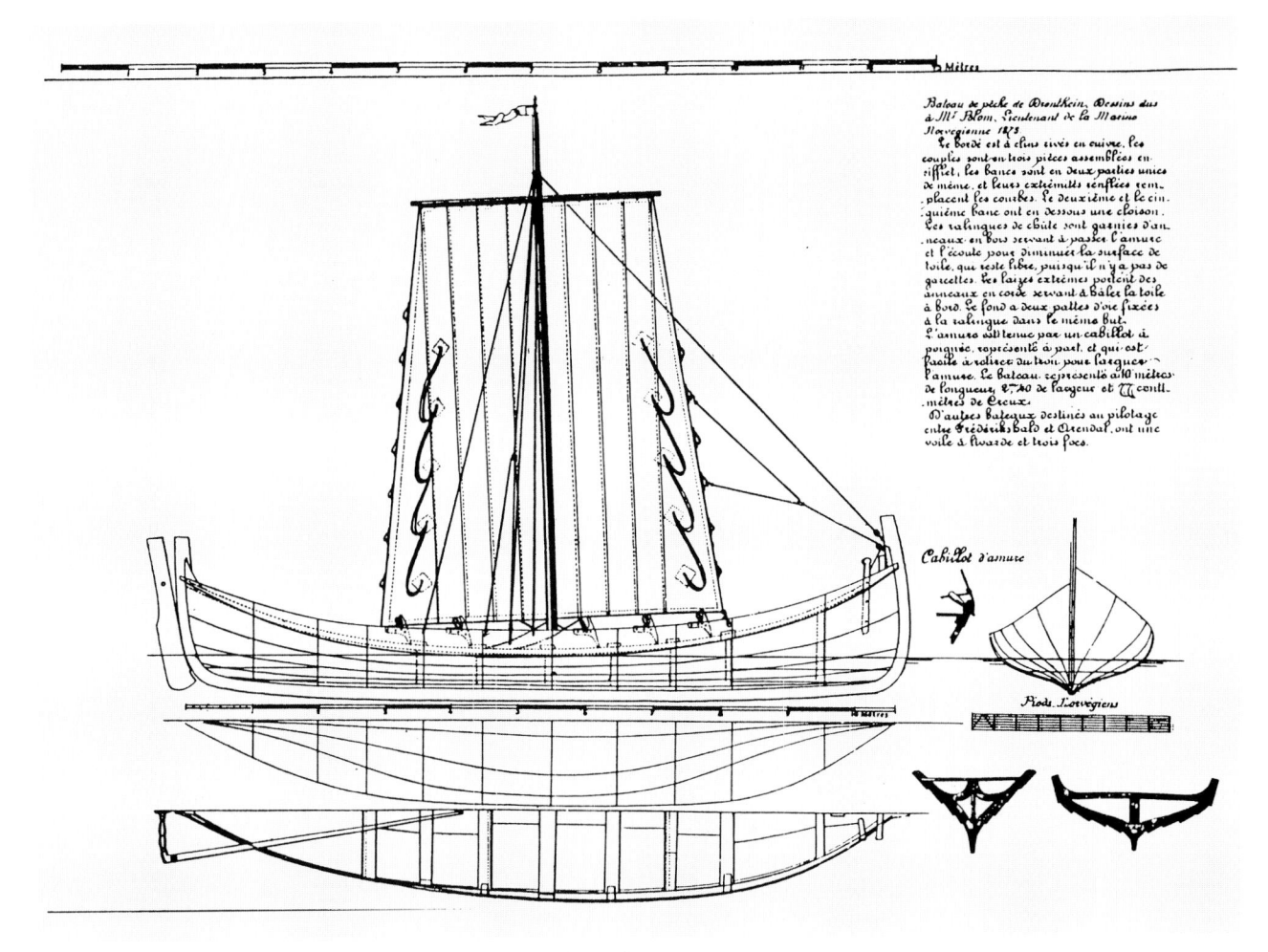

Abb. 36 Nordlandboot (Fembøring) von älterem Typ, gezeichnet 1873.

lerup (13. Jahrhundert) (Abb. 35,d) ruht der Mast in der Spur eines Spantes relativ weit im Vorschiff (Crumlin-Pedersen 1979, Fig. 2.13). Dieselbe Plazierung findet sich auch bei den Koggen des späten Mittelalters, die im Ijsselmeer geborgen wurden, doch auch hier kommen Mastspuren in Spanten und solche in Kielschweinen nebeneinander vor (Reinders 1985, 19-21). McGrail (1987, 227) erwägt aufgrund der weit im Vorschiff, nach 24-34 bzw. 29 und 34% der Länge, plazierten Mastspuren für die letztgenannten dänischen und niederländischen Funde die Verwendung eines asymmetrischen Rahsegels oder eines Gaffelsegels, doch findet sich kein direkter Beleg hierfür. Eine Befestigung des Mastes mittels Kielschwein ist also eher als eine spezifisch nordeuropäische Eigenart zu betrachten, während eine Mastspur in oder an einem Spant in Zeit und Raum wesentlich weiter verbreitet ist. Diese Unterscheidung scheint nur bedingt unterschiedliche Bautraditionen widerzuspiegeln. Noch enger auf wikingerzeitliche Mannschaftsschiffe begrenzt ist die Verwendung von Mastfischen. Die immer wieder aufgeworfene Frage, ob die stabile Mastverankerung bei den wikingischen Schiffen stehendes Gut ersetzt, soll weiter unten behandelt werden.

Forschungen über das Aussehen der Takelage über die Masthalterung hinaus basierten lange auf Spekulationen und Vermutungen, die durch den Umgang mit heutigen Segelschiffen geprägt waren.[21] Nachdem Åkerlund 1956 von einem Teilaspekt der Takelage, dem sog. »beiti-áss« (s.u.), ausgehend die Besegelung wikingerzeitlicher Schif-

[21] In der älteren Literatur wurde der Takelage mit Ausnahme von Falk (1912, 55-70) wenig Aufmerksamkeit geschenkt; so bezogen sich Brøgger und Shetelig (²1971, 99-103) noch 1950 bei ihrer Beurteilung der Segeleigenschaften des Gokstadschiffes allein auf die Erfahrungen aus der Atlantiküberquerung der Replik von 1893; zur Forschungsgeschichte vgl. Håsum 1974, 76-84.

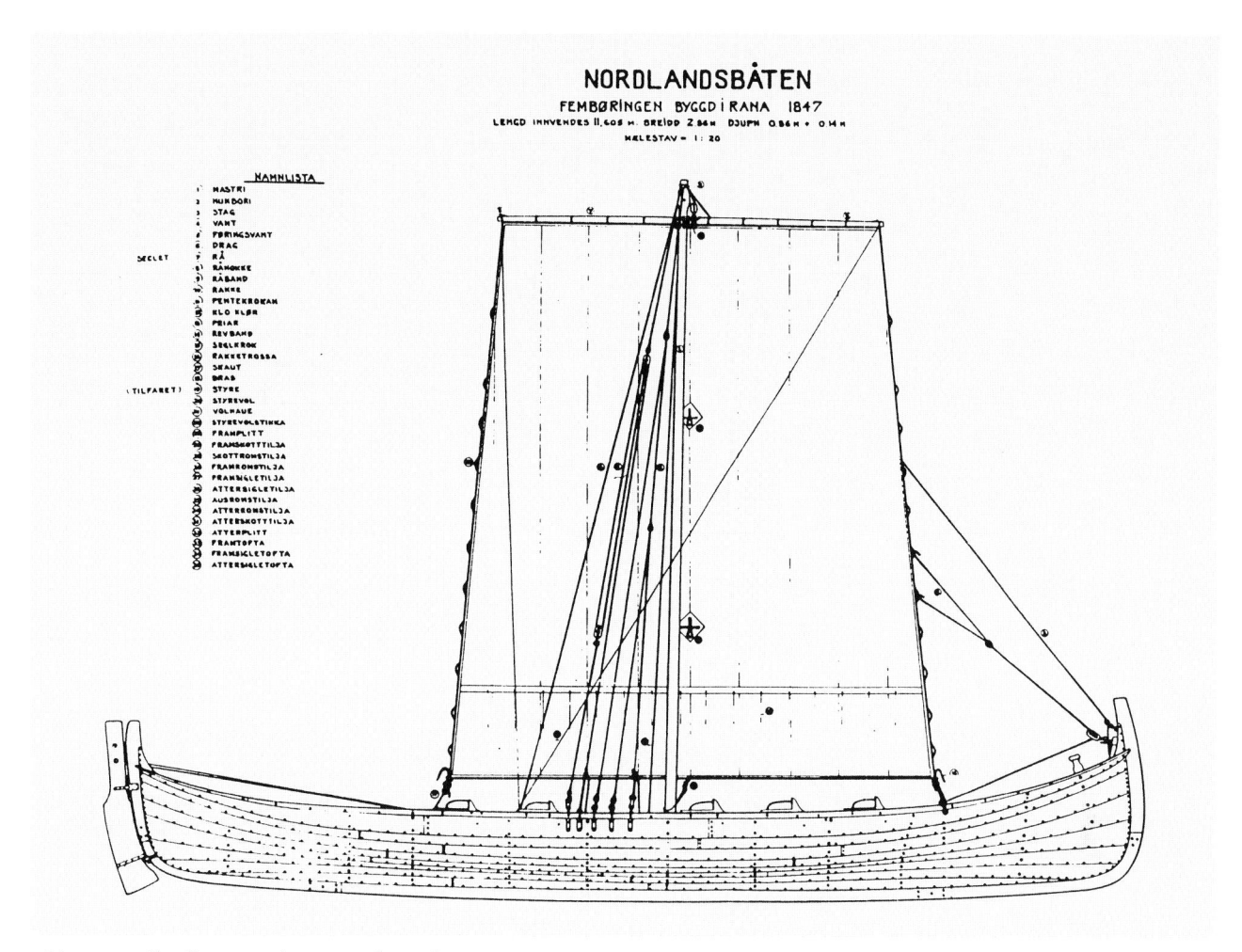

Abb. 37 Nordlandboot (Fembøring), gebaut 1847.

fe behandelte, versuchte Håsum 1974 erstmals, das Material systematisch zusammenzufassen und bei der Beurteilung der Segeleigenschaften Berechnungen aus dem Experiment in einem Windkanal miteinzubeziehen. Diese Untersuchung brachte sie zu dem Ergebnis, [...] *daß die wikingerzeitlichen besegelten Boote keine besonders guten Segler waren und darüber hinaus sehr schlecht kreuzen konnten* [...][22] (Håsum 1974, 83) – eine Einschätzung, die jedoch durch die Forschungen von Andersen (1978; 1980) deutlich relativiert wurde. Ausgehend von den Funden von Skuldelev, beschäftigt er sich mit nordeuropäischen Booten aus dem letzten Jahrhundert, die nur ein symmetrisches Rahsegel besaßen. Aufgrund der Ähnlichkeit im Aufbau und der günstigen Überlieferung scheint ihm das sog. Nordlandboot Nordnorwegens am geeignetsten für eine Rekonstruktion der wikingerzeitlichen Besegelung. An dieser Stelle kann nicht die gesamte Forschung über norwegische Rahsegler dargestellt werden, doch soll hier kurz die Takelage vorgestellt werden, die auf einem *Nordlandboot, der Fembøring, des älteren Typs* (bis ca. 1850) benutzt wurde[23] (Abb. 36; 37): Diese im Durchschnitt 9,50-10 m langen und 2,40-2,60 m breiten Boote, die ohne Kiel mittschiffs 84 cm hoch waren, wurden hauptsächlich zum Fischen vor den Lofoten und für Handelsfahrten entlang der norwegischen Küste gebaut. Sie verfügten über fünf Paar Keipen und in der Regel fünf bis sieben Mann Besatzung. Der Mast saß in einer Spur in

22 Eigene Übersetzung: [...] *att vikingatidens seglande båtar icke var särskildt goda seglare, och dessutom mycket dåliga på att kryssa* [.].
23 Ein solches Segel ist nicht im Original oder wissenschaftlichen Aufmessungen überliefert, da ab ca. 1850 eine Weiterentwicklung des bis dahin benutzen Bootes erfolgte, die u.a. die Einführung eines Topsegels zur Folge hatte; die ältere Form ist nur indirekt aus frühen Zeichnungen und Berichten zu erschließen (Andersen 1980, 26-39); die folgende Darstellung basiert auf Andersen 1975 und 1980 sowie Diriks 1863.

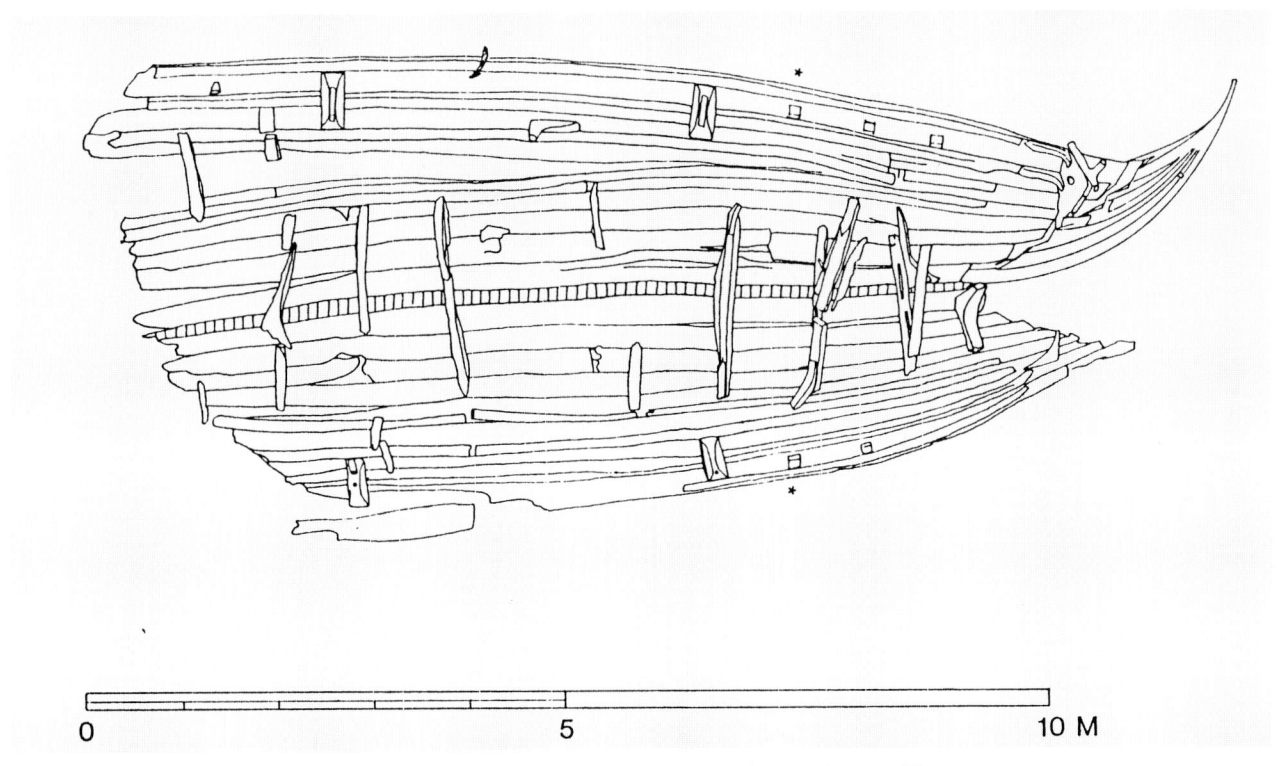

Abb. 38 Skuldelev, Wrack 3: Befund im Planum; hauptsächlich benutzte Rojepforten mit ✶ markiert.

der Mitte des Bootes, die am ehesten mit den oben beschriebenen »slawischen« Laschen zu vergleichen ist. Das stehende Gut setzte sich aus drei Wanten an jeder Seite, die entweder direkt durch ein Loch im obersten Bordgang oder durch einen darin sitzenden Stropp geführt und verknotet wurden, und einem Vorstag, der durch einen Block im Steven lief und dann wie eine Want verknotet wurde, zusammen. Das laufende Gut bestand aus folgenden Geräten und Leinen: Das trapezoide Segel war oben an einer Rah befestigt und besaß ein oder zwei Reihen mit Reffbändern. Es wurde mittels eines Falls geheißt, eines einfachen Taus, das in der Mitte der Rah angebracht war und durch ein Loch im Mast geführt und dann an einem Nagel unter der »biti« am Mastspant belegt wurde. Das Loch im Mast, das »draghull«, lag direkt unter dem Ansatz des stehenden Gutes und war oft mit einer Halbscheibe ausgelegt. In der Mitte der Rah saß ein Rack, ein halbrunder, an beiden Enden durchlochter Holzbügel, der mit zwei Tauen an der Rah befestigt war. Das Rack wurde außen um den Mast herumgeführt und sollte die Rah nahe an diesem halten, ohne ihre Rotation um den Mast zu behindern. An beiden Enden der Rah waren Brassen befestigt, über die die Rah bewegt und

getrimmt wurde. An den Unterkanten waren Hals bzw. Schot[24] angebracht; die Schot wurde an einem Holznagel, dem »sejlstikke« oder »seglnål«, belegt, der je nach gefahrenem Kurs zum Wind[25] – was die Segelstellung bestimmt – in zwei verschiedene Löcher in einem Spant bzw. in der Bordwand gesteckt wurde. Eine weitere Leine, die Boline (»Bugleine«)[26], fixierte das Segel zum Bug hin, wo sie an einem Block im Steven befestigt war. An der dem Segel zugewandten Seite teilte sich diese Leine in zwei Teile, die jeweils in einem Eisenhaken endeten. Diese wurden in zwei der fünf bis sieben »kløer«, Augen aus Tauwerk oder Birkenzweigen, eingehakt, die sich an den Seitenlieken befanden. An der Mitte des Unterlieks setzte eine weitere Schot, »prier«, an, die über eine Leine mit

[24] Die Bezeichnung der beiden Leinen ist unabhängig von ihrer Plazierung an Back- oder Steuerbord und richtet sich nach dem gefahrenen Kurs: »Hals« ist die nach Luv, d.h. nach achtern, gewendete Leine, »Schot« die nach Lee, zum Bug, gewendete. Um Mißverständnisse zu vermeiden, wird der Begriff »Schot« in dieser Arbeit für alle am Unterliek ansetzenden Leinen verwendet, da sich die Terminologie der Nordlandboote in diesem Fall nicht auf das archäologische und bildliche Quellenmaterial übertragen läßt.
[25] Zur Benennung der Kurse im Verhältnis zum Wind sowie der Manöver »Wende« und »Halse« vgl. Abb. 26, Seite 60.
[26] In diesem Fall wird die Einrichtung der Boline »penten« genannt.

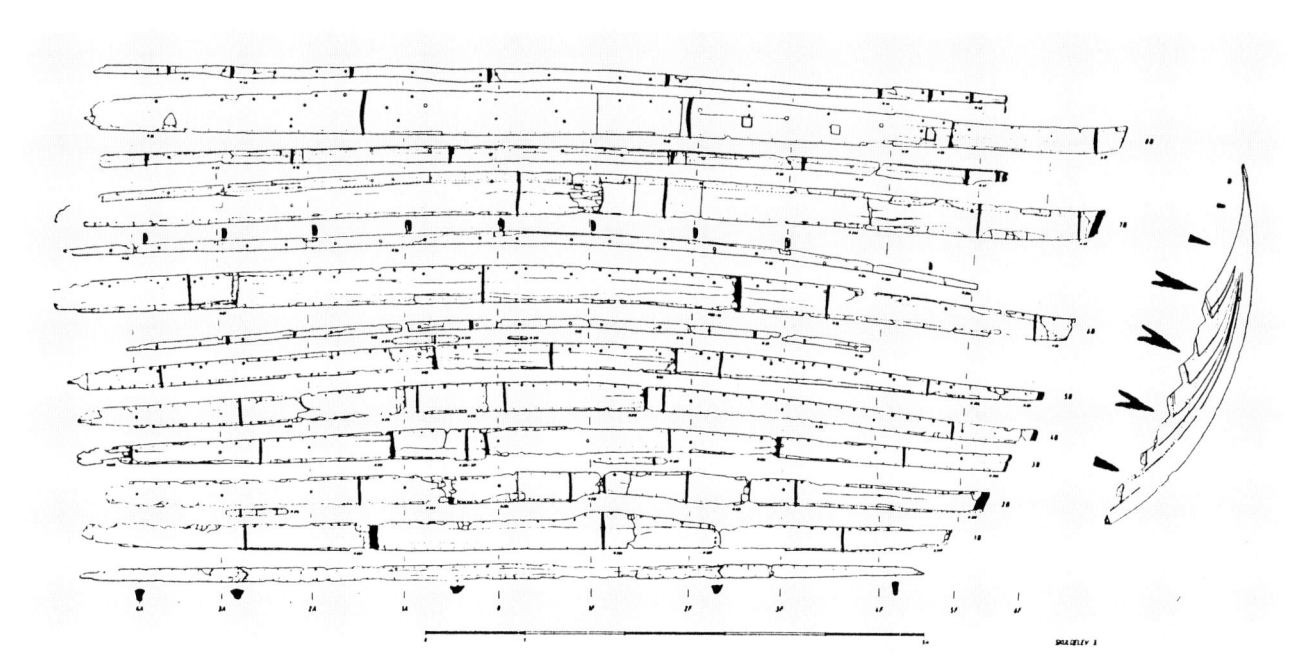

Abb. 39 Skuldelev, Wrack 3: Einzelne Plankengänge an Backbord.

drei Haken am Segel befestigt war; weiter oben im Segel saßen eine oder zwei weitere solcher Ansatzpunkte, die bei gerefftem Segel benutzt wurden. Einige Schiffe verfügten auch noch über »handsøft« an einer Seite des Segels, worunter man große, etwas nach innen versetzte, entlang der Seitenlieken angebrachte Augen aus Tauwerk versteht, die das Reffen oder Bergen des Segels erleichterten. Unerläßlich für die Trimmung war die Verwendung von Ballast in Form von Steinen, die um den Mast gelegt wurden.

Auf diese Weise gelang es Andersen, ein sehr konkretes Bild einer Rahtakelung zu entwerfen, wobei die Unterschiede zu den bekannten wikingerzeitlichen Booten augenfällig sind: Diese sind in der Regel größer – das große Handelsschiff von Skuldelev sogar um mehr als das Doppelte –, mit einem Seitenruder statt wie bei allen traditionellen Bootstypen aus Norwegen mit einem Stevenruder ausgerüstet, und verfügen über nicht ganz so steil ansetzende Steven wie die Boote der Neuzeit. Selbstverständlich geht auch Andersen (1980, 49-57) nicht davon aus, daß sich Rumpf und Takelage unverändert von der Wikingerzeit bis in das 19. Jahrhundert hinein erhalten haben oder die Femböringer der Nordlandboote die einzig mögliche Art der Rahtakelung zeigen, doch meint er in Verbindung mit dem kleinen Handelsschiff von Skuldelev 3, daß [...] *der Unterschied im Riggaufbau minimal und das Hauptprinzip dasselbe ist* [...] (ebd., 57).[27] Die Takelage von Skuldelev 3 (Abb. 36-41) ist demnach folgendermaßen zu rekonstruieren (Andersen 1980, 51-9; Olsen & Crumlin-Pedersen 1967, 106-8. 127-9): Ein wahrscheinlich symmetrisches Rahsegel wird an einem von Kielschwein und Mastfisch gestützten Mast befestigt. Vom stehenden Gut läßt sich das Vorstag wegen des Fehlens des Vorstevens nicht belegen, aber für die Wanten ist eine Anbringung an den beiden an der Bordwand sitzenden Klampen (Nr. 37.3.c.1), in deren einer ein Weidenring gefunden wurde, wahrscheinlich. Vom laufenden Gut lassen sich die drei Befestigungspunkte für die Schot am Rumpf in Form von Löchern im obersten Bordgang zwischen den vorderen Rojepforten feststellen, die genau dort liegen, wo sie den norwegischen Schiffen nach anzunehmen sind. Hier ist die Verwendung eines Segelnagels wahrscheinlich. Die Luvschot wird wahrscheinlich durch die trapezoide Rojepforte geführt. Diese Anordnung ist gegengleich auf die nicht erhaltene Bordseite zu projizieren. Eine Boline ist nicht zu belegen, wird aber angenommen, genauso wie die Verwendung von mindestens zwei Wanten an jeder Seite. Dieser Rekonstruktion wurde die Takelung der Replik von Skuldelev 3, der ROAR EGE,

---

[27] Eigene Übersetzung: [...] *forskellen i rigmønsteret er minimal og hovedprincipet det samme* [...]

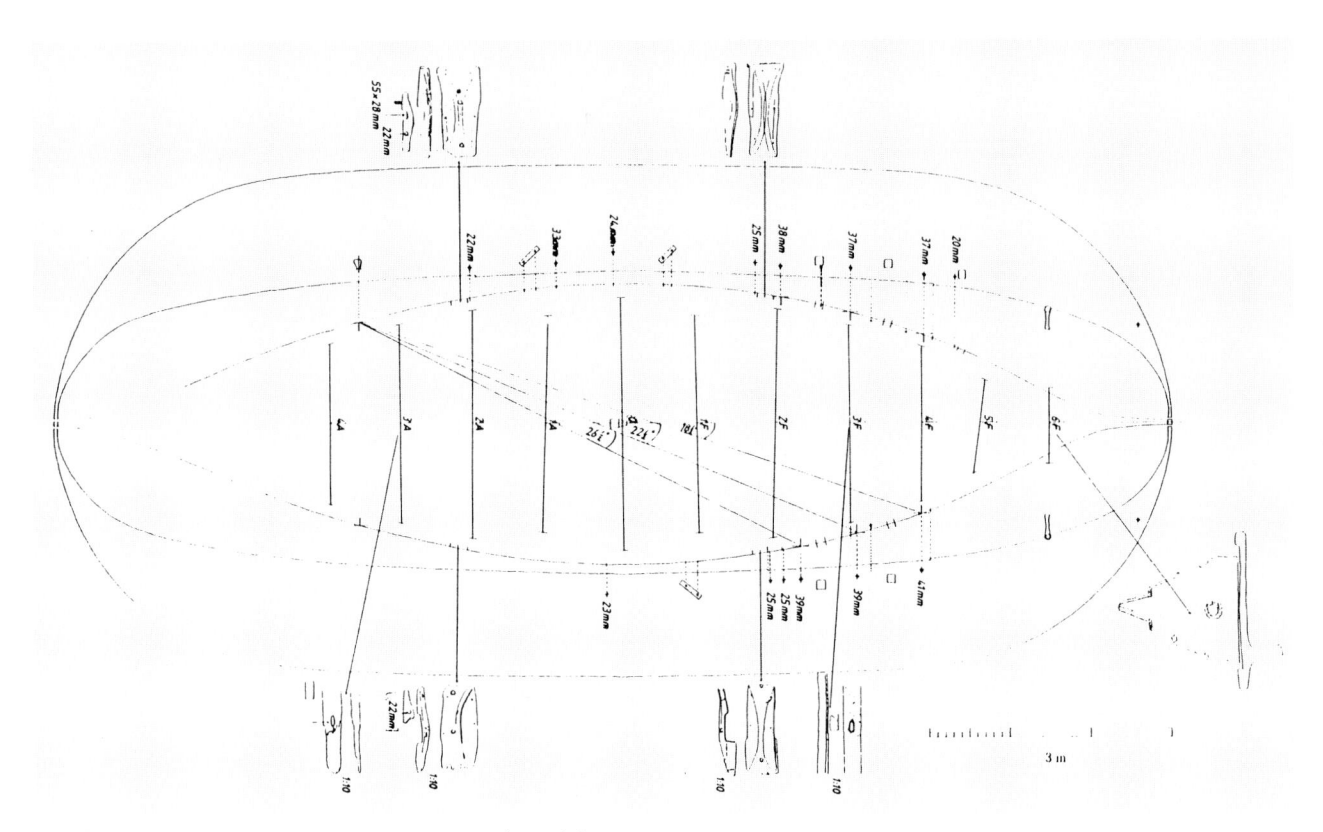

Abb. 40 Skuldelev, Wrack 3: rekonstrierte Spuren der Takelage.

zugrunde gelegt; in der Praxis erweist sich das Boot als ein hochseefähiges, gut zu manövrierendes Schiff, das nicht nur in der Lage ist zu kreuzen, sondern dieses auch problemlos zuwege bringt. Auf diese Weise ist zwar kein Beweis über das tatsächliche Aussehen der wikingerzeitlichen Takelage zu erbringen, doch bieten die Untersuchungen an norwegischen Booten, die nach vorindustriellen Bautraditionen gefertigt sind, und dem Segelverhalten der Replik einen methodisch gangbaren Weg, sich diesem Problem zu nähern. Auf der anderen Seite aber stellen die Nordlandboote eine derart auf ihre Aufgabe als Fischerboot unter extremen Umweltbedingungen spezialisierte Bootsform dar, daß es wenig sinnvoll scheint, ihre historisch überlieferten Manöver auf See oder die Art ihrer Nutzung auf das hier behandelte Material übertragen zu wollen.

Von einem völlig anderen Ausgangspunkt geht Nylén die Frage der Takelage wikingerzeitlicher Fahrzeuge an: Sein Hauptanliegen besteht in der Rekonstruktion der Fahrzeuge, die den Varängerhandel, d.h. den Handel zwischen der Ostsee und dem Schwarzen Meer, getragen haben.[28] Da seiner Meinung nach in Skandinavien nicht überall die gleichen Schiffe gebaut wurden, beschränkt er sich bei seiner Quellensuche auf den Ostseeraum, wo jedoch kein Fund aus der Wikingerzeit gemacht wurde. Daher zieht er für den Rumpf das Boot von Bulverket (Nr. 67) als Vorlage für die Replik KRAMPMACKEN (Abb. 42) heran und rekonstruiert die Takelage nach Abbildungen auf gotländischen Bildsteinen. An dieser Stelle soll nicht die Aussagefähigkeit eines solchen Experimentes diskutiert werden[29], sondern nur die im Laufe dieser Arbeit herausgestellte Interpretation der *Takelage auf gotländischen Bildsteinen*. Diese stammen zum Teil sicherlich aus der Zeit zwischen 500 und 700[30] (Abb. 43), doch detaillierte Darstellungen sind auf das 8. Jahrhundert beschränkt, auch wenn sich die Bildsteine bis in das 11. Jahrhundert erstrecken.

28 Zu dem sog. KRAMPMACKEN-Projekt vgl. Nylén 1981, 1983b, 1986, 1987.
29 Vgl. die eher negative Haltung von Crumlin-Pedersen, geäußert in der Diskussion nach Nylén 1986; er weist auf den zeitlichen Unterschied von ca. drei Jahrhunderten zwischen Rumpf und Takelage hin sowie auf die Möglichkeit, daß es sich bei Bulverket nicht um ein skandinavisches Boot handelt. Ferner ist das Boot auch nicht so gut dokumentiert, daß sich der Rumpf problemlos bis zur Reling rekonstruieren läßt (vgl. Katalog).
30 Die Datierung der Steine folgt den Angaben von Nylén & Lamm (1978), wo sie in den Bildunterschriften zu den einzelnen Steinen zu finden ist.

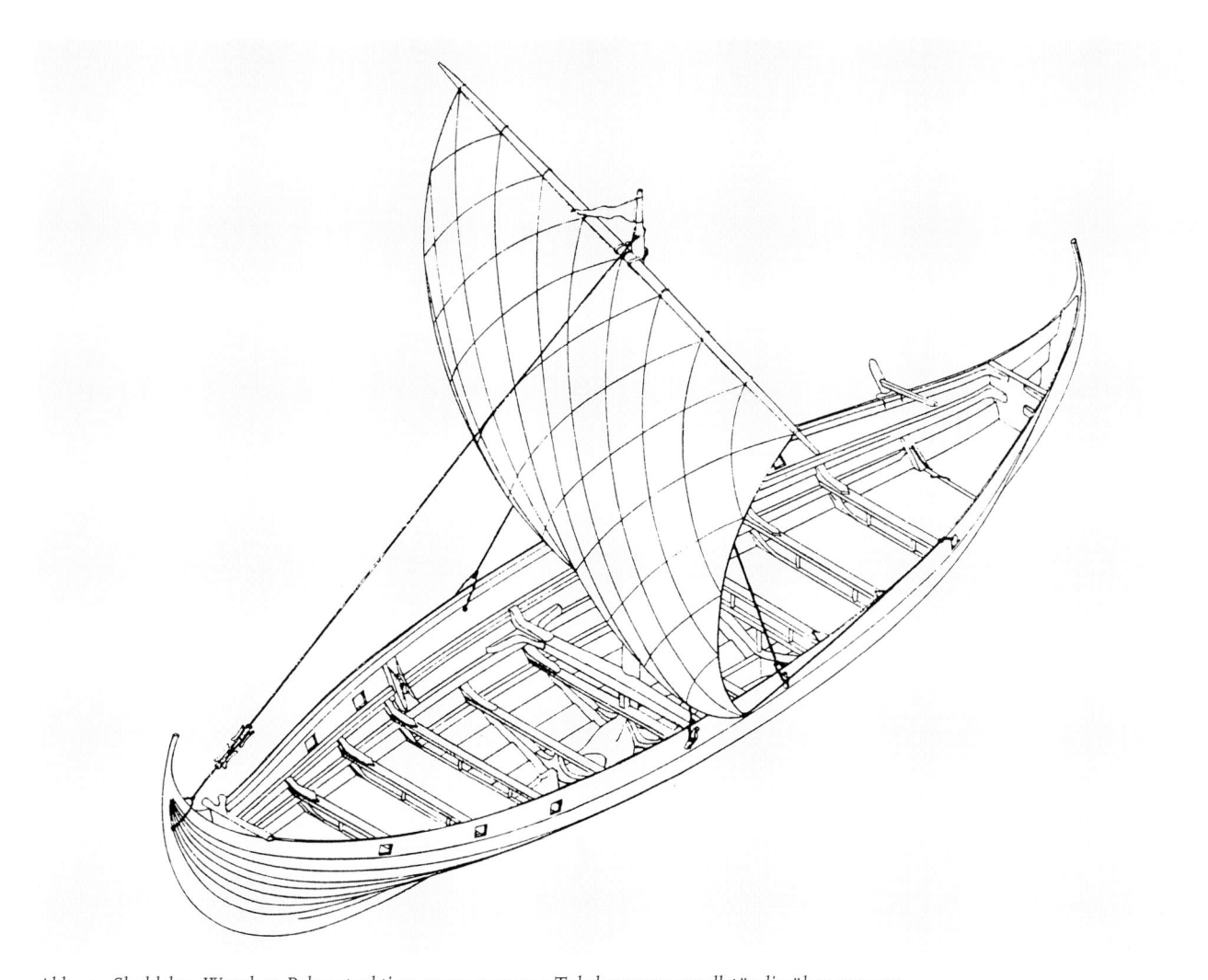

Abb. 41 Skuldelev, Wrack 3: Rekonstruktion, angenommene Takelage nur unvollständig übernommen.

Aus diesen Darstellungen schließt Nylén, daß die Schiffe über keine sehr große Mannschaft, nur ca. sechs Leute, verfügten und sie deshalb kleiner als die Atlantikschiffe gewesen sein müssen.[31] Die sechs Keipen finden sich nicht auf den Bildern wieder, doch ist ein reines Segelschiff ohne Riemen zum Manövrieren in engem Gewässer vor dem späten Mittelalter nicht vorstellbar (s.u.). Da die frühen Bilder wenig detailliert sind, muß Nylén für seine Rekonstruktion der Besegelung auf Steine zurückgreifen, die in der Regel in das 8. Jahrhundert datiert werden. Der Aufbau des Segels sieht folgendermaßen aus (Abb. 42,b): Die Rah ist den Proportionen auf den Bildsteinen nach zu urteilen in etwa so lang wie das Boot. Das Segel ist entsprechend breit, dafür jedoch relativ kurz. An stehendem Gut nimmt Nylén – inspiriert von der Takelage des Nordlandbootes – ein Vor- und Backstag sowie an jeder Seite eine Want an. Das unter dem Segel angebrachte Netzwerk interpretiert er als ineinander verschlungenes Tauwerk, das, wie beim Nordlandboot die Schote, das Segel nieder halten und sehr fein trimmen soll. Das Segel selber faßt er als Wollstoff auf, der wegen seines Rautenmusters entweder farbig gewebt oder aber wahrscheinlicher aus verschiedenen, ineinander geflochtenen Stoffbahnen besteht. In den Experimenten hat sich das als eine durchaus sinnvolle Konstruktion erwiesen, die jedoch in einem Detail von Roberts (1984, 124-6) angezweifelt wird: Dieser meint, daß das Rautenmuster auf dem Segel auch durch festgenähte Bänder hervorgerufen werden kann, die die Fortsetzung des Netzwerkes

---

[31] Eine Größenangabe von sechs Metern Länge (Nylén 1986, 106) ist diesen Bildern jedoch nicht zu entnehmen.

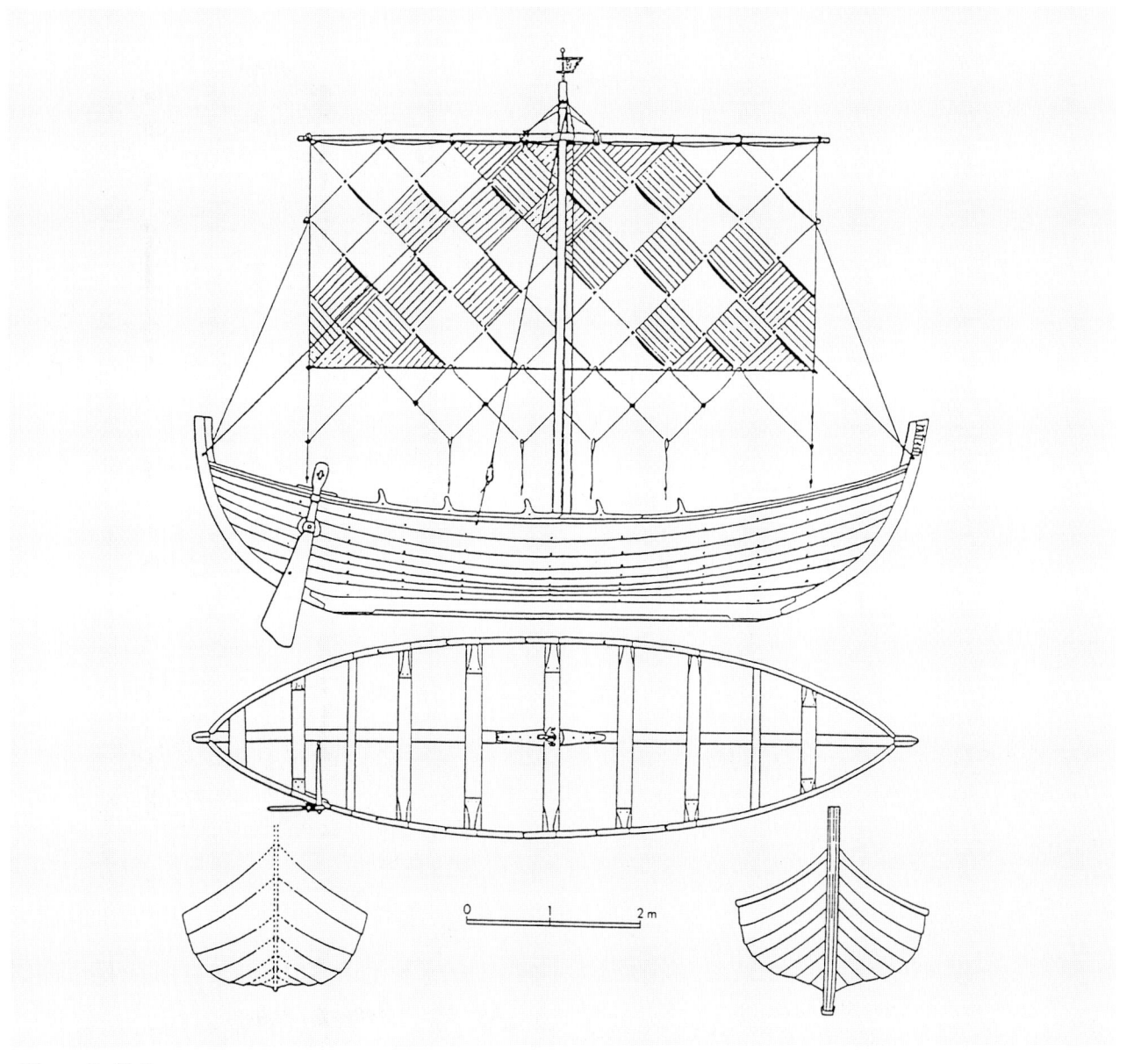

Abb. 42 Replik KRAMPMACKEN.

unter dem Unterliek in das Segel darstellen. Auf diese Weise würden sich zwar die Schwierigkeiten lösen, die Nylén mit der Herstellung des Segels hatte (ebd.), doch zeigt das Schiff von Smiss I, Stenkyrka sn., (Nylén & Lamm 1978, Nr. 295) deutlich, daß das hier besonders umfangreiche Netzwerk um eine untere Rah geschlungen ist. Auf diese Art ist es Nylén gelungen, eine Takelage zu erarbeiten, die sich bei allen Kursen bis auf den am Wind benutzen läßt. Wenn die KRAMPMACKEN hoch am Wind segelt, ist die Abdrift groß und das Segel unhandlich (Roberts 1984, 124), d.h. sie ist praktisch nicht in der Lage zu kreuzen. Allerdings muß bei einer solchen Aussage dem Umstand Rechnung getragen werden, daß die Rumpfform der KRAMPMACKEN nicht unbedingt mit der der Schiffe auf den gotländischen Bildsteinen übereinstimmt.

Die Schiffe auf diesen Steinen zeigen keine einheitliche Art der Takelung, sondern auch hier finden sich Unterschiede, die zum größten Teil chronologisch zu werten sind. Lindqvist (1941, 64-73) unterscheidet sechs verschiedene Typen von Segelschiffen, von denen die des sog. Larsarve- und Rikvidetyps in die Zeit zwischen 500

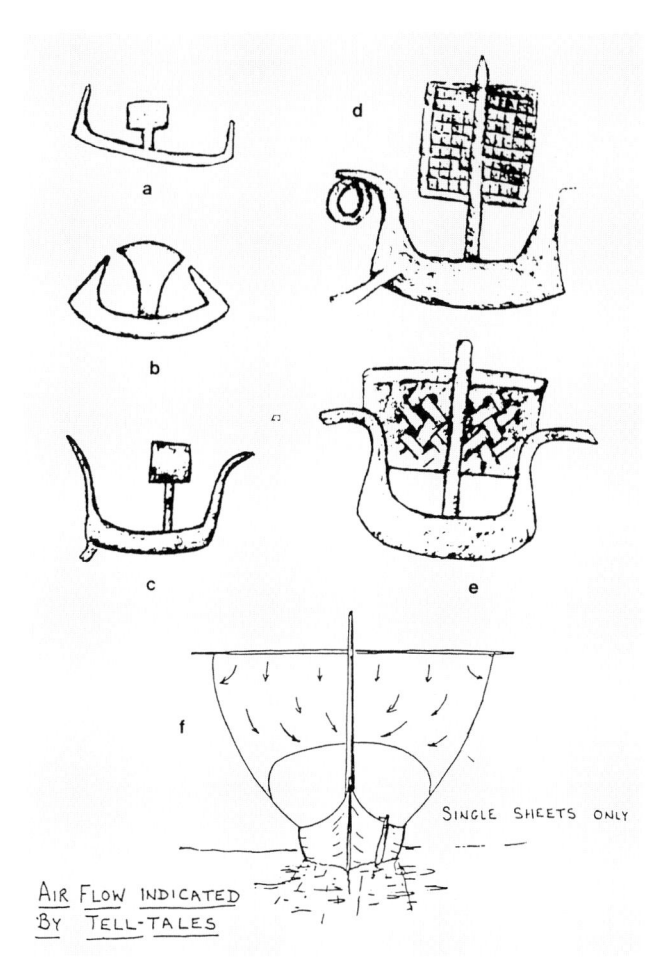

Abb. 43 Gotländische Bildsteine, Segelschiffe der Zeit 500–700: a Stenstu, Halblingbo sn.; b Petsarve II, Ardre sn.; c Rikvide, När sn.; d Källstäde, Lärbo sn.; e Smiss I, Kräklinbo sn.; f mögliche Rekonstruktion des Segels.

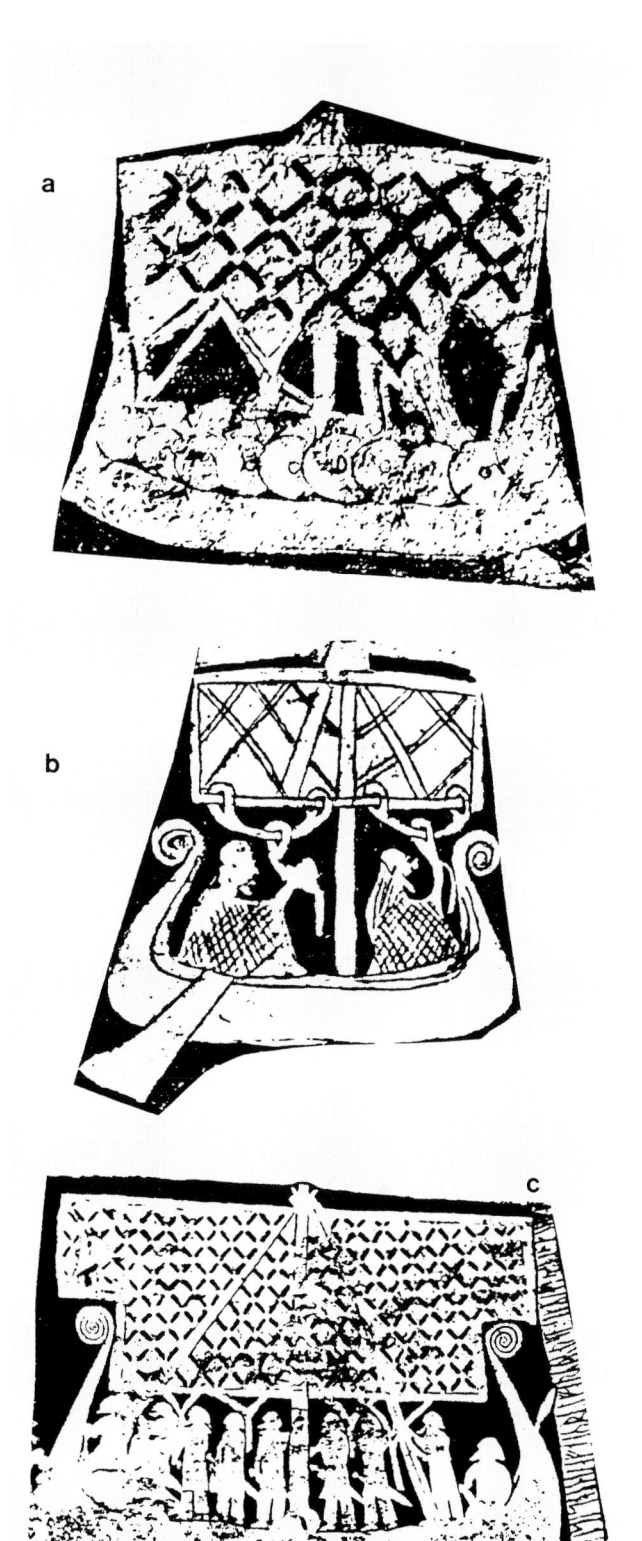

Abb. 44 Gotländische Bildsteine, Segelschiffe mit Y-förmigen Tampen: a Broa IV, Halla sn.; b Lillbjärs II, Stenkyrka sn.; c Tjängvide I, Alskog sn.

und 700 zu datieren sind, während die Schiffe des sog. Lillebjärs-, Hunninge-, Lärbro- und Tjängvidetyps ab 700 vertreten sind, sich auf manchen Steinen aber bis zum Ende der Wikingerzeit halten. Ohne auf die Typen im einzelnen einzugehen, läßt sich die Takelage in zwei Gruppen, eine ältere (a) der Zeit 500-700 und eine jüngere (b) ab dem 8. Jahrhundert unterscheiden. Die ältere Gruppe zeigt lediglich schematische Schiffsdarstellungen ohne Details: Das stehende Gut ist bis auf den Mast nicht markiert. Vom laufenden Gut findet sich nichts, allerdings neben der Darstellung eines kleinen rechteckigen Segels, das meistens disproportioniert wirkt, auch solche mit pilzförmigem Segel. Letztere interpretiert Roberts (1984, 125) als mögliche Darstellung eines Schiffes, das nur über eine Schot an jeder unteren Nock verfügt, wodurch das

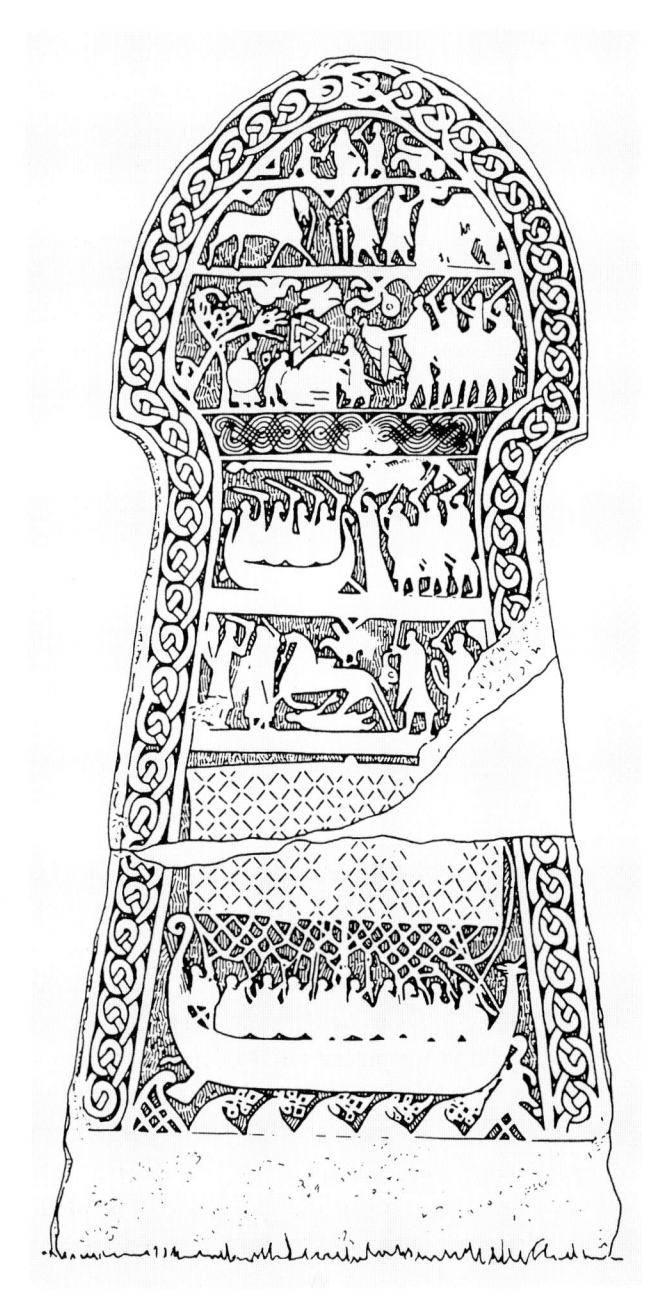

Abb. 45 Gotländischer Bildstein: Stora Hammars I, Lärbo sn.

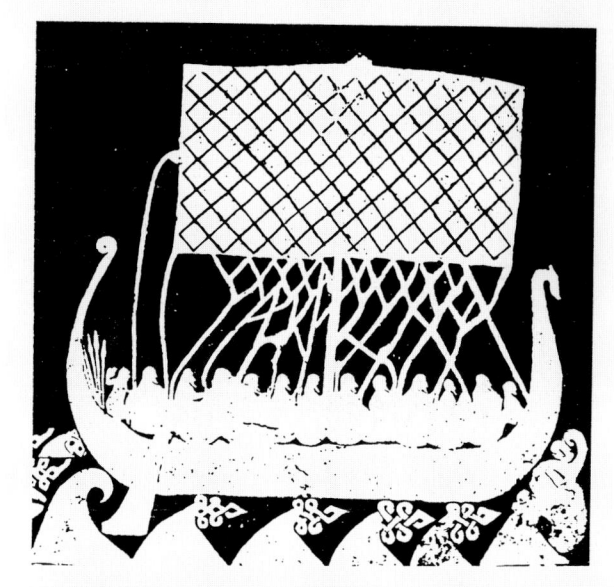

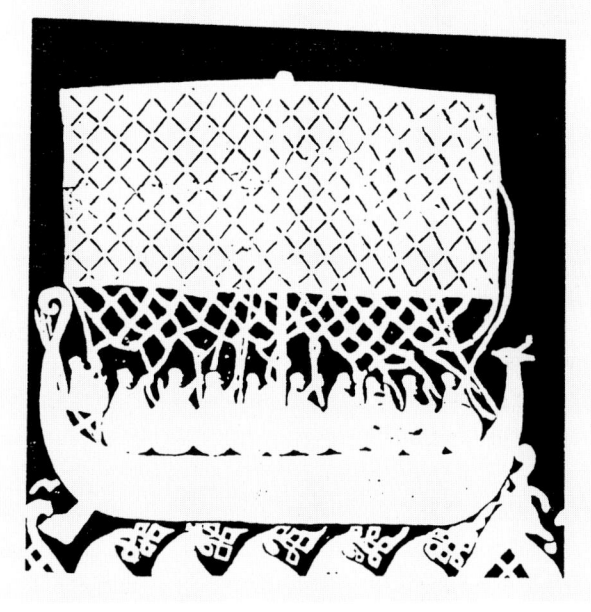

Abb. 46 Gotländische Bildsteine, Segelschiffe mit ineinander geflochtenem Netzwerk: a Riddare, Hejnum sn.; b Stora Hammars I, Lärbo sn.

Segel bauchig und das Unterliek an den nicht extra getrimmten Stellen nach oben gezogen wird.

Das stehende Gut ist auch auf den Steinen der Gruppe (Abb. 44-47) oft nicht angegeben, doch sind auf verschiedenen Steinen ein Vorstag und ein Backstag sowie ein oder zwei Wanten zu identifizieren, obwohl alle diese Leinen auf keinem Bild zusammen auftreten. An laufendem Gut ist ein ausgeklügeltes und keinesfalls einheitliches Netzsystem an einem Segel abgebildet, das Nylén als Vorlage für die Takelage der KRAMPMACKEN benutzte. Es ist unverkennbar, daß der Künstler die Größe des Segels der jeweils auszufüllenden Fläche angepaßt hat, was gelegentlich zu Segelformen führt, die so auf keinen Fall existiert haben (Abb. 44,c). Gleichfalls ist damit zu rechnen, daß die Darstellung der Takelage und besonders des Netzwerkes mehr dem Duktus des Bildes als der Realität verpflichtet ist. Das Segel weist oft eine rundumlaufende Einfassung auf, die eine obere Rah vermuten läßt, aber in

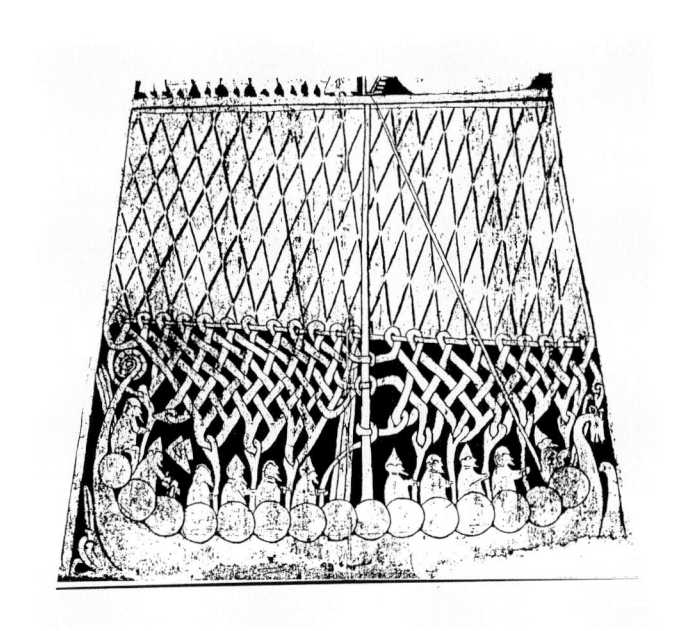

Abb. 47 Gotländischer Bildstein, Segelschiffe mit ineinander geflochtenem Netzwerk: Smiss I, Stenkyrka sn.

manchen Fällen offensichtlich auch das Unterliek mit einer festen Kante versehen hat. Ob es sich tatsächlich um Spieren oder um ein rundumlaufendes Rahmenwerk aus Holz handelt, kann nicht entschieden werden; es ist auch eine feste Webkante denkbar. Die Mannschaft besteht aus 2-11 Personen, von denen meist bis auf den Steuermann jede einen Tampen in der Hand hält, sofern sie nicht ein Schwert gezogen hat. Das Netzwerk läßt sich in zwei Varianten, eine mit Y-förmigen Tampen (Abb. 44) und die andere mit ineinander verflochtenen Leinen (Abb. 45-47), unterteilen – die Unterschiede innerhalb dieser beiden Typen sind hauptsächlich auf unvollständige oder ungenaue Zeichnungen zurückzuführen. Die meisten Netzwerke bestehen aus nicht unbedingt untereinander in Verbindung stehenden Y-förmigen Tampen, die auf dem Stein von Lillbjärs III (Nylén & Lamm 1978, Nr. 279) aus zwei Leinen zusammengesetzt sind: Eine ist durch zwei Augen an einer festen Unterkante am Unterliek angebracht, und die zweite ist ebenfalls über ein Auge daran befestigt. Doch auch einfache, dann wahrscheinlich gespaltene Tampen sind bekannt (z.B. Tjängvide I [Nylén & Lamm 1978, Nr. 4]). Daneben gibt es Schiffe mit einem ineinander geflochtenen Netzwerk, ohne daß der Grund für eine solche Differenzierung zu erkennen wäre. Ein besonders kunstvolles Beispiel ist auf dem Stein von Smiss I, Stenkyrka sn., (Nylén & Lamm 1978, Nr. 295) zu sehen (Abb. 47). Hier stellt das Netzwerk ein in sich geschlossenes Leinensystem dar, das um eine untere Rah (Baum) geschlungen scheint und durch einen eingespleißten Tampen gehandhabt wird. An drei Stellen ist das Netzwerk jedoch am Mast befestigt bzw. um ihn herumgeschlungen, was den Hauptzweck dieser Schotanordnung, eine punktuelle Trimmung des Segels, behindert. Mittschiffs ist das Segel fixiert, und der Tampen, den der Mann hinter dem Mast in der Hand hält, ist sinnlos. Es steht also zu vermuten, daß hier das Netzwerk derart ausgedehnt dargestellt wurde, daß es nicht mehr der Realität entsprach; genauso wie einige Darstellungen offensichtlich abgekürzt wurden. Der Sinn dieser komplizierten Konstruktionen besteht darin, das Segel an so vielen Punkten wie möglich gezielt trimmen zu können, doch auch Åkerlunds (1955/56, 74-7) Vermutung, daß es sich hierbei ausschließlich um eine lose über das Segel gelegte Reffeinrichtung handelt, läßt einen weiteren – aber nicht ausschließlichen – Verwendungszweck erkennen: Das Netzwerk erleichterte mit Sicherheit die Bildung eines neuen Unterliekes, wenn die Segelfläche verkleinert werden sollte.

Direkt am Segel befestigte Leinen finden sich nur auf drei Steinen[32] (Riddare [Nylén & Lamm 1978, Nr. 138], Stora Hammars I und IV [a.a.O. Nr. 184. 187]) (Abb. 46,a. b). Sie setzen alle in der Mitte des Seitenlieks an, zweimal an der zum Bug gewendeten Seite, einmal an der zum Heck gewendeten. Eine Ansprache als Brasse oder Boline ist schwierig, da Brassen nur paarig benutzbar sind, während ein Rahsegel nicht an der Luvseite ausgerichtet werden muß, so daß eine Leine nach hinten nicht notwendig ist; ferner liefern sie keinen Anhaltspunkt dafür, daß sie tatsächlich gespannt sind, d.h. unter Zug stehen. Åkerlund (1955/56, 35) und Nylén (1983a, 145) fassen die zum Bug führenden Leinen als Boline auf, was auch als die sinnvollste Lösung erscheint. Das eine Beispiel mit der Leine nach achtern würde dann implizieren, daß die Bolinen im Gegensatz zu den Nordlandbooten fest am Segel saßen und jeweils am Boot vertäut wurden. Als sicher kann diese Interpretation allerdings nicht gelten,

---

32 Ein zweifelhaftes Beispiel findet sich auf dem Stein von Larsarve I (Nylén & Lamm 1978, Nr. 54a), wo die Leinen an beiden unteren Nocks ansetzen und sonst außer Mast und Segel nichts von der Takelage angegeben ist; die Wahrscheinlichkeit einer abgekürzten Darstellung ist somit sehr groß.

da sie durch keine Zeichnung vollständig belegt ist. Einzelne Leinen, die direkt vom unteren Teil des Segels zu einer Person führen, haben meines Erachtens keine andere Funktion als die übrigen Tampen des Netzwerkes. Die Frage, ob das Rautenmuster auf den Segeln durch unterschiedliche Stoffbahnen oder durch aufgelegte Bänder hervorgerufen wird, ist anhand der heutigen Quellenlage meiner Meinung nach nicht zu entscheiden. Genausowenig läßt sich die Funktion des merkwürdigen Gebildes klären, das über dem Heck des Schiffs von Hunninge I (Nylén & Lamm 1978, Nr. 153) hinausragt – eine Ansprache als Bugspriet (Åkerlund 1955/56, 39) ist aufgrund seiner Position am Heck jedenfalls auszuschließen.

Mittelalterliche Schriftquellen geben nur wenige Aufschlüsse über die Takelage. Die gelegentlich erwähnten Leinen sind – soweit überhaupt identifizierbar – bereits aus früheren Quellen bekannt. Lediglich der Begriff »beiti-áss«, der allgemein mit »Segelstange« übersetzt wird, ist nur hier belegt. Über die genaue Funktionsweise einer solchen Einrichtung wird jedoch nichts berichtet, so daß sie immer noch ein ungelöstes Rätsel darstellt. Der früheste Beleg findet sich im Ynglingatal, das in der gleichnamigen Saga überliefert (Thule Bd. 14, 73; ÍF 26 [Ynglinga s.] Kap. 46) und im 9. Jahrhundert entstanden ist: Der Steuermann, König Eystein, wird von der Segelstange eines vorüberfahrenden Schiffes über Bord geworfen. In der Strophe ist – den Gesetzen des Stabreims folgend – Segelstange mit »áss« wiedergegeben. Derselbe Ausdruck wird auch in den farmannalǫg des Stadtrechtes von Bergen von 1276 verwendet, wo folgende Teile der Takelage aufgezählt sind[33], für die bei Beschädigung Buße gezahlt werden muß: Mast, Rahe mit Brassen[34] und mindestens zwei Fallen, »áss« und »ássdrengr« (Segelstange und dazugehöriges Tau?), Schoten, ferner eine Hauptleine, eine Hilfsleine, ein Stag, mehrere »klo« (mit denen der Nordlandboote vergleichbar?) und kleinere Leinen am Segel. Schoten, Brassen und beiti-áss sind einander im Wert der Buße bei Beschädigung gleichgestellt, es sei denn das beiti-áss *ist draußen und unter Segel;* in diesem Fall muß mehr Buße gezahlt werden. Nach dem Gesetzbuch des Frostaþings (VII, 4) aus dem späten 13. Jahrhundert müssen die Bauern alle Leinen für das Leidangschiff stellen, als da sind Stage, je zwei Fallen, Brassen, Hauptleinen, Schoten, Hebetaue sowie mindestens sechs Bänder. Die Nennung von zwei Fallen ist wahrscheinlich dadurch zu erklären, daß Rah und Rack über getrennte Leinen verfügten. Aus Sagatexten geht die Verwendung von einem Fall als einziger Sicherung für die Rah und zum Heißen des Segels (Thule Bd. 15, 237; ÍF 27 [Ólafs s. hins helga] Kap. 10) sowie die Verwendung von Brassen (Thule Bd. 6, 59; ÍF 5 [Laxdœla s.] Kap. 18) hervor. Falk (1912, 61) meint, daß das beiti-áss zum Ausbreiten des Segels dient und durchaus eine Leine gewesen sein kann. Letzteres ist durchaus möglich, doch für Åkerlunds (1955/56, 59) Interpretation als eine Art am Hals angebrachtes Davit gibt es keinen Anhaltspunkt. Das Aussehen dieser Einrichtung – zumindest im 9. Jahrhundert muß es eine über die Reling hinausragende Spiere gewesen sein – läßt sich auch mit der Interpretation ihrer Funktion nicht feststellen. Die späten Rechtstexte, die Brassen und beiti-áss nebeneinander nennen, lassen vermuten, daß es sich um eine Funktionseinheit handelt, die beim Nordlandboot durch Brassen oder Schoten und Boline erfüllt wurden.

Hiermit sind diejenigen Quellen zur Takelage aufgeführt, welche noch am ehesten ein Bild über das Zusammenwirken einzelner Elemente vermitteln – alle anderen Funde und Darstellungen sind nicht aus sich heraus zu interpretieren bzw. zeigen die oben dargestellten Details später.

Auf einem einzeln angetroffenen *Gürtelbeschlag* aus Nordfrankreich[35], der typologisch dem 7. Jahrhundert zugewiesen wird, ist ein Schiff mit einem Mast und fünf Stagen eingeritzt (Abb. 48,a). Ihre genaue Ansprache ist nicht eindeutig, doch scheint es sich um zwei Vor- und drei Backstage zu handeln; trotz der mangelnden Perspektive in der Darstellung ist eine Befestigung der Leinen an den seitlichen Bordwänden durchaus möglich und vom technischen Standpunkt aus sogar wahrscheinlich. *Münzen* mit Darstellungen von Segelschiffen sind bis auf diejenige von Canterbury (s.u.) in der Karolinger- und

---

[33] Kap. 18, 291-4; die Termini wurden hier neu übersetzt, da einige Begriffe offensichtlich falsch aufgefaßt wurden. So ist der in Kap. 17 genannte »keili« eher auf die Ruderklampe als auf einen Mastfisch zu beziehen (so Falk 1912, 54), da es schwer vorstellbar ist, daß beim Ansegeln der Mastfisch Schaden nehmen kann.
[34] Die wörtliche Übersetzung lautet »Leittau«, doch die etymologische Herleitung aus »aka segli« (das Segel lenken) legt eine Interpretation als Brassen nahe (Falk 1912, 65); der heute auch in Skandinavien verwendete Ausdruck »Brassen« ist dem Französischen entlehnt (Günther 1987, 116).
[35] Im Museum von St. Germain-en-Laye; vgl. Schaeffer 1939; Care Evans & Bruce-Mitford 1975, 422.

19 mm auf und werden in das 9. und 10. Jahrhundert gesetzt (Malmer 1966, 81-86). Sie zeigen Segelschiffe mit geschwungener oder winkelig ansetzender Stevenlinie und manchmal einem Ruder. Beide Typen verfügen über stehendes Gut in Form von einem Vorstag, das meistens nicht am obersten Teil des Stevens sondern knapp über oder am Ende der Reling ansetzt, und zwei bis vier nach achtern laufende Leinen, die hintereinander auf die Reling bzw. den Steven treffen. Bei letzteren könnte es sich um ein Backstag und zwei nebeneinander dargestellte Wanten handeln, doch scheint es auch möglich, daß lediglich die an einer Bordseite angebrachten Leinen gezeigt sind, so daß mit insgesamt sechs Stagen gerechnet werden muß. Segel der Schiffe mit winkelig ansetzenden Steven sind nur in einem Fall detailliert wiedergegeben (Abb. 48,g), und dieser erinnert deutlich an Abbildungen auf gotländischen Bildsteinen (vgl. Abb. 44,a), verfügt jedoch über vier Leinen am Unterliek statt eines Netzwerkes. Deutlich sind zwei Reffeinrichtungen zu erkennen. Die Schiffstypen mit geschwungenen Steven ähneln den von westeuropäischen Darstellungen her bekannten Booten. Sie weisen eine obere Rah auf, an der das Segel in »Girlanden« gerefft ist.

Allein die Bodenfunde geben Hinweise auf den bisher völlig außer acht gelassenen Aspekt der Verbindung von Leinen mit dem Rumpf. Umfangreicheres, wenn auch schwierig zu interpretierendes Material stammt aus den Bootgräbern von Oseberg und Gokstad. In *Gokstad* (Abb. 49-53) kamen mehrere Gegenstände der Takelage zutage, doch ist die Forschung hier mit dem Problem konfrontiert, daß sich das Fundmaterial nicht unbedingt einem bestimmten Boot zuweisen läßt, da auch mindestens zwei der drei kleineren Boote, die auseinandergenommen im Grab verteilt lagen, mit einem Segel ausgestattet waren. Leider gibt der Grabungsbericht von Gokstad nur vage Auskünfte über die Lage der einzelnen Gegenstände im Grab. Das Mannschaftsschiff liefert über den Mastrest und seine Verankerung keinen Hinweis auf stehendes Gut, doch die Færing weist Löcher in der Bordwand auf (Nr. 47.4.c), die durchaus zur Befestigung von Wanten gedient haben können (Christensen 1959, 58). Die beiden mit je zwei Löchern versehenen Balken, die zwei Räume vor der Mastspur an jeder Bordwand direkt über dem Tiljendeck angebracht sind (Nr. 47.1.j; Abb. 50,b), sind am ehesten als Widerlager für den beiti-áss zu interpretieren

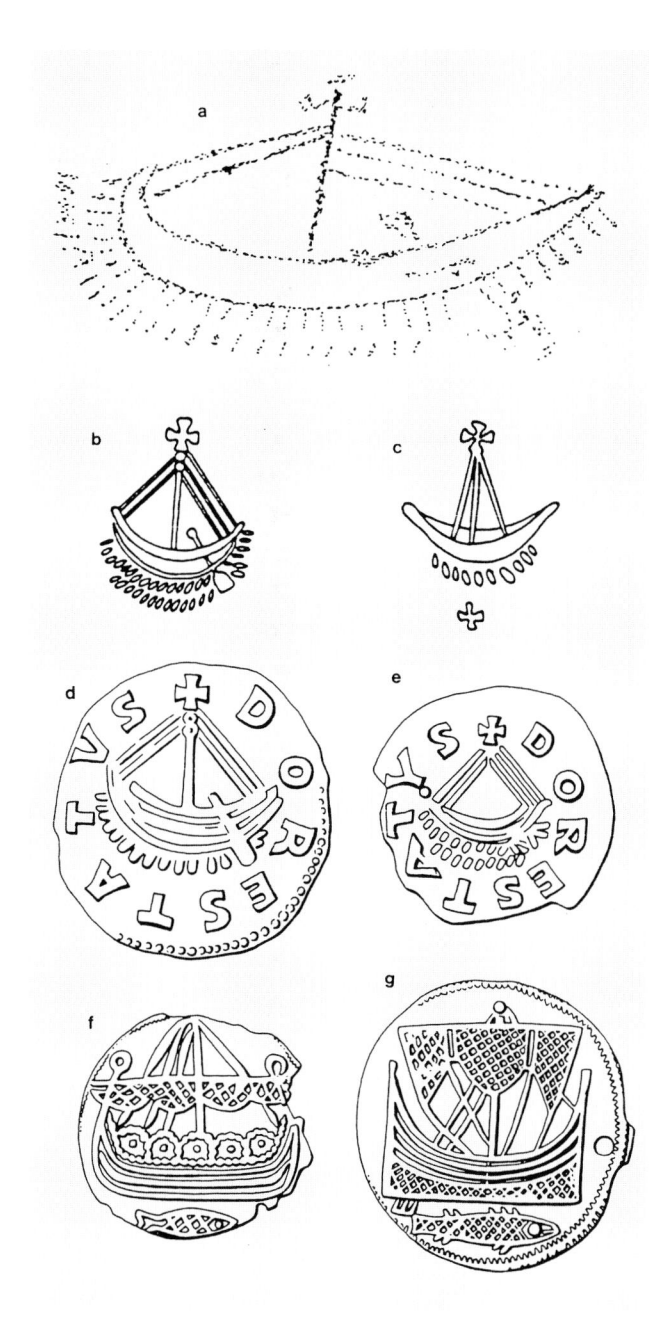

Abb. 48 Darstellungen von Segelbooten: a Nordfrankreich, o.M.; b-e Dorestadmünzen; f, g Wikingerzeitliche Nachahmungen, alle o.M.

Wikingerzeit geprägt worden (Abb. 48,b-g). Im karolingischen Reich sind von Pippin bis zu Ludwig dem Frommen, d.h. 751-840, Denare geschlagen worden, die denselben Bootstyp zeigen: Ein geklinkerter, »bananenförmiger« Rumpf mit einem Mast, der durch ein Vorstag und ein bis drei Backstage gestützt wird. Die wikingischen Münzen weisen einen Durchmesser zwischen 15,6 und

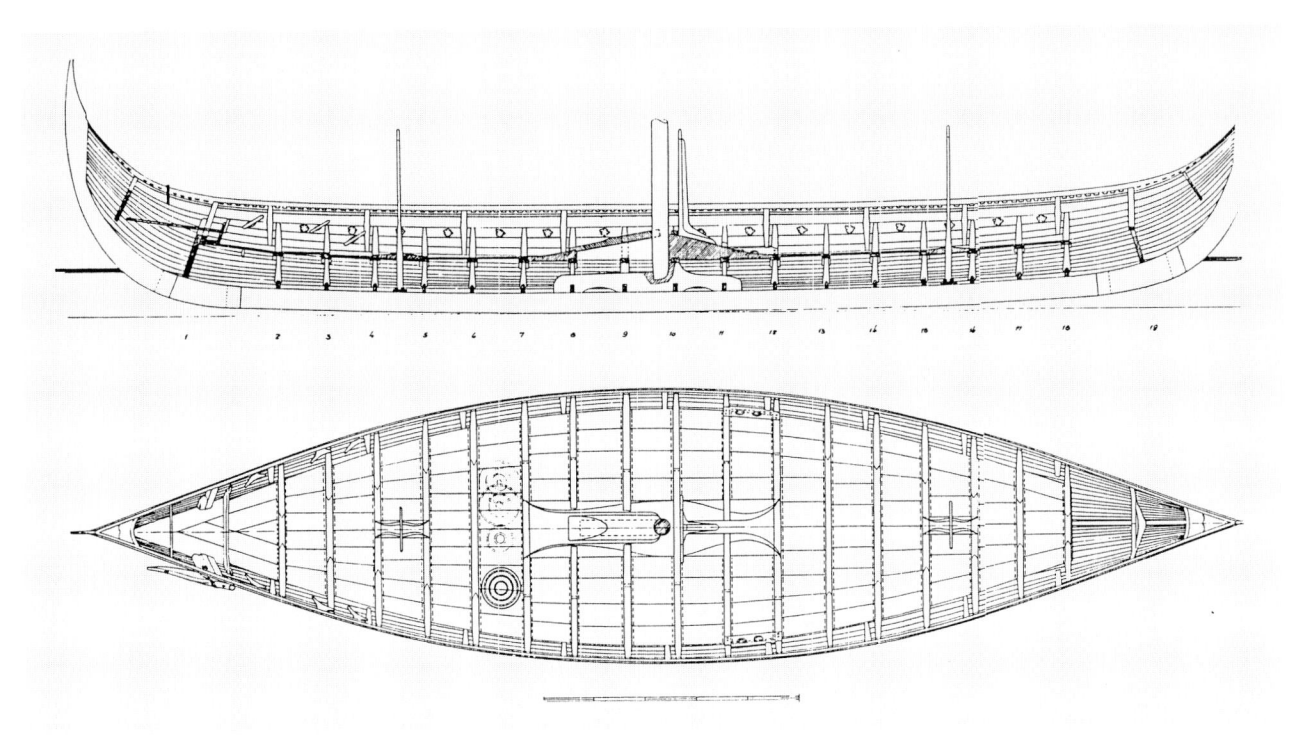

Abb. 49 Gokstad: Plan des Schiffes.

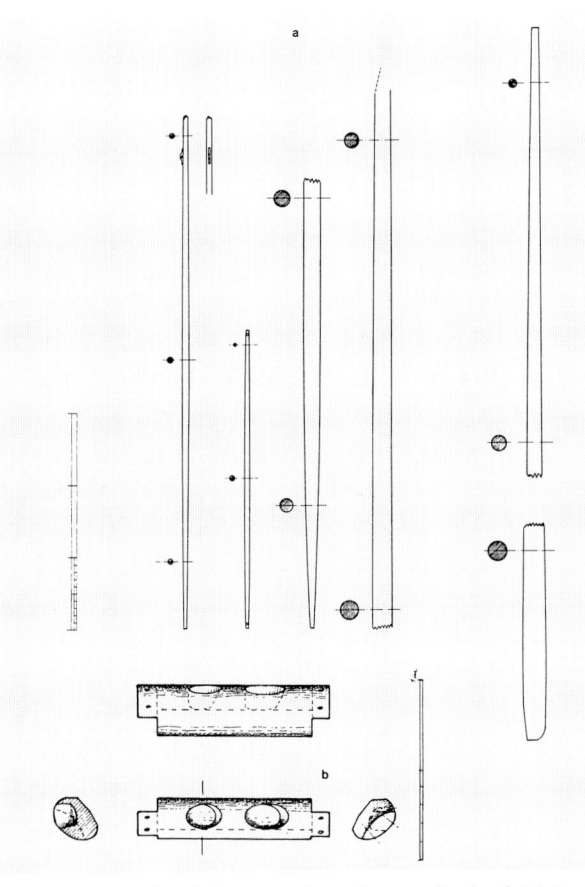

Abb. 50 Gokstad, Takelage: a Spieren; b Lager für den beiti-áss.

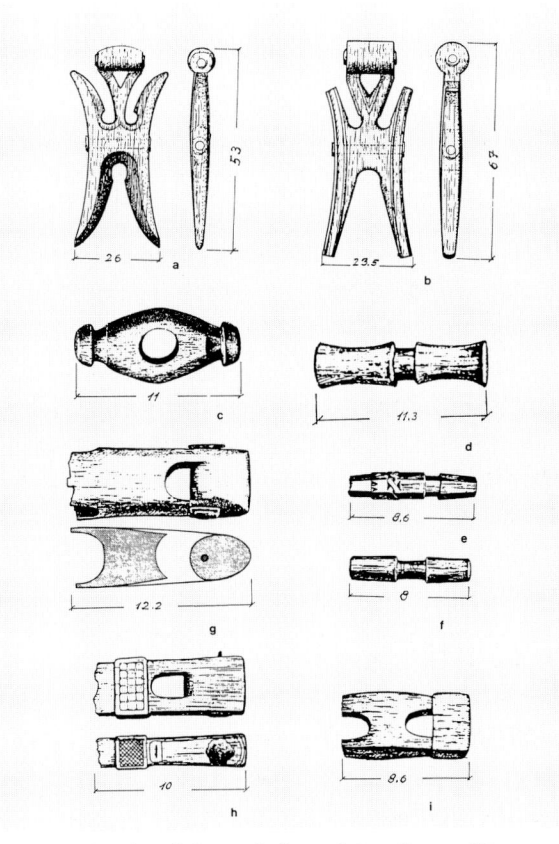

Abb. 51 Gokstad, Takelage: Blöcke; a, b Jungfrauen (Nr. 47.5.3); c Nr. 45.5.4; d–f Knebel (Nr. 45.7.1); h–i Nr. 45.7.2.

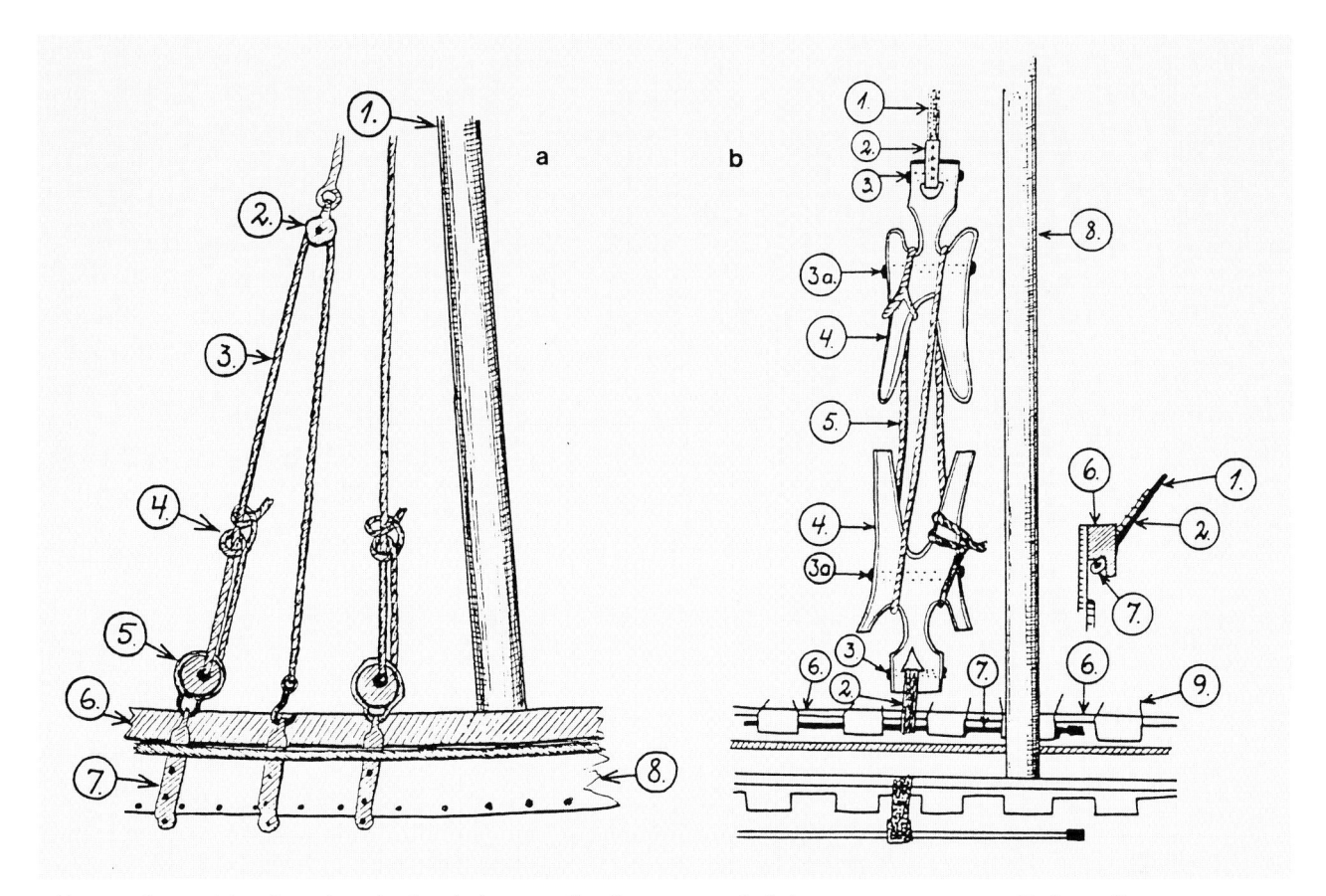

Abb. 52 Rekonstruktion des Gebrauchs der Blöcke: a Nordlandboot, Wantenbefestigung: 1 Mast, 2 Wantenblock, 3 Taljereep, 4 Knoten, 5 Teil einer Juffer, 6 Esing, 7 Eisenbeschlag, 8 letzter Bordgang; b Rekonstruktion der »Jungfrau«: 1 Want, 2 Stropp, 3 Eisenbolzen, 4 Holznagel, 5 Taljereep, 6 Esing mit 7 Eisenstange zur Befestigung des Stropps, 8 Mast, 9 Tau; alle ohne Maßstab.

(Shetelig & Brøgger ²1971, 87/8). Allerdings bleibt unerklärt, welchen Sinn zwei so dicht beieinanderliegende Löcher haben, da der Unterschied in der Ausrichtung der Spiere gering sein dürfte. Eine endgültige Beurteilung ist jedoch erst dann möglich, wenn der Winkel der Lochbohrungen und somit die Stellung des beiti-áss nachvollziehbar ist. Die drei Klampen im Achterschiff (Nr. 47.1.k) sind denen in Oseberg vergleichbar und werden von Åkerlund (1955/56, 66) von hinten nach vorne den Brassen, den Schoten und dem Fall zugeschrieben. Die Untersuchungen an den Nordlandbooten zeigen jedoch, daß eine gleichmäßige Verteilung auf die Leinen nicht sehr wahrscheinlich ist, sondern vielmehr von unterschiedlichen Positionen für eine Leine ausgegangen werden muß. Erschwert wird eine Interpretation durch das Fehlen entsprechender Einrichtungen im Vorschiff, doch scheint eine bestimmte Orientierung der Klampen auf eine längs zum Schiff verlaufende Linie angestrebt, da die vorderste Klampe offensichtlich deshalb niedriger gelegt worden ist, weil sie sonst über einer Rojepforte hätte montiert werden müssen. Legt man die von Andersen ermittelten Winkel der einzelnen Befestigungspunkte der Schot zur Kiellinie auf das Gokstadschiff um, so zeigt sich deutlich, daß die Klampen auf keinen Fall als Ansatzpunkte für die Schot genutzt worden sein können, da diese Linien noch nicht einmal vor dem Mast auf die gegenüberliegende Bordwand treffen. Eine Interpretation als Befestigungspunkte für die Brassen scheint denkbar, zumal das Segel nach Lee durch den beiti-áss getrimmt wird. In diesem Fall würden dann die Aufgabe, die bei dem Nordlandboot von den Schoten erfüllt werden, hier durch Brassen und beiti-áss erfüllt. Unter den sieben Rundhölzern des Fundes (Abb. 50,a) sind zwei Exemplare, die wegen ihrer Durchlochung an beiden (Nr. 47.5.d.5) bzw. an dem einen erhaltenen Ende (Nr. 47.5.d.6) mit hoher Wahrscheinlichkeit als Rahen, am ehesten für die kleineren Boote, angesprochen werden können (Christensen 1979a, 189; Dammann 1983, 13). Eine weitere Spiere (Nr. 47.5.d.4) könnte aufgrund ihres eckigen Querschnittes am dickeren Ende als Mast gebraucht worden sein. Die Funktion der anderen Rundhölzer läßt sich nicht mit Sicherheit ansprechen, doch sind unter ihnen den beiti-áss und evtl. auch eine untere Rah (Åkerlund 1955/56, 54) für das Schiff sowie die entsprechende Ausrüstung – ein Mast, je zwei Rahen und beiti-ásar –, wofür jedoch ein Rundholz zu wenig angetroffen wurde. Auch die Ansprache des in Verbindung mit den Rundhölzern gefundenen Wollstoffrestes als Segel muß unsicher bleiben.

Das Schiff von *Oseberg* gilt in der Literatur als ein Mannschaftsboot, das mehr auf Prachtentfaltung als auf Seetauglichkeit ausgelegt war und lediglich küstengebunden operieren konnte. Andererseits handelt es sich um den frühesten archäologischen Nachweis eines Segelschiffes[36], so daß einige der in der Literatur als Schwäche dargestellten Eigenschaften, wie etwa der geringe Freibord, durchaus chronologisch bedingt sein können. An stehendem Gut nachzuweisen ist der Mast (Nr. 58.m) mit seiner Halterung, während einige der Löcher (Nr. 58.o) mittschiffs durchaus für Wanten benutzt worden sein können. Die insgesamt fünf nachgewiesenen Belegklampen (Nr. 58.n; Abb. 54,a) sind aufgrund ihrer Form für häufiger bewegte Leinen verwendet worden: Anhand ihrer extrem achterlichen Position im Schiff – direkt vor dem Rudergänger – scheint es sich bei den vier Exemplaren im Achterschiff eher um Befestigungspunkte für die Brassen bei raumem, evtl. auch bei halbem Wind als für die Schote zu handeln; die Zugrichtung weist jedenfalls schräg nach oben Richtung mittschiffs. In dieselbe Richtung zieht auch die nur erschlossene Klampe im Vorschiff, doch bleibt ihre Funktion ungeklärt, da sich kein Anhaltspunkt für eine paarige Anordnung finden läßt. Allerdings ist hier damit zu rechnen, daß eine Want oder das Fall mittels dieser Klampe fixiert wurde, welche sich auch lösen und dann als eine Art Flaschenzug mit dem Mast als Hebel verwenden ließ. Die Größe des Segels läßt sich nicht einmal ungefähr festlegen, da weder Masthöhe noch Rahlänge mit Sicherheit bestimmbar sind. Letztere

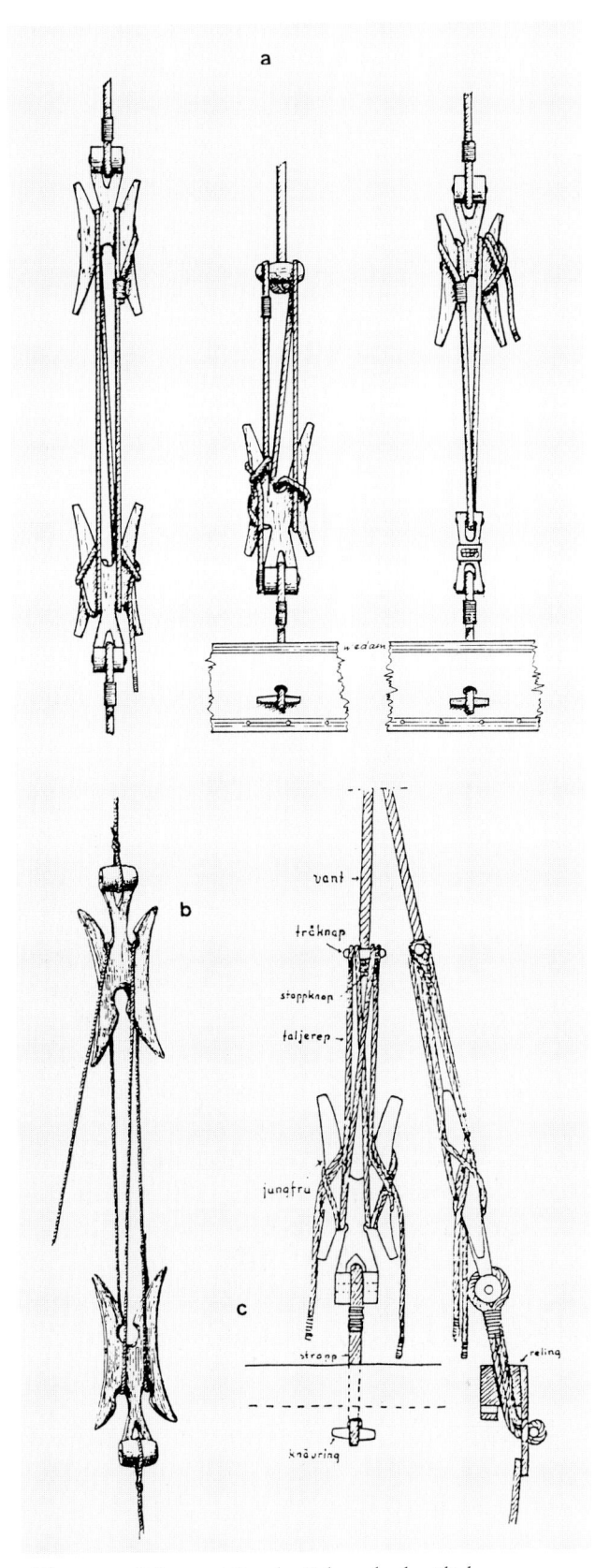

Abb. 53 a–c Rekonstruktion des Gebrauchs der Blöcke.

---

[36] Das große Boot von Kvalsund (Nr. 52.2) kann aufgrund seiner Bauweise zwar ein Segel getragen haben, doch lassen sich hierfür keine definitiven Belege erbringen; vgl. Ellmers 1972, 336.

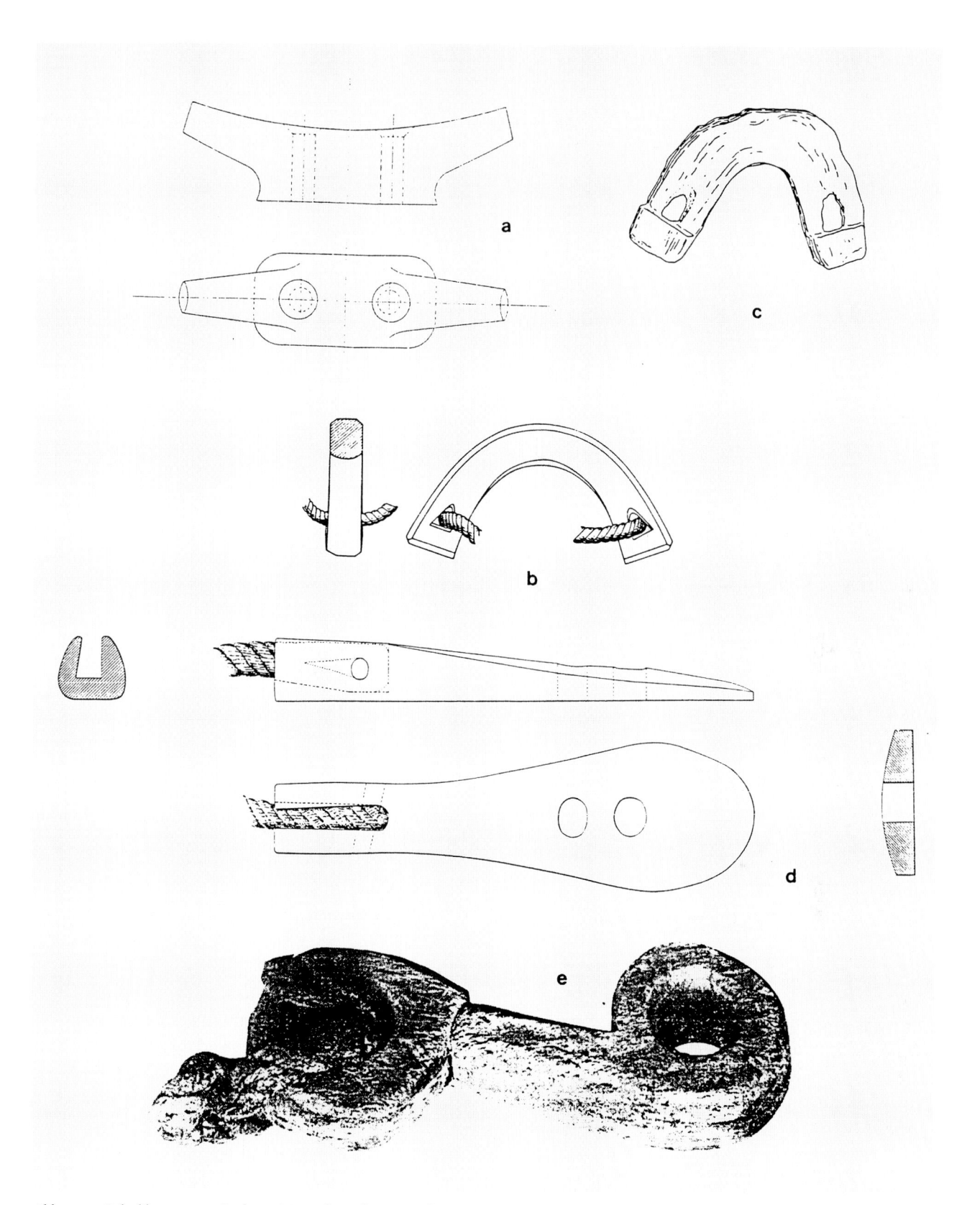

Abb. 54 a Belegklampe von Oseberg, M 1:4; b Rack von Oseberg, M 1:10; c Rack von Sigtuna, o.M.; d Block von Oseberg, o.M.; e Seilspanner von Oseberg, M ca. 1:1.

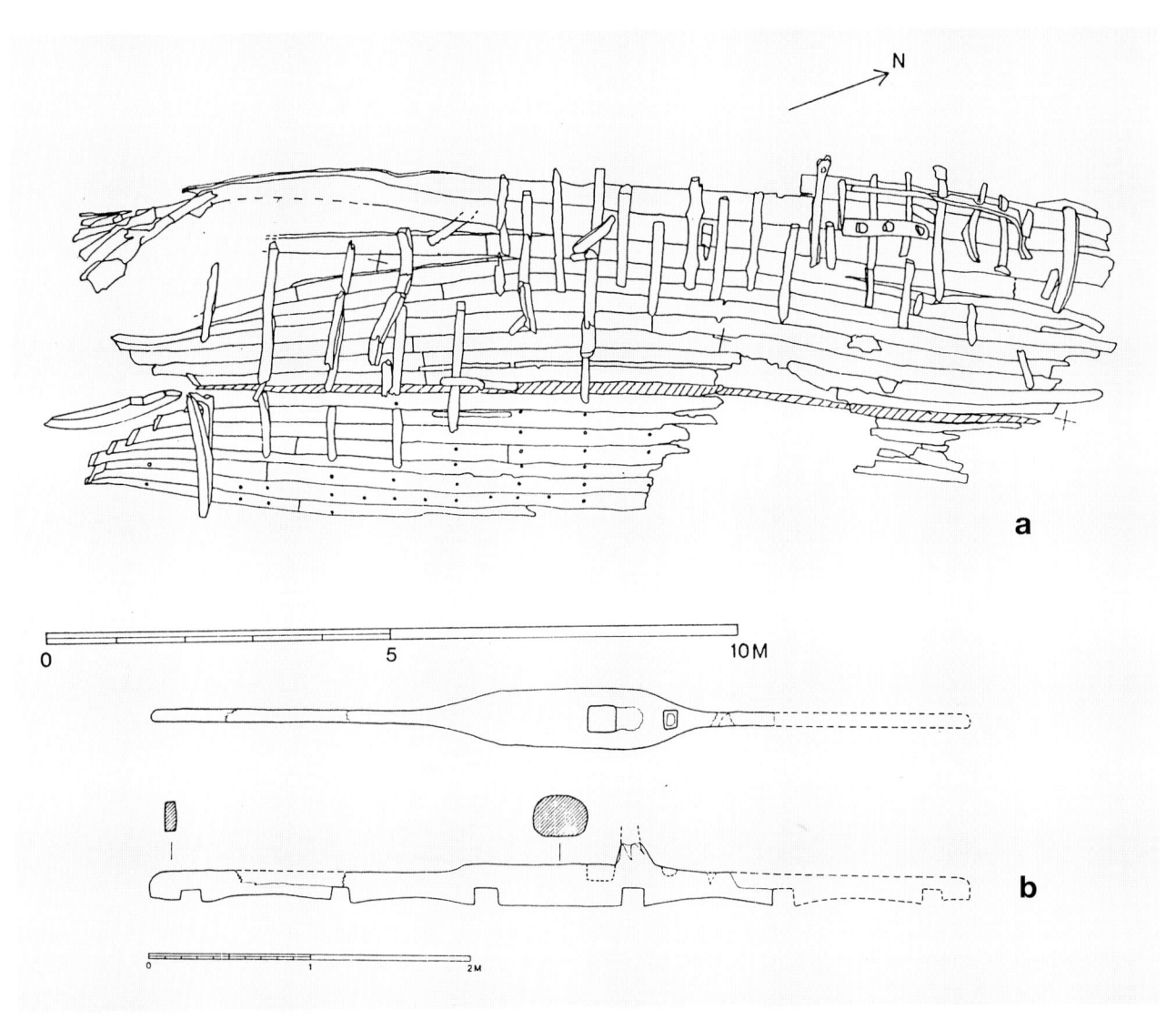

Abb. 55 Skuldelev, Wrack 1: a Befund im Planum; b Kielschwein.

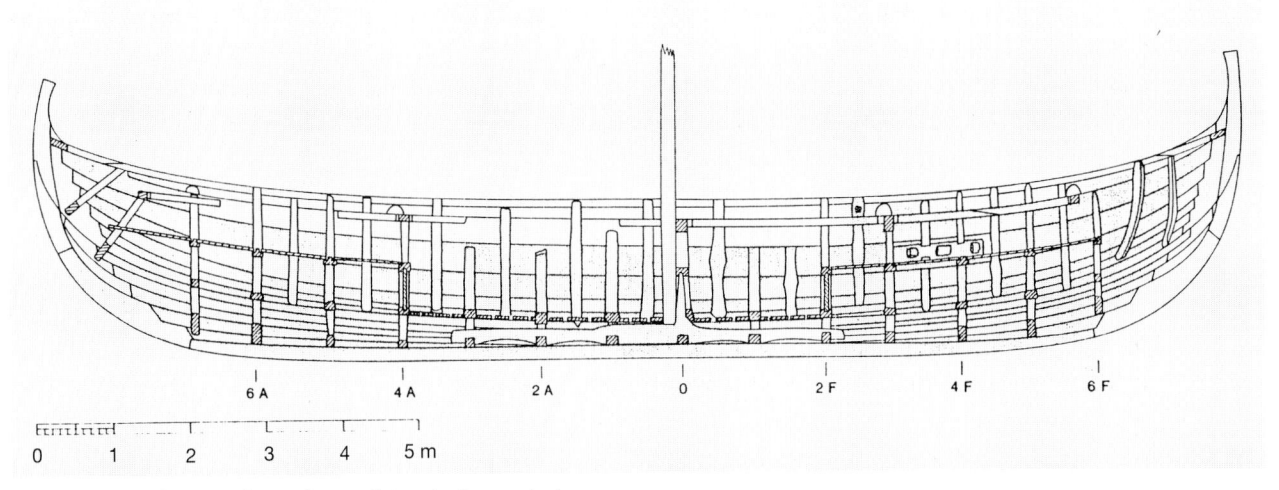

Abb. 56 Skuldelev, Wrack 1: Rekonstruktion des Längsschnittes.

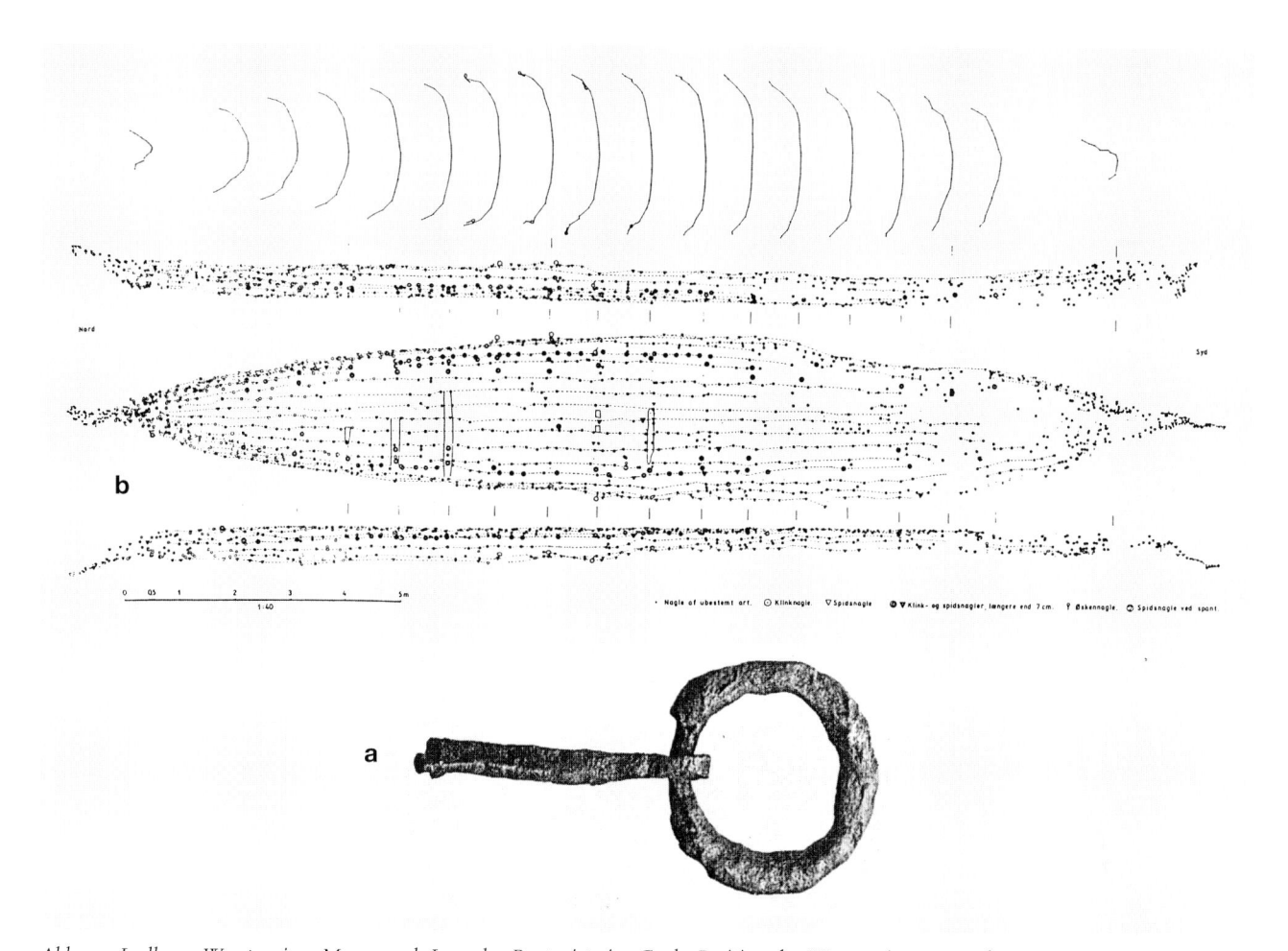

Abb. 57 Ladby: a Wantenring, M ca. 1:3; b Lage der Bootsniete im Grab, Position der Wantenringe angegeben.

ist unter den nur summarisch publizierten Rundhölzern (Nr. 58.p) auch nicht zu identifizieren, doch ergibt sich ihre Existenz aus dem Fund eines Racks (Nr. 58.m; Abb. 54,b). Die Position der angetroffenen Taue (Nr. 58.q) dürfte in erster Linie auf die durch die Grablegung bedingten Arbeiten am Boot zurückzuführen sein.

Verglichen mit diesen Befunden zeigen die restlichen Funde, die alle aus der Zeit zwischen ca. 950 und 1200 stammen, nur einzelne Aspekte der Takelage. So wird das Rigg des großen Handelsschiffs von *Skuldelev 1* (Abb. 55; 56) praktisch wie das von Skuldelev 3 rekonstruiert, auch wenn sich bei weitem weniger Anhaltspunkte dafür finden. Die Klampe (Nr. 37.1.c) ist aufgrund ihrer Form und ihrer Position am Schiff am ehesten als Lager für einen beiti-áss zu interpretieren (Olsen & Crumlin-Pedersen 1967, 117), während das Loch in der Bordwand (Nr. 37.1.d), das Abnutzungsspuren durch ein Tau aufweist, nur recht unbestimmt einer Leine des laufenden Gutes zugewiesen werden kann. Dasselbe gilt für die Löcher in der Bordwand vom *Wrack 5 von Skuldelev* (Nr. 37.4.c) sowie vom *Boot 2 von Ralswiek* (Nr. 19.1.c). Die sieben (ursprünglich acht) Eisenringe (Nr. 32.b), die mittels Splint an den beiden Spanten direkt achterlich des Mastes von Ladby angebracht waren, sind hingegen als *Halterungen für Wanten* anzusprechen, von denen das Schiff demnach mindestens zwei an jeder Seite hatte (Abb. 57). Bei dem Boot 4 aus Ralswiek, einem Handelsschiff, ist ein *Bastring* (Nr. 19.2.a; Abb. 58) angetroffen worden, der möglicherweise wie das Exemplar, das an einer Klampe des kleinen Handelsschiffs von Skuldelev befestigt war, zur Takelage gehört. Christensen (1979a, 189) möchte den Ring aus Skuldelev mit Wanten in Verbindung bringen, doch ein solcher Ring aus Korbweide fand sich ebenfalls in dem Boot von Kyholm, Dänemark, aus dem 13. Jahrhundert, das wegen der winkelig ansetzenden Steven nicht mehr zur skandinavischen Bauweise gerechnet werden kann

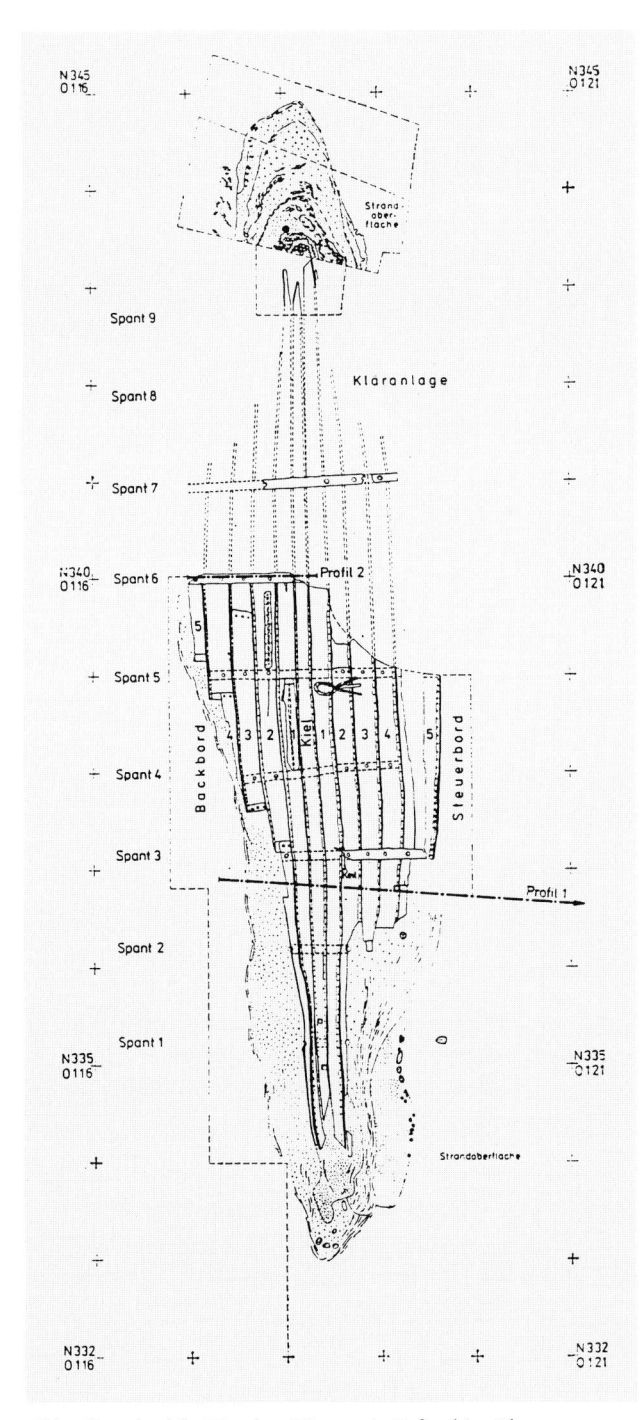

Abb. 58 Ralswiek, Wrack 4 (Nr. 19.2), Befund im Planum.

(Crumlin-Pedersen u.a. 1980) (Abb. 59). Der Ring war knapp unterhalb der oberen Längsversteifung angebracht und nach innen zum Knie für die Deckbalken gerichtet, so daß er möglicherweise zur Ausrichtung des Segels diente (a.a.O., 201). Solche Ringe sind von ihrer Gestalt her dazu geeignet, sowohl Spierenenden als auch mit einem Knebel versehene Leinen zu sichern, und lassen sich nicht generell einer Funktion zuschreiben. Aus Siedlungen stammen die *Racks* von Sigtuna (Nr. 70.a; Abb. 54,c) sowie die drei Funde von Dublin (Nr. 2.d).

Aus Lübeck (Nr. 18.a; Abb. 60,a) und Dublin (Nr. 2.c; Abb. 60,b) sind *Gabeln* bekannt, deren Verwendungszweck nicht aus dem Fundzusammenhang zu erkennen ist. Ausgehend von Koggedarstellungen des 13. Jahrhunderts betrachtet Ellmers (1985a, 157-9) das Stück aus Lübeck als Lager für eine Stange, die über den Bug nach vorne ausgebracht wurde. Er stellt sie an den Anfang der Entwicklung eines losen Bugspriets über einen fest montierten Bugspriet zur bald nach 1400 erfolgten Einführung einer wirklichen Boline. Die früheste Stufe rekonstruiert er anhand der Darstellungen auf den Siegeln von Staveren von 1246 und Vlaardingen von 1312 als eine in einer Gabel wie die von Lübeck festgezurrte, aber bewegliche Spiere, die so ausgerichtet werden konnte, daß die vordere Brasse den wechselnden Windverhältnissen gemäß dichtgeholt werden konnte. McGrail (1987, 231) interpretiert die zwei in Dublin gefundenen Exemplare allgemeiner als Lager für momentan nicht gebrauchte Rundhölzer oder, am Backstag befestigt, als Aufbewahrungsort für aufgeschossenes Tauwerk oder den Anker. Beide führen sehr viel später entstandene Bilddokumente als Beleg für ihre Interpretation an, die jedoch keinen Hinweis auf die Größe der dargestellten Gegenstände geben. Diese unterscheiden sich nämlich in ihren Dimensionen etwas voneinander[37], so daß sie durchaus unterschiedliche Funktionen erfüllt haben können. Eine eindeutige Ansprache ist anhand der heutigen Forschungssituation nicht möglich. Zwei ähnliche Gabeln (Abb. 61), die als »mast crutches« angesprochen werden (O'Brien 1988, 105), kamen in Newcastle upon Tyne, Queen Street, in den Füllschichten für die Fundamente von Kaianlagen des 13.-15. Jahrhunderts zutage und dürften eine vergleichbare Funktion gehabt haben.[38]

[37] Wie aus dem Katalog ersichtlich, sind die ermittelbaren Maße einander nicht direkt gegenüberzustellen; doch kann das Exemplar von Lübeck ein Rundholz von mindestens 66 cm Durchmesser aufnehmen, wahrscheinlich mehr, während die Stücke aus Dublin ein Rundholz von bis zu 80 bzw. 86 cm Durchmesser tragen konnten.

[38] Fundnr. 239 und 254: Beide Exemplare sind aus einem Stück gearbeitet; Nr. 239: L. 1,23 m, Br. zwischen den Armen und Tiefe zwischen diesen 34 cm; Nr. 254: L. 1,03 m (am unteren Ende leicht beschädigt), Br. 34 cm, größte Tiefe zwischen den nicht gleich langen Armen 36 cm. Bei beiden Stücken schließt sich der Zapfen nicht genau an die Mitte der Gabel an.

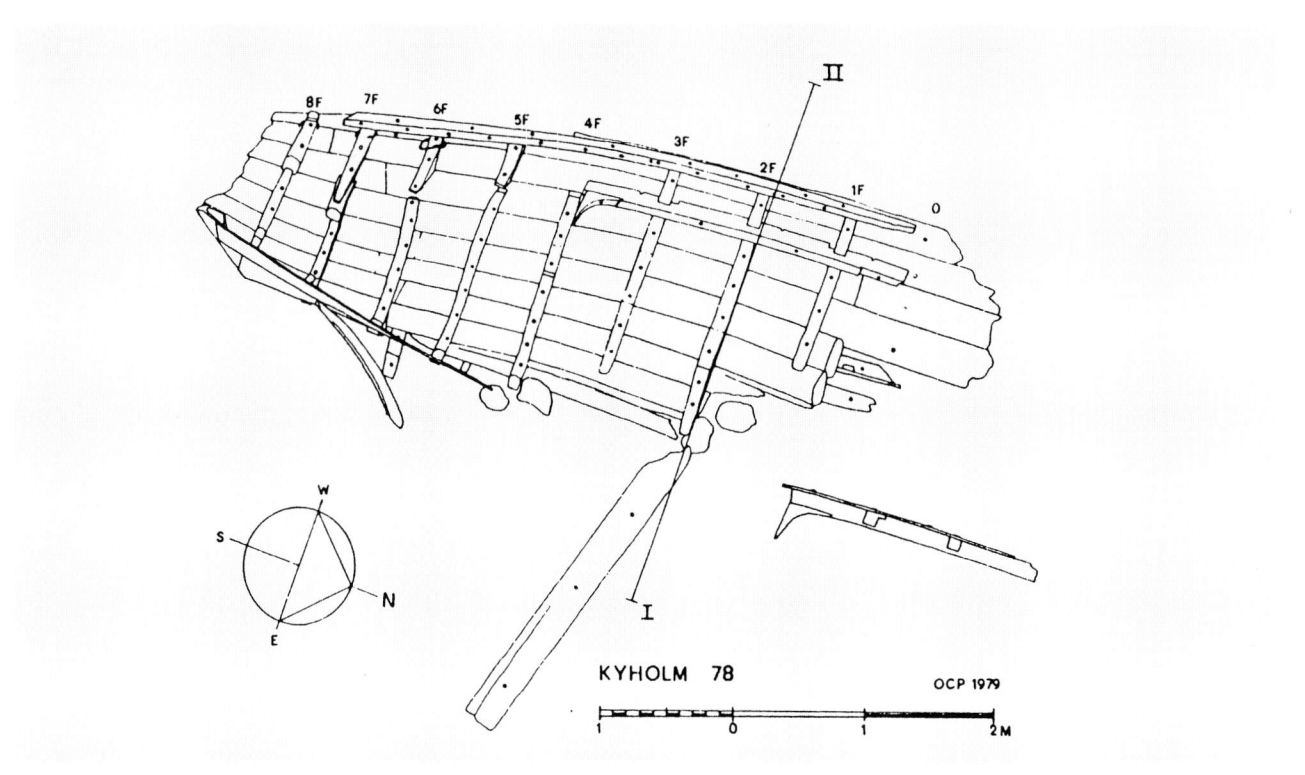

Abb. 59 Kyholm (13. Jahrhundert), Befund im Planum.

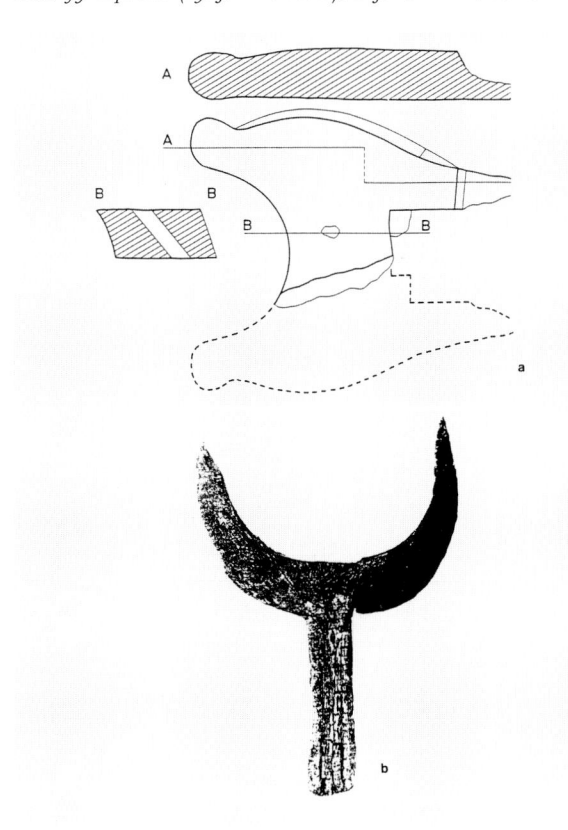

Abb. 60 Gabeln für Bugspriet?: a Lübeck, M 1:10; b Dublin (Nr. 2.c.2).

Im Zusammenhang mit Schiffen aus Gräbern, aber auch als Einzelfunde aus mittelalterlichen Siedlungen kam eine Reihe verschiedenartiger *Blöcke*[39] zutage (Abb. 62), die jedoch nicht in ihrem Funktionszusammenhang angetroffen wurden, so daß sie keiner Leine mit Sicherheit zugeordnet werden können. Auch ethnographisch sind Blöcke nicht systematisch erfaßt, so daß die hier vorgebrachten Parallelen zufällig ausgesucht sind. Bei Siedlungsfunden ist die Zuweisung von blockähnlichen Gegenständen zum Schiffszubehör mit einem sehr viel größeren Unsicherheitsfaktor behaftet als bei Bootgräbern, zumal die hier angesprochenen Funde alle aus Grabungen stammen, in denen auch in großem Umfang Siedlungsschutt angetroffen wurde. Aus diesem Grund werden lediglich Funde aus Plätzen, die als Anlegestellen der Schiffahrt positiv belegt sind, als Schiffsblöcke in Betracht gezogen. Das Material aus *Gokstad* (Nr. 47.4.c) umfaßt vier unterschiedliche Typen (Abb. 51): Am häufigsten sind Knebel unterschiedlicher Dimensionen ver-

---

[39] Als »Block« können streng genommen nur solche Gegenstände aus Holz bezeichnet werden, die die Zugrichtung oder -kraft einer Leine ändern; in dieser Arbeit wird der Begriff auf alle Gegenstände ausgedehnt, die zur Handhabung einer Leine dienen, ohne am Rumpf befestigt zu sein.

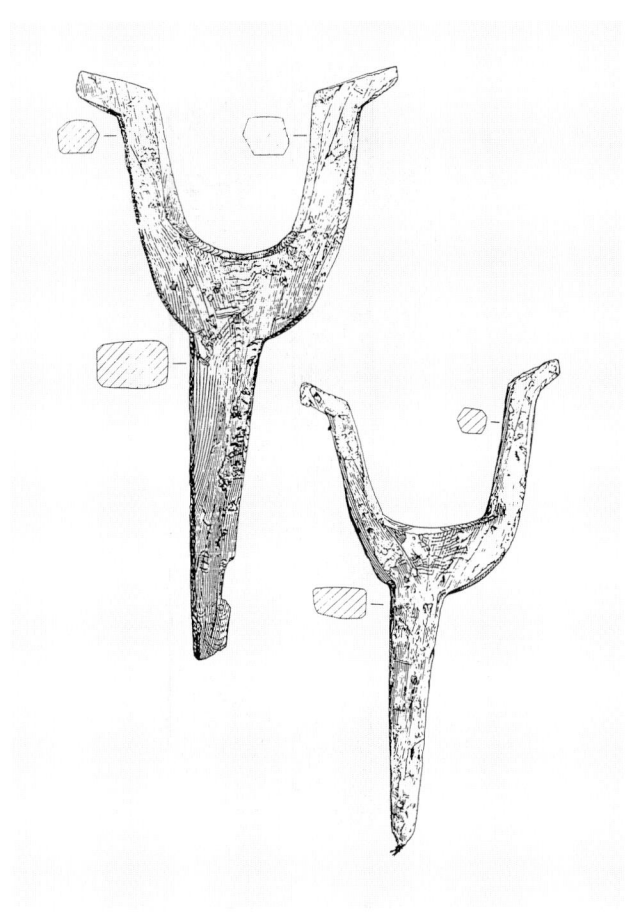

Abb. 61 Gabeln für Bugspriet?: Newcastle-upon-Tyne, hochmittelalterlich, M 1:16.

treten. Es handelt sich um zylindrische bis mehreckige Gegenstände, die zu den Enden hin schmaler werden und in der Mitte eine Einkerbung aufweisen, welche in der Breite der Größe des Taus entspricht. Ein solcher Knebel kann mehrere Funktionen erfüllen, die alle auch im nichtmaritimen Milieu vorkommen können.[40] So kann er am Ende einer Leine durch ein an beliebigen Stellen angebrachtes Auge oder eine Öffnung geführt werden und so eine unter Zug stehende Leine sichern oder aber einen festen Griff für eine Leine darstellen, die unter Zug steht bzw. leicht in eine solche eingespannt werden. Die Fundumstände in Gokstad, wo Knebel in der Nähe des Mastes und des Wollstoffes lagen – möglicherweise Reste des Segels oder wahrscheinlicher des Zeltes –, lassen keinen weiteren Schluß zu. Selbiges gilt für die vier fragmentarischen Blöcke (Nr. 47.4.c.2), die auf keinen Fall dazu gedient haben, die Laufrichtung einer Leine zu ändern[41], wie auch für die gleichfalls in vier Exemplaren vorliegenden Stücke Nr. 47.4.c.4, deren Ansprache als Block (Dammann 1983, 13) keinesfalls gesichert ist. Lediglich für die vier in der Literatur als »Jungfrauen« bezeichneten Blöcke (Nr. 47.4.c.3) – Dammann (a.a.O.) nennt sie zutreffender »Doppelklampen«[42] – hat sich eine recht wahrscheinliche Interpretation finden lassen: Bertheussen (1958, 166-70) rekonstruiert die vier Blöcke auf der Grundlage der bei Nordlandbooten für die Anbringung und Spannung der Wanten benutzten Verbindung von Leinen und Scheiben, wie auf Abb. 52,b wiedergegeben. Die paarige Anbringung der Blöcke dient in der Hauptsache dazu, die Wanten strammen zu können, ohne die Leine vollständig aus ihrer festen Verankerung zu lösen. Fraglich müssen hingegen die Verwendung von Eisenbändern und die genaue Führung des Taljereeps bleiben – Abnutzungs- oder Eisenspuren sind von den Exemplaren aus Gokstad nicht bekannt. Zu ähnlichen Rekonstruktionen gelangen Falk und Åkerlund (Abb. 53,b. c) ohne besonderen Bezug auf mögliche Quellen, obwohl sie beide diese Blöcke nicht mit Wanten, sondern mit Brassen (Falk 1912, 64) bzw. dem Vorstag (Åkerlund 1955/56, 66) in Verbindung bringen. Lediglich Damman (Abb. 53,a) versucht, alle in Gokstad angetroffenen Blocktypen bis auf den Knebel in seinen Rekonstruktionsvorschlag mit einzubringen. Auch in anderen Fundorten sind Blöcke angetroffen worden (vgl. Tab. 3), doch handelt es sich meist um Knebel. Im *Osebergschiff* finden sich noch zwei zusätzliche Typen (Nr. 58.r. 2, 3), deren einer (Abb. 54,d) ein Unikat ist, während die drei S-förmigen Exemplare in der Neuzeit als *Seilspanner* (Abb. 54,e; 62,b. c) bei Zeltleinen Verwendung fanden (Petersen 1951, 282). Neben diesen drei hölzernen Stücken sind noch ein solcher Seilspanner aus Walknochen aus einem möglichen Bootgrab aus dem Gräberfeld von Søndre Kaupang (Nr. 53.2.a) sowie einer aus Knochen aus dem Bootgrab von Strand (Nr. 62.a) in verwertbaren Fundzusammenhängen angetroffen worden. Sie werden in die erste Hälfte des 9. bzw. in das 10. Jahrhundert datiert. In Birka sind vier ähnliche

---

40 Zur Anwendung der einzelnen Blöcke vgl. neben der angegebenen Literatur auch Olsen, sowie Claviez (1973).
41 Anders: Christensen 1979a, 188, Fig. 11, 8.
42 »Jungfrau«, »Jungfer« oder »Juffer« bezeichnet eine Scheibe mit drei Löchern, die mit einer weiteren Scheibe zum stehenden Gut zählt (vgl. Abb. 52,a); die Übertragung dieses Begriffes auf die vier Blöcke aus Gokstad, die eine vollständig andere Form aufweisen, beruht ausschließlich auf der Interpretation ihrer Funktion.

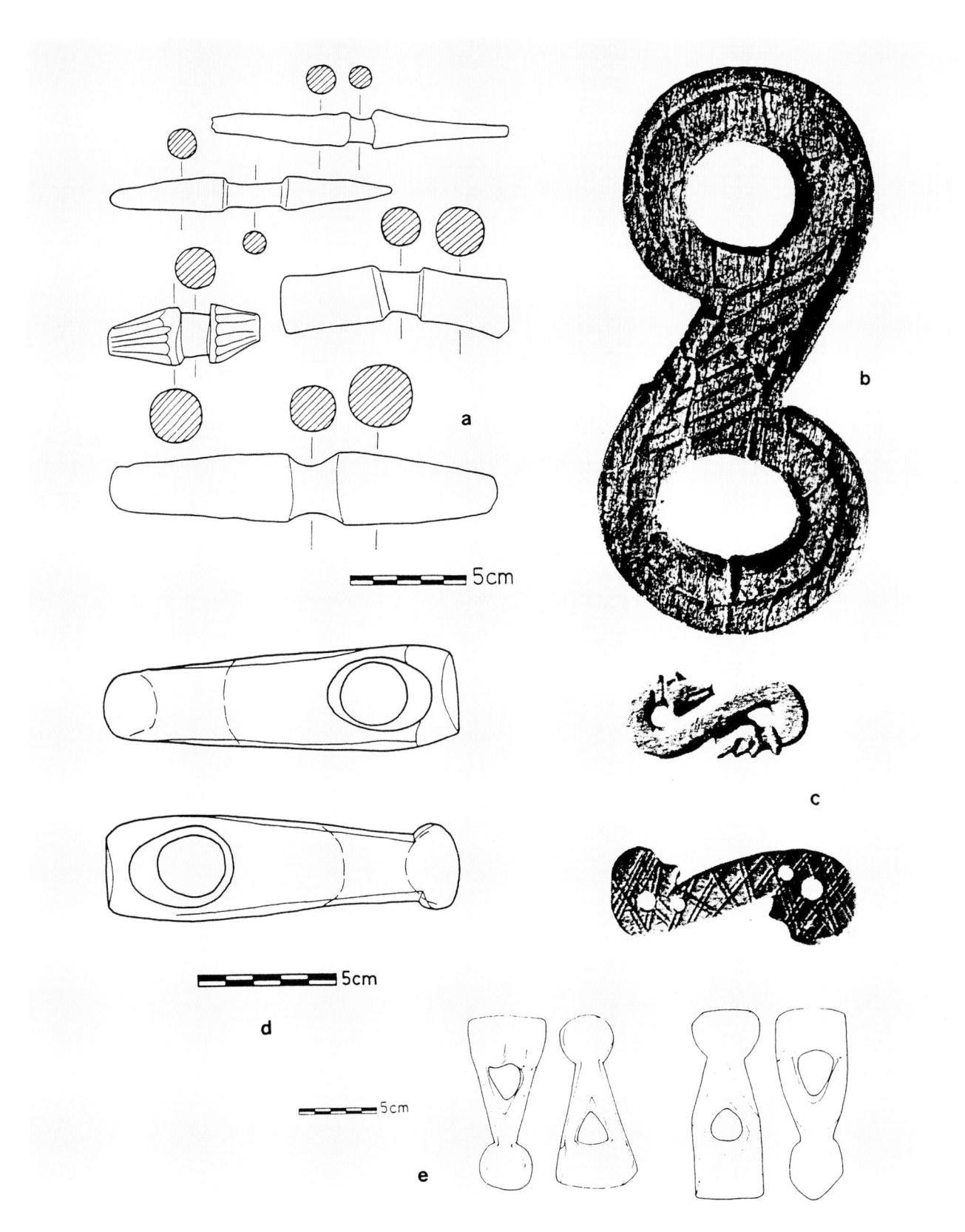

Abb. 62 Blöcke: Bergen: a Knebel, hochmittelalterlich; d Block (Nr. 41.d); e Blöcke, hochmittelalterlich; b Seilspanner aus Kaupang, M 1:1; c »Seilspanner« aus Birka, M 1:1.

Stücke im Bereich des Hafens und der schwarzen Erde sowie der Aufschüttung über einem Grab gefunden worden, doch scheinen sie sehr viel schwächer als die oben genannten Seilstrecker zu sein und sind auch kleiner (Ambrosiani u.a. 1973, 50).[43] Sie sind aus Knochen gearbeitet und zeigen an den Enden Tierkopfverzierungen. Aufgrund ihrer Dimensionen und ihrer Verarbeitung sind sie, verglichen mit dem oben vorgestellten Material, nicht für Taue der Stärken ausgelegt, wie sie auf Schiffen benutzt wurden. Aus Bergen stammt ein eventuell nicht fertiggestellter Seilspanner, der durchaus für ein Boot geeignet scheint (Christensen 1985, 136); er wird in die Zeit zwischen 1248 und 1332 datiert. Ein Block, der zwei Leinen bedient oder die Richtung einer Leine um 90° ändert, taucht in Bergen (Nr. 41.d; Abb. 62,d) am Ende des 12. Jahrhunderts auf, doch die restlichen neun Funde (Abb. 62,e), darunter auch solche mit parallel verlaufenden Löchern, sind ebenso wie das Exemplar aus Knochen, das in Oslo zutage kam, später datiert (Christensen 1985, 135). Auch in Novgorod wurden vergleichbare Gegenstände gefunden[44], die Christensen (a.a.O.) als Schiffsausrüstung auffaßt. Kolchin (1989, 132) bezeichnet sie vorsichtiger als »cross pieces« und sieht ihre Funktion am ehesten als ein Verbindungsstück zwischen Gewichten und dem Faden bei einem Webstuhl. Ihre große Anzahl, beschränkt auf einen relativ engen Zeitraum von der Mitte des 13. bis zum frühen 15. Jahrhundert, läßt ihre Interpretation als Schiffsausrüstung eher unwahrscheinlich erscheinen, auch wenn eine andere Zuweisung mit ähnlichen Zweifeln behaftet ist. In diesem Zusammenhang sei auch auf die zwei- oder dreifach gelochten »Blöcke« aus Knochen oder Holz hingewiesen, die in niederländischen und norddeutschen Wurten zutage kamen. Sie sind mitunter genauso glatt wie die Exemplare aus Bergen und werden als Halterung für Seile angesehen, sei es in der Landwirtschaft, beim Pferdezaumzeug oder in der Schiffahrt (Roes 1963, 45/6, Taf. 42, 1-5; Haarnagel 1979, 293, Taf. 30, 4. 5). Ihre Fundsituation und ihre große Variationsbreite in der Dimension legt eine Verwendung auf Schiffen nicht nahe.

Eine Fundgruppe, die nur bedingt zum Bereich der Takelage zu zählen ist, setzt sich aus *Beschlägen* zusammen, die am Schiffsrumpf befestigt waren. Ihre Funktion ist im einzelnen nicht zu klären, doch dürfte sie im Zusammenhang mit Tauwerk zu sehen sein. So sind beispielsweise von den Nordlandbooten Eisenteile als Verbindung zwischen Rumpf und Wanten bekannt. Lediglich solche Beschläge, die deutlich zur Verbindung einzelner Bauteile untereinander oder von Reparaturstellen mit dem Rumpf dienen, wurden nicht berücksichtigt. Im archäologischen Fundmaterial sind zwei Gruppen von Beschlägen zu erkennen: zum einen solche aus Eisen, die von Binnenfahrzeugen aus mittelschwedischen Bootgräbern stammen (Tuna [Nr. 73] und Valsgärde [Nr. 75]), und zum anderen Beschläge aus Knochen (Bleik [Nr. 42.a] und Vatnsdalur [Nr. 87.a]) aus dem nordatlantischen Raum, die jedoch, soweit feststellbar, auch zu kleineren Booten gehören. Die Ansprache dieser Exemplare als Bootszubehör ist überaus problematisch, da sie lediglich aus Bootgräbern, in denen außer den Eisennieten keine nennenswerten Reste des Rumpfes erhalten sind, oder in einem Fall als Einzelfund bekannt sind. Hier ist immer damit zu rechnen, daß die einzelnen Gegenstände im Laufe des Aufenthaltes im Boden in großem Umfang sekundär verlagert wurden. Da von Größe und Herkunftsgebiet her vergleichbare Funde fehlen, bieten auch die besser erhaltenen Schiffe keinen Anhaltspunkt für die Interpretation der Beschläge. Ihre Anbringung ist somit genauso mit einem Fragezeichen zu versehen wie ihre Funktion. Bei den *eisernen Beschlägen* (Abb. 63-65) handelt es sich um rechteckige bzw. gebogene Bänder oder Ringe, die im Bereich der Reling oder eines Stevens[45] angebracht waren. Beim Boot des Grabes 1 von Valsgärde (Nr. 75.1.a) liegt wegen der in der Rundung nachgewiesenen Holzreste sowie ihrer großen Anzahl die Vermutung nahe, daß die U-förmigen Beschläge lediglich die oberen Spantenenden verschalt haben; entsprechend sind die Steven- und Relingsbeschläge der Boote aus Valsgärde (Nr. 75.4.a, 5.a, 7.a, 8.a) und möglicherweise auch der viereckige Beschlag des Bootes von Tuna (Nr. 73.a) mehr als Schutz für eine besonders exponierte Stelle oder auch als Träger von Zierelementen (Arwidsson 1977, 98) denn als Anlaufpunkt für eine Leine der Takelage aufzufassen. Doch hier

---

[43] Die hier ohne Literaturangabe angeführte Parallele aus Staraja Ladoga ist nicht nachvollziehbar.
[44] Über 160 zylindrische Gegenstände: L. 7-10 cm, Durchm. 3-4 cm; an beiden Enden um ca. 90° gegenüber der Längsachse versetzte Löcher von 1,5-2 cm Durchm. (Kolchin 1989, 132. Taf. 124, 10-18).
[45] Die in den Grabungsberichten (Dyferman 1929, 175; Odencrants 1929/33, 231) vorgebrachte Interpretation, daß es sich um den Vordersteven handelt, ist in keinem Fall mit Sicherheit zu belegen; vgl. Katalog.

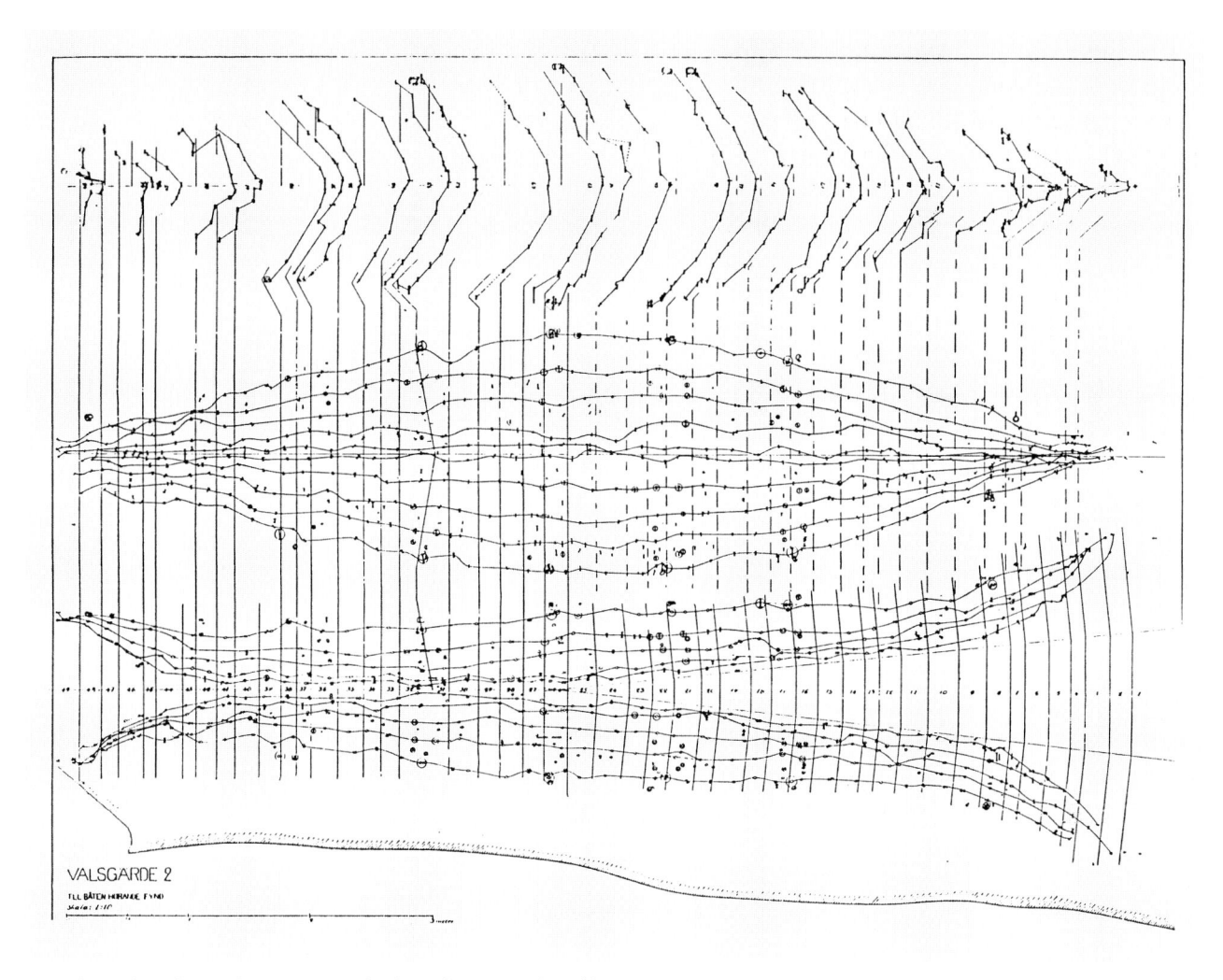

Abb. 63 Valsgärde, Grab 2 (Nr. 1), Befund in Planum und Profil.

ist durchaus die Möglichkeit in Betracht zu ziehen, daß diese Beschläge den Ansatzpunkt für die Befestigung von Leinen bilden, wie beispielsweise auf Abb. 10(3) für die Neuzeit belegt ist. Anders verhält es sich bei den Ringen mit (Nr. 75.3.a, 6.a, 7.b) und ohne Splint (Nr. 75.1.b). Das letztgenannte Exemplar ist leider das einzige, dessen Position im Boot – im oberen Bereich eines Stevens – genauer zu bestimmen ist; gleichzeitig ist es aber auch das dünnste Stück mit dem größten Durchmesser, so daß es sehr wahrscheinlich keinen großen Druck aushalten konnte. Die anderen Beispiele weisen einen kleineren Ring auf und waren durch den Splint stabil mit dem Rumpf verbunden. Aufgrund der mangelhaften Publikationslage läßt sich für sie keine Interpretation wahrscheinlich machen, doch zeigen sie genau die Form, die man wie bei Ladby für die Verbindung zwischen Rumpf und einer Leine des stehenden oder möglicherweise auch laufenden Gutes annehmen möchte. Sicherlich andere Funktionen nahmen die *Beschläge aus Knochen* wahr, die sicher nur aus einem Fundort bekannt sind, nämlich aus dem Bootgrab von Vatnsdalur, Nordisland (Abb. 66). Hier fanden sich zwei fast identische Beschläge, die mit je zwei Eisennägeln an einer Bordseite angebracht waren. Das Boot ist nicht so gut zu rekonstruieren, daß Bug und Heck mit Sicherheit zu identifizieren wären, doch der Ausgräber (Magnússon 1966, 10) nimmt anhand der Lage zum Fjord an, daß sie an der Backbordseite im Abstand von ca. 20 bzw. ca. 70 cm vom Vordersteven montiert waren. Sie dienten aller Wahrscheinlichkeit nach dazu, Leinen, die an dieser Stelle über Bord liefen, zu führen und die Bordwand vor möglichen Schäden zu bewahren. Bei diesen Leinen dürfte es sich am ehesten

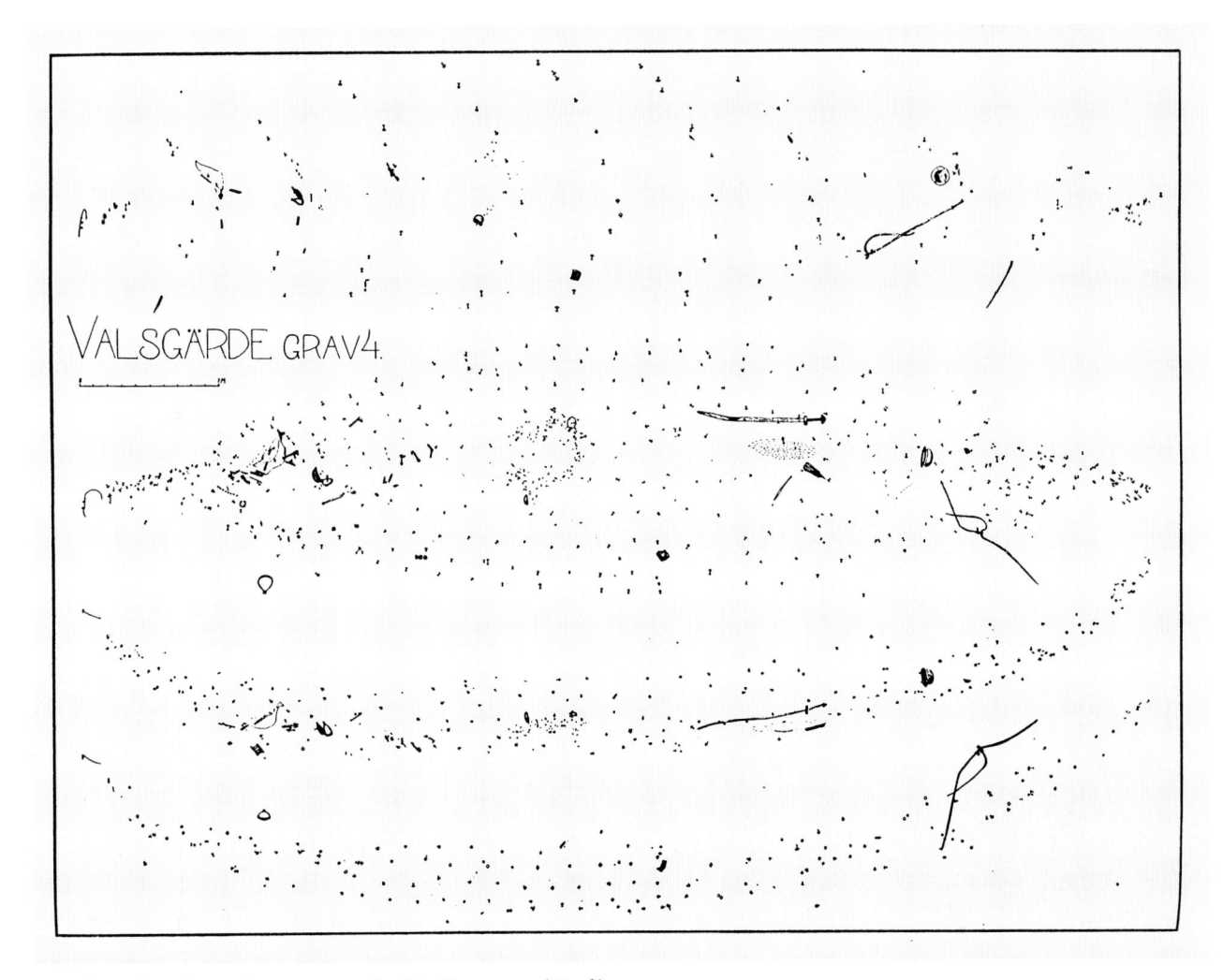

Abb. 64 Valsgärde, Grab 4 (Nr. 3), Befund in Planum und Profil.

um solche gehandelt haben, die nicht mit der Takelage in Verbindung standen – etwa Leinen für einen kleinen Anker oder Fischleinen. Das Exemplar aus dem Moorfund von Bleik (Nr. 42.a) ist zwar etwas größer, doch von der Form her genauso geeignet, die Bordwand vor laufenden Leinen zu schützen; leider lassen sich hier weder zur Montage noch zur Datierung weitere Aussagen machen.

Über die oben aufgeführten Gegenstände hinaus sind selbstverständlich auch *Mast*, *Rah* und *Segel* als Teil der Takelage als vorhanden vorauszusetzen, doch erlaubt das vor 1200 datierte Fundmaterial keine Rückschlüsse über ihre Größe und deren Relation zueinander. Zwar wurden in Gokstad mehrere Rundhölzer angetroffen, doch sie lassen sich wie die in manchen Funden noch vorhandenen Maststümpfe (Brügge [Nr. 12.c], Gokstad [Nr. 47.1.i] und Oseberg [Nr. 58.l]) entweder nicht in ihrer ursprünglichen Länge rekonstruieren oder sind nicht mit Sicherheit ansprechbar. Die Proportionen bildlicher Darstellungen sind keinesfalls als verbindlich zu betrachten (s. Kap. I.2), doch zeigen sowohl die gotländischen Bildsteine als auch die auf Münzen abgebildeten Schiffe ein meist recht hoch am Mast sitzendes Segel, das in der Breite die gesamte Länge zwischen den beiden Steven ausfüllt – oder sogar noch darüber hinausragt –, aber manchmal sehr kurz ist. Letzteres ist möglicherweise damit zu erklären, daß das Segel nicht in seiner vollen Größe dargestellt werden konnte, um die auf dem Schiff befindlichen Personen nicht zu verdecken, was auch für unregelmäßige Segelformen zutrifft. Tatsächlich finden sich für die Form des Segels – quadratisch, rechteckig mit längerem Ober- und Unterliek oder mit längeren Seitenlieken – keine Belege

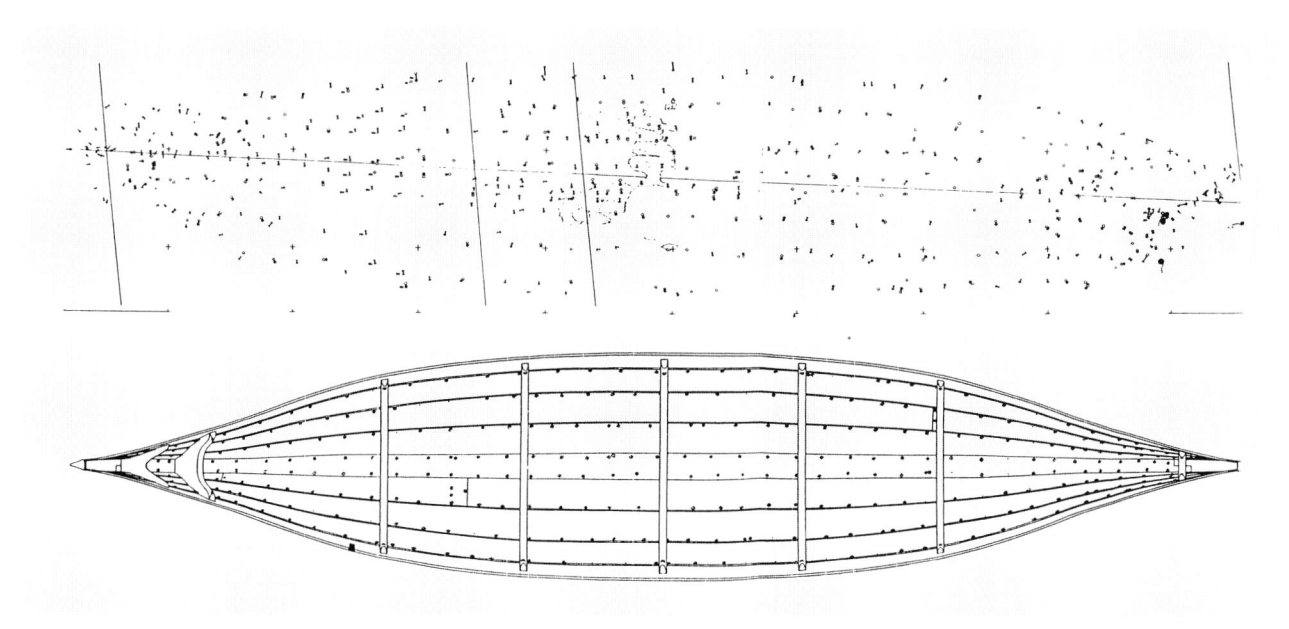

Abb. 65 Valsgärde, Grab 7 (Nr. 4), Rekonstruktion und Befund im Planum.

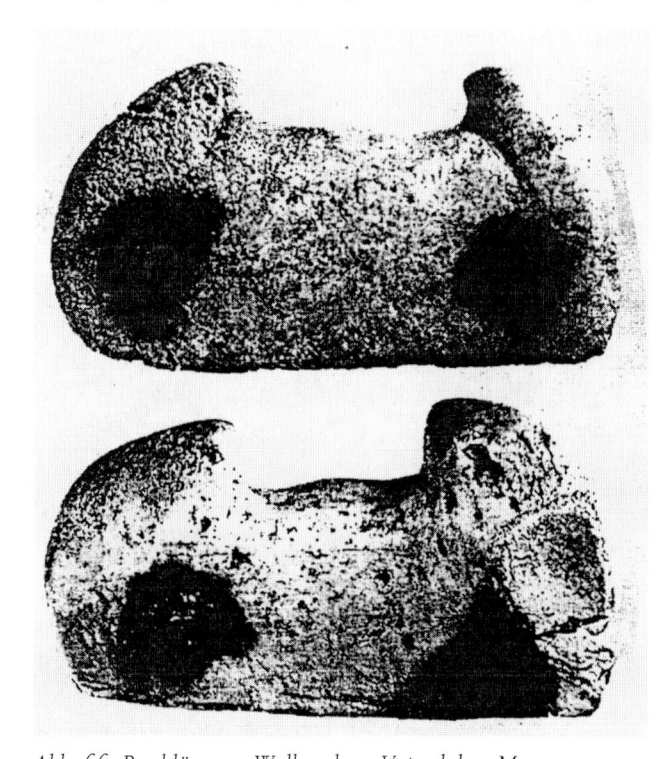

Abb. 66 Beschläge aus Walknochen, Vatnsdalur, M ca. 1:1,4.

über die Tatsache hinaus, daß es sich offensichtlich um symmetrische Segel handelt. An mehreren Stellen zipfelförmig auslaufende Unterlieke können in der Funktion mit dem Netzwerk am Unterliek verglichen werden, das auf gotländischen Bildsteinen als üblicher Bestandteil der Takelage zu beobachten ist. Vollständige Masten sind auch aus späterer Zeit nicht gefunden worden, doch zeigt das Mastfragment von Brügge (Abb. 67,a), daß dieser aus mindestens drei Teilen zusammengesetzt ist: An der Spitze befinden sich eine Eintiefung unbekannter Funktion, möglicherweise der Ansatzpunkt der Wanten, und eine evtl. mit einer Rolle ausgestattete Nut, wahrscheinlich für eine Leine, die den Zweck von Vor- und Backstag erfüllte.[46] Darunter sind zwei parallele Nute an einer verdickten Stelle des Mastes eingearbeitet, die für ein zweigeteiltes Fall (Marsden 1976, 41) oder auch für ein Fall und eine Extraleine für ein allerdings nicht angetroffenes Rack geplant gewesen sein können. Sie sind nicht exakt an der oberen Nut ausgerichtet, sondern liegen leicht gewinkelt dazu, was Marsden (ebd.) als Hinweis auf eine bewußte seitliche Ausrichtung des Segels betrachtet. In das späte Mittelalter datieren drei vollständige Masten von Modellbooten aus Bergen, die alle eine Schulter für die Befestigung der Stage direkt über dem Loch für das Fall aufweisen; das Gat eines Mastes ist zusätzlich noch mit Knochen gefüttert, so daß das Fall nicht direkt auf Holz zu liegen kam (Christensen 1985, 132. 157/8). Diese Funde sprechen gegen die von Dammann (1983, 13) geäußerte Vor-

---

[46] Die Rekonstruktion von Marsden (Abb. 67,a) zeigt nur eine durchlaufende Leine als Vor- und Backstag und läßt keinen Platz für Wanten. Fraglich bleibt jedoch der Sinn einer Rolle am Befestigungspunkt einer Leine des stehenden Gutes. Für die Ausrichtung der Nut in Relation zur Kiellinie findet sich kein sicherer Beleg, da der Mast nicht vollständig erhalten ist.

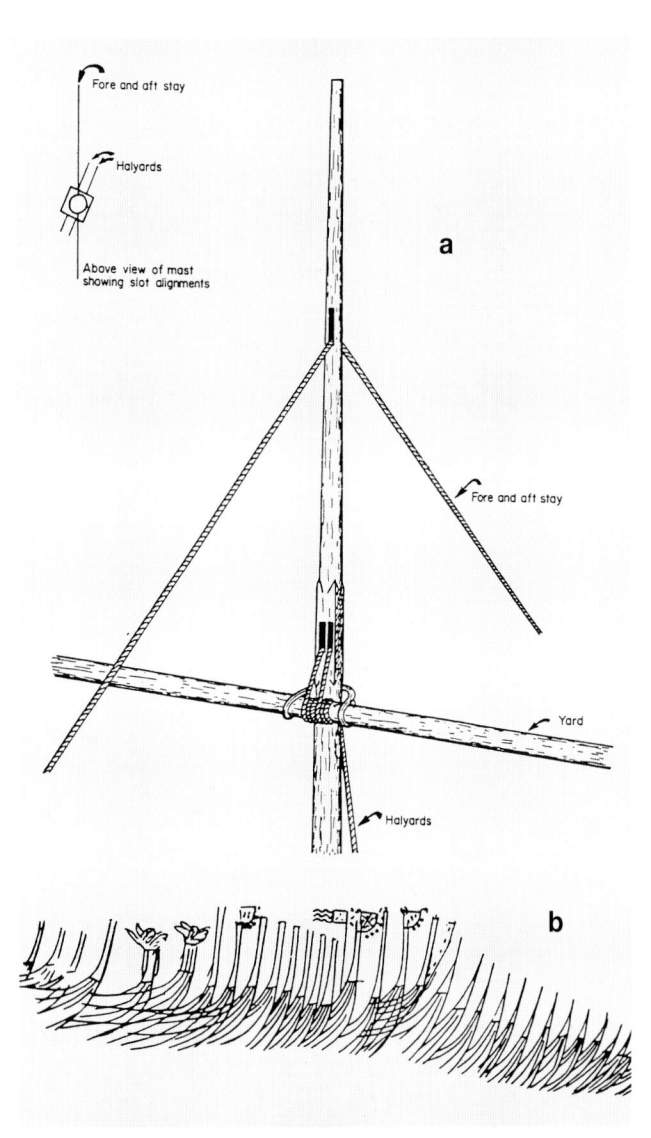

Abb. 67 a Rekonstruktion des Masttopps von Brügge; b Darstellung von Steven mit Wimpeln auf einem Runenknochen von Bergen, hochmittelalterlich.

stellung, daß das Fall durch einen Block und nicht durch ein Gat lief. Aus Tønsberg liegt eine vollständige Rah[47] gleichfalls des späten Mittelalters vor, allerdings als Siedlungsfund ohne Zusammenhang mit einem Schiff. Das Fall, die Leine zum Hissen und Befestigen der Rah, scheint aus einer einzigen Leine bestanden zu haben (Thule Bd. 15, 237; ÍF 27 [Ólafs s. hins helga] Kap. 133). Solche Funde können eine Vorstellung über das Aussehen von Mast und Rah der späten Vendel- und Wikingerzeit vermitteln, doch gestatten auch sie eine Klärung der Frage nach den Proportionen von Mast zu Segel nicht, so daß die bei den Repliken verwendeten Maße nicht überprüfbar sind. Auch bezüglich des Materials des Segels ist kein archäologischer Beleg möglich, denn selbst in Bootgräbern angetroffene Stoffreste können nicht als Segel angesprochen werden; mithin bleiben lediglich Schriftquellen als Nachweis. Aus der nordischen Prosaliteratur ist bekannt, daß buntgestreifte Segel existierten (Thule Bd. 15, 197; ÍF 27 [Ólafs s. hins helga] Kap. 117) und durchaus Prestigeobjekte darstellten (Thule Bd. 16, 218/9; ÍF 28 [Heimskringla, Magnússona s.] Kap. 11). Das von bildlichen Darstellungen bekannte Motiv eines vor Anker liegenden Schiffes mit einem gerefften Segel an der Rah, die oben am Mast hängt, findet sich auch hier (Thule Bd. 4, 191-3; ÍF 12 [Njáls s.] Kap. 88). Eine ausführliche Beschreibung stammt von dem arabischen Reiseschriftsteller Ibn Fadlan, dem zufolge das Schiff, auf dem er zusammen mit Wikingern die Wolga aufwärts fuhr[48], [...] *mit einem viereckigen Segel aus Stoff versehen war, das mit einem Tau aus Seehundfell eingefaßt war.*[49] Crichton (1978, 59 [Anm.]) interpretiert diese Einfassung durch ein Tau als mißverstandene Einrichtung zur Trimmung des Segels, doch bleibt er die Begründung dafür schuldig. Tauwerk aus Walroß- und Seehundshaut ist bereits für das 9. Jahrhundert durch den Bericht des Óttar am Hof von Alfred dem Großen belegt (Lund 1983, 22), doch seine Verwendung bleibt ungenannt. Weitere Informationen finden sich in den Ratschlägen eines Vaters für seinen Sohn über das Verhalten auf Handelsfahrten aus dem »Königsspiegel«[50]: *Jedesmal, wenn du in See gehst, da sollst du zwei- oder dreihundert Ellen Wadmel mit dir an Bord haben, die bei Bedarf zur Ausbesserung des Segels dienen mögen, viele Nadeln und ausreichend Fäden oder Bänder* [...]. Hieraus geht hervor, daß das Segel aus dem üblicherweise in Heimarbeit hergestellten Wollstoff besteht, wohingegen die Funktion der Segelbänder sich aus dieser Textstelle nicht ergibt – sie werden allgemein als Teil der Reffein-

---

47 Mus. Tønsberg TL 2747, gefunden 1976 in der Nedre Langgate (Schnitt 27-28): Kiefer; L. 6,36 m, Durchm. 12-21,5 cm; in der Mitte fast sechseckiger Querschnitt, an den Enden rund; an beiden Enden 14 bzw. 7 cm vom Ende entfernt ein dreieckiges, mit der Spitze nach vorne weisendes Loch mit einer L. von 7,8 bzw. 8,5 cm; vgl. Olsen.
48 Die Provenienz dieses Schiffes wird nicht richtig deutlich; es gelangt zumindest auf dieser Reise nicht in die Ostsee, scheint jedoch den Wikingern zu gehören.
49 [...] *var försett med ett fyrkantigt segel av tyg, vilket var kantsatt med rep av sälskinn.* (Crichton 1978, 59).
50 Kap. IV, S. 11, Zeilen 15-8 der Textausgabe von Oscar Brenner (München 1881); eigene Übersetzung.

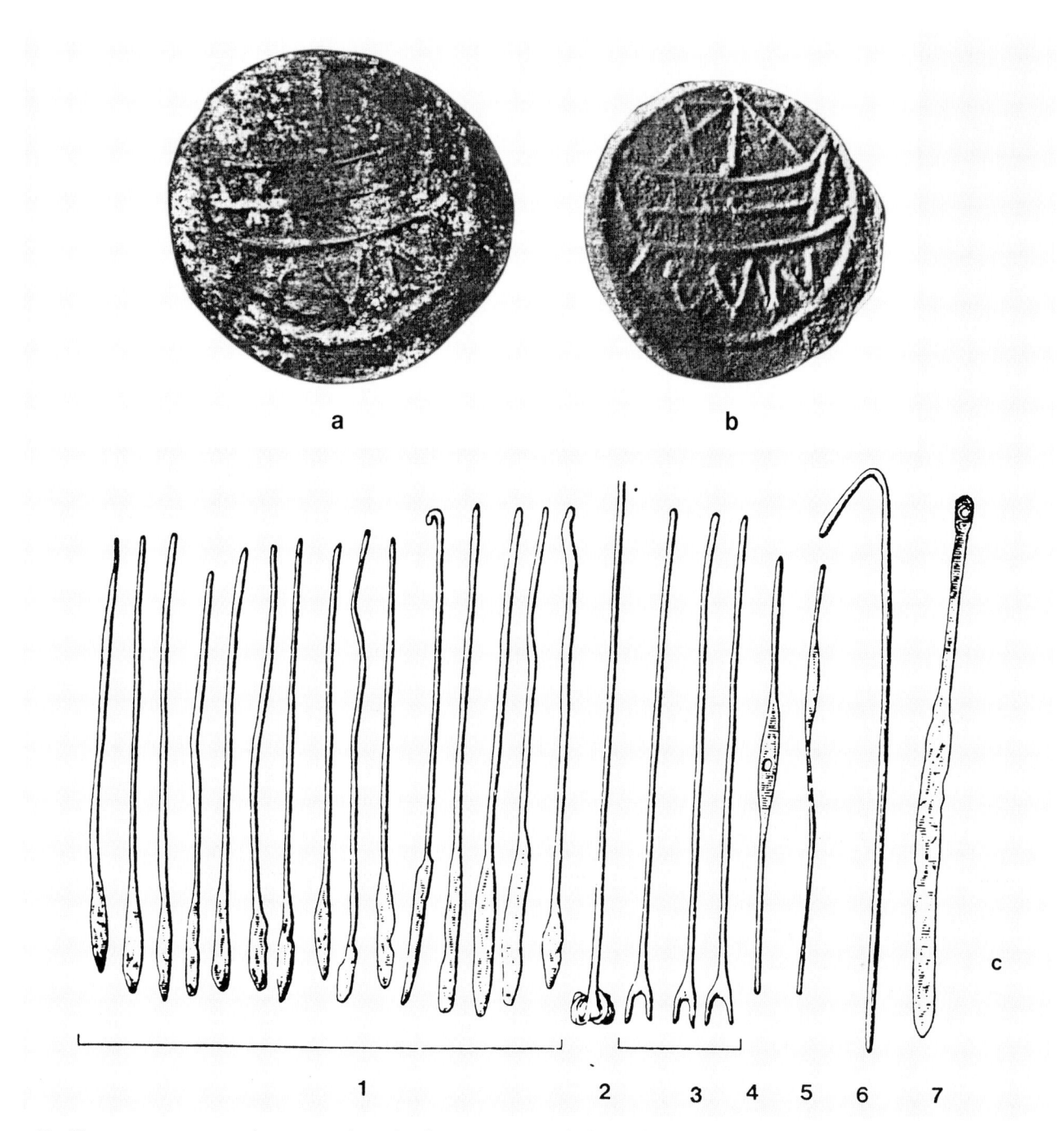

Abb. 68 a Münze von Canterbury, M 4:1; b Nachguß; c Ausrüstungsteile des Modells von Broighter: 1 Riemen, 2 »Greifeisen«, 3 Stakstangen, 4 Rah, 5 Spiere, 6 Mast, 7 Steuerruder.

richtung betrachtet (Falk 1912, 68/9): Doch möglicherweise handelt es sich um auf das Segel aufgenähte Streifen, wie auf den gotländischen Steinen zu sehen, oder stärkeres Garn, um beispielsweise ein neues Liek oder Horn am Segel herzustellen. Nach den Aussagen Caesars (Bell. Gall. III, Kap. 13) benutzten die Veneter Segel aus Häuten oder dünn gearbeitetem Leder, doch finden sich im nordeuropäischen Bereich keine Hinweise hierfür.

Die Existenz von *Wimpeln* (Wetterfahnen) (Abb. 47; 67,b) an der Mastspitze oder am Vordersteven ist gleichfalls vorauszusetzen, aber Belege finden sich nur in Schriftquellen (Falk 1912, 59) und Bildern. Sie dienten zur

Bestimmung der Windrichtung während der Fahrt – dem sog. scheinbaren Wind[51] – und somit zur Ausrichtung des Segels. Blindheim (1982) spricht vier vergoldete Metallwimpel aus Schweden und Norwegen, datiert in die erste Hälfte des 11. bis zum Anfang des 12. Jahrhunderts, als Wimpel an, die auf dem Steven eines Schiffes angebracht waren. Doch diese sind alle in Kirchen angetroffen worden, so daß sie nicht direkt als Ausrüstungsteil eines Schiffes betrachtet werden können, obwohl sie die gleiche Form wie auf den bildlichen Darstellungen aufweisen.

Die hier aufgeführten Belege für die Takelage lassen alle einen recht breiten Spielraum für die Interpretation und stammen fast ausschließlich aus dem westeuropäischen bzw. skandinavischen Raum. Für die Takelung im slawischen Bereich existieren nur wenige Hinweise, die sich nur unter Zuhilfenahme anderer Quellen erklären lassen. In Westeuropa ist der Segelantrieb seit der späten vorrömischen Eisenzeit aus Irland, England und von der französisch-belgischen Kanalküste belegt, doch lediglich das Schiff auf der Münze aus Canterbury aus dem Anfang des 1. Jahrhunderts n.Chr. (Muckelroy u.a. 1978) läßt Einzelheiten erkennen (Abb. 68,a): einen Mast mit Rah sowie ein Vor- und ein Backstag – die beiden von den Rahnocks nach unten verlaufenden Striche sollen wahrscheinlich das Segel andeuten und sind wohl kaum als Brassen zu interpretieren. Eine Verbindung zu den römisch geprägten Darstellungen Nordwesteuropas (Ellmers 1969, 79-81) oder den karolingischen Münzen läßt sich nicht ziehen. Auch über das Aussehen der Takelage der frühesten Segel in Skandinavien, die auf den gotländischen Bildsteinen im 6. Jahrhundert auftauchen, läßt sich nichts sagen.

Die Takelage wikingerzeitlicher und mittelalterlicher Schiffe läßt sie sich anhand der oben diskutierten Funde jedoch folgendermaßen charakterisieren: Am besten ist das laufende Gut zu rekonstruieren. Hier wird ein oft gemustertes Segel an einer Rah befestigt, welche mittels eines Racks an einem an zwei Stellen durch Bauteile des Rumpfes gestützten Mast festgehalten wird. Das Segel besitzt am Unterliek eine Einrichtung zum Trimmen, sei es in Form eines Netzwerkes aus Tauen, von Brassen oder einer unteren Rah bzw. einer festen Einfassung des Unterlieks. Schoten wie bei dem Nordlandboot sind fast gar nicht nachweisbar, da sie bei Bodenfunden ohne das Segel nicht erkennbar sind und bei Abbildungen leicht der nur in kleinem Maßstab zur Verfügung stehenden Fläche zum Opfer gefallen sein können. Löcher und Klampen in der Bordwand können auch für andere Leinen benutzt worden sein – lediglich das kleine Handelsschiff von Skuldelev stellt eine Ausnahme dar. Wahrscheinlich ist auch die Verwendung eines beiti-áss weder zeitlich auf ein frühes Stadium noch auf einen bestimmten Schiffstyp beschränkt, da er für das Gokstadschiff wie für das große Handelsschiff von Skuldelev anzunehmen ist und in den relativ späten nordischen Schriftquellen als üblicher Teil der Takelage auftaucht. Es dürfte sich am ehesten um ein Rundholz gehandelt haben, doch über die Tatsache hinaus, daß es zum Ausspannen des Segels bei Kursen am Wind oder bei halbem Wind diente, gestatten die Quellen keine weitere Aussage.[52] Dem Winkel der Spiere zur Schiffswand nach zu urteilen, wie er sich aus dem Klotz von Oseberg abschätzen läßt, wurde die Spiere in den oberen Bereich des Segels auf der gegenüberliegenden Seite gestellt. Eine Boline (bóglína) findet sich erst im Wortverzeichnis der Snorra Edda (Falk 1912, 65), ohne daß die genaue Bedeutung dieses Begriffs erläutert wird. Ihr archäologischer Nachweis ist jedoch ebenfalls schwer zu führen, da jedes Loch oder jeder Beschlag im Bereich des Vorstevens auch für ein Stag benutzt worden sein kann. Boline und beiti-áss tauchen in keiner Quelle zusammen auf, so daß es sich möglicherweise um einander ablösende Formen handelt. Im Zusammenhang mit dem Trimmen des Segels ist auch die Bedeutung der in Lübeck, Dublin und Newcastle-upon-Tyne angetroffenen großen Gabeln zu sehen, die Ellmers (1985a, 160) als Bindeglied zwischen einer Stange und einer tatsächlichen Boline sieht. Selbstverständlich ist hier eine Verwendung als Halterung für aufgeschossenes Tauwerk oder Ähnliches, wie sie McGrail (1987, 231) vorschlägt, nicht auszuschließen, doch wegen ihrer Größe und der Ausformung der Zapfenpartie weniger wahrscheinlich. Für die Aufstellung einer Entwicklungslinie von beiti-áss über ein lose in einer Gabel am Bug ruhendes Rundholz zu einem tatsächlichen Bugspriet und einer Boline ist das Material jedoch zu dünn – außerdem ist eine solche Entwicklung

---

[51] Der scheinbare Wind setzt sich aus dem wahren Wind – der tatsächlichen Windrichtung und -stärke – und dem Fahrtwind zusammen; nur er ist auf einem fahrenden Schiff wahrnehmbar und bestimmt die Ausrichtung der Segel.
[52] Umso bedauerlicher, daß keines der Projekte, die mit Repliken arbeiten, sich mit diesem Problem zu beschäftigen scheint.

deutlich nach 1200 anzusetzen (Heinsius ²1986, 158). Festzuhalten bleibt, daß lediglich die Einrichtung des beiti-áss sowie die nicht mit letzter Sicherheit ansprechbaren Widerlager für eine lose Stange für die hier interessierende Zeit belegt sind.

Das stehende Gut ist hingegen ungleich schlechter belegt. Zwar finden sich einige Klampen, Löcher in der Bordwand und Beschläge, die sich möglicherweise mit Vorstag und Wanten in Verbindung bringen lassen, doch bis auf die Ringe des Ladbyschiffes muß ihre Ansprache fraglich bleiben. Da für die Art der Befestigung der Leinen des stehenden Gutes am Schiffskörper keine direkt übertragbaren ethnographischen Parallelen vorliegen, beschränkt sich die Möglichkeit ihres Nachweises auf bildliche Darstellungen. Diese zeigen Vor- und Backstag sowie bis zu drei Wanten, geben jedoch kein nachvollziehbares System in ihrer Anordnung oder jeweiligen Anzahl zu erkennen. Aufgrund der überaus stabil anmutenden Mastverankerung mittels Kielschwein und Mastfisch auf skandinavischen Schiffen ist immer wieder vermutet worden, daß auf einigen dieser Schiffe der Mast ohne zusätzliche Sicherung durch Leinen frei stand (Brøgger & Shetelig ²1971, 93/4). Diese Vorstellung gründet sich darauf, daß neuzeitliche Lotsenboote aus dem Gebiet von Hvaler mit Spritsegel, Fock und Klüver ohne stehendes Gut ausgestattet waren (Diriks 1863, 317-24). Durch einen Vergleich der unterschiedlichen Verbindungsarten zwischen Rumpf und Mast gelangt Roberts (1990) zu dem Ergebnis, daß die Verwendung eines Kielschweins [...] *would seem to indicate traditional rather than deliberate design* [...] (a.a.O., 123), also quasi als typologisches Relikt aus einem Stadium des freistehenden, aus einem noch belaubten Baum entwickelten Mastes aufzufassen sei. Dieses Urteil ist angesichts der durchaus differenzierenden Verwendungsweise auf hohen, hochseefähigen Schiffen ohne Deck wenig überzeugend. Hier wurde der Mast nur an zwei ca. einen Meter auseinanderliegenden Punkten durch Teile des Rumpfes gestützt. Schiffe mit einfacher Mastspur in Laschen oder Spanten waren entweder sehr viel kleiner – mit entsprechend geringerer Segelfläche – oder aber so hoch, daß der Druck des Mastes an drei Punkten oder durch ein Deck aufgenommen wurde. Es ist durchaus denkbar, daß eine einfache Mastspur im großen Schiff von Skuldelev unter dem seitlichen Druck des Mastes splittern würde. Diese Frage ist jedoch erst dann zu beantworten, wenn die Segelfläche, und damit der auf dem Mastfuß ruhende Druck, festzustellen ist. Anhand der Bildquellen ist jedoch die Verwendung von stehendem Gut hinreichend belegt, auch wenn die Wanten anscheinend in der Regel nicht direkt querab zum Mast, sondern nach achtern versetzt am Rumpf angebracht waren. Die Existenz von Booten, die nur mit Teilen des stehenden Gutes oder völlig ohne getakelt sind, ist hierdurch nicht widerlegt, doch auf archäologischem Weg läßt sich ihr Nachweis nicht erbringen.

Die *Segeleigenschaften* dieser Schiffe sind vor dem Hintergrund der fragmentarischen Quellenlage nur in groben Zügen zu beurteilen, doch da gerade das Verhalten eines Schiffes unter Segeln eine in ihrer Bedeutung kaum zu überschätzende Determinante der Küsten- und Hochseeschiffahrt dieser Zeit darstellt, soll hier eine Wertung gewagt werden. Segeleigenschaften setzen sich nach der heutigen Sichtweise aus dem aerodynamischen Verhalten des Segels und dem hydrodynamischen Widerstand des Rumpfes zusammen und lassen sich nach festgelegten Formeln errechnen bzw. aus im Windkanal oder anderen Simulatoren gewonnenen Werten übertragen.[53] Die Grundlage für die hier vorgebrachte Darstellung bilden die Probefahrten mit den oben vorgestellten Nachbauten von wikingerzeitlichen Schiffen, da für Schiffe mit nur einem Rahsegel meines Wissens keine speziell auf diese Problematik abgestimmten Untersuchungen in technischen Simulationsversuchen vorliegen.[54] Die großen Unsicherheiten, die alleine schon dadurch entstehen, daß Größe, Form und Material des Segels – und somit auch dessen Querschnitt – unbekannt sind, warnen vor dem Versuch einer allzu genauen Berechnung der einzelnen Komponenten wie kleinstmöglicher Anstellwinkel zum Wind und Geschwindigkeit.[55] Ein gewisses Maß an Kursstabilität wird durch die Verwendung eines Kiels erreicht, der den »Griff« des Boots ans Wasser erhöht, doch das allein erklärt das Segelverhalten eines Schiffes nicht. Aus den detaillierten Aufzeichnungen der Probefahrten des

---

53 Vgl. hierzu Marchaij 1971, besonders S. 15-123 und Anhang A.
54 Auch die von Håsum (1974, 61-73) verwendeten Versuche im Windkanal, auf denen ihre negative Beurteilung der Segeleigenschaften der wikingerzeitlichen Schiffe nicht unwesentlich beruht, sind mit einer modern getakelten Yacht unternommen worden (vgl. Marchaij 1971, 40-3, Vimmer 1980, 279-85).
55 Vgl. hierzu die unterschiedlichen Berechnungen für das Gokstadschiff Abb. 70.

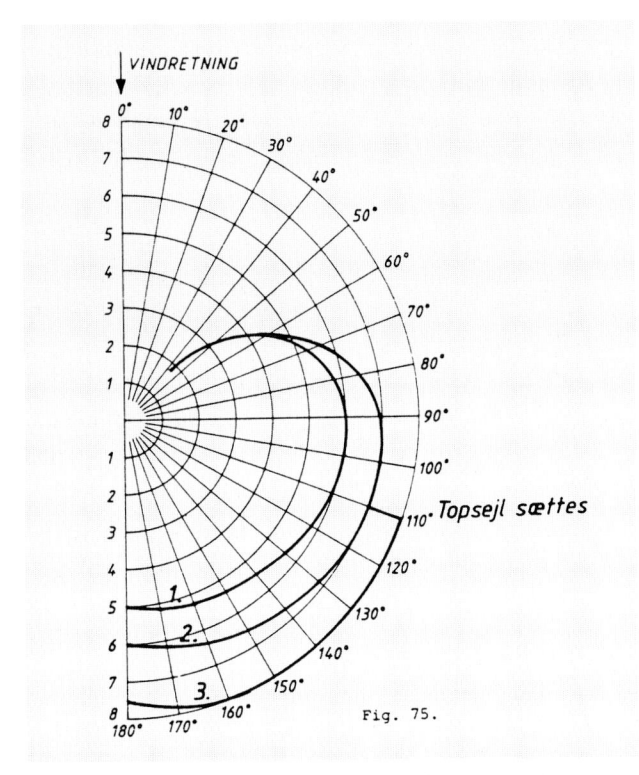

Abb. 69 Die Geschwindigkeit des Nordlandbootes RANA *in Knoten bei unterschiedlichen Kursen: 1. 4–5 m/s, 2. 6–8 m/s, 3. 8–10 m/s.*

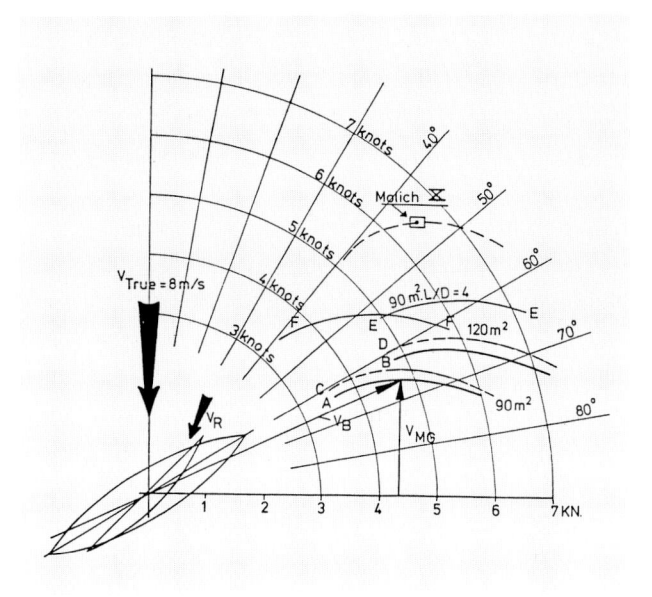

Abb. 70 Die errechneten unterschiedlichen Segeleigenschaften des Gokstadschiffes bei 8 m/s: A Segelfläche 90 m², nach Rumpfeigenschaften wie von Håsum 1974 vorausgesetzt; B Segelfläche 120 m², sonst wie A; C wie A, aber Kieleffizienz um 20% erhöht; D Segelfläche 120 m², Rumpfeigenschaften wie C; E 90 m² Segelfläche, die höher als breiter ist, Rumpfeigenschaften wie A; F Takelage wie A, aber Kieleffizienz ins Unendliche gesteigert.

Nordlandbootes vom neueren Typ, RANA, (Vimmer 1980) und des Nachbaus von Skuldelev 3, ROAR EGE, (Andersen 1986) geht hervor, daß Rahsegler bis zu einem Winkel von ca. 55° an den Wind heran können, ohne so viel Geschwindigkeit zu verlieren, daß der Raumgewinn nicht mehr in zurückgelegte Strecke umgesetzt werden kann (Abb. 69). Dies ist verglichen mit den bei heutigen Rennyachten üblichen 20-30° nicht sehr nahe, doch dafür entwickeln die Probeschiffe bei achterlichem Wind eine sehr viel höhere Geschwindigkeit als vergleichbare Boote mit Vor- und Backtakelung. Beide Boote können ohne Probleme kreuzen, auch ohne das Segel, wie auf den Färöern üblich (Gøthche 1985, 72), herunter zu fieren. Das Segel steht bei diesem Manöver eine geraume Zeit back (Abb. 26,c), so daß ein Rückwärtsschub entsteht, was jedoch auch bei starkem Wind keine Unordnung in der Takelage verursacht. Die Schläge, d.h. die Strecke zwischen zwei Wenden, sind aufgrund der geringen Möglichkeit, hoch am Wind zu fahren, relativ lang und das Kreuzen somit langwierig, obwohl beide Boote auch auf leichte Brisen reagieren. Eine weitere Komponente der Kreuzeigenschaft stellt die Abdrift[56] dar, die, wie oben genannte Untersuchungen zeigen, nicht unbeträchtlich ist. Diese geringe Kursstabilität wirkt sich jedoch nur bei halbem und am Wind Kursen negativ aus. Bei den flachbodigen niederländischen Frachtbooten, das bekannteste Beispiel ist die Tjalk, sind seit dem 16. Jahrhundert auf Gemälden an jeder Seite mittschiffs oder achterlich davon ein Schwert belegt (Menzel 1986, 63-8). Diese Schwerter waren um ihre Längsachse schwenkbar und wurden bei halbem oder am Wind Kursen jeweils an der Leeseite der Bordwand herabgelassen, um so dem Schiff mehr Kursstabilität zu verleihen. Das andere Schwert wurde, wie beide auf Kursen bei achterlichem Wind, aus dem Wasser gezogen, um durch Widerstand entstehendem Bremseffekt zu entgehen. Der Ursprung dieser Einrichtung ist unbekannt[57], und auch archäologisch ist sie nicht nach-

---

56 Unabhängig von der evtl. vorhandenen Strömungsrichtung durch Seitenwind auftretender Leeweg eines Segelschiffes; die Abdrift wird als Winkel zwischen den beiden Linien des gesteuerten und des tatsächlich gefahrenen Kurses ausgedrückt.
57 Doran (1967, 47-51) nimmt an, daß Seitenschwerter im Laufe des 16. Jahrhunderts von niederländischen Seeleuten aus China eingeführt wurden, räumt aber selber ein, daß diese Interpretation zum großen Teil auf einen Schluß e silentio beruht.

gewiesen. Die Wirksamkeit einer solchen Einrichtung dokumentiert sich aber deutlich bei den Balsa-Flößen aus Nordperu, wo eine Reihe solcher durch den Boden gesteckter Schwerter nicht nur die Benutzung eines Segels, sondern sogar das Kreuzen erlauben, indem sie je nach gewünschtem Kurs mehr oder weniger tief ins Wasser ragen (Eisleben 1984, 235). In diesem Zusammenhang ist die Frage von Interesse, wie das seitlich angebrachte Ruder sich auf das Verhalten des Schiffes unter Segeln auswirkt. Einerseits kann es nicht wie ein Seitenschwert benutzt worden sein – es ist nur an einer Seite vorhanden –, aber andererseits stellt es auch einen nicht unbedeutenden Widerstand dar, der gleichzeitig durchaus stabilisierend wirken kann. Das zeigt sich bei den Kähnen vom Steinhuder Meer (Ellmers 1979a, 4/5. 9. 13), die über zwei Sprietsegel verfügen und deren spatenförmiges Ruder durchaus den oben beschriebenen Exemplaren von Antwerpen und solchen auf karolingischen Münzbildern vergleichbar sind. Diese »Firrer« genannte Einrichtung läßt sich nicht drehen, sondern steuert das Boot durch das Heben und Senken des Ruders, indem die Erhöhung des Lateralwiderstandes des Unterwasserschiffes das Boot in den Wind dreht bzw. die Verringerung dieses Widerstandes den Leeweg vergrößert, während eine nach der Windstärke ausgerichtete mittlere Position den Kurs stabilisiert. Eine solche Funktion ist nur bei Segelbooten möglich, bei denen der Segelschwerpunkt[58] achterlicher als mittschiffs liegt. Andersen (1986, 209) vertritt die Auffassung, daß die Ruder der Schiffe nordischer Bautradition allein dem Zweck der Kursänderung dienen. Diese Interpretation ist in Bezug auf Schiffe mit einem ausgeprägten Kiel und einer zu den Seiten hin beweglichen Rudereinrichtung sicherlich richtig, doch rechnet Ellmers (1979a, 13) mit der Möglichkeit, daß eine dem »Firrer« vergleichbare Einrichtung auch auf einigen Stadtsiegeln des 13. Jahrhunderts[59] mit frühen Koggentypen sowie den sog. Haithabumünzen dargestellt ist. Letztere zeigen jedoch das Ruder nie in seiner vollen Länge, so daß ihre Ansprache zweifelhaft bleiben muß. Auch die Interpretation der Rudereinrichtung der Koggen als »Firrer« muß letztlich unbewiesen bleiben, da entsprechende Funde fehlen – doch hier scheint sie eine nicht geringe Wahrscheinlichkeit aufzuweisen, da Koggen ursprünglich keinen Kiel besaßen, um den Kurs zu stabilisieren. Auch aus den Quellen des 13. und 14. Jahrhunderts sind

für Rahsegler keine weiteren Informationen zu gewinnen (Heinsius ²1986, 151-70), so daß die Lücke zwischen den wikingerzeitlichen/mittelalterlichen Schiffen und den neuzeitlichen Rahseglern nicht geschlossen werden kann.

Der chronologischen und auch der anzunehmenden chorologischen Differenziertheit des Materials wird eine Darstellung wie die voranstehende nicht gerecht. Besonders die Verbindung der an einzelnen Befunden gewonnenen Erkenntnisse mit anderen Befunden stößt auf meiner Ansicht nach beim heutigen Forschungsstand unüberwindbare methodische Schwierigkeiten, da keine hinreichenden Daten über die Auswirkung des Fehlens bzw. der Verwendung eines bestimmten Elementes vorliegen.

3. Manöver auf See

Die Handhabung der Schiffe auf See läßt sich nur aus schriftlichen und einigen wenigen bildlichen Quellen erschließen. Doch auch hier sind die Aussagen so spärlich, daß ihre Allgemeingültigkeit mit einem Fragezeichen versehen werden muß. So schildern die Schriftquellen lediglich Ausnahme- oder Krisensituationen, um den Protagonisten im rechten Licht zu zeigen oder die Handlung voranzutreiben, während die Darstellungen von Schiffen auf Fahrt in der Regel auf die Personen und ihre Handlungen konzentriert sind (vgl. Kap. 1). Die Bodenfunde liefern naturgemäß keine Informationen über die Manöver auf See, auch wenn Almgren (1962) die Angriffstaktik der wikingischen Kriegsschiffe plausibel rekonstruieren kann: Die Mannschaftsschiffe waren aufgrund ihrer Bauweise fähig, an jedem Strand direkt, d.h. ohne die Inanspruchnahme von Hafenbauten oder Beibooten, zu landen, einen plötzlichen Angriff auf lohnende Ziele durchzuführen und wieder in See zu stechen, bevor sich die Verteidigung formieren konnte.

Die Schriftquellen legen nahe, daß bis in das 13. Jahrhundert auch große Schiffe eher in Sichtweite der Küste navigierten als die kürzeste Strecke zu benutzen, wenn

---

58 D.h. der Punkt, an dem die Windkraft gebündelt ist; je nach Art der Takelung an unterschiedlichen Stellen festzulegen.
59 Er bezieht sich auf die drei Siegel aus Lübeck von 1226, 1256 und 1280 sowie auf die von Neustadt bei Lübeck und Niewport.

diese keine Landsicht erlaubte (Crumlin-Pedersen 1986, Karte S. 114). Dieses ist bei der Überquerung des Atlantiks nicht immer durchführbar (Schnall 1975, Abb. 12), doch auch hier war man bestrebt, diese Strecke durch das »Inselspringen« so kurz wie möglich zu halten. Die Fahrtdauer läßt sich nur ungefähr abschätzen, da die genannte Anzahl von Fahrttagen keinen Aufschluß darüber enthält, ob mit »Tag« die Zeit, in der die Sonne scheint, oder die Dauer von 24 Stunden gemeint ist (Ellmers 1972, 248). Die bekannten Fahrtzeiten geben aller Wahrscheinlichkeit nach den unteren Bereich der als durchschnittlich betrachtete Reisezeit wieder, die jedoch sowohl nach Bootstyp und äußeren Bedingungen als auch nach Fähigkeit von Steuermann und Mannschaft stark differiert haben dürfte.

Auch vor der Einführung des Segels wurden Fahrten über das offene Meer durchgeführt – als Beispiele seien die Besiedlung der Orkneys und Shetlands[60] im Neolithikum oder die Verbindung zwischen Nordjütland und Norwegen in der vorrömischen Eisenzeit angeführt –, die nicht als zufällige Kontakte interpretiert werden können. Im 6. Jahrhundert berichtet Prokopius (Historia VIII [Gotenkriege], XX, 49-55) in Zusammenhang mit der mystischen Überfahrt der Toten in das Reich der Seligen, daß die Friesen ausschließlich Ruderboote – den archäologischen Funden nach zu urteilen, mit Keipen versehen – benutzten und auf diesen auch die Nacht verbrachten. Es ist also davon auszugehen, daß die Wanderung der Angeln und Sachsen auf solchen Booten erfolgte und auch die Wikinger auf ihren Zügen das Segel noch als Ergänzung zum Rudern und nicht umgekehrt betrachteten. Eine Übernachtung an Bord wird man zwar auf reinen Ruderbooten wenn möglich vermieden haben, da zumindest ein Teil der Riemen ständig besetzt sein mußte, um das Boot manövrierfähig zu halten, doch schließt das keinesfalls das Fehlen von regelmäßigen Nachtfahrten aus.

Die ersten Anzeichen, daß das Segel zum Hauptantriebsmittel avancierte, sind bei den Booten 1 und 3 von Skuldelev zu finden, die in der Mittschiffssektion nachweislich keine Rojepforten besaßen.[61] Etwa zur gleichen Zeit wurden die Färöer und Island besiedelt, die von Norwegen aus nur nach einer Fahrt von ungefähr vier Tagen bei nur zwei Landemöglichkeiten zu erreichen waren. Doch auch Fahrten von bis zu zwei Monaten Länge sind bezeugt. Sagatexte und Rechtsquellen zeigen, daß alle an Bord befindlichen Leute die anfallende Arbeit, Bedienung der Segel, Ausschöpfen des Bilgewassers, Zubereitung und Verteilung der Nahrung sowie in Küstennähe Ausschau und Loten, in festgelegtem Turnus verrichteten (Krieger 1987, 255/6). Die Navigation erfolgte erst seit dem 13. Jahrhundert mit dem Kompaß (Schnall 1975, 181) und richtete sich vorher an eher unsicheren Land- und Strömungsverhältnissen und anderen naturräumlichen Besonderheiten aus. Die Hinweise auf fehlerhafte Navigation und hierdurch bedingte Havarie sind dementsprechend häufig (ebd.).

Die Segelmanöver auf hoher See sind nicht belegt: Zwar wird auf dem Teppich von Bayeux die Überquerung des Ärmelkanals dargestellt, doch befinden sich die Schiffe anscheinend immer in Landnähe. Die Bündelung des Unterlieks, die auch auf mittelalterlichen Handschriftillustrationen zu beobachten ist, scheint nicht die übliche Segelstellung während der Fahrt wiederzugeben. Diese dürfte eher entsprechend der Windrichtung und mit geradem Unterliek ausgerichtet gewesen sein. In einem isländischen Reiseboot, das mit 11 Leuten und mehreren Kisten überladen war, hatte sich der Steuermann die Brassen ausnahmsweise um die Schultern gelegt (Thule Bd. 6, 59; ÍF 5 [Laxdœla s.] Kap. 18), doch ob und wo sie üblicherweise befestigt waren, entzieht sich unserer Kenntnis. Die Fahrten mit dem Nordlandboot RANA zeigten, daß das Schiff nur bis zu einer begrenzten Windstärke eine Stagwende, d.h. direkt von einem am Wind Kurs aus in den Wind schießen und wenden, durchführen konnte, während eine sog. Q-Wende, d.h. erst Abfallen auf einen Kurs auf halbem Wind und dann wenden, bei stärkerem Wind und auch sicherer gefahren werden konnte (Vimmer 1980, 247) (Abb. 26). Auf den Färöern war es für Rahsegler üblich, das Segel vor dem Wenden abzufieren, das Boot durch den Wind zu rudern und es dann wieder zu heißen (Gøthche 1985, 72). Dies läßt genausowenig wie andere ethnologische Quellen auf die tatsächliche Handhabung des Segels schließen, vermittelt jedoch einen Eindruck davon, warum in den Sagas so oft auf »Fahrtwind« gewartet wurde: Obwohl die wikingerzeitli-

---

60 Beide Inselgruppen sind jedoch von Schottland mit Sichtkontakt zu erreichen und erfordern keine freie Navigation.
61 Bei dem als Handelsschiff klassifizierten Schiff von Äskekärr fehlen die entsprechenden Partien.

chen und mittelalterlichen Schiffe technisch in der Lage waren zu wenden, stellt dieses doch ein Manöver dar, das nach Möglichkeit vermieden wurde. Zum einen braucht man für die sicherere Q-Wende noch mehr Raum als für die Stagwende, und zum anderen wird die Abdrift größer, je näher man am Wind fährt, was ein noch unsichereres Navigieren zur Folge hat, als es bereits unter günstigen Bedingungen der Fall war. Segeln unter solchen Konditionen ist ungeachtet der technischen Möglichkeiten schlicht zeitraubender, arbeitsintensiver und gefährlicher als Kurse auf achterlichem oder zur Not halbem Wind.

Einen interessanten Hinweis bezüglich der Befehlsgewalt auf wikingerzeitlichen Schiffen liefern einige gotländische Bildsteine (Abb. 46,b), wo hinter dem Rudergänger eine weitere Person dargestellt ist. Sie sitzt manchmal auf einem Podest und, dem Gestus nach zu urteilen, gibt sie die Anweisungen für Manöver, nicht der Rudergänger. Auf dem Teppich von Bayeux ist der Befehlshaber deutlich mit dem Rudergänger identisch, doch läßt das Zeugnis der Bildsteine die Frage nach der tatsächlichen Aufgabe der »stýrimenn« stellen, welche auf Runensteinen der jüngeren Wikingerzeit auftauchen und mit »Steuermann« übersetzt werden (Ruprecht 1958, 72-4).

In welchem Umfang *Anker* auf See Verwendung fanden, läßt sich nur schwer abschätzen. In Schriftquellen wird er nur als letzter Schutz vor dem Stranden ausgebracht (Thule Bd. 19, 158; ÍF 34 [Orkneyinga s.] Kap. 87), während das Ankern in der Nähe des Landes außerhalb der Reichweite eines Naturhafens beispielsweise zum Übernachten nicht belegt ist. Eine ähnliche Verwendung ist wahrscheinlich auch für die Zeit vor 1200 anzunehmen. Der Nachweis von über das fahrende Schiff gespannte Zelten – was nach der Atlantiküberquerung von Magnus Andersen mit einem Nachbau des Gokstadschiffes 1893 in den Darstellungen von Wikingerschiffen Eingang gefunden hat (vgl. Christensen 1986, Fig. 8) – läßt sich nicht erbringen.

IV. Das tägliche Leben der Mannschaft

Stand im vorangegangenen Kapitel das Boot mit seinem Zubehör im Mittelpunkt des Interesses, so soll nun versucht werden, den Belangen der Mannschaft näherzukommen. Fragen nach der internen Organisation der Besatzung, wie sie sich in den mittelalterlichen Handels- und Seefahrtsrechten dokumentieren (vgl. Krieger 1987), stellen dabei einen Aspekt dar, der mit archäologischen Mitteln nicht zu erfassen ist und daher nur am Rande zur Sprache kommen kann.[1] Das Hauptinteresse liegt im Bereich der Ernährung und des Wohnens: Hierbei ist beispielsweise an Proviant und Wasser für die Fahrt zu denken, deren Aufbewahrungs- und Zubereitungsbehälter in den Bodenfunden erhalten sein können, an Zelte und andere Unterkünfte, die die Mannschaft während der Fahrt an Bord oder an Land benutzten, sowie an persönliche Gegenstände der Besatzung, die möglicherweise in einer Art Seekiste verstaut waren. Dem Inventar der Mannschaftsausrüstung ist in der Forschung bisher kein allzu lebhaftes Interesse zuteil geworden. Lediglich Falk (1912) versucht, die in den nordischen Schriftquellen genannten Gegenstände und ihre Handhabung systematisch zu erfassen. Im übrigen wurde das Inventar der besonders reichen Bootgräber von Oseberg und Gokstad als Beispiel für denkbare Gegenstände herangezogen, ohne diese jedoch einer methodischen Überprüfung zu unterziehen.

Aus dem heute trockenen Teil des IJsselmeers ist das Wrack eines kleinen, um 1890 gesunkenen Frachters, der LUTINA, bekannt, aus dem neben der Ladung und der Ausrüstung für den Betrieb des Schiffes auch umfangreiches Material an Haushaltsgerätschaft, wie Möbel, Werkzeug, Lampen, Geschirr usw., aber auch Tabakpfeifen, Kleidung und Toilettgeräte zutage kam (Zwiers & Vlierman 1988, 29-54). Diese Vielfalt ist darauf zurückzuführen, daß das Schiff über eine Kajüte und ein durchgehendes Deck verfügte, so daß die Gegenstände nicht bereits beim Sinken des Schiffes verlorengingen, und auf den einmaligen (aus archäologischer Sicht) Glücksfall, daß sich ein Besatzungsmitglied beim Untergang so im Mast verhakte, daß er bei der Grabung vollständig bekleidet angetroffen wurde. Solche Fundumstände sind bei den offenen Schiffen der Zeit vor 1200 ausgeschlossen, selbst wenn es sich um ein im Sturm gesunkenes Schiff handelt, das nicht systematisch ausgeräumt werden konnte. Persönliche Gegenstände der Seeleute verschließen sich somit einer Ansprache, doch gewährt der Fund von Schuhwerk, neun Spielsteinen und einem Würfel im Rumpf der spätmittelalterlichen Kogge von Kollerup (Kohrtz Andersen 1983, 16) einen kleinen Einblick in das Spektrum möglicher Gegenstände. Auch Fundplätze wie Dragør, ein ähnlich dem auf der anderen Seite des Öresundes gelegenen Schonenmarkt saisonal genutztes Fischerlager, zeigen, welche Dinge die dort versammelten Fischer und Händler mit sich brachten (Liebgott 1979b, 60-144): In den fünf Schichten von der Mitte des 14. Jahrhunderts bis in die 20er Jahre des 17. Jahrhunderts fand sich neben einer großen Variation an Keramik eine Vielzahl an Hausgerätschaft, persönlicher Ausrüstung, Waffen und Reitzeug sowie in geringerem Maße Werkzeug und Fischereigerät. In Hinblick auf die unten diskutierten archäologischen Funde sei besonders darauf hingewiesen, daß hier Feuerstahle, Wetz- und Schleifsteine, Mahlsteine, Spinnwirtel und Zeltgewichte angetroffen wurden. Ungefähr zur selben Zeit war auch der saisonale Handelsplatz Gautavík, Westisland, in Gebrauch. Untersuchungen zeigen, daß hier im späten 15. Jahrhundert 9-10 kleine Häuser, die alle keine Feuerstellen aufweisen und daher nicht reinen Wohnzwecken dienten, sowie später ein Bootsschuppen gebaut und bis ins 17. Jahrhundert aufgesucht wurden (Capelle 1982, 39-42. 60-8). An Funden kamen hauptsächlich Keramik, die zu dieser Zeit auf Island nicht hergestellt wurde, sowie wenige Metallobjekte in Form von Nieten und Nägeln aus Eisen, einige eiserne Angelhaken sowie Reste eines Bronzegrapen zutage (a.a.O. 69-83). Bei der Keramik, von der nur die aus dem Boots-

---

1 Lediglich die Vorstellung, daß Fernhändler vor dem Aufkommen der Hanse gleichzeitig auch Seeleute und mit ihren Waren selber unterwegs waren, wird in dieser Arbeit von der auf der Interpretation von See- und Kaufmannsrechten basierenden Konzeption übernommen; vgl. hierzu Ellmers 1972, 16-9. 24. 29; Dollinger ³1981, 17-34; Krieger 1987.

schuppen und dem angrenzenden Uferbereich bearbeitet ist, handelt es sich bis auf wenige Ausnahmen um Grapen des 16. Jahrhunderts, d.h. um übliches Haushaltsgeschirr. In Anbetracht des geringen Fundspektrums scheint eine Interpretation der Keramik allein als Handelsware wenig wahrscheinlich – vielmehr dürfte es sich zumindest teilweise um das Geschirr handeln, das die ausländischen Seeleute auf der Reise für den Eigenbedarf mit sich führten. Ein direkter Vergleich des Fundinventars solcher späten Plätze mit dem der im folgenden besprochenen scheint jedoch nicht sinnvoll, da ein Großteil der Unterschiede chronologisch bedingt sein dürfte. Dennoch zeigen all diese Funde, daß Keramik im Mittelalter zur üblichen Ausrüstung der Seeleute zu zählen ist. Diese Möglichkeit gilt es für die Zeit vor 1200 zu überprüfen.

Bereits bei der Behandlung der Ausrüstungsteile im engeren Sinne hat sich eine positive Zuweisung als zu einem Schiff gehörig in einigen Fällen als problematisch oder letztendlich unmöglich erwiesen. Im Bereich des täglichen Lebens der Mannschaft ist die Schwierigkeit ungleich größer: Hier ist am ehesten davon auszugehen, daß die Gegenstände nicht nach den Erfordernissen eines bestimmten Schiffes, sondern nach dem beabsichtigten Zweck der jeweiligen Reise ausgewählt wurden. Für kürzere Reisen, auch wenn sie auf einem großen Schiff unternommen wurden, war sicherlich keine umfangreiche Ausrüstung notwendig; außerdem dürfte diese sich nicht auf archäologischem Weg von den am Fundort gebräuchlichen Gegenständen unterscheiden. Aus diesem Grund sind Langstreckenfahrten zwischen zwei archäologisch abgrenzbaren Kulturkreisen sehr viel leichter zu erkennen, doch auch hier ist davon auszugehen, daß sich die an Bord benutzten Gegenstände des täglichen Lebens nicht in gravierendem Maße von den an Land für dieselben Zwecke benutzten Exemplare unterscheiden. Als Beispiel sei lediglich angeführt, daß es keinen speziellen Typ von Zelten oder Kesseln zum Kochen gegeben haben wird, die ausschließlich auf Schiffen Verwendung fanden. Gleichfalls weisen in den Bodenfunden einerseits die oben angeführten Gegenstände aus Fundorten mit und ohne maritimen Zusammenhang identische Formen auf[2], und andererseits müssen die Funde der Bootgräber von Vendel, Valsgärde (Lundström 1980a, b)[3] und Sutton Hoo aufgrund ihrer Qualität als Tischgeschirr klassifiziert werden. Aus diesem Grund kann es methodisch kein gangbarer Weg sein, allen in Zusammenhang mit Schiffen in Gräbern bzw. Mooren oder in Hafensiedlungen angetroffenen Hausrat ohne weitere Prüfung als Ausrüstungsteile zu klassifizieren.

Die einzige Möglichkeit, sich diesem Problem zu nähern, besteht meiner Ansicht nach in einem Vergleich des Fundmaterials aus den verschiedenen archäologischen Quellengruppen (vgl. Kap. I) unter besonderer Einbeziehung des jeweiligen Fundmilieus. So zeigt sich bei den Hafengrabungen, daß Siedlungsabfall ins Wasser geschüttet wurde und im Rahmen der Hafenausbauten des 12. und 13. Jahrhunderts, die zur Errichtung wirklicher Kaianlagen führten (s.u.), zur Aufschüttung der Holzkonstruktionen diente. Üblicherweise wird importierte Keramik als Handelsware bzw. Verpackung derselben aufgefaßt. Doch wurde auch versucht, das Vorkommen bestimmter selten in einem Kulturkreis auftauchender Keramiktypen durch ihre Verwendung als Verpackung von Proviant der Händler bzw. Seeleute zu interpretieren: So vertritt Hougen (1969a, 98) die Meinung, daß die Beschränkung der 2000 Keramikscherben von Kaupang auf das Gebiet dieser einen Siedlung, während das restliche Norwegen in der frühen Wikingerzeit praktisch keine Keramikfunde liefert, eine Interpretation als Handelsware ausschließt. Auch Steuer (1987, 138) faßt die rheinische Keramik im Nordeuropa der Wikingerzeit aufgrund ihrer nur punktuellen Verbreitung nicht als Ausdruck für einen Handel auf, [...] *sondern die Funde markieren eher als Zivilisationsbegleiter die Reisewege der Kaufleute* [...]. Hiervon nimmt er nur die Gefäße aus, in denen rheinischer Wein transportiert wurde, da die Quellenbasis für eine Unterscheidung zwischen verhandeltem Luxusgut und Proviantgefäß der Händler zu gering sei. Eine solche Konzeption zielt nicht primär auf die Gewinnung von Daten über Seeleute und Schiffahrt ab, sondern versucht, vorhandenes Importgut in seiner

---

2 So sind beispielsweise die Gefäße aus Nydam jünger als das Boot (Jankuhn 1979, 383), und auch die im Zusammenhang mit Bootgräbern häufig angetroffenen schmucklosen Eimer sowie Kessel finden sich ebenso in Gräbern ohne Boot (Petersen 1951, 369. 403).

3 Arwidsson (1977, 74) meint zwar, im Grab Valsgärde 7 einen »Wassereimer (?)« identifizieren zu können, doch sind hier lediglich zwei Ringe, die nicht einmal zwingend zusammengehören, für gebötcherte Gefäße vorhanden, was einer Interpretation als Schiffsausrüstung wenig Grundlage bietet.

Bedeutung für die soziale und ökonomische Struktur des Fundgebietes zu interpretieren.

Unter der Voraussetzung, daß Handel mit Luxusartikeln stets in irgendeiner Weise als »gelenkter Austausch«[4] zu verstehen ist, gewinnen Zentralorte als Plätze, an denen dieser Austausch stattfand, eine besondere Bedeutung in bezug auf die Schiffahrt in Nordeuropa. Der Großteil des Gütertransportes dürfte auf dem Wasserweg erfolgt sein, so daß von der Anwesenheit von Seeleuten, den Trägern des Handels, in diesen Siedlungen oder den dazugehörigen Landungsplätzen auszugehen ist. Eine Differenzierung zwischen einheimischen und fremden Seeleuten ist nicht möglich, da jeweils nur die nicht am Ort heimische Keramik als mögliche Ausrüstung in Betracht kommt. Doch läßt sich auf keine Weise feststellen, ob diese von Schiffen stammt, deren Besatzung sich in einem fremden Kulturkreis vor der Heimreise verproviantiert hat, oder ob die Seeleute tatsächlich von dort stammen. Daher bleibt die Erkenntnismöglichkeit auf Orte und Epochen mit direktem Handel zwischen zwei oder mehreren archäologisch unterscheidbaren kulturellen Milieus beschränkt und läßt auch den gleichzeitigen Nahhandel außer acht. Andererseits finden sich auch Hinweise an Orten, wo keine Handelstätigkeit stattgefunden hat. Aus Norwegen sind späteisenzeitliche Fundplätze in unmittelbarer Küsten- bzw. Fjordnähe bekannt, die als Lagerplätze für saisonalen Fischfang aufgefaßt werden (Magnus & Myhre 1976, 282-6) und deren Fundmaterial mit Sicherheit per Schiff dorthin gelangte. Auch in einigen Nausten, d.h. festen Schiffshäusern, ist Keramik angetroffen worden, wie auch selten in Verbindung mit Wracks. Diese Fundsituationen legen die Vermutung nahe, daß Keramik tatsächlich auf Schiffen Verwendung fand und nicht ausschließlich Handelsware darstellt. Der Aussagewert von Kleinfunden wie Keramik in Verbindung mit in offenem Wasser gesunkenen Schiffen ist im Hinblick auf Schiffsausrüstung jedoch gering, denn hier muß immer die Möglichkeit in Rechnung gestellt werden, daß die Gegenstände nachträglich eingeschwemmt wurden oder zur Ladung gehörten (vgl. Graveney [Nr. 6], Antwerpen [Nr. 11], Klåstad [Nr. 54], Charbrow [Nr. 78], Puck [Nr. 82]). Auf der anderen Seite sind nicht alle über See erreichbaren Plätze mit saisonaler Nutzung während der Eisenzeit automatisch als Anlegeplätze und somit als Quelle zur Schiffsausrüstung zu betrachten. Als Beispiel seien die eisenzeitlichen Muschelhaufen Südostjütlands angeführt: Abgesehen davon, daß sie in der Regel fundleer sind, sind alle auch über den Landweg zu erreichen und offenbar nur eine sehr kurze Zeit benutzt worden, so daß sie ausschließlich als Teil der bäuerlichen, landsässigen Wirtschaft zu interpretieren sind (Løkkegaard Poulsen 1978, 76/7).

Ein beträchtlicher Teil der Problematik von Landungsplätzen als Quelle für das Inventar von Schiffen liegt in der unzureichenden Publikation vieler Fundorte: So entzieht sich eine Reihe von sicheren Hafenorten, wie Skuldevig und Köpinge auf Öland[5], einer Untersuchung, weil die Funde lediglich summarisch aufgelistet sind. Keramik läßt sich auf diese Weise nicht als Schiffsausrüstung ansprechen, da die Möglichkeit zur Quantifizierung am Fundort und in seiner näheren Umgebung fehlt. Auch ist in einigen Fällen, wie bei Muschelgruß- und Ostseekeramik, die Herkunft nicht mit zufriedenstellender Sicherheit nachweisbar, so daß ihre Behandlung an dieser Stelle wenig sinnvoll ist. Ferner ist damit zu rechnen, daß es Landungsplätze gibt, deren Fundmaterial sich vollständig einer Ansprache als Schiffsausrüstung entzieht. Als Beispiel hierfür seien die Fundorte Paviken und Bandlundviken auf Gotland angeführt, wo jeweils eine Siedlung mit Handelstätigkeit und Schiffahrt nachgewiesen werden konnte, ohne daß sich ein einziger Gegenstand der Schiffsausrüstung zuweisen ließe. In der späten Wikingerzeit setzt nachweisbar der Handel mit Keramik ein,

---

[4] Vgl. hierzu Renfrew (1984a, 119-28; 1984b, 141-52) und Hodges (1982, 13-25; 1988, 20-5. 42-59), deren Terminologie in dieser Arbeit auch verwendet wird. Beide versuchen anhand der Verteilung der archäologischen Funde auf bestimmte, auf anthropologischem Weg definierte Formen des Austauschs zurückzuführen. In diesem Zusammenhang spielen Zentralorte als Stätten, an denen der Austausch stattfindet, eine Rolle. Die Kritik an einem solchen Forschungsansatz ist bei Rathje & Schiffer (1982) und Shanks & Tilley (1987) dargestellt und bezieht sich im wesentlichen darauf, daß kulturelle Prozesse nicht in ihrer Gesamtheit untersucht werden. Die Relevanz der von Renfrew und Hodges erarbeiteten Methodik als Gegenpol zur *historisch ausgerichteten Forschung* wird durch die Untersuchungen von Duby (1984) und Reuter (1985) über merowingischen und karolingischen Austausch deutlich: Einnahmen (auch in Form von Importgütern) durch Tribut, Beute und »Geschenkaustausch« stehen für die Oberschicht neben Einnahmen aus dem staatlich gelenkten Marktaustausch. Auch im hochmittelalterlichen Island ist Marktaustausch nicht in allen Bereichen als selbstverständlich vorauszusetzen. So werden selbst lebenswichtige Güter und Nahrung auf eine Weise verteilt, die dem »Geschenkaustausch« entspricht, und nicht frei verkauft bzw. zurückgehalten (Miller 1986).

[5] Bei einem Teil der im folgenden angesprochenen Fundorte sind die Befunde in Kap. V,1 näher beschrieben.

der im Mittelalter noch an Umfang zunimmt. Spätestens ab diesem Zeitpunkt wird der Nachweis von Keramik als Teil der Schiffsausrüstung unmöglich.

Eine sorgfältige Untersuchung des Fundmaterials von Hafenplätzen sollte also in Verbindung mit dem Material aus Bootgräbern sowie schriftlichen Quellen die Möglichkeit bieten, nicht nur die Verpackung von Proviant oder Kochgeschirr in Form von Keramik, sondern auch andere Gegenstände zu erkennen, deren Verwendung auf Schiffen wahrscheinlich gemacht werden kann. Moorfunde sind in diesem Zusammenhang als Quelle ungeeignet, da sie nicht als geschlossene Funde gelten können. Schriftliche Quellen sind in diesem Bereich besonders aussagekräftig, da sie einen unmittelbaren Zusammenhang zwischen dem einzelnen Gegenstand und einem Schiff dokumentieren. Doch muß in Betracht gezogen werden, daß die Ernährungsgewohnheiten zu Beginn des skandinavischen Mittelalters eine deutliche Veränderung erfuhren (Behre 1983, 185) und sie lediglich ein sehr spätes Stadium widerspiegeln.

Das Fundmaterial von Plätzen, die nachweisbar oder mit hoher Wahrscheinlichkeit Anlaufpunkte für die Schiffahrt darstellen, läßt folgende Aussagen zur Schiffsausrüstung zu: Über die Schiffahrt der *vorrömischen Eisenzeit* ist genauso wenig bekannt wie über die dazugehörigen Landungsplätze (s. Kap. V,1). Diese zeigen, wie beispielsweise Nørre Fjand (Hatt 1957, 249), keinerlei Besonderheiten in ihrem Fundmaterial, so daß hier nur der negative Schluß bleibt, daß weitere Fahrten nicht nachweisbar sind.

Im Laufe der *Kaiserzeit* ändert sich dieses Bild deutlich. Mit dem Vordringen der Römer in den nordwesteuropäischen Raum nimmt der nachweisbare Umfang an ausgetauschten Gütern in Nordeuropa deutlich zu. Die Hauptmasse der Funde stammt in Skandinavien aus Gräbern, während sie im Nordseebereich und in der unmittelbar an das Reichsgebiet angrenzenden Germania Libera in Siedlungen und Hortfunden angetroffen wurde. Hedeager (1987, 126) sieht darin den Ausdruck zweier Zonen, in denen dem römischen Import unterschiedliche Bedeutung zukommt. In Skandinavien spiegele sich das Bestreben einer Elite wider, über diesen Import ihren Status auszudrücken, während dies im grenznahen Gebiet (ca. 200 km vom Limes entfernt) nicht der Fall gewesen sei – hier sei das Importgut, meist Fibeln und Keramik, Ausdruck eines Austauschsystems mit beschränkter Geldwirtschaft.

Römische Keramik[6] findet sich in einer Reihe von Wurtensiedlungen entlang der deutschen und niederländischen Nordseeküste (Eggers 1951, Karte 8) und wird zum größten Teil der Zeit nach 150 zugewiesen, obwohl die ersten Stücke bereits am Ende der vorrömischen Eisenzeit auftauchen (Berke 1990, 76). Die Ems zeichnet sich als Grenzlinie zwischen einem westlichen Gebiet mit relativ umfangreichem Importgut ab, während östlich davon die Funde sehr viel spärlicher sind und in Siedlungen nie mehr als zwei bis drei Scherben auftauchen. Angesichts dieser Verteilung ist eine Identifikation als Ausrüstung nicht möglich, da zufällige Begebenheiten, wie Mitbringsel aus dem Römischen Reich oder Beute aus einem der Germaneneinfälle, nicht auszuschließen sind. Die Funde aus dem Grenzbereich sind hingegen so zahlreich, daß von einer Verwendung der Keramik in der jeweiligen Siedlung auszugehen ist. Der einzige Befund, der auf eine Zentrumsbildung in diesem Gebiet hinweist, stammt aus *Bentumersiel*, Gem. Jemgum, Kr. Leer (Brandt 1977a) (Abb. 71; 72). Hier wurde vor der ersten Hälfte des ersten nachchristlichen Jahrhunderts auf einem ein bis zwei Kilometer breiten Uferwall rechts der Ems inmitten einer dichten kaiserzeitlichen, wenn auch nicht unbedingt zeitgleichen Besiedlung mit rein agrarischem Charakter ein Platz angelegt, dessen Verwendungszweck sich durch sein Fundmaterial als ein Anlandeplatz römischer Waren zu erkennen gibt. Es handelt sich um eine dreiphasige Flachsiedlung mit mindestens einem bzw. zwei dreischiffigen Langhäusern pro Phase und verhältnismäßig vielen dazugehörigen kleineren Gebäuden, welche aber nicht wie bei den anderen Siedlungen dicht beieinander, sondern lose gestreut liegen. Zur ersten Phase gehören drei Wege, die die Hofanlagen mit zwei Prielen verbinden, über die die Siedlung von der Ems aus zu erreichen war. Die Siedlung war an fast allen Seiten von Wasserläufen umgeben, doch zeigt die Ems reine Süßwasserfauna, d.h. der Tidenhub kann nicht sehr hoch gewesen sein, und die Priele mögen daher nur bei Flut passierbar gewesen sein; im Laufe der Besiedlung wurden auch einige aufgeschüttet. Der Platz ist wahrscheinlich

---

[6] Fundnr. nach Eggers 1951: 936. 950. 954. 957. 964. 1031. 1119. 1124. 1126; ferner fast alle Funde aus den Niederlanden (Nr. 1136-1264a).

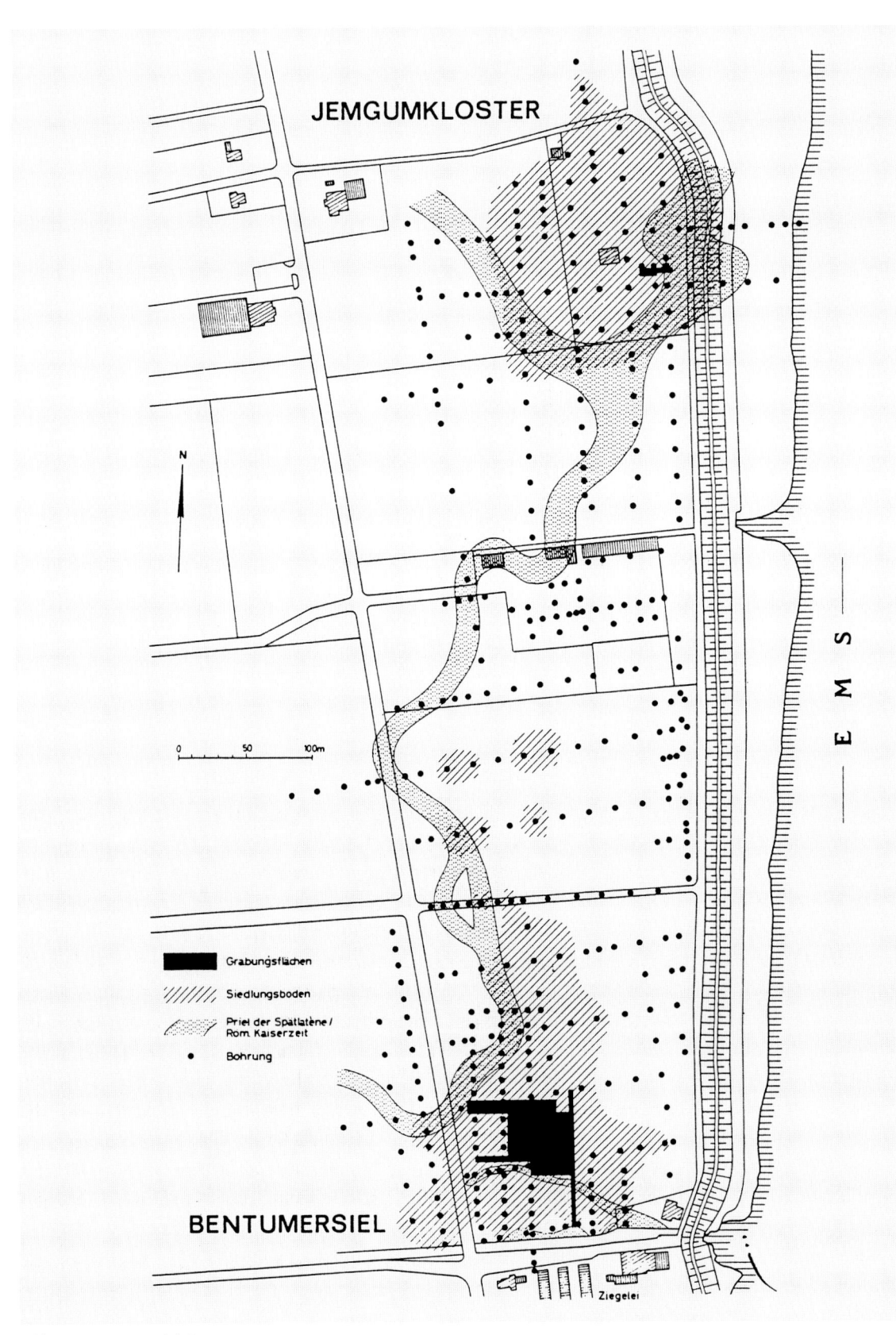

Abb. 71 Bentumersiel, Lage.

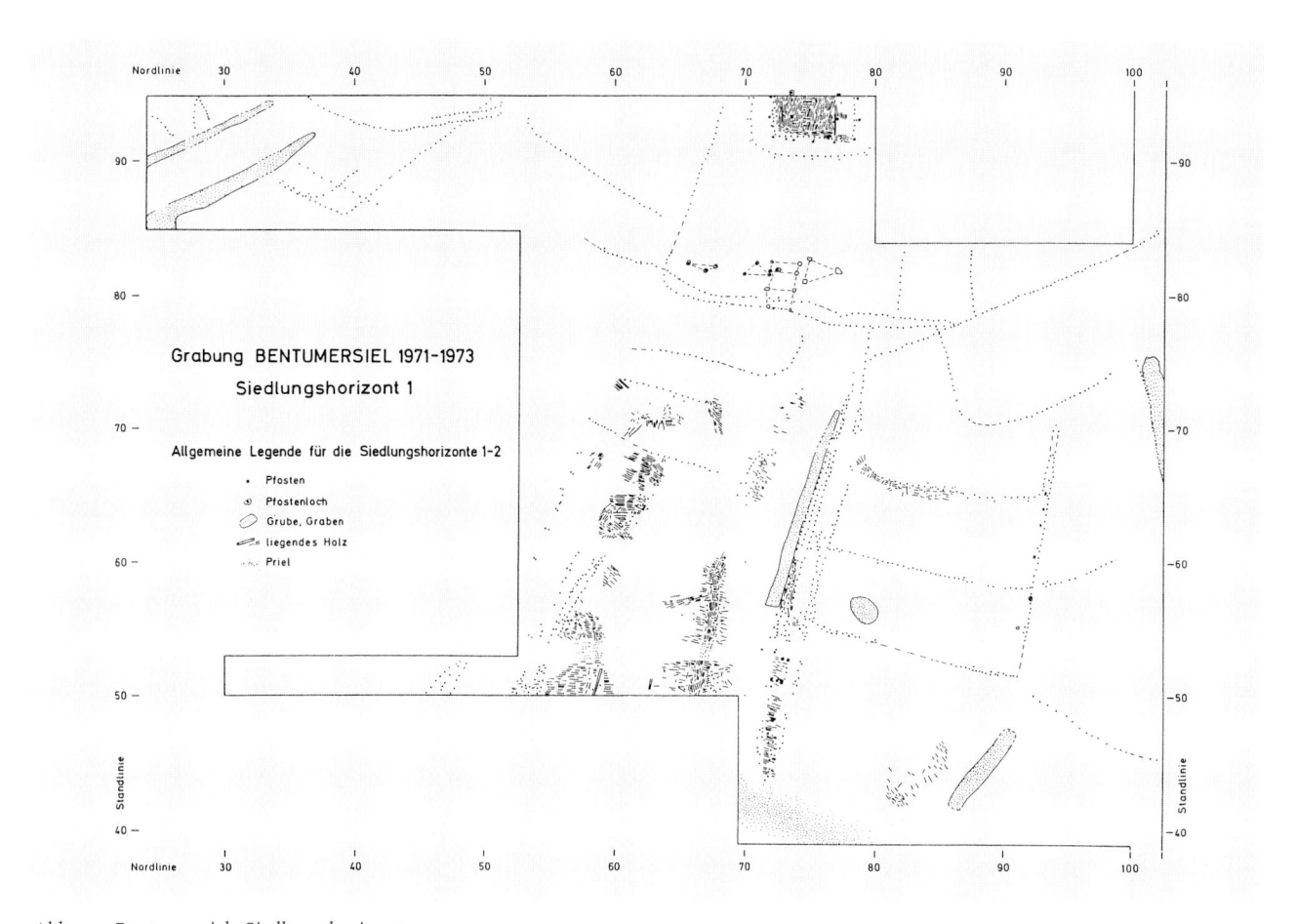

Abb. 72 Bentumersiel, Siedlungshorizonte 1–2.

kontinuierlich bis in das 4./5. Jahrhundert benutzt worden, und in allen drei Phasen kamen neben einheimischer Keramik römische Funde zutage. Diese umfassen Münzen, Teile der Militärausrüstung und Keramik, nur zum geringen Teil Terra Sigillata, und gliedern sich in zwei nicht zusammengehörende Gruppen (Ulbert 1977). Der größte Teil stammt aus der augusteisch-tiberischen Zeit und wird von Ulbert (1977, 44) mit einem möglichen römischen Militärstützpunkt in Verbindung gebracht. Die zweite Gruppe besteht bis auf ein unsicheres Plattenfragment aus 23 Stück Terra Sigillata, die im 2. und 3. Jahrhundert in Gallien und am Rhein hergestellt wurden. Ulbert (a.a.O., 42) sieht sie als Ausdruck *des römischen Imports in das freie Germanien* und stellt sie in eine Reihe mit den germanischen Siedlungen rechts der Ems. Tatsächlich scheint es sich eher um einen von den römischen Truppen genutzten Landungsplatz zu handeln, doch sein Fortbestehen in die jüngere Kaiserzeit hinein weist darauf hin, daß der Platz nach den Siedlungskriterien der Germanen ausgewählt wurde. Die wenige späte Keramik kann durchaus Teil von Schiffsausrüstung sein. In Skandinavien ist Fundgut römischer Provenienz deutlich auf bestimmte Gebiete konzentriert, was in der Forschung mit unterschiedlichen Handelswegen in Verbindung gebracht wird (vgl. Lund Hansen 1987, 17/8. Fig. 78. 79). Anhand der Verbreitungskarten stellt Lund Hansen (1987, 218-24) heraus, daß in der älteren Kaiserzeit der Kontinent wie auch Dänemark als Filter für die weiter nördlich liegenden Gebiete fungierten; die Verteilung spiegelt demnach innerskandinavische Austauschsysteme wider und läßt damit Reisen römischer Händler nach Skandinavien als wenig wahrscheinlich erscheinen.[7] Auch eine Vermittlung durch die Friesen lasse sich weder

[7] Die Gegenposition vertritt Kunow (1983, 49/50); für das Vordringen von Schiffen mediterraner Bauweise läßt sich nur einer der »Weser-Runenknochen« aus der jüngeren Kaiserzeit als Beleg heranziehen. Hier ist ein römisches Handelsschiff von einem Germanen dargestellt worden (Pieper 1989, 196/7), doch läßt sich hieraus nicht auf Fahrten römischer Schiffe nach Skandinavien schließen.

in der älteren noch in der jüngeren Kaiserzeit am Fundmaterial belegen, da in beiden Gebieten unterschiedliche Importtypen vertreten sind. Mit der jüngeren Kaiserzeit verlieren die oben genannten Gebiete ihre Filterfunktionen, doch dafür zeichnen sich einige Gebiete als Redistributionszentren innerhalb einer näheren Umgebung ab. Als Träger des Austausches kommen demnach nur Nordgermanen oder eben auch Friesen in Betracht: Aus den friesischen Terpen ist meines Wissens keine skandinavische Keramik bekannt geworden, doch in drei Siedlungen Dänemarks und Schwedens wurde Terra Sigillata angetroffen.[8] Die Möglichkeit, daß es sich um die Ausrüstung friesischer Schiffer handelt, ist angesichts des geringen Fundniederschlages nicht auszuschließen, doch keinesfalls als wahrscheinlich zu betrachten – nur eine Siedlung liegt an schiffbaren Gewässern, und Terra Sigillata ist in größerem Umfang aus Gräbern bekannt. Darüber hinaus dürfte diese Ware auch bei grenznahen Stämmen als Luxusgut zu klassifizieren sein. Die römische Keramik ist somit nur in der Lage, Landeplätze und Zentren des Austausches zu markieren. Die einzige mögliche Ausnahme in dieser negativen Bilanz stellt der Fundplatz von Lundeborg, direkt an der Ostküste Fünens gelegen, dar.[9] Der Ort wurde in der späten Kaiserzeit angelegt und offenbar bis in die Wikingerzeit hinein permanent genutzt. Zwar wurden hier reichlich Importe aus dem römischen Reich, darunter auch Keramik, angetroffen, doch hier erweist sich die einheimische Keramik als lohnendes Objekt: Die Untersuchung der kaiser- und völkerwanderungszeitlichen Keramik eines Quadranten[10] zeigt, daß das Material weder in typologischer noch in technischer Hinsicht zu differenzieren ist und aller Wahrscheinlichkeit nach am Ort hergestellt wurde. Auf zwei Scherben trifft dies jedoch nicht zu. Auch sie sind typologisch nicht von dem übrigen Material zu unterscheiden, doch läßt ihr technischer Aufbau eine Herkunft aus Östergötland vermuten. Die im Verhältnis zur Gesamtmasse geringe Zahl der untersuchten Keramik gestattet keine Verallgemeinerung auf den Gesamtkomplex, doch sollte die typengleiche, aber nicht aus der örtlichen Produktion stammende Keramik tatsächlich in so geringer Menge an diesem Landeplatz vertreten sein, ist ihre Interpretation als Schiffsausrüstung plausibel. Denn als Handelsware oder deren Verpackungsmaterial ist sie in größerer Menge anzunehmen, auch wenn eine Verbindung Lundeborgs mit Schweden bis dato nur über diese beiden Scherben belegt ist.

Für die *Völkerwanderungszeit* existieren bis auf die weiter unten angesprochenen Bootshäuser und saisonalen Fischerlager der jüngeren Eisenzeit keine Fundplätze, die in diesem Zusammenhang verwertbar sind. Erst mit dem späten 7. Jahrhundert tritt mit Dorestad wieder eine Siedlung in Erscheinung (vgl. Katalog Nr. 13), unter deren Fundmaterial, das bis um 850 datiert wird, auch Ausrüstungsteile von Schiffen zu vermuten sind. Die mindestens sechs Aufhängevorrichtungen für Kessel könnten als Ausrüstungsteile von Schiffen benutzt worden sein (ebd., 187). Die hier angetroffene Keramik weist jedoch das zu erwartende Spektrum rheinländischer Typen auf und muß als Siedlungsschutt betrachtet werden. Anders hingegen sind die wenigen Specksteinfunde, die im Bereich des Hafens zutage kamen, zu bewerten: Es handelt sich um zwei Gefäßrandstücke, ein Fragment eines tellerähnlichen Exemplares sowie ein umgearbeitetes Stück, dessen Funktion unbekannt ist, das aber einem Senkstein ähnelt (Kars & Wevers 1982, 172-6). Die Gefäßform entspricht den in Haithabu geläufigen Formen, und das Gestein dürfte aus Norwegen oder Südschweden stammen. Die geringe Zahl der Gefäße legt in Verbindung mit ihrer Häufigkeit und dem geringen Wert im Herkunftsbereich nahe, daß sie nicht über den Handel hierher gelangt sind. Hier ist vielmehr die Möglichkeit in Betracht zu ziehen, daß sie als Abfall von Schiffen über Bord geworfen wurden, die aus Skandinavien nach Dorestad kamen – eine Verbindung, die für diese Zeit gut bezeugt ist. Etwas früher, ca. Mitte 6. Jahrhundert bis um 700, ist der Fundplatz auf *Dalkey Island,* Co. Dublin, zu datieren. Hier wurde auf einer Insel etwa 400 m vor der Küste im Mündungsbereich des Liffey eine Siedlungsschicht angetroffen, in der Hodges (1988, 93/4) einen temporären Markt mit lokaler Bedeutung vermutet. Die Grabungsbefunde dieses mehrperiodigen Platzes sind für die hier interessierende Epoche wenig eindeutig (Liversage 1968, 59-64. 99-123. 165-8), doch lassen sich einige Kochgruben sowie die Überreste eines Hauses feststel-

---

8 Lundsgård, Åsum sn., Odense Amt; Känne, Burs sn., Gotland; Kronoborg, Hardeberga sn., Schonen; vgl. Lund Hansen 1987, 474.
9 Zu den Befunden und Literaturhinweisen s. S. 133ff.
10 Unpublizierte Magisterarbeit an der Universität Kopenhagen, erstellt von Ole Stilborg. Ihm sei an dieser Stelle herzlich für diese Information gedankt.

len.[11] Bedauerlicherweise blieben die einheimischen Funde unbearbeitet; an importierten Gegenständen fand sich neben wenigen Glasscherben auch eine größere Menge Keramik, bei der es sich um eine geringe Anzahl Amphoren mediterranen Ursprungs (class B) und eine größere Gruppe von Scherben von Haushaltsgefäßen (class E), wahrscheinlich aus Aquitanien, handelt. Die Amphoren können zum Transport von Wein benutzt worden sein, was ihre Verwendung als Schiffsausrüstung unwahrscheinlich macht. Das Auftauchen importierter Kochtöpfe und anderen Tafelgeschirrs in der Siedlungsschicht und den Kochgruben ist meiner Meinung nach anders zu bewerten: Zwar handelt es sich um den am häufigsten in Großbritannien vertretenen Importtyp dieser Zeit, der wie die andere Importkeramik in der Regel aus Siedlungen stammt (Laing 1975, 273). Doch ist aus der näheren Umgebung von Dalkey Island weder ein gleichzeitiger Adelssitz bekannt, noch ist für den Platz eine kontinuierliche Besiedlung größeren Umfangs nachgewiesen. Dies macht eine Weiterverwertung oder einen Gebrauch am Ort unwahrscheinlich – genauso wie die Überlegung, eine solche Menge ausschließlich als zu Bruch gegangene Handelsware zu betrachten. Die Class E-Importe müssen mindestens zum Teil als Niederschlag der Händler betrachtet werden, die diesen Markt vom europäischen Festland aus anfuhren.

Aus Skandinavien sind auch für die Völkerwanderungs- und Vendelzeit Zentren bekannt, die wie Dankirke bei Ribe, Eketorp und Helgö am Austausch teilnahmen, aber nicht unbedingt als Landungsplätze zu bezeichnen sind (s.u.). Diese Zentren heben sich von den übrigen Plätzen der Umgebung durch die Präsenz von Luxusartikeln und Münzen ab, ohne jedoch Hinweise auf Gebrauchswaren zu liefern.

Erst mit der *Wikingerzeit* tauchen auch in Skandinavien Funde der Schiffsausrüstung in Siedlungen auf. Aus dem 9. Jahrhundert stammen die Funde von *Kaupang* (vgl. Katalog Nr. 53), wo die Menge der gefundenen Scherben (ca. 2000, d.h. ca. 0,05 pro Jahr) nicht besonders groß ist. Hougen (1969a, 109-11) lehnt aufgrund der Typenzusammensetzung – es handelt sich um ein relativ breites Spektrum, wobei Kochtöpfe die Mehrheit ausmachen – sowie der Tatsache, daß Importkeramik weder im Gräberfeld von Kaupang noch an anderen Plätzen des 9. Jahrhunderts in Norwegen zutage kam, eine Interpretation als Handelsware oder Behälter dafür ab. Ihrer Meinung nach repräsentiert die Keramik [...] *seinen Besitzer und Benutzer, der selbst an den Gebrauch von Keramik gewöhnt war oder seine letzte Verproviantierung vor seiner Reise nach Norwegen an Stellen vorgenommen hatte, wo solche Gefäße im täglichen Gebrauch waren* [...] (a.a.O., 110).[12] Genau entgegengesetzt argumentiert Janssen (1987, 134), der aus der geringen Produktion an Keramik in Norwegen auf einen erhöhten Bedarf an Importen dieser Gegenstandsgruppe schließt. Hiermit ist ihre Beschränkung auf Kaupang allerdings genauso wenig erklärt wie die Frage, wie der »Bedarf« geschaffen wurde. Andererseits kamen auch ungefähr 220 Scherben von Glasgefäßen zutage (Hougen 1969b, 119), die gleichfalls ausschließlich in der Siedlung Verwendung fanden, aber auch im restlichen Norwegen in die Gräber gelangten. Die Typen waren zum Teil schon älter, als sie in den Boden kamen, und dienten möglicherweise als Rohmaterial zur heimischen Glasverarbeitung (Lundström 1976, 7). Eine Ansprache dieser Gläser als Schiffsausrüstung ist allein schon wegen des Materials auszuschließen, doch zeigt sich, daß die obige Interpretation der Keramik methodisch auf einer eher schwachen Basis fußt: Es ist durchaus vorstellbar, daß die Keramik als Verpackungsmaterial für eine Handelsware nach Kaupang eingeführt wurde, welche dort zwecks Weiterverarbeitung oder Portionierung aus dem Behälter herausgenommen wurde. Das Material aus *Haithabu* läßt keine Aussagen zur Schiffsausrüstung zu: Die Funde aus dem Hafen sind noch nicht ausreichend publiziert (vgl. Katalog Nr. 16) und die Importkeramik ohne erkennbare Konzentration über die Siedlung verteilt (Janssen 1987, 57). Trotzdem meint Janssen (a.a.O. 135), daß die 7% des Gesamtgewichtes der Keramik, die die rheinischen Importe ausmachen, [...] *in größeren zeitlichen Abständen als Alltags- und Gebrauchsgeschirr der Seeleute und Reisenden, die das nordwestliche Kontinentaleuropa besucht hatten, nach Haithabu gekommen* [...] *seien*. Hierbei läßt er jedoch unberücksichtigt, daß die Verwendung von Keramik weder in Haithabu noch in der näheren Umgebung unge-

---

11 Die Befunde sind in diesem Bereich relativ stark gestört; die Zuweisung aller Herdstellen in das 6-8. Jahrhundert ist wegen der hochmittelalterlichen Besiedlung genauso wenig wie bei den angetroffenen Gräben möglich.

12 Eigene Übersetzung von: [...] *sin eier og bruker, som selv var vant til å bruke leirkar eller hadde foretatt den siste provianteringen før sin Norgesreise på steder hvor slike kar var daglig bruk.*

wöhnlich ist und somit ihr Auftauchen sehr wohl als Handelsware bzw. Verpackungsmaterial interpretiert werden kann. In diesem Fall liegen die Fakten so, daß die Fundumstände gegen eine Verwendung als Schiffsausrüstung sprechen. Gleiches gilt für die Specksteingefäße, welche regellos über die Siedlung verteilt sind und zudem mit ungefähr 853 Exemplaren auch auf drei Jahrhunderte verteilt noch eine ansehnliche Anzahl ausmachen (Resi 1979, 132. 134). In *Birka* ist nur ein verschwindender Bruchteil des Siedlungsareals ergraben, wovon der Hauptteil im Hafenbereich liegt. Diese Grabung ergab eine Vielzahl von Funden, die sicherlich zum größten Teil, etwa der Schmuck, als Siedlungsabfall zu interpretieren sind und sich über 11 Schichten des 9. (Schicht 11) und 10. (Schichten 10-1) Jahrhunderts verteilen. Ein Vergleich zwischen Funden aus dem Hafen und der übrigen Siedlung oder auch nur eine Aussage über die Verteilung der einzelnen Gegenstände über die Siedlung ist somit ausgeschlossen. Von den ca. 10 700 Scherben aus der Hafengrabung (Ambrosiani u.a. 1973, 115-48) sind 77,9% der Gruppe A IV nach Sellinger zuzuweisen, d.h. heimischer Herkunft. Die zweitgrößte Gruppe (17,7%) besteht aus Ostseekeramik. Ca. 300 Scherben (3,7%) gehören zum Typ der sog. finnischen Keramik, deren Ursprungsort sich nicht feststellen läßt. Allein die ca. 100 Scherben westeuropäischer Keramik (0,9 %)[13] sowie zwei Scherben islamischer Keramik sind eindeutig als Fremdgut zu bestimmen. Da die westeuropäischen Keramiktypen gleichfalls in den Gräbern auftauchen (Arbman 1937, 96), können sie trotz ihrer geringen Anzahl nicht ausschließlich als Teile der Schiffsausrüstung betrachtet werden. Ein Haken aus Eisen mit unbekannter Funktion stellt den einzigen Hinweis auf die Verwendung von Kesseln dar (Ambrosiani u.a. 1971, 90/1), was angesichts der Tatsache, daß Eisenobjekte die größte Fundgruppe innerhalb der Hafengrabung ausmachen, erstaunlich ist. Auch aus den Gräbern sind keine Eisenkessel bekannt. Ferner wurden im Hafen zwei S-förmige, an beiden Enden mit Löchern versehene Gegenstände aus Knochen angetroffen, deren Ansprache als Blöcke der Takelage bereits erörtert wurde (s.o. S. 95); ihrer Verwendung als Seilspanner für ein Zelt steht nichts entgegen und ist aufgrund ihrer Feinheit sogar wahrscheinlich. Die formgleichen Seilspanner aus Bergen und Kaupang sind im Vergleich dazu stärker und größer, was auch für ähnliche Holz- und Knochengeräte aus den Wurten an der niederländischen und deutschen Nordseeküste gilt (s.u.). Ihre genaue Funktion muß letztlich ungeklärt bleiben. Auch die als ländliche Siedlung zu bezeichnende Warft vom Elisenhof (vgl. Katalog Nr. 15) ist aufgrund ihrer Lage an der Eidermündung, einem möglichen Weg nach Haithabu, als Zwischenstation für den Fernhandel denkbar. Hier fanden sich, über vier Schichten des 8. und 9. Jahrhunderts verteilt, insgesamt vier Scherben Badorfer und eine verlagerte Scherbe Pingsdorfer Keramik (Steuer 1979, 25). Ihre Interpretation muß jedoch wegen der Nähe zu Haithabu offenbleiben, da sie auch als Einzelteile von dort mitgebracht worden sein können oder möglicherweise von einem gestrandeten Schiff stammen. Die Funde aus dem Hafen und dem dazugehörigen Viertel von *Wollin* (vgl. Nr. 84) sind bis jetzt nur in Auszügen publiziert, doch wurden hier drei Bronzekessel, ein Haken zum Aufhängen eines Kessels, mehrere Specksteinfragmente sowie ein Haus, das möglicherweise von Händlern mit Verbindung nach Skandinavien benutzt wurde, gefunden. Die Bronzekessel stammen von unterschiedlichen Plätzen im Hafen und werden skandinavischer Herkunft zugeschrieben (Filipowiak 1955, 84). Die genaue Anzahl der Specksteingefäße läßt sich nicht feststellen, doch scheint es sich nur um wenige Stücke zu handeln (Filipowiak 1985, 133). Für etwa ein Viertel der Wetzsteine ist ein Ursprung aus Telemark anzunehmen, während für die restlichen als Herkunftsgebiet nur allgemein Nordeuropa festzustellen ist (Mitchell u.a. 1984, 174/5). Ein Haus aus dem Hafenviertel, das aus einem Wohnraum sowie vier 1,5 x 2 m großen Stuben ohne Feuerstellen, möglicherweise Warenlager, besteht, wird von Filipowiak (1985, 133) als Haus norwegischer Kaufleute interpretiert und in das Ende des 10. Jahrhunderts datiert. Diese Ansprache gründet sich auf den Fund eines Bootspants, des Fragmentes eines Specksteingefäßes, eines geschnitzten Tierkopfes und eines Stückes Holz mit Runeninschrift; sollte es sich tatsächlich um ein einzelnes

---

[13] Das Material ist folgendermaßen verteilt: 10 Scherben Tatinger Kannen, 23 Scherben Badorfer Keramik (plus zwei aus den beiden oberen Schichten, bei denen es sich um abgerutschte Kulturschichten der Siedlung handelt), 39 Scherben sog. Haithabukeramik (Drehscheibentopf und Sacktopf) sowie »wenige« handgemachte, wahrscheinlich aus Westeuropa stammende Keramikscherben. Die Verteilung über die einzelnen Schichten ist nicht gleichmäßig, doch sind alle dem 10. Jahrhundert zuzuweisen (Ambrosiani u.a. 1973, 118-30).

Haus oder eine beschränkte Anzahl solcher Häuser in unmittelbarer Nähe handeln, so wäre dies der früheste Beleg für ein Handelshaus bzw. ein fest etabliertes Händlerviertel, wie sie später allgemein üblich werden, an einem Hafenort.

Die Durchsicht weiterer Handelsplätze der Wikingerzeit und des Mittelalters bis 1200 hat keine Resultate in bezug auf die Ausrüstung von Seeleuten ergeben.

Aus *Bootgräbern der Wikingerzeit* sind nur wenige Gegenstände bekannt, die mit einiger Wahrscheinlichkeit zur Schiffsausrüstung zu zählen sind (s.o.). Hier sind einige Teile der Grabausstattung aus Oseberg und Gokstad zu nennen. Die Verteilung der Funde im Grab von Oseberg (vgl. Nr. 58) läßt darauf schließen, daß die Gegenstände, die in der Grabkammer angetroffen wurden, zur persönlichen Ausstattung gehören, während die Schiffsausrüstung und andere Gegenstände für den Transport sowie größere Möbel im Vorschiff deponiert wurden (Oseberg I, 50). Letzteres trifft auch auf einige Haushaltsgeräte zu: Die beiden ineinandergestellten Holzfässer, in denen sich noch ein Bottich und darin ein Eimer befanden, ein Faß, ein großer Trog mit Roggenmehl, zwei weitere Bottiche[14] und die vier Windschirme zweier Zelte (Abb. 73,b). Zwei der drei Eisenkessel, darunter auch derjenige mit einem Dreifuß als Ständer, sowie die großen Kisten kamen im Achterschiff bzw. in der Grabkammer zutage, werden jedoch in der Literatur in der Regel als Schiffsausrüstung bezeichnet.[15] Westerdahl (1984, 21) weist auf eine Tradition von Jägern hin, zwei Kessel ineinandergestellt an einem solchen Stativ hängend zu benutzen. Demzufolge sei der große Eisenkessel nicht als Kochtopf, sondern vielmehr als »Herd« benutzt worden. Aus der Grabkammer stammt ebenfalls eine Reihe von Bottichen, und im Achterschiff waren auch andere Gerätschaften niedergelegt worden, die in jeder Küche gebräuchlich sind. Inwieweit die im Vorschiff angetroffenen Haushaltsgeräte zum Schiff gehören, kann im Einzelfall nicht entschieden werden, da sich hier auch die Schlitten, der Wagenkasten sowie Pferde mit Eisnägeln befanden, was alles auf eine Reise hindeutet. Eine differenzierte Ansprache einzelner Gegenstände ergibt sich somit weder aus der Zusammensetzung noch aus der Verteilung der Grabbeigaben. Für *Gokstad* (vgl. Nr. 47) ist aufgrund der Grabungsmethoden keine solche differenzierte Verteilung innerhalb des Grabes feststellbar. Auch

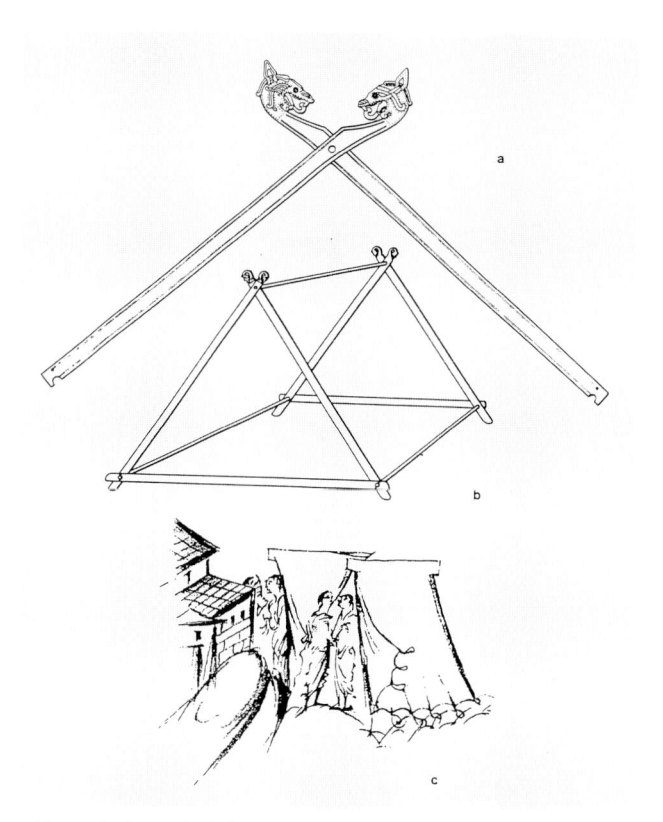

Abb. 73 Zelte: Windschirme von: a Gokstad, M ca. 1:100; b Oseberg, M ca. 1:200; Darstellung aus dem Utrecht Psalter, um 830.

hier fanden sich zwei Firstplanken für ein Zelt (Abb. 73,a), ein großer Holzbottich – möglicherweise der Behälter für das Trinkwasser –, ein Kupferkessel und Fragmente eines eisernen Kessels mit einer Kette aus Eisen sowie verschieden große Holzgefäße, darunter auch das Fragment einer Schöpfkelle, die in dem großen Bottich angetroffen

14 Beide mit verschiedenen Gegenständen gefüllt; Nr. 82: 4 Drahtknäule, Web(?)kamm, 2 spatelförmige Holzstücke, Wachs, Gürtelschnalle, Eisenkette, Schachtel mit Kressesamen, Kieselstein, 3 Kristalle, Wetzstein, gelber Stoff, Fragment einer Dose aus Holz mit Pflanzenfarbstoff, Fragmente von Stoff und Leder, einfacher Holzschaft, einige wilde Äpfel; über dem Bottich ein 22,5 cm langer Kamm; Nr. 85: 3 wilde Äpfel und Samen davon, kleine Schachtel und Schale, ein wollähnlicher Knäul (Oseberg I, 71. 73).
15 Der Kessel mit dem Stativ findet sich praktisch in allen Publikationen, die sich mit wikingerzeitlichen Schiffen befassen, als Schiffsausrüstung zur Zubereitung der Nahrung abgebildet, und auch Nylén benutzte ihn auf der Replik KRAMPMACKEN während der Reise auf die von Westerdahl beschriebene Weise, allerdings als Kochkessel und nicht als Behälter für das Feuer (Nylén 1983b, 28). Die Kisten werden gelegentlich als Anregung genommen, die fehlenden Duchten des großen Gokstadschiffes durch die Verwendung solcher »Seekisten« zu rekonstruieren (Dammann 1983, 13, Taf. 15). Christensen (1987, 5/6) möchte hingegen nur den großen Eisenkessel als mögliche Schiffsausrüstung gelten lassen und betrachtet die Beigabe von Haushaltsgerätschaft als Ausdruck der Tätigkeitsfelder der hier bestatteten Frau, der Verwaltung eines Häuptlingssitzes.

wurde. Interessant ist die Feststellung, daß hier wie in Oseberg das Zelt im Vorschiff, der große Bottich fast mittschiffs an Backbord und der Eisenkessel im Achterschiff angetroffen wurden. Der große Bottich beinhaltet eine ganze Reihe kleinerer Haushaltsgeräte, und auch aus der näheren Umgebung sind solche, z.B. der Kupferkessel, bekannt, was seiner Interpretation als Wasserbehälter trotz der in Schriftquellen belegten Position mittschiffs (s.u.) eher entgegensteht. Ein Eisenkessel desselben Typs wie in Oseberg ist auch im Bootgrab von Gunnarshaug in der Grabkammer angetroffen worden (vgl. Nr. 48). In keinem Fall gestattet die Verteilung der Grabbeigaben die Identifizierung eines bestimmten Gegenstandes als Teil der Schiffsausrüstung.

Über die gesamte *jüngere, aber auch einen Teil der älteren Eisenzeit* ist eine Fundgruppe verteilt, die bis auf wenige Ausnahmen auf Norwegen beschränkt ist. Es handelt sich zum einen um die Funde aus Schiffshäusern, sog. Nausten, und zum anderen um Funde unter überhängenden Felswänden, »hellerfunn«, oder offenbar saisonal genutzten Plätzen an der äußeren Küste. Ferner berichtet die Finnboga Saga (Thule Bd. 10, 150/1; ÍF 14 [Finnboga s.] Kap. 13) über die Nutzung einer Höhle auf einer Insel als Versteck für Waren und als nächtlichen Lagerplatz, in dem auch das wahrscheinlich kleine Ruderboot Platz fand. Das größte Problem innerhalb dieser Fundgruppen besteht in der Datierung, da Nauste beispielsweise nur selten gegraben sind und wie die anderen Plätze auch nicht durchgängig feinchronologisch verwertbares Material aufweisen.

Die wenigen gegrabenen und vollständig publizierten *Nauste* liegen in Westnorwegen (Abb. 74)[16] und befinden sich bis zu 100 m von der See entfernt. Sie unterscheiden sich von anderen Gebäuden durch lange parallele, manchmal leicht gebogene Seitenwände aus Stein, während der zur See weisende schmale Giebel immer offen ist. In der Regel beträgt ihre innere Länge 6-34,5 m und die innere Breite 2,5-16 m (Myhre 1985, 44). Die innere Länge sowie die Breite des Eingangsgiebels gibt die größtmöglichen Maße des untergebrachten Schiffes an, die jedoch wahrscheinlich unterschritten wurden, da auch Gerätschaft im Naust aufbewahrt wurde (Thule Bd.

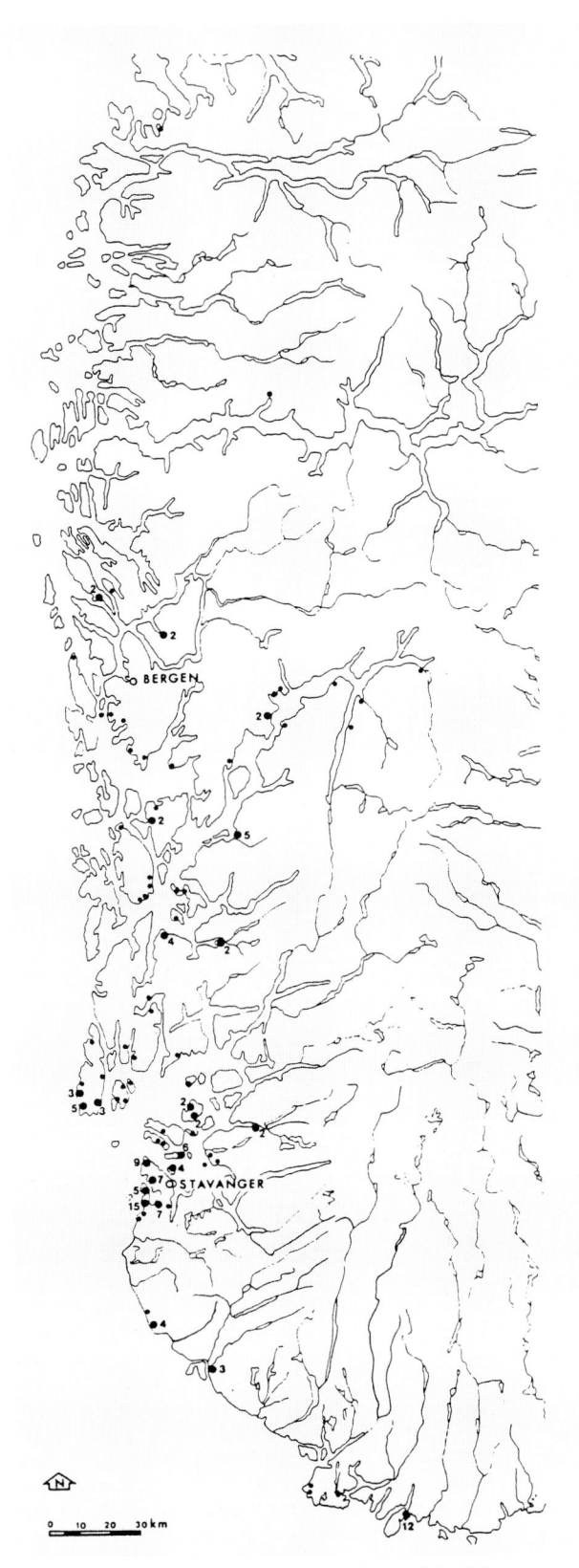

Abb. 74 Verbreitung eisenzeitlicher und mittelalterlicher Nauste in Südwestnorwegen.

16 Die Funde des Naust von Bandlundviken, Gotland, (s.u. S. 149) sind so summarisch publiziert, daß sie hier nicht behandelt werden sollen.

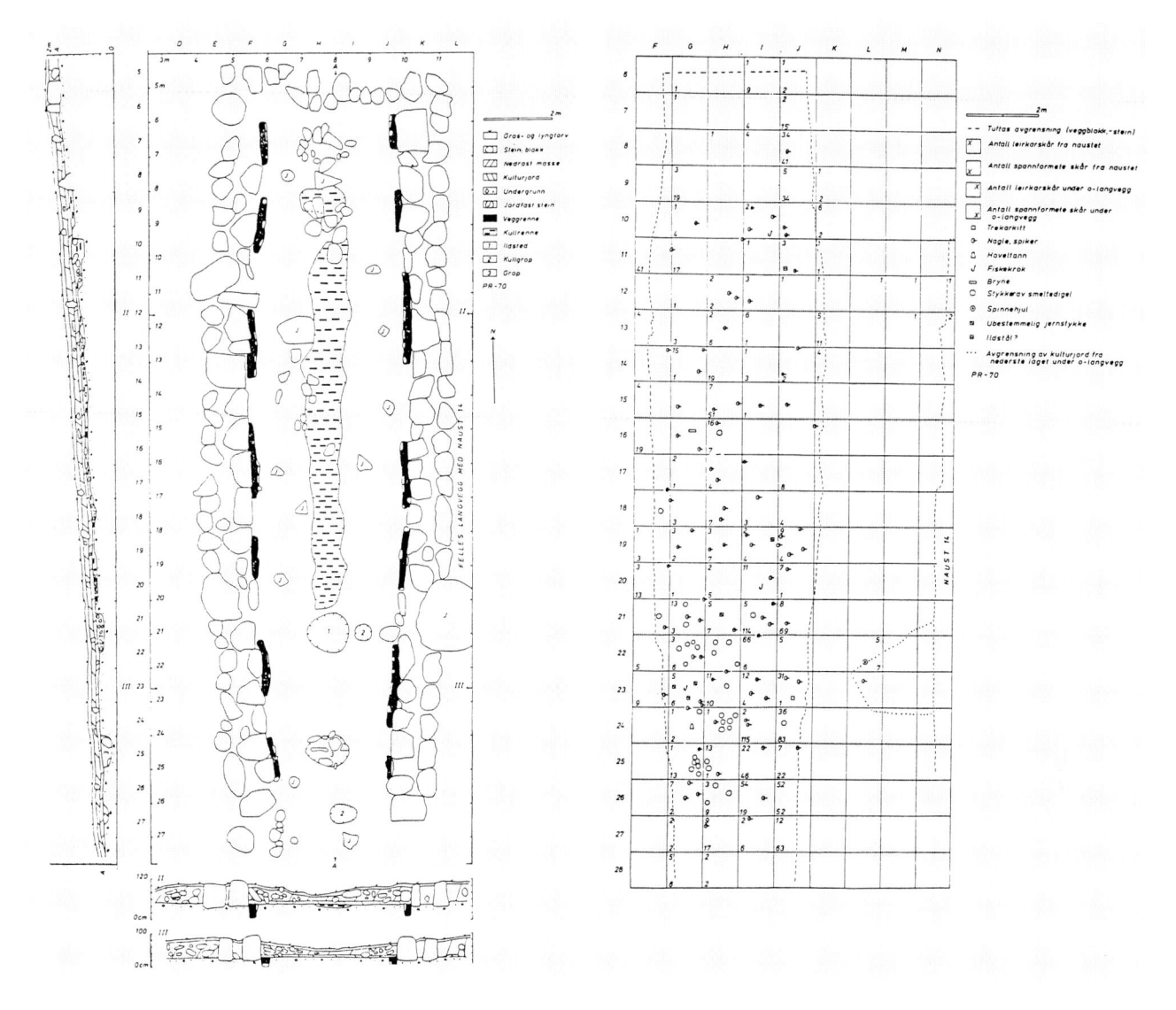

Abb. 75 Nord-Kolnes, Naust 13.

Abb. 76 Nord-Kolnes, Naust 13, Verteilung der Funde.

14, 278; ÍF 26 Ólafs s. Tryggvasonar] Kap. 75). Manchmal fanden sich Löcher für Dachpfosten, in Stend sogar eine Doppelreihe. In einigen Fällen zeichnet sich ein schmaler Weg (»opptrekk«) aus parallelen niedrigen Wällen aus aufgelesenen Feldsteinen zwischen dem offenen Eingangsgiebel und dem Wasser ab; wahrscheinlich sollte der zwischen den Wällen liegende Bereich von Steinen freigeräumt werden. Nauste und Wege sind auch ohne Grabung im Gelände zu erkennen und oft auch zu vermessen, doch da diese Form der Anlagen bis heute in Gebrauch ist, sollen hier nur ergrabene Befunde berücksichtigt werden.[17] Wo eine Differenz zwischen den erzielten C 14-Daten und der typologischen Datierung des Fundmateriales zu verzeichnen ist, wurde letzterer Datierung der Vorzug gegeben. Da die Proben aus Holzkohle gewonnen wurden, ist es nicht auszuschließen, daß zur Feuerung benutztes Treibholz datiert wurde.

17 Myhre (1985) versucht, die Nauste mittels Höhe über dem Meeresspiegel in Verbindung mit ihrem Verhältnis von Länge zur Breite (Innenmaße), was die größte Ausdehnung der Schiffe angibt, zu datieren und aus ihrer Verteilung auf die politische Organisation zu schließen. Da er seine Studien auf 21 Exemplare in Hordaland beschränkt, von denen nur zwei wirklich datiert sind, kann seine Einteilung in eine Phase der jüngeren Kaiserzeit/Völkerwanderungszeit mit vielen kleinen, von »warlords« angelegten Nausten und einem aus dem Mittelalter, die eine zentral organisierte Landesverteidigung, leidang, widerspiegelt, nicht überzeugen. So fehlen ältere Nauste ausgerechnet in den reichen und zur selben Zeit offensichtlich dicht besiedelten inneren Fjordbereichen, sind aber an den äußeren, gerade besiedelten Küstenbereichen recht häufig (vgl. Magnus & Myhre 1976, 282-6).

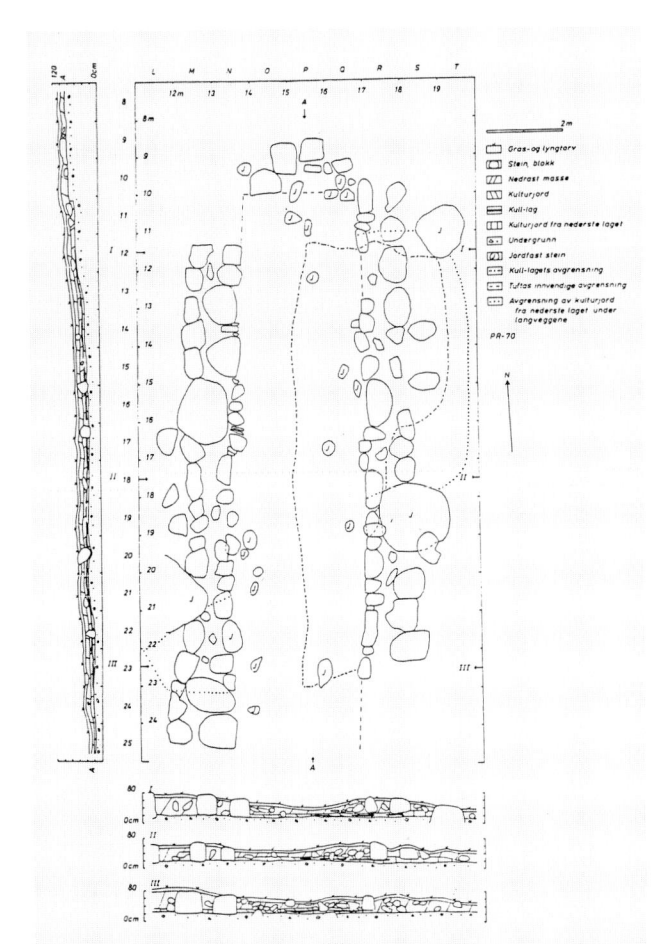

Abb. 77 Nord-Kolnes, Naust 14.

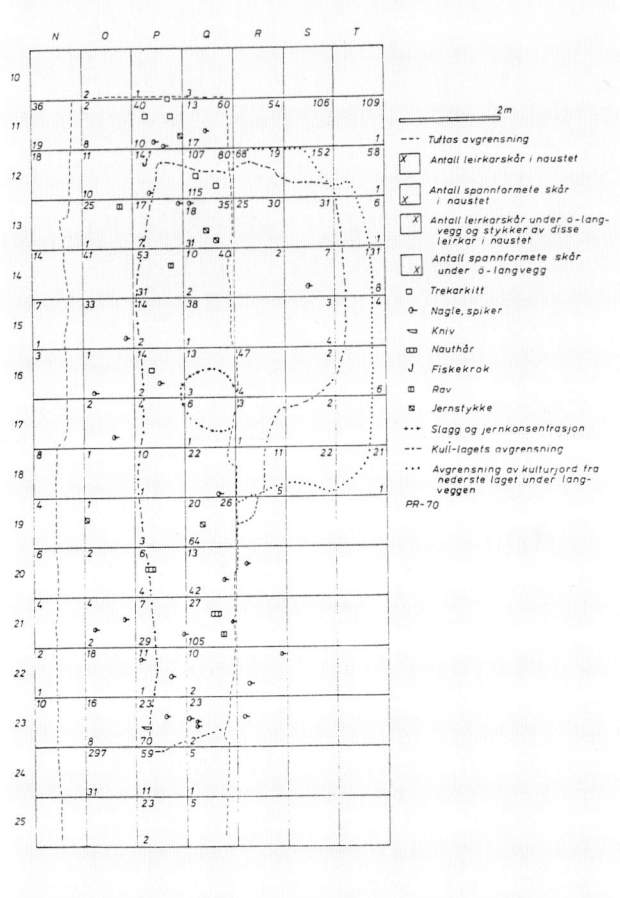

Abb. 78 Nord-Kolnes, Naust 14, Verteilung der Funde.

Die vier gegrabenen Nauste von Nord-Kolnes[18] weisen das wohl umfangreichste Material auf: Das Naust Nr. 13 (Abb. 75; 76) konnte ein Boot von bis zu 22 m Länge und 3,15 m Breite aufnehmen und verfügt an seinem offenen Giebel über eine ovale Grube, die wahrscheinlich als Feuerstelle diente. Die 12 cm mächtige Kulturschicht enthielt neben Holzkohle, unbestimmbaren Eisenresten und -schlacken sowie neolithischen Flintspitzen Fragmente von mindestens vier Schmelztiegeln, einen Brocken Harz, drei Angelhaken aus Eisen, wenige Nägel und Spieker aus Eisen, eine eiserne Hobelklinge sowie die Scherben von mindestens 119 Gefäßen stempelverzierter und eimerförmiger Keramik. Letztere wurde vorzugsweise entlang der Seitenwände angetroffen, ansonsten waren die Funde gleichmäßig verteilt. Die Keramik stammt aus der Zeit zwischen 350 und 550. Das Naust Nr. 14 (Abb. 77; 78) teilt sich eine Langwand mit Nr. 13, ist aber nur für ein höchstens 14,60 m langes und 3 m breites Schiff gebaut. Die Kulturschicht zeigt im Westen eine und im Osten zwei durch ein Feuer getrennte Schichten, was die Keramik bestätigt. Die anderen Funde sind gleichmäßig über die gesamte Fläche verteilt. Es handelt sich dabei um sechs Brocken Harz, drei Stücke unbearbeiteten Bernsteins, zwei Fragmente von Textilien oder Rinderhaar, Reste von wenigen Nägeln, einen Angelhaken aus Eisen, ein Eisenmesser, unbearbeitete Steinstücke sowie unbestimmbare Eisenreste und -schlacke. An Keramik wurden Gefäße der Kaiserzeit um 200, darunter auch eine Scherbe aus Dänemark, am ehesten aus dem Gebiet südlich des Limfjordes, sowie Gefäße des 4.-6. Jahrhunderts gefunden, insgesamt mindestens 160 Gefäße. Auch außerhalb der beiden Nauste und unter der gemeinsamen Wand wurde Keramik aus dem Ende der älteren Kaiserzeit angetroffen, was Rolfsen (1974, 73) als Ausdruck für eine frühe Nutzung

18 Sola pdg., Rogaland; Nr. 13-15 auf Gnr. 11 (Rolfsen 1974, 44-83).

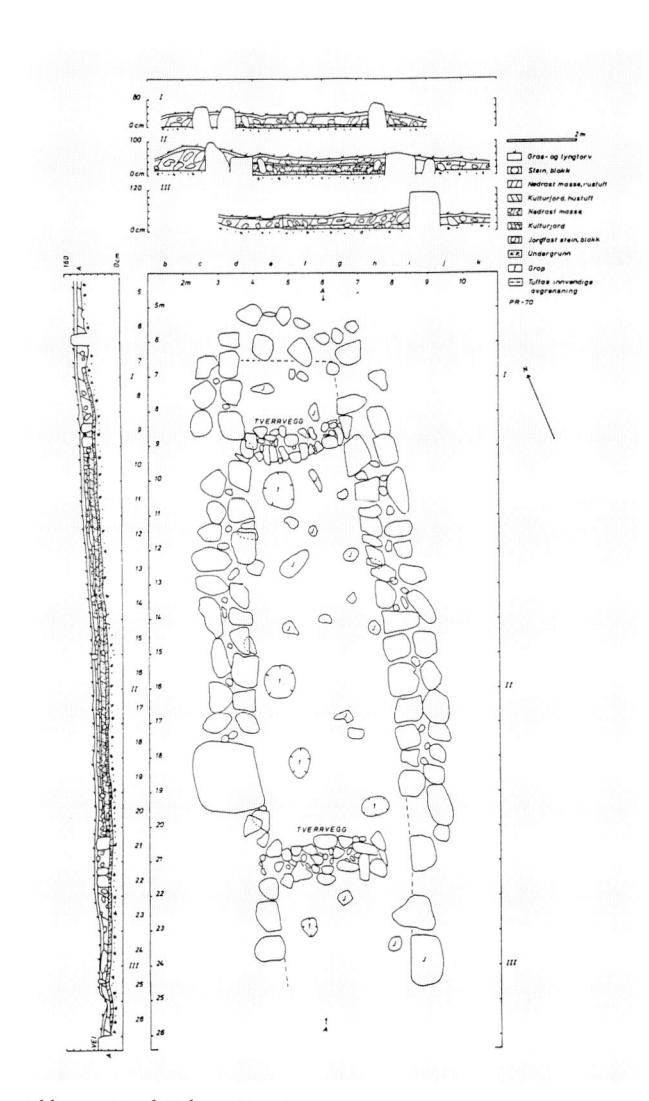

Abb. 79 Nord-Kolnes, Naust 15.

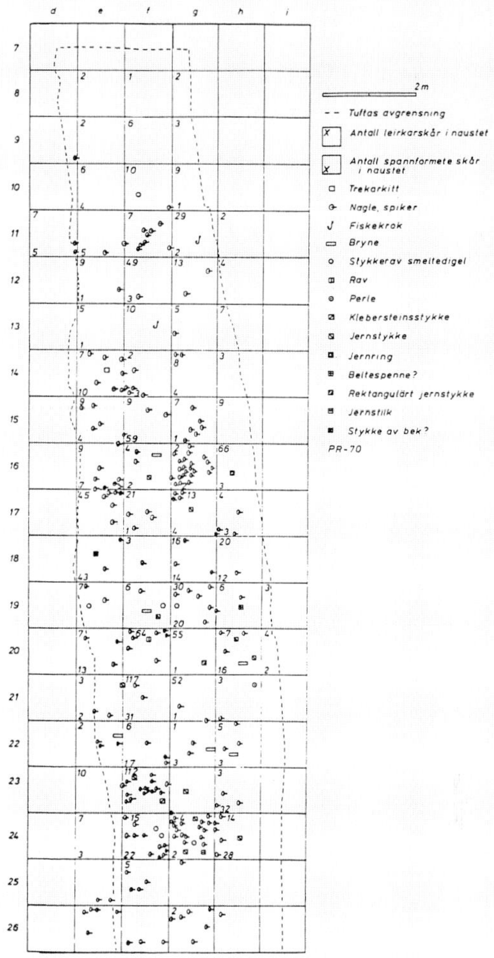

Abb. 80 Nord-Kolnes, Naust 15, Verteilung der Funde.

des Platzes, möglicherweise sogar als Naust, erachtet, die mit den angetroffenen Bauresten nicht in Verbindung steht. Ungefähr 25 m nordwestlich von Nr. 14 liegt das Naust Nr. 15 (Abb. 79; 80), über das ein Haus gebaut worden war, welches dieselben Wände benutzte, sich aber doch deutlich absetzte. Es konnte ein Schiff von bis zu 19 m Länge und 3,30 m Breite aufnehmen und verfügte über fünf Gruben unbekannter Funktion. Dem Naust sind folgende Funde zuzuweisen: Keramikscherben, ein Brocken Harz, zwei Schmelztiegel mit graugrüner Glasur, möglicherweise Reste von Pech, eine Glasperle, zwei Stücke unbearbeiteten Bernsteins, ein Stück bearbeiteten Specksteins, drei fragmentierte Schleifsteine aus Quarzit und einer aus Schiefer, Reste von Nägeln und Spiekern, zwei Angelhaken aus Eisen, mehrere Eisenfragmente, darunter das eines Ringes und möglicherweise einer Gürtelschnalle, etwas Tierknochen sowie mehrere Stücke unterschiedlichen Gesteins, darunter ein Stück Bergkristall. Die Keramik datiert die Nutzungsphase des Naust in das 4. und 5., möglicherweise bis ins 6. Jahrhundert. Aus demselben zeitlichen Horizont stammt das Naust von *Stend* (Abb. 81),[19] das mit 32 m sehr viel länger ist und ein bis zu 4,5 m breites Schiff – der Abstand zwischen den beiden inneren Pfostenreihen – aufnehmen konnte (Myhre 1973; 1976). Hinzu kommen ein 3 m langer Vorraum, wahrscheinlich mit offenem Giebel, sowie

---

19 Fana pdg., Hordaland; die fünf ausgewerteten C 14-Proben ergeben eine Datierung zwischen 140 ± 60 und 330 ± 70, doch ist ihr Wert angesichts des Fundmaterials, das keine Gegenstandsformen der Kaiserzeit aufweist, zweifelhaft (Myhre 1973, 23).

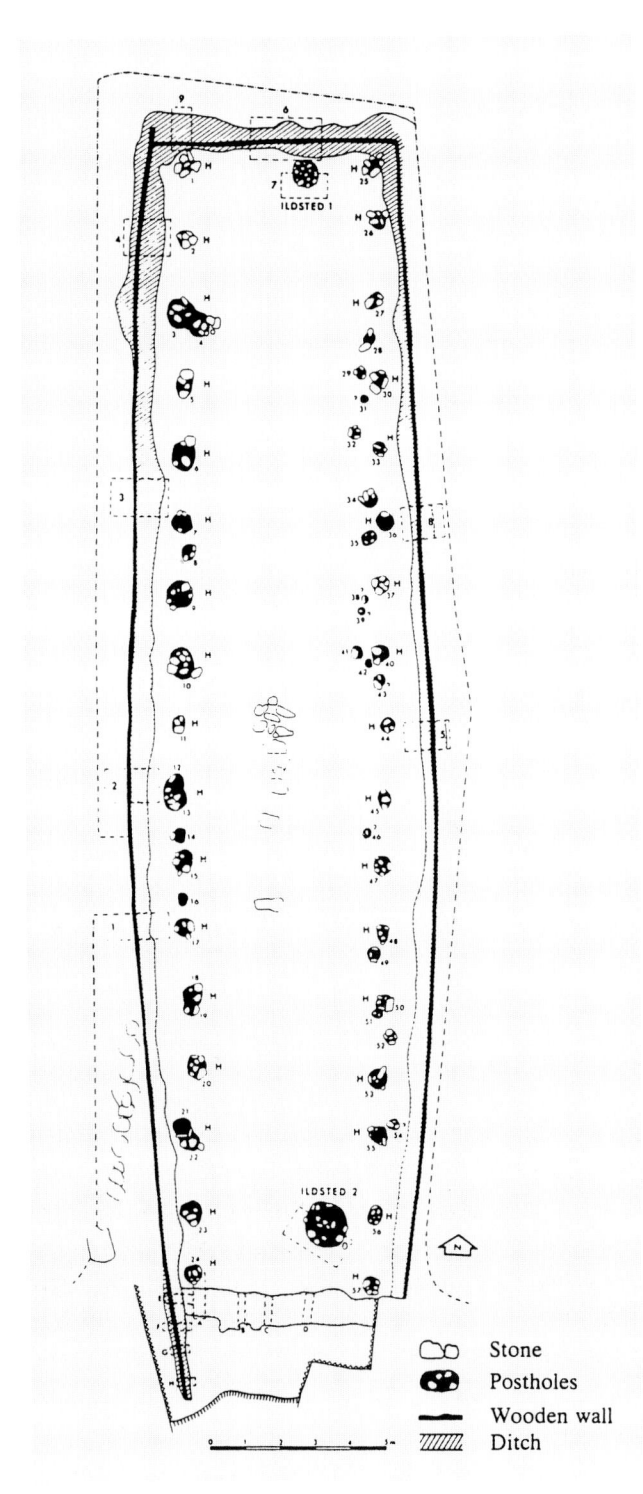

Abb. 81 Naust von Stend.

an jedem der beiden Giebel eine Feuerstelle. In der dünnen Kulturschicht wurden eimerförmige Keramik, Eisennägel sowie Netzsenker oder Webgewichte aus Speckstein angetroffen. Letztere weist Myhre (1973, 23) der Wikingerzeit zu, was jedoch anhand der Publikation nicht nachzuvollziehen ist. In *Nord Sunde*[20] wurde gleichfalls ein Naust ergraben, in dem ein Schiff mit den Höchstmaßen von 8,5 x 2,7 m untergebracht werden konnte. In der 10-30 cm mächtigen Kulturschicht fanden sich das Fragment eines Netzsenkers aus Phyllit, wenige Nagelreste, Flintstücke sowie Fragmente eines rundbodigen Specksteingefäßes mit einem Mündungsdurchmesser von 37 cm und einer Höhe von 20 cm, das mehrmals mit Eisen repariert worden war. Letztere lagen zusammen in der Nähe des offenen Giebels und dürften ein an Ort und Stelle zersprungenes Gefäß darstellen. Vor dem Naust wurden weitere Scherben des Specksteingefäßes sowie sechs Proben von Pech (?) und Flintstücke angetroffen. Die Datierung des Gefäßes weist in die Wikingerzeit und das Mittelalter, wie auch die einzige C 14-Probe. Die Funde zeigen, daß Nauste offensichtlich für die Reparatur von Schiffen benutzt wurden, und auch die Existenz von Feuerstellen weist in diese Richtung. Neben dem Effekt, den Bau zu beleuchten, konnte an ihnen auch Material, sei es Holz oder Netze, getrocknet und anderes, wie Harz oder Pech, zur Bearbeitung geschmolzen bzw. angewärmt werden. Gegen eine Interpretation der Keramik als Reste von in dem Naust gelagerter Handelsware (Rolfsen 1974, 97) spricht die Lage der Nauste abseits der eigentlichen Siedlungen. Außerdem ist es unwahrscheinlich, daß so viele Handelsgüter in einem reinen Lagerhaus ohne Wohnzwecke zerschellten. Viel eher dürfte es sich hier um Gefäße handeln, die regelmäßig am Ort Verwendung fanden und entweder zur Aufbewahrung von beispielsweise Harz oder Pech im Bootshaus oder zum Transport von Nahrung auf dem hier untergebrachten Schiff dienten.

Auf der Insel *Risøya*, Sund pdg., Hordaland, wurde eine Ansammlung von 10 Hausresten und sieben »båtopptrekk« um eine Bucht herum entdeckt, wovon ein Haus untersucht wurde (Magnus 1974, 71-86) (Abb. 82). Es zeigte sich, daß das 8 x 7 m große Haus aller Wahrscheinlichkeit nach zu Wohnzwecken benutzt wurden: Zwar gibt es außer den Steinfundamenten keinen Hinweis auf die Bauweise, doch fanden sich in der Mitte drei Kochgruben, in deren Nähe sich auch die Funde konzentrierten. Die genaue Anzahl Funde der einzelnen Gegen-

---

20 Stavanger pgd., Rogaland, Hofnummer 41 (Rolfsen 1974, 83-8)

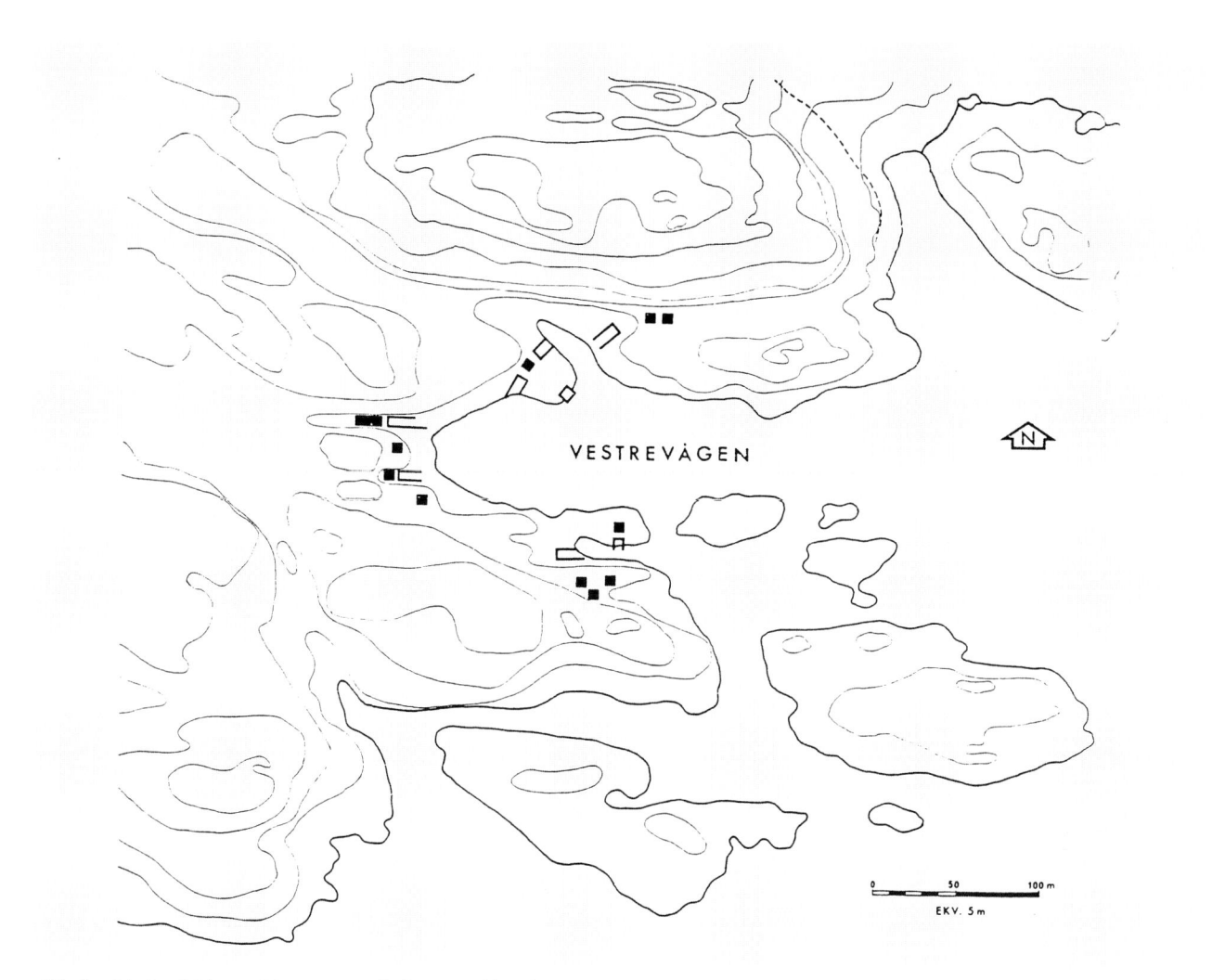

Abb. 82 Die Insel Risøya, Hausreste und »båtopptrekk« eingetragen.

standsgruppen ist leider nicht zu ermitteln, doch kamen zutage: Scherben von Gefäßen und Netzsenkern aus Speckstein, Angelhaken, eine Harpunenspitze und der Zahn eines Fischspeeres aus Eisen, Feuerschlagsteine, Flintabschläge, Nägel und Spieker aus Eisen, ein Feuerstahl sowie kleine Wetzsteine. Keines der Fundstücke läßt sich präziser als jüngere Eisenzeit oder frühes (skandinavisches) Mittelalter eingrenzen, und die unkalibrierten C 14-Daten weisen auf die jüngere Kaiserzeit/frühe Völkerwanderungszeit hin. Auf der nur ungefähr 400 m weiter südlich gelegenen Insel Sandøya wurden ein Komplex von fünf ineinander gebauten, durchschnittlich 6 x 6 m großen Steinhäusern sowie ein etwas abseits gelegenes Haus angetroffen (ebd., 86-91). Letzteres wurde zur Hälfte ausgegraben und weist einen dem Haus von Risøya vergleichbaren Aufbau auf. In der Mitte wurde eine mit Steinen verkleidete Feuerstelle und Kochgrube mit unter Feuereinwirkung gesprungenen Steinen und Tierknochen angetroffen. Die Funde entsprechen gleichfalls den oben genannten, treten aber nicht so zahlreich auf. Die osterologische Analyse zeigte ein Fragment vom Rind, drei von Schaf/Ziege, drei vom Hirsch/evtl. Ren, eins von einer Lumme sowie Reste von Hering, Dorsch und Köhler. Die Datierung erfolgt durch das Randstück eines Specksteingefäßes in die Wikingerzeit/frühes (skandinavisches) Mittelalter, während die beiden C 14-Daten auf die Völkerwanderungszeit weisen. Magnus (1974, 100-3) interpretiert die Befunde – wie auch andere entlang der südnorwegischen Küste angetroffene, nicht gegrabene Komplexe – als saisonal zum Fischfang genützte Plätze, die von den weiter im Inneren des Fjordes siedelnden Bauern aufgesucht wurden. Dieser Interpretation ist für

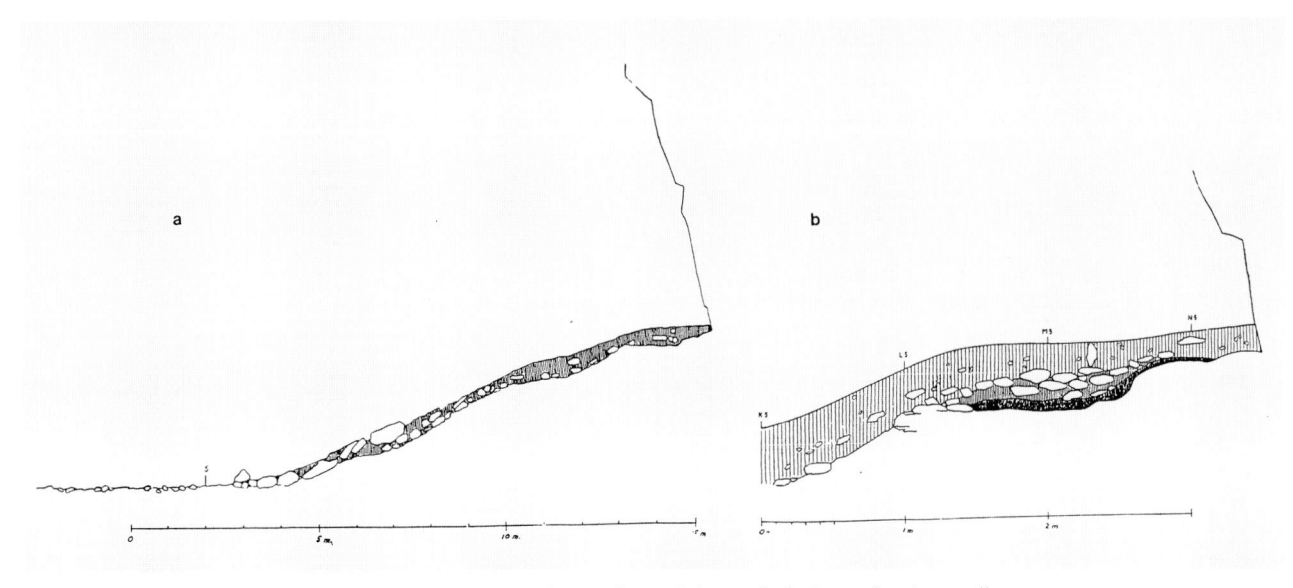

Abb. 83 Befunde von Hildershavn: a Schnitt vom Strand zur Felswand; b Detailschnitt an der Feuerstelle

die beiden oben beschriebenen Plätze sicher zuzustimmen, besonders da auf keiner der beiden Inseln Viehzucht oder Ackerbau in größerem Rahmen möglich war und ist. Inwieweit sie auf vergleichbar gelegene Anlagen übertragbar ist, muß jedoch erst durch Grabungen bewiesen werden. Festzuhalten ist im Zusammenhang mit der hier interessierenden Fragestellung aber, daß Specksteingefäße – das Fehlen von Keramik ist sicher chronologisch bedingt – zur Ausrüstung der Fischer gehörten und ausschließlich mittels Schiffen dorthin gelangen konnten.

Unsicherer ist die Ansprache eisenzeitlicher »hellerfunn«, d.h. von Funden, die aus Kulturschichten unter einem überhängenden Felsen oder aus einer Höhle stammen (Abb. 83). Solche Fundplätze existieren auch an Stellen, die über keinen direkten Zugang zu schiffbaren Gewässern verfügen. Brøgger (1910, 21) sieht in ihnen Siedlungsplätze, die zum Teil Schutzcharakter besaßen, was sich bei den meisten Befunden hingegen nicht belegen läßt. Die Fundorte, an denen Waffen angetroffen wurden, lassen sich am ehesten mit südskandinavischen Opferplätzen vergleichen und sollen hier nicht behandelt werden. Viele der an schiffbaren Gewässern gelegenen Plätze weisen mesolitische Fundschichten auf, über denen die eisenzeitliche Schicht liegt. Leider sind die eisenzeitlichen Befunde von der Forschung recht stiefmütterlich behandelt worden, so daß die folgende Auflistung keinen Anspruch auf Vollständigkeit erheben kann:

Glesnesholmen, Sund pdg., Hordaland: Gnr. 32, Bnr. 2; auch Bogjen under Glesnes; direkt an der See auf einer der äußeren Schären; ausgegraben 1914; 30-40 cm mächtige Kulturschicht mit Holzkohle, Steinen, Muscheln und Knochen; *Funde*: Eisennägel, Feuerschlagstein, 2 Schieferwetzsteine, Knochennadel, Keramik (darunter eimerförmige), 70 Flintstücke und Quarz. Jüngere Eisenzeit/Völkerwanderungszeit (Keramik). Til. Bergen 1915 (in Oldtiden 7, 272, Nr. 52). Bergen 6840.

Hildershavn, Os pdg., Hordaland: Kleine Halbinsel im Fjord zwischen Strønen und dem Festland; 1919 gegraben (20 m² insgesamt); von See aus steigt der Fels steil an, aber am Ufer der Bucht befindet sich die ersten 15 m eine nicht so steile Grasfläche, die eine vor den meisten Winden geschütze Bucht bildet. Befunde: Kulturschicht 25-50 cm mächtig mit wenig Steinen, aber durchwühlt und nicht von der dünnen Humusschicht zu trennen; die oberen 5 m zum Felsen hin scheint die Schicht ungestörter; Holzkohle überall in der Grabungsfläche verteilt, aber ca. 1 m vor der Felswand befindet sich eine natürliche Vertiefung, die wahrscheinlich als Feuerstelle gedient hat: Auf ca. 10 cm über dem Boden der Senke fand sich eine kompakte Kohleschicht, über der eine 20 cm mächtige Schicht aus Steinen und stark holzkohlehaltiger Erde lag; darüber befand sich die Kulturschicht mit Knochen, welche überhaupt nicht in den unteren Schichten auftauchten; dieser Befund zeigt, daß der Ort *mindestens zweimal* *aufgesucht wurde;* zwischen diesen beiden Aufenthalten hat sich die mittlere Schicht mit den Steinen gebildet, welche dann in die untere Schicht eingetreten wurden. *Funde:* Meist unter dem Felshang; viele Knochen von Haustieren (meist Rind, aber auch Schaf/Ziege und Pferd) und Wildtieren (meist Hirsch, aber nicht so häufig wie Rind, daneben etwas von Vögeln und Fischen) sowie auch Muscheln und Schnecken; 24 unbestimmbare Scherben Keramik sowie eine Scherbe eines eimerförmigen Gefäßes des 5. Jh.; *Fingerring aus Gold* mit 3 Windungen, 6,6 g. schwer (aus der Mitte der Kulturschicht, direkt unter einem kleinen Stein); kleine, unbestimmbare Eisenstücke; einige Flintstücke. Datierung über das eine Stück Keramik in die Völkerwanderungszeit (5. Jh.). Hougen 1922. Bergen 7081. Abb. 83

Kjerringholet, Blom, Herdla pdg., Hordaland: Gnr. 140, Bnr. 11; ca. 25 m von Kik Sælestøa; um einen Felsen herum eine reiche Kulturschicht in 3 Schichten: Eisensachen und Münze des 19. Jh. an der Oberfläche, eimerförmige Keramik 30 cm tief und Flintstücke z.T. bis 60 cm tief. *Funde:* Keramik (darunter eimerförmige und solche aus Asbest), Fr. von Specksteingefäß, 8 kleine Flintstücke, Wetzstein, Fr. von Specksteinpfanne, 2 Knochenstücke, an einer Seite spitz (L. 23,4 cm) und Knochen, beides mit Metallwerkzeug bearbeitet. Datierung: z.T. neuzeitlich, aber auch Wikingerzeit/Mittelalter. Tilv. Bergen 1930 (in BM≈ 1930, 25 f.) Bergen 8134.

Nord Hidle, Stjernerø pdg., Rogaland: 10-12 Zoll unter der Oberfläche; nicht so weit gestreut, daß sie nicht aus einem allerdings nicht nachgewiesenen Haus stammen können; in 2 Etappen gefunden und Verbindung zueinander unklar. *Funde:* Aus erstem Fund: 4 Senksteine, kleines Schaftgefäß aus Speckstein, Durchm. der Schale 10-11 cm, L. des Schaftes 8 cm, an Unterseite Brandspuren, Wetzstein, Schmelztiegel (?) aus Speckstein, Eisenring aus einem 2 cm breiten Band, 6 Steine vom Strand mit Anzeichen dafür, daß sie zum Klopfen gebraucht wurden; zweiter Fund: 2 Netzsenker, 1 Lampe und dazu Fr. eines Mahlsteines; es kann sich hier sehr gut um denselben Fund handeln, der irrtümlich zweimal aufgenommen wurde. Jüngere Eisenzeit/Mittelalter. Tilv. Stavanger 1914 (in Oldtiden 7, 29 f., Nr. 65) und 1916 (in Oldtiden 8, 135, Nr. 81). Stavanger 3738 und 3902.

Ruskenesset II, Fana pdg., Hordaland: An der Nordseite der Halbinsel aus hügeligem Fjell; vom Strand zum Fjell besteht ein steiler Anstieg bis zur senkrechten Fjellwand von ca. 10 m ü.M.; Fundplätze I + II liegen in der Nähe der Brücke, direkt an der Felswand; in I nur steinzeitliche Funde, in II wird diese Schicht von einer eisenzeitlichen überdeckt; Kulturschicht von II noch ungestört; unterste Grenze der Besiedlung bei ca. 8 m ü.M.; Fels hängt etwas über, und da der Platz nach Norden liegt, bekommt er praktisch keine Sonne. *Eisenzeitliche Schicht von II:* Humus sehr dünn; Kulturschicht stark mit vom Fels abgestürztem Material versetzt und zusammen bis zu 1,5 m mächtig; stratigraphische Unterscheidung zwischen steinzeitlicher und eisenzeitlicher Schicht schwierig und erst im Laufe der Grabung erkannt; in Rute 12 liegt die Grenze bei 25-30 cm; Ausdehnung: Entlang des Felsens; größte Mächtigkeit im W mit 30-40 cm und dann bis auf ca. 25 cm; recht holzkohlehaltig; die angetroffenen Menschenknochen scheinen in die Steinzeit zu gehören, und es ist nicht festzustellen, welche Tierknochen der Eisenzeit zuzuordnen sind. Funde: Knochennadel und Eisenspieker, Eisenbolzen und Eisenstift (Nadel), Kulturschicht mit Holzkohle, Muscheln und Knochen versetzt, großes Eisenmesser, verstreute Reste von eimerförmiger Keramik und eines Henkelgefäßes (R 361). Datierung: Völkerwanderungszeit durch Keramik (eine Scherbe genauer auf 2. H. 6. Jh. festzulegen). Brinkmann & Shetelig 1920.

Sande, Sande pdg., Møre og Romsdal: Gnr. 64; Interpretation unsicher; gefunden in Dollsteinhola an der Westseite von Sandøy, ca. 70 m ü.M.; 1954 gegraben; 4 Schichten, die aber nicht deutlich zu trennen sind; besonders in den unteren Schichten wurden festumrissene Feuerstellen angetroffen. *Funde:* Anzahl von Steinwerkzeugen; aus Schicht IVb: kleines Bronzestück; aus Schicht II-III unbestimmbares Eisenfr. Datierung unsicher. Tilv. Bergen 1970-77. Bergen 12524; dazu kommen B 6942, 8859 (Muscheln und Holzkohle), 12522 (Steinzeit?).

Skonghelleren, Borgund pdg., Møre og Romsdal: 1875 in einer Höhle gefunden. Pfeilspitze, Pfrieme, Dolche, Löffel u.a.m. aus Knochen. Jüngere Kaiserzeit. Tilv. Univ. Olds. 1904-15, II (in Oldtiden 5-6, 273 f. Nr. 341). Oslo 21834.

Skylehammaren, Borgund pdg., Møre og Romsdal: Gnr. 6 (Hof Emlem); nahe am Strand auf Außenfeld, 9,5 m ü.M.; 1929 untersucht. *Kulturschicht:* Nicht sehr groß, aber an manchen Stellen bis zu 80 cm mächtig; Funde recht weit oben. *Funde:* Kleine Platte aus Bergschiefer; flache Flintstücke; Steine; 2 große Teile von unterschiedlichen Schmelztiegeln aus Keramik, feinere und grobe Keramik, evtl. Rest von Specksteingefäß, Muscheln, Knochen und Holzkohle. Kaiserzeit und Wikingerzeit. Tilv. in BMÅ 1933, 8 f. Bergen 8358.

Tjunum, Balestrand pdg., Sogn og Fjordane: Gnr. 19, Bnr. 1; unter einem Felsen in einer großen Höhle; auf Storereina, 5-600 m von der See entfernt. *Funde:* Glättestein aus Glas, Schmelztiegel aus Keramik, Stab für einen niedrigen Eimer, verloren. Datierung unsicher. Tilv. BMÅ 1929, 8. Bergen 8025.

Vespestad, Finnås pdg., Hordaland: Gnr. 56 (Sameige) Sætrehidleren (I); liegt ca. 50 m östlich der großen Bucht von Sætrefjord; Laufhorizont liegt 9,5 m ü.M. *Befund:* 2 Schichten, davon eine steinzeitlich; *Funde:* Runenkamm, Bronzefibel, Keramik, Knochen, Horn, Wetzstein, Flint, Eisen, Muscheln. Datierung unsicher, wahrscheinlich jüngere Eisenzeit. Tilv. BMÅ 1923/24, 1933. Bergen 8350 II.

Die Interpretation dieser Plätze als Übernachtungsstellen für Reisende mit kleineren Schiffen, die die Küste entlang fuhren und an bestimmten Stellen übernachteten (Hougen 1922, 104), ist verlockend, doch ist hierbei in Betracht zu ziehen, daß die geringe Fundmenge ein häufiges oder gar regelmäßiges Aufsuchen unwahrscheinlich machen. Doch heben sie sich deutlich von den saisonalen Fischlagern mit ihren festen Häusern und Fischereigerätschaften ab. Neben der Verwendung von Keramik ist der trotz der recht alten Untersuchungen relativ hohe Anteil an Haustierknochen zu verzeichnen, was die Mitnahme von Fleisch als Proviant nahelegt.

Die meisten Belege für das tägliche Leben der Mannschaft finden sich in *schriftlichen Quellen*. Da es sich stets um die Schilderung von einzelnen Episoden oder nur um die Nennung eines Gegenstandes handelt, bleibt es fraglich, inwieweit diese Aussagen Allgemeingültigkeit besitzen (s. Kap. 1). Die Schriftquellen zeigen, daß es auch im Mittelalter noch üblich war, zum Übernachten an Land zu gehen (s.u.). Doch im Laufe der Wikingerzeit wurden so lange Strecken über das offene Meer bewältigt, daß ein Aufenthalt von vier Wochen und länger ohne die Möglichkeit eines Landganges in Betracht gezogen werden mußte. In den nordischen Quellen werden häufig Lebensmittel und Getränke, »Schiffskost«, sowie Zelte neben dem Begriff »Ausrüstung« genannt. Die wohl detaillierteste Schilderung stammt aus der Eyrbyggja Saga (Thule Bd. 7, 96/7; ÍF 4, Kap. 39):

Thorleif Kimbi begab sich im Sommer mit Kaufleuten, die seefertig im Stromfjord lagen, auf die Fahrt, und er war Tischgenosse der Schiffsbesitzer. Damals war es bei den Kaufleuten zur See Brauch, nicht Köche auf der Fahrt mitzunehmen, vielmehr losten die Mahlzeitteilnehmer unter sich aus, wer jeden Tag die Budenwartung am Strande haben sollte. Auf See aber hatten alle Mahlzeitgenossen das Getränk gemeinsam unter sich. Am Segelmast sollte ein Faß stehen mit Getränk, und daran befand sich ein Spund [genaue Übersetzung: »verschließbarer Kasten« K.L.]. Ein Teil des Wassers aber war in einer Tonne, und davon wurde immer in das Faß nachgefüllt, wenn dies ausgetrunken war. Als sie nun fast reisefertig waren, kam ein Mann auf den Budenhügel. [...] Er frug nach dem Führer des Schiffes, und man wies ihn zu dessen Bude. Er legte sein Bündel an der Tür nieder und ging dann hinein. Er frug, ob der Schiffsführer ihn über das Meer mitnehmen wolle. Sie frugen ihn nach seinem Namen, und er sagte, er wäre Arnbjörn, der Sohn Asbrands von Kamm. [...] Die Norweger erklärten, ihr Gepäck sei bereits verschnürt, und sie könnten es nicht mehr aufmachen. Jener sagte, er habe nur so viel Ware, als auf dem Gepäck liegen könne. Da sie nun meinten, seine Reise sei dringend, nahmen sie ihn auf, aber zur Schiffsmesse ließ man ihn nicht zu, und er hielt sich auf dem Vordeck auf. In seinem Bündel hatte er 360 Ellen Fries, 12 Schaffelle und seine Reisekost. Arnbjörn war hilfreich und dienstwillig, und die Kaufleute fanden an ihm Gefallen. Sie hatten nun eine günstige Fahrt, kamen nach Hardanger und landeten draußen an einer Schäreninsel. Ihre Mahlzeit nahmen sie dort am Strand. Thorleif Kimbi hatte durch das Los die Budenwartung und sollte Grütze kochen. Asbjörn war für sich am Lande und kochte sich gleichfalls Grütze. Er hatte den Budenkessel, den Thorleif später benutzen mußte. Thorleif ging nun an Land und forderte Asbjörn auf, ihm den Kessel zu geben, aber jener hatte seine Grütze noch nicht fertig gekocht und rührte noch im Kessel herum. Thorleif aber stand neben ihm. Da riefen die Norweger vom Schiff, Thorleif solle das Mahl bereiten, und höhnten, er sei ein rechter Isländer mit seiner Saumseligkeit. Thorleif geriet darüber in Aufregung. Er nahm den Kessel, schüttete Arnbjörns Grütze aus und ging dann mit dem Kessel fort. Arnbjörn ergriff die Rührkelle und schlug mit ihr nach Thorleif, den sie am Hals traf.

Die hier dargestellte Organisation der Nahrungsbeschaffung und -zubereitung als persönliche Absprache zwischen einzelnen Mitgliedern der Mannschaft findet sich bereits im 11. Jahrhundert auf dem Runenstein aus der St. Olovs Kirche in Sigtuna belegt.[21] Die farmannalǫg des Stadtrechtes von Bergen gehen 1274 (Kap. 16) wie auch der Verfasser der Saga davon aus, daß auf den Schiffen Köche bestimmt waren, die diese Tätigkeit immer ausführten.

Die Existenz von zwei Tonnen als Wasserfässer[22], die wie auf dem Teppich von Bayeux dargestellt auch zum Verpacken wertvoller Gegenstände benutzt wurden (Capelle 1984, 208), an Bord eines seegehenden Schiffes findet sich auch an anderer Stelle belegt (Thule Bd. 4, 179/80; ÍF 12 [Njáls s.] Kap. 83; Thule Bd. 15, 256; ÍF 27 [Heimskringla, Óláf s. hins helga] Kap. 138). Als Getränk ist auch gelegentlich Bier erwähnt (Thule Bd. 16, 308; ÍF 28 [Heimskringla, Haraldssona s.] Kap. 32; Thule Bd. 14, 278; ÍF 26 [Heimskringla, Ólafs s. Tryggvasonar] Kap. 75), aber auch saure Molke ist nicht unbekannt (Thule Bd. 5, 21; ÍF 7 [Grettis s.] Kap. 11). Wasser dürfte jedoch am üblichsten gewesen sein. An Nahrungsmitteln sind neben der oben genannten Grütze Butter und Brot (Thule Bd. 14, 278; ÍF 26 [Heimskringla, Ólafs s. Tryggvasonar] Kap. 75) angeführt, doch die Menge des Proviants bleibt genauso unbekannt wie die veranschlagte Ration pro Tag (Falk 1912, 8). Mehrere Sagas belegen direkt (wie oben) oder indirekt (durch das Übernachten an Land), daß warmes Essen an Land zubereitet wurde. Lediglich die relativ späte und mit märchenhaften Zügen versehene Finnboga Saga enthält einen Hinweis, daß auch an Bord eines Schiffes regulär ein Feuer, wahrscheinlich zum Kochen, unterhalten wurde (Thule Bd. 10, 139/40; ÍF 14 [Finnboga s.] Kap. 8). Ob Zunder wirklich zur Ausrüstung zu zählen ist, kann nicht mit Sicherheit entschieden werden, doch wurde er in einem Fall in einer mit Wachs verklebten Wallnußschale gelagert, um ihn vor der Feuchtigkeit zu schützen (Thule Bd. 16, 284; ÍF 28 [Heimskringla, Haraldssona s.] Kap. 11). In Haithabu wurde

Abb. 84a Schiffsdarstellungen auf Münzen des deutschen Kaisers Heinrich III. (1039–1056).

Zunder in größerer Menge im Hafen angetroffen, was aber eher durch den natürlichen Fäulnisprozeß zu erklären ist als durch die Nutzung von Zunder in der Siedlung (Seehann 1977, 120. 124). Die Unterbringung der Mannschaft erfolgte in Zelten, die bei Kriegsschiffen in der Regel – bei Handelsschiffen scheint es sich eher um eine Ausnahme zu handeln – über dem Schiff gespannt wurden. Daneben finden sich auch Hinweise für an Land aufgestellte Zelte, doch ohne Angabe über ihr Aussehen oder ihre Größe (Falk 1912, 10/1). Buden scheinen nur dann errichtet worden zu sein, wenn ein längerer Aufenthalt geplant war (s. Zitat oben). Eine Kajüte ist für kaiserliche Flußschiffe des 9. Jahrhunderts belegt (Vita Anskarii, Kap. 7), wo ausdrücklich darauf hingewiesen wird, daß sie für Skandinavier eine ungewohnte Bequemlichkeit darstellt. Die Überdachungen, die auf gotländischen Bildsteinen bei Ruderbooten (Abb. 20,a) sowie deutschen Münzen des 10. Jahrhunderts (Abb. 84a) zu beobachten sind, können auch kultisch bedingte Aufbauten im Rahmen einer Prozession darstellen[23]: Sie wirken wie Zelte, die über der Partie mittschiffs errichtet wurden, doch befinden sich die Schiffe alle unter Riemen, von denen auch diejenigen mittschiffs in Gebrauch sind. Inwieweit diese Aussage auf alle fränkischen Flußschiffe übertragbar ist – oder die Passage in der Vita Anskarii

---

21 Vgl. Ruprecht 1958, Nr. 174; der Stein wurde von dem überlebenden Teil einer solchen Gemeinschaft gesetzt, wo der Tote »Mahlgenosse« (matu:no) genannt wird. Ruprecht (a.a.O., 74) interpretiert diesen Ausdruck als Bezeichnung für *Genosse auf Handelsfahrt*, was einer tatsächlichen Teilung der Nahrung nicht entgegensteht.
22 Die von Capelle (1984, 207-9) nachgewiesene Verwendung von Fässern als Verpackung für Waren ist in den Schriftquellen nicht belegt.
23 Schiffsprozessionen oder mystische Schiffahrten sind ein weit verbreitetes Motiv und in vielen Religionen üblich (Tacitus, Germania Kap. 9.; heutige Prozessionen auf Schiffen).

gerade solche Zelte meint –, bleibt unklar. Die Ansprache der Stangen (Nr. 77.c), die zusammen mit dem Schiff von Baumgarth geborgen wurden, als Zeltstangen muß jedoch aufgrund ihrer schlechten Dokumentation fraglich bleiben. Der erste Hinweis auf die Verwendung von Feuer an Bord eines Schiffes findet sich bei dem Boot von Charbrow (Nr. 78.b), wo im Inneren des Vorschiffes Findlinge mit Feuerspuren angetroffen wurden. Eine sekundäre Einschwemmung ist jedoch nicht auszuschließen, besonders da der entsprechende Befund nicht zeichnerisch erfaßt wurde. Wirklich in einem archäologischen Fund belegt ist eine Kombüse erstmals bei der Kogge von Kollerup aus dem 13. Jahrhundert (Crumlin-Pedersen 1979, 181; 1981, 47), wo sie im Bug zusammen mit Keramik angetroffen wurde. In Schriftquellen sind Herde auf Schiffen erst für das 16. Jahrhundert belegt, doch fehlt in deutschen Quellen des 12. und 13. Jahrhunderts bereits jeder Hinweis darauf, daß Mannschaftsmitglieder, wie in den farmannalǫg von 1276 gefordert, an Land gesetzt werden (Heinsius ²1986, 144). Ob die Mannschaft während der Atlantiküberquerung warmes Essen bekam, läßt sich nicht feststellen. Schlafsäcke, bei denen es sich nach Falk (1912, 9) um zusammengenähte Schaffelle handelt, gehören zumindest für Fahrten im Nordatlantik zum festen Inventar (Thule Bd. 19, 121; ÍF 34 [Orkneyinga s.] Kap. 74; Thule Bd. 6, 95/6; ÍF 5 [Laxdœla s.] Kap. 30).[24] Zum Schlafen wurde bei solchen Fahrten offensichtlich auch der Laderaum benutzt (Thule Bd. 5, 43; ÍF 7 [Grettis s.] Kap. 17). Die farmannalǫg (Kap. 5) legen fest, daß das (leider hier nicht spezifizierte) Schiffszubehör von allen an einer Handelsfahrt beteiligten Personen bezahlt wird und während der Fahrt mittschiffs verstaut werden soll. An Land wurde die Schiffsausrüstung in einem Naust (Thule Bd. 14, 278; ÍF 26 [Heimskringla, Ólafs s. Tryggvasonar] Kap. 75) oder vorübergehend in der Kirche aufgewahrt (Thule Bd. 19, 190. 198; ÍF 34 [Orkneyinga s.] Kap. 95. 99). Kleidung und andere persönliche Dinge wurden, wie auch Wertsachen, bei Fahrten entlang der Küste in Kisten verstaut (Thule Bd. 16, 253; ÍF 28 [Heimskringla, Magnúss s. blinda ok Haralds Gilla] Kap. 7; Thule Bd. 19, 180/1; ÍF 34 [Orkneyinga s.] Kap. 94; Thule Bd. 6, 59; ÍF 5 [Laxdœla s.] Kap. 18). Daneben wurden auch persönliche Gegenstände in Beuteln transportiert, welche in einem Fall als aus Leder spezifiziert sind (Thule Bd. 10, 150; ÍF 14 [Finnboga s.] Kap. 13).

Aus der Durchsicht der Funde geht nur ein Schluß als gesichert hervor: Die Ansprache konkreter Bodenfunde als Ausrüstungsteile für die Mannschaft während der Fahrt kann nirgends mit Sicherheit erfolgen – für alle angesprochenen Gegenstände kann auch eine alleinige Verwendung an Land oder als Handelsware nicht ausgeschlossen werden. Trotzdem lassen sich einige Tendenzen beobachten, welche in Verbindung mit schriftlichen Quellen in Teilen des archäologischen Fundmaterials eine Verwendung auf Schiffen wahrscheinlich machen. An erster Stelle ist hier Keramik zu nennen, die in allen Epochen, die überhaupt Aussagen zur Schiffsausrüstung zulassen, in solchen Fundzusammenhängen angetroffen wurde, daß ihre Ansprache als gesichert oder doch zumindest wahrscheinlich gelten kann. Besondere Beachtung verdient meiner Meinung nach ihr Auftauchen an Plätzen in Norwegen, die am ehesten als saisonal genutzt, wenn nicht gar als tatsächliche Rastplätze für die lokale Schiffahrt zu bezeichnen sind. Diese Befunde bieten neben den wenigen gegrabenen Bootshäusern den deutlichsten Beweis, daß bei Kulturen, die Keramik üblicherweise als Hausrat verwendeten, diese auch zur Ausrüstung ihrer Schiffe zu rechnen ist. Das Keramikmaterial aus Plätzen, die auch eine ständige Besiedlung aufweisen, läßt nur deshalb keinen solchen Schluß zu, weil es keine Möglichkeiten gibt, Teile der Schiffsausrüstung vom Material der Siedlung zu trennen und lediglich ortsfremde K e r a m i k einen gewissen Einblick gestattet. Die unterschiedliche Interpretation der rheinischen Keramik in Kaupang und Haithabu verdeutlicht die Ambivalenz dieses methodischen Ansatzes. Zwar mag die oben diskutierte Deutung bis zu einem gewissen Grad darauf zurückzuführen sein, daß Kaupang nur im Uferbereich ergraben ist und die Keramik im weiter landeinwärts gelegenen Teil genauso wie in Haithabu verteilt ist. Der Unterschied, der eine Ansprache der rheinischen Keramik als Schiffsausrüstung für Kaupang möglich, für Haithabu jedoch wenig wahrscheinlich macht, besteht im Keramikgebrauch der beiden Kulturkreise: Im Ostseebereich ist die Verwendung von heimischer und importierter Keramik im Haushalt üblich, so daß immer eine Interpretation als Handelsware – auch wenn es sich um nor-

---

24 Mit den gelegentlich erwähnten »Betten« dürfte die eigentliche Schlafunterlage gemeint sein (Falk 1912, 9).

male Gebrauchsware handelt – im Bereich des Wahrscheinlichen liegt. Aus diesem Grund wurde auf eine Diskussion des importierten Keramikmaterials im slawischen Bereich verzichtet.[25] Die wenigen Scherben importierter Keramik lassen sich ebensowenig in einen Zusammenhang mit der Schiffsausrüstung bringen wie die römische Keramik der Kaiserzeit. Ähnlich sind die wenigen *Specksteingefäße* zu werten, die wie die Keramik in den oben genannten Fundplätzen in Norwegen als Teil der Schiffsausrüstung zu bezeichnen sind, doch an Plätzen wie Dorestad und Wollin, wo sie im Gegensatz zu Haithabu keine Handelsware darstellen, in verschwindend geringem Umfang auftauchen. Auch hier basiert die Erwägung, sie dem Schiffszubehör zuzuordnen, allein auf dem Fehlen entsprechender Funde im Umland, während für andere Gegenstandsgruppen eine entsprechende Verbreitung belegt ist. In Dänemark, wo die Gefäße aufgrund ihres Materials ebenfalls als über See importiert gelten müssen, sind sie jedoch so häufig vertreten, daß ein regelrechter Handel vorauszusetzen ist (Resi 1979, Abb. 132).

Alle anderen Gegenstandsgruppen, die eingangs des Kapitels als mögliche Schiffsausrüstung in Erwägung gezogen wurden, zeichnen sich durch eine sehr viel engräumigere Verbreitung wie auch chronologische Einschränkung auf die frühe Wikingerzeit aus. *Kessel* aus Eisen sind lediglich aus den Bootgräbern von Oseberg, Gunnarshaug und Gokstad belegt, auch wenn in den Hafengrabungen von Dorestad entsprechende Ketten zutage kamen. Bronzekessel aus Bootgräbern der Vendel- und Wikingerzeit sind wegen der allgemeinen Ausstattung der Gräber oder der Fundsituation im Grab viel eher als Küchengerät aufzufassen. Die in den Schriftquellen aufgeführten Schöpfkellen und wegen der Grütze anzunehmenden Teller sind in den Bodenfunden nicht zu identifizieren.

Eine ähnliche Verbreitung zeigen *Zelte,* die sicher nur in Oseberg und Gokstad vertreten sind, aber aus dem Hafen von Birka ist ein möglicher Seilspanner – die Ansprache mit einem Fragezeichen versehen – bekannt.[26] Auf der einen Seite ist diese eingeschränkte Verbreitung durch das Material zu erklären – die Funktion eines Stückes Stoff als Zeltbahn zu bestimmen, ist genauso ausgeschlossen wie die Identifikation einer fragmentierten Latte als Windschirm – doch andererseits sind bereits so umfangreiche Grabungen in mittelalterlichen Häfen erfolgt, daß das vollständige Fehlen von Zelten erstaunen muß. Im krassen Gegensatz zu den Bodenfunden steht die häufige Erwähnung von Zelten auf nordischen Kriegsschiffen, während sie für frühe Koggen nicht bekannt sind (Heinsius ²1986, 131). So ist am ehesten davon auszugehen, daß aus der älteren Eisenzeit bis zum Beginn der Wikingerzeit die Quellenlage für das Fehlen von Hinweisen auf Zelte verantwortlich ist, während für das (skandinavische) Mittelalter andere Gründe gesucht werden müssen. Denkbar ist, daß die mit der späten Wikingerzeit erstmals zu belegenden saisonal genutzten Buden lediglich die Verwendung von Zeltbahnen erforderten und die Mannschaft, wie in den Schriftquellen belegt, zwar wenn möglich für die Nacht unter Land fuhr, aber an Bord schlief (Falk 1912, 9). Eine solche Praxis macht die Verwendung von Windschirmen überflüssig und ließe nur den Stoff als Bodenfund zurück. Kajüten sind lediglich durch die eine Passage aus der Vita Anskarii bezeugt. Die Tatsache, daß die in den Schriftquellen erwähnten Schlafsäcke und Beutel nicht in den Bodenfunden vertreten sind, kann aufgrund der Materialien und der Fundsituation nicht überraschen.

---

25 Als Beispiel sei Menzlin angeführt, wo einzelne Scherben rheinischer Keramik und Kugeltöpfe angetroffen wurden, die jedoch bei dem Gesamtmaterial nicht ins Gewicht fallen (Schoknecht 1978, 230).

26 Im Hafen von Dorestad wurde zwar ein an einem Ende abgebrochener, viereckiger Eisenstab, dessen anderes Ende zur Öse umgebogen ist, angetroffen (van Es & Verwers 1980, 178, hier als »Ösenscharnier« bezeichnet); er entspricht vollständig der Form eines Herings, wie heute zur Befestigung einer Zeltleine im Boden verwendet wird. Ein ähnliches Exemplar stammt aus dem Bootgrab 14 von Valsgärde aus der ersten Hälfte des 9. Jahrhundert (vgl. Katalog Nr. 75.7). Da aber solche Gegenstände aus merowingischen Reihengräbern in großer Anzahl bekannt sind, ohne daß sie eine Verbindung zur Schiffahrt aufweisen, können sie nicht als Heringe betrachtet werden, auch wenn ihre Funktion nicht geklärt ist (vgl. Simmer 1988, 118).

V. Landeplätze und Infrastruktur der Schiffahrt

Die in den vorangehenden Kapiteln vorgestellten Teile der Schiffsausrüstung fanden bis auf die Teile der Takelage vorzugsweise in küstennahen Gewässern oder in der Nähe von Landungsplätzen Verwendung. Aus diesem Grund scheint es angebracht, Lage und Einrichtung dieser Plätze einer näheren Untersuchung zu unterziehen, um einerseits der Frage nach dem Zusammenwirken der einzelnen Gegenstände nachzugehen und andererseits den denkbaren Grad der Organisation der Schiffahrt in bezug auf die für die Seeleute nutzbaren Einrichtungen an Land einschätzen zu können.

Unter dem modernen Begriff Infrastruktur sind nach allgemeinem Verständnis alle von der öffentlichen Hand getragenen Einrichtungen der Vorsorgeverwaltung zu verstehen, d.h. Einrichtungen für den Verkehr, die Versorgung mit Strom, Gas und Wasser, Bildung, Kultur, Krankenbehandlung usw. In dieser Arbeit sollen unter »Infrastruktur« alle diejenigen Einrichtungen an einem Landeplatz zusammengefaßt werden, welche der Schiffahrt dienen[1]: alle Hafeneinrichtungen, mögliche Wohnplätze der Händler, Werften und Bootshäuser. Die Möglichkeit, sich an einem Ort mit Proviant zu versehen, ist, wie die Behandlung des Themas in Kapitel III zeigte, auf archäologischem Weg nicht nachweisbar und soll hier auch nicht Gegenstand der Diskussion sein. Die Infrastruktur stellt eine wichtige Grundlage zur Erkenntnis über die Funktionsweise der Schiffahrt dar, da sie deren Reichweite und indirekt auch deren Umfang beeinflußt. So erfordert ein mengenmäßig großer Warenumschlag an einem Ort andere Einrichtungen für Schiffe und Mannschaft als ein von der Menge her geringer Handel mit Luxusgütern, obwohl auch Größe und Manövrierfähigkeit der Schiffe, Anzahl der Besatzung und Menge der umzuschlagenden Güter eine Rolle spielen. Art und besonders Umfang der Einrichtungen hängen jedoch in einem viel größeren Maße von den ökonomischen und politischen Bedingungen am Landeplatz als von der wirtschaftlichen Potenz der ortsfremden Händler ab (vgl. Anhang). So verfügte Island beispielsweise bis in das 19. Jahrhundert hinein über keine Kaianlagen, obwohl es zu dem Zeitpunkt schon lange durch große Überseeschiffe mit lebenswichtigen Gütern versorgt wurde (Thorsteinsson 1985, 107-9). Der Grund hierfür liegt in der relativen Armut des Landes und der, an europäischen Maßstäben gemessen, geringen Gütermenge, die an einem einzigen Ort angelandet werden sollte. Auf der anderen Seite verfielen die römischen Hafenanlagen in Nordwesteuropa offensichtlich im Laufe des 5. Jahrhunderts, da sie für die geringe Größe der germanischen Schiffe nicht nutzbar waren (Ellmers 1972, 158/9). Ob hier eine standardisierte Verknüpfung vorliegt, bleibt zu untersuchen.

In der Forschung wurde mehrmals versucht, die Größe der Schiffe zur Erklärung bestimmter Siedlungsphänomene heranzuziehen. So wird die Aufgabe einiger Landungsplätze zugunsten anderer, in der Nähe gelegener, mit ihrer für die Anlandung von großen Seeschiffen ungünstigen Lage erklärt (Ellmers 1972, 159/60). Nylén (1973) versucht, die Entscheidung, in einigen Perioden nahe an der Küste zu siedeln und in anderen geschützte Lagunen oder das Hinterland aufzusuchen, mit der Entwicklung des Schiffbaus in Übereinstimmung zu bringen. Nach der vorrömischen Eisenzeit habe man auf Gotland die Plätze an der offenen Küste verlassen, weil Boote wie das von Nydam auftauchten, die den Aktionsradius verglichen mit denen des Hjortspringtyps so sehr erweitert hatten, daß die Seeräuber nun auch nach Gotland einfallen konnten. Erst mit dem Einsatz tiefgehender Koggen sei man gezwungen worden, die geschützten Lagunenplätze, die während der gesamten jüngeren Eisenzeit als Landungsplätze genutzt worden waren, aufzugeben und an der offenen Küste wieder anzulegen. Solche Interpretationen können dem komplizierten Gefüge der Siedlungsarchäologie jedoch nicht gerecht werden, da sie zu stark monokausal argumentieren. Die Verlagerung des Siedlungsschwerpunktes von Haithabu nach Schleswig sowie von Birka nach Sigtuna ist auf keinen Fall so zu erklären, genauso wenig wie die

---

[1] Eine sehr viel umfassendere Definition, die auch Händler und Handelsrouten miteinschließt, benutzt Jankuhn (1980).

Aufgabe von Kaupang am Ende des 9. Jahrhunderts oder der Rückgang der Bedeutung Ralswieks kurze Zeit später. Jankuhn (1980, 148-50) rechnet für die Wikingerzeit mit der Existenz von kleineren Handelsplätzen, die als Sammelstellen für die Produkte einzelner Regionen und den Fernfahrern als sicherer Rastplatz für die Nacht dienten.[2] Diese These gilt es zu überprüfen, da sich hieraus einige Schlüsse über den Ablauf der Schiffahrt ziehen lassen.

1. Landeplätze

Landeplätze zeichnen sich in Nordeuropa erst im Laufe des 7. Jahrhunderts durch spezifische bauliche Einrichtungen aus. Zwar gibt es mit North Ferriby und Glastonbury vereinzelte Hinweise auf solche Einrichtungen in der Bronze- und frühen Eisenzeit (s.u.), doch der Großteil der Plätze gibt sich lediglich indirekt zu erkennen. Unter dem Begriff »Landeplatz« werden alle Plätze zusammengefaßt, an denen Seeleute von See aus mit dem Land in Kontakt treten, sei es in Form von zwischen Schiff und Land pendelnden Beibooten oder über feste Hafenbauten. Solche Plätze müssen nicht in unmittelbarer Nähe oder innerhalb einer Siedlung liegen, genauso wenig wie nicht jede Siedlung an einem schiffbaren Gewässer einen klar definierten Landeplatz aufweisen muß. Die einzige topographische Bedingung, die mit einem Landeplatz neben der Möglichkeit zum Landgang verknüpft ist, besteht darin, daß er dem jeweiligen Schiff Schutz vor den vorherrschenden Winden und Strömungen bieten soll. Ein solcher Platz wird als Naturhafen bezeichnet, und seine tatsächliche Nutzung als Hafen läßt sich nur durch den Fund von Schiffsausrüstung, Ballast oder einzelnen Pfosten im Wasser zum Vertäuen von Schiffen belegen (McGrail 1987, 269). Ein solcher Befund ist jedoch nach dem heutigen Forschungsstand auf neuzeitliche Plätze beschränkt, so daß Landeplätze, die nicht auch an Land archäologisch nachweisbare Spuren hinterlassen haben, sich der Erschließung entziehen. McGrail (1987, 269-72) listet eine ganze Reihe topographischer Kriterien auf, welche aus der Sicht der interessierten Parteien – Seeleute, Händler, politische Autoritäten an Land – erfüllt sein sollten, doch bieten sie keine Grundlage zur Erschließung von Landeplätze, sondern dienen lediglich zur Erklärung, warum ein Platz in der betreffenden Umgebung gewählt wurde. So treffen alle topographischen Gründe, die zur Anlegung Haithabus angegeben wurden (Jankuhn [8]1986, 55/6), auch auf Schleswig zu, ohne eine Begründung für die Abfolge dieser beiden Handelsplätze zu bieten.

Das Problem bei dem archäologischen Nachweis von Landeplätzen besteht darin, daß sich die Wasserverhältnisse seit der Nutzungszeit drastisch verändert haben. So entziehen sich Strömungs- und Brandungsverhältnisse – die beiden Elemente, die das Aussehen eines Strandes bestimmen – der Rekonstruktion, und selbst der Verlauf der ehemaligen Küstenlinie ist mitunter vollständig unbekannt bzw. heute im Meer versunken.[3] In der Forschung werden unterschiedliche *Methoden zum Nachweis von Landeplätzen* angewendet: In einzelnen regionalen Bereichen geben sie sich durch Ortsnamen mit bestimmten Endungen zu erkennen, wobei die Datierung allerdings in höchstem Maße unsicher ist, wie auch die Frage nach der möglichen Nutzung (Westerdahl 1980; 1985b, 404, Fig. 8). Eine andere Möglichkeit besteht darin, aus den an Land zutage gekommenen archäologischen Funden einer Epoche auf Schwerpunkte der Besiedlung zu schließen und dann nach Plätzen zu suchen, die anhand ihrer topographischen Situation als Landestellen in Frage kommen. Auf diese Weise schloß Crumlin-Pedersen (1987) auf drei geeignete Stellen entlang der Ostküste von Fünen (Abb. 89), die durch ihre anzunehmenden naturräumlichen Gegebenheiten während der Eisenzeit und den archäologischen Funden der Umgebung als Landeplätze für das reich mit Edelmetallen und römischen Importgegenständen bedachte Gebiet um Gudme weiter im Landesinneren geeignet erschienen. An einem dieser Plätze kam kurze Zeit später tatsächlich der Fundort von Lundeborg zutage (s.u.). Eine ähnliche Methode benutzt Carlsson (1987) für das wikingerzeitliche Gotland (Abb. 84,b; 85): Er nimmt eine Verbindung aus der anzunehmenden topographischen Situation während der Wikingerzeit, dem Aussehen der Kulturlandschaft des 17. Jahrhundert (der ersten Phase der systematischen Kartierung auf Gotland) sowie die Existenz von Gräberfeldern in Strandnähe als Grundlage, Bereiche möglicher Landeplätze zu lokalisieren. An einigen dieser Stellen wurden Phosphat-

---

2 Als Beispiele führt er Köpingsvik und Skudevig an (s.u.).
3 Vgl. hierzu allgemein King [2]1972.

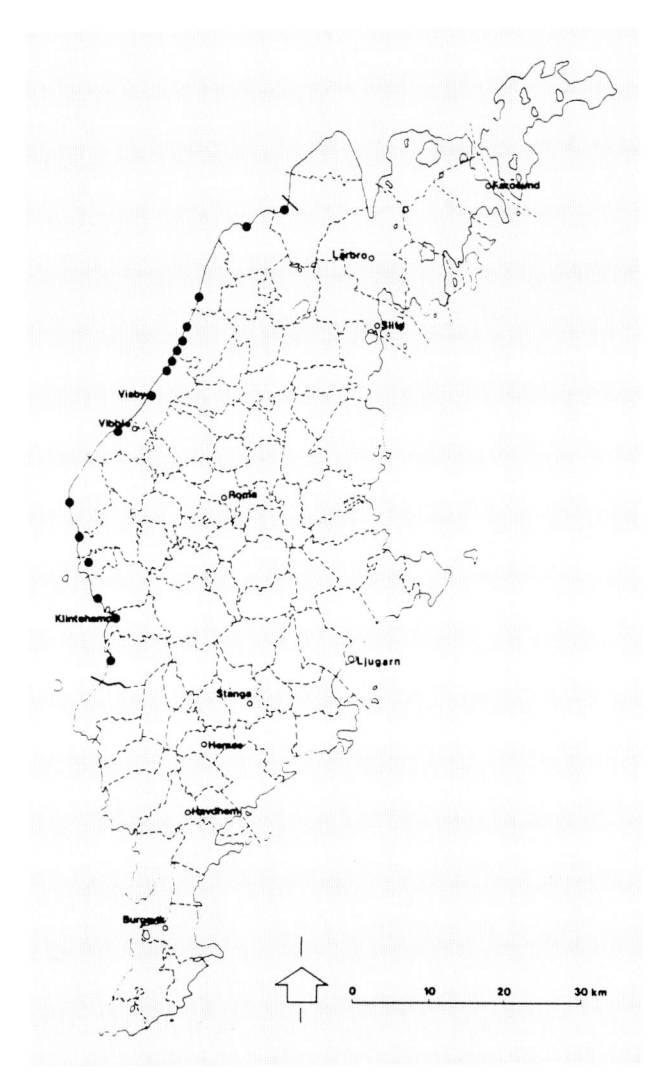

Abb. 84b Mögliche Landeplätze der Wikingerzeit auf Gotland, zwischen Fröjle und Hangvar.

kartierungen vorgenommen, und an drei besonders geeignet erscheinenden Plätzen Probegrabungen durchgeführt. Hierbei wurden zwar Hinweise auf Handel angetroffen, doch sind die Ergebnisse noch zu vage, um Schlüsse auf das Aussehen und die Funktion dieser Plätze zu erlauben. Solche Vorgehensweisen bieten einen guten Ausgangspunkt zur systematischen Feststellung von Landeplätzen, doch lassen sie sich nur auf Gebiete und Epochen anwenden, für die das Verhältnis von Gräbern, Siedlungen und Häfen zumindest in groben Zügen bekannt ist. Ferner erlauben sie nicht die Erfassung von Hafenstrukturen, die nicht dem erwarteten Schema entsprechen.

Schiffahrt läßt sich auch durch Sperren im Fahrwasser nachweisen, da diese angelegt wurden, um den Verkehr entweder zu unterbinden oder zu kanalisieren. In die Zeit vor 1200 datierte Sperren sind aus Südschweden und dem östlichen Teil von Dänemark bekannt. Sie werden entweder der Kaiserzeit oder der späten Wikingerzeit bzw. dem frühen (skandinavischen) Mittelalter zugewiesen (Crumlin-Pedersen 1973a; 1975; 1985b, 223-7; Westerdahl 1985b, 402-5). Es handelt sich in der Regel um eingerammte Pfähle, die in einigen Fällen durch Querhölzer zusammengehalten werden, oder seltener um versenkte Schiffe. Da keine Sperre in ihrer vollen Länge bekannt ist – spätestens im 19. Jahrhundert wurden die meisten aus dem damals benötigten Fahrwasser entfernt –, läßt sich ihr Zweck im Einzelfall nur indirekt erschließen. Die Sperren von Skuldelev und Fotevik wurden offensichtlich als improvisierte Verteidigungsanlage für einen Handelsplatz errichtet, die im Falle von Fotevik nach überstandener Gefahr teilweise wieder entfernt wurde (Olsen & Crumlin-Pedersen 1967, 94; Crumlin-Pedersen 1978; 1984, 57). Andererseits ist aus nordischen Schriftquellen bekannt, daß über die Schleimündung an Balken befestigte Ketten gelegt wurden, damit kein Schiff passieren konnte, ohne Abgaben an den König zu zahlen (Thule Bd. 19, 329; ÍF 34 [Knýtlinga s.] Kap. 86). Die genaue Funktion einer Sperre entzieht sich somit unserer Kenntnis, wobei die Sicherung eines bestimmten Gebietes vor Angriffen von See aus im Vordergrund gestanden haben dürfte. Eine Verbindung zwischen einer datierten Sperre und einem Landeplatz läßt sich nach dem heutigen Forschungsstand nicht ziehen, doch wurden in der Nähe von einigen Handelsplätzen undatierte Sperren angetroffen (s.u.). Auch der Kanal von Kanhave durch die dänische Ostseeinsel Samsø aus dem 10. Jahrhundert liefert keine Informationen über die Funktionsweise der Schiffahrt, da bis heute noch keine stringente Interpretation für seine Existenz vorgelegt werden konnte (Stiesdal 1960; Roesdahl 1982, 38/9). Auf der anderen Seite kann nicht jeder Hortfund, der aus einem schiffbaren Gewässer oder der näheren Umgebung eines solchen stammt, ohne weitere Überprüfung als Indikator für Schiffahrt herangezogen werden: So ist beispielsweise bei einem Hortfund aus dem Bereich der schwedischen Seen die Möglichkeit in Rechnung zu stellen, daß dieser Fund bei einer winterlichen Überquerung eines zugefrorenen Sees verlorenging (Larsson 1986, 93).

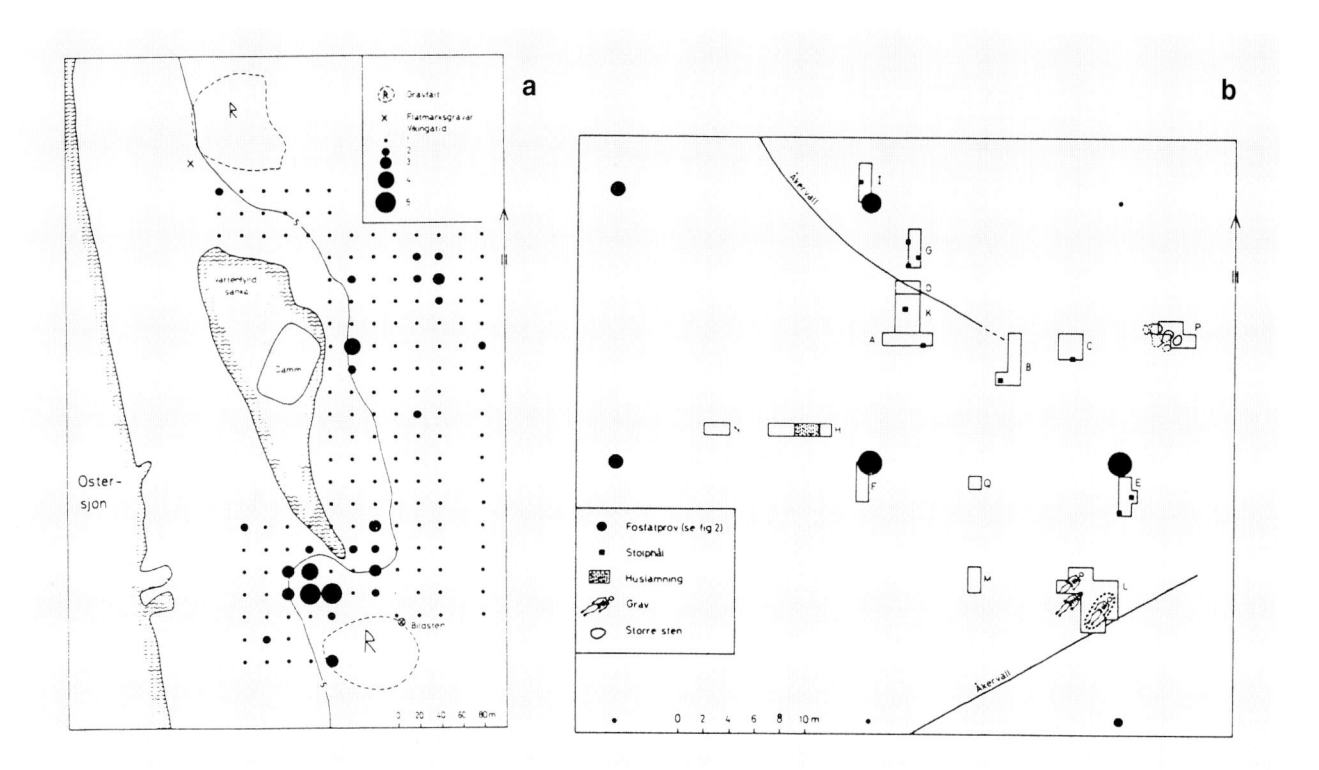

Abb. 85 Möglicher Landeplatz der Wikingerzeit von Norra Gnisvärd, Tofta sn.: a Kartierung der Phosphatuntersuchung, auf die früheste neuzeitliche Karte übertragen; b Darstellung der Probegrabungen.

Alle auf solchen Wegen indirekt erschlossenen Landeplätze[4] sollen hier jedoch ausschließlich als Ergänzung zu den durch Grabungen bekannten Plätzen in Betracht gezogen werden, da sie zum einen nur für einzelne Landstriche und Epochen erarbeitet sind und zum anderen ohne Untersuchungen keine Information zur Infrastruktur der Schiffahrt liefern. Auch nicht sicher datierte Befunde sollen von der Untersuchung ausgeschlossen werden, da die Wahrscheinlichkeit einer Fehlinterpretation sehr hoch ist. So wurde beispielsweise Hollingstedt an der Treene als Westhafen von Haithabu interpretiert (Jankuhn [8]1986, 117-9), wohingegen eine Durchsicht der hier gefundenen Keramik auf eine Nutzungszeit erst ab dem 11. Jahrhundert schließen läßt, was den Ort eher mit Schleswig als mit Haithabu in Verbindung setzt (Lüdtke 1987, 68). Eine Klärung kann hier nur eine größere Grabung bringen.

Erkannte Landeplätze werden heute im allgemeinen durch die von Ellmers (1972, 123-73) eingeführten Definitionen beschrieben: Er unterscheidet grundsätzlich zwischen Häfen, in denen Schiffe an Land gezogen wurden, und solchen, in denen sie schwimmend anlegen konnten und nur zu Reparaturzwecken an Land gezogen wurden. Erstere nennt er »Schiffsländen«, letztere subsumiert er unter dem Begriff »Kaianlagen«. *Schiffsländen* – McGrail (1987, 269) faßt sie unter dem Begriff »informelle Landeplätze«[5] zusammen – sind praktisch aus allen geschichtlichen Epochen bekannt, auch wenn ihr archäologischer Nachweis nur in den seltensten Fällen möglich ist. Es handelt sich um Strände mit flachem Wasser, und wo immer möglich liegen sie an Naturhäfen, d.h. einer vor der vorherrschenden Windrichtung geschützten Bucht o.ä. Diese Plätze können auch über Einbauten verfügen, die die Nutzung erleichtern; häufig finden sich befestigte Wege, die das Erreichen der Schiffe trockenen Fußes gewährleisten, oder Zäune, um besonders bei Flüs-

---

[4] Diese Forschungsrichtung erfreut sich immer größerer Aufmerksamkeit; vgl. zusätzlich McGrail 1983 (für mögliche Häfen an der französischen und englischen Kanalküste in der vorrömischen Eisenzeit); Crumlin-Pedersen 1983 (für die Kattegattumgebung); Rasch 1988 (für Öland); Sognnes 1988, bes. S. 51-3 (für das Trøndelag); Larsen 1984/85 (für das Gebiet Grimstad in Aust-Adger); Øye 1989; Ulriksen 1991.

[5] Eine irreführende Bezeichnung, da es sich durchaus um festumrissene und von den politischen Autoritäten wie auch den Seeleuten akzeptierte Plätze handelt.

sen den Uferbereich vor Erosion zu schützen. Die Existenz einer Uferbefestigung ist jedoch kein zwingender Beweis dafür, daß diese Stelle tatsächlich als Landeplatz benutzt wurde. An manchen Plätzen scheint es möglich, daß die Schiffe bei Flut nahe an das Ufer heranfahren konnten, um dann bei Ebbe trockenzufallen (Ellmers 1985b). Auch sie gehören zu der Kategorie Schiffslände, da die Schiffe bei Ebbe u.U. mit einem Wagen be- und entladen wurden. *Kaianlagen* dienen im Gegensatz dazu, Schiffe zu jeder Zeit (außer bei extremem Hoch- oder Niedrigwasser) be- und entladen zu können, ohne daß sie trockenfallen oder an Land gezogen werden. Die Voraussetzung dazu ist ausreichend tiefes Wasser an den Anlandestellen. Bis auf wenige natürliche Bildungen[6] sind solche Häfen künstlich angelegt, d.h. es wurden Bauten vom natürlichen Ufer ins Wasser getrieben. Diese Bauten können punktuell an engumgrenzten Stellen ansetzen und einen schmalen Weg zum tiefen Wasser bieten, dies ist bei Landebrücken und Molen der Fall[7], oder aber sie verlaufen wie Kaimauern parallel zum Ufer und bilden eine durchgehende Wand, an der Schiffe nebeneinander anlegen können. Ferner existieren reine Uferbefestigungen sowie Mischformen der oben angesprochenen Kategorien. Das hauptsächliche Problem dieser Einteilung besteht darin, daß sich die genaue Wassertiefe im Bereich der Hafenanlagen nur in den allerseltensten Fällen feststellen läßt. In der Regel ist man auf ungefähre Schätzungen angewiesen, die besonders in Regionen mit Tidenhub – bei den hier behandelten Fundplätzen praktisch überall bis auf die Ostsee und die schwedischen Seen – nicht immer erkennen lassen, ob zur gegebenen Zeit tatsächlich für Kaianlagen ausreichend tiefes Wasser vorhanden war oder nicht. Darüber hinaus sei angemerkt, daß die meisten Hafengrabungen so kleinräumig angelegt sind, daß ihre Befunde nur mit starken Vorbehalten auf den gesamten Platz übertragbar erscheinen: Es ist durchaus möglich, daß in einer Grabungsfläche ein vollständig atypischer Bereich der Hafenanlagen angeschnitten wurde, während die typischen in unmittelbarer Nähe nicht erfaßt sind.

Das früheste Beispiel für einen Landeplatz mit festen Einrichtungen in Nordwesteuropa findet sich in North Ferriby, an der Mündung des Humber.[8] Hier wurden drei spätbronzezeitliche Boote und mehrere Kleinfunde, die aber nicht unbedingt gleichzeitig sind, an einem flachen Sandstrand angetroffen. Von Interesse ist hier die Verwendung einer Winde zum Anlandziehen der bis zu 15 m langen, paddelgetriebenen Boote, von der noch ein gabelförmiger Seitenrahmen vorhanden ist (Wright 1990, 147-51).

Aus der *vorrömischen Eisenzeit* sind nur wenige Siedlungen aus den in Frage kommenden Gebieten bekannt, von denen keine ohne Einschränkung als Landeplatz bezeichnet werden kann. Lediglich die Siedlung von Nørre Fjand an der dänischen Westküste (Hatt 1957) zeigt durch das Auftreten von Netzsenkern, daß hier Fischfang per Boot betrieben wurde. Für Siedlungen wie Jemgum, Kr. Leer, und Boomborg-Hatzum, Kr. Wesermarsch, (Haarnagel & Schmid 1984, 194-6) ist Schiffahrt nur indirekt durch die Lage anzunehmen (Abb. 86,a): Beide weisen sich durch Funde und Befunde als bäuerliche Flachsiedlungen aus. Beide liegen auf einem Uferwall der Ems und sind von dieser, und Jemgum darüber hinaus von Prielen, eingefaßt. Anlegestellen konnten nicht positiv identifiziert werden. Über die Infrastruktur der Schiffahrt ist weiter nichts zu sagen. Aus Großbritannien und Irland ist zwar aus dem Binnenbereich eine Reihe von künstlich im Wasser angelegten Siedlungen, den sog. »crannogs«, bekannt (Morrison 1985), die nur per Schiff erreichbar waren. Der Landeplatz ist aber bis auf die Seesiedlung von Glastonbury, Somerset, nur indirekt zu erschließen (Abb. 88). Hier kamen eine Uferbefestigung aus Faschinen sowie ein fester Zugang zu einer Schiffslände aus Stein zutage (Ellmers 1972, 13).

Mit der *Kaiserzeit* lassen sich entlang der deutschen Nordseeküste einige Plätze feststellen, deren Lage und zum Teil auch Fundmaterial auf Schiffahrt hindeutet. So zei-

---

[6] Archäologisch sind solche Plätze nicht belegt (Ellmers 1972, 152); die Verwendung von Laufstegen in nordischen Quellen läßt auf die Nutzung natürlicher Plätze schließen, da sie offenbar als Verbindung zwischen einem im Wasser liegenden Schiffe, das nicht ausdrücklich in einem Hafen liegt, und dem Land erwähnt werden; Falk (1912, 24) versucht, sie mittels Ortsnamen zu lokalisieren, deren Entstehungszeit allerdings nicht bekannt ist.

[7] Der Unterschied zwischen einer »Brücke« und einer »Mole« besteht darin, daß erstere ausschließlich auf Pfählen oder Pfosten steht, so daß das Wasser darunter frei fließen kann, während letztere auf einem auf dem Grund des Gewässers aufliegenden Fundament ruht, das den Fluß des Wassers verändert; »Molen« werden heute hauptsächlich im Küstenschutz eingesetzt und dienen weniger zum Anlanden von Schiffen.

[8] Bei der spätbronzezeitlichen »Kaianlage« von Runnymede an der Themse (Needham & Longley 1981) handelt es sich aller Wahrscheinlichkeit nach nicht um eine Landeeinrichtung für Boote (McGrail 1987, 13/4).

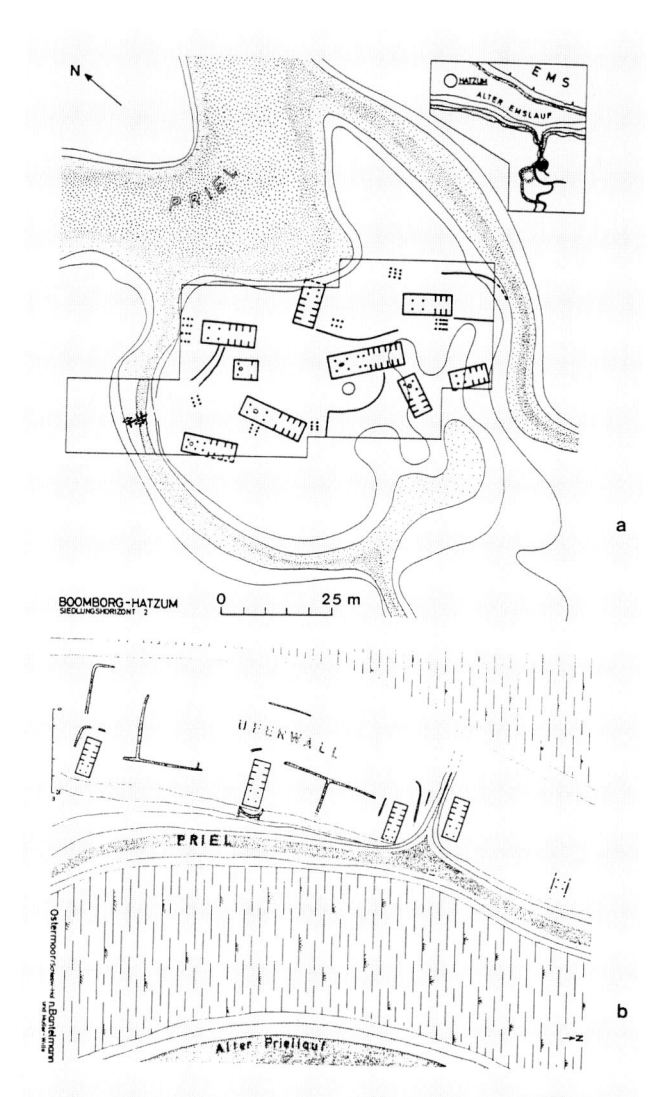

Abb. 86 a Flachsiedlung Boomburg-Hatzum, Siedlungshorizont 2 (5. Jahrhundert v.Chr.); b Ostermoor.

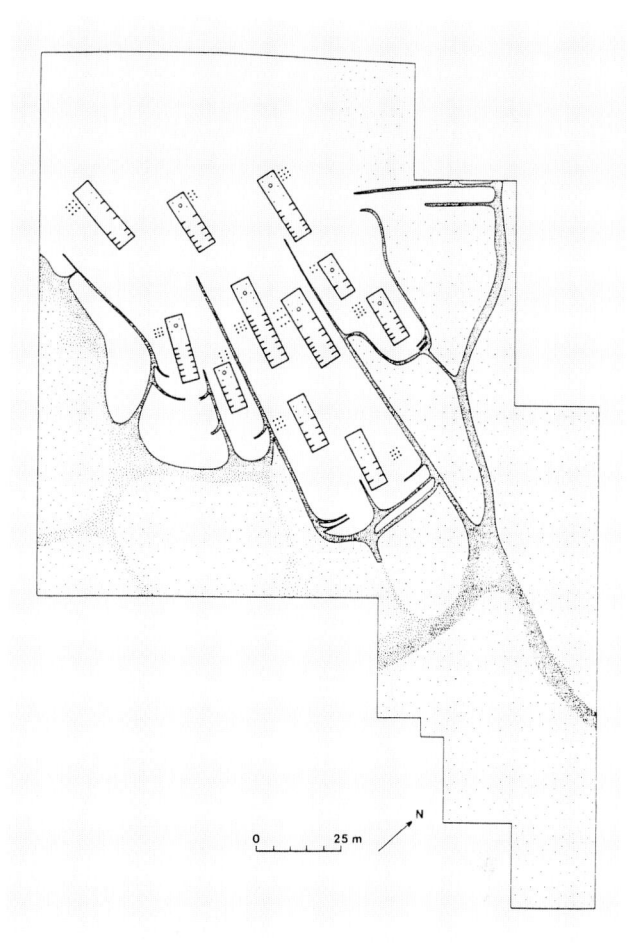

Abb. 87 Feddersen Wierde, Siedlungshorizont 1d (Flachsiedlung; Ende 1. Jahrhundert n.Chr.).

gen die in Kapitel IV diskutierten Funde römischer Keramik in Siedlungen eine wenigstens indirekte Verbindung über eine weitere Strecke, die zumindest entlang der Küste mittels Schiffen bewältigt werden mußte. Anders verhält es sich mit den Funden aus dem Binnenbereich der Germania Libera: Zwar liegen diese Orte, soweit feststellbar, an Wasserläufen oder Seen, doch läßt sich diese Plazierung auch auf andere Faktoren als die Schiffahrt zurückführen (s.o.).

In dem heute in den Niederlanden gelegenen Gebiet der Germania Libera findet sich eine Reihe von Orten, die am Austausch mit römischen Händlern teilgenommen haben, doch sind die eigentlichen Landeplätze zu wenig untersucht, um Aussagen über die Schiffahrt zu gestatten.[9] Entlang der deutschen Nordseeküste finden sich drei Fundorte, die ausreichend untersucht und publiziert sind. Die Befunde von *Bentumersiel* (Abb. 71; 72) sind bereits angesprochen worden (s. S. 107ff.): Sie stellen eine Schiffslände dar, die über Straßen mit der Siedlung verbunden war und anscheinend über mehrere Priele sowie die Ems zu erreichen war (Brandt 1977a, 17/8). Die Wurt *Feddersen Wierde*, Kr. Wesermarsch, liegt an der Wesermündung, am Übergang der Marsch zur Geest (Abb. 87). Die erste Flachsiedlung wurde bereits vor Christi Geburt angelegt, doch erst mit dem ersten Jahrhundert ist der Siedlungsplan zu verfolgen: Insgesamt acht Schichten vom 1. bis 5. Jahrhundert liegen hier übereinander, während derer sich die Struktur der Siedlung von einem

9 Vgl. van Es 1965/66 (besonders Karten Fig. 8-10).

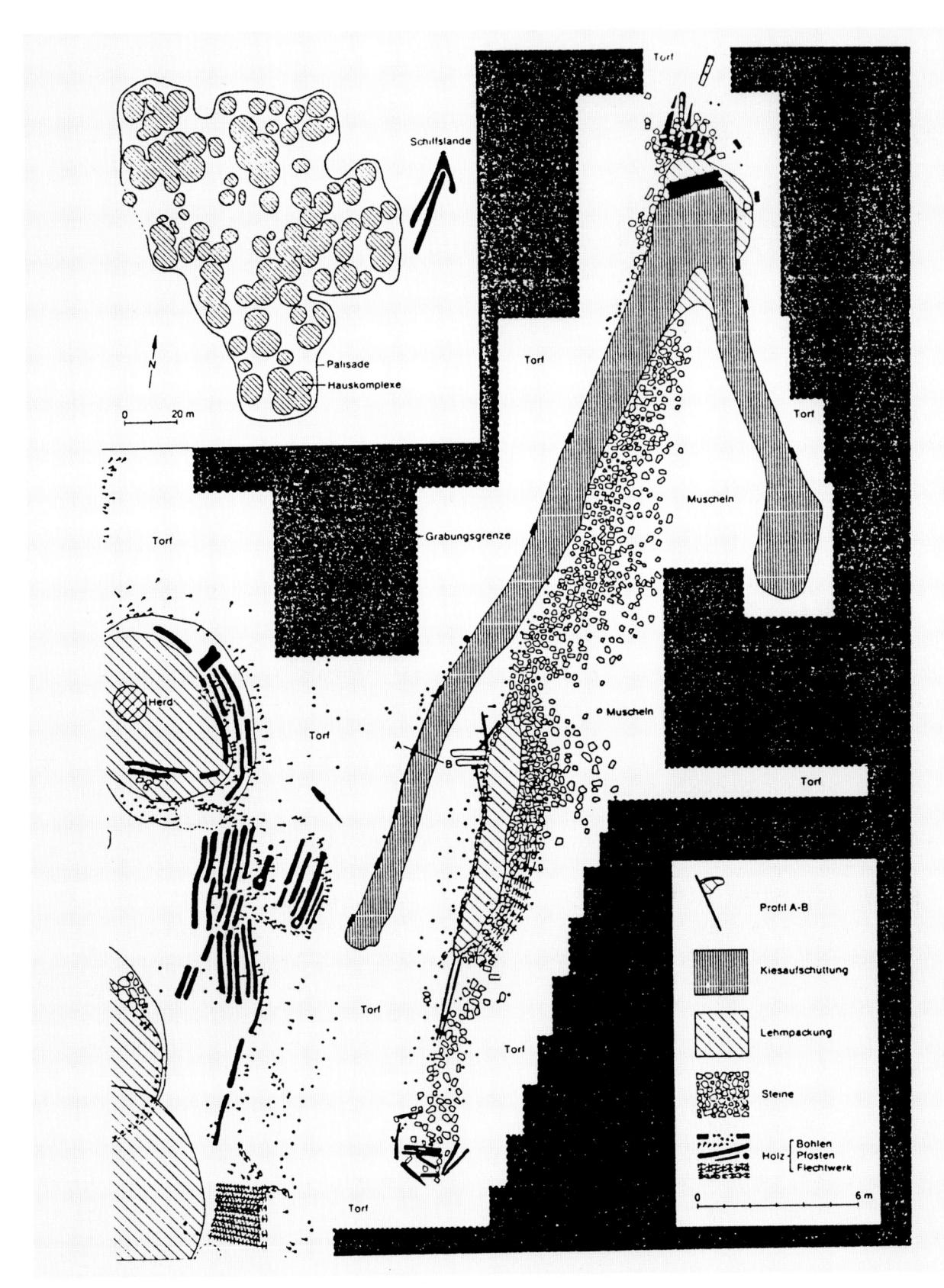

Abb. 88 Glastonbury: Befunde des Landungsplatzes.

132

Haufendorf über ein radial ausgerichtetes Dorf zu einem solchen mit deutlich ansprechbaren »Herrenhof« wandelte. Inwieweit es sich hier um das Zentrum für ein größeres Gebiet handelt, läßt sich jedoch nicht feststellen. Unter dem umfangreichen Fundmaterial fanden sich Importe von Mahlsteinen aus Mayener Basalt sowie römischen Münzen und Terra Sigillata über die gesamte Zeit verteilt, doch mit Schwerpunkt in der ersten Hälfte des 2. Jahrhunderts (Haarnagel 1979, 311).[10] Doch bereits in der Flachsiedlung finden sich einzelne Gegenstände wie Bruchstücke eines keltischen Glasarmrings und eine Perle sowie Keramikformen, deren Hauptverbreitungsgebiet im westlichen Küstengebiet der Niederlande zu suchen ist, die aber auch links der Ems in geringem Umfang bekannt sind (ebd.). Die Siedlung war über einen Priel mit der Nordsee verbunden – die rückwärtigen Priele waren z.T. durch Brücken und Dämme für Schiffe unpassierbar – und besaß mit der Sieverner Au eine gute Verbindung ins Binnenland (a.a.O., 307/8). Der eigentliche Landungsplatz ist nicht zu identifizieren[11], aber am wahrscheinlichsten ist die Stelle im Südwesten, wo der Hauptpriel direkt an die Siedlung führt. In diesem Zusammenhang darf allerdings auch nicht unterschlagen werden, daß auf der Feddersen Wierde bedeutend sicherere Anzeichen des Landverkehrs als der Schiffahrt angetroffen wurden: Die Funde von insgesamt 46 Wagenteilen sowie die Wege innerhalb der Siedlung, die sich auch außerhalb durch Brücken und Dämme über bzw. in den Prielen abzeichnen, lassen auf den Transport auch schwerer Güter über Land schließen.

Auf einem alten Uferwall der Elbe liegt die Siedlung von *Ostermoor*, Kr. Süderdithmarschen (Bantelmann 1957/58), die dem Ende der älteren Kaiserzeit zugewiesen wird (Abb. 86,b). Ein Teil des Siedlungsareals im Bereich des Hauptpriels fiel der Erosion zum Opfer. Verteilt über ein Gebiet von ca. 50 m Breite und über 200 m Länge wurde eine bis zu 30 cm mächtige Kulturschicht mit den Resten von sechs anscheinend einphasigen Pfostenhäusern auf 20-30 cm mächtigen Sodenpackungen angetroffen. Neben einheimischer Keramik und anderem Siedlungsabfall kamen acht Scherben Terra Sigillata, die in die Zeit 50-175 datiert werden, sowie ein Fragment eines Mahlsteins aus Eifeler Basalt zutage. Für Schiffe war die Siedlung über einen während der Kaiserzeit sicher wasserführenden Priel zu erreichen, wohingegen in dem ca. 3 m breiten Nebenpriel ein Brunnen angetroffen wurde, jener also zur fraglichen Zeit kein Wasser führte. Die genauen Wasserstände lassen sich nicht mehr rekonstruieren, doch die unmittelbare Umgebung der Siedlung bestand aus feuchtem Untergrund. Schiffahrt – möglicherweise während der Ebbe nur in eingeschränktem Umfang – stellt somit einen wesentlichen Anteil an den Komunikationsmöglichkeiten der Siedlung dar, auch wenn diese zum Teil offensichtlich an einer mehr als einen Meter hohen, steilen Böschung des Priels lag. Eine Anlegestelle läßt sich nicht erkennen. Eine ähnliche Lage vermutet Haarnagel (1937) auch für die gleichzeitige Flachsiedlung von *Hodorf*, Kr. Steinburg, in der Nähe der Stör, wo in der Siedlungsschicht aus dem Ende des 2. Jahrhunderts eine unbekannte Menge an Terra Sigillata sowie ein römischer Denar und eine Bronzemünze angetroffen wurden. Über die Bedingungen für die Schiffahrt läßt sich nichts aussagen, doch weisen diese beiden Plätze in Schleswig-Holstein darauf hin, daß ähnliche Verhältnisse wie in Ostermoor aller Wahrscheinlichkeit nach häufiger auftraten, als dies die archäologischen Quellen beweisen.

Entlang des dänischen Fahrwassers ist lediglich ein Landeplatz bekannt[12], obwohl in diesem Gebiet römisches Importgut in der jüngeren Kaiserzeit durchaus keine Einzelerscheinung darstellt. Es handelt sich um den Fundort von *Lundeborg*, Svendborg amt, an der Ostküste von Fünen (Abb. 89-92). Hier wurde durch Zufall im Sommer 1985 der von Crumlin-Pedersen (s.o.) postulierte Landeplatz für das »Reichtumszentrum« Gudme[13] gefunden. Die 50-80 cm mächtige Kulturschicht dieses Platzes erstreckt sich über 800 m entlang der Küste, unterbrochen von dem Bach Tange Å, und 70 bis 100 m ins Landesinnere. Der Beginn der Siedlung liegt im 3. Jahrhundert, und sie scheint kontinuierlich bis in die Vendelzeit bestanden zu haben. Aus allen Epochen finden sich Hin-

---

10 Von den römischen Funden sind bis jetzt lediglich die Mühlsteine differenziert publiziert worden.
11 Alle Brücken oder Stege dienten dem Landverkehr (Haarnagel 1979, 166/7).
12 Die römischen Münzen aus Dankirke sind wohl eher völkerwanderungs- bis vendelzeitlichen Aktivitäten zuzuschreiben (s.u.).
13 Eine Zusammenfassung der älteren Untersuchungen in diesem Gebiet bei Thrane (1987b), die jüngsten Forschungsprojekte werden im Årbog for Svendborg & Omegns Museum 1986-1989 vorgestellt; Grabungsberichte von Thomsen (1986; 1987 a, b; 1989), Hardt 1987; geologische Untersuchung der Wasserverhältnisse von Binderup (1988).

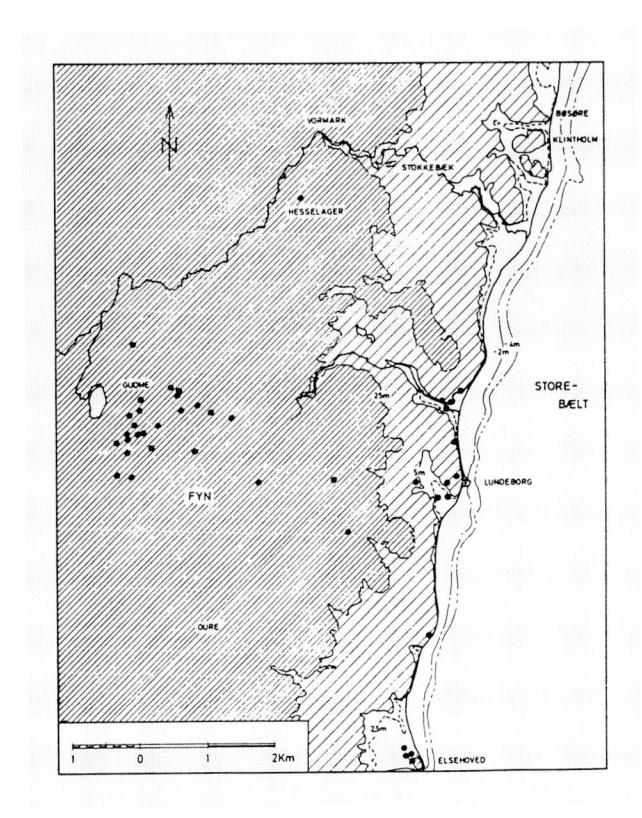

Abb. 89 Mögliche Hafenplätze für Gudme entlang der Ostküste Fünens, Höhenlinien eingezeichnet und Goldfunde mit Punkten markiert.

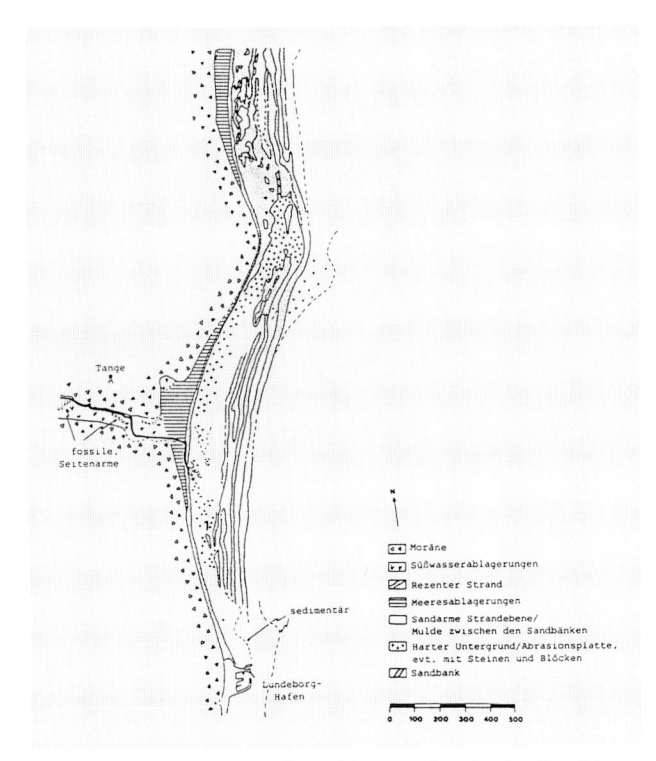

Abb. 90 Geologische Karte des Gebietes um den Fundort Lundeborg.

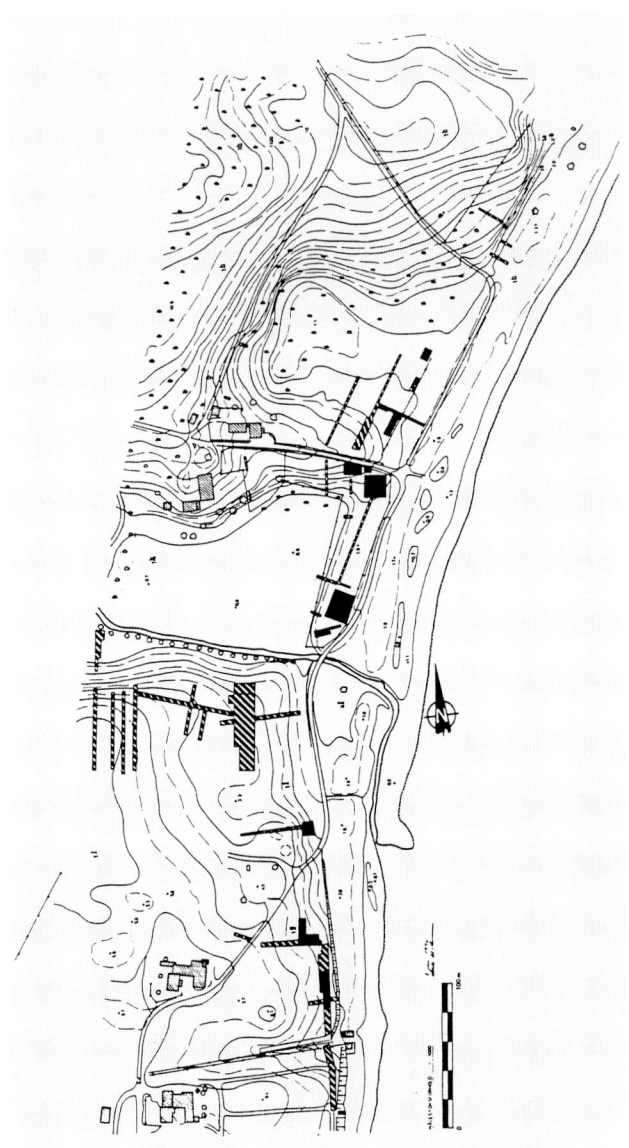

Abb. 91 Lundeborg: Übersichtsplan der Grabungen.

weise auf Metallverarbeitung und Warenaustausch, d.h. importierte Gegenstände, Münzen und Feinwaagen, mit näheren und weiter entfernten Gebieten. An Befunden ließen sich lediglich in der ältesten Schicht südlich des Baches direkt am Strand einige Fußbodenhorizonte, die in Reihen nebeneinander angelegt waren und einander z.T. überlagerten, sowie einige Pfostenlöcher feststellen. Der einzige Hinweis auf die Anwesenheit von Schiffen liegt in den ca. 5500 Nägeln, Nieten und Nietplatten aus Eisen, die verstreut über die Siedlung zutage kamen und wohl zumindest teilweise für Schiffe bestimmt waren (Thomsen 1989, 13). Infolge der Landhebung liegt die

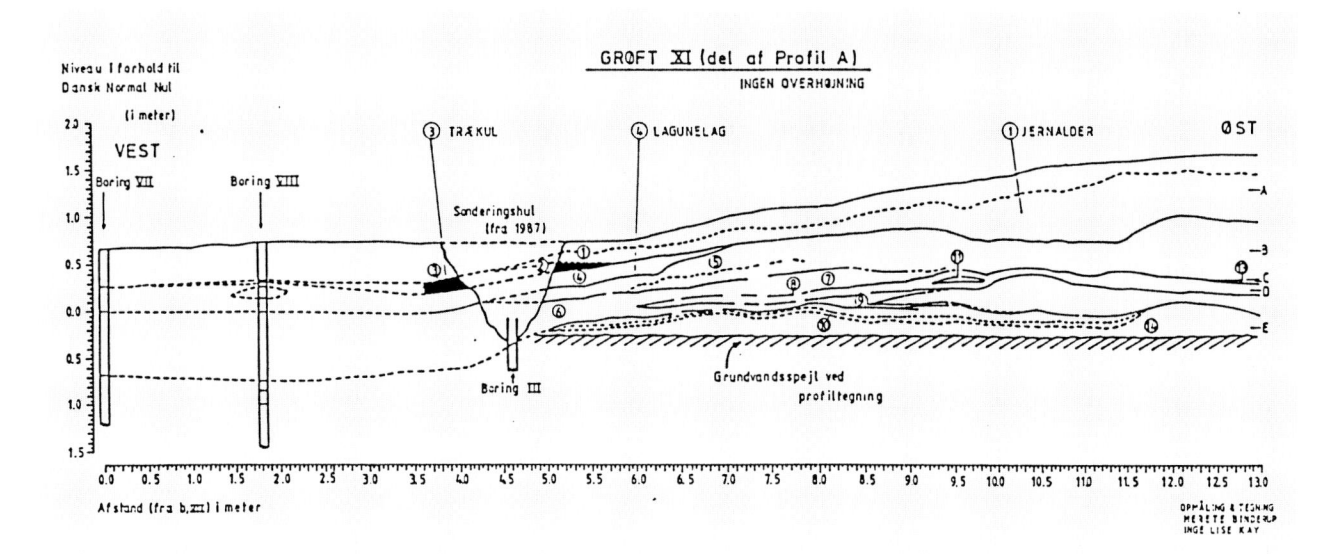

Abb. 92 Lundeborg: Profilschnitt durch das »Hafenbassin« (O–W); 1 eisenzeitliche Schicht, 4 Ablagerungsschicht von Salzwasser, mit Holzkohle (3) versetzt, die übrigen Schichten sind geologisch.

Anlandestelle der Schiffe heute außerhalb des Meeres. Sie wird an der Mündung der Tange Å hinter dem Strandwall, auf dem ein Teil der Siedlung liegt, vermutet, obwohl die bisherigen Untersuchungen dort lediglich eine Fortsetzung der Kulturschicht und keine Hinweise auf einen Hafen feststellen konnten (Abb. 92).

In diesem Zusammenhang sind auch die Plätze an der äußeren Küste Norwegens, die sog. »hellerfunde« sowie die Nausten zu nennen, deren älteste Vertreter in der späten Kaiserzeit einsetzen, zum größten Teil jedoch der jüngeren Eisenzeit zuzuweisen sind. Es handelt sich hierbei stets um Plätze, die in geschützten Buchten angelegt sind. Nähere Informationen über die Wassertiefe sind nicht greifbar, doch ist nicht anzunehmen, daß über die sog. »Stoa«, d.i. der von Steinen freigeräumte schmale Streifen zwischen der See und einem Naust, hinaus weitere Einrichtungen für die Schiffahrt vorhanden waren. Diese Plätze sind aller Wahrscheinlichkeit nach als einfache Schiffsländen zu betrachten. Aus Schweden sind keine Landeplätze der Kaiserzeit bekannt.[14]

Die letztgenannten Plätze sowie einige der oben aufgeführten bleiben bis in die Völkerwanderungszeit hinein bestehen, und wahrscheinlich wurden auch die in der Kaiserzeit angelegten Landeplätze weiter benutzt. Darüber hinaus sind keine tatsächlichen Anlandeplätze der Völkerwanderungszeit bekannt, obwohl Plätze auftauchen, die nachweislich am Austausch über See teilnahmen. In *Dankirke*, Vester Vedsted sn., bei Ribe wurde ca. 3 km von der heutigen Küste entfernt eine Siedlung angeschnitten, die von der späten vorrömischen Eisenzeit bis in die Vendelzeit genutzt wurde und sich in ihrer Anlage nicht von anderen unterscheidet. Über diese Siedlung verteilt oder auch als Streufunde aus der unmittelbaren Nähe kamen jedoch eine ungewöhnliche Menge an römischen Münzen[15] sowie drei merowingische Trienten, zwei angelsächsische und acht friesische Sceattas des 7. und 8. Jahrhunderts sowie völkerwanderungszeitliches Glas zutage (Thorvildsen u.a. 1984). Es dürfte sich am ehesten um den Hof eines Fernhandel treibenden Bauern handeln. Ähnlich ist der Platz von Borg, auf Vestervågøy (Lofoten), zu bewerten, wo eine Siedlung aus 5 bis 6 Häusern mit Funden von der Kaiserzeit bis in die Wikingerzeit – der Schwerpunkt liegt in der Vendel- und weniger in der Wikingerzeit – hinein angetroffen wurde (Munch u.a. 1986; Munch & Johansen 1988). Neben den üblichen Siedlungsfunden einer bäuerlichen Wirtschaft kamen wenige Silber- und Goldobjekte sowie 55 Glasfragmente und 30 Scherben importierter zinnfolienverzierter Keramik zutage. Die in der näheren Umgebung liegenden

---

14 Der Beginn Helgös wird zwar in das 3. Jahrhundert gelegt, doch ist diese Siedlung so schwer zu fassen, daß der Platz erst unter der Völkerwanderungszeit behandelt werden soll.

15 Es handelt sich um 38 Denare, die offenbar aus einem Schatz stammen; die Verwendung von römischen Münzen erstreckt sich in Skandinavien bis weit in die Völkerwanderungszeit hinein (Kyhlberg 1986, 36).

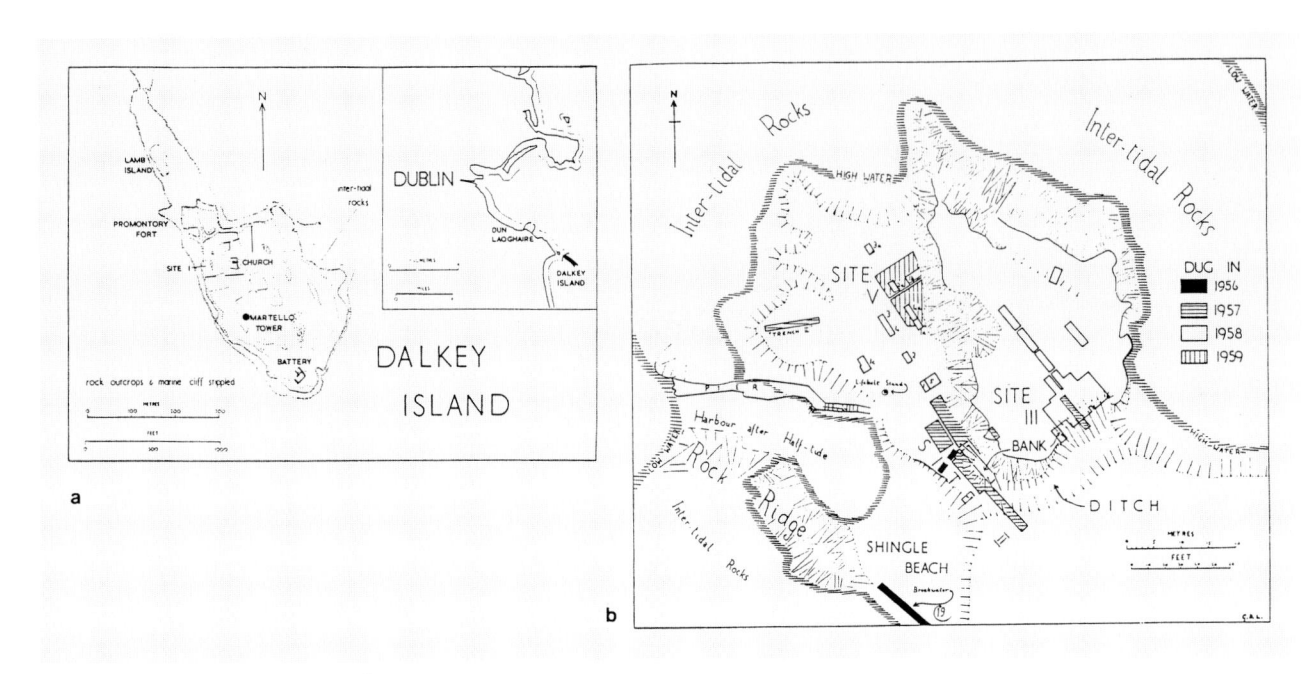

Abb. 93 Dalkey Island: a Lage, b Übersichtsplan über die Grabungen.

Nausten sind undatiert. Auch auf der Insel *Helgö*, Ekerö sn.[16], im Mälarsee fanden sich zahlreiche Hinweise auf Handwerk und Austausch, ohne daß die eigentliche Anlegestelle bekannt ist. Arrhenius (1987, 141-5) meint zwar, ein Naust nachweisen zu können, doch dieses Gebäude liegt parallel zum Hang mit einer internen Höhendifferenz von ungefähr 50 cm, so daß diese Interpretation zurückzuweisen ist. Über die genaue Funktion von Helgö wird stark kontrovers diskutiert[17], doch kann meiner Meinung nach kein Zweifel darüber bestehen, daß es sich um einen Zentralort mit überregionaler Bedeutung handelt, welche im Laufe seines Bestehens – die spätesten Funde werden in das 11. Jahrhundert datiert – abnahm. Auf den britischen Inseln sind mehrere völkerwanderungszeitliche Siedlungen bekannt, die aufgrund des Keramikinventares Verbindung nach Frankreich oder zur Iberischen Halbinsel unterhielten (Laing 1975, 268-75). Sie sind in erster Linie als Zentralorte mit regionaler Bedeutung anzusprechen und liegen nicht in unmittelbarer Nähe von schiffbarem Gewässer. Eine Ausnahme bildet *Dalkey Island,* Co. Dublin, das als Rast- und Marktplatz diente. Er liegt auf einer kleinen Insel an der Mündung des Liffey in die Irische See (Abb. 93), vergleichbar mit den oben angesprochenen norwegischen Fundplätzen, die als saisonale Fischersiedlungen interpretiert werden. Die Insel bietet einen gegen westliche Winde geschützten Naturhafen, doch haben die Untersuchungen keine Hafeneinrichtungen ergeben – sie sind möglicherweise den hochmittelalterlichen Anlagen zum Opfer gefallen. Über die Landungsplätze der Invasoren vom Kontinent ist nichts bekannt.

Eine indirekte Methode, völkerwanderungs- und frühvendelzeitliche Landungsplätze in Skandinavien zu erkennen, stellen die *Schatzfunde* dar, welche besonders auf den großen Ostseeinseln offensichtlich in Siedlungen niedergelegt wurden. Ein Großteil dieser Horte ist als Opferfunde zu betrachten (Geißlinger 1967, 70), und auch die Münzfunde aus Siedlungen sind oftmals so weit von schiffbarem Gewässer entfernt angetroffen worden, daß nicht alle als Indikatoren für Landungsplätze interpretiert werden können. Auf den großen Ostseeinseln Bornholm, Öland und besonders Gotland treten Schatzfunde in solchen Mengen und Zusammensetzungen auf, daß für diese Gebiete bereits eine Art »passive Werteansammlung«, d.h. eine nicht geldwirtschaftlich geprägte Zirkulation von genormtem und ungenormtem Gold

---

16 Über Helgö existiert eine umfangreiche Anzahl an Publikationen, die wegen der allgemeinen Bekanntheit dieses Fundortes nicht aufgelistet werden soll; für die Befunde sei auf die Reihe »Excavation at Helgö« verwiesen, die mittlerweile bereits den elften Band herausgebracht hat.

17 Die Interpretationen reichen von einem ländlich geprägten Sitz eines »chieftains« bis zu einem internationalen Handelsplatz (vgl. die Aufsätze zu diesem Thema in Lundström [Hg.] 1988).

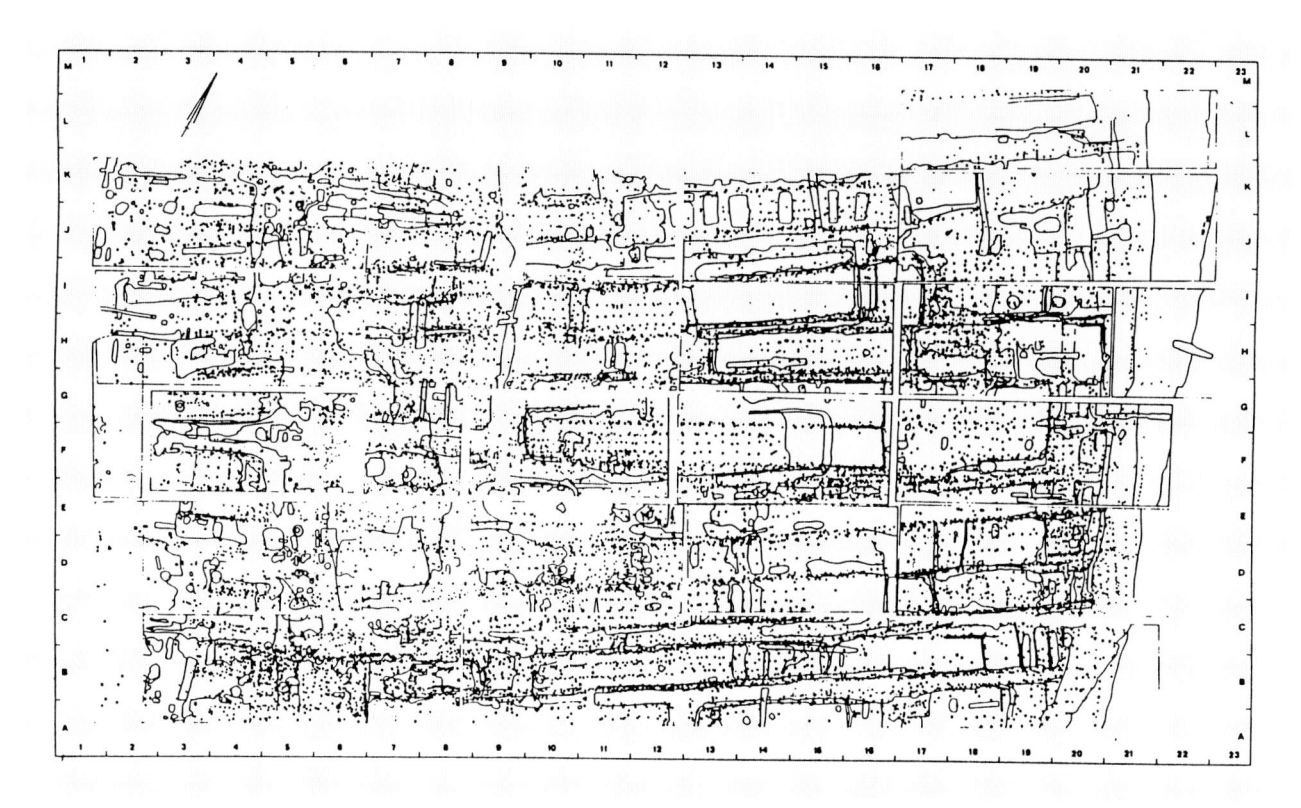

Abb. 94 Dorestad: Befund der Hafengrabung Hoogstraat 1.

innerhalb der Elite, angenommen wurde (Kyhlberg 1986, 20). Eine genauere Untersuchung der gotländischen Solidifunde veranlaßt Östergren (1981, 34) dazu, sie auch in anderen Gebieten hauptsächlich als Siedlungsfunde zu interpretieren. Die Verbreitung der Schatzfunde läßt den Schluß zu, daß die als Besitzer postulierte Elite über die Regionen mit Schatzfunden verstreut wohnte und durchaus nicht an der Küste oder deren unmittelbarer Nähe, wie dies in der Wikingerzeit der Fall war (s.u.). Für die Landungsplätze ergibt sich daraus die Folgerung, daß Schiffsländen ähnlich der in Lundeborg anzunehmenden in Skandinavien als die üblichen Hafeneinrichtungen gelten müssen und mit Landungsbrücken wie in Dorestad (s.u.) vor dem Ende der Vendelzeit nicht gerechnet werden kann.

Mit dem Ende des 7. Jahrhunderts setzt der Beginn des Baus von Hafenanlagen auf dem Kontinent und den britischen Inseln ein. Die heute am besten bekannte Anlage ist die von *Dorestad* (vgl. Katalog Nr. 13), wo hölzerne Stege bis zu einer Wassertiefe in den Rhein geführt wurden, in der Schiffe schwimmend am Kopf der Brücken (der Zwischenraum war zu schmal für Schiffe) anlegen konnten (Abb. 94). Anlage und Art des Ausbaus, welcher sich in mehreren Schüben den sich verändernden Wasserverhältnissen des Rheins anpaßte, lassen vermuten, daß sich diese Brücken in Privatbesitz einer oder mehrerer Personen befanden (van Es & Verwers 1980, 40). Diese Entwicklung wurde durch die (779 erwähnte) Einrichtung eines Zolles nach der Eingliederung des friesischen Gebietes in das fränkische Reich nicht verändert, obwohl Dorestad zu der wichtigsten Zollstation – und damit zum Brennpunkt des königlich gelenkten Handels – am Rhein wurde. Die Brücken gestatteten das Anlegen von Schiffen ausschließlich an ihrem nicht verbreiterten Kopf, so daß die Schiffe dort wahrscheinlich nur be- und entladen wurden, ohne sich lange aufzuhalten. Wo die Schiffe danach lagen, ist ebenso unbekannt wie die durchschnittliche Wassertiefe an den Brückenköpfen. Der Hafen von Dorestad war allem Anschein nach bis in die Mitte des 9. Jahrhunderts in Gebrauch. Ungefähr in dieselbe Zeit werden auch die ersten nachrömischen Hafenanlagen von *London* (vgl. Katalog Nr. 8) datiert, welche, so weit die kleinräumigen Grabungsflächen eine Interpretation zulassen, als befestigte Zugänge an Schiffsländen im Bereich des

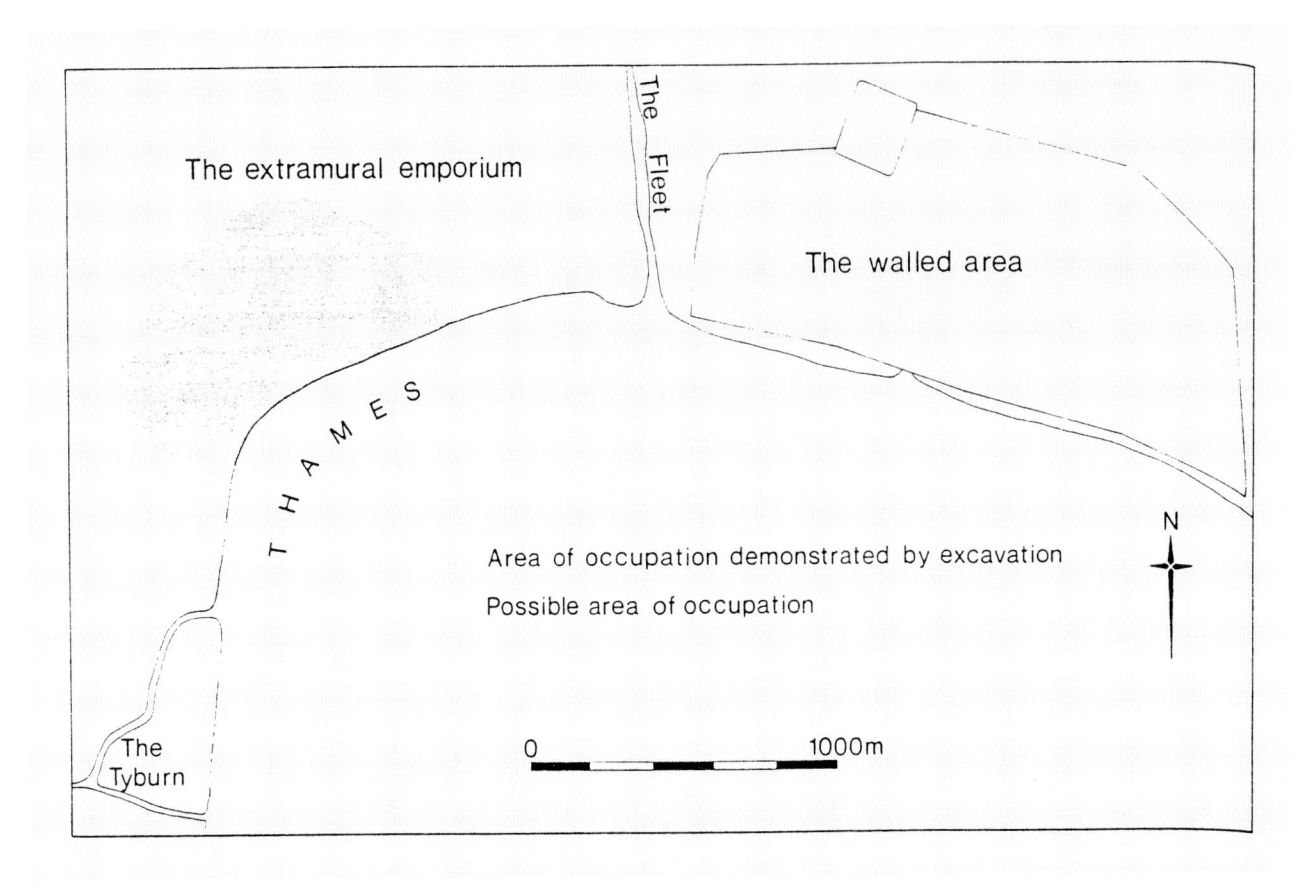

Abb. 95 London: Rekonstruktion der Lage des mittelsächsischen Wiks.

Tidenhubs zu charakterisieren sind (Abb. 95; 96). Hier finden sich auch Pfosten im Uferbereich, die neben ihrer baulichen Funktion zur Befestigung von Reisig, Flechtwerk und Steinen auch zum Vertäuen der dort liegenden Schiffe dienten. Milne und Goodburn (1990, 629-32) nehmen an, daß diese Uferbereiche den Ort des Handelsgeschehens darstellen und die Waren bis in das 12. Jahrhundert hinein ausschließlich auf den Schiffen angeboten wurden, welche also am Ort liegen blieben. Die verstärkte Einflußnahme des mercischen Königs auf den Handel im 8. und 9. Jahrhundert (Sawyer 1977, 154) spiegelt sich nach dem heutigen Stand der Forschung nicht in den Befunden der Hafenanlage des wichtigsten Handelsplatzes wider. Die in der Wurt Hessens angetroffene Slipanlage (vgl. Katalog Nr. 17) ist noch nicht umfassend publiziert, doch scheint es sich um einen Tidehafen zu handeln, bei dem die Boote auf zwei parallelen Gleitschienen aus Holz an Land gezogen wurden (Ellmers 1972, 144). Vergleichbare Befunde sind von andern Plätzen nicht bekannt.

Bei den gleichzeitigen Anlaufpunkten für die Schiffahrt, wie Domburg auf Walcheren, Medemblik und Hamwih (Southampton), sind die Hafenbereiche bis jetzt noch nicht ergraben worden, genauso wenig wie bei den vorwikingerzeitlichen Plätzen von Haithabu und Ribe. Inwieweit es sich bei den angelsächsischen Handelsplätzen des 7. und 8. Jahrhunderts tatsächlich um saisonal genutzte Märkte handelt (Clark 1988), die über einfache Schiffsländen verfügten, muß noch eingehender untersucht werden. Der ebenfalls am Ende der Vendelzeit sich ausdehnende Austausch Schwedens mit dem Baltikum und Rußland (Arbmann 1955, 13; Linder-Wellin 1974) läßt sich eher durch Waren als durch Handelsplätze belegen, obwohl diese bekannt sind.[18] Art und Umfang ihrer Hafeneinrichtungen lassen sich nicht bestimmen.

Die wikingerzeitlichen Hafenplätze lassen sich in zwei nicht immer scharf voneinander zu trennende Gruppen

---

[18] Jankuhn 1971, 20-6; die Gründung von Staraja Ladoga wird in die Mitte des 8. Jahrhunderts gesetzt (Kirpicnikov 1987, 313).

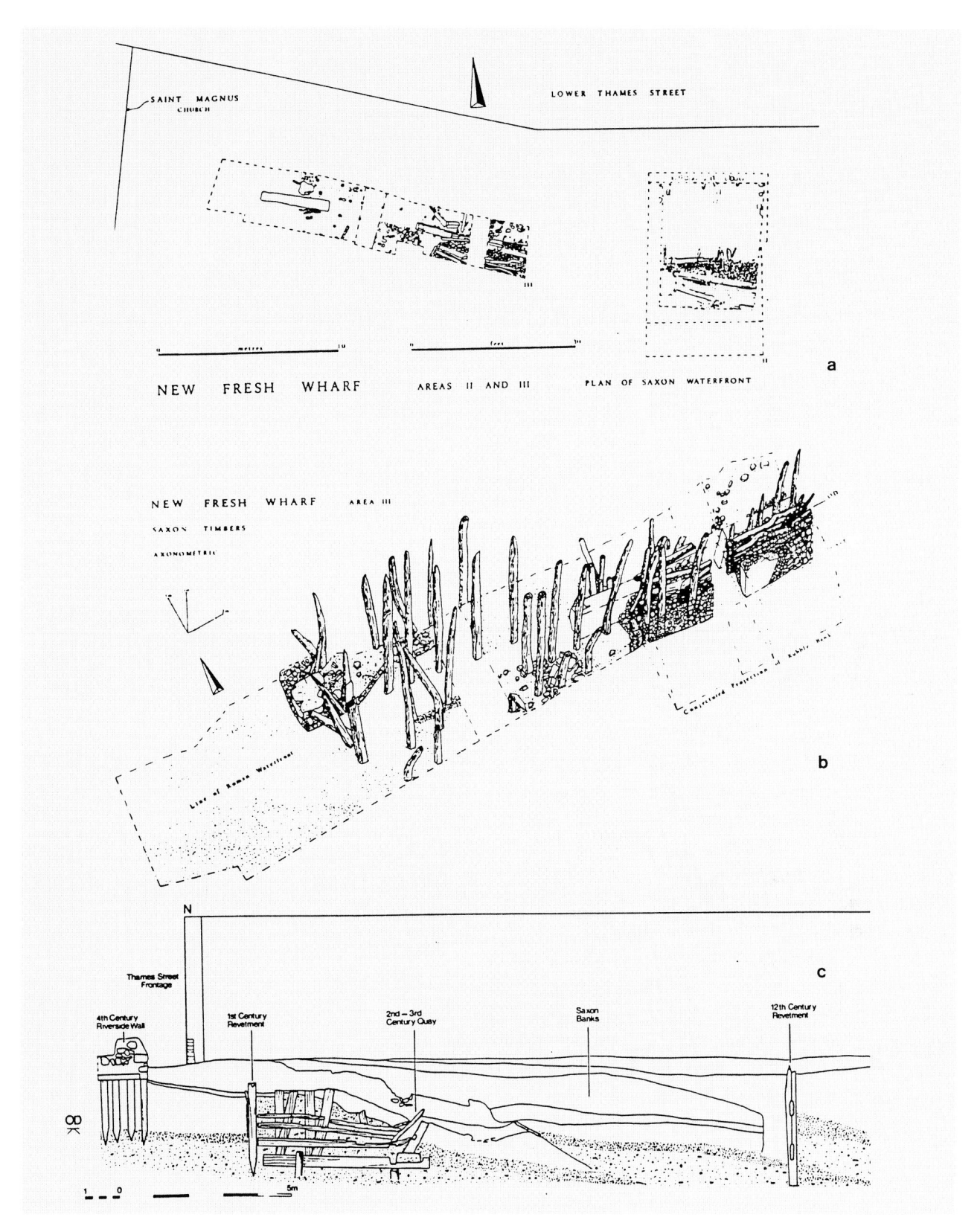

Abb. 96 London, New Fresh Wharf: a Befunde der mittelsächsischen Wasserfront; b Rekonstruktion der Befunde; c Profil durch die Wasserfronten.

139

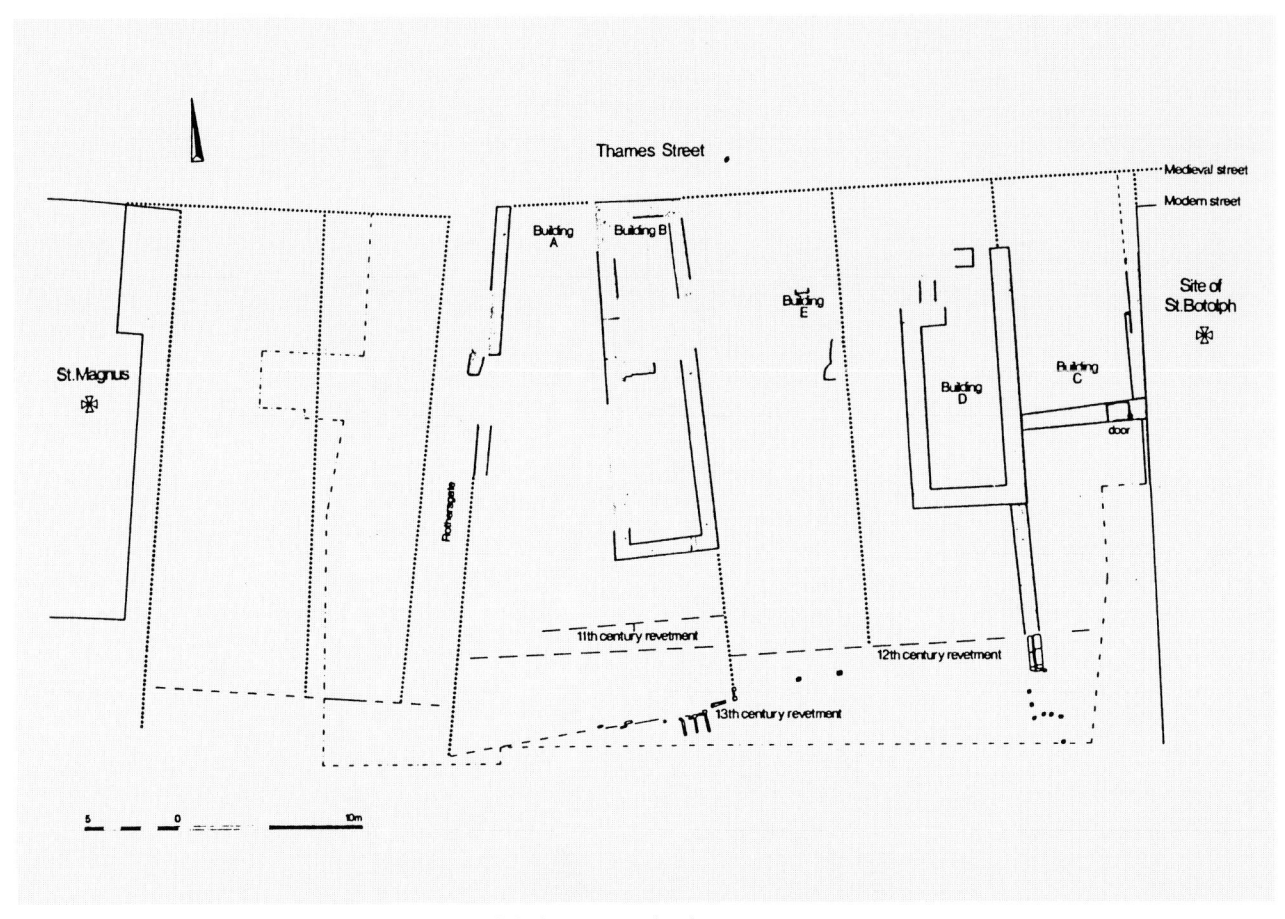

Abb. 97 London, New Fresh Wharf: Befunde der Uferbefestigung und Bebauung, ca. 1000–1250.

unterteilen: Auf der einen Seite gibt es überregional wichtige Zentralorte, deren Bevölkerung für den Lebensunterhalt auf Handel und Produktion angewiesen ist, während die primäre Nahrungswirtschaft eine geringe Rolle spielt. Diese Plätze stehen am Beginn der mittelalterlichen Stadtentwicklung, auch wenn sich nicht alle wirklich zu Städten entwickelten. Auf der anderen Seite existieren auch kleinere Ortschaften oder saisonale Marktplätze, wo auch Handel mit entfernteren Gebieten getrieben wird, aber doch der Nahhandel, d.h. innerhalb des betreffenden Kulturkreises, den größeren Umfang einnimmt. Diese Unterscheidung tritt jedoch erst mit dem Ende der Wikingerzeit klar hervor, so daß die im 9. Jahrhundert genutzten Plätze nicht klassifiziert werden sollen.

Zu diesen frühen Handelsplätzen gehört *Ralswiek* auf Rügen (vgl. Katalog Nr. 19), das in der 2. Hälfte des 8. Jahrhunderts als Handelsplatz angelegt wurde (Abb. 98). Aus den Vorberichten über die Siedlung ist das genaue Aussehen der gesamten Hafenanlagen nicht zu rekonstruieren. Die Einrichtungen wurden an dem zum Binnensee hin liegenden Ufer der Insel angetroffen, wo auch der früheste Siedlungsschwerpunkt liegt. Das Ufer des Jasmunder Boddens wurde anscheinend als Abfallplatz benutzt. Die Hafeneinrichtungen setzen sich aus einer Abfolge von Gräben, der Ausgräber bezeichnet sie als »Schiffseinfahrten«, und holz- bzw. flechtwandverschalten Molen zusammen. Herrmann (1985b, 57) nimmt an, daß die Schiffe in die wasserführenden Gräben hineingezogen wurden, um dort be- bzw. entladen zu werden, doch da der See zur fraglichen Zeit bereits zunehmend verlandete, ist zweifelhaft, ob sie wirklich für beladene Schiffe passierbar waren. Ebensogut könnten die Molen für das Anlanden von Schiffen am Kopf zu interpretieren sein, da die Gräben sicherlich das Material für die Fundamentierung lieferten und möglicherweise nur dazu benutzt wurden, leere Schiffe für den Winter an Land zu ziehen. Die Anlagen wurden ohne größere Veränderung bis in das 10. Jahrhundert instand gehalten, dann mach-

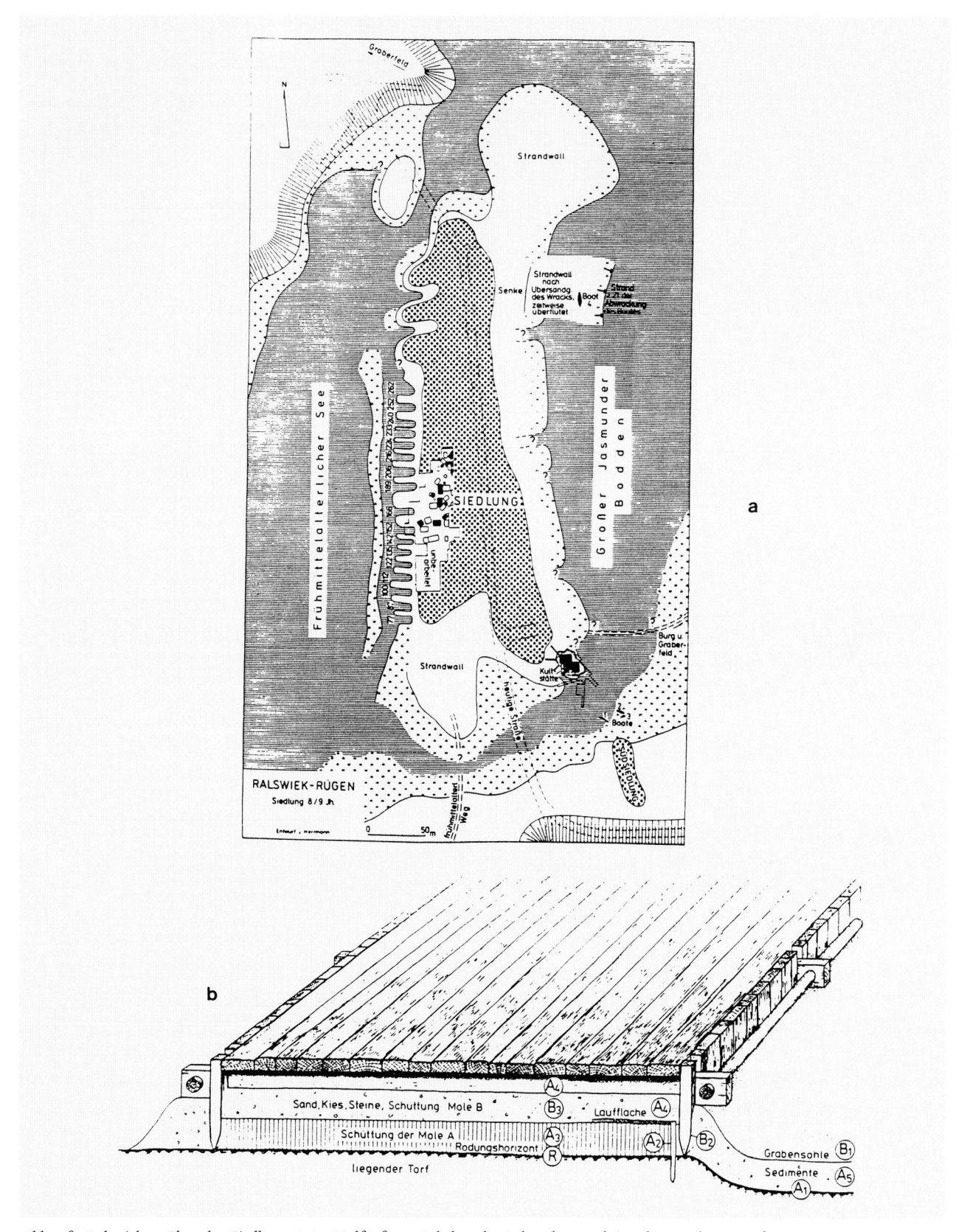

Abb. 98 Ralswiek: a Plan der Siedlung A (2. Hälfte 8.–9. Jahrhundert); b Rekonstruktion der »Mole« 252/262.

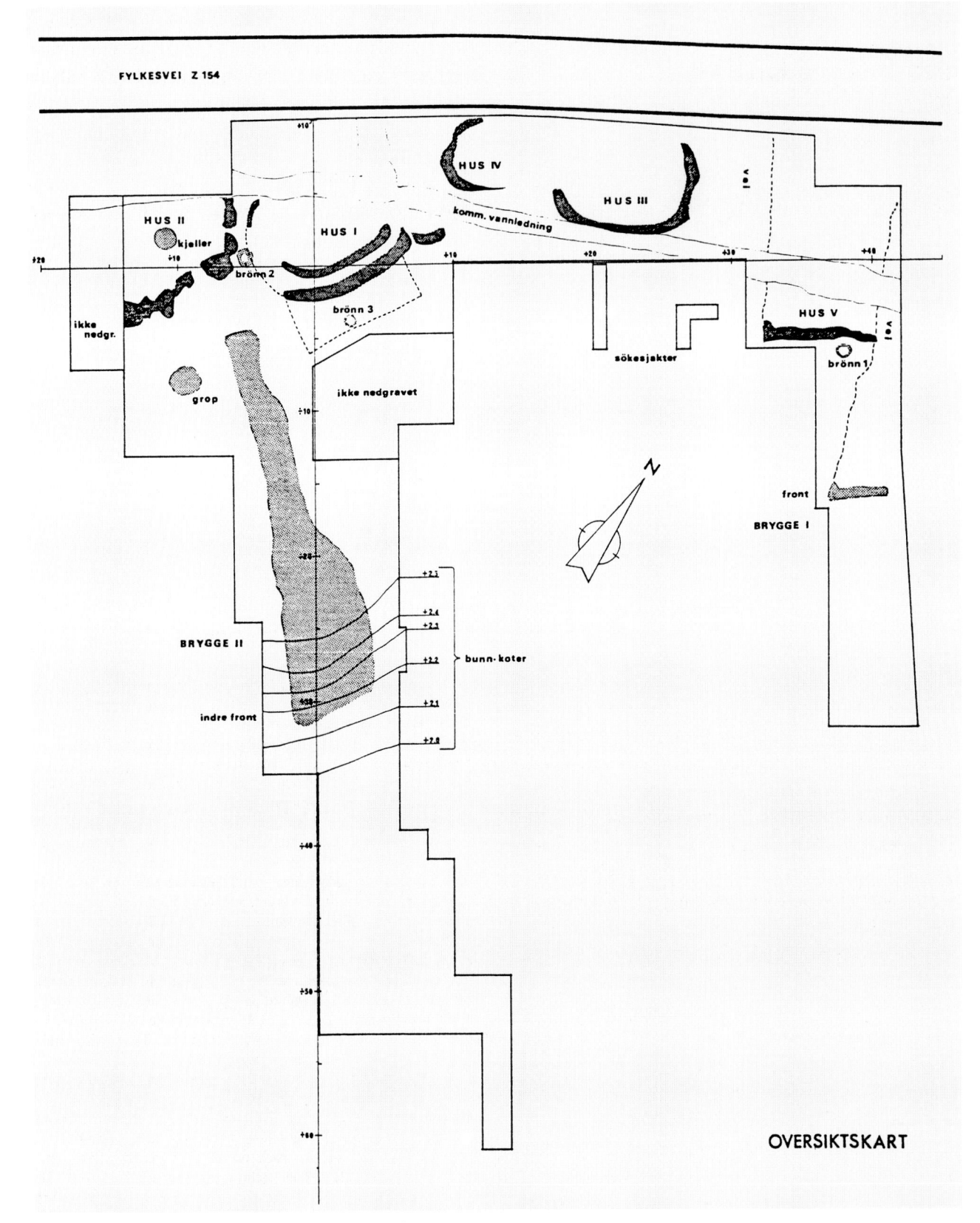

Abb. 99 Kaupang: Befunde der Siedlung und des Hafens.

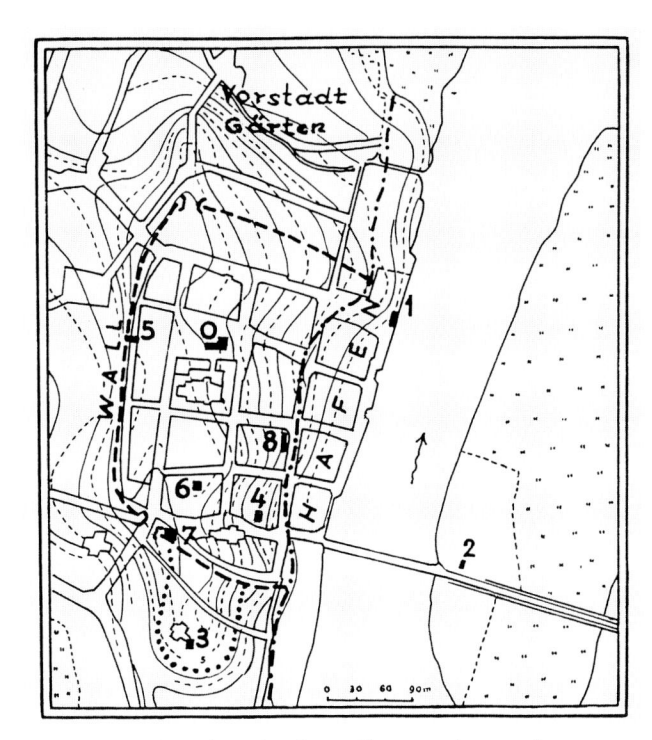

Abb. 100 Wollin: Plan über die Siedlung, Grabungsstellen eingetragen.

te die Verlandung des Binnensees ihre weitere Nutzung unmöglich. In diese Kategorie gehört auch *Kaupang* (vgl. Katalog Nr. 53), dessen Siedlung (Abb. 99) auf das späte 8. und 9. Jahrhundert beschränkt ist, während die dazugehörigen Gräberfelder bis in die Mitte des 10. Jahrhunderts belegt wurden. Von hier aus wurde Handel mit dem südlichen Nordseebereich und England betrieben, während die Verbindung in die nahegelegene Ostsee nicht sehr deutlich zu fassen ist (Heyerdahl-Larsen 1979b, 115). Die Siedlung liegt in einem geschützten Teil des Larvikfjordes, wo der durchschnittliche Tidenhub nur 20-30 cm beträgt (Herteig 1978, 8). Die beiden auf dem Plan (Abb. 99) als »Brücken« bezeichneten Steinfundamente sind als feste Zugänge zur Schiffslände aufzufassen (Ellmers 1972, 140), obwohl Höhe und Art des Aufgehenden nicht feststellbar sind (Herteig 1978, 9). Die alte Küstenlinie wird – je nach Windrichtung und -stärke variierend – entlang der heutigen 2 m Höhenlinie angenommen, so daß Schiffe auch nicht an der Brücke 2, wo nachweislich Wasser stand, schwimmend anlegen konnten.

Die als stadtähnliche Siedlungen bezeichneten Handelsplätze der Wikingerzeit zeigen ähnliche Merkmale wie die beiden oben beschriebenen, doch setzt ihre Entwicklung nicht vor dem 9. Jahrhundert ein und läuft ohne Unterbrechung bis in das 11. Jahrhundert. Von den bereits im 7. Jahrhundert angelegten Plätzen ist noch London (Abb. 97) voll in Betrieb, während Dorestad in der Mitte des 9. Jahrhunderts vollständig an Bedeutung verlor. Zu den neu angelegten Hafeneinrichtungen gehört die von *Wollin* (vgl. Katalog Nr. 84), dessen Besiedlung bis in das 7. Jahrhundert zurückreicht, aber Hafenanlagen erst ab der Mitte des 9. Jahrhunderts, ungefähr gleichzeitig mit der Anlage eines rechtwinkeligen, auf den Hafen ausgerichteten Straßensystems, belegt sind (Abb. 100). Hierbei dürfte es sich am ehesten um Uferbefestigungen als um tatsächliche Kaianlagen handeln. Erst mit dem Ende des 10. Jahrhunderts entstand eine Brücke, die bis in das tiefe Wasser reichte und so das Anlegen von schwimmenden Schiffen gestattete. Diese Anlage wurde bis zum Ende des 12. Jahrhunderts, dem Zeitpunkt des ökonomischen Abstiegs Wollins, nur sehr wenig verändert. In Birka, dessen Anfänge in der Vendelzeit zu suchen sind (Arrhenius 1976, 190), setzt die Handelstätigkeit mit der Wikingerzeit ein und erreicht im 10. Jahrhundert ihren Höhepunkt, bevor die Siedlung im 11. Jahrhundert

---

19 Grabung 1969/70 120 m²; ca. 1870 wurde bereits im Hafen gegraben, und es war möglich, beide Grabungen miteinander zu verbinden; **Befunde:** Pier/Brücke aus Stein sowie ein verfüllter Graben aus der Zeit nach der Existenz von Birka; *Pier A4:* regelmäßig ausgelegte Steinpackung aus 60-80 cm großen und 20-30 cm dicken Steinen; 10 m L., 2,75-3 m Br.; NW-SE orientiert; über eine Abfallschicht (D4 oder IX); durchschnittliche Höhe der Oberkante über dem heutigen Meeresspiegel ca. 5,4-5,5 m; bei dem Steinstrang (A12) handelt es sich um eine Störung; *Pfähle:* folgende Fichtenpfähle lassen sich auf die Konstruktion der Pier A4 beziehen: A3, 23, 28, 25 sicher sowie 22 möglicherweise; alle diese Pfähle gingen durch die steinreiche Schicht und reichten somit mindestens auf das Niveau der Steinpackung; bis Schicht VI-VII zu sehen, aber die Erhaltung hängt eng mit der Ausdehnung des Blaulehms zusammen; in Schichten II und III finden sich starke Holzkohleanreicherungen, die eine Holzverschalung der Pier möglich erscheinen lassen; Pfähle: 4, 8 und 10 gehören wohl nicht zur Pier; *Kleinere Pfähle und Planken:* meist nicht sehr tief eingerammt; einige liegen auf der als Strandwall interpretierten Linie, die gleichzeitig die Grenze für einige Fundkonzentrationen darstellt; *ältere Pier?:* in Schicht X-XI sind große Steinen gefunden worden, die möglicherweise einer älteren Konstruktion zuzuweisen sind; reichen bis auf ein Niveau von 4,8 m ü.M.; Funktion unsicher; Datierung über Beifunde in das 10. Jahrhundert. Ambrosiani u.a. 1973, 7-33.

Bei Tauchuntersuchungen der aufgrund ihrer Namen als Hafenplätze aufgefaßten Buchten Kugghamn (»Koggenhafen«) und Korshamn zeigte ersterer einen wahrscheinlich nach der Zeit von Birka entstandenen Befund, während letzterer ohne Befund war (Rönneby 1989a, 8). Die Befunde von Salviksgropen (Arbmann 1939, 53/4) können wegen des anzunehmenden Wasserstandes ebenfalls nicht mit Birka in Verbindung gebracht werden (Ambrosiani 1985, 67).

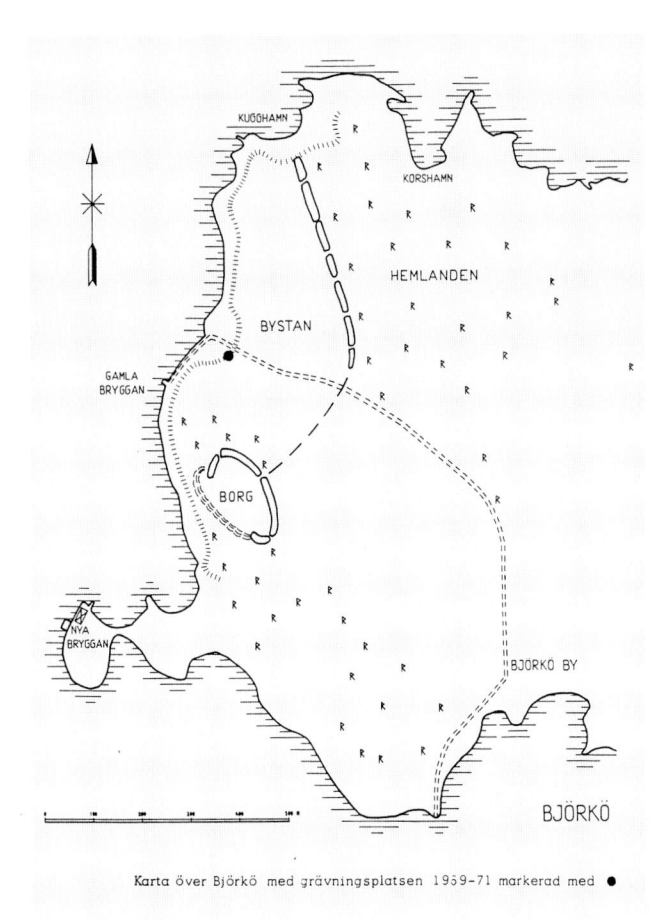

Abb. 101 Birka: Plan der Siedlung, Grabungsstelle am Hafen mit einem Punkt markiert; angenommene Küstenlinie gestrichelt eingezeichnet.

endgültig aufgegeben wurde (Abb. 101; 102). Hier kamen eine Hafenanlage in Form einer Steinpackung im Zentralbereich der Siedlung[19] – als einziger Platz bisher als Hafen nachgewiesen – sowie mehrere Sperren[20], alles aus dem 10. Jahrhundert, zutage. Die Befunde am Hafen lassen sich am ehesten als die Fundamentierung einer mit Holz verkleideten Mole oder einer über dieser Packung errichteten Brücke interpretieren. Ob sich in diesem Bereich noch weitere Anlagen befinden, ist ohne weitere Untersuchungen nicht feststellbar. Die Siedlung selbst ist nicht durch Grabungen erfaßt, doch mangelt es nicht an Versuchen, die Stellung Birkas im Handelsgeschehen mittels der ca. 1100 untersuchten Gräber zu klären. Die Befunde von *Haithabu* (vgl. Katalog Nr. 16) sind wesentlich schlechter zu interpretieren, da die Grabung nur kleinräumig war und zudem noch nicht vollständig publiziert ist. Doch scheint ein System aus mehreren, vom Ufer ausgehenden Brücken und einer Pfahlsperre zu bestehen (Abb. 103). Weiter unterhalb in der Schleimündung sind weitere Sperren bekannt (Jankuhn [8]1986, 62) sowie eine Wallanlage an der Schleimündung (Radtke 1981), doch ihre Zeitstellung ist unbekannt, so daß es sich durchaus um die Anlagen handeln kann, die Knut Lavard errichtete, um Zoll nehmen zu können (Thule Bd. 19, 329; ÍF 34 [Knýtlinga s.] Kap. 86). In *Danzig* (vgl. Katalog Nr. 80) kamen eine in das tiefe Wasser reichende Brücke sowie einige Pfähle, anscheinend zum Vertäuen von Schiffen, aus dem 10. Jahrhundert zutage. Die in Hamburg angetroffenen Ein-

20 Gebiet von ca. 150000 m² 1969 von Tauchern untersucht; über eine Menge zuvor nicht inventarisierter und z.T. verkohlter Pfähle hinaus auch bearbeitete Holzstücke und eine Steinkonzentration angetroffen; unterhalb von *Skäddarudden* wurden ein 5,75 m langes Rundholz (785 ± 100 n. Chr.) sowie Gegenstände des 19. Jh. angetroffen; *Steinansammlung außerhalb des kleinen Bootshafens* bereits Stolpe bekannt und mit Birka in Verbindung gebracht, was allerdings nicht zu beweisen ist; Verbindung mit Adams Sperren möglich; *Pfähle an der Westküste vor Birka* schon Stolpe bekannt; mittels Boje markiert und Lage zum Strand festgestellt und dann 15 Pfähle genauer vermessen; Gebiet mit Pfählen soweit untersucht aus Eiche ca. 300 m L.: 9 Pfähle zwischen der Dampfbootbrücke und Båtudden, 62 Pfähle zwischen Båtudden und Skäddarudden; die Pfahlreihe verläuft vom heutigen Strand an der Dampfbootbrücke bis ca. 16 m hinaus in den Sund, wo sie am besten erhalten ist, danach dreht sie wieder landeinwärts Richtung Kugghamn; Wassertiefe an den Stellen der Pfahlreihe 1,5-3 m, Pfähle reichen 1-2 m unter die Wasseroberfläche; Pfähle meist mit 10-50 cm Durchm. und bis zu 2 m L., Neigung 10-45°; unregelmäßige Abstände beruhen wohl auf Unvollständigkeit der Pfahlreihe; *Lage zeigt, daß es sich nicht um eine durchlaufende Pfahlreihe handelt,* an einigen Stellen stehen Pfähle fast parallel; Form der Pfähle unterschiedlich: ein Teil am Ende angespitzt oder in Form gehauen; ein Pfahl mit eckigem, T-förmigem Querschnitt ragt 4,75 m über den Boden hinaus; evt. ein Kiel in sekundärer Lage; *bearbeitetes Holzteil* auf dem Grund ca. 2 m nördlich des dreieckigen Pfahles gefunden: wohl Fichte; 1,5 m L., 30 cm Br., mit halbrundem Querschnitt; unteres Ende abgebrochen, oberes stark abgerundet; 20 cm unterhalb dieses Endes eine rechteckige Aussparung (H. 10 cm, Br. 16 cm); mit Pfählen von Bulverket verglichen; zeigen, daß sich über reine Pfahlreihen hinaus noch weitere Bauteile vor Birka befanden, deren Form wie auch die der Pfahlreihe unbekannt ist; einige der Pfähle und Planken sind angekohlt und auch die Bodenuntersuchung weist auf einen Brand hin, dessen Umfang unbekannt ist; Interpretation als Verteidigungsanlage des Hafens durch Brandspuren und Lage in Bezug auf die Burg wahrscheinlich; außer Teilen einer kleinen Kupferschale aus der Wikingerzeit keine Funde aus der Nutzungsphase der Siedlung (diese wahrscheinlich im Schlick versunken); C 14-Datierung von 5 Pfählen und dem Rundholz, alle n.Chr.: 700 ± 100, 740 ± 100, 795 ± 100, 1030 ± 100, 720 ± 100; Rundholz 785 ± 100; Ingelman-Sundberg 1972.
1983/4 wurde eine weitere Pfahlreihe in ca. 1200 m Entfernung südöstlich der Schwarzen Erde bei Tauchuntersuchungen entdeckt. Sie schließt sich an eine während der Wikingerzeit ca. 50 x 40 m große Insel an, die heute der Untiefe »Byggningsgrundet« entspricht. Datierung und Interpretation sind unsicher, doch scheint anhand des anzunehmenden Wasserstandes eine Verbindung mit Birka möglich (Enström 1985). Eine Sperre als Sicherung des Hafens, welche nur eine schmale Einfahrt freiläßt, ist schriftlich für Birka bezeugt (Adam von Bremen I, Kap. 60).

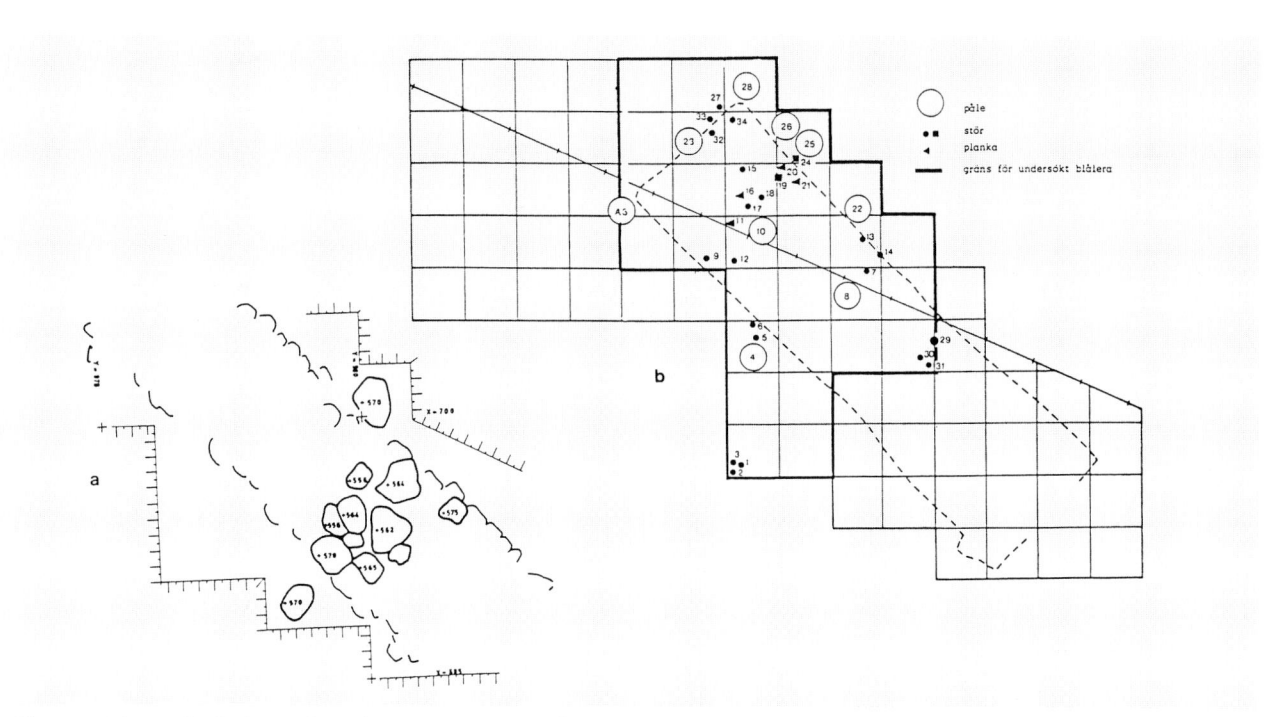

Abb. 102 Birka, Befunde der Hafengrabung: a Begrenzung der Steinpackung (mit der Störung A 12, den einnivellierten Steinen); b Reste von Pfählen und Holz im Blaulehm.

richtungen[21] scheinen ausschließlich zur *Befestigung des Ufers* sowie für den Landverkehr gebaut worden zu sein. Dasselbe trifft auch auf Lincoln[22], Norwich[23] und Dublin (vgl. Katalog Nr. 2) zu. Lediglich in Fribrødre Å auf Lolland (vgl. Katalog Nr. 27), Wollin (vgl. Katalog Nr. 84) und in Paviken an der Westküste Gotlands konnte eine Schiffswerft nachgewiesen werden. Die Publikationslage erlaubt für Fribrødre Å keine weitere Behandlung. Der wikingerzeitliche Handelsplatz von Paviken liegt an der Mündung des Baches Idån in die Bucht von Paviken (Abb. 104). Die Grabungen brachten zwar keine Hafeneinrichtungen zutage, doch wurde entlang des wikingerzeitlichen Ufers (heute durch die 2,5 m Höhenlinie markiert) eine Konzentration von ca. 2400 Nieten, Spiekern und Nietplatten sowie ein an den Spitzen abgebrochenes Gerät angetroffen, welches zum Lösen der Niete von ihren Platten verwendet wurde (Lundström 1981, 75-81). Hier dürfte zumindest eine Reparaturstelle für Schiffe gelegen haben. Die Verbindung zwischen Paviken und dem direkt an der Ostseeküste gelegenen Halbkreiswall von Västergarn ist unsicher (a.a.O., 25–32). In der schmalen Verbindung zwischen Paviken und der Ostsee wurden Reste von undatierten Sperren angetroffen (Gotländsk Arkiv 1984, 202), so daß eine umfangreiche Sicherung

21 Siedlung ab 1. Hälfte des 9. Jh.; urbaner Charakter in den Grabungen nicht zu fassen, aber anzunehmen, da seit 834 Bischofssitz; mehrere kleinere Grabungen nach dem 2. Weltkrieg, diejenigen an der alten Niederung vor der Geest mit dem alten Stadtzentrum mit Flußeinrichtungen: **Kleine Bäckerstraße 25** und **Alter Fischmarkt 3/4**: Flächen 25 x 6-8 m bzw. 8 x 3 m groß; einige Hausreste und Siedlungsfunde, darunter auch rheinische Keramik des 9. bis 14. Jh. sowie Bruchstücke von Mühlsteinen aus Basaltlava; *Uferbefestigung* aus siebenfach geflochtenen Faschinen, Datierung: Anfang 9. Jh.; *Uferbefestigung mit festem Zugang zum Wasser:* waagrecht übereinandergelegte Stämme; Pflasterung aus Feldsteinen, die bis zum Wasser reicht; Datierung über Beifunde in das 10. Jh.; Schindler 1948/49a. b; 1950/1; 1960, 46/7; Ellmers 1972, 139. 141.

22 Von den Römern gegründete Stadt, aber erst im 9. Jh. wiederbesiedelt; im Bereich der Five Boroughs an einem Fluß, der in den Wash mündet; Grabungen an mehreren Stellen; **St. Benedicts' Sqaure**: Im 10. Jh. Flußbefestigung durch Zäune, die z.T. wohl auch als Fußweg genutzt wurde; evtl. auch eine Fischzucht in einem von Zäunen eingeschlossenen Bereich; im 11. Jh. versandete Platz, und die Wasserfront rückte ca. 35 m nach vorne; **Dickinson's Mill**: (im E des Pool): 1972/3 Kaianlagen gefunden, in die ein geklinkertes Schiff eingebaut war; in derselben Schicht Keramik des 13. Jh.; Funde: in Flaxengate 6 Scherben islamischer Keramik aus den wikingerzeitlichen Schichten; Jones & Jones 1981; Med. Arch. 1985 Fundchronik für 1985, 158; Funde: Adams 1979.

23 Norfolk; Stadt, die ab dem späten 8. Jh. an vier Stellen schwach besiedelt ist, bis 971 Dänen in diesem Gebiet, danach zu Wessex und ab 10. Jh. Zentrum des Grafen von East Anglia; an dem Fluß Wensum, der über die Yare in die Nordsee fließt; Ort ziemlich genau an der Stelle, bis wohin seegehende Schiffe gelangen können; **St.-Martin-at-Palace**: Uferbefestigung aus einer Reihe von Flechtwerkzäunen, deren genaue Bauart je nach Grundstück variiert; rechtwinklig zum Fluß liegende Zäune dienten anscheinend als Unterlage für eine Plattform, die jedoch noch nicht als Kaianlage zu bezeichnen ist; Datierung: Keramik eher ins 11. als ins 10. Jh. zu datieren; Carter 1981; Ayers 1985.

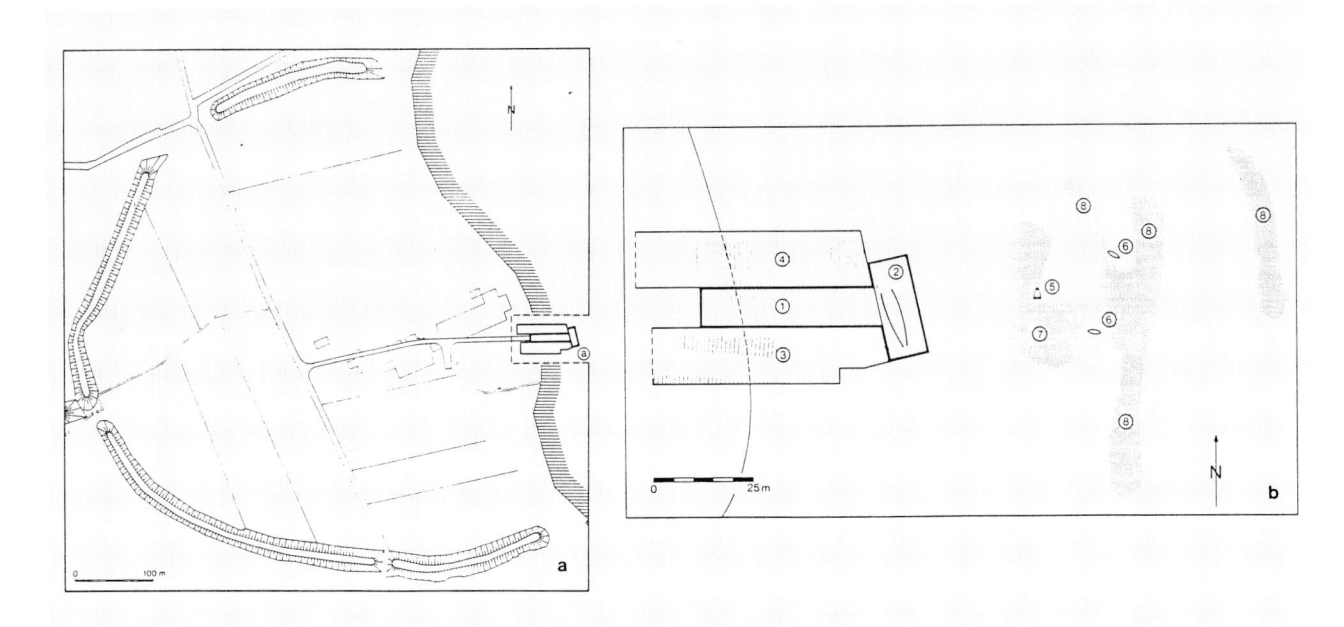

Abb. 103 Haithabu: a Plan der Siedlung, Grabungsflächen eingetragen; b Skizze des Hafens: 1–4 Grabungskästen, 5 Fundstelle der Bronzeglocke, 6 Fundstellen zweier Einbäume, 7 flächig gerammte Pfähle, 8 zeilig gerammte Pfähle.

vor Überfällen von See aus gegeben zu sein scheint. Eine Interpretation des gesamten Komplexes bleibt jedoch ausgeschlossen, solange die einzelnen Befunde so unzureichend datiert sind.

Die hier aufgeführten Hafeneinrichtungen sind die einzigen, welche sich archäologisch für die Wikingerzeit nachweisen lassen. Daneben existieren andere Plätze dieser Kategorie, die aufgrund ihrer Lage und der Schriftquellen über einen Hafen verfügten, der jedoch nicht ergraben ist. Hiermit sind solche Orte wie Southwark, gegenüber der City of London gelegen, York, Utrecht, Tiel, Ribe, Menzlin, Staraja Ladoga und die früheste Siedlung von Novgorod gemeint, die alle als Fernhandelsplätze, manche sogar schon mit verbrieftem Stadtrecht, belegt sind (Ennen [4]1987, 51-77). Über die Anlagen selber enthalten die Quellen jedoch keine Informationen.

Zur selben Zeit entstanden entlang der skandinavischen Küste kleinere Orte, die offensichtlich am Fernhandel teilgenommen haben – wenn auch nur in geringem Umfang. Außer diesem Punkt weisen sie wenig Gemeinsamkeit auf.

Es handelt sich zum einen um Siedlungen, die direkt am Wasser liegen, ohne daß Landeanlagen oder ähnliches festgestellt worden sind. Hierunter fällt *Löddeköpinge* in Schonen, wo am Nordufer des Flusses Lödde im 9. Jahrhundert ein wahrscheinlich saisonaler Handelsplatz angelegt wurde sowie eine permanente Siedlung weiter im Norden, welche zwischen 800 und dem 14. Jahrhundert genutzt wurde (Ohlsson 1975/76; 1979/80). Zu letzteren gehören Kirche und Friedhof des 12. Jahrhunderts. Die insgesamt 54 Grubenhäuser der saisonalen Siedlung und die 28 Grubenhäuser der permanenten Siedlung, zu denen noch eine unbekannte Anzahl Pfostenhäuser kommen, weisen den Ort als dörfliche Siedlung aus. Die Funde zeigen außer den chronologisch bedingten – keinen Unterschied zwischen den beiden Siedlungsteilen. Beide unterhielten eine Verbindung nach Mittelschweden, Norwegen und möglicherweise zur südlichen Ostseeküste. Der Siedlungskomplex liegt ca. 3,5 km von der Mündung der Lödde Å, einem der wenigen schiffbaren Flüsse Schonens, in den Öresund entfernt. Vor der Mündung wurde eine Steinbarriere, die sog. »Lödde Kar«[24], angetroffen, die durch C 14-Proben in die Zeit um 1000 datiert wird. Sie ist ungefähr 160 x 10 m groß (NNW-SSW), wovon ungefähr 30 m über dem Wasser liegen. Es ist nicht zu entscheiden, ob es sich um eine Landeeinrichtung oder eine Sperre handelt (Lindquist 1981, 35). Noch weniger eindeutig in der Interpretation sind die Befunde von

[24] Bericht in ATA Stockholm, Fornlämning Nr. 73, Karte 2C6C.

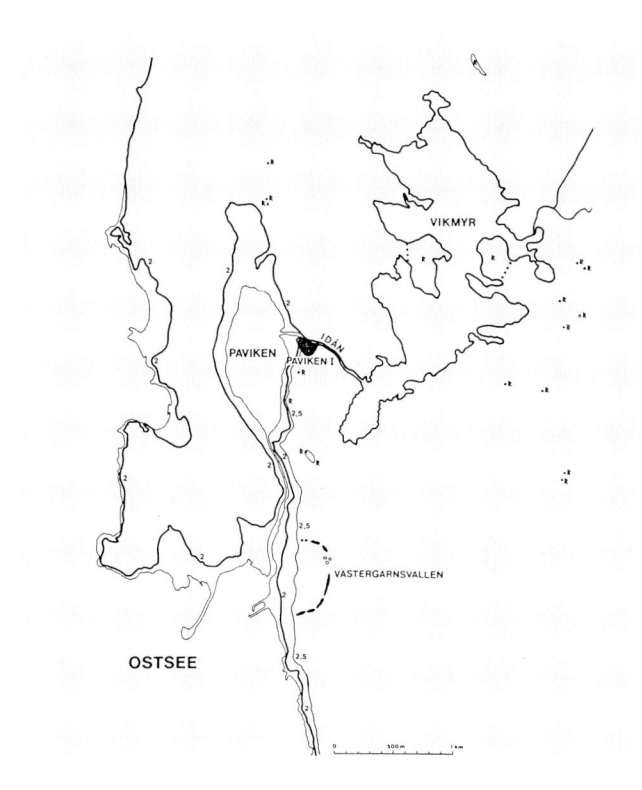

Abb. 104 Paviken: Plan der Siedlung und Umgebung, Küstenlinie der Wikingerzeit ungefähr entlang der 2,5-m-Höhenlinie.

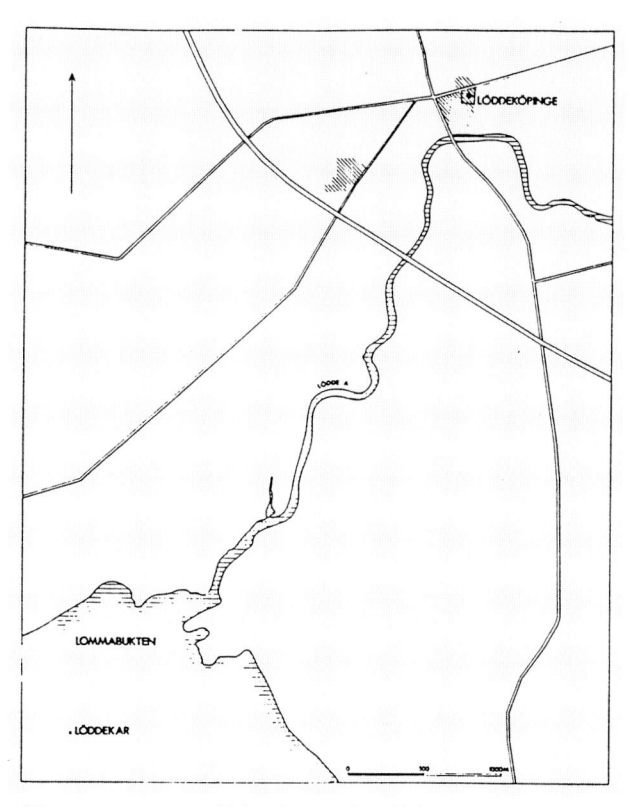

Abb. 105 Lage von Löddeköpinge und Löddekar.

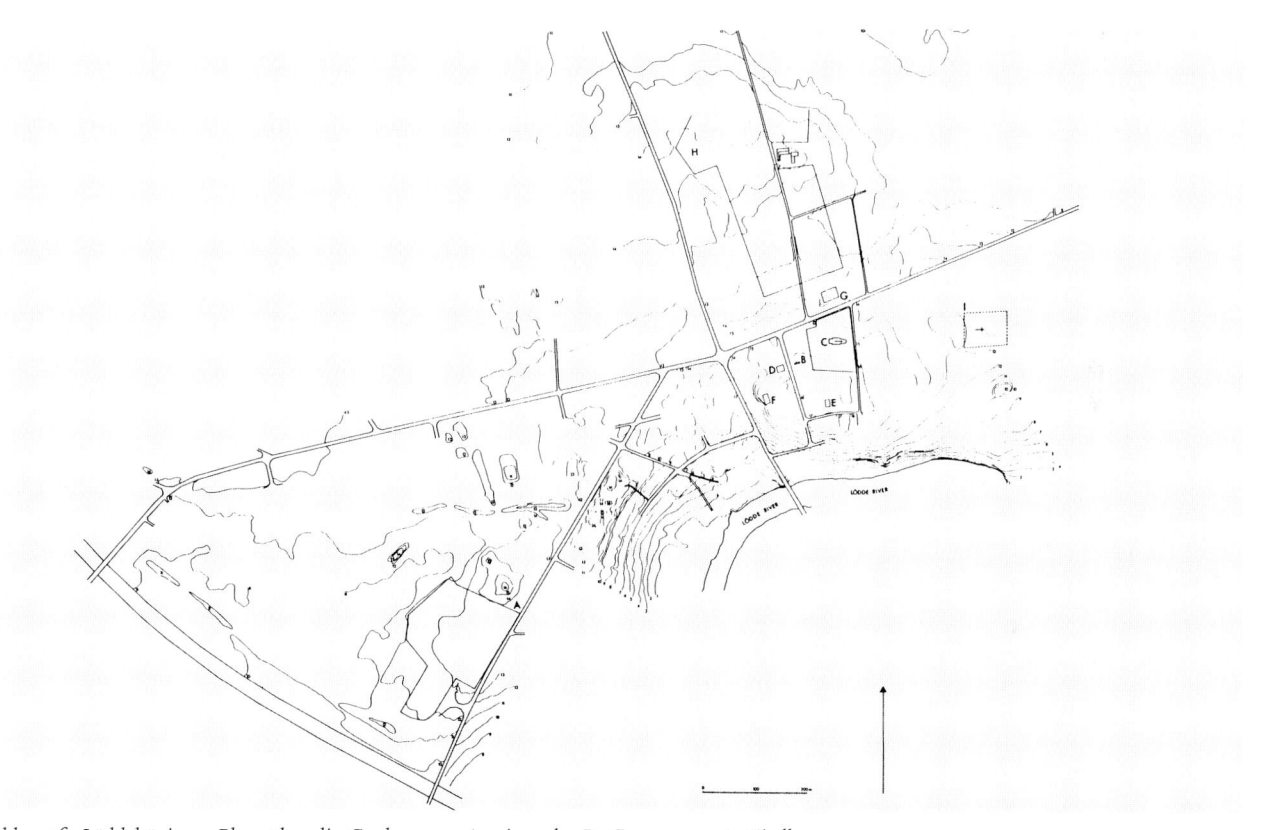

Abb. 106 Löddeköpinge: Plan über die Grabungen, A saisonale, B–G permanente Siedlung.

147

Köpingsvik an der Westküste von Öland[25], da hier nur die Ergebnisse kleinerer, nicht zusammenhängender Grabungen auf z.T. erheblich gestörtem Terrain vorliegen. Die Funde setzten bereits um 600 ein, doch ihre Hauptmasse liegt in der Zeit zwischen 950 und dem 12. Jahrhundert. Die Untersuchungen lassen auf Reste von Häusern und handwerkliche Produktion schließen. Die Funde von Bronzewaagen und -gewichten sowie Bruchsilber weisen auf kommerzielle Aktivitäten am Ort hin. Schließlich haben sich im Blaulehm an der Küste wenige Holzreste u.a von Booten erhalten, die die Schiffahrt bezeugen. Letztere sind durch C 14-Proben in das 11. und 12. Jahrhundert datiert, und ihr Fundort wird als Hafen aufgefaßt. Dieser Ort dürfte als kleinerer Handelsplatz zu interpretieren sein, bei dem die Verbreitung der eigenen handwerklichen Produktion den Vorrang vor dem Handel mit Fremdgütern hatte, obwohl diese auch in geringerem Maße vertreten sind. Jankuhn (1980, 150) bezeichnet ihn als Rastplatz für Seefahrer, die nach Mittelschweden unterwegs sind, während Hagberg (1973, 44) unter Einbeziehung der umliegenden Gräber hierin den lokalen Marktplatz unter der Führung einer schon vor der Wikingerzeit ansässigen Familie sieht. Auch *Skuldevig*[26] (Liebgott 1979a, 1980) am Ausgang des Isefjordes auf Seeland gehört in diese Kategorie, obwohl die ersten Funde in das 8. Jahrhundert zu datieren sind. Die kleinräumige Grabung zeigte, daß aus der frühesten Nutzungsphase eine kleine Ansammlung von Feuerstellen angetroffen wurde, deren Interpretation als Rastplatz im Sinne von Jankuhn unsicher bleiben muß. Im östlichen Teil fanden sich neben Feuerstellen, die z.T. mit Ton ausgekleidet waren, unregelmäßig gesetzte Pfostenlöcher und Gruben, die im Aufbau mit den aus Schweden bekannten sog. »Lerbottnar« (s.u.) vergleichbar sind. An Funden kamen einige Dirhems, nicht näher spezifizierte Keramik, persönliche Gegenstände sowie Klinkernägel und Schmelztiegel, beides mögliche Hinweise auf die Reparatur von Schiffen, zutage. Die Keramik reicht bis in das 12. Jahrhundert. Liebgott (1979, 7) faßt diesen Platz als im Sommer genutzten Saisonmarkt auf, was wiederum eine Nutzung als Rastplatz für Fernhändler nicht ausschließt, aber doch wenig wahrscheinlich erscheinen läßt. Diese fremden Händler hätten erstaunlich wenig Material zurückgelassen. Ein vergleichbarer Platz ist aus Karby, Thisted Amt, an der Südwestküste der Limfjordinsel Mor-

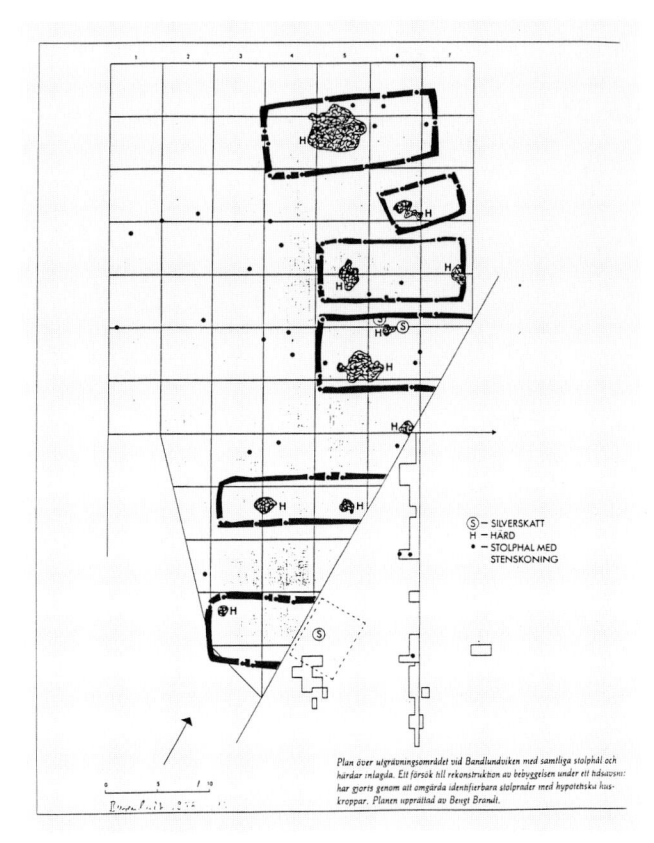

Abb. 107 Bandlundviken, Plan der Grabung.

sø bekannt (Nielsen 1984), bei dem die Frage nach einer permanenten Besiedlung offenbleiben muß. Hier fanden sich Grubenhäuser und Keramik der Vendelzeit, doch erst mit der Wikingerzeit tauchen geringe Anzeichen von Handel auf, der sicherlich nicht das Niveau von Skuldevig erreichte. Die sog. »Handelswarften« des 9. bis 14./15. Jahrhunderts zwischen Ems und Weser (Brandt 1977b) sind gleichfalls dieser Kategorie von Handelsplätzen zuzuordnen. Sie liegen in der Regel recht weit im Landesinneren an einem Priel oder Fluß, doch konnte noch an keiner Stelle der Landeplatz lokalisiert werden. Gleichfalls hierzu dürfte Aggersborg in Nordjütland gehören, obwohl es sich primär – wenn auch nicht ausschließlich – um eine militärische Anlage handelt (Roesdahl 1981). Sie ist an einer Gabelung des Limfjordes angelegt worden, von wo aus man durch den heute wieder offenen

---

25 Solberga sn., Öland; Fundberichte: Hagberg 1972/73; 1973; 1975; 1985; Schulze 1978; 1980 sowie mehrere Berichte im ATA Stockholm; zur Umgebung von Köpingsvik und der Aussage der Schatzfunde über mögliche Hafenorte auf Öland vgl. Blomqvist 1974.
26 Tarup sn., Frederiksborg amt.

Ausgang im Westen nach England fahren wie auch durch einen heute verlandeten Arm in die Jammerbucht gelangen und nach Norwegen fahren konnte (Petersen 1975; Jensen 1984). Den Funden nach zu urteilen, war die Verbindung nach Norwegen die bei weitem wichtigere, denn Funde von den britischen Inseln sind deutlich in der Minderzahl (Roesdahl 1981, 115; Janson 1985, 195). Aus Schonen ist noch das Beispiel von Åhus[27] zu nennen, wo mehrere kleinere Grabungen entlang der Helgå ab ungefähr 800 einen Handelsplatz belegen, der später an die Küste verlagert wurde.

Die andere Gruppe dieser kleinen Plätze mit Fernverbindungen besteht aus einzelnen Gehöften. Den am besten untersuchten Komplex stellt *Bandlundviken,* Burs sn., auf Gotland dar (Abb. 107): Ungefähr 300 m von der heutigen Küste entfernt und 3,5 m über dem heutigen Wasserstand – zur Nutzungszeit wahrscheinlich ungefähr 2,5 m höher – wurden 6 Häuser angetroffen, die alle mindestens einen Herd aufweisen (Brandt 1986; Burenhult 1986, 89-100). Aus diesem Bereich stammen insgesamt vier Schätze[28], von denen zwei im selben Haus angetroffen wurden. Neben dem üblichen, allerdings außergewöhnlich umfangreichen Spektrum an Siedlungsfunden kamen auch ungefähr 5300 Niete, 120 Gewichte sowie weitere Münzen, darunter eine deutsche des 10. Jahrhunderts, zutage. Die Siedlung wird über die Funde in das 9.-11. Jahrhundert datiert, wobei der Schwerpunkt deutlich im 10. Jahrhundert liegt. In der näheren Umgebung liegen vier Gräberfelder sowie ein Naust (Nihlén & Boethius 1933, 198-200). Es handelt sich um einen ca. 30 m langen und um 8 m breiten Pfostenbau mit niedrigen Wällen. Die Probegrabungen zeigen eine 20-30 cm mächtige Kulturschicht und zwischen den Pfosten eine doppelte Reihe von Steinen. An Funden kamen Niete und Spiker aus Eisen, ein Eisenmesser und das Fragment einer Ringfibel aus Bronze, welche die Anlage grob in die Wikingerzeit datiert, zutage. Obwohl die Zusammengehörigkeit dieses Komplexes sowie die zeitliche Abfolge der einzelnen Häuser nicht erkennbar ist, darf er doch als der Hof eines Bauern – bzw. mehrerer solcher Bauern –, der Fernhandel betrieb, bezeichnet werden. Dieser Platz ist in einer Reihe mit den früheren Plätzen Dankirke und Borg auf den Lofoten zu sehen.

Ob alle diese Plätze wirklich keine Hafenanlagen aufwiesen oder ob diese lediglich noch nicht erfaßt sind, muß Spekulation bleiben. Doch besteht zumindest für die letztgenannte Gruppe eine hohe Wahrscheinlichkeit, daß hier tatsächlich keinerlei Einrichtungen über Nauste hinaus vorhanden waren. Aus dem slawischen Bereich sind solche kleinen Handelsplätze nicht bekannt. Zwar existieren einige Plätze mit Zugang zu schiffbarem Gewässer, in denen auch Importe zutage kamen[29], doch läßt sich nach dem heutigen Forschungsstand für die einzelnen Fundgegenstände nicht feststellen, ob sie als Zeugnisse für Handel oder für einen allgemeinen Kulturaustausch zu werten sind (Zoak 1988, 681).

Über einen ganzen Abschnitt wikingerzeitlicher und mittelalterlicher Schiffahrtseinrichtungen – nämlich der im Nordatlantik – schweigen sich die Quellen vollständig aus. Zwar erwähnen die Schriftquellen Nauste – in einem Fall mit Walknochen als Schiffsrollen – sowie für einen Winter um das aufgezogene Schiff herumgebaute Schiffshäuser (»hróf«) (Falk 1912, 27-9), und auch die maritimen Verhältnisse sind für einige Gebiete einer näheren Untersuchung unterzogen worden (Crawford 1987, 11-27), doch die Ergebnisse sind mager. Außer undatierten Nausten[30] konnten keine Anlegestellen lokalisiert werden, obwohl, wie bei Jarlshof, Shetland, ein Gehöft (Hamilton 1956) bekannt ist und die Umgebung systematisch von Tauchern abgesucht wurde (Morrison 1973). Hier scheinen tatsächlich keine Landeeinrichtungen vorhanden gewesen zu sein, was auch die wenigen Untersuchungen an isländischen Häfen bestätigen (Þorláksson 1978, 7, 7/8).

---

27 Callmer 1981/82; Wihlborg 1980; Rosenberg 1984; ATA Stockholm, auch unter Elleköpinge, Åhus sn.

28 1. ungefähr 1820 gefunden; 2. 1975, von Tourist mit Metalldetektor gefunden: 6 Armringe aus Silber; 3. bei Grabung unter dem Fußboden eines Hauses gefunden (vgl. Abb. 107) und offenbar ohne Behälter niedergelegt: 3 stempelverzierte Armringe aus Silber; 4. bei Grabung, wahrscheinlich auch unter dem Fußboden, nahe der dachtragenden Pfosten angetroffen: 205 arabische Münzen, in insgesamt 5 Rollen zusammen liegend; Schlußmünze 863-926 geprägt.

29 Hier sind die mittel- und spätslawischen Burganlagen wie Oldenburg/Holstein, Alt-Lübeck (die von Neugebauer [1963/4, 147, Abb. 8] genannten »Brückenpfähle« sind undatiert und angesichts der Nähe von Lübeck nicht zwingend auf Alt-Lübeck zu beziehen), Mecklenburg usw. Aber auch solche Plätze wie Schönfeld und Verchen, beide Kr. Demin (Schoknecht 1978; 1981), sowie Parchim zu nennen (Keiling 1982; 1985), wo nur einzelne importierte Gegenstände in einer Siedlung angetroffen wurden. Der Hafenbereich ist nicht untersucht worden, und die Interpretation dieser Plätze ist unsicher (vgl. Zbierski 1974; Herrmann 1985a, 60/1; 1988).

30 Z.B. auf den Hebriden, vgl. Royal Commission 1987. 15/6. 34.

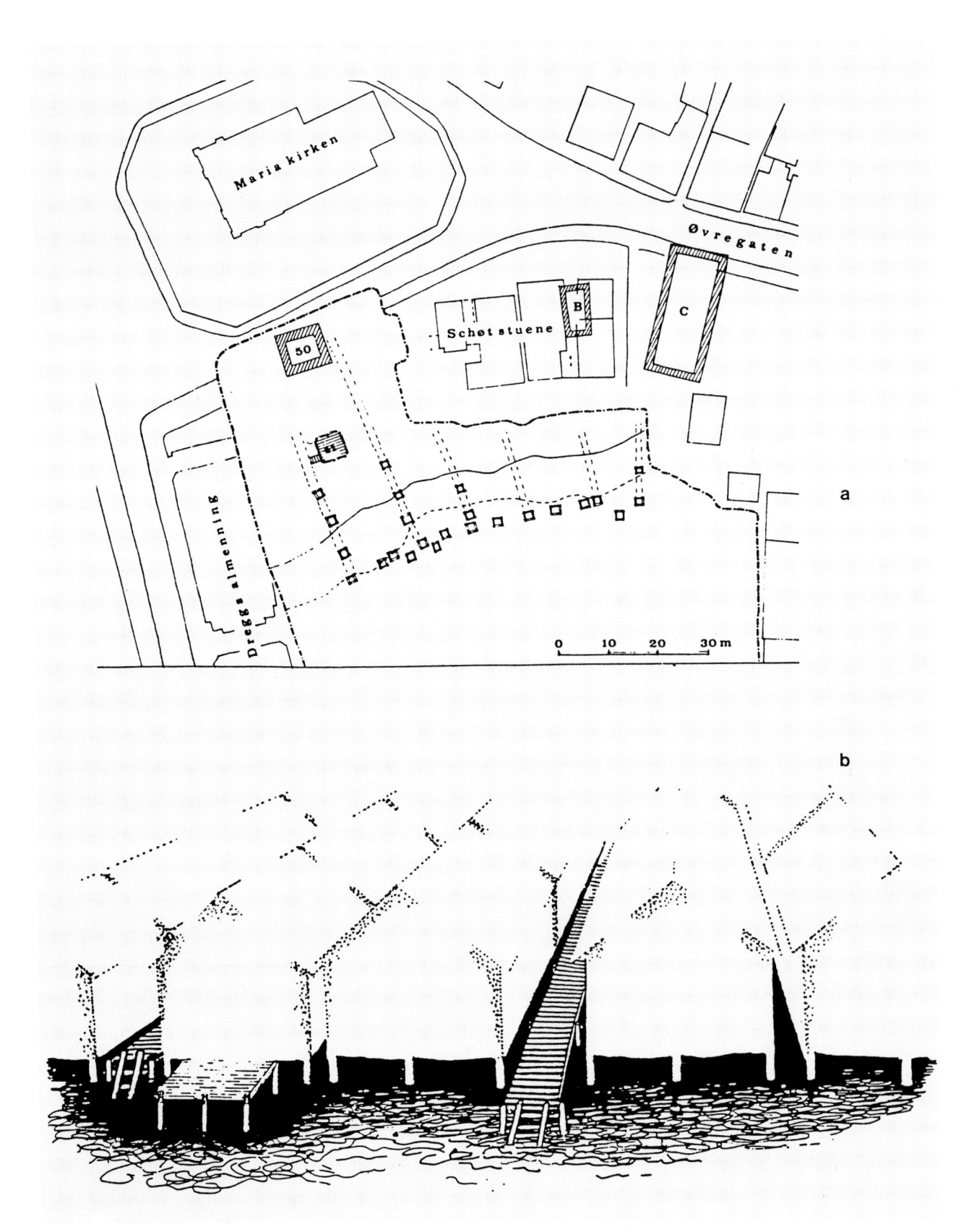

Abb. 108 Bergen, Bryggen: a Befunde und b Rekonstruktion der Wasserfront von 1171–98.

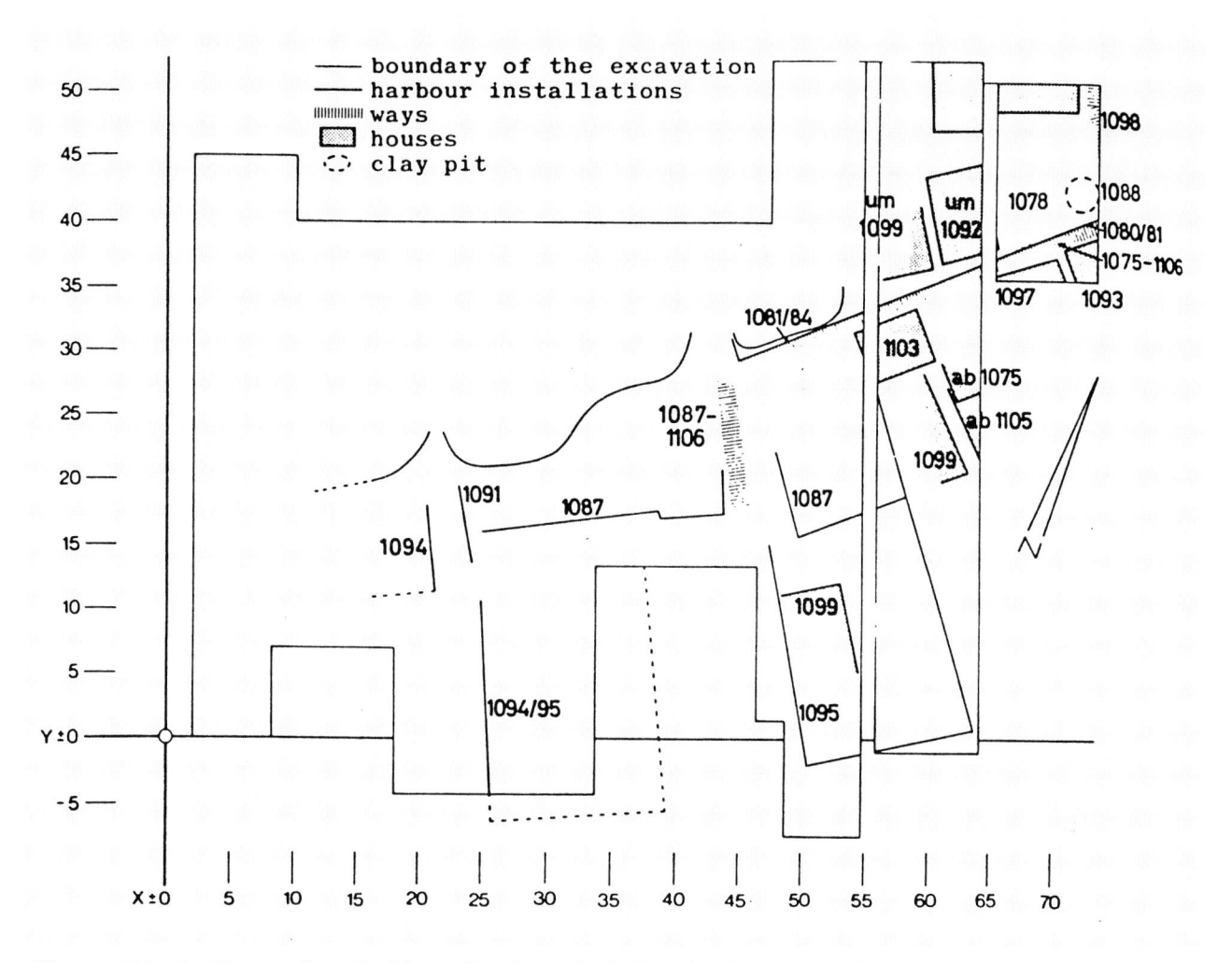

Abb. 109 Schleswig, Plessenstraße: Befund der Hafengrabung, dendrochronologische Datierung der einzelnen Bauabschnitte angegeben.

Im Mittelalter setzt der Ausbau der Hafenanlagen ein, an dessen Ende alle größeren Häfen mit Kaimauern ausgestattet sind, wie sie aus mittelalterlichen bildlichen Darstellungen bekannt sind. Letzteres ist eine Entwicklung des 13. Jahrhunderts, da vor 1200 nur zwei Kaimauern archäologisch nachweisbar sind und in den schriftlichen Quellen keine Unterscheidung zwischen den einzelnen Typen von Kaianlagen gemacht wird (Ellmers 1972, 152). Die Anlagen des späten 11. und 12. Jahrhunderts unterscheiden sich nicht wesentlich von den wikingerzeitlichen, die zum Teil unverändert weiter in Gebrauch blieben.

Die wohl bekannteste Grabung einer Hafenanlage fand in *Bergen* statt (vgl. Katalog Nr. 41), doch auch hier ist vor 1200 die Siedlung bis an das Ufer gebaut worden, ohne daß eine Kaianlage vorhanden war (Abb. 108). Das früheste Beispiel (1087) für eine Kaianlage stellt Schleswig (vgl. Katalog Nr. 21) dar (Abb. 109), die jedoch auch nicht auf gesonderte Brücken verzichtet. Wenig später setzt auch der Ausbau des Londoner Hafens ein (vgl. Katalog Nr. 8), doch handelt es sich hier im wesentlichen um eine Entwicklung des 13. Jahrhunderts, was auch bei Danzig der Fall ist (vgl. Katalog Nr. 80). In Stettin (vgl. Katalog Nr. 83) entstand am Ende des 12. Jahrhunderts eine Kaikonstruktion aus aufgefüllten Kästen (Abb. 110), wie sie im 13. Jahrhundert aus Bergen und London belegt sind. Die Funktion der vor und hinter der Wasserlinie angetroffenen Pfosten ist jedoch zweifelhaft: Filipowiak (1989, 359) hält ihre Verwendung als Pfosten von Laufbrücken für möglich, welche während eines jahreszeitlich bedingten Niedrigwassers der Oder das schwimmende Anlegen gestatten sollten; es kann sich aber auch um Pfosten zum telalterliche Uferbefestigungen bekannt. In Visby (vgl. Katalog Nr. 76) sind keine Hafenanlagen vor 1200 angetroffen worden, obwohl der Ort seit der Vendelzeit besiedelt ist. Ähnlich verhält es sich mit Stockholm, wo die vor 1200 datierten Befunde keine Interpretation zulassen (Ödman 1987, 78-81).

31 Anhand der Schriftquellen und der topographischen Gegebenheiten ist der mittelalterliche Hafen am Westufer der Nid zu suchen; Grabung **Kjøpmannsgaten** von 1979; in der ersten Phase kam eine Uferbefestigung und in der zweiten eine hinter dem eigentlichen Kai gelegene Anlage zutage: heute bestehendes Gefälle zum Fluß hin spiegelt die natürlichen Begebenheiten wider; *erste Phase (WF 1)*: Parallel zum Fluß verlaufende und direkt auf das Ufer gesetzte Konstruktionen, die aber keine durchgehende Linie bilden, sondern in 2 Abteilungen getrennt waren, deren nördlicher Part 1 m weiter nach Osten (zum Ufer) vorgeschoben war; es handelt sich um horizontale Hölzer, die durch vertikale Hölzer gehalten wurden; im nördlichen Teil war einer der Balken in den aufrecht stehenden Pfosten eingenutet; im südlichen Teil an manchen Stellen Abfolge von drei Holzbearbeitungsspuren; direkt im Zusammenhang mit dieser Konstruktion keine Funde, aber auf dem davorliegenden Gebiet Anzeichen für Nutzung zumindest in 2.H. 11. Jh. und Anfang 12. Jh.; nach dem vermuteten Wasserstand zu urteilen, war die Anlage um 1100 in Gebrauch, hatte bei Ebbe eine Wassertiefe von 0,10 m und bei Flut von ca. 1,2 m; Unterteilung in Nord- und Südteil beruht wohl auf Grundstücksgrenzen, die sich auch in der nächsten Phase abzeichnen, deren voller Umfang aber nicht bekannt ist; vor der Uferbefestigung viele Pfosten angetroffen, die sich stratigraphisch mit der ersten Phase in Verbindung bringen lassen; manche bildeten 4-5 m von der Befestigung entfernt Landungsbrücken; 1 m vor dem Südteil befindet sich ein von Flußkiesel überlagerter Flechtwerkzaun mit unbekannter Funktion (kalibiriertes C 14-Datum 914 ± 85); *2. Phase (WF 2)*: mindestens drei Phasen: WF 2a: horizontale aneinandergesetzte Balken und Planken, die durch Pfosten gehalten wurden; WF2b: selber Befund, aber ohne Balken; WF 2c: 1 Reihe von Pfosten im östlichen Teil der Fläche; vielfach altes Material wiederverwendet; Phasen sehr kurz und Material nicht sehr dauerhaft; der Raum zwischen den Pfosten mit Holz sowie Keramik und Kämmen verfüllt; tatsächliche Wasserfront nicht gefunden; Datierung der Ausbauzeit in 1. H. 12. Jh.; hinter der Wasserfront im Westen mindestens 6 in den Hügel eingeschnittene Gebäude (eines mit WF 2 gleichzeitig) erhalten, alle ohne Feuerstelle (evtl. Warenhäuser); im Norden der Fläche Holzpflasterung, wohl für einen Weg zur WF und mit dieser gleichzeitig; an WF 2 konnten Schiffe im Gegensatz zu WF 1 schwimmend entladen werden; (Jondel 1985).

32 Östergötland: älteste Besiedlung im 12. Jh.; in der Mitte des 12. Jh. vollentwickelte urbane Gesellschaft; Stadtgebiet durch Storån, der im Mittelalter bis kurz hinter der Grabungsfläche schiffbar war, und Lilleån in drei Teile geteilt; bei früheren Grabungen wurden Reste eins Steges über Lilleån gefunden, der verschiedene Teile miteinander verband (aufgrund seiner Lage in Bezug auf die 3 m Höhenlinie ins 12. Jh. datiert); **Kv. von Platen Nr. 1 und 2**: im nördlichen Teil der Stadt; Fläche ca. 10 m von heutiger Uferbefestigung entfernt; Grabung 1975/6, ein langer und 5 keine Probeschächte; mittelalterliche Kulturschicht nimmt von 1,6 m Mächtigkeit im NE auf 0,7 m im SW (zum Bach hin) ab; in Schacht 6 traf man auf Siedlungsschichten; Überlieferungsbedingungen für Holz schlecht; im 11. Jh. befand sich an dieser Stelle *möglicherweise eine Steinpier mit Holzbrücke;* für das 12. Jh. sind Steinsetzung, Ofen und Feuerstellen sowie eine Brückenanlage belegt; aus dem 13. Jh. stammen eine Brückenanlage und weitere Siedlungsbefunde; Datierung über Keramik in den Kulturschichten; Tesch 1985.

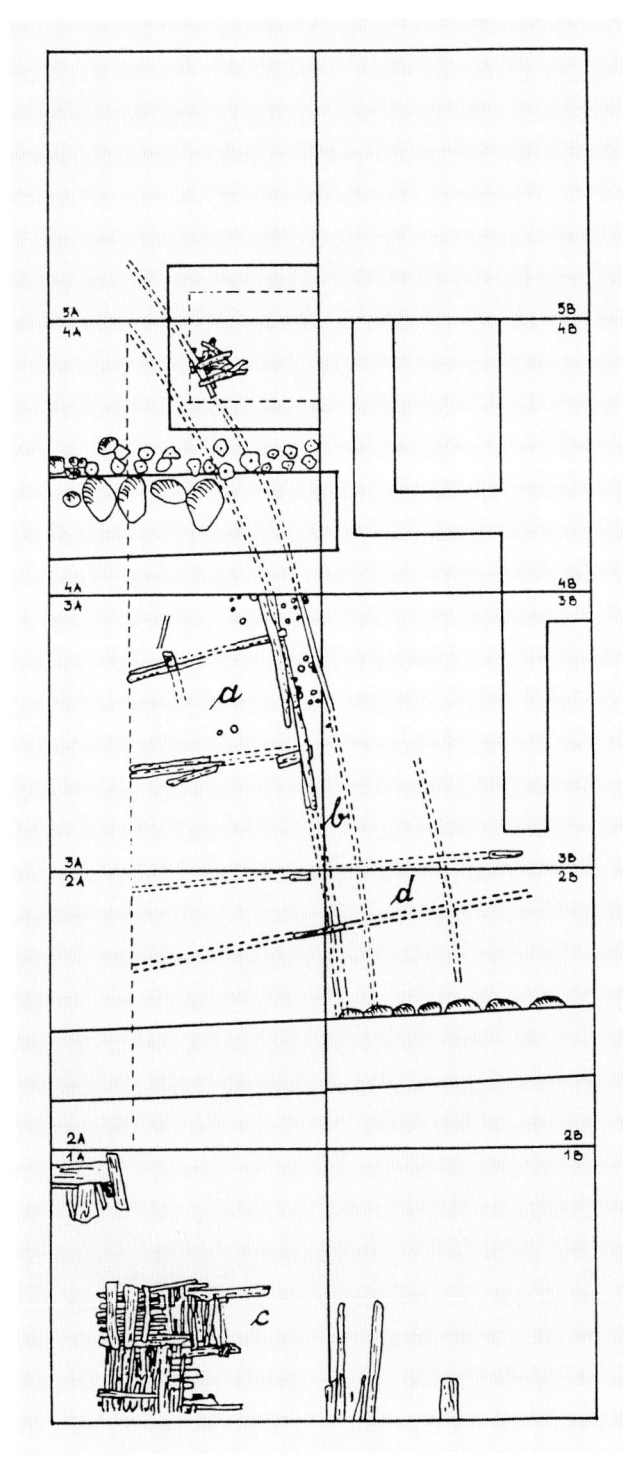

Abb. 110 Stettin, Befund des Hafens aus dem 12. Jahrhundert: a Holzkiste, b Verlauf der »Kaianlage«, c frühmittelalterliche Straße, d spätere Konstruktionen.

Vertäuen von Schiffen handeln. Aus Trondheim[31], Utrecht (vgl. Katalog Nr. 14), Lübeck (vgl. Katalog Nr. 18), Sigtuna (vgl. Katalog Nr. 70) und Söderköping[32] sind mit-

In Schonen, zu jener Zeit zum Kernland der dänischen Königsmacht gehörend, existieren wie auch in anderen Teilen des germanischen Sprachraums eine ganze Reihe von »Köpinge-Orten« (Schück 1926, 147-53; Beck 1987), d.h. Orte, deren Name mit dieser Endung gebildet ist. Sie liegen nicht alle an schiffbaren Gewässern, doch wird ihr Name trotz aller Unsicherheit bezüglich ihrer Datierung mit lokalen Marktplätzen des 11./12. Jahrhunderts in Verbindung gebracht (Ersgård 1986, 320/1). Als Landeplätze lassen sie sich jedoch nicht werten. Für die in Norwegen gelegenen »-köpinge«-Orte gelten die gleichen Einschränkungen (Schück 1926, 153/4; Øye 1989, 149-61). Ein sicheres Anzeichen für einen Landeplatz stellen hingegen sog. »lerbottnar« (Lehmgruben) entlang der schwedischen und dänischen Ostseeküste dar. Es handelt sich in der Regel um ungefähr 20 cm tiefe, muldenförmige Eintiefungen, die mit einer 3-5 cm dicken Lehmschicht ausgekleidet sind. In der Aufsicht variiert ihre Form zwischen rund und rechteckig mit abgerundeten Ecken; ihre Größe beträgt meistens 1-15 m², doch sind auch sehr viel größere bekannt (Stenholm 1981, 17). Sie sind fundarm und werden in das 12. bis Anfang des 14. Jahrhunderts gesetzt. Aller Wahrscheinlichkeit nach stehen sie in Zusammenhang mit saisonalen Fischerlagern und dienten zur Salzgewinnung oder zum Einsalzen von Fischen (a.a.O., 28-9). Oft sind solche Gruben die frühesten Befunde von Städten des 13. und 14. Jahrhunderts, doch die Beziehung zu diesen Städten ist genauso rätselhaft wie ihre genaue Funktion (Ersgård 1988, 41-7). Wichtig ist in diesem Zusammenhang lediglich ihre Lage an offenen und flachen Stränden, die keine weiteren Hafeneinrichtungen vermuten lassen. Auch in Dänemark wurden viele der bereits aus der Wikingerzeit bekannten kleinen Marktplätze wie Skuldevig und Karby weitergeführt, ohne daß sich eine Veränderung in der Siedlungsstruktur feststellen ließe.

Bereits vor der Eisenzeit sind in Westeuropa Landeplätze mit speziellen Einrichtungen bekannt, aber während der gesamten Zeit sind auch solche ohne irgendwelche Einrichtungen benutzt worden, obwohl sie am Fernhandel teilnahmen. Die besonders im (skandinavischen) Mittelalter belegten Uferbefestigungen sind nicht als Indikator für einen Landeplatz zu verwenden – sie zeigen lediglich, daß der so befestigte Uferstreifen in Verbindung mit einer Siedlung steht. Auf dem Kontinent außerhalb des Römischen Reiches treten erst im 7. Jahrhundert mit Dorestad Anlagen auf, bei denen es sich nicht um feste Zugänge zu Schiffsländen oder Uferbefestigungen handelt, sondern die das Anlegen eines schwimmenden Schiffes erlauben. Die in London angetroffenen Anlagen ermöglichten eventuell ein schwimmendes Anlegen während der Flut, doch läßt sich dieses nicht mit Sicherheit belegen. Üblicherweise mußten die Schiffe bei normalem Wasserstand entweder im seichten Wasser vor dem Ufer entladen oder einschließlich der Ladung an Land gezogen werden. Dieses änderte sich in größerem Umfang erst in der späten Wikingerzeit, als Anlagen wie die von Haithabu, Birka und Wollin entstanden. Die ersten Anzeichen für diese Entwicklung sind in Ralswiek im 9. Jahrhundert zu fassen – einem Platz, der am ehesten als bäuerliche Siedlung mit handwerklicher Produktion zu verstehen ist und nur über ein beschränktes Hinterland verfügte (Hermann 1985a, 60). Durchgehende Kaimauern tauchen erst zum Ende der hier behandelten Periode auf. Zweifellos existierte ein Großteil der kleineren Landeplätze in der Wikingerzeit und dem Mittelalter ohne Landeeinrichtungen, doch scheinen diese weiter verbreitet zu sein, als die hier vorgestellten Befunde vermuten lassen: An jedem Platz, wo bisher an den wahrscheinlichen Anlegestellen Grabungen vorgenommen wurden, kamen auch Hafeneinrichtungen irgendeiner Art zutage.

Inwieweit die Anlagen von Dorestad und Ralswiek Privateigentum eines oder mehrerer Händler oder Eigentum eines Grundherrn oder Vertreter der Oberschicht darstellen, ist an den Schriftquellen nicht eindeutig abzulesen: Hier finden sich für die fragliche Zeit keine Dokumente, die sich auf Händler beziehen, die auf eigene Rechnung ihrem Gewerbe nachgingen; lediglich die Nutzungs- und Eigentumsrechte des Königs, des Adels und der Kirche sind schriftlich fixiert (Endemann 1964, 15-21). Einen Hinweis auf den Besitzer der eigentlichen Landeeinrichtungen und darauf, ob und auf welche Weise sie auch von anderen genutzt wurden, geben auch diese Quellen nicht. Für Dorestad wurde aufgrund der Tatsachen, daß die Brücken so dicht nebeneinander liegen und eine nicht ganz parallel verlaufende Ausbauphase zeigen, die These aufgestellt, daß sie einzelnen Privatpersonen gehörten, die sie aus eigener Initiative und auf eigene Kosten bauen ließen (van Es & Verwers 1980, 40). Hinter diesen

Einzelpersonen können jedoch auf keinen Fall die in den Schriftquellen genannten friesischen Händler stehen, da Fernhandel unter den Karolingern ausschließlich von abhängigen Dienstmannen verrichtet wurde, die für ihre Grundherren, oft Klöster, den Transport von Waren übernahmen (Duby 1984, 137). Vielmehr muß es sich entweder um kirchliche oder – für Dorestad weniger wahrscheinlich – weltliche Grundherren handeln – oder aber um den fränkischen König, der Dorestad als Zollstation benutzte. Für Ralswiek läßt sich diese Frage erst nach der vollständigen Vorlage der Grabungsergebnisse beantworten.

Die skandinavischen Plätze lassen sich ab dem 10. Jahrhundert – fast parallel zur Entwicklung voll ausgeprägter Handelsschiffe – in zwei Kategorien unterscheiden, wobei die großen internationalen Handelsplätze alle über feste Einrichtungen zum Anlanden von Schiffen verfügen, während bei den kleineren keine festgestellt wurden. Im slawischen Milieu macht sich eine solche Differenzierung nicht bemerkbar, was jedoch auch auf mangelnde Forschungstätigkeit in dieser Richtung zurückzuführen sein kann. Die Anlagen scheinen darüber hinaus auch etwas früher einzusetzen als die in Skandinavien, wo sie nur aus Kaupang bekannt sind. Leider ist es an den slawischen Landeplätzen nicht nachzuvollziehen, ob Schiffe hier schwimmend anlegen konnten. In Skandinavien scheint das zumindest bei den späteren der Fall gewesen zu sein. Interessant ist, daß die kleineren skandinavischen Handelsplätze, die kaum mehr als lokale Bedeutung hatten, offenbar ohne irgendwelche Hafenregulierungen auskamen und bis in das 13. Jahrhundert weiterbestanden bzw. neu gegründet wurden.[33] Diese Plätze wurden allem Anschein nach nur in Ausnahmefällen von Fernfahrern angelaufen, denn es sind nur wenige Importe oder Scherben importierter Keramik belegt, und auch die Existenz von Münzen scheint eher den allgemein ansteigenden Münzumlauf widerzuspiegeln als direkte Kontakte mit entfernten Wirtschaftsgebieten – der Kontakt zum Ausland dürfte am ehesten über die Handelsplätze der erstgenannten Gruppe vermittelt worden sein. Fest eingerichtete und regelmäßig angelaufene Rastplätze wie von Jankuhn vorgeschlagen sind zumindest für die Zeit ab dem 10. Jahrhundert unwahrscheinlich, zumal die überlieferte Reisedauer zwischen 10 und 30 Tage, meistens jedoch nicht mehr als 14 Tage beträgt (Ellmers 1972, 250). Diese Zeit dürften Handelsschiffe mit relativ wenigen Leuten an Bord und einer großen Ladekapazität wohl mit dem am Ausgangspunkt gebunkerten Proviant bestritten haben. Bei Mannschaftsschiffen mit genau umgekehrtem Verhältnis von Mannschaft und Zuladekapazität sind solche Stopps eher anzunehmen, obwohl hier das Problem wahrscheinlich weniger durch Handel als durch Raub gelöst worden sein dürfte. Bei den von Jankuhn als Rastplatz für Fernfahrer vorgeschlagenen Orten handelt es sich um Lokalmärkte, die über größere Handelsplätze mit Importen versorgt wurden, oder um Fischmärkte. Die Anwesenheit von Fernfahrern ist unwahrscheinlich, so daß diese These zurückgewiesen werden muß. Eine Verbindung zwischen den Hafenanlagen und der Kategorie von Handelsplätzen, wie sie Hodges definiert (vgl. S. 106, Anm. 4), läßt sich nicht ziehen, doch ist dies aller Wahrscheinlichkeit nach auf fehlende Grabungen zurückzuführen. So lassen alle Hafenorte, die er als monopolistische Handelszentren mit internationalem Handel bezeichnet – etwa Hamwih, Haithabu und Dorestad –, Einrichtungen für die Schiffahrt erkennen. Auf der anderen Seite sind solche Anlagen nicht auf diese Orte beschränkt, sondern auch dort vertreten, wo der Monopolcharakter wie bei Kaupang und Ralswiek nicht so deutlich hervortritt.

Der Bau von Kaimauern mit einer parallel dazu verlaufenden Uferstraße ist eine Entwicklung, die im späten 12. Jahrhundert einsetzt und im 13. Jahrhundert für größere Orte üblich wird. Daß die frühesten archäologischen Belege aus dem südwestlichen Ostseeraum stammen, mag auf die Zufälligkeit von Hafengrabungen zurückzuführen sein, doch ist es auffällig, daß sie zeitlich mit der deutschen Ostkolonisation und dem damit einhergehenden Aufschwung des Handels zusammenfallen (Dollinger [4]1989, 50-3). Unter diesem Aspekt sollten ähnlich frühe oder sogar frühere Kaianlagen in den Niederlanden zu finden sein, wo die Entwicklung zur mittelalterlichen Stadt im 10. Jahrhundert begann (Ennen [4]1987, 92).

---

33 Z.B. Stora Karlsö bei Gotland (Almgren-Aitken 1979) und der Vitsø Nor auf der dänischen Ostseeinsel Ærø (Skårup 1979).

2. Landemanöver

Die ausführlichste Darstellung eines Landemanövers befindet sich auf dem *Teppich von Bayeux*[34] (Abb. 111): Die erste, fast vollständige Sequenz zeigt, wie Harald noch zu Lebzeiten König Edwards über den Kanal fährt und in die Hände von Wilhelm, Graf der Normandie, fällt. Das Schiff ist nicht ausdrücklich als Mannschaftsschiff gekennzeichnet. Auf dem ersten Bild ist das bereits im Wasser liegende Schiff beim Beladen dargestellt; das Ruder ist eingehängt, der Mast eingesetzt, aber noch ungetakelt, der Anker befindet sich im Bug, während drei Leute das Schiff mit über die Reling geführten Riemen und zwei weitere es mit langen Stangen in der Brandung halten. Auf dem nächsten Bild befindet sich das Schiff anscheinend kurz vor der französischen Küste, denn es führt noch Segel, hat jedoch schon einen Mann mit einer am unteren Ende gegabelten Stakstange im Bug plaziert, dessen Aufgabe eventuell darin besteht, nach der Küste vorgelagerten Untiefen Ausschau zu halten. Danach werden auf dem immer noch Fahrt machenden Schiff (das Ruder ist noch besetzt) das Segel geborgen und der Mast niedergebracht sowie zwei Riemen oder möglicherweise auch Stangen über die Reling ausgebracht, um die Bewegung des Schiffes besser kontrollieren zu können, während ein Mann im Bug einen Stockanker in Bereitschaft hält und ein zweiter lotet. Die Interpretation der darunter dargestellten Szene ist trotz ihrer merkwürdigen Plazierung und der abgekürzten Darstellung des Schiffes als Fortsetzung der darüberliegenden zu verstehen. Das Schiff liegt entladen und abgetakelt im Wasser und wird allein durch den am Strand eingegrabenen Anker gesichert, welcher offensichtlich von dem barfuß am Strand stehenden Mann dort ausgebracht wurde. Ein weiterer watet ebenfalls barfuß und mit geschürzter Kleidung zum Strand. Die anderen Szenen mit Schiffen liefern keine fortlaufende Handlung, sondern zeigen jeweils nur einzelne Ausschnitte des Lande- bzw. Ablegeverfahrens. Dies gilt für das Schiff unbekannten Typs, das die Nachricht von der Krönung Haralds zum englischen König in die Normandie bringt. Offensichtlich läuft es bis kurz vor den Landungsplatz unter verkleinertem Segel, während ein im Bug stehender Mann mit einem Lot oder einer dünnen Stange die Wassertiefe mißt. Nachdem das Schiff auf Grund gelaufen ist, watet ein Mann mit einem Stockanker in der Hand zum Ufer; ob er diesen an dem Baum unmittelbar am Wasser befestigen will – bzw. eine reale Landschaft dargestellt ist –, ist unklar, da der Baum gleichzeitig die Funktion eines Bildtrenners erfüllt. Die beiden restlichen Szenen beziehen sich auf die neugebaute Flotte Wilhelms, die das Invasionsheer nach England bringen soll. Einmal wird gezeigt, wie zwei gerade auf einer Werft fertiggestellte Schiffe von vier Leuten an je einer durch ein Loch im Steven bzw. um diesen herumgeführten Leine auf einen im Wasser eingerammten Pfahl[35] zu gezogen werden, an dessen oberen Ende ein Metallring angebracht ist. Der genaue Vorgang entzieht sich jedoch der Analyse, da die vier Männer einerseits den Rücken nach hinten gelegt haben (d.h. die Bewegung des Ziehens wiedergegeben ist), aber andererseits die Taue offensichtlich nicht um den Pfahl geführt sind (was ihre Bewegungsrichtung erklären würde). Ferner läßt sich nicht feststellen, ob es sich um einen auch von anderen Schiffen genutzten Landeplatz oder um eine reine Werfteinrichtung handelt. Die erstgenannte Möglichkeit würde einen Hafen im Tidebereich zeigen, wo Schiffe bei Flut an mit Ringen ausgerüsteten Pfählen festmachen, um dann bei Ebbe trockenzufallen. Das Auslaufen der Flotte ist nicht dargestellt, lediglich der lange Zug von Gegenständen, mit denen die Schiffe beladen wurden. Ihr Anlanden bei Pevensey, aller Wahrscheinlichkeit nach kein regulärer Landeplatz, verläuft wie das des Schiffes von Harald, wobei mehrere Schiffe die einzelnen Stadien wiedergeben. Noch während das Schiff unter Segeln fährt, ist ein Ausguck im Bug plaziert, der anscheinend ein Lot in Bereitschaft hält (unterhalb des Kiels ist es nicht zu sehen). Bei zwei weiteren Schiffen steht ein Mann im Bug, der anscheinend die vorauslaufenden Schiffen anruft. Schließlich wird der Mast niedergelegt und das Schiff entladen, während ein Mann im Heck es mit einer unten gabelförmigen Stakstange in der Brandung hält. Diese Darstellungen geben ein vielleicht nicht vollständiges, aber doch logisches Bild vom Handlungsablauf beim Anlanden und Ablegen eines Mannschaftsschiffes von einer Schiffslände, wie er aller Wahrscheinlichkeit nach an sämtlichen Landeplätzen dieses Typs mit kleinen

---

[34] Es sei nochmals ausdrücklich darauf hingewiesen, daß der Teppich kein Produkt skandinavischen Ursprungs darstellt; vgl. Quellenkritik S. 16.
[35] Für die von Gibbs-Smith (1957, 176) vorgeschlagene Interpretation als Winde finden sich keine Anhaltspunkte.

Abb. 111 Teppich von Bayeux, Landemanöver: a Überfahrt Haralds in die Normandie; b ein Schiff bringt die Nachricht, daß König Edward gestorben sei, der Schiffbau beginnt; c die Entladung der normannischen Schiffe an der englischen Küste.

156

Abweichungen – beispielsweise beim Ausbringen des Ankers[36] – gebräuchlich war. Auf der anderen Seite muß an dieser Stelle festgehalten werden, daß es sich in keinem Fall um ein vollbeladenes und damit schweres Handelsschiff mit relativ wenig Besatzung handelt und jeweils die Anlandung an dem Endpunkt der Reise dargestellt ist. Ein Handelsschiff, das an einer Schiffslände nur kurz bleiben will – etwa zum Übernachten oder um Schutz vor einem Sturm zu suchen –, wird wohl kaum jedesmal an Land gezogen worden sein, auch wenn das Landeverfahren an sich dasselbe ist.

Auch auf vier gotländischen Bildsteinen (Änge I [Nylén & Lamm 1978 Nr. 43], Hunninge I [Nylén & Lamm 1978 Nr. 153], Stora Hammars I [Nylén & Lamm 1978 Nr. 184], Smiss I, Stenkyrka sn. [Nylén & Lamm 1978 Nr. 295) sind Szenen abgebildet, die am ehesten als Darstellung der Anlandung eines Ruderbootes aufzufassen sind, obwohl ihr Sinn unklar bleibt.[37] Auf Abb. 45 (oben S. 78) ist deutlich ein Strich am Bug auszumachen, der wohl als Laufplanke anzusprechen ist. Allerdings ist hier die Landung nicht als nacheinander ablaufende Handlung dargestellt, so daß außer der Plazierung der Laufplanke keine Informationen aus dieser Quellengruppe zu entnehmen sind. Die Darstellungen von Landungsszenen auf Handschriften (Abb. 11,d. e, oben S. 39) lassen sich nur schwer in dieses durch den Teppich von Bayeux geprägte Bild einpassen: Die Schiffe scheinen alle noch im Wasser zu schwimmen, während die Leute über eine nahe am Vordersteven angelegte Laufplanke das Schiff verlassen. Dieses Vorgehen setzt relativ tiefes Wasser in Ufernähe voraus, was den archäologischen Quellen nach nur in Verbindung mit Kaianlagen denkbar ist. Möglicherweise handelt es sich hier um abgekürzte Darstellungen.

Die obige Ausführung sowie nordische Schriftquellen zeigen deutlich, wie wichtig *Stakstangen* und *Bootshaken* für den Betrieb wie auch den Antrieb eines Schiffes sind. Ellmers legte 1972 (S. 85-7) das archäologisch relevante Quellenmaterial aus dem mittel- und nordeuropäischen Raum vor, doch erscheint eine nochmalige Behandlung im Lichte neuer Quellen wünschenswert:

Der früheste und gleichzeitig einzig in seiner Art dastehende Nachweis von Stakstangen stammt aus der späten vorrömischen Eisenzeit. Zusammen mit dem Modell von Broighter wurde eine an einem Ende gabelförmige Stange angetroffen (Abb. 68,c oben S. 97), die jedoch nicht erkennen läßt, ob es sich um einen auf eine Stange aufgesetzten Beschlag oder eine einfache Stange handelt.

An bildlichen Quellen finden sich neben dem Teppich von Bayeux, auf dem mehrmals einfache Stakstangen sowie in einem Fall eine mit einem gegabelten Ende im Rahmen von Lande- oder Auslaufmanövern zu sehen sind, eine gebogenen Stange im Bug eines mit sechs Leuten besetzten Schiffes auf dem Stein von Ardre VIII (Nylén & Lamm Nr. 16). Ihr sichtbares Ende ragt mit dem Haken nach unten über den Bug hinaus, und sie läßt sich somit recht eindeutig als Bootshaken ansprechen (Lindqvist 1941, 74), was auch für die Stange im Bug des Segelschiffes auf dem Stein von Smiss I, Stenkyrka sn. (Nylén & Lamm [1978] Nr. 295) zutrifft. Bei keinem dieser Belege ist ein Hinweis darauf festzustellen, daß die Stangenenden mit einem Beschlag versehen waren.

Ergiebiger sind die Aussagen der nordischen Schriftquellen, wo solche Gegenstände durchgängig als »forkr« bezeichnet werden: Ein oder mehrere (Thule Bd. 6, 59; ÍF 5 [Laxdœla s.] Kap. 18) »forkar« scheinen sowohl in Norwegen als auch auf Island selbstverständlicher Teil der Ausrüstung gewesen zu sein. Eine Episode in der Hávarðar s. (Thule Bd. 8, 147/8; ÍF 6 Kap. 4) läßt darauf schließen, daß sie ausschließlich aus Holz gefertigt waren, denn der Protagonist findet einen »forkr«, der zwar lang, aber an einem Ende abgebrochen ist, auf einem Abfallhaufen zusammen mit anderem Holz am Strand und zerschlägt ihn später, um sich gegen seine Feinde zu wehren. Mit einem Beschlag aus Eisen wäre wohl kaum so verfahren worden, und hätte man diesen vorher abmontiert, so wäre die Stange nicht mehr als »forkr« zu identifizieren gewesen. »Forkar« wurden auch bei Fischerbooten verwendet und nicht über Nacht im Boot belassen (Thule Bd. 6, 49; ÍF 5 [Laxdœla s.] Kap. 14). Über die Verwendung von »forkar« ist folgendes gesagt:

---

[36] So könnte das Waten von dem in der Brandung liegenden Schiff zum Strand mit dem Anker in der Hand auch entfallen, wenn an Land ein Mann stände, dem vom Schiff aus eine Leine zugeworfen und der diese Leine dann vertäuen würde.

[37] Es handelt sich jeweils um die Darstellung eines Bootes ohne Segel mit bis zu fünf Mann Besatzung. Diese haben alle entweder ein Schwert an der Seite gegürtet oder dieses bereits gezogen. Ihnen kommt eine Frau mit einem Becher in der Hand in Begleitung von Bewaffneten entgegen. Vergleichbare Darstellungen, bei denen allerdings an Stelle eines Schiffes ein Reiter zu sehen ist, werden von Buisson (1976, 109) als die Begrüßung von gefallenen Kriegern in Walhall interpretiert, was aber nicht direkt auf die hier angesprochenen »Begrüßungsszenen« zu übertragen ist.

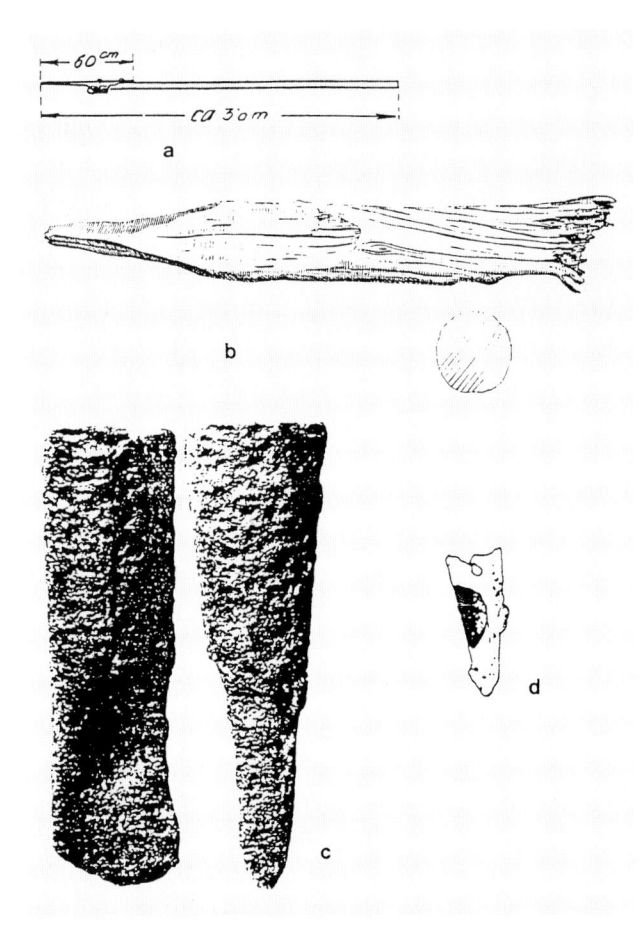

Abb. 112 a Stacher oder Schieber aus dem Bereich der obren Donau; b Stakstange(?) von Weitendorf, ca. M 1:5; c Birka, M ca. 1:3; d Hamburg o.M.

Sie dienen zum Abstoßen eines kleineren Bootes von einem größeren (Thule Bd. 16, 261; ÍF 28 [Heimskringla, Magnúss s. blinda ok Haralds Gilla] Kap. 11) und zum Freikommen eines auf Grund gelaufenen kleineren Segelschiffes (Thule Bd. 6, 59; ÍF 5 [Laxdœla s.] Kap. 18) sowie zum Abstoßen eines auf dem Strand angelandeten, mit 12 Leuten bemannten Schiffes, dessen Antriebsart nicht genannt wird (Thule Bd. 3, 118; ÍF 2 [Egils s.] Kap. 45) – kurz bei den unterschiedlichsten Schiffstypen zum Abstoßen von einem Hindernis. Auch die vollständig artfremde Benutzung von Bootshaken ist bezeugt (z.B. Thule Bd. 16, 153; ÍF 28 [Heimskringla, Haralds s. Sigurðarsonar] Kap. 20). Inwieweit es sich bei allen Stangen, die in Zusammenhang mit Schiffen erwähnt werden, tatsächlich um »forkar« handelt, ist schwer abzuschätzen (vgl. Thule Bd. 5, 136/7; ÍF 7 [Grettis s.] Kap. 50).

Aus dem volkskundlichen Bereich ist das Staken als Antrieb für kleinere Boote und Kähne hinlänglich belegt, doch über die bloße Feststellung der Verwendung von Stakstangen hinausreichende Fakten sind überaus spärlich. In fast jedem Schiffahrtsmuseum entlang des Niederrheins und in den Niederlanden finden sich beispielsweise gabelförmige Beschläge aus Eisen, die auf Stakstangen aufgesetzt wurden und in der Form den unten behandelten archäologischen Funden entsprechen, ohne daß sie eine nähere Untersuchung bezüglich ihrer Verbreitung, Anzahl der auf einem Schiff verwendeten Staken usw. erfahren hätten.[38] Sicher ist nur, daß sie bis in das frühe 20. Jahrhundert hinein auf Binnenschiffen Verwendung fanden. Mitzka (1933, 38) erwähnt junge Tanne als das übliche Material zur Herstellung von einfachen Stakstangen. An der Eider setzte man zudem am unteren Ende *einen sehr klobigen Holzbügel* (ebd.) auf, um das zu tiefe Einsinken der Stange in den weichen Untergrund zu vermeiden. Eine weitere Variante sind die sog. »Stoßruder« oder »Stakruder«, die für Norddeutschland (Mitzka 1933, 38. 40) bzw. Brandenburg (Rudolph 1966, 99. 107/8) beschrieben sind.[39] Die Stoßruder Norddeutschlands sind länger als normale Riemen, gerade, am oberen Ende oft mit einem Querstock versehen und haben ein aus dem vollen Holz geschnitztes Blatt. Darüber hinaus stellt Mitzka (ebd.) eine offenbar kurz zuvor eingeführte Verstärkung des Blattes durch das Aufsetzen eines Eisenbeschlages mit einem oder zwei Zinken heraus. Bei zu großer Wassertiefe werden sie im Stehen und ohne Widerlager am Boot wie Paddel gehandhabt.[40] Bei moorigem Untergrund wird von der Benutzung eines Stoßruders berichtet, daß es gegen das Land gestemmt werde. Die brandenburgischen Exemplare sind für sog. Querstevenkähne von Rathenow folgendermaßen beschrieben: Sie sind einteilig [...] *von 3,5-4 m Länge, aus Eiche, mit rundem Schaftquerschnitt und mit Griffstück* [...] *am oberen Schaftende. Der Ruderfuß ist mit eisernen Zinken (Beschlag) versehen* (Rudolph 1966, 99). Auf dem selben Bootstyp

---

[38] McGrail (1987, 205) nennt als »typische« Maße gabelförmiger Stakstangenbeschläge des 18. und 19. Jahrhunderts aus der Umgebung von Nottingham für die Länge der Zinken 13 bzw. 16 cm und für den Abstand zwischen den Zinken ungefähr 12 bzw. 17 cm.

[39] Bekannt sind sie aus einem sehr viel größeren Gebiet, doch konnte ich keine detaillierten Verbreitungskarten oder Beschreibungen in Erfahrung bringen.

[40] Mitzka (a.a.O.) spricht zwar von »rudern«, was aber angesichts der üblichen Definition (vgl. Kap. III) nicht korrekt ist.

werden Riemen von 3 m und 1,8 m verwendet. Bei den Querstevenbooten der Oder beträgt die Länge des einteiligen Stakruders 4,2 m, und es verfügt über das gleiche Querstück am Stielende und einen Eisenbeschlag wie dasjenige aus Rathenow. Aus dem Raum der oberen Donau sind neben anderen Stangen, die wie Bootshaken benutzt werden, auch solche mit spitzen bzw. gegabelten Beschlägen bekannt, welche jedoch nur in bestimmten Passagen eingesetzt wurden und möglicherweise auf Meßlatten zur Feststellung der Wassertiefe montiert waren (Neweklowsky 1952, 270/1) (Abb. 112,a). McGrail (1987, 204) rechnet damit, daß eine Stakstange, abhängig von der Größe des Bootes und der erwarteten Wassertiefe, zwischen 3,5 m und 6 m variiert.

Die oben aufgeführten Quellen lassen auf eine breite Verwendung im europäischen Binnenraum wie auch in der Zeit vor 1200 schließen. Die Übertragung dieser Erkenntnis auf archäologische Funde und die Art ihrer Benutzung ist jedoch nicht ohne weiteres möglich. So sind einfache Stangen, trotz ihrer Verbindung mit Bootsfunden nicht automatisch als Stakstangen anzusprechen. Sie verfügen weder über eine ungefähr gleiche Länge, was bei auf einem Boot verwendeten Staken wohl vorauszusetzen ist, noch über eine entsprechende Zurichtung. Auch läßt sich nicht klären, auf welchem Bootstypen – und damit zu welchem hauptsächlichen Verwendungszweck – Stakstangen benutzt wurden. Dieses ist lediglich indirekt durch den Charakter des Fundortes und das dazugehörige Wassersystem zu erschließen. Das erste Auftreten der einzelnen volkskundlich belegten Typen ist unbekannt, so daß sie für diese Untersuchung ausfallen, da lediglich datierbare Funde zu gebrauchen sind.

Ellmers (1972, 85-7) unterscheidet Stakstangen entsprechend ihrer Gestaltung am unteren Ende in fünf Gruppen, zwei davon mit Untergruppen:

1a. Einfache, gerade abgeschlossene Holzstangen ohne Beschlag
1b. Staken mit einfachen, unten geschlossenen Eisentüllen
2a. Staken mit gabelförmigem Ende ohne Beschlag
2b. Staken mit gabelförmigem Tüllenbeschlag
3. Stakruder, d.h. Riemen mit Beschlag zum Staken (s.u.)
4. Bootshaken mit Beschlag aus einem geraden und einem umgebogenen Zinken
5. Staken mit Scheiben oder Wülsten aus Holz.

Im archäologischen Fundmaterial tauchen folgende Belege für diese Typen auf:

Einfache Stangen vom Typ 1a, die in Verbindung mit vor 1200 datierten Schiffen angetroffen wurden, sind aus den mehreren Fundorten bekannt (vgl. Tab. II). Aufgrund ihrer geringen Länge, ihrer groben bzw. nicht vorhandenen Zurichtung sowie der Fundumstände – die von Gokstad waren in den Boden eingesteckt – ist ihre Ansprache als Stakstangen wenig wahrscheinlich. Alleine bei der in Verbindung mit einem Floß gefundene, modern gebrochene Stange von Weitendorf (Nr. 22.b; Abb. 112,b) ist eine Interpretation als Stakstange aufgrund der Fundumstände in Betracht zu ziehen: Da es sich anscheinend um ein verunglücktes Floß handelt, das zusammen mit einem Paddel sowie möglicherweise dem Flößer gefunden wurde, ist es nicht unwahrscheinlich, daß die Stakstange auch am selben Ort verblieb. Doch selbst hier ist eine spätere Einschwemmung nicht auszuschließen. Stakruder, Gruppe 3, sind aus prähistorischem Kontext unbekannt (McGrail 1987, 205), obwohl bei einzelnen kräftigen Paddeln und Riemen eine Verwendung als Stakstangen nicht ausgeschlossen ist.[41] Das »Steuerruder« von Årby (Nr. 65.a) könnte so benutzt worden sein (Roberts 1986, 120). Der Typ 5 ist gleichfalls nicht aus dem hier behandelten Arbeitsgebiet bekannt[42], obwohl der spätrömische Schiffsfund von Wanzenau im Elsaß, in einem alten Rheinarm, ein solches Stück beinhaltet (Ellmers 1972, Abb. 181, A).

Der archäologische Nachweis *eiserner Stakstangenbeschläge* gestaltet sich unerwartet schwierig: Zwar sind die Überlieferungsbedingungen aufgrund des Materials ausgesprochen günstig, doch sind die wenigsten Funde in einem Milieu angetroffen worden, das ihre Verbindung zur Schiffahrt wirklich unzweifelhaft macht. Flußfunde dürfen hierzu gerechnet werden, doch sind die meisten undatiert, da sie nicht aus einer regulären Grabung stammen. Unter den Grabfunden mit Beschlägen, die Ellmers auflistet, stellen diese den einzigen Bezug im Grabinventar zur Schiffahrt dar. Dieses ist keinesfalls überraschend, da die meisten dieser Gräber in Gebieten liegen, in denen

---

[41] Für die in der Übersetzung der Egils s. (Thule Bd. 3, 118) genannte »Ruderstange« ist im isländischen Text wie bei den anderen Stakstangen auch der Begriff »forkr« verwendet worden (ÍF 2 Kap. 45).
[42] Die von Ellmers (1972, 86) genannten Beispiele von Novgorod werden von Kolchin (1989, Taf. 26. 27) zur Fischereiausrüstung gezählt.

Bootgräber oder Gräber mit Teilen davon auch sonst nicht bekannt sind.

Von den unter dem Typ 1b, *einfache Eisentüllen*, genannten Beispielen sind lediglich die Exemplare von Birka, Grab III b, und aus dem Bereich der Uferbefestigung aus Hamburg hier relevant. Das nachträglich im Museum aufgetauchte Grabinventar setzt sich aus Keramik und einem Eisengerät[43] zusammen, in dem eine umgearbeitete Tüllenaxt (Abb. 112,c), möglicherweise als Hammer oder ähnliches benutzt, vermutet wird (Arbmann 1940, 51). Das Stück aus Hamburg (Abb. 112,d) wurde in der Kleinen Bäckerstraße in Verbindung mit der dortigen Uferbefestigung in der Schicht des 10. Jahrhunderts angetroffen und als »Lanzenschuh« angesprochen (Schindler 1948/9b, 172). Vergleichbare Gegenstände tauchen in Skandinavien in großer Stückzahl und Variationsbreite auf und werden als »celt« bezeichnet. Petersen (1951, 157-74) ordnet diejenigen Exemplare mit gerader Schneide unter landwirtschaftlicher Gerätschaft ein, obwohl er ihre Verwendung nicht auf Hacken bei der Urbarmachung von Neuland beschränkt wissen will und die schwereren Exemplare, die fast ausschließlich aus Horten bekannt sind, als Eisenbarren interpretiert. Obwohl diese Celte auch mit ausgeschwungenen Schneidenpartien existieren, gibt es keinen Grund, diejenigen mit gerade abschließender Schneidenpartie als Stakstangenbeschläge aufzufassen – besonders da sie auch aus Materialdeponierungen bekannt sind, d.h. möglicherweise nicht in dieser Form als Geräte verwendet wurden. Ein dem Fund aus Hamburg ähnliches Tüllengerät – allerdings im unteren Bereich spitzer – wurde in Lund gefunden und in das 11. Jahrhundert datiert. Es wird als Beschlag für eine Stange angesprochen, wie sie nach frühneuzeitlichen Bildquellen beim Schlittschuhlaufen zum Vorwärtsschieben benutzt wurden (Cinthio 1976, 335/6). Die vier anderen von Ellmers angeführten Beispiele stammen aus römischem Fundmilieu bzw. aus dem 20. Jahrhundert. Vor diesem Hintergrund scheint eine Ansprache der beiden Gegenstände aus Birka und Hamburg als Stakstangenbeschläge keinesfalls gesichert zu sein, obwohl ein vergleichbarer Typ aus der Neuzeit belegt ist.

Für die Gruppe 2a sind keine vor 1200 datierbaren Exemplare bekannt, doch sind die gabelförmigen Stangen auf dem Teppich von Bayeux sowie die »forkar« der nordi-

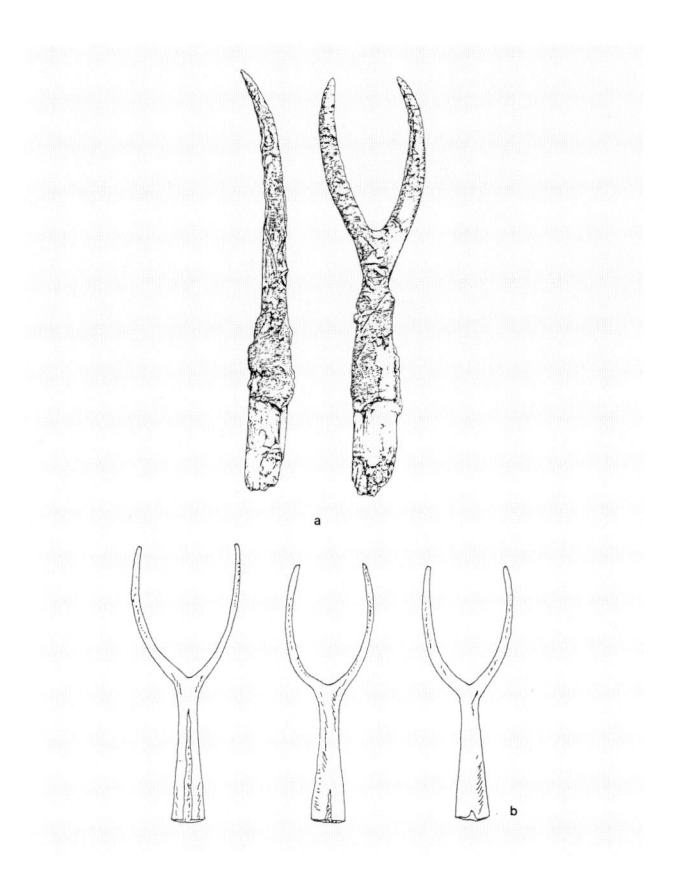

Abb. 113 Gabelgeräte: a Oldendorf, M 1:4; b Audun-le-Tiche, M 1:6.

schen Sagas am ehesten diesem Typ zuzuweisen. *Gabelförmige Stakstangenbeschläge*, Typ 2b, sind aus dem Gebiet von Rhein, Mosel, Maas und Seine gut bekannt. Da sie bis in die Neuzeit hinein gebraucht wurden, sind in diesem Zusammenhang nur Gegenstände aus sicher datierbaren Fundzusammenhängen verwertbar.[44] Doch trotz der recht präzise definierten Form sind nicht alle gegabelten Eisengeräte, die an einer Holzstange befestigt waren, zweifelsfrei als Stakstangenbeschläge zu bezeichnen. Neben Bratspießen, deren Zinken meist länger und weniger stabil sind und sich somit recht deutlich von ihnen

---

43 L. 15,3 cm; Schneidenteil nicht besonders markiert, »Schneide« 4,7 cm breit und ca. 1,2 cm dick; Tülle mit Verschlußnaht (diese 8,3 cm lang), Durchm. oben 4,8 cm, an ihrem Ende ausgekerbt; unterhalb der Verschlußnaht eine leicht ovale Einbuchtung.

44 So müssen die von Ellmers (1972, 85-7) genannten und in das frühe Mittelalter gesetzten Fundorte von Strasbourg-Argentorate und Grembergen-Moerzeke (Belgien) genauso wie die Funde von Amsterdam als undatierte Flußfunde angesehen werden, da sie nicht aus regulären Grabungen stammen, sondern unsachgemäß zusammen mit anderem, typologisch datierbarem Material geborgen wurden (vgl. Forrer 1927, 513; Hasse 1908; 1930).

abheben (Ellmers 1972, 85), existieren massivere Gabeln mit stumpfen, parallel verlaufenden Zinken, welche jedoch verglichen mit den Exemplaren aus Dorestad (Nr. 13.a) weniger stark sind. Der wichtigste Unterschied zu den Stakstangenbeschlägen besteht darin, daß die Zinken dieser Gabeln am Zwickel stärker nach außen geschwungen sind und somit länger parallel verlaufen und daß die Tülle nur wenig länger als die Zinken ist. Zu diesem Gabeltyp gehören ein Exemplar aus Birka, Kammergrab 739 (Arbmann 1940/43, 263, Taf. 185, 10), sowie die wenigen Stücke aus merowingerzeitlichen Reihengräberfeldern aus Südwestdeutschland und Frankreich.⁴⁵ Aus dem Gräberfeld von Audun-le-Tiche⁴⁶ stammen drei Exemplare (Abb. 113,b), deren Länge ca. 26-28 cm bei einer maximalen Gabelbreite von ca. 8,4 cm beträgt, während der größte Tüllenumfang außen ungefähr 3,5 cm mißt. Zwei Stücke sind zudem – auf Abb. 113,b nicht zu erkennen – in der Seitenansicht leicht gebogen (Simmer 1988, Fotografie S. 114 unten). Alle drei werden in die erste Hälfte des 7. Jahrhunderts datiert. Die Funktion dieser Gabelgeräte ist unbekannt: Simmer (1988, 113) ordnet sie unter Bewaffnung ein, während Ament (1976, 87) eine Ansprache als Jagdwaffe für Kleintiere oder Fische für möglich hält. Gegen beide Interpretationen spricht die Tatsache, daß die Zinken mit stumpfen Enden versehen sind; solche Geräte mit spitzen Zinken werden in Skandinavien und Mitteleuropa als Fischspeere betrachtet (Petersen 1951, 280-2). Die aus römischem Fundzusammenhang bekannten stumpfen Gabelgeräte werden als Heugabeln bezeichnet (Pohanka 1986, 224-7), obwohl sie kleiner als die sonst üblichen sind. Aus England sind sie mit Schaftdorn anstelle einer Tülle belegt (Rees 1979, 482-4, Fig. 251) und sollten beim Bündeln des Heus helfen. Gabelgeräte mit Tülle verfügen hier über rechtwinkelig dazu abknickende Zinken und wurden in der Landwirtschaft als Hacken benutzt (a.a.O., 311, Fig. 88.89). Nach volkskundlichen Untersuchungen wurden gerade Gabelgeräte mit und ohne weitere Zusätze für alle Verrichtungen benutzt, bei denen man etwas nicht direkt mit der Hand anfassen mochte.⁴⁷ Diese Beispiele können keine Aussagen über die tatsächliche Verwendung fränkischer Gabelgeräte leisten, doch vermitteln sie einen Eindruck davon, wie vielfältig ihre Einsatzmöglichkeiten sind.

In Anbetracht der vorhergehenden Bemerkungen sind in dem hier behandelten Arbeitsgebiet lediglich die Exemplare aus dem Hafen Dorestad (Nr. 13.a.1) mit Sicherheit als Stakstangenbeschläge anzusprechen. Sie weisen ein großes Formenspektrum auf (Abb. 114), doch ist ihnen allen gemein, daß der äußere Durchmesser der Tülle nicht unter 4 cm liegt und die Zinken nicht parallel zueinander verlaufen. Möglicherweise ist auch ein Stück aus Haithabu (vgl. Katalog Nr. 16) hierzu zu zählen, doch ist der Tüllendurchmesser verglichen mit denen aus Dorestad relativ klein. Die Verwendung des Stücks aus Oldendorf, Kr. Lüneburg (Grab 47) als Stakstangenbeschlag (Laux 1978-80, 108, Abb. 2, 8a. 8b; 1987, 29. Nr. 76 m. Abb.) (Abb. 113,a) lassen die geringen Maße sowie der

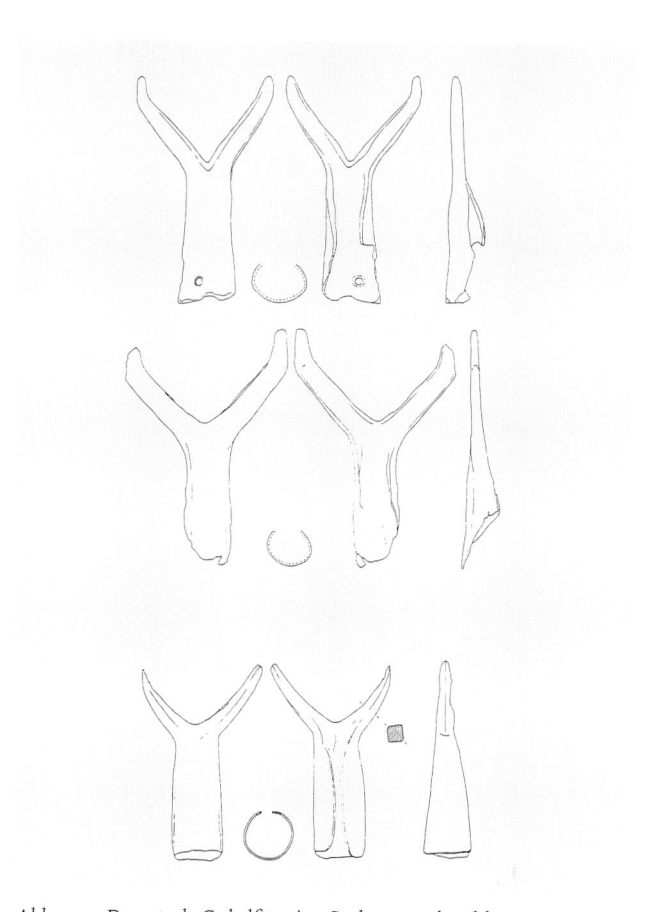

Abb. 114 Dorestad: Gabelförmige Stakstangenbeschläge, M 1:10.

---

⁴⁵ Insgesamt ist die Existenz eiserner Gabelgeräte aus fünf Fundorten bekannt (Ament 1976, 87 und Anm. 159; Simmer 1988, 113 und Anm. 3), doch ohne daß sie systematisch erfaßt oder bis auf die aus Audun-le-Tiche mit ihren Maßen publiziert worden wären.
⁴⁶ Im Nordosten des Départements Moselle: Gräber 43, 69 und 106; alle drei Waffengräber (Simmer 1988, 33. 35. 42. 55).
⁴⁷ Vgl. Károly Gaál: Zum bäuerlichen Gerätebestand im 19. und 20. Jahrhundert. Österreichische Akademie der Wissenschaften, Phil.-Hist. Klasse 261, Bd. 1. Wien 1969; besonders S. 95 und 137. 102

Umstand, daß die Zinken von der Seite betrachtet leicht, aber parallel zueinander gebogen sind, unwahrscheinlich erscheinen. Aufgrund seiner Form paßt es viel eher in die Reihe der fränkischen Gabelgeräte, zumal es gleichfalls aus einem Waffengrab stammt und in die 2. Hälfte des 8. bzw. den Anfang des 9. Jahrhunderts datiert wird. Hinzu kommt, daß beide Stücke nicht aus einem Fundkontext stammen, der sie unmittelbar mit der Schiffahrt in Verbindung bringt. Vereinzelt tauchen solche Beschläge in Süddeutschland und der Schweiz in der La-Tène-Zeit auf, doch allgemein gebräuchlich wurden sie offenbar erst mit dem Erscheinen der Römer in Nordwesteuropa (Ellmers 1972, 85; de Boe & Hubert 1977, 37; de Boe & Bernard 1986, 73).

Wirkliche *Bootshaken,* d.h. große umgebogene Zinken, sind überaus selten. Das Exemplar von Dorestad (Nr. 13.a.3; Abb. 116) muß aufgrund seiner recht geringen Metallstärke mit einem Fragezeichen versehen werden, während über dasjenige aus La TËne (Vouga 1923, Taf. 23, 21) zu wenig bekannt ist, um eine endgültige Klassifizierung zu erlauben. Aus Pomeroeul sind zwei Exemplare mit ausgefallener Form bekannt (de Boe & Hubert 1977, Fig. 49, unten links und oben Mitte): Bei einem setzt der Haken nur am gegenüber der Tüllenöffnung liegenden Punkt an, statt wie sonst aus der vollen Tülle herausgearbeitet zu sein, und das andere besteht nur aus einem Ring anstelle einer Tülle, an dem der Haken wie bei dem anderen Stück ansetzt. Die Variante mit einem geraden Zinken und einem umgebogenen, Gruppe 4, ist hingegen aus Dorestad (Nr. 13.a.2; Abb. 115) sowie aus römischem Milieu (de Boe & Hubert 1977, 37) bekannt und unterscheidet sich sonst nicht weiter von den gabelförmigen Beschlägen. Darüber hinaus sind lediglich die beiden Darstellungen von Bootshaken auf gotländischen Bildsteinen zu nennen, bei denen es sich aber auch um gebogene Stangen ohne Beschlag handeln kann.

Von der Funktion her sind auch die in den Schriftquellen des öfteren genannten Enterhaken an diese Stelle zu setzen. Ob sie wirklich im Norden bereits in der Wikingerzeit Verwendung fanden, ist stark zu bezweifeln, da tatsächliche Seeschlachten nicht zur üblichen Seekriegstaktik dieser Zeit gehörten (Almgren 1962, 191). Als Kuriosum ist das Fundstück aus der Themse in der Nähe von Old London Bridge (Nr. 8.2.a) zu bezeichnen, das genaugenommen als undatiert gelten muß, da es zwar

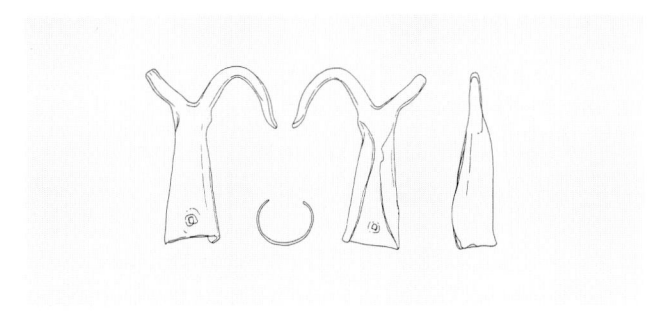

Abb. 115 Dorestad: Stakstangenbeschlag mit einem geraden und einem umgebogenen Zinken, M 1:10.

zusammen mit anderen Eisengeräten des 10. Jahrhunderts geborgen wurde, die Gegenstände aber auch sekundär verlagert worden sein können. Das vierzinkige Gerät, das mit einer eisernen Gliederkette versehen ist, dürfte ganz allgemein dazu gebraucht worden sein, Gegenstände näher an den Benutzer bzw. diesen an einen Gegenstand heranzubringen. Hierbei kann es sich beispielsweise um Wagen, Schiffe oder Gebäude handeln. Die Verbindung zur Schiffahrt ergibt sich weniger aus dem Fundort – in die Themse gelangte auch sehr viel Siedlungsabfall – sondern vielmehr aus der großen Ähnlichkeit mit dem sog. »grippling iron«, welches zusammen mit dem Schiffsmodell von Broighter angetroffen wurde. Aus der Stange sind vier eingedrehte Greifarme herausgearbeitet, die eine Verwendung als Anker denkbar erscheinen lassen (McGrail 1987, 253). Angesichts der Proportionen, besonders im Verhältnis zu den Stakstangen, ist eine Interpretation als Greifeisen jedoch wahrscheinlicher. Bei dem Exemplar aus London ist mit einer solchen Möglichkeit angesichts der geringen Größe und der Leichtigkeit nicht zu rechnen, vielmehr ist es als der früheste, wenn auch unsichere Beleg eines *Enterhakens* zu betrachten.

Die archäologischen Belege für den Gebrauch von Stakstangen und Bootshaken sind also für den hier behandelten Raum überaus spärlich. Der einzige sichere Fundort ist Dorestad, das in dem Gebiet liegt, wo sich ihr Gebrauch von der Römerzeit bis in das 20. Jahrhundert hinein verfolgen läßt. Diese Verbreitung läßt die Ansprache der Exemplare von Hamburg, Birka, Haithabu und Oldendorf als Stakstangenbeschläge in einem noch zweifelhaften Licht erscheinen. Stakstangen sind aufgrund des oben beschriebenen Landeverfahrens vorauszusetzen, doch scheinen sie nicht mit eisernen Beschlägen verse-

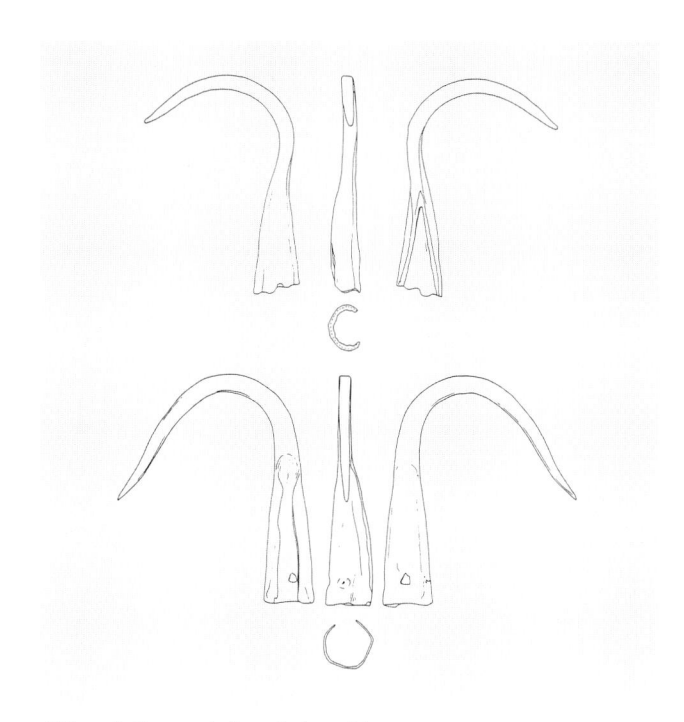

Abb. 116 Dorestad: Bootshaken, M 1:10.

hen worden zu sein. Die Annahme, daß es sich um eine Lücke in der Fundüberlieferung handelt, ist naheliegend – schließlich stammen die meisten Funde von Schiffszubehör aus denjenigen Küstenbereichen von Dänemark und Norwegen, wo das Staken als Antriebsart wegen der oft auch schon in Ufernähe großen Tiefe sicher nicht sinnvoll ist –, doch angesichts der Fundleere auch späterer Zeit wenig überzeugend. Vielmehr ist davon auszugehen, daß die Verwendung von eisernen Stakstangenbeschlägen im kontinentalkeltischen Bereich der späten La-Tène-Zeit einsetzte und unter römischer Herrschaft dort allgemein üblich wurde. Die Verbreitung über diesen Raum hinaus liegt nach 1200.

Aus den oben geäußerten Überlegungen ergibt sich in Verbindung mit den in Kap. II diskutierten Ausrüstungsteilen ein recht differenziertes, wenn auch nicht durchgängig gut anhand der archäologischen Quellen belegtes Bild über die Benutzung von Landeplätzen. Staken als alleiniger Antrieb ist in Nordeuropa vor 1200 nicht nachzuweisen, doch mag es sich hierbei auch um eine Quellenlücke handeln. Stakstangen und Bootshaken als Hilfsmittel für die Manöver an einer Schiffslände und in Häfen mit Kaieinrichtungen sind durch die Schriftquellen hingegen hinreichend belegt und besaßen wahrscheinlich eine größere räumliche Verbreitung und Bedeutung als ihre Verwendung als Antriebsmittel. Kleine Schiffe benötigen keine Stakstangen zum Ein- oder Auslaufen – unabhängig davon, in welchem Hafentyp sie sich befinden. Ihnen reichen die flach geführten Riemen oder Paddel, um das seichte Wasser oder enge Passagen zu überwinden. Für größere Schiffe waren sie jedoch unerläßlich: An Schiffsländen erlaubten sie, das Schiff kurzzeitig in der ufernahen Brandungszone zu halten – beispielsweise um es zu be- oder entladen –, ohne daß es sich querstellte und vollschlug. An den Stellen an der jütischen Westküste, wo noch heute Schiffe direkt an den Strand anlanden, werden sie an Land be- bzw. entladen (Rasmussen 1972, 10/1). Die Verwendung von Stakstangen scheint sich demnach an den lokalen topographischen Verhältnissen zu orientieren – in Gebieten, wo relativ tiefes Wasser bis an den Strand führte, waren sie sicherlich weniger wichtig als in solchen, wo mehrere Sandbänke oder Untiefen der Küste vorgelagert waren. Sie scheint ebenfalls davon abzuhängen, ob die Schiffe im Brandungsbereich oder direkt am Ufer be- bzw. entladen wurden. In Häfen, in denen die Schiffe ausschließlich schwimmend operierten, wurden Staken und Bootshaken dazu gebraucht, um Schiffe bei kleiner Fahrt von Hindernissen fernzuhalten, Leinen und andere Gegenstände aus dem Wasser zu holen sowie zur Führung des Beibootes. Je enger das Fahrwasser, desto wichtiger wurden die Staken, da Riemen nur noch beschränkt einsatzfähig waren.

Ein weiterer Gegenstand, der bei den Landeplätzen auf dem Teppich von Bayeux Verwendung fand, ist der *Anker* (vgl. Kap. II). Es handelt sich jeweils um einen der spätestens seit der Völkerwanderungszeit in Skandinavien bekannten Stockanker aus Eisen mit hölzernem Stock und einer Leine, und er wird keinesfalls, wie heute üblich, für die Sicherung im Wasser liegender Schiffe benutzt. Vielmehr lassen die Darstellungen darauf schließen, daß er sofort, nachdem das Schiff auf Grund gelaufen ist, am Strand ausgebracht wird und das in der Brandung liegende Schiff halten soll. Leider ist an keiner Stelle das Zusammenwirken zwischen Anker und Stakstangen dargestellt, wie auch die Frage nach der Benutzung von Beibooten für den Landevorgang hier offenbleibt. Auf anderen Abbildungen von Landungsszenen ist kein Anker gezeigt, und auch die archäologischen Funde lassen nur bedingt Schlüsse auf die Art seiner Verwendung zu. Im

Falle von Sigtuna (Nr. 70.a), Kaupang (Nr. 53.a) und Wollin (Nr. 84.b) stammen die Funde aus dem Hafengebiet und müßten folglich wie derjenige von Södertälje (Nr. 71.a) als Verlustfunde anzusprechen sein. Auf der anderen Seite ist die Wahrscheinlichkeit, daß Schiffe im Hafen von Kaupang an der Fundstelle vor Anker gingen, sehr gering, und das Beispiel von Ribe (Nr. 36.a), wo der Anker in der Fundamentschicht der Siedlung auftauchte, zeigt, daß durchaus andere Faktoren als der Verlust von Ankern, die schwimmende Schiffe am Ort halten sollten, für die Fundumstände in Frage kommen. Aus mittelalterlichen Schriftquellen ist das Ankern von Schiffen im Hafen belegt (farmannalǫg Kap. 15), während ausschließlich Leinen zwischen Schiff und Land (auch dort, wo keine Landeeinrichtungen vorhanden waren) gleichfalls bekannt sind (Thule Bd. 3, 111; ÍF 2 [Egils s.] Kap. 40); farmannalǫg Kap. 19).

Laufstege sind eindeutig zu den an Landeplätzen benutzten Teilen der Schiffsausrüstung zu zählen, obwohl ihr Nachweis auf archäologischer Basis schwierig ist. Ihrer Form und den bildlichen Quellen nach zu urteilen, dienten sie zur Überwindung von Höhenunterschieden zwischen Schiff und Land. Daraus folgt, daß sie für hohe Schiffe, die an Schiffsländen an Land gezogen worden waren, unerläßlich waren, während sie bei Kaianlagen, an denen die Schiffe wie bei Dorestad wahrscheinlich mit Steven voraus anlandeten, nicht benötigt wurden. Bei Kaimauern, die das seitliche Anlanden von Schiffen erlauben, sind Laufstege unter Umständen zur Überwindung einer Höhendistanz nötig – je nach Wasserstand und Höhe des Schiffes – und bieten einen bequemen, aber nicht notwendigen Zugang, wenn dieser Unterschied nicht so hoch ist. Hieraus ergibt sich, daß die Verwendung von Laufstegen in keiner Weise mit der Art der Einrichtungen an einem Landeplatz in Zusammenhang steht, sondern mit der Höhe der Bordwand im Verhältnis zum Niveau des festen Landes. Die Verwendung von *Beibooten* in einem Hafen scheint zwar logisch, doch ist die Quellensituation hierzu selbst bei schriftlichen Nachrichten recht dürftig und für die Zeit vor 1200 de facto nicht aussagefähig (vgl. Kap. II.4). Auch ihre Existenz ist eher von der Größe des Hauptschiffes abhängig als von der Art der Landungseinrichtung, da große Schiffe einerseits an Schiffsländen wahrscheinlich nur für einen längeren Aufenthalt an Land gezogen wurden und andererseits selbst in einem großen Hafen wohl kaum über mehrere Monate am Kai gelegen haben dürften. Inwiefern das auf dem Teppich von Bayeux dargestellte *Loten* auch im skandinavischen und slawischen Raum bereits in der Wikingerzeit bekannt war, läßt sich nicht abschätzen, da diese Praxis aus dem Mittelmeer schon vor Christi Geburt, im Norden jedoch erst im 15. Jahrhundert durch Schriftquellen einwandfrei belegt ist (Schnall 1975, 55).

VI. Schiffe und ihre Ausrüstung

Die vorangegangene Untersuchung zeigt ganz deutlich, daß das Hauptproblem bei der Beschäftigung mit Schiffsausrüstung in der Ansprache der einzelnen Gegenstände liegt. Dieser Umstand ist darauf zurückzuführen, daß die Gesamtheit der Gegenstände ausschließlich über ihre Funktion als Gruppe definiert ist. Einige weisen, wie etwa Anker und Kielschwein, fest umrissene Formen auf, während sich andere Gegenstände lediglich durch ihren Fundzusammenhang als Teil der Schiffsausrüstung zu erkennen geben. Hierbei handelt es sich oft um Dinge, die, wie z.B. Ösfaß und Paddel, zur elementaren Grundausstattung auch eines kleinen Bootes zu zählen sind und aller Wahrscheinlichkeit nach bereits vor der Eisenzeit bekannt waren. Bei den Gegenständen, die zum täglichen Leben der Mannschaft zu rechnen sind, erweist sich die Interpretation eines konkreten Gegenstandes als Teil der Ausrüstung sogar als ausgeschlossen: In diesem Bereich läßt eine sorgfältige Durchsicht der Funde in bezug auf Fundumstände sowie das nähere Umfeld des Fundortes im günstigsten Fall auf die *Art* der verwendeten Gegenstände, z.B. Keramikgefäße oder Windschirme für Zelte, schließen. Aus dieser Unsicherheit in der Ansprache resultiert eine Staffelung in dem Beweiswert, der jeder einzelnen Quellengruppe der Bodenfunde zugesprochen werden kann: Bei Gegenständen, die zum Betrieb oder Antrieb eines Schiffes gehören, sind diejenigen aus Bootgräbern am ehesten als solche zu erkennen, wohingegen Siedlungsfunde und Einzelfunde sowie in minderem Grad Moorfunde hinsichtlich ihrer Funktion sehr genau überprüft werden müssen, sofern sie nicht zu den Geräten gehören, die sich durch ihre Form allein zu erkennen geben. In bezug auf die Gegenstände, die der Mannschaft zum Lebensunterhalt dienten, stehen die Quellen einander gleichwertig gegenüber.

Die geringe Anzahl der sicher als Schiffsausrüstung ansprechbaren Gegenstände macht den Versuch, sie in geographische oder chronologische Gruppen einteilen zu wollen, sinnlos. Es zeigt sich vielmehr, daß die Formen der einzelnen Gegenstände über den behandelten Zeitraum stabil bleiben. Der tatsächliche Verbreitungsgrad läßt sich nur indirekt erschließen, indem man versucht, den Charakter des Schiffsverkehrs zu erfassen. So ist die Verwendung eines Ösfasses während des gesamten Zeitraums von 500 v.Chr. bis 1200 n.Chr. gerade für Boote mit niedrigem Freibord vorauszusetzen.

Für die vorrömische Eisenzeit zeichnen sich nur zwei »Gruppen« von Funden ab: Zum einen das paddelgetriebene Kanu von Hjortspring, das wahrscheinlich über ein Bug- und ein Heckruder verfügte und mit einem Ösfaß ausgerüstet war. Auf der anderen Seite sind aus dem westeuropäischen Bereich das Bootsmodell von Broighter und die Münze von Canterbury bekannt. Beide zeigen Segelschiffe, die am ehesten mit der keltischen Schiffbautradition in Verbindung stehen dürften und mit einem symmetrischen Seitenruder versehen sind. Das Boot von Broighter verfügt zudem über Riemen und mindestens eine gabelförmige Stakstange. Da aus dieser Zeit nur Schiffsländen bekannt sind, ist es durchaus denkbar, daß in Westeuropa bereits die in Skandinavien für die Wikingerzeit belegte Gerätschaft in Gebrauch war – der Stockanker von Bulberry ist in diesem Zusammenhang zu nennen, auch wenn sein Herstellungsort unbekannt bleibt. Weitere Aussagen erlauben die Quellen nicht.

Im Zeitraum von der Kaiserzeit bis zur frühen Vendelzeit (7. Jahrhundert) treten in Skandinavien eine Reihe von Neuerungen in Erscheinung: Wahrscheinlich im späten 2. Jahrhundert ist der Riemenantrieb durch Bodenfunde belegt. In das 4. Jahrhundert datiert das erste asymmetrische Ruder, das auf einem Ruderboot montiert war, während symmetrische Bugruder in der Völkerwanderungszeit gleichfalls auf Ruderbooten gebraucht wurden. Möglicherweise in der späten Kaiserzeit, spätestens aber im 6. Jahrhundert sind für Skandinavien Stockanker bekannt. Der früheste Nachweis von Segelantrieb liegt in der Zeit zwischen 500 und 700, doch lassen sich keine Details erkennen. Im westeuropäischen Raum sind zu dieser Zeit gabelförmige Stakstangenbeschläge bekannt, beschränken sich aber auf Dorestad. Der Segelantrieb bleibt, den Aussagen der Münzen nach zu urteilen, erhalten.

In die Zeit zwischen 700 und 1200 datieren die meisten Funde, doch lassen sich auch hier keine Gruppierungen, weder nach Schiffstyp noch nach Bautradition, erkennen. Alle für die vorangegangenen Epochen aufgeführten Gegenstände sind auch aus dieser Zeit bekannt. Lediglich Laufplanken, die bei Booten mit niedriger Bordwand nicht notwendig sind, und Einrichtungen zum Verstauen von Rundhölzern o.ä. treten zum ersten Mal in Erscheinung; die Verwendung von Beibooten ist allein aufgrund der Bodenfunde nicht nachvollziehbar, ergibt sich jedoch aus bildlichen und schriftlichen Hinterlassenschaften. Die Quellen zur Takelage lassen einen solchen Detailreichtum erkennen, daß eine Rekonstruktion möglich ist. Andererseits entspricht die aufgrund der Quellen nahegelegte Einteilung der Takelage in zwei Gruppen – die eine mit Netzwerk wie auf den gotländischen Bildsteinen und die andere in etwa wie die neuzeitlichen Nordlandboote – wohl kaum der Realität. Vielmehr ist davon auszugehen, daß es mehrere kleinere Unterschiede in der Takelung gab, die sich heute nicht mehr feststellen lassen. Aus diesem Zeitraum sind auch das Landeverfahren an Schiffsländen und die dabei benötigten Geräte belegt. Die Einführung von Kaianlagen in Nordeuropa, an denen die Schiffe schwimmend anlegen konnten, nahm offenbar keinen Einfluß auf die Schiffsausrüstung. Dies ist angesichts der vielen Schiffsländen, die nach wie vor die Mehrzahl der Landeplätze ausmachten, nicht weiter erstaunlich.

Als außergewöhnlich fruchtbar hat sich die Einbeziehung von ethnologischen Quellen zur Klärung von Fragen nach bestimmten Funktionszusammenhängen erwiesen. Im Bereich der Ausrüstung ist allerdings erst die Takelage nordeuropäischer, nach vorindustrieller Fertigungsweise hergestellter Boote so weit erforscht, daß sie sinnvoll auf das archäologische Material zu beziehen ist.

Eine Ausdehnung solcher Untersuchungen ist wünschenswert, beispielsweise in der Frage nach der Bedeutung der eisernen Beschläge an Booten oder im Bereich von Stakstangen. Hier ist das Material bei weitem noch zu dünn, um es für die eindeutige Ansprache archäologischer Fundstücke zu nutzen. Auf der anderen Seite handelt es sich bei einigen Gegenständen der Schiffsausrüstung um so universell zu gebrauchende Geräte, daß allein die sorgfältige Überprüfung der Fundumstände eine positive Identifizierung erlaubt.

Abkürzungsverzeichnis

Bb	= Backbord	L./Br.	= Länge über alles/Breite, im Verhältnis 1 zu x
Bnr.	= Bruksnummer	MA	= Mittelalter
Br.	= Breite	Mus.	= Museum
Durchm.	= Durchmesser	N	= Norden
EZ	= Eisenzeit	O	= Osten
Fo	= Fundort	pg.	= prestegjeld
Fr.	= Fragment	RKZ	= Römische Kaiserzeit
Fundnr.	= Fundnummer	S	= Süden
Gnr.	= Gårdsnummer	Sb	= Steuerbord
H.	= Höhe	sn.	= sogn, socken
Inv. Nr.	= Inventarnummer	VeZ	= Vendelzeit
j	= jüngere	VWZ	= Völkerwanderungszeit
Jh.	= Jahrhundert	W	= Westen
L.	= Länge	WKZ	= Wikingerzeit

KATALOG

Der Katalogteil soll einen zusammenfassenden Überblick über die im Text erwähnten Funde von Ausrüstungsgegenständen von Schiffen bieten und gleichzeitig alle relevanten greifbaren Fakten über den gefundenen Gegenstand sowie den Fundort zur Darstellung bringen. Die Vorstellung des Fundortes zielt auf eine kurze Charakterisierung des Platzes und der Fundumstände ab und skizziert evtl. vorhandene landgebundene Einrichtungen der Schiffahrt. Bei der summarischen Vorstellung der einzelnen Schiffsfunde wurden soweit wie möglich die rekonstruierten Maße verwendet, um eine bessere Charakterisierung des Schiffes zu ermöglichen.

Aufgenommen wurden lediglich solche Gegenstände, die aus dem in Kapitel I umrissenen Raum stammen und mit einiger Sicherheit in die Zeit vor 1200 datiert werden können. Ausnahmen wurden nur bei zwei Funden aus dem römischen Bereich gemacht, wo eine umfassende Darstellung der Funde angebracht erschien, die für den Text zu umfangreich ist. Für den westlichen Bereich dieses Raumes, Großbritannien und Irland, wurde keine vollständige Liste aufgestellt, was bei den anderen Ländern angestrebt wurde. Um ein unnötiges Anschwellen des Katalogteiles zu verhindern, sind Stücke, deren Fundgeschichte oder Datierung keine sichere Einordnung zulassen, hier nicht berücksichtigt worden.

Die einzelnen Gegenstände eines Fundortes sind in folgender Reihenfolge aufgeführt: Zuerst sind solche Funde genannt, die am Rumpf befestigt sind, gefolgt von den sicher ansprechbaren Ausrüstungsteilen, die lose im Schiff liegen. Darauf sind diejenigen Gegenstände und Hinweise aufgeführt, wie Rundhölzer und Löcher in der Bordwand, deren Funktion unsicher oder Gegenstand der Diskussion ist. Am Schluß dieser Liste sind Gegenstände angeführt, die sich im Haushalt oder zum Wohnen auf Reisen verwenden lassen.

Als Literaturhinweis wurde auf die Nummern in den Katalogen von Müller-Wille (1968/69) und Ellmers (1972) verwiesen, wo sich die ältere Literatur ausführlich zitiert findet. Die Fundnummern der einzelnen Gegenstände beziehen sich auf die in der ersten Fundpublikation verwendeten, die sich ggf. in Klammern am Ende der Literaturangaben befinden.

Da die Bezeichnungen »Fichte« und »Kiefer« in der Literatur nicht stringent benutzt werden und eine naturwissenschaftliche Untersuchung in den meisten Fällen nicht vorgenommen wurde, wird in dieser Arbeit für Nadelholz »Kiefer« verwendet, sofern keine Untersuchung darüber vorliegt.

Republik Irland

1. Ballinderry, p. of Kilcumreragh + Kilmanaghan, Co. Westmeath

Siedlungsfunde; Crannog I: 1932 ausgegraben; künstlich errichtete Insel innerhalb eines Feuchtgebietes; alter Arm des Ballinderry Lough, der wahrscheinlich eine geraume Zeit während der Besiedlung offenes Wasser führte.
Bäuerliche Siedlung; von Palisade umgeben, die ein ca. 26 x 25 m großes Gebiet einschließen; hier in drei Schichten übereinander je 1 bzw. 2 Häuser und darüber eine Phase unbekannter Nutzung.
Im NW außerhalb der Palisade ein *befestigter Zugang zu einer Schiffslände:* Im Bereich, wo er an die Insel herankommt und wo der Eingang gelegen haben dürfte, gestört; unregelmäße längliche Form, ungefähre größte Ausmaße 7,6 x 3,6 m; mächtige Schicht horizontal gelegter, unbehauener Holzblöcke, die durch senkrechte Pfähle an den Außenkanten an ihrem Platz gehalten werden; darüber eine ca. 15 cm mächtige Torfschicht und hierüber Reisig, was die ursprüngliche Oberfläche darstellen dürfte; nicht festzustellen, in welcher Besiedlungsphase dieser Zugang angelegt wurde, doch anhand Plazierung wahrscheinlich nicht zu Anfang der Siedlung angelegt; trotz weiträumiger Grabung um dieses Schiffslände herum lassen sich lediglich eine Eisenaxt, evtl. aus dem 13. Jh., und das Fr. eines geböttcherten Gefäßes hiermit in Verbindung bringen.
Relativ wenige Siedlungsfunde; in der Fundamentierung der Insel und in den Siedlungsschichten Fr. von Einbäumen und Schiffsfunden, darunter auch ein Dollbordfr. eines curraghs und ein Spantfr. eines flachbodigen Plankenbootes.
a. Fr. eines Bootes mit Befestigungsspuren von Dollen: Partie der mind. 30 cm hohen Reling, L. 2,70; an 2 Stellen, wo das Holz anscheinend dicker als sonst ist, je 1 Loch von oben senkrecht hineingebohrt; Maße nicht zu rekonstruieren; vom Ausgräber als Einbaumfr. angesprochen, was aber nicht sicher ist; Fo: Aus dem Bereich von Haus 3.
b. 5 Paddel oder Riemen: Fr.; Maße bis auf 2 unbekannt; Blätter alle leicht konkav an einer Seite;
   1. L. ca. 51 + 27 cm; Blatt abgebrochen, größte Br. 11,4 cm, relativ grob gearbeitet; aus den Schichten vom Haus.
   2. Fr. eines Blattes: Weide; L. 38,1 cm, größte Br. in der Mitte 15,24 cm; anscheinend an der einen Seite leicht kielförmig, an der anderen konkav; Fo: Aus dem Bereich außerhalb der Palisade, wo sich anscheinend der Abfallhaufen befand.
c. Ösfaß: Fast vollständig; Weide; L. 38,1 cm; Schale: L. 17,78, Br. 14,6 cm; aus einem Stück gearbeitet; Fo: Aus der Füllschicht über Haus 1, mit Haus 2 in Verbindung zu bringen.
Datierung der Häuser über wenige Funde aus den Siedlungsschichten in das 10. Jh., wahrscheinlich dessen späten Teil; Ende der Besiedlung unsicher.
Ellmers 1972, Nr. 1.
Museum Dublin.

2. Dublin, Stadt Dublin

Siedlungsfund(e) aus WKZ Siedlung; Grabung an der Stelle Wood Quay, wo erste Aktivitäten im frühen 10. Jh. festgestellt wurden; die Gesamtpublikation steht noch aus, für die Funde sind bis dato lediglich kurze Notizen in McGrail 1987 greifbar.
Landeplatz: Trotz mehrerer Fundplätze entlang des Flusses Liffey für die Zeit vor 1200 keine Landungseinrichtungen angetroffen; seit dem frühen 10. Jh. Schutzwälle aus Lehm, die später durch Pfostenkonstruktionen mit Flechtwerk und dann durch solche aus Kiesel, Steinen und Erde ersetzt wurden; gleichzeitig wurden diese Uferbefestigungen immer weiter in den Fluß verlegt; da sich diese Plätze noch im Tidebereich befinden, ist es wahrscheinlich, daß die Gebiete vor den Uferbefestigungen als Schiffslände benutzt wurden; an einer Stelle evtl. eine Helling aus Holzplatten.
a. Kielschwein: WQT.54; aus halbem Eichenstamm hergestellt, mit der Kernseite nach oben; an der Oberseite eine Gleitschiene, die in die Mastspur führt; evtl. durch Schloßholz gesichert, aber keines gefunden.
Datierung nicht erwähnt.
b. Planke mit Rojepforten: Eine von mehreren; Pforten mit 13 cm Durchm. und einem Schlitz von 4 cm L., d.h. Br. des Riemenblattes bis zu 17 cm.
Datierung über Siedlungsschicht in das 12. Jh.
c. 2 »Gabeln« (»mykes«): Wiederverwendet; nach Darstellungen auf Siegeln zu urteilen, zum Ablegen von Rundhölzern während der Fahrt oder, am Backstag gefestigt, als Aufhänger für aufgeschossenes Tauwerk oder den Anker; auch aus dem Mittelmeer bekannt.
   1. WQT.51: Fr.; aus natürlichem Krummholz; L. des Beines 1,9 m; konnte Rundholz bis zu einer Größe von 2,5 m äußerem Umfang (»girth«), d.h. einem Durchm. von 0,80 m, aufnehmen.
   2. WQT.58: Fr., eine Seite der Gabel fehlt; aus natürlichem Krummholz; L. des Beines 1,47 m; konnte Rundholz bis zu einer Größe von 2,7 m äußerem Umfang (»girth«), d.h. einem Durchm. von 0,86 m, aufnehmen – Abb. 12.22.
Datierung über die Siedlungsschichten in das 12./13. Jh.
d. 3 Racks:
   1. WQT.354: Eiche; Maße unbekannt; aus natürlichem Krummholz, an beiden Ecken Niete durch Breitseite geschlagen; fast »rechtwinkliger« Querschnitt von ca. 10 x 10 cm, einige Splinte nicht abgeschlagen; Löcher an den Enden ca. 6 x 4 cm und anscheinend ursprünglich elliptisch geformt gewesen, aber hier etwas verzogen; paßt an Mast von ca. 40-50 cm Durchm., d.h. 1,26-1,57 Umfang (»girth«).
   2. WQT.360: Fr.; Maße unbekannt; im Prinzip wie 1., aber Querschnitt ist 6 x 7 cm; 1 Loch mit 4 x 3,5 cm Durchm., ursprünglich evtl. rund; paßt für einen Mast mit ca. 15-20 cm Durchm., d.h. 47-63 cm Umfang (»girth«).
   3. WQT.220: Rack ?, Zuweisung unsicher; L. ca. 69 x 10 cm, 2 cm dick; 4 Löcher ca. 18 cm auseinander und 2,8 cm Durchm., d.h. für ein ca. 8 cm dickes Tau.
Datierung über Beifunde in frühes 13. Jh.
McGrail & Farrell 1979, 159, Abb. 4; McGrail 1987, 227. 231 (Abb. 12.22). 232 (Abb. 12.24). 234; Befunde: Wallace 1981; 1985; 1987.

Großbritannien

3. Ashby Dell, Lothingland, Suffolk

Bootgrab: 1830 fernab von einem Wasserlauf gefunden; nur aus alten Berichten bekannt.
Plankenboot »nydamnahe« L. wohl um 16,5 m.
a. 7 Keipen: Am Dollbord festgezurrt; keine weiteren Informationen.
Datierung historisch zwischen angelsächsischer Invasion und Aufkommen des Christentums.
Müller-Wille 1968/69 I, 417; Ellmers 1972, Nr. 2.
Verloren.

4. Bulbury, Dorset

Hortfund aus einer Siedlung: 1881 im Bereich eines hillfords, bei Lytchett Minister bei Poole, angetroffen und von dem Finder verteilt, bevor die Denkmalbehörde davon erfuhr; das hillford (SW 929942) liegt auf einem Sporn über dem Tal des Sherford Rivers, der in die ca. 3 km entfernte Poole Harbour fließt; Anlage mit einfachem Wall-Graben System befestigt, das ein Gebiet von ca. 3,4 km² einschließt.
Genaue Lage des Fundorts nicht bekannt; sehr wahrscheinlich handelt es sich bei den von Cunnington sichergestellten Gegenständen um Teile des Inventars einer Männer- und einer Frauenbestattung (Bronzegegenstände und Perlen) sowie um den Hort eines Schmiedes (Eisengegenstände), der hier sein Rohmaterial zur Wiederverwendung sammelte: *Aus Bronze:* 2 Stierfiguren, Beschläge, Fr. eines Spiegels, 2 Ringe, Griff einer Kanne, Fr. einer oder mehrerer Tassen, weitere Fr.; Glasperlen; *aus Eisen:* 1 Axt, 1 Schmiedehammer, 1 viereckiger Block, 2 Stangen, Fr. eines Feuerhundes (?); nicht mehr im Museum vorhanden: Fr. aus Bronze und Eisen (darunter wahrscheinlich auch 2 Nägel), schwarze Keramik.
a. Anker: Stockanker aus Eisen mit Kette; recht stark verrostet, aber nur an einer Flunke etwas abgebrochen, Stock fehlt; L. 1,44 m; Schaft: Br. ca. 5 cm, Dicke ca. 2 cm; viereckiger Querschnitt; im oberen Teil 2 Löcher, eines rund, das darunterliegende länglich oval (ca. 3,5 x 1,5 cm) für den Stock; im Kreuz ein weiteres rundes Loch von 2 cm Durchm.; Arme mit rechteckigem Querschnitt und mit meißelförmigen Flunken; *Kette* am oberen runden Loch angebracht; L. ca. 6,5 m; bestehend aus 115 einfachen ovalen Gliedern von ca. 7,5 cm L.; das erste und fünfte Glied ca. 13,5 cm im Durchm.; mit Schlackerissen an einer Seite; unsicher, ob es sich um ein Exemplar einheimischer oder römischer Herstellung handelt.
Datierung der Gegenstände typologisch in die 1. H. des 1. Jh.; kein Grund zur Annahme, daß der Anker nicht in dieses Fundmilieu gehört.
Cunnington 1884; Cunliff 1972; McGrail 1987, 253/4, Fig. 12.38.
Dorset County Museum, Dorchester 1884.9.116 (Gesamter Fund 1884.9.108-24).

5. Buston, Ayresshire

Bei Kilmaurs; Siedlungsfund in Verbindung mit der planmäßigen Untersuchung eines Crannogs; Beziehung untereinander unsicher

Erweiterter Einbaum: L. 6,70 m, Br. ca. 1,40 m; Dollbord außen mit Holzdübeln befestigt.
a. 1 Paddel oder Riemen: Fr.; Blattbr. 23 cm und 3 cm dick; Schaft mit 4 cm Durchm.
Datierung über die Siedlung in das 6./7. Jh.
Ellmers 1972, Nr. 5; zum Boot McGrail 1987, 73. 78. 82. 84.
Verbleib unbekannt.

6. Graveney, Kent

Wrack: Bei der Verbreiterung eines alten Wasserlaufes 1970 5,7 m NNO von Faversham in 3 m Tiefe gefunden.
Fo direkt südlich einer alten Schiffahrtsroute; Hochwasserlinie in angelsächsischer Zeit evtl. weiter im Landesinneren; d.h. Schiff wurde weiter auf See aufgegeben, als es heute liegt; Schiff lag auf einer Plattform aus Zweigen und wurde von eingetriebenen Stäben festgehalten; Platz evtl. im 10. Jh. als Schiffslände genutzt, wobei die Möglichkeit, daß es sich hierbei um eine Sperre handelt, nicht auszuschließen ist.
Handelsschiff: Bauweise mit der skandinavischen verwandt, aber deutlich abgesetzt; nur Bodenpartie und unterer Teil des Stevens erhalten; ursprünglich L. 14 m und Br. 3,9 m; L./Br. 3,59; kein Hinweis auf Antrieb oder Aufhängung des Steuerruders; Dendrochronologie weist auf SO England als Herkunftsort hin.
a. Beifunde in Zusammenhang mit dem Schiff: 8 Scherben Keramik, darunter auch ein Kochtopf aus Frankreich, und zwei große und viele kleine Bruchstücke von Mühlen aus Basaltlava. Diese waren noch nicht fertig gearbeitet. Ob es sich hierbei um Ladung oder Haushaltsgeräte der Seeleute handelt, ist unsicher.
Datierung dendrochronologisch 927 ± 2; C 14-Datum 930 ± 20.
Ellmers 1972, Nr. 9; Fenwick (Hg) 1978; McGrail 1987, 114. 146. 268/9.
National Maritime Museum, Greenwich.

7. Lochlee, Ayrshire

Siedlungsfund(e): Crannog nahe der schottischen SW Küste, bei Tarbolton; künstlich aufgeschüttete Insel, die anscheinend jeden Winter überschwemmt wurde.
Der von Munro (1882, 123 Abb. 126) als 'Doppelpaddel' bezeichnete Gegenstand (L. 1,42 m, größte Br. am Blatt 14 cm; relativ schmale Mittelpartie) dürfte ein Grabgerät darstellen.
a. 2 Steuerruder:
  1. Beim Bergen zerbrochen und weder gezeichnet noch aufbewahrt; aus Weichholz; L. 2,90 m; Blattl. 91 cm, Blattbr. 35 cm; Schaft rund und ungefähr in der Mitte zwei Durchbohrungen *einige inches auseinander;* sonst keine weitere Beschreibung; nach Ellmers 1972, 276 das *schräg nach hinten ausgelegte Steuerruder eines Fellbootes vom Typ des curragh«;* Fo: Im Bereich der »gangway«.
  2. Fr. des Blattes eines weiteren, ähnlichen Ruders; keine weitere Beschreibung; Fo: Am Rand des Crannogs.
Datierung über die Beifunde aus der Schicht in die RKZ.
Ellmers 1972, Nr. 13; zum Crannog: Morrison 1985, 41/2.
Verloren.

8. London

Stadt; von den Römern gegründet, mit Unterbrechung im 5. und 6. Jh. durchgehend besiedelt; an mehreren Plätzen in der Innenstadt und der mittelsächsischen Viksiedlung in kleinen Flächen gegraben und dabei im Bereich der Themse auch Wracks angetroffen.

Hafenanlagen: Der *mittelsächsische Handelsplatz* (7.-9. Jh.) themseabwärts direkt anschließend an die umwallte römische Stadt gelegen; die wenigen bekannten Konstruktionen lassen eine min. 17 m lange, direkt auf den wahrscheinlich noch im Bereich des Tidenhubs gelegenen Uferbereich ruhende Wasserfront vermuten, die aus einer parallel zum Fluß angelegten, von Reisig umgebenen Pfostenreihe sowie einigen ungefähr im rechten Winkel dazu stehenden Pfosten mit Spuren von Flechtwänden und Reisig umgeben ist; möglicherweise sind diese Anlagen erst im Laufe der Zeit ausgebaut worden (früheste dendrochronologische Daten liegen zwischen 670 und 690); in der Siedlung feste Häuser angetroffen, doch ihr Plan ist unbekannt; gleichzeitige Funde innerhalb der römischen Stadt sind unbekannt, doch dienten die im Laufe des 5./6. Jh. durch Flußaufschüttungen unbenutzbar gewordenen römischen Kaianlagen anscheinend als eine Art Befestigung für eine davorliegenden Schiffslände, die zudem über eine mittels Pfosten am Platz gehaltene Kiesbank verfügte; in *spätsächsischer/frühnormannischer Zeit* (Ende 9.Jh.-1200) wurde die alte City wahrscheinlich als geplante Stadt neu angelegt, wobei die alten Anlegeplätze der mittelsächsischen Zeit weiter in Gebrauch blieben; im 12. Jh. Anlage von Uferbefestigungen, die wahrscheinlich kein schwimmendes Anlegen erlaubten; Kaianlagen erst für die Zeit nach 1200 nachgewiesen.

1. Blackfriars

Wrack: Aus der Themse, wo sich in der RKZ keine Anlegestelle befand. Römisch/keltisches Flußboot: karweel gebaut; L. 15-17 m, Br. nicht bekannt, aber auf 6 m geschätzt und H. min. 2,6 m; L./Br. 2,27-2,57; kein Kiel, sondern zwei Bodenplanken.

a. Mastspur in Bodenholz 7: 12,7 cm vor dem Mittelpunkt des Schiffes; L. 25,4 cm, Br. 33,6 cm, 12,7 cm tief; wahrscheinlich für einen Mast oder einen Mastschuh gedacht.

Datierung über Münze in Mastspur (Kupfermünze von Domitian) in das 2. Jh.

Ellmers 1972, Nr. 15 g; Marsden 1976.

2. Old London Bridge

Hortfund (?); Ende des letzten Jh. von Arbeitern geborgen; 7 große und 1 kleine Äxte; 6 Speerspitzen, Zange.

a. Enterhaken: Eisen; Maße unbekannt; mit vier Haken.

Datierung über Beifunde ins 10. Jh.

Shetelig (Hg.) 1940, 77; Campbell u.a. 1978, 165.

British Mus. London A 23339-53, 23506.

Befunde: Miller 1977; Milne & Milne 1978; Dyson 1981; Hobley 1981; Marsden 1981; Milne 1981; Schofield 1981; Batemann & Milne 1985; Tatton-Brown 1986; Cowie & Whytehead 1989; Milne & Goodburn 1990.

9. Southwold, Suffolk

Einzelfunde, bei Easton Broad N von Southwold aus dem Meer gefischt

a. Steuerruder 1: Ca. 1980 gefunden und erst später als prähistorisch erkannt und daher ausgetrocknet, bevor es dokumentiert werden konnte; fast vollständig; Holzart unbekannt; L. 3,91 m, weitere Maße unbekannt; Schaft rund und Blatt mit keilförmigem Querschnitt, wobei die Spitze nach vorne zeigt; kein markanter Übergang von Schaft zum Blatt, aber Stelle durch Verdickung gekennzeichnet; Loch für Ruderpinne rechteckig und liegt relativ niedrig; im Blatt kleine Löcher, für Taue zum Heben oder Senken des Blattes; Löcher zur Befestigung rechteckig und mit Eisenresten, was, den Röntgenuntersuchungen nach zu urteilen, darauf hindeutet, daß sie mit Eisen ausgeschlagen waren.

C 14-Datierung 870-890 ad (Har-4476).

b. Steuerruder 2: Kurz vor 1986 nicht weit von a. aufgefischt und sofort dem Museum übergeben, noch in der Konservierung befindlich; fast vollständig; Holzart unbekannt; L. 4,36 m, weitere Maße unbekannt; Form wie a., aber etwas länger und nicht so schlank; Ergebnisse der naturwissenschaftlichen Untersuchungen stehen noch aus.

Hutchinson 1986; Pl. XXXII, b; McGrail 1987, 245. 247/8.

National Maritime Museum, Greenwich.

10. Sutton Hoo, Suffolk

Bootgrab; aus einem Gräberfeld mit 16 Hügeln, von denen 4 untersucht sind; Hügelgrab 1 und 2 mit unverbranntem Boot.

Grab 1: Schiff: So gut wie kein Holz erhalten, aber Bauweise durch Plazierung der Nägel zu rekonstruieren; Plankenboot nordischer Tradition; L. ca. 27,3 m Br. ca. 4,4 m, H. 1,22 m; L./Br. 6,2; für 40 Riemen ausgelegt; Kielplanke; Steuerruder zwischen den enger als üblich stehenden Spanten 24 und 25 angebracht; Schiff offenbar vor seiner Niederlegung systematisch ausgeräumt, so daß bis auf einen evtl. Riemen keine Ausrüstungsgegenstände vorhanden sind.

a. Schatten einer Keipe: Über der Reling gefunden, 10,16-12,7 cm hoch; nach achtern gebogen; in der Mitte zwischen 2 Spanten mit einem schweren Eisennagel angebracht; weitere Nägel auf der Reling beobachtet, aber hier Schatten des Holzes nicht so deutlich.

Beifunde: Reiche Beigaben, darunter Waffen und Tafelgeschirr sowie Schmuck und als Regalien interpretierte Gegenstände; 3 Kessel aus Bronze; Eisenkette für Kessel.

Datierung über Beifunde in die 1. Hälfte 7. Jh.

Müller-Wille 1968/69 I, 419, 420; Care Evans & Bruce-Mitford 1975; Care Evans 1978; Ellmers 1978; McGrail 1987, 214.

British Museum London.

Belgien

11. Antwerpen, Stadt Antwerpen

Mittelalterliche Stadt: 726 erstmals urkundlich erwähnt; Karolingische Befunde und Straßenzüge.

Einzelfunde: Baggerfund aus der Schelde vom Ausbaugebiet des Hafens zu Ende des 19./Anfang des 20. Jh., dem Hafenbecken A im Steensborger Polder.

Erweiterter Einbaum: Eiche; 1905 aus verlandetem Flußlauf geborgen;

L. 5,5 m, Br. 1,5 m, H. 0,7 m; L./Br. 3,66; 2 Kante auf Kante gesetzte Bordgänge; obere Planke an Bb mit einem Loch, wahrscheinlich für ein Steuerruder.
a. Steuerruder: Maße nicht nachvollziehbar; schaufelartiges, viereckiges Steuerruder mit sehr dünnem Stiel in der Mitte; nach Ellmers (1972, 287) nicht als hinteres Ruder zu gebrauchen, evtl. Ruder am Vorsteven für Talfahrt.

Undatiert; 3 Scherben schwarzer Keramik des 11. Jh. in unmittelbarer Nähe angetroffen.
Ellmers 1972, Nr. 35, g.
Verbleib unbekannt.

12. Brügge, Stadt Brügge

Fund ohne Bezug zu einer Siedlung
Wrack: 1899 beim Baggern an einem Kanal ca. 500 m von der Schleuse des Oostende Kanales gefunden; nicht fachmännisch ergraben und vor seiner Aufnahme z.T. unkontrolliert getrocknet; nur einige Stücke sind ins Museum gelangt, und die 1903 von E. Jonckheere publizierten Zeichnungen stimmen nicht völlig mit dem heute vorhandenen Material überein.
Schiff keltischer Bautradition: Eiche; L. nicht zu rekonstruieren, Br. am Boden 1,30 m; flacher Boden, an dem die Wände in einem steilen Winkel ansetzen; Kiel wahrscheinlich nicht vorhanden; Frage, ob vollständig karweel oder nur Boden karweel und Seitenwände geklinkert gebaut, wird kontrovers diskutiert; Besegelung sicher, Antrieb über Riemen wahrscheinlich, aber nicht bewiesen; ein Eichenstück, das möglicherweise als Ruderbank aufzufassen ist, scheint ursprünglich als Spant mit 20 cm langer *Mastspur* für ein größeres Schiff geplant gewesen zu sein; aber so unvollständig gearbeitet, daß keine weiteren Aussagen möglich sind, und höchstwahrscheinlich nie in einem anderen Schiff verwendet.
a. Mastspur in einem Spant: Eiche; Spant nun in 2 Teilen und L. 1,4 m; Mastspur 14,5 x 20 x 7 cm groß und in der Mitte des Spantes gelegen.
b. Steuerruder: Fr.; wahrscheinlich Eiche; L. heute 3,46 m (bei Jonckheere 4,12 m überliefert; hier auch längliches viereckiges Loch für Ruderpinne dargestellt); Querschnitt des Griffes etwas länglich rund und mit einer »Breite« von 14 cm; Übergang vom Stiel zum Blatt nicht genau zu lokalisieren, da das Ruder an dieser Stelle leicht beschädigt ist, Schulter aber ursprünglich markant abgesetzt; Blatt: größte Br. 46 cm, größte Dicke 10 cm, Querschnitt spitzoval; Art der Befestigung nicht festzustellen; Ruder für das Schiff relativ groß.
c. Mast: Eiche; Fr. in drei Stücken, bei denen einmal die Zuweisung nicht vollständig gesichert ist; Teil 1: Mit rundem Querschnitt von 65 cm Durchm., paßt nicht direkt an eines der anderen Teile; Teil 2: Spitze des Mastes, dort flach und Durchm. 4 cm sowie eine 5 cm breite und 1,25 cm tiefe Eintiefung unbekannter Funktion, am unteren Ende an einer 2,5 cm breiten längs durch den Mast verlaufenden Nut abgebrochen, welche evtl. mit einer kleinen Rolle versehen war (wahrscheinlich Ansatzpunkt für die Stage); Teil 3: Untere Fortsetzung vom 2. Stück, mit entsprechendem Durchm. und dem unteren Ende der Nut, am unteren Ende des Stückes wird der Querschnitt quadratisch (80 x 80 cm), hier zwei parallele, quer durch den Mast verlaufende Nute (je 2 cm breit); nach Jonckheere lag ein Mast von 9,3 m L. vor, von dem jedoch nur noch 3 Teile vorhanden sind; der größte Durchm. scheint ca. 16 cm betragen zu haben.

Datierung über C 14/Tritium-Methode: AD 180 ± 80 (Har-472).
Ellmers 1972, Nr. 37; Marsden 1976; McGrail 1987, 218. 227. 229. 273.
Schloß Steen.

Niederlande

13. Dorestad, Wijk bij Duurstede, Prov. Utrecht

Stadtartige Siedlung der MWZ/frühen WKZ mit Einstraßensystem mit wahrscheinlich mehreren parallelen Querstraßen, aber in einiger Entfernung zum Wasser; an der Gabelung der beiden Rheinarme Krummer Rhein und Lek gelegen; Fernhandel nach Nordeuropa und dem Mittelrhein von ca. 675 bis ca. 850 nachzuweisen; nach Schriftquellen im 7. Jh. abwechselnd Friesen und Franken Besitzer des Platzes, ab Karl Martell (714-741) ständig fränkisch; seit 779 als eine der wichtigsten Zollstationen im Bereich von Nordsee- und Kanalküste belegt; enge Verbindung zum Bischofssitz in Utrecht; Münzprägung wohl schon ab 635/640.
Flußläufe im Laufe der Eisenzeit stark verändert und Siedlungs- und Flußgebiete z.T. erodiert; Siedlungsfläche durch Phosphatkartierung nur z.T. erfaßt; die in geringem Umfang publizierten Grabungen in der eigentlichen Siedlung ließen in den Befunden keine signifikanten Unterschiede zu einer bäuerlichen Siedlung erkennen; auch römische Besiedlung nachgewiesen.
Grabungen ab 1842 und 1844/45; ab 1967 regelmäßige Grabungen des Rijksdienstes, wobei ca. 30 ha aufgedeckt wurden; Grabung Hoogstraat: I und III liegen mitten im Hafen, II und bes. IV an dessen Peripherie bzw. außerhalb.
Befunde des Hafengebietes: Als Nutzung des Gebietes einsetzte, floß der Krumme Rhein in kurzer Entfernung zur heutigen Hoogstraat; Hafengebiet lag an einer Innenschleife des Flusses und war somit nicht erosionsgefährdet; Ufer bestand aus flacher Böschung mit ansteigendem Sandstrand, der sich besonders gut für eine Schiffsländer eignete; durch Verlagerung des Flusses nach O entstand eine wohl zuweilen feuchte Niederung; dann wurden hölzerne Straßen angelegt, die aus 8 m breiten Streifen bestanden, deren Seiten durch tief in den Boden getriebene angespitzte Pfähle begrenzt wurden; zwischen den Pfählen befand sich wahrscheinlich eine Flechtwerk- oder Bretterbefestigung; vermutlich beschränkte sich die Stabilisierung an den meisten Stellen auf eine Zone von 3-4 m Br. entlang der Mittelachse der befestigten Streifen; über den Oberbau der Holzstraßen wenig bekannt, aber sie wiesen keine einheitliche Konstruktion (auch nicht innerhalb einer Straße) auf; Brücken wurden in Etappen, je nachdem, wie sich der Rhein zurückzog, verlängert; nach Funden und C 14 dauerte die Bauphase insgesamt 150 Jahre, innerhalb derer sich 2 Phasen erkennen lassen: *Phase 1* beginnt wahrscheinlich gegen E. 7. Jh. und *Phase 2* schon im frühen 8. Jh. (um 725); eine Diskontinuität größeren Ausmaßes ist zwischen den Phasen nicht festzustellen; besonders im Abschnitt von Hoogstraat I wuchs der Brückenkomplex sehr schnell, so daß schon im frühen 9. Jh. (etwa 830) mit einer L. von 200 m der Endpunkt erreicht war; danach wurde er wohl noch gebraucht, aber nicht mehr erweitert; innerhalb der Straßen kleinere Gruppen zu erkennen, die sich durch kleinere Buchten oder Gräben von anderen abhoben; nicht auszuschließen, daß diese Gräben z.T. zum Längs-

seitsholen von Schiffen dienten; aber wahrscheinlicher, daß große Schiffe nur am Kopf anlegen konnten; Gruppierung der Straßen hängt zweifellos mit der Einteilung innerhalb der Siedlung zusammen.

Fund(e) aus Hafen/Landungsbereich:

a. 18 Stakstangenbeschläge/Bootshaken, aus dem Gebiet von Hoogstraat I: Alle aus Eisen und mit Tülle, wo sie in der Regel ein Loch für einen Nagel zur Befestigung aufweisen; drei Typen zu unterscheiden:

1. 15 gabelförmige Stakstangenbeschläge, davon 3 vollständig: L. 24-26 cm, davon 8 bzw. 11 cm Zinken, Br. der Zinken 13-15 cm, Durchm. der Tülle 5-7 cm; ein Exemplar mit so schwachen Zinken im Verhältnis zu der massiven, für eine große Stange gedachte Tülle, daß die Zuweisung fraglich ist;
2. 2 Bootshaken in Form eines langen umgebogenen Zinkens; vollständig: Größte L. 28-30 cm; Durchm. an der Tülle 4,5-6 cm.
3. 1 vollständiger Beschlag mit einem geraden und einem zum Haken umgebogenen Zinken: L. 25 cm, davon 5 cm Zinken; Durchm. der Tülle 7 cm.

Dazu 23 weitere gabelförmige Stakstangenbeschläge aus Hoogstraat II (unpubliziert); zweizinkiger Stakstangenbeschlag mit nicht ganz geschlossener Tülle und Loch für einen Nagel; L. 16 cm; Fo: unbekannt;

Weitere Funde: Eisspieker, Keramik (aus 7. Jh. vorhanden, aber Import scheint erst in 2. H./E. 7. Jh. aufzutauchen), 5 Specksteinreste von 4 Gefäßen (1 umgearbeitete Düse aus dem Hafenbereich; Rest Typen wie in Haithabu, wo der Import von Speckstein erst um 850 beginnt, also als Dorestad schon im Abstieg begriffen war), Münzen (nur 7 MWZ-Münzen; 264 karolingische Münzen mit weit verstreutem Prägeort).

Datierung dendrochronologisch durch als Brunnen genutztes Faß um 685 (Fund von De Heul), was den Beginn des Handels mit dem Mittelrhein markiert; *Bestehen von Dorestad als Handelsplatz ca. zwischen 675 und 850 nach Beifunden aus dem Hafen der MWZ.*

Roes 1965, 34, Nr. 103, Pl. XIII; van Es & Verwers 1980, 179-82; dies. und Johannek in RL. unter Stichwort »Dorestad«; freundliche Mitteilung von W.J.H. Verwers.

Amersfoort, Rijksdienst voor het Oudheidkundig Bodemonderzoek.

14. Utrecht, Stadt und Provinz Utrecht

Von Römern gegründete Siedlung, die bis ins 4. Jh. bestand und spätestens im 7. Jh. wieder besiedelt wurde; ab 695 Bischofssitz und im MA Zentrum Hollands;

mehrere Stadtgrabungen, darunter in der Waterstraat, wo 2 Schiffe und Fr. mindestens eines weiteren in Schichten des 12. Jh. gefunden wurden; eines von diesen ist dem unten vorgestellten Boot sehr ähnlich, doch ohne Mastspur; z.Z. noch in Bearbeitung; an mehreren Stellen Uferbefestigungen aus Holz und Dämme des 12. Jh. angetroffen.

Wrack: 1930 bei Bauarbeiten am Van-Hoorne-Kai gefunden; anders als früher angenommen, nicht im Uferbereich, sondern vielmehr im Fahrwasser der Vechte gesunken; recht gut erhalten, aber bis zur Publikation von Vlek 1987 lediglich Vorberichte faßbar.

Großes Flußboot: erweiterter Einbaum; Maße heute wegen des Schrumpfungsprozesses nicht mehr festzustellen, die ältere Literatur nennt folgende Maße: L. ca. 18,60 m, Br. 4,20 m, H. 1,40 m – L. ca. 17,20 m, Br. 3,74 m, H. 1,34 m – L. ca. 17,80 m, Br. 4,00 m; erweiterter Einbaum; 2 Plankengänge und Dollbord mittels Holznägel geklinkert angebracht; die beiden untersten Plankengänge außen zudem mit einem halbrunden Bergholz gesichert; 36 von 38 Spanten gefunden (Numerierung vom Bug nach achtern), abwechselnd ein kurzer und ein langer Spant mit Holznägeln angebracht; nur an Stellen mit Reparaturen und am Bug Eisenniete verwendet; das von Ellmers (1972, 292) erwähnte Keipenpaar findet sich in Vleks Neubearbeitung nicht wieder.

a. Mastspur in Spant 11: 16 x 9 x 6 cm groß; mit Abzugsloch für Wasser; Position, ca. 4,50 m achterlich des ersten Spantes.

Datierung widersprüchlich: C 14-Datierung von 1959 ergab 790 ± 45 (unkalibriert); spätere Untersuchungen ergaben anhand der C 14-Datierung lediglich eine grobe Einordnung in das 9.-11. Jh.; 1984 dendrochronologische Untersuchung von 8 Proben, von denen 4 in die mitteleuropäische Kurve eingehängt werden konnten: Diese ergaben für den Kern drei Mal 978 und einmal 974 n.Chr.; hierzu müssen noch ca. 30 Jahre für den nicht verwendeten Teil des lebenden Holzes gerechnet werden, was ein Fälldatum von 1008 n.Chr. ergibt.

Ellmers 1972 Nr. 44; Vlek 1987; McGrail 1987, 268; Befunde der Uferbefestigung: Groot & Hoekstra 1985.

Centraal Museum, Utrecht.

Bundesrepublik Deutschland

15. Elisenhof, Kr. Tönning, Schleswig-Holstein

Bäuerliche Siedlung des 8./9. Jh. am Ufer der Eider; wahrscheinliche Anlegestelle nicht feststellbar, da zu wenige Teile des wassernahen Bereichs ergraben sind; Funde weisen auf Fischfang auch mit Netzen hin.

Am N-Ufer eines angeschnittenen Priels wurde ein Floß angetroffen: vier ca. 6 m lange Baumstämme, an beiden Enden mit je einem ca. 1 m langen Holzpflock zusammengehalten; Enden dicker als der Rest gelassen.

a. Ösfaß: Fr.; Erle; L. 42,0 cm, davon 18,3 cm Griff; Schale: äußere L. 23,7 cm, innere 19,5 cm; Br. 10,5 -12,5; ca. 2,2 cm dick; Fo.: Grabungsfläche VIII; NS 36, OW 197, NN + 1,30 m; in einem am Priel gelegenen Haus.

Datierung durch die Siedlung in das 8./9. Jh.

Szabó u.a. 1985, 137, Nr. 259; Befund: Bantelmann 1975.

Schleswig-Holsteinisches Landesmuseum, Schleswig, Inv. Nr. XXVIf.

16. Haithabu, Kr. Schleswig, Schleswig-Holstein

Stadtartige Siedlung: Vom 8. – M. 11. Jh. belegt; im 8 Jh. drei Siedlungskerne, die im 9. in der mittleren zusammengelegt wurden; im 10. Jh. umwallt; gilt als Beispiel für einen port-of-trade des dänischen Königshauses; Gräber in der Nähe bekannt.

Mehrere Grabungen in diesem Jahrhundert, die noch nicht alle aufgearbeitet sind.

Hafenanlage: Bei kleinräumigen Grabungen vom Ufer ausgehende Reihe von Pfahlgruppen entdeckt, möglicherweise von einem Steg oder einer Brücke; auf diese Art ist auch die große Fundmasse in die-

sem Bereich als Abfall- und Verlustgegenstände zu interpretieren; Konzentrationen beweisen, daß auch Handelsgüter beim Be- und Entladen ins Wasser fielen; bei Taucharbeiten und flachseismischen Prospektionen konnten die Brücken weiter ins tiefere Wasser verfolgt sowie weiter vor dem Ufer dichte Pfahlreihen entdeckt werden, die wahrscheinlich von Sperren stammen; die genaue Datierung steht noch aus, ist aber wohl kaum vor dem 9. Jh. anzusetzen.
Das umfangreiche Material an Schiffsausrüstung aus der Hafengrabung wird z.Z. in Roskilde bearbeitet und konnte nicht in die Untersuchung einbezogen werden. Von den publizierten Funden läßt sich lediglich ein Exemplar der Schiffsausrüstung zurechnen:
a. Stakstangenbeschlag (?): Eisen; ein Zinken gerade, der andere gebogen; L. 15,7 cm, Durchm. der Tüllenmündung 2,9 cm.
Jankuhn 1943, 126; Befunde des Hafens: Schietzel 1984.

17. Hessens, Kr. Wilhelmshaven, Niedersachsen

Siedlung: Wurt; Siedlungsschichten vom 7. bis zum 10. Jh.; neben einheimischen Funden auch Keramik aus dem Rheinland.
Mehrere kleinere Grabungen, mit Unterbrechungen von 1938-1950, noch nicht abschließend publiziert.
Auf 11 m wurde eine Slipanlage für Schiffe freigelegt, zu deren Flaschenzug auch der angetroffene Taljenblock gehört.
a. Steuerruder: Fr.; keine weiteren Angaben faßbar.
b. 2 Riemen: Fr.; keine weiteren Angaben faßbar.
Datierung über Beifunde der Siedlungsschicht ins 7. Jh.
Ellmers 1972, Nr. 53.
Institut für historische Küstenforschung, Wilhelmshaven.

18. Lübeck, Hansestadt Lübeck, Schleswig-Holstein

Mittelalterliche Stadt; 1143 gegründet, aber erst nach der dritten Gründung 1158/59 durch Heinrich den Löwen dauerhaft und dann schnelle Entwicklung zu einem Hauptort der Hanse.
Grabungen an mehreren Stellen der deutschen Gründung, doch Entwicklung vor 1200 archäologisch schwer zu fassen; in unmittelbarer Nähe der Uferbefestigung drei Holzhäuser (datiert *um oder nach 1195* bzw. *um oder nach 1201*), in deren Nähe sich Teile von Schiffen mit deren Ausrüstung sowie Holz- und Metallverarbeitung befinden; von Gläser (1988, 125) als Ufermarkt angesprochen; die Funde sind z.Z. noch unter Bearbeitung.
Hafeneinrichtungen, Grundstück Alfstraße 36/38: Grabungsfläche ungefähr 2 x 2 m groß; Funde von Netzschwimmern und anderem Gerät, das auf Schiffahrt hinweist, aber anscheinend alles nach 1200 zu datieren; an einer Stelle gelegen, wo der Zugang zur Trave nicht durch versumpftes Gebiet erschwert war; slawische Funde des 8.-12. Jh., doch ohne Befunde; vor 1200 nur Uferbefestigung aus einer Reihe eingerammter Pfähle in der unmittelbaren Uferzone, nach Absenkungen mit Siedlungsschutt aufgefüllt; Wassertiefe vor der Befestigung nicht mehr als ca. 1 m; Datierung: Dendrochronologisch *um 1257*, mit Reparaturspuren *gegen Ende des 12. Jh.*
Große Petersgrube 27:
Siedlungsfund aus der Füllschicht zwischen dem ältesten Fachwerkhaus und dem darüber liegenden.
a. Gabel für die lose Stange am Bug einer Kogge: Fr., recht stark beschädigt; L. 1,24, Br. 0,71 m; größte Dicke 0,18 m; rekonstruierte Br. 1,04 m.
Datierung stratigraphisch zwischen ca. 1173 und 1193.
Ellmers 1985a; Befunde: McGrail 1987, 271; Gläser 1985, 1988; Schalies 1988.
Museum Lübeck, Fdnr. HL 21/877.

19. Ralswiek, Kr. Rügen, Mecklenburg-Vorpommern

Handelssiedlung der 2. Hälfte 8.-10. Jh. an einer Bucht des Großen Jasmunder Boddens, danach bestand sie als eher agrarisch ausgerichtete Siedlung bis in die 2. Hälfte des 13. Jh. weiter; Siedlung wahrscheinlich eine Insel, ein Strandwall, da auch im W bis ins 12. Jh. offenes Wasser eines Binnensees; dieser fiel wahrscheinlich im Laufe des 10. Jh. trocken; bis dato zu den Booten und der Siedlung nur Vorberichte publiziert; ca. 1/4 bis 1/5 der Siedlungsfläche ergraben;
Siedlung: Bis zu 80 cm starke Kulturschicht, in vier Perioden (A 2. Hälfte 8.-9.Jh., B 9.-2. Hälfte 10. Jh., C 2.Hälfte 10.-11 Jh., D 11.-1. Hälfte 13. Jh.) unterteilt; nach der Periode B Hafen und Siedlung zerstört und in neuer Struktur wieder aufgebaut; 98 Häuser (Phase A 23, B 30, C-D 45); Gebäude der Periode B lassen sich zu 5 oder 6 Hofverbänden zusammenfassen, bestehend aus einem großen Wohnhaus und mehreren kleineren Werkstätten, die z.T. auch bewohnt waren; zu jedem Hofkomplex gehören eine bis drei »Anlegestellen«; in Haus 157/16 der Periode B ein Schatz aus 2211 Dirhems bzw. Fr. davon und einem Armring neben dem Ofen vergraben (Münzgewicht 2750 g; Schlußmünze 842/844 geprägt).
Landeanlagen der Siedlungen A und B: Im Bereich zwischen dem Ufer und dem Binnensee 14-16 »Molen« und danebenliegende »Schiffseinfahrten« angetroffen; Molen manchmal mit Pfosten und Flechtwerkwänden befestigt; Gräben von unregelmäßiger Br., meist 5-6 m, aber bis zu 7-9 m angetroffen; Wassertiefe auf 50-60 cm am Ende veranschlagt; eine *Mole 252/262* mit Befund publiziert: Molenaufschüttung in 2 Phasen (möglicherweise den Siedlungsperioden A und B entsprechend), die durch eine Lauffläche getrennt sind; Holzverschalung der oberen Schicht aus seitlich eingerammten Spaltbohlen und Pfosten, welche vertikal durch Ösen geführt wurden, Auflage aus Brettern; von Abfall der Siedlungsschicht C überlagert; am Ende einige Pfosten, die nicht zur Verschalung gehören (Gebäudereste?); *Gräben N 252 und N 262*, zu beiden Seiten der Mole, 12-15 m lang und ohne Begrenzung an der Siedlungsseite; Sohlen zum Land hin ansteigend; in die Sohlen 40-60 cm breite und zur Siedlung hin bis zu 50 cm tiefe Rinnen, wahrscheinlich von Schiffen in den Schlick gegraben; in N 262 zusammenhängende Reste von Stroh und Rohr; im Graben N 233 zusammenhängende Reste einer Strohlage, die mit Ästen oder Blaken aus Buchenholz verknotet waren (Überbau der Einfahrt oder der Mole?). 4 Schiffe, alle mit Holz- und Eisennägeln geklinkerte Kielboote, geschätzte ursprüngliche Maße in Klammern dahinter: Boote 1-3 wurden am Ufer des »Kultplatzes« zusammen mit sehr viel Tier- und einigen Menschenknochen angetroffen, ein Opfer ist jedoch nicht wahrscheinlich zu machen; Boot 4 am NO Strand der Siedlung am Rande der nach Osten abfallenden Strandwallaufschüttung zwischen Siedlung und Bodden, die während des Bestehens der Siedlung ständig erhöht wurden, wodurch sich die Schicht, in der das Boot lag, in die Periode des Wasseranstiegs am Ende der Siedlung A datiert; Boote offensichtlich abgewrackt, bevor sie aufgegeben wurden.

Boot 1: Lastschiff 5-8 T; L. 10,06 (13-14) m, Br. 2,60 (ca. 3,40) m; L./Br. 3,87 (3,82; 4,11); H. ca. 1,1 m; Kiel: L. 9,46, max. 21 cm Br., T-Form; Erhaltung: 6 (8) Plankengänge an Bb, 1 (8) an Sb; Kalfaterung durch rotbraune Wolle, Hunde- und Menschenhaare; keine Hinweise auf Antriebsart.

Boot 3: Verwendungszweck unsicher; L. 7,25 (ca. 9,50) m, Br. 1,40 (ca. 2,50) m; L./Br. 5,17 (3,8); Kiel: L. 6,25, max. 20 cm Br., T-Form; Erhaltung: 2 (?) Plankengänge an Bb, 3 (?) an Sb; Kalfaterung durch rotbraune Wolle, Hunde- und Menschenhaare.

1. **Boot 2:** Mannschaftsboot; L. 8,76 (ca. 9,50) m, Br. 2,20 (ca. 2,50) m; L./Br. 3,98 (3,8); H. ca. 0,90-1,0 m; Kiel: L. 6,92 m, max. 24 cm Br., T-Form; Erhaltung: 7 (7) Plankengänge an Bb, 0 (7) an Sb, keine Steven; Kalfaterung durch rotbraune Wolle, Hunde- und Menschenhaare; mehrere Reparaturspuren; wahrscheinlich für 10 Ruderer ausgelegt.
   a. Konstruktion der Mastspur: Mastspant 12 cm vor mittschiffs; Mastspur aus diesem Spant und einer dahinter mittels 2 großer Holznägel befestigten Laschenfassung gebildet; die darin befindliche Mastspur 8,2 x 9,7 cm groß und viereckig; Lasche: ca. L. 44 cm, größte ca. Br. 8 cm (an den Ende ungefähr 3 cm).
   b. Dollbord mit Rojepforte: L. des Plankenstückes 3,44 m, Br. 26 cm; 4 runde Rojepforten: 8 cm Durchm. und mit einem seitlich nach oben gerichteten Schlitz von 4 cm L.; Abstand der Rojepforten zueinander 0,85 (2 Mal) bzw. 0,78 cm (2 Mal); an der inneren Oberkante eine *Leiste*, wahrscheinlich aus Nadelholz, auf ungefähr 2,20 m erhalten: Mittels Holznägeln am Dollbord befestigt; rechteckiger Querschnitt von 5,9 x 4,8 cm; obere Innenkante abgerundet; dicht neben jeder darunter im Dollbord befindlichen Rojepforte ein längliches Loch (L. 6,2 cm, Br. 2,4 cm, Tiefe 4,5 cm), evtl. um hier eine Leine zur Befestigung des Riemens hindurchzuführen.
   c. Löcher im Dollbord: Im Dollbord b., direkt unter der Leiste; 2 Löcher zwischen den beiden mittleren Rojepforten, d.h. seitlich des Mastes; Abstand 9 cm, Durchm. 2 cm.

2. **Boot 4:** Lastschiff 4-5 T; L. 9 (12-13) m, Br. 2,40 (ca. 3,30) m; L./Br. 3,75 (3,63; 3,93) m; H. ca. 1 m; Kiel: L. 8,65, max. 28 cm Br., T-Form; Erhaltung: Steven nicht erhalten; 5 (8) Plankengänge an Bb, 5 (8) an Sb; Kalfaterung durch Schafwolle; das Boot weist Reparaturspuren auf und wurde systematisch abgewrackt.
   a. Bastring; zur Takelage gehörend ?; Vergleich mit Skuldelev Datierung durch die Lage zur Siedlung in das 9. Jh.

Ellmers 1972 Nr. 73 (Boote 1 und 2); Hermann 1981; Befunde: Hermann 1978; 1980; 1985b.
Boote nicht gehoben.

20. Salmorth, Kr. Kleve, Nordrhein-Westfalen

Wrack: Beim Kiesbagern 1964 im Rhein kamen Holzteile eines Schiffes unbekannter Provenienz und Zeitstellung zusammen mit einem Anker und Basaltlava zutage. Bei letzteren dürfte es sich um die Ladung handeln.
a. Anker: Stockanker, der *einen relativ modernen Eindruck machte*; aus Eisen, das im Frischfeuerverfahren in Form von Luppen gewonnen und anschließend zum Werkstück zusammengeschmiedet wurde; Maße unbekannt.
Undatiert; aufgrund der Basaltlava ist das frühe Mittelalter wahrscheinlich.

Ellmers 1972, Nr. 67.
Funde verloren.

21. Schleswig, Schleswig-Holstein

Mittelalterliche Stadt; an mehreren Stellen in der Altstadt gegraben und Besiedlung seit dem 11. Jahrhundert nachgewiesen.
Hafenanlagen: In der 2. Hälfte des 11. Jh. Uferbefestigung mit Faschinen; Datierung unsicher, aber der frühesten Ansiedlung zugerechnet; *1087* Errichtung einer auf ca. 13 m L. nachgewiesenen senkrechten Spundwand aus Eichenbohlen entlang des Ufers; vor der Wand durch Kanthölzer zusammengehalten, zum Land hin mit Balken verankert; Wand an zwei Stellen durch Wasserläufe unterbrochen und im Laufe der Zeit weiter in Richtung Wasser verschoben; wahrscheinlich gehört auch eine östlich davon liegende, 13 m lange und 9 m breite Landebrücke zu diesem Komplex; *1094/95* Anbau einer weiteren Spundwand im W sowie Anlage zweier Brücken; die westliche von ihnen liegt vor der Anlage von 1087 und reicht bis min. 25 m vom ursprünglichen Ufer ins Wasser, ohne daß ihr Ende erfaßt wurde; die östliche schließt sich an die ältere Brücke an und ist am Kopf fast 13 m breit und ragt ca. 33 m vom ursprünglichen Ufer aus ins Wasser; die beiden Brücken stellen eine Verlängerung von Straßen dar; im 12. Jh. an dieser Stelle Häuser; spätere Anlagen, die noch im 19. Jh. die alte Brückenanlage erkennen lassen, weiter im Wasser und nicht durch Grabungen erfaßt.

Grabung »Schild« am Rathaus
a. Kielschwein: An beiden Enden beschädigt; Eiche; L. 2,73 m, größte Br. 30 cm, an den Enden 6-8 cm; H. in der Mitte 24 cm; vor der Mastspur ein 70 cm hoher Ast mit einer Durchbohrung (Durchm. 3,8 cm) im oberen Teil; an der Unterseite Aussparungen für 6 Spanten in einem Abstand von 38-49 cm (durchschn. 44 cm); weitere Bearbeitungsspuren, die aber sekundär zu sein scheinen.

Durch Fundort nicht vor 11. Jh. zu datieren, typologisch ins 12. Jh. gesetzt.
Crumlin-Pedersen 1972b, 72, Fig. 5; Crumlin-Pedersen 1973b mit Abb.; Befunde: Vogel 1977, 1983; Eckstein 1981.

22. Weitendorf, Kr. Güstrow, Mecklenburg-Vorpommern

Wrack: Gemarkung »Die Tanne«; in der Niederung zwischen An und Graben, die zur Nebel bzw. Warnow hin entwässern; altes Feuchtgebiet, das heute entwässert ist; von einem Bagger beim Grabenziehen 1972 angeschnitten, Nachuntersuchung durch das Museum; Interpretation als gesunkenes Floß, das mit einem Mann Besatzung verunglückte; Birkenstämme in der näheren Umgebung gefunden.
Weitere Funde: Nicht näher spezifiziertes Holz; kreuzförmige Fibel; menschliches Skelett.
Reste eines Floßes: 20 Birkenstangen, die durch 2 halbierte Baumstämme, die als Unterlage dienten, zusammengehalten wurden.
a. Stakstange?: Fr.; Holz; L. 28 cm, Durchm. 4 cm; an einem Ende durch Axthiebe grob angespitzt, das andere durch den Bagger zerstört;
b. Paddel: Fr., Teil des Stieles mit Blattanfang; vermutlich Erle; L. 10,3 cm, Br. 3,0-8,1 cm; Dicke 1,1-1,3 cm.
Datierung aufgrund der Fibel in die Zeit um 400.
Keiling 1974.
Heimatmuseum Güstrow.

Dänemark

23. Alsodde, Mariager Fjord, Randers amt

Einzelfund: aus dem Mariager Fjord vor Alsodde, »Lille Mallorca«, gefischt.
a. Steuerruder: L. 4,3 m, davon 1,7 m Blatt, Br. ca. 25 cm; Loch in Pinne ca. 60 cm unter dem oberen Ende, sonst keine Spuren der Befestigung; Blatt symmetrisch.
Undatiert; typologisch mit den Steuerrudern der gotländischen Bildsteine der Zeit zwischen 400 und 600 verglichen.
Rieck & Crumlin-Pedersen 1988, 126; Udravninger i Danmark 1988, 190.
Skibshistorisk Laboratorium, Roskilde; NM I 6735/88.

24. Århus Bugt, Århus amt

Einzelfund: Anfang der 1940er aus der Bucht vor Århus, NO von Norsmindeflak und ca. 7,4 km von der Küste entfernt, gefischt.
a. Mastfisch: Fast vollständig erhalten, aber an der Oberfläche stark durch Meerestiere zestört; Eiche; L. 3,44 m, größte Br. vor der Gabelung ca. 65 cm, Br. am geschlossenen Ende ca. 27 cm; größte H. 27 cm, am geschlossenen Ende ca. 5 cm; *Öffnung für den Mast:* L. 1,80 m, Br. innen 20 cm (nach außen leicht breiter); an der Unterseite flach, an der Oberseite gleichmäßig gewölbt; vorhandene Löcher wahrscheinlich auf Schalentiere und Würmer zurückzuführen.
Undatiert, typologisch in die WKZ gesetzt.
Ellmers 1972, Nr. 132; Crumlin-Pedersen 1972b, 66, Fig. 2; Crumlin-Pedersen 1981, 55 Nr. 21. Fig. 9b; McGrail 1987, 226. 229.
Forhistorisk Museum, Århus.

25. Ejsbøl, Gammel Haderslev sn., Haderslev amt

Moorfund: Opferfund; deutlich zwei Niederlegungen in der jüngeren RKZ und VWZ zu unterscheiden; zum größten Teil Waffen und Ausrüstungsteile von Reitern und Kriegern; Gegenstände fast ausnahmslos vorher verbrannt; Holz nur dann vorhanden, wenn es entgegen der sonstigen Regel nicht im Feuer gewesen ist.
Dicht beieinander in den ufernahen Fundkonzentrationen im S Teil der Niederlegung Hinweise auf das Vorhandensein von Booten angetroffen; aus Eisen: 132 Niete und Nägel, 2 U-förmige Klampen, Fr. eines Ringes mit einem Bügel sowie eine Stange, die an einem Ende eine Öse hat und sich am anderen gabelt; diese Gegenstände müssen nicht zwingend zu einem bzw. zum selben Boot gehören; Funde nicht im Verband angetroffen; gehören evtl. zu einem Boot vom Nydamtyp.
a. 3 Riemen: Fr.; Ansprache nur bei Nr. 3 sicher;
  1. 2.: L. 43-95 cm, Teile des Stiels;
  3. Das sichere Stück stammt aus einer Schicht unter dem Waffenopfer: L. 60 cm, davon 44 cm Blatt; größte Br. 8 cm.
b. 1 Keipe: L. ca. 72 cm, Br. ca. 3-5 cm, H. ca. 3 cm; mit 2 Einkerbungen an der Innenseite, 1 an der Oberseite; *Horn* nach 1/4 der L. von achtern; H. ca. 12 cm, davon ca. 7 cm freistehend; leicht in Richtung gegen den Riemen gebogen, hier auch abgerundet; an der anderen Seite nachgearbeitet, so daß das Horn fast rechtwinklig ansetzt.

6 Gefäße aus Holz, darunter 2 Schöpfkellen.
Nach Beifunden j RKZ/VWZ; Fundort innerhalb des Opfers deutet auf VWZ hin.
Müller-Wille 1968/69 III, Nr. 4; Ellmers 1972, Nr. 134; Ørsnes 1988, 95-99, Taf. 191, 11-12, 201, 1-5.
Museum Haderslev (E. 6317. 11288. 13070. 15081. 16196).

26. Ellingå, Elling sn., Hjørring amt

Wrack: Ca. 1 km hinter der heutigen Küstenlinie gefunden, anscheinend in Naturhafen verunglückt; bis dato nur Vorberichte greifbar.
Handelsschiff nordischer Tradition: Boden und Sb-Seite erhalten; L. wohl 14,5 m und Br. 4 m; L./Br. 3,8; vorn und achtern Halbdecks; Widerlager für Spill angetroffen.
a. Kielschwein: Maße unbekannt;
b. 2 »Gabeln«: Zum Verstauen von Rundhölzern; an Sb mittschiffs angebracht; Maße unbekannt.
Undatiert; typologisch in das 12./13. Jh. gesetzt.
Ellmers 1972, Nr. 135; Crumlin-Pedersen 1981, 36; McGrail 1987, 257.
Bangsbomuseet, Frederikshavn.

27. Fribrødre Å, Stubbekøping sn., Maribo amt

Werftanlage, Siedlung?: Ca. 20 km südlich der Mündung der F. Å bachaufwärts gelegen; heutiges Tunneltal bestand bis zum Ende des 19. Jh. aus zusammenhängenden Seen.
Schicht mit Schiffsteilen und Hinweisen auf Reparaturarbeiten.
a. Knie : L. 19 cm; zur Befestigung der Takelage verwendet ?
b. 2 Ösfässer: Keine weiteren Informationen greifbar.
Madsen 1984.
Verbleib unbekannt.

28. Hadsund, H. sn., Ålborg amt

Einzelfund: Vor 1887 aus dem Mariager Fjord vor H. gefischt.
a. Mastfisch: Eiche; trotz leichter Beschädigung der Oberfläche durch Meerestiere relativ gut erhalten; L. 3,8 m, größte Br. 56 cm, größte H. 35 cm; über einer rechteckigen Basis (Br. 56 cm, Dicke 5-6 cm) liegt eine 45 cm Br. Partie, die an einem Ende gewölbt ist und an dem anderen eine Rinne für den Mast aufweist; diese Rinne mit 6-10 cm H. Außenkanten versehen, am zum Mast gewendeten Ende mit einem Wulst abgeschlossen (Br. hier 32 cm), am anderen offen; *Öffnung für den Mast:* L. ca. 38 cm, größte Br. 32 cm; zum Bug hin abgerundet, nach achtern (zur Rinne hin) eine gerade Kante; Mastöffnung an der Unterseite ca. 40 x 90 cm groß, da die Wölbung ausgehöhlt ist; hieraus läßt sich ein Durchm. des Mastes von ca. 25 cm erschließen, da er wahrscheinlich mittels Keilen befestigt war; Mastfisch an der Unterseite flach und an der Oberseite direkt vor dem Mast eine Wölbung, die bis zum vorderen Ende des Mastfisches reicht; Mast läßt sich aufgrund der nach unten breiteren Mastöffnung um einen Punkt in Deckshöhe drehen und nicht nur um Mastfuß; lag wahrscheinlich auf 5 biti, die in einem Abstand von ca. 95 cm angebracht waren; deshalb wahrscheinlich von einem Kriegsschiff.

Undatiert; typologisch in Zeit vom 10.-12. Jh. gesetzt.
Crumlin-Pedersen 1972b, 68, Fig. 3; Crumlin-Pedersen 1981, 39/40 Nr. 5, Fig. 9a; McGrail 1987, 226. 229.
Skibshistorisk Laboratorium, Roskilde (C 6010 a).

29. Hasnæs, Ebeltoft sn., Randers amt

Wracks: Am Südende der Halbinsel (Øer-hage) unter Strandwällen mehrere verschiedene Wrackteile bei Kiesgewinnung aufgegraben, von denen einige zu zwei Booten gehören und andere einzeln stehen

1. **Wrack 1:** 1961 160 m hinter der heutigen Strandlinie gefunden; kleines Fahrzeug mit festgezurrten Spanten und Bruchstücken der Plankengänge.
  a. 2 Keipen: Fr., jeweils nur Horn erhalten; dieses leicht nach achtern gebogen und, wo der Riemen anlag, gerundet;
    1. H. ca. 11 cm, davon ca. 8 cm für Riemen;
    2. H. ca. 16 cm, davon ca. 11 cm für Riemen; Querschnitt hier viereckiger als bei 1.
  C 14-Datum 590 ± 100 (konventionell).
2. **Wrack 2:** 1961 ca. 50 m hinter der heutigen Strandlinie in Sand eingelagert gefunden; Parallelen mit Skuldelev 3 und 5; nur wenig erhalten und das sekundär gestört.
  a. Kielschwein: Fr., an beiden Enden abgebrochen, aber Mittelpartie intakt; Eiche; L. 2,55 m, größte Br. 28 cm, größte H. 60 cm; *Mastspur:* Rechteckig, unten 15 x 15 cm, oben 18 x 75 cm, da eine leicht geschwungene Gleitschiene zur eigentlichen Mastspur hin abfällt; direkt vor der Mastspur ein rechteckig gearbeiteter Ast, der sich in der selben Br. wie diese 42 cm über dessen untersten Punkt erhebt (Gesamth. 60 cm); zum Bug und Heck hin schnell verjüngend auf Br. ca. 9 cm und H. ca. 7 cm.
  C 14-Datum 900 ± 100 (konventionell).
Ellmers 1972, Nr. 138; Crumlin-Pedersen 1972b, 70, Fig. 4 (2.a); Crumlin-Pedersen 1981, 40-4 (Nr. 6), Fig. 10. 11; McGrail 1987, 214. 226-8.
Skibshistorisk Laboratorium, Roskilde.

30. Hjortspring, Svendstrup sn., Sønderborg amt

Moorfund: Opferplatz in einem ca. 45 x 50 m großen Moor, ca. 2 km vom Meer entfernt und ohne Verbindug mit diesem; neben Tierknochen Waffen, etwas Werkzeug, persönliche Ausrüstung/Haushaltsgeräte und ein Boot niedergelegt; Opferungen begannen in der späten Bronzezeit (in Schächten) und setzten sich mit Unterbrechungen in das 1. Jh. v.Chr. fort, wobei ein Großteil der Waffen zusammen mit dem Boot deponiert worden zu sein scheint.
1921/22 Grabung, aber zuvor beim Torfstechen einige Gegenstände, darunter auch Teile des Bootes, zutage gekommen; Fundort in der vorrömischen EZ wahrscheinlich ein kleiner offener See mit starkem Bewuchs an den Rändern; Funde in einer Tiefe von 0,7-1 m, z.T. in den Boden hineingebohrt; bei Nachgrabung 1987 u.a. ca. 20 Speer- oder Lanzenstangen und Fr. eines Rippenstatives gefunden.
Boot: Kanu; Maße nach Rosenberg (1937, 72/3): L. ca. 13,23 (ohne Schnabel), Br. 1,92, H. mittschiffs 68 cm, an den äußersten Klampen 77 cm; Maße nach Ellmers (1972, 325/6): Innere L. 13,61 m, äußere Br. 2,04 m, H. 71 cm; L./Br. etwas mehr als 6,67 m; genaue Rekonstruktion schwierig, da nicht alle Teile in situ angetroffen wurden; 1 Bodenplanke und je 2 geklinkerte Seitenplanken angenäht, alle aus einem Stück gearbeitet und mit ausgesparten Klampen versehen; hieran die 10 Rippenstative mit den darüberliegenden Ruderbänken festgezurrt; statt Steven wurden Planken an den Enden mit je einem massiven Holzblock abgeschlossen; Art der Befestigung der Steuerruder nicht feststellbar, da die entsprechenden Partien fehlen.
a. 2 Steuerruder: nicht vollständig auszuschließen, daß es sich um ein einziges Ruder handelt, das z.T. sekundär verlagert wurde; Zuweisung vom 3. und 4. zu einem der beiden Steuerruder nicht möglich.
  1. Am N-Steven, in Feld Cb 3, gefunden: Fr. vom Übergang vom Schaft und Blatt; L. noch 44 cm; Durchm. am Schaft 3,4 cm; bei nur geringfügig abnehmender Dicke nimmt die Br. bis zur Bruchkante am Blatt gleichmäßig bis auf 19,5 cm zu; Seitenkanten 0,5 cm dick; an der Stelle, wo das Ruder seine volle Br. erlangt hat bis zur Bruchstelle, befindet sich auf einer Seite in Längsrichtung ein 6 x 2,5 cm großes und 0,5 cm dickes Harzstück, das in Anlehnung an das Ruder von Nydam evtl. zur Befestigung eines Kissens gedient haben kann.
  2. Am S-Steven, in einer Grube vom Torfstechen, gefunden: Fr., wohl vom Übergang vom Schaft zum Blatt; L. 10 cm; an einem Ende abgerundet viereckiger Querschnitt (3,9 x 3,9 cm); am anderen Ende nimmt Dicke auf 3,4 cm ab, Br. hier 5,3 cm.
  3. Fr., beim Torfstechen gefunden: Zuweisung zu 1. nicht zu belegen, aber wahrscheinlich; wohl vom unteren Teil des Blattes: L. 36,5 cm, Br. bis zu 21,5 cm; erhaltene Kante am Rand 0,5 cm dick; 1937 an einer Seite flach, an der anderen gewölbt; am oberen Ende 2,5 cm dick, am unteren 1,85 cm.
  4. Fr. eines Blattes ohne Angabe des Fundortes: 10 x 10 cm groß.
b. mind. 11 Paddel, über den gesamten Fundplatz verstreut angetroffen, z.T. senkrecht in das Moor gesteckt; einige vor ihrer Aufnahme getrocknet:
  1. fast vollständig (Fundnr. 560): L. 1,34 (ursprünglich wohl 1,45) m; Blatt beschädigt, nun L. 34 cm, Br. 7 cm; Schaft: abgerundet, L. 1 m, 1,6-2,2 cm dick; oberes Ende besteht aus einer dreieckigen durchbrochenen Öse mit einem inneren Durchm. von 2,3 cm und einem äußeren von 6,5 cm
  2-10. Fr. von mehr oder minder vollständigen Blättern, z.T. mit Resten des Schaftes: 4 Exemplare mit vollständigem Blatt: mit einem 1 m L. Schaftfr. L. 44 cm, Br. 9,5 cm, 0,8 cm dick (Fig. 62 c); L. 58, 1 cm, Br. 6,5, 1,1 cm dick; L. 48 cm, Br. oben 7 cm und unten 6 cm, 1 cm dick (Fig. 62 e); L. 57 cm, Br. 7,5 cm, 1,1 cm dick.
  11-18/19. 7 evtl. 8 Fr. von Schäften z.T. mit Übergang zum Blatt: alle mit rundem, manchmal etwas ovalem Querschnitt und 2,7-3,4 cm Durchm.; 1 Schaft bis zum Übergang zum Blatt vollständig: L. ca. 1 m, runder Querschnitt, 2,5 cm dick; 4 Exemplare mit dreieckiger oder runder Öse am oberen Ende, 1 mit einem Knopf und 2 ohne markiertem Abschluß.
c. Ösfaß (Fundnr. 574): nahe des S Endes im Boot gefunden; Holzart unbekannt; aus einem Stück geschnitzt; umgebogener Griff: L. 12 cm, Br. 6,5 cm; Gefäß: L. unten 25 cm, größte Br. 10 cm (innen an den oberen Kanten 1937 34 x 17 cm), H. der Wand am spitzen Ende 5 cm und am Griff 7 cm; spitzoval und mit flachem Boden.
Etwas Keramik der Periode II; aus Holz: gedrehte Schale und Dosen; Schachteln und Schüsseln; Löffel; Werkzeug: Keulen aus Holz; Mundstück eines Blasebalges.
Datierung: In älterer Literatur meist als geschlossener Fund der Periode II der vorrömischen EZ aufgefaßt; *C 14-Proben* ergaben, daß das

Boot sowie ein Großteil der Waffen älter sein müssen: kalibrierte Daten 390-370 ± 100 v.Chr.; da die Proben jedoch aus Eschenholz gewonnen wurden, das, den Krümmungen der Jahresringe nach zu urteilen, recht weit innen im Stamm saß, ist das Alter des Bootes auf 350-300 ± 100 zu schätzen.
Müller-Wille 1968/69 III, Nr. 3; Ellmers 1972, Nr. 139; McGrail 1987, 197/8. 200/1. 206-9. 225. 241; Rieck & Crumlin-Pedersen 1988, 56-74; Kaul 1988, 9-34; Jensen 1989; Jensen u.a. 1989; [Fundnr. nach Rosenberg 1937].
Nationalmuseum Kopenhagen.

31. Jungshoved, J. sn., Præstø amt

Einzelfund: 1897 aus dem Bøgestrømmen zwischen Seeland und Møn, nahe Danmarksholmen, gefischt; eine undatierte Pfahlreihe, bei der es sich um eine Brücke oder eine Sperre handeln könnte, verläuft vom Schloßhügel von J. über das Noor auf den alten Heerweg bei Gammel Oremandsgård zu; ohne erkennbaren Zusammenhang mit dem Steuerruder und wahrscheinlich später.

- a. Steuerruder: Fr. und durch unkontrolliertes Austrocknen verzogen; Eiche; L. 3,54 m (1897 8 cm länger); Loch für Ruderpinne ca. 60 cm vom Griffende entfernt, 18 x 7 cm groß; Loch für Befestigung am Rumpf ca. 1,35 m unterhalb des Griffendes; Form nicht mehr feststellbar, doch scheint die schwache Kurvung entlang der Längsachse ursprünglich zu sein; Form und Abnutzungsspuren legen eine *Montage an der Bbseite* nahe.

Undatiert; typologisch in WKZ/frühes MA gesetzt.
Crumlin-Pedersen 1966, 258-61, Fig. 3; ders. 1981, 44-6 (Nr.7), Fig. 12 b; McGrail 1987, 245. 249; Pfahlreihe: Topographisches Archiv, Roskilde.
Nationalmuseum Kopenhagen C 9106; jetzt Vinkingeskibshallen, Roskilde.

32. Ladby, Kølstrup sn., Odense amt

Bootgrab unter Hügel: Beraubt, keine Menschenknochen, reiche Ausstattung, u.a. an Reitzeug, und viele Tierknochen; kein Holz erhalten. Schiff: Kriegsschiff, nur als Abdruck erhalten bzw. durch die Lage der Niete zu rekonstruieren; L. 20,60 m, Br. 2,85 m, H. 0,68 m; L./Br. 7,23; nordische Bautradition mit Kiel; mindestens 7 Bordgänge und 17 Spanten, d.h. 32 Ruderer.

- a. Anker: Stockanker aus Eisen; der wohl hölzerne Ankerstock, Br. ca. 15 cm, fehlt; Schaft: L. 1,36 m; lorbeerblattförmige Flunken; Br. über die Flunken 0,84 m; im Kreuz ein Eisenring; am oberen Ende des Schaftes ist ein Eisenring angebracht, in den ein zu einem Haken umgebogenes Kettenglied einfaßt. Sicherung des Hakens erfolgt über einen Bronze(?)draht; an den Haken schließt sich eine *Ankerkette* aus Eisen an; L. ca. 10 m, aus ca. 50 ovalen Gliedern bestehend; daran ein aus drei Drähten geschlagenes Basttau unbekannter L. befestigt; Eisen gut gearbeitet; lag zuvorderst im Vorsteven mit Stock zum Heck hin.
- b. 7 Eisenringe mit Splint: an den 4 Spanten, die an Bb und Sb direkt achtern von mittschiffs einander gegenüberliegen; Ring 1 cm stark und mit ca. 7 cm Durchm.; Splint mit viereckigem Querschnitt, L. 12 cm und am anderen Ende flachgehämmert und mit einem Nagel versehen; nur 7 Stück in situ gefunden, der vorderste an Bb fehlte.

Datierung über Beifunde in Mitte des 10. Jh.
Müller-Wille 1968/69 I, 171; McGrail 1987, 227. 235. 250. 253-6.
Nationalmuseum Kopenhagen und Museum Ladby.

33. Lynæs, Torup sn., Frederiksborg amt

Wrack: 1975 innerhalb des Bereiches des Strandmarktes von Skuldevig aus dem 8.-12. Jh. am Ausgang des Isefjordes gefunden.
Teile von mindestens drei Schiffen, davon eines näher zu bestimmen: größeres Handelsschiff nordischer Tradition: L. ca. 25 m, Br. 6,4 m, H. 2,5 m; L./Br. ca. 3,9; ca. ein Viertel erhalten.

- a. Kielschwein: Weitere Daten unbekannt.

Datierung: C 14-Datum eines Nagels 1020 ± 70; Dendrochronologie weist in Mitte des 12. Jh.; letzteres Datum am wahrscheinlichsten.
Crumlin-Pedersen 1978; Crumlin-Pedersen 1981, 52 (Nr. 14).
Skibshistorisk Laboratorium, Roskilde.

34. Nydam, Sottrup sn., Sønderborg amt

Moorfund: Opfer mit überwiegend Waffen und Kriegsausrüstung sowie Werkzeug, wenig Reitzeug, persönliche Ausrüstung und etwas Haushaltswaren; mindestens 2 voneinander getrennte Niederlegungen aus der jüngeren Kaiserzeit/Anfang der Völkerwanderungszeit (Nydam I) und der Völkerwanderungszeit (Nydam II); wahrscheinlich wurden an diesem Platz mehrmals Opfer niedergelegt; Grabung 1859-63 von Engelhardt, weitere Untersuchungen von Kjær und in den letzten Jahren, die noch andauern und nicht publiziert sind; im allgemeinen wird davon ausgegangen, daß das Opfer in einem heute verlandeten Fjord des Alsensundes niedergelegt wurde, der damals noch offenes Wasser besaß; Engelhardts Grabung befindet sich im westlichen Teil des Moores, ca. 2500 Quadratellen, fundführende Schicht ca. 1,5 m mächtig.
In *Nydam I* kamen neben Waffen, Teilen des Wehrgehänges und der persönlichen Ausrüstung, wenig Reitzeug, Werkzeug sowie etwas Hausrat noch mindestens 3 Boote zutage; diese sind alle nicht in situ dokumentiert worden, und nur Boot 2 wurde nach einem halben Jahr unkontrollierten Schrumpfens von Engelhardt rekonstruiert, während von den anderen beiden nur spärliche Reste vorhanden sind; als Shetelig 1930 das Boot 2 publizierte, waren einige Holzstücke bereits so geschrumpft, daß er auf Engelhardts Zeichnungen zurückgreifen mußte.

1. **Boot 1**, gefunden am 7.8.1863: Fr., von denen nur eines gezeichnet wurde: 1 Planke aus Eiche, aus der Klampen ausgespart wurden; Spantenabstand ca. 1,05 m; allem Anschein nach kleiner und leichter gebaut als die beiden anderen.
   - a. Dolle: Fr., an einer Seite abgebrochen; auf die Reling aufgesetzte viereckige Leiste, aus der eine Klampe ausgespart oder aufgenagelt worden war; Klampe (ungefähre ca. H. 5,6 cm) an einem Ende schräg abfallend, am anderen gerade abgeschlossen; durch diese Klampe wurde ein Tau geführt, das den Riemen in seiner Position halten sollte.
   - b. Ösfaß: Maße nicht nachvollziehbar; im Boot gefunden; daneben ein zweites Holzgefäß angetroffen, das so fragmentiert war, daß die Ansprache als Ösfaß (Engelhardt 1865, 9) nicht nachvollziehbar ist
2. **Boot 2**, gefunden am 18.8.1863, »Das große Eichenboot«; seege-

hendes Ruderboot für 15 Paar Riemen; *Erhaltung:* vorsätzlich versenkt und danach auseinandergebrochen, so daß sehr wenig im Verband gefunden wurde (auch Keipen nicht); Teile rekonstruierbar, aber dieses erst in Flensburg vorgenommen; Boot war auf die Bb-Seite gefallen, so daß die Sb-Reling fast vollständig erneuert werden mußte und auch der Achtersteven in seiner oberen Partie nicht vollständig erhalten war; *Maße:* nach Engelhardt 1863: L. 24,15 m, Br. 3,35 m, H. 1,28 m; L./Br. 7,21; nach Shetelig 1930: L. 22,85 m, Br. 3,26, H. 1,09 m; L./Br. 7,01; nach Åkerlund 1961: L. 23,70 m, Br. 3,75 m, H. 1,20 m; L./Br. 6,32; 19 Spanten (10 gefunden), 5 Bordgänge; Kielplanke (14,3 m L. in der Mitte 0,56 m Br., an den Enden 0,28 m; Dicke in der Mitte 7 cm, an den Enden 13 cm), der eigentliche Kiel ist nur 2 cm hoch und 18 cm breit; Bastmatten im Boot angetroffen; je 2 Löcher in beiden Steven, wahrscheinlich zum Schleppen des Schiffes.

a. Steuerruder: Nicht im Original erhalten, sondern nur in einer Kopie, die ihrerseits auf eine von Engelhardt angefertigte Kopie zurückgeht; ca. 30 Fuß vom Achtersteven entfernt gefunden; aus einem Stück gearbeitet; L. 3,2 m, davon 1,6 m Blatt, Blatt 55 cm Br.; Querschnitt im oberen Bereich rund; Querschnitt des Blattes an der Vorderkante sehr schnell dicker werdend, während er nach hinten schmal ausläuft; 1,2 m über der Spitze befindet sich ein rundes Loch; an der Innenseite ist eine längliche abgerundete Klampe festgenagelt; *Ruderpinne:* Holzstück mit zwei natürlichen Astgabelungen, eine senkrecht, die andere im rechten Winkel dazu stehend; wurde auf den runden Hals aufgesetzt; nicht mehr feststellbar, in welchem Winkel zum Ruder angebracht; wahrscheinlich lediglich Futter für eine Pinne; *Befestigung* unklar, aber wohl am 2. Spant; Loch im Blatt zu tief, um als Sicherungsleine wie bei Wikingerschiffen dienen zu können; wohl mit einfacher Leine über die Reling gesichert.

b. 8 Keipen: Fichte; L. 60-80 cm; aus einem Stück gefertigt, anscheinend mit natürlicher Krümmung als Dorn; Unterseite abgeflacht; hinteres Ende länger als vorderes; an den Enden je eine querverlaufende Kerbe für ein Tau zur Befestigung auf der Reling; unterhalb des Dornes und nach vorne ausgedehnt befindet sich jeweils 1 großes Loch für ein Tau, mit dem die Riemen am Ort gehalten wurden.

c. Riemen, Anzahl unbekannt: Fichte und Eiche; 3,02 bzw. 3,52 m L.; nach Engelhardts Zeichnung ohne markanten Übergang zum Blatt; im oberen Bereich runder Querschnitt, der zum Blatt hin spitzoval und immer flacher wird.

3. Boot 3, gefunden am 27.10.1863; Kiefernboot: Parallel zum großen Eichenboot gefunden, Abstand unbekannt; nicht ganz so vollständig wie 2, aber ebenfalls im Ganzen versenkt; nur durch Zeichnungen bekannt, da alle Originale im Krieg verlorengingen; nicht zu rekonstruieren

a. mindestens 2 Keipen: beides Fr., an den Enden abgebrochen; Maße nicht zu rekonstruieren

4. Keinem bestimmten Boot zuzuordnen

a. 2 oder 3 Anker, von denen jedoch nur schriftliche Erwähnungen bzw. ein unsicheres Fragment ohne Angabe des exakten Fundortes existieren:

1. Anker ?: Fr.; genauer Fundort unbekannt; *6 1/2 tommer langt, 3/4 tomme bredt;* von Engelhard als »brækjern« angesprochen; wahrscheinlich handelt es sich um den Flunken eines Stockankers aus Eisen; nicht mehr zu klären, ob dieses Stück mit Nr. 2 oder 3 in Verbindung steht.

2. Nur aus dem Tagebuch von Engelhardt bekannt: *Schiffsanker, in 2 Stücken von ungefähr je 1 alen L.;* der beigefügten Skizze nach zu urteilen, handelt es sich um einen Stockanker aus Eisen, bei dem die Mittelpartie des Schaftes und der Stock fehlen.

3. Im Herbst 1864, nachdem Engelhardt den Grabungsplatz verlassen hatte, fanden durch Offiziere der österreichischen und preußischen Armee wilde Grabungen statt, bei denen *ein großer Schiffsanker aus Eisen* gefunden worden sein soll; es dürfte sich ebenfalls um einen Stockanker handeln, der den Beschreibungen nach mit Nr. 2. identisch sein könnte.

b. 4 Stangen: je zwei in Boot 1 und 2 gefunden; L. ungefähr 4,30-6,60 m; *massiv und grob zurechtgeschnitten.*

Ellmers 1972, Nr. 140; Müller-Wille 1968/69 III, Nr. 2; Ilkjær & Lønstrup 1981; Ellmers 1987; McGrail 1987, 244-8. 255. 268; Rieck & Crumlin-Pedersen 1988, 103-23.

Funde z.T im Schleswig-Holsteinischen Landesmuseum, Schleswig, z.T. im Nationalmuseum Kopenhagen.

35. Rebæk, Kolding amt

Einzelfund: 1943 aus dem Koldingfjord vor Rebæk gefischt.

a. Steuerruder: Seitenruder aus Eiche; L. 4,1 m, keine weitere Beschreibung.

Undatiert; Parallelen in Funden des 13./14. Jh. aus Bergen.

Crumlin-Pedersen 1981, 53 (Nr. 15), Fig. 12 c; McGrail 1987, 245. 247. 250.

Museet på Koldinghus.

36. Ribe, Ribe amt

Mittelalterliche Stadt; Beginn in der Zeit um 800 über einer bäuerlichen Siedlung der Vendelzeit am linken Ufer der Ribe Å als wahrscheinlich geplante und saisonal genutzte Handwerkersiedlung; daneben Handel durch Importfunde und Münzen belegt; ab ca. 1250 Stadt auf das Gebiet S des Baches beschränkt, wo bis dato noch keine WKZ Funde angetroffen wurden; im Mittelalter bedeutendster Westhafen Dänemarks.

Sct. Nicolajgade

Ausschachtungsarbeiten am Dommerkontoret, Winter 1974/75.
Reguläre Grabung im Hinterhof des Gebäudes 1974; Fund des Ankers bei Arbeiten am Fundament des Ostgiebels des Hauses; durch sofortige Benachrichtigung der zuständigen Behörde konnten der Fundort und die Schichtzugehörigkeit dokumentiert werden; Anker wurde auf der Abfallschicht der nicht zu Humus umgewandelten Düngung angetroffen und war von der Werkstattschicht überlagert.

a. Anker: Stockanker aus Eisen; alt in acht Teile gebrochen; stark korrodiert; L. ca. 1,5 m; oben am Schaft ein Loch mit einem Ringfr., das im rechten Winkel zur Achse der Flunken steht; in der Verlängerung des Schaftes, in der Mitte zwischen den beiden Flunken ein weiteres Loch mit einem Ringfr. in derselben Ebene wie zuvor; zusammen noch 27,54 kg.

Datierung anhand der Schichtenzuweisung in die Zeit um 800.

Bencard & Aistrup 1979; Graham-Campbell 1980, 79 Nr. 282.
Zur Siedlung: Bencard (Hg) 1981; Frandsen & Jensen 1986 und 1987; McGrail 1987, 263/4.

37. Skuldelev, S. sn., Frederiksborg amt

Sperre der Fahrrinne »Peberende« des Roskildefjords: Bestand aus 5 ausgedienten und abgewrackten Schiffen, die absichtlich zu wahrscheinlich zwei verschiedenen, aber nicht allzu weit auseinander liegenden Zeitpunkten versenkt wurden; daneben Steine, Pfähle und Buschwerk dazu verwendet, die Sperre vor Strömung und Eisgang zu schützen; darüber hinaus nur noch eine Scherbe, möglicherweise aus der späten WKZ, in der Nähe gefunden.

Alle sind Kielboote nordischer Tradition, die aber ihrem Verwendungszweck gemäß unterschiedliche Typen darstellen; Fichten für Plankengänge, wie sie Wrack 1 und 6, evtl. auch 5, aufweisen, sind in Ostdänemark heute, und wohl auch damals, nicht zu finden gewesen; stammen wohl aus Norwegen; alle weisen Spuren von Reparaturen z.T. einigen Ausmaßes auf, waren aber anscheinend nicht vollständig unbrauchbar, als sie versenkt wurden.

Bezeichnung der Spanten und Plankengänge: S = Sb, B = Bb; bei Spanten derjenige direkt vor dem Mast mit 0 bezeichnet, Numerierung zum Bug beginnt mit F (Front) und zum Heck mit A (Aft); Plankengänge vom Kiel ausgehend numeriert; Angaben von L. und Br. der Schiffe beziehen sich auf rekonstruierte Gesamtmaße.

Zwischen den Steinen W von Wrack 3: Fr. eines *Riemenblattes*, Br. 11 cm, Zugehörigkeit zu einem Schiff nicht feststellbar.

1. **Wrack 1**: großes hochseegehendes Handelsschiff; Steven, Plankenenden und der obere Teil der Sbplanken fehlen; L. 16,10 – 16,50 m, Br. 4,4 – 4,8 m und H. 1,8 – 1,9 m; L./Br. 3,66 – 3,44 (= 3,5); 14 Spanten in einem Abstand von 83-99 cm (durchschnittlich 92 cm); 14 Plankengänge, die oberen beiden nur bruchstückhaft erhalten; Tiefgang beladen bis zu 1,5 m, unbeladen ca. 0,60 m; Decks an Bug und Heck; Laderaum mittschiffs L. 5,5 m mit 30 – 35 m² Raum; Mastfisch wahrscheinlich durch Querbalken ersetzt; anzunehmen, daß sich mindestens 2 Paare Riemen am Bug und achtern befanden.
   a. Kielschwein: Z.T. 1920 aus dem Meer gefischt und nicht sofort vermessen; Fr.: L. ca. 3,8 m erhalten und auf 5,1 m rekonstruiert; am erhaltenen Ende achtern eckiger Querschnitt, ca. 18 x 7 cm groß; im Bereich der Mastspur rundlicher Querschnitt, H. 25 cm, Br. 36 cm; *Mastspur* 16 x 17 cm groß und 10 cm tief; Reste eines nach oben ragenden Hornes vor der Mastspur erkennbar.
   b. Rojepforten: 3 im erhaltenen Teil des obersten Plankengangs; Maße wegen der schlechten Erhaltung nicht festzustellen; bei 3F, zwischen 5F und 6F sowie bei ungefähr 7A; oben geschwungen und unten flach.
   c. 1 große Klampe: L. 1,25 m, Br. ca. 20 cm und größte H. 15 cm; am oberen Teil abgerundet; mit 3 Vertiefungen, die alle zum Bug hin weisen; am Bug zwischen 3F und 4¹/2F am 10. Plankengang senkrecht direkt über dem Deck angebracht; diente zur *Sicherung des beiti-áss bei unterschiedlichen Winden*.
   d. Loch mit Abnutzungsspuren von einem Tau: 4 cm Durchm.; an Seite des Spants bei 2¹/2F; evtl. für laufendes Gut.

   C 14-Datierung aus Kalfaterung 1010 ± 100.

2. **Wrack 2**: großes Kriegsschiff; lag zuoberst und ist am stärksten beschädigt, nur Teile des Hecks und der vorderen Planken erhalten; geschätzte Maße: L. ca. 28 m, Br. 4,5 m; L./Br. demnach 6; deutliche Schleifspuren an der Unterseite; zog wahrscheinlich durch die Löcher für die Holznägel Wasser.
   a. Kielschwein: Aus 2 Teilen gefertigt; L. 13,3 m (10 + 3,3 m), Br. 11 cm; an der *Mastspur* Br. ca. 38,5 cm; ca. 18 x 18 cm groß und noch 5 cm tief (ursprünglich wohl nicht über 8 cm tief); unmittelbar vor der Mastspur befindet sich eine vertikale Astgabelung von beträchtlicher Mächtigkeit, die ca. 45 cm über der Unterkante des Kielschweines abgebrochen ist; Befestigung mittels Knien und Snellen; diente offenbar mit zur Längsversteifung.

   C 14-Datierung aus Kalfaterung 910 ± 100; aus Weidennägeln 990 ± 100.

3. **Wrack 3**: kleines Handelsschiff; vollständig aus Eiche; durch den Druck der Steine auseinandergebrochen, aber ca. 3/4 erhalten (nur das Heck fehlt); L. ca. 13,5 m, Br. ca. 3,2 m und H. ca. 1,4 m; L./Br. 4,2; 8 Plankengänge; 11 oder 12 Spanten in einem Abstand von 89-97 cm (durschn. 93 cm); Tiefgang ca. 1 m beladen und ca. 60 cm unbeladen; Laderaum mittschiffs L. 3,7 m, ca. 4 m³ Raum bis zum Mastfisch und ca. 10 m³ bis zur oberen Relingskante.
   a. Kielschwein: Nicht in situ gefunden; Fr.; L. 3,65 m, Br. 24 cm (verjüngt sich in Schritten bis zu den Enden auf ca. 14 cm), H. 6 cm; eckiger Querschnitt; an der Mastspur Br. 25 cm, mit ovalem Querschnitt; *Mastspur* 10 x 11 cm groß und 12,5 cm tief, wahrscheinlich etwas achterlich von mittschiffs; direkt davor ein 56 cm hoher, natürlich gewachsener Ast; Kerben an der Unterseite so tief, daß das Holz an diesen Stellen nur noch 5-7 cm dick ist, was wegen der mangelnden Krümmungsfähigkeit den Druck des Segels sehr ungleichmäßig verteilt; Befestigung mittels Knien und Snellen; *O-Spant* mit einer halbrunden Aussparung für den Mast.
   b. 5 Rojepforten von ursprünglich wahrscheinlich 7: 2 an Sb vorne (an 2¹/2F und 3¹/2F) und 3 an der gegenüberliegenden Seite (ungefähr bei 2¹/2F, 3¹/2 F und 4¹/2F); quadratisch mit 9-10 cm Seitenlänge und 12-13 cm diagonal; liegen ca. 50 cm über dem Deck und 24 cm über den Querverstrebungen, die als Ruderbänke dienten; Abstand zur nächsten Querverstrebung ca. 40 cm; bei 2¹/2F sind Löcher an den Ecken durch Abnutzung; achtern bei ca. 3A eine trapezoide Ruderpforte (L. an Unterkante 11 cm und an Oberkante 4 cm, H. 12 cm), die an der vorderen Ecke und am oberen Teil Abnutzungsspuren zeigt; anscheinend hauptsächlich die Riemen bei 3A und 2¹/2F benutzt.
   c. 4 Klampen, jeweils zu 2 paarig angebracht:
      1. 2 Klampen: Buche; L. 25-30 cm, Br. ca. 6 cm, stehen 5-6 cm vor; eine an jeder Seite senkrecht an der Reling von außen mittels Holznägeln befestigt; in einem Raum von 0,5-1 m vor und hinter der 0-Linie (mittschiffs) angebracht; beide mit *gedrehten Ringen aus Weide*, von denen der an Sb vollständig erhalten ist: Dieser ist durch ein Loch in der Mitte der Klampen, dann durch ein Loch in der Reling und in einer Kurve über die Reling zurück zur Klampe geführt; an diesen Ringen waren wahrscheinlich die *Wanten* befestigt
      2. 2 Klampen: Br. 5 cm; mit Holznägeln Sb senkrecht an der Innenseite an oberen beiden Plankengängen[1] direkt achtern von 2A befestigt; beide im unteren Bereich eine abgenutzte Pfalz (5 cm Br. und 2 cm tief); in jeder Klampe ein horizontal gebohrtes Loch (Durchm. 1,5 cm), ebenfalls mit Abnutzungsspuren.
   d. Zwischen den vorderen Ruderpforten sind weitere Löcher (Durchm. 3,5 cm), in denen, den Abnutzungsspuren nach zu urteilen, ebenfalls Weidenringe waren; keine weiteren Angaben.

[1] Olsen & Crumlin-Pedersen (1967, 129) geben *attached to the side frame* als Fundort an; auf den angeführten Abbildungen ist aber kein Spant, sondern nur die Bordwand zu sehen.

C 14-Datierung aus Weidennägeln 1030 ± 100.

4. Wrack 5: evtl. Mannschaftsboot mit rundem Boden; Ladungsvolumen spielte offensichtlich keine Rolle, konnte an sehr seichten Ufern anlegen; Sbplanken fehlen fast völlig wie auch Achtersteven; L. ca. 18 m, Br. ca. 2,6 m; L./Br. 7; 7 Plankengänge; 16 Spanten in einem Abstand von 78-98 cm (durchschnittlich 91 cm); da ein evtl. vorhandener Mastfisch unter dem Deck gelegen hätte, wurde Mast wohl von Querbalken irgendwelcher Art gestützt.

a. Kielschwein: Fr., nur noch 2,25 m von der Partie vor der Mastspur vorhanden; ursprüngliche L. wohl ca. 3,7 cm; Befestigung wahrscheinlich über 2 Knie und 2 Snellen;

b. 11 Rojepforten: ursprünglich wohl 12 an jeder Seite; für zwei verschiedene Schiffe gearbeitet: nur 5 bzw. 6 gleichzeitig zu benutzen; *6 runde* mit einem Durchm. von 9-10 cm und von außen mit einer quadratischen Eisenplatte verschlossen; diese mit einem Abstand von 70-88 cm (durchschnittlich 78 cm); *11 quadratische* mit 9-10 cm Seitenlänge; Abstand zueinander 72-100 cm (durchschnittlich 90 cm), was dem Spantenabstand des Schiffes entspricht; nur diese dürften Verwendung gefunden haben;

c. 2 Sets von Löchern à 2 bzw. 4 Stück: Durchm. 3-3,5 cm; an der oberen Kante der Reling zwischen 5A und 7A; an den Rändern Abnutzungsspuren; evtl. für Taue des laufenden Gutes verwendet.

C 14-Datierung aus Kalfaterung 960 ± 100.

5. Wrack 6: Fischerboot für Netzfischerei oder Fähre ?; Typ schwer zu charakterisieren; Boot irgendwann um einen Plankengang erweitert; an den Enden nicht gut erhalten; runder Boden mit niedrigem Kiel; L. ca. 11,6 m, Br. 2,5 m und H. 1,2 m; L./Br. 4,8 m; 6 bzw. 7 Plankengänge; 8 Spanten in einem Abstand von 90-98 cm (durchschnittlich 94 cm); Reling scheint einmal ersetzt und dabei um 30 cm erhöht worden zu sein; aus der Form der erhaltenen Bite geht hervor, daß sie *keinen Mastfisch* getragen hat, sondern hier evtl. Stützung durch eine Aussparung für den Mast in Querbalken; Mast mußte demnach durch stehendes Gut gehalten werden; keine Anzeichen für Riemenantrieb.

a. Kielschwein: Stark dem Druck der Steine ausgesetzt gewesen; von der L. nur 1,13 m erhalten (ursprünglich wohl 1,32 m), größte H. und Br. unter der Bite ca. 17 bzw. 21 cm; *Mastspur* direkt vor der Bite: 7/8 cm an beiden Seiten, ursprünglich 6 cm tief; ca. 35 cm vor dem Mittelpunkt des Kiels gelegen; Kielschwein reicht nicht bis zu den nächstgelegenen Spanten.

Keine Datierung durch C-14.
Datierung der Sperre: Obwohl Wrack 2 und 6 später versenkt wurden, sind die Schiffe doch ungefähr zur gleichen Zeit unter Wasser gelangt. Keine Datierung durch Beifunde; C 14-Daten der Faschine bei Wrack 3 (Hasel) 980 ± 10 und Eichenzweige in Wrack 2 940 ± 100; Schiffe waren alle alt, als sie versenkt wurden, und auch bei ihnen beim Bau sekundäre Verwendung alter Schiffsteile nicht auszuschließen; daher weisen Daten auf *Verwendung der Schiffe zwischen 900 und 1100* hin.
Ellmers 1972, Nr. 142; McGrail 1987, 114-5. 198. 200-1. 203. 211-3. 222. 227-30. 237. 239.
Vikingeskibshallen, Roskilde.

38. Vimose, Allese sn., Odense amt

Moorfund: Opfer aus Waffen, Reitzeug, Wagenrädern, Werkzeugen sowie Haushaltsgeräten/persönlicher Ausrüstung; 1865 von Engelhardt ergraben; Niederlegung erfolgte wahrscheinlich in einem offenen Süßwassersee.
Fr. von 2 Einbäumen sowie 2 mögliche Spante und 87 Niete, die wahrscheinlich von einem geklinkerten Boot stammen.

a. 11 Riemen: keine weiteren Informationen.

b. Anker: nur aus Schriftquelle bekannt; soll 1512 in Vimose gefunden worden sein; aus Eisen, wahrscheinlich ein Stockanker.

Datierung über die Beifunde in Zeitraum j RKZ-ä VeZ.
Müller-Wille 1968/69 III, Nr. 7; Ellmers 1972 Nr. 145.
Nationalmuseum Kopenhagen.

39. Vorså, Sæby sn., Hjørring amt

Einzelfund: 1958 ca. 2 km vor V. aus dem Kattegat gefischt; Nachforschungen eines Tauchers brachten kein Wrack in Erfahrung.

a. Steuerruder: Eiche; L. 2,8 m, davon 1,92 m Blatt; Br. des Blattes oben 1,75 m, unten vor dem ausgezogenen Ende 3,75 m; Dicke an diesen Stellen 10 bzw. 1,5 cm; Blatt im Querschnitt an der Vorderseite spitz und an der Hinterseite gerade abgeschlossen; unteres Ende geschwungen und kurz nach achtern ausgezogen; Griff mit rundem Querschnitt; 2 Löcher für *Ruderpinne*: oberes Loch ca. 10 cm unterhalb des Griffendes, 7,5 x 2,9 cm groß; Orientierung so, daß eine gerade Pinne ca. 25° nach achtern im Verhältnis zu dwars steht; unterstes ca. 30 cm unterhalb des Griffendes, 8,5 x 2,5 cm groß; Orientierung annähernd rechtwinklig zum Blatt, aber mit einer kleinen Drehung versehen, so daß die Pinne schwach nach oben gezogen sein mußte; hier an einer Seite nicht näher eingrenzbare Abnutzungsspuren und leicht eingekerbt; Loch zur Befestigung am Rumpf ca. 1,78 cm über der Unterkante, mit einem Durchm. von 4,7 cm; hier an einer Seite Abnutzungsspuren in Form eines ca. 5 cm langen Striches.

Undatiert; typologisch in WKZ/frühes MA gesetzt.
Ellmers 1972, Nr. 146; Graham-Campbell 1980, 78, Nr. 279; Crumlin-Pedersen 1981, 55 (Nr. 20) mit Abb.; McGrail 1987, 245. 249/50.
Bangsbo Museum, Frederikshavn.

Norwegen

40. Bårset, Nordre Kvaløy, Helgøy pg., Troms

Moorfund auf einer Insel: 1931 untersucht; ca. 40 m von der See entfernt; zusammen mit einigen Wetzsteinen aus Quarz angetroffen; die wenigen Spuren vorsätzlicher Zerstörung lassen ein Opfer annehmen Ruderboot mit Kiel: Kiefer; nicht sehr gut erhalten; rekonstruierte Maße: L. 13,07 m, Br. 2,64 cm, H. 57 cm ohne Kiel; L./Br. ca. 5; 6 Plankengänge, der oberste teils mit Holznägeln, teils genäht verklinkert und 12 Spanten; keine Spuren von Beseglung; 8 oder 9 Paare Riemen anzunehmen.

a. 1 Riemen: Fr.; L. ca. 3,5 m; Griff: L. 20 cm und größte Dicke 7 cm, abgeflacht mit rundem Querschnitt; Blatt verwittert, scheint aber vom Griff ab gleichmäßig bis zum kleineren und schmalen Blatt dünner geworden zu sein.

Pollenanalyse weist auf Zeit 800-1000 hin, typologisch mit Funden der jüngeren Eisenzeit, besonders Kvalsund, verglichen.
Müller-Wille 1968/69 III, Nr. 63; Ellmers 1972 Nr. 149; Christensen in RL. unter Stichwort »Bårsetboot«.
Tromsø 3499.

41. Bergen, Stadt Bergen

Mittelalterliche Stadt: nach historischen Quellen um 1070 von Olaf Kyrre gegründet; keine archäologischen Funde, die auf eine Besiedlung vor dieser Zeit hinweisen; ältestes Stadtrecht 1276; bis heute mehrere kleinere Grabungen sowie die von N-Teil der »Tyske Bryggen«, dem mittelalterlichen Hafen, von 1956-79.
Früheste Besiedlung an zwei Stellen, an der heutigen (Deutschen) Brücke und weiter südlich am Ende der Bucht; Siedlungsmuster nur von ersterer bekannt: auf dem schmalen Moränengürtel zwischen den Bergen und dem Wasser; in Phase 2 Häuser und Straßen über die Hochwassergrenze hinaus in Wasser hineingebaut; beide ruhen auf viereckigen Kästen aus in Blockbautechnik übereinander gelegten Pfosten, die durch vertikale Pfosten und eine Füllung aus Steinen am Ort gehalten wurden; H. der Kästen durchschnittlich 1,50-1,60 m;
Hafenanlagen: Tyske Bryggen: *Phase 1* ohne Hafeneinrichtungen; Datierung: Anfang archäologisch nicht faßbar, Ende durch Feuer von 1170/1; *Phase 2* mit 2-3 m langen, auf Pfosten ruhenden Brücken in Verlängerung der Straßen; Datierung: 1170/1-1198; durchlaufende, parallel zum Wasser verlaufende Kaianlage erst im 13. Jh.; **Finngården 6A:** Dreieckige Holzkonstruktion aus übereinander gelegten Pfosten auf dem ursprünglichen Ufergrund; darüber ähnliche Struktur aus Steinen und mehr Pfosten; dannach Bauland für Häuser; wahrscheinlich beides Fundamente für einen Pier oder eine Kaianlage; Datierung: beide Schichten vom Feuer von 1198 zerstört, Beginn der Bautätigkeiten wahrscheinlich im 12. Jh.
Funde von Schiffen an mehreren Stellen aufgetaucht, aber keines mit Sicherheit der Zeit vor 1200 zuzuweisen.
Vor 1200 in den Boden gelangte Funde aus den Grabungen im Bereich der »Bryggen«:
a. 11 Keipen:
1. Fundnr. 46730: Kiefer; Fr.; L. 18 cm; H. des Hornes 11 cm; Art der Bohrung –; wahrscheinlich oben auf der inneren Reling oder der Esing plaziert; Fo: Quadr. M05; Gullskoen in der Füllschicht; vor 1198.
2. Fundnr. 33775: Eiche ?; vollständig ?; L. 78 cm; H. des Hornes 13 cm; an Sb an der Innenseite der Esing angebracht; Fo: Quadr. K+L08; Søstergården S; vor 1198 ?
3. Fundnr. 35793: Fr.; L. 20,5 cm; H. des Hornes 11,5 cm; Richtung der Bohrung –; an der Innenseite der Esing angebracht; evtl. für Riemen mit rechteckigem Querschnitt; Fo: Quadr. L08; Søstergården S; Datierung evtl. vor 1198.[2]
4. Fundnr. 77565: Zuweisung etwas unsicher; Horn oder Geweih; L. 21 cm; H. des Hornes 6 cm; an Bb an der Innenseite der Esing angebracht; vertikales Loch hinter dem Horn, das evtl. für einen Ruderpflock gedacht war; Fo: Quadr. N02; Gullskoen; vor 1198.
5. Fundnr. 11654: Kiefer; Fr.; L. 17 cm; H. des Hornes 10 cm; Richtung der Bohrung -; Fo: Quadr. I11; Bugården N; Datierung evtl. vor 1170/1.[3]
6. Fundnr. 43681: Fr.; an Bb befestigt ?; Fo: Quadr. M05; Gullskoen in den Fundamenten; vor 1198.
7. Fundnr. 46184: Fr.; L. 17,5 cm; H. des Hornes 8,5 cm; an Bb befestigt ?; Richtung der Bohrung -; vor Feuer 6; Fo: Quadr. N05; Gullskoen; vor 1198.
8. Fundnr. 52751: Fr.; Horn in ungewöhnlicher, dekorativer Form geschnitten; Fo: Quadr. M04; Gullskoen; vor 1198.
9. Fundnr. 54503: Fr.; L. 10 cm ; H. des Hornes 9 cm; Richtung der Bohrung – ?; Horn von ungewöhnlicher Form; Fo: Quadr. N04; Gullskoen; vor 1198.
10. Fundnr. 78104: Fr.; mit dekorativem Knopf auf dem Horn; an Bb befestigt; Richtung der Bohrung -; Fo: Quadr. M05; Gullskoen; evtl. vor 1198.[4]
11. Fundnr. 78105: Kiefer ?; Fr.; an Bb befestigt; Richtung der Bohrung /; Fo: Quadr. M04; Gullskoen; evtl. vor 1198
b. 1 Ösfaß: Fundnr. 18013; Fr.; L. 34 cm, davon 11 cm Griff; Schaufel: L. 14 cm; größte Tiefe innen 7,5 cm; größte H. außen 8,5 cm; größte Br. außen 16 cm; Form entsprechend den anderen Exemplaren vorne spitz und hinten mit einer hochgezogenen Trennwand zum Griff; Fo: Quadr. L10; Eng S; vor 1198.[5]
c. 1 Knebel: Fundnr. 85795[6]; L. 12,5 cm, Durchm. an den Enden 0,5 cm, größter Durchm. vor der Einkerbung 1,5 cm; Durchm. an der Einkerbung 1 cm; Fo: Quadr. M10; Eng S, im Kai; vor 1198.
d. 1 Block: Fundnr. 9829; L. 13 cm, Br. 3,7 cm; Innendurchm. der Löcher 2,3 cm; Fo: Quadr. K11; Bug N; nach 1070/1.
Ellmers 1972 Nr. 150; Christensen 1985 [mit Verzeichnis der Fundnr.].
Befunde: Herteig 1969. 1981; Harris 1973; Myrvoll 1987.

42. Bleik, Andenes sn., Troms

Zufallsfund im Boden: Zusammen mit einem Dolch mit Eisenscheide und Knochengriff; Fundumstände nicht weiter bekannt.
a. Knochenbeschlag: L. 25 cm, Br. 5,5 cm; halbrunder Querschnitt, ausgehöhlte Unterseite; *evtl. zum Auflegen an die Bordwand, um eine Schnur hindurchlaufen zu lassen,* aber Zuweisung zweifelhaft.
Undatiert, Dolch stammt möglicherweise aus dem MA.
Tilv. Tromsø 1911 (In: Oldtiden 2, 103, Nr. 55).
Tromsø 2107/8.

43. Bøtnes, Grøtøy, Karlsøy pg., Troms

Moorfund: Vor 1939 gefunden; Moor liegt ein Stück von der See entfernt und 5 m über dem Meeresspiegel; Opfer oder Deponierung von Bauteilen, sicher absichtlich niedergelegt; weitere Holzreste gefunden, darunter auch Fr. einer lose auflegbaren Ducht.

---

2 Datierung nach Christensen 1985, Tab. 8, 1 *unbekannt*, nach der Fundliste Datierung *vor Feuer 6*, d.h. vor 1198.
3 Datierung ebd., Tab. 8, 1 *vor Feuer 7*, d.h. vor 1170/1, in der Fundliste *vor Feuer 6*?, d.h. möglicherweise vor 1198.
4 Ebd. *vor Feuer 6*, d.h. vor 1198, in der Fundliste Datierung *vor Feuer 5*, d.h. vor 1248.
5 Angaben im Text und in der Fundliste bei Christensen, a.a.O., genau umgekehrt zu Nr. 10; evtl. eine Verwechslung der beiden aufeinanderfolgenden Fundnummern, wodurch sich die Gesamtzahl der vor 1200 zu datierenden Keipen um eine verringern würde.
6 Fundnr. laut Fundliste 85579.

a. Steuerruder: Fr.; Maße unbekannt; Form stimmt weitestgehend mit der von Nydam überein.
Undatiert.
Müller-Wille 1968/69 III, Nr. 62; Ellmers 1972 Nr. 152.
Tromsø 4145.

44. Bursnesset, Dønnes sn., Nesna pg., Nordland

Moorfund: Gnr. 22 (Tommeide); Einzelfund, vor 1862 gefunden; 60 m von Strand entfernt; 6 m ü.M. in ca. 60 cm Tiefe.
a. Anker: Stockanker aus Eisen; L. 1,63, Br. über die Flunken 0,93 m; Gewicht ca. 26 kg.; Schaft sehr schlank und mit flachem viereckige Querschnitt; oben am Schaft ein rundes Loch für das Ankertau, dicht darunter ein Einzug des Schaftes und danach an beiden Seiten ein kleiner Vorsprung, der den Stock stützen sollte; auf der selben Linie im Kreuz ein weiteres Loch; Flunken dreieckig und L. 20 cm, Br. an der Grundlinie 15 cm; Arm setzt sich unter den Flunken als dicke Rippe fort.
Undatiert; Datierung über Fundtiefe im Moor: Laut Finder war Anker nicht durch das Moor gesunken und muß daher schon vor dessen Bildung dort gelegen haben, d.h. »frühgeschichtlich«.
Müller-Wille 1968/69 III, Nr. 52.
Bergen 7594.

45. Dale, Hetland sn. + pg., Rogaland

Moorfund: Einzelfund in 50 cm Tiefe.
a. Rohling für Steuerruder: Fr.; Eiche; L. 1,93 m, davon 45 cm Hals; Br. am Hals ca. 20 cm, größte Br. am Blatt, direkt unterhalb des Halses, 40 cm; Hals und eine Seite des Blattes bilden eine gerade Linie; an der anderen Seite eine markante Schulter zwischen Blatt und Griff.
Undatiert.
Müller-Wille 1968/69 III, Nr. 21; Ellmers 1972 Nr. 154.
Stavanger 6368.

46. Fjørtoft, Haram pg., Møre og Romsdal

Moorfund: Gnr. 3, Bnr. 25, im O der Insel Fjørtoft; Fundort ein größeres Moorgebiet, Funde ca. 70 m vom Wasser entfernt in ca. 60 cm Tiefe; 1940 bei Feldarbeiten gefunden, Nachuntersuchung 1940/41; Boote absichtlich zerstört, aber außer einigen kleinen Steinen und 4 Pfählen keine weiteren Funde; wegen der Fundzusammensetzung und der relativ kurzen Entfernung zum Wasser Interpretation als Opfer fraglich; weitere Funde aus dem Moor (Bergen 9430. 9401. 6775. 6874) anscheinend ohne Verbindung zu diesem Fund.
Boot 2: L. 5,72 m, Br. 1,06 m; L./Br. 5,4; mit T-förmigem Kiel; keine Hinweise auf Antriebsart.
Boot 1: Nicht gut erhalten, und einige Teile nicht geborgen; rekonstruierte Maße: L. 9,86 m, Br. 2,28 m; L./Br. 3,88; 6 Bordgänge, teils genietet, teils genäht; an wenigen Stellen Reling erhalten und an einer Stelle mit Befestigungsspuren von *Keipen*.
a. Steuerruder, Fundnr. 94: Fast vollständig, aber die im Moor oben liegende Seite stark verrottet; Kiefer; L. 1,80 m, Br. 30 cm am Blatt; vordere Seite gerade, hintere mit leicht geschwungener Schulter; Hals oval; Loch für Ruderpinne länglich viereckig; darunter am Hals ein breiter abgeschliffener Bereich, wo wahrscheinlich ein breiter Riemen gesessen hat.
b. Mind. 5 Riemen: So nahe bei und z.T. auch in 1 angetroffen, daß sie wohl diesem Boot zugewiesen werden dürfen; wo eine Bestimmung der Holzart erfolgte, sind alle aus Kiefer.
 1. Fundnr. 23: L. 3,10 m, davon 45 cm Blatt; größter Durchm. 83; Br. am Blatt 6 cm.
 2. Fundnr. 24: Fr.; L. 83 cm; größter Durchm. 3,5 cm; Br. am Blatt 5 cm.
 3. Fundnr. 27: Fr.; L. 1,10 m; größter Durchm. 6 cm.
 4. Fundnr. 28: Fr. ?, Zuweisung unsicher; L. 1,20 m; größter Durchm. 8 cm.
 5. Fundnr. 85: Vollständig ?, in 2 Stücken; L. 2,50 m; Durchm. am Griff 6,5 cm; Br. am Blatt 7,5 cm.
 6. Fundnr. 86: Vollständig ?, in 2 Stücken; L. 3,36 m; Durchm. am oberen Teil 7,5 cm; Br. am Blatt 8 cm.
 7. Fundnr. 89: Fr. in 2 nicht zusammenpassenden Stücken; Beinfr.: L. 30 cm, Durchm. 4 cm; Blattfr.: L. 45 cm, Br. 10 cm.
Datierung typologisch über Parallelen mit Kvalsund in das 5.-8. Jh.; C 14-Daten: aus Kuhhaar gewonnen für beide AD 860 ± 90 (unkalibriert 830 ± 90).
Müller-Wille 1968/69 III, Nr. 45; Ellmers 1972 Nr. 157; Myhre 1980 (Datierung).
Bergen 9221.

47. Gokstad, Sanda pdg., Vestfold

Bootgrab: Gokstad Nedre Gnr. 48; Körperbestattung in Hügel mit einer Grabkammer im Vorschiff; z.T. beraubt; 1880 von Nicolaysen untersucht; Holz bei der Grabung durch Austrocknen beschädigt, aber vorher gezeichnet; da seitlich entlang der unteren Schicht zur Mitte gegraben wurde, existiert kein Plan über die horizontale Verteilung der Funde.
Grabkammer hinter dem Mast, wo Reste eines männlichen Skeletts mit reichen Beigaben lagen, z.T. durch Raub gestört; auch im Vorschiff und im Achterschiff Funde; Funde neben den unten beschriebenen: 2 Schlitten aus Eiche; 5 ? Betten: Fr.; 2 Seitenstangen einer Trense und evtl. Fr. von Sattel; außerhalb und beiderseits des Schiffs mindestens 12 Pferde und 6 Hunde angetroffen; Reste eines Pfaus im Achterschiff Kriegsschiff mit drei Booten auf dem Deck im Vorschiff (Fo der Boote: achterlich des 8. Spantes vom Vordersteven, nahe an diesem und oberhalb der Tiljen, zwischen den Riemen).
1. Kriegsschiff: obere Partie nicht erhalten; Maße: Nach Müller-Wille, Dammann und McGrail: L. 23,24 m, Br. 5,2, H. 2,02; L./Br. 4,47; nach Brøgger & Shetelig ²1971: L. 23,33 m, Br. 6,25 m, H. 1,95 m, L./Br. 3,73; 16 Plankengänge und 17 Spanten; Leergewicht einschließlich Ausrüstung und 70 Mann Besatzung nach McGrail (1987, 200) 9,5 t; Tragfähigkeit nach Ellmers (1972, 256) 31,8 t; Tiefgang nach McGrail (1987, 200) 91 cm; aus der Höhe der Rojepforten über dem Deck und der L. der Riemen läßt sich eine Arbeitshöhe von 65 cm erschließen; keine festen Ruderbänke; Tiljen aus Kiefer, von der Unterseite durch Leisten aus Eiche zusammengefaßt und lose eingelegt.
a. Kielschwein: Eiche; L. 3,75 m, Br. in der Mitte 60 cm und H. an Vorder- und Hinterenden 40 cm; vor der Mastspur ragt ein stumpfer

Ast nach oben, der den Mastfisch stützt; unmittelbar dahinter »kugelförmige« *Mastspur* (Maße unbekannt), die an den hinteren Enden eckig ist, um das Verdrehen des Mastes zu verhindern; Befestigung auf den Spanten 8, 10 und 11 mittels Knien, auf dem Spant 9 mittels brettförmiger biti.

b. Mastfisch: Eiche; L. 5 m, Br. 1 m, H. 42 cm; in der Mitte ein halbrunder Buckel, der sich in der Draufsicht nach vorne und hinten verjüngt und in Fischschwänzen endet; im Profil fallen beide Enden in gerader Linie zum Deck ab; etwas vor der Mitte die Bohrung für den Mast; Öffnung nach hinten 30 cm Br.; *Schloßholz* L. 1,75 m mit Falz an Unterseite, die genau in die Öffnung des Mastfisches paßt, während die verbreiterten Ränder sie gut verschließt; auf der Unterseite des Mastfisches sind zwei Holzkehlen, die parallel zum Mastschlitz verlaufen, evtl. um Trockenrisse im Block zu vermeiden; biti der Spanten 7-12 sind in Unterkante des Mastfisches eingefalzt; Halterung von unten durch Ast, der vom Kielschwein aufragt, und an Spanten 9 und 10 mittels brettartiger biti; seitliche Halterung durch Knie an die biti der Spanten 8-11; die flachen Enden liegen auf der biti der Spanten 7 und 12 und zeigen bügelförmig gekröpfte Falzleisten.

c. Steuerruder: Eiche; L. 3,3 m, davon ca. 2,35 cm Blatt; Hals mit rundem Durchm. von 15 cm; breites Blatt mit nach hinten geschwungener unterer Kante: Oberhalb des zentralen Befestigungslochs 17,8 cm dick, in der Mitte 42 und unten 56 cm breit; Hals mit länglichem Loch für Ruderpinne; an der hinteren Kante am Hals befindet sich ein eiserner Ringbolzen; nach ca. 1,3 m von oberen Ende ein Loch; ca. 60 cm über dem Blattende eine Eisenkrampe; die *Ruderpinne* ist aus Esche; L. über 1 m; ornamental mit Tierschnitzung und Farbe verziert und endet in achteckigem Knauf; Fo: Im Achterschiff, hinter der Grabkammer; stand am Backschott in schräger Stellung an den Steven gelehnt mit Kopf nach oben (c., S. 44).

d. 32 Rojepforten: Auf jeder Seite 16 im 14. Plankengang; Maße unbekannt; mit schräg nach oben und achtern laufendem Schlitz zum Durchstecken der Riemen; Pforten liegen ca. 65 cm über dem Tiljendeck.

e. Riemen: Genaue Anzahl unbekannt; meist Fr., nur 5 einigermaßen vollständig und 1 ganz: 5,3 m L.; restliche lassen sich auf 5,55, 5,6, 5,65 bzw. 5,85 m L. ergänzen.

f. Anker: Eisen; nur noch Rostspuren von 1,1 m L.; *Ankerstock* vollständig erhalten: Eiche; L. 2,75 m, Durchm. in der Mitte 19 cm und an den Enden 5,5 cm; doppelkonisch; Fo des Eisens: Zwischen Grabkammer und Vordersteven; sehr hoch im Hügel, mittschiffs, ca. 7 m vom Steven entfernt ein Eisenklumpen angetroffen, der nach achtern in Form einer ca. 8 cm breiten Stange weiter lief (a., S. 37); Fo: Unter den Beibooten (l., S. 40).

g. Laufplanke: Kiefer; L. 4,7 m; aus voller Stammbreite herausgearbeitet; Br. am Wurzelende 31 cm, am anderen 25 cm; am breiteren Ende mit Langloch zur Befestigung an Bordwand; an der Oberseite paarweise Querstege ausgespart, 2 mal dreifache Stege; an den Seitenkanten erhöhte Wülste; Fo: Bb außerhalb des Schiffes, achterlich des Vordersteven, ein Stück unterhalb der Reling (S. 52).

h. 3 Ständer: Kiefer; in ca. 2,4 m H. über dem Deck mit Querbalken versehen; Plazierung zwischen 15. und 16. Spant, auf das Kielschwein festgenagelt und zwischen 4. und 5. Spant, d.h. jeweils 5$^{1/2}$ Spantenfelder auseinander; die beiden zwischen den Spanten herausnehmbar und jener im Kiel in einem kleinen Spurklotz eingelassen und am Deck durch eine mastfischähnliche Spur geführt; wahrscheinlich Ablage für Rundhölzer.

i. Mast: Fr. in 2 Teilen; Kiefer; unterer Teil: L. noch 3,02 m; 32 cm max. Durchm.; in situ hinter Spant 10 gefunden; am unteren Ende gerundet und an einer Seite abgeflacht; oberer Teil: L. ca. 6,26 m, Durchm. unten 27,5 cm und oben ca. 22 cm; lag auf den hinteren Ständern; Fo vom 2. Teil (= a., S. 44): entlang der Schiffsmitte im Achterschiff und ca. 30 cm über dessen Kante, dickeres Ende direkt an der Grabkammer abgebrochen; lag wahrscheinlich auf dem hinteren Ständer; mit dichtem und dünnem Belag aus Zeug versehen, das vom Segel stammen könnte, wahrscheinlich aber vom Zelt; an diesem Zeug hafteten Stücke aus Basttau und einige der unter 4.c.1 aufgeführten Blöcke.

j. 2 Halterungen für beiti-áss: Eine an jeder Seite; Maße unbekannt; 2 kräftige Balken, Kiefer; ovaler Querschnitt; je 2 Sacklöcher; an den Knien der Spanten 11 und 12, dicht über dem Tiljedeck waagerecht angebracht.

k. 6 Belegklampen: Drei an jeder Seite; Maße unbekannt; oberes Ende leicht zum Bug hin geneigt; Anbringung in den letzten drei Spantenräumen vor dem Ruderspant; Anbringung an der Bordwand unterschiedlich hoch: die beiden achterlichsten im 14. Plankengang, die am nächsten zum Bug hin im 13.

2. Seksæring: Fjord- oder Fischerboot ?; in Einzelteilen angetroffen, aber als vollständiges Boot rekonstruiert; bis auf obersten Bordgang (Kiefer) aus Eiche; L. 9,75, Br. 1,86, H. 0,57 m; L./Br. 5,24; 5 Plankengänge, 5 Krummholz- und 2 Schottspanten; Platz für 5 Paar Ruder, aber tatsächlich nur 3 Paar Keipen vorhanden; Ruderbänke lose auf Spanten gelegt; lose Bodenbretter wurden von unten mittels Leisten zusammengehalten; nur in den Stevenräumen einteilige Bretter; als Beiboot für das Schiff eigentlich zu groß.

a. Steuerruder: L. ca. 1,28 m, Br. 30 cm; 2 Löcher, wahrscheinlich eines von einer früheren Nutzung, 85 bzw. 98 cm über dem unteren Ende; Loch für Ruderpinne 15 cm vom oberen Ende entfernt; Befestigung wie beim großen Schiff, aber Dimensionen verglichen mit dem Schiff erheblich breiter.

b. Keipen: 6 Stück vorhanden; Maße im einzelnen nicht angegeben; Befestigung: an der Innenseite der Reling; bilden eine relativ schmale und dünne Leiste (45 x 14 mm), aber Keipen an sich sind größer und liegen auf dem obersten Bordgang und sind durch je 3 Holznägel befestigt; z.T. verziert

c. Riemen: Sollen für das Boot in Fr. vorhanden gewesen sein, aber keine detailliertere Darstellung

3. Boot: ebenfalls zerlegt angetroffen, aber nicht zu rekonstruieren; ca. 8 m L. evt Seksæring

a. Steuerruder: Zuweisung nicht durch Fundsituation gesichert; am unteren Blatt an den Seitenkanten leicht ausgebrochen; ca. L. 1,25 m, größte erhaltene ca. Br. 19 cm

4. Boot: Færing; Reling aus Kiefer, Rest Eiche; kleinstes Boot L. 6,15 m, Br. 1,38 m, H. 0,49 m; L./Br. 4,45; 3 Bordgänge, 3 Spanten und 2 Schottspanten, im Vorschott 2 Handgriffe ausgeschnitten; lose Ruderbänke und Bodenbretter; Frage nach Besegelung nicht vollständig geklärt.

a. Steuerruder: L. ca. 1,03 m, größte ca. Br. 30 cm.

b. 4 Keipen: Genaue Maße unbekannt; Art der Befestigung wie bei Nr. 2, nur daß an den Stellen, wo Keipen befestigt waren, die Reling etwas ausgeschnitten ist, so daß Riemen ca. 5 cm tiefer liegen, als wenn sie direkt auf der Reling befestigt worden wären.

c. 2 Löcher zur Befestigung von Wanten ?: am Knie der biti über der zweiten Plankennaht.

5. Zuweisung zu den einzelnen Booten nicht gesichert
a. 2 Mastspuren für kleine Boote vorhanden, die aber anscheinend nicht einem bestimmten der drei Boote zugeordnet wurden, obwohl unterschwellig angenommen wird, daß Nr. 2 eine hatte.
b. Riemen: Unbekannte Anzahl; nur 7 einigermaßen vollständig, z.T. mit Gebrauchsspuren an den Stellen, wo sie an den Keipen auflagen; Fo: achterlich des 8. Spantes vom Vordersteven, nahe an diesem und oberhalb der Tiljen, zu beiden Seiten des Schiffes, unter dessen nach innen gebogenen Kanten – (g., S. 38) außerhalb des Schiffes an Bb, ca. 1 m hinter dem Achtersteven und auf Höhe mit dessen oberster Partie.
c. Blöcke:
1. Mehrere Knebel: Größe variiert beträchtlich; keine Maße greifbar; handgriffähnliche Gegenstände, mit Einkerbung in der Mitte; Fo: zwischen Grabkammer und Vordersteven; am Mast klebend, vgl. 11. Mast.
2. 4 Blöcke : Fr.; Laubholz; L. 8,6, 10 bzw. 12,2 cm; ungefähre Br. 3-4 cm; alle unterschiedlich, aber Grundform gleich: am oberen Ende Querstück über einem Loch, das nach oben gerade, nach unten abgerundet ist; läuft dann ohne Veränderung der Br. gerade weiter; unteres Ende abgebrochen; bei dem kürzesten Ansatz zu einem weiteren Loch derselben Form; 2 mit Metallstift durch das obere Querstück; Fo: teils über teils unter den Tiljen im Vorschiff zwischen Grabkammer und Vordersteven (v., S. 42).
3. 4 Jungfrauen: Eiche; leicht unterschiedliche Größe, aber alle gleich geformt; von 2 Exemplaren Maße bekannt: L. 67 bzw. 53 cm, äußere Br. an den unteren Schenkeln 23,5 bzw. 26 cm; Bolzen durch den Kopf und dicke Holznägel durch die Mitte; 3 mit gehobelten Leisten an den Kanten; Fo: verstreut im vorderen Teil des Achterschiffes (e., S. 45).
4. 4 Blöcke ?: Eiche; gleichförmig und ungefähr gleich groß; in Aufsicht symmetrische und ovale Form; L. 9,8 cm , größte Br. 4,2 cm und 1,8 cm an den Enden; ein großes Loch in der Mitte und ca. 1 cm breite Einkerbungen vor beiden Enden; Fo: zwischen Grabkammer und Vordersteven (e., S. 38).
d. Rundhölzer: *Zum Teil ließen sich die Rundhölzer als Masten oder Rahen identifizieren, andere könnten auch Spieren gewesen sein, deren Verwendungszweck unklar ist.*
1. Kiefer; an beiden Enden abgebrochen; ca. L. 8 m, 27,5 cm Durchm.; Fo: auf den Vorderständern liegend angetroffen; zwischen Grabkammer und Vorschiff, unterhalb des Ankers, entlang der Unterkante des Bb liegenden Exemplars, ein gutes Stück davon entfernt, befand sich eine dicke Holzkohleschicht und darin gelblicher Wollstoff
2. Kiefer; L. ca. 6,25 m, 24 cm Durchm.; an einem Ende abgebrochen, an dem anderen spitz; Fo: auf den Vorderständern liegend angetroffen; zwischen Grabkammer und Vorschiff, unterhalb des Ankers, entlang der Unterkante des Bb liegenden Exemplars, ein gutes Stück davon entfernt, befand sich eine dicke Holzkohleschicht und darin gelblicher Wollstoff
3. Kiefer; L. 7,2 m, Durchm. 9,7 cm; an einem Ende eine aufgesetzte, durchbrochene Klampe, kurz dahinter abgebrochen; anderes Ende vollständig ?; *könnte ein Mast der Kleinboote gewesen sein;* Fo: zwischen Grabkammer und Vordersteven, unter den Blöcken 2 und 3, ca. mittlere Fundh.
4. Evtl. Mast für ein kleineres Boot; Kiefer; L. 7,24 m; am dickeren Ende viereckig im Querschnitt; verjüngt sich zum anderen Ende; Fo: direkt unter den Beibooten (i., S. 39, hier L. 4,27 m).
5. Evtl. Rah; Kiefer; L. 3,74 m, Durchm. 7,6 cm; an beiden Enden durchbohrt; Fo: direkt unter den Beibooten (i., S. 39).
6. Rah ?; Kiefer; L. 3,74 m; an einem Ende durchbohrt, an dem anderen *schräg abgeschlagen;* Fo: direkt unter den Beibooten (i., S. 39).
7. Kiefer; L. 3,2 m; an einem Ende durchbohrt und dort mit rundem Querschnitt, an dem anderen einseitig abgeflacht; Fo: direkt unter den Beibooten (i., S. 39).
e. Taureste aus Bast:
1. Einige Taustücke unterschiedlicher Stärke, z.T. mit Bast verkleidet; darunter auch ein langes, zusammenhängendes Kabel, das wohl zum Anker gehörte; Fo: zwischen Grabkammer und Vordersteven; am Mast klebend, vgl. 11. Mast – (d., S. 38).

Beifunde
Werkzeug: Tüllenaxt: Eisen; ca. L. 8,4 cm; Fo: außerhalb des Schiffes an Bb, zwischen Grabkammer und Achtersteven (S. 51); 2 Löffelbohrer: Eisen; 1 Fr., der andere vollständig (abgebildet), Form gleich: Ca. L. 20,4 cm; mit ca. 4,2 großer Öffnung für einen Griff (S. 51); 1 Beil: Eisen; nur Blatt erhalten; 7,7 cm L., 1,6 vor dem Schaftloch Br., übliche Form mit hervorspringenden Spitzen am Schaftloch; Fo: außerhalb des Schiffes an Bb, kurz achterlich des Vordertevens (S. 52); 2 Stücke Rengeweih?: Eines ein wenig bearbeitet; ganz in der Nähe des Beiles, außerhalb des Schiffes (s. 52).
2 Firstplanken für ein *Zelt: ca.* L. 3,90 m; obere Enden beidseitig durch plastische Tierköpfe verziert; Fo: teils oberteils unterhalb der Tiljen, im Vorschiff zwischen Grabkammer und Vordersteven; *4 Fackelhalter?:* Eiche; dünne Platten aus Eiche mit ca. 15 cm Durchm. (einmal 17 x 17 cm groß), Fo: im Achterschiff hinter der Grabkammer, zwischen dieser und dem nächsten Spant an Sb; *großer Bottich:* Stäbe aus Kiefer; zusammengedrückt; H. 73 cm, Durchm. insgesamt 1,15 m; durch Eichenbretter zusammengehalten, die durch Leisten miteinander verbunden sind; *Wasserbehälter des Schiffes,* Fo: zwischen Bb-Seite und dem Kupferkessel; hierin eine ganze Reihe weiterer Holzfr. gefunden; *Kupferkessel mit Kette aus Eisen:* aus 2 Platten bestehend, Größe unbekannt, Fo: zwischen Mastfisch und 9. Spant an Bb, Kette z.T. bei Bergung in Stücke gegangen, Fo: im Achterschiff zwischen dem achterlichsten Querstock der Grabkammer und dem nächsten Sb-Spant; weiterer Kessel, Fr. aus Eisen; *Gefäße aus Holz:* kleiner Bottich (ca. H. 18 cm); verschiedene gebötticherte Gefäße; 2 Schüsseln, Fr.; Schale oder Teller (ca. Durchm. 14,4 cm); 2 Teller (rund mit ca. Durchm. 28,8 bzw. 24,6 cm); 6 Tassen, nun recht verzogen; Brettchen (ca. L. 55 cm); Löffel/Schöpfkelle?: Fr., nur eine Seite der Kelle ohne Schaftansatz erhalten; Fo: im großen Bottich (ø., S. 43).
Brett für Damespiel; 3 Angelhaken, Eisen (t., S. 48); Geldbörse aus Leder, Fr.
Datierung über Beifunde in 1. H. 10. Jh.
Müller-Wille 1968/69 I, Nr. 198; Christensen 1979; Dammann 1983; McGrail 1987, passim; [Fundnr. = Buchstabe mit Seitenangabe; nach Nicolaysen 1882].
Oslo 24239. 24326.

48. Gunnarshaug, Insel Karmøy, Torastad pg., Rogaland

Bootgrab: Körperbestattung in Hügel; 1886 von Lorange untersucht; Grabkammer mittschiffs; reiche Waffenbeigabe.
1. Schiff: Eiche; nicht sehr gut erhalten; L. des Kiels ca. 20 m und max. Br. 5 m; keine Anzeichen von Besegelung; im Grab von 6 Steinen gestützt.

a. 3 Rojepforten: in der Reling; L. ca. 10,8 , H. ca. 7,2 cm; länglich oval.
b. Anker (?): große Mengen verrosteten Eisens; Fo: im Vorsteven und davor.
c. Laufplanke: an einem Ende abgebrochen; Kiefer; L. ca. 4,45 m, Br. ca. 27,5 cm; auf der Oberseite viereckige Eintiefungen, von denen 12 erhalten sind; hieraus Querstege in einem Abstand von ca. 27,5 cm und an jeder Längsseite eine Kante ausgespart; am erhaltenen Ende an der Unterseite ein quer angebrachter Klotz; Fo: über dem Beiboot.

2. **Kleineres Boot**: Beiboot ?; nur wenige Fr.; Eiche; Planken mit Eisennieten geklinkert; Klampen ausgespart; entlang der Oberkante der Reling an der Innenseite eine Esing; Fo: an Bb, parallel zum Schiff bis zu dessen S-Steve, z.T. dicht am Kiel.

a. Keipen: Unbekannte Anzahl; sollen in die Esing eingefälzt gewesen sein; keine weiteren Informationen greifbar.

1 Kessel aus Eisen, in der Grabkammer gefunden.

Beifunde: auf der alten Oberfläche liegend: mehrere Gegenstände aus Holz, darunter Schlaghölzer und Taureste, deren Funktion sich anhand der alten Berichte nicht bestimmen läßt; nicht vollständig auszuschließen, daß sie bei der Errichtung des Grabes verwendet und dann zurückgelassen worden waren; aus der Grabkammer: 1 Netzsenker (?); Werkzeug: 2 Zangen, 2 Feilen, 5 viereckige Wetzsteine; 2 Handmühlsteine; Waffen.
Weitere Funde: u.a. Spielsteine und Netzsenker (nach Shetelig 1912, 224); unter Bergen 5941 (Tilv. BMÅ 1905) 1 Riemen (L. 1,25 m; an beiden Seiten unvollständig; 1 m Blattl., größte Br. 12,5 cm; abgebrochene Blattspitze wohl dreieckig; Griff 5 cm Durchm.) unter selbem Fo genannt, aber Bezug zu diesem Grab unklar.
Datierung des Grabes durch Beifunde: um 800; C 14-Daten aus Eichenplanke 870 ± 100 (unkal. 850 ± 100).
Müller-Wille 1968/69 I, Nr. 247; Myhre 1980, 30 (C 14-Daten [Fo hier Storhaug]).
Bergen 4438. 4468.

49. Halsnøy, Eid sn., Fjelberg pg., Hordaland

Moorfund: 1896 bei Øvre Tofte gefunden; in einem Moor in 1,5 m Tiefe; trotz regulärer Grabung Boot nicht sorgfältig aufbewahrt und konserviert.
Boot: ca. 1/4 erhalten; mit Steinen beschwert niedergelegt oder versenkt; Maße nicht angegeben; Planken untereinander mit Wurzelfasern genäht und mit geteerten Tuchstreifen kalfatert.
a. 1 Keipe: Maße unbekannt; auf der Reling mit Bastfasern festgezurrt.
Datierung typologisch in RKZ; C 14-Daten aus Kieferplanke 335 ± 695 (unkalibriert 320 ± 50).
Müller-Wille 1968/69 III, Nr. 26 (Fundort »Tofte«); Ellmers 1972 Nr. 162; Myhre 1980 (Datierung); McGrail 1987, 214.
Bergen 5406; nur Teile von Reling und Planken sowie 2 Spantenfr.

50. Harøy, Aukra sn. + pg., Møre og Romsdal

Moorfund: Schiffsteile; bei industrieller Torfgewinnung angetroffen; 25 m von der See entfernt in ca. 75 cm Tiefe; Planke und Steuerruder zusammen gefunden.

a. Steuerruder: Fr., am Hals abgebrochen; Maße aufgrund des schlechten Erhaltungszustandes nicht genau festzumachen; L. ca. 67 cm, Br. ca. 11 cm; relativ schmaler Griff; Blatt an einer Seite markant abgesetzt, an der anderen nur leicht nach außen gezogen; Loch kurz unterhalb der Blattschulter in der Mitte (Durchm. auf einer Seite ca. 1,5 cm , auf der anderen ca. 3 cm); Form enspricht am ehesten der eines Paddelruders.
Undatiert.
Müller-Wille 1968/69 III, Nr. 46; Ellmers 1972 Nr. 163.
Museum Trondheim, Nr. unbekannt.

51. Helle, Fossan sn., Høgsfjord pg., Rogaland

Moorfund: Gnr. 14; 1921 zusammen mit weiteren Bootsteilen gefunden, die aber nicht weiter beobachtet wurden.
a. Keipe: Fr. an beiden Enden unvollständig; L. 55 cm; Befestigung innen am »Setzbord« durch mittels Keile gesicherte Holznägel; Loch für Tau zum Festhalten des Riemens schräg von der Oberkante zur Unterkante gebohrt; anhand Gebrauchsspuren der Sbseite zuzuweisen.
Undatiert.
Müller-Wille 1968/69 III, Nr. 14; Ellmers 1972 Nr. 169.
Stavanger 5127.

52. Holmedal, Fjaler pg., Sogn og Fjordane

Bootgrab: Körperbestattung einer Frau unter Hügel, beraubt; mit Grabkammer, in der sich eine NO-SW ausgerichtete Grabkiste befand. Schiff nur im unteren Teil erhalten; auf 5 Paar Riemen ausgelegt; mit Kiel.
a. Steuerruder: Fr. ganz achterlich vom Achtersteven; keine weiteren Informationen greifbar.
3 Bretter einer Tonne oder eines Eimers, über a. gefunden.
Datierung nach den Beigaben in die WKZ; C 14-Daten aus Bootsteil aus Eiche AD 575 ± 85 (unkalibriert 550 ± 80).
Müller-Wille 1968/69 I, Nr. 283; Myhre 1980 (Datierung).
Bergen 7893.

53. Kaupang, Tjølling pg., Vestfold

Siedlung mit Gräberfeldern in der Nähe; bäuerlich geprägter Handelsplatz des 8. Jh.; Beziehungen zum S Nordseebereich deutlich; von ca. 40.000 m² insgesamt 1375 m², darunter auch Teile des Hafens, ausgegraben.

1. Siedlung.
6 recht schlecht erhaltene Langhäuser, von denen 5 gebogene Seitenwände hatten; darunter wahrscheinlich zwei Werkstätten; 2 der Wohnhäuser mit eigenem Brunnen an den Wegen zu den 'Brücken' (in einem Reste eines gebötticherten Eimers); 2 gepflasterte Wege führten durch die Siedlung zum Landungsbereich und einer der alten Strandlinie am Hafen folgend; Kulturschicht bis zu 40 cm mächtig; Verarbeitung von Eisen, Bronze und Silber nachgewiesen.
Hafenbereich: 2 als »Brücken« bezeichnete Fundamente aus Stein; beide setzten sich zur Siedlung hin als Wege fort; »Brücke 1« nicht voll-

ständig aufgedeckt, ca. Br. 4,40, Vorbau aus Holz und Faschinen angenommen; »*Brücke 2*« bedeckt ein ca. 72 m² großes Gebiet; ca. L. 27 m, größte ca. Br. 6 m; die recht gleich großen Steine sorgfältig, wahrscheinlich W von Tjølling, ausgesucht und verbaut; evtl. Ausbauphasen erkennbar, doch anhand des bis dato publizierten Materials noch nicht zu rekonstruieren; obwohl vor »*Brücke 2*« sicherlich Wasser stand und einige kleine Boote dort bei hohem Wasserstand evtl. auch schwimmend anlegen konnten, sind die beiden »Brücken« als **befestigte Zugänge zu einer Schiffslände** anzusprechen; Wasserstand zur Zeit der Nutzung nicht festzulegen, aber wahrscheinlich ca. 2 m höher als heute.

Funde aus Hafen/Landungsbereich; Holz nur aus einem kleinen Gebiet vor »Brücke 1« erhalten:
a. 3 Keipen:
1. Fundnr. r, 1958 in Schacht A gefunden: Fr., nur noch Horn und etwas vom Loch für das Band erhalten; H. 11,2 cm, Br. unten 6,4 cm; Horn etwas steiler als bei Gokstad;
2. Fundnr. o, 1958 Schacht B: fast vollständig; L. 28,3 cm, größte Br. 4,9 cm; H. des Hornes 25,4 cm;
3. Fundnr. h, 1958 Schacht C: Fr., bis auf das Horn erhalten; L. 16,9 cm, Br. am Horn 5,2 cm.

b. Anker: 1958, Schacht A; bis auf geringfügige Beschädigungen vollständig; Rahmenwerk aus Holz, das einen großen Stein umschließt; 4 parallele Eichenstämme, die durch jeweils 8 Querstücke aus Buche und Birke zusammengehalten werden; Flunken stellen an jedem Stamm natürlich gewachsene Haken dar; darin ein Stein, der mittels eines 6,6 x 6,5 cm großen, zwischen einem Stamm und dem Stein angebrachten Flintstücks verkeilt war; Maße nach der Konservierung: *Stämme:* L. 1,20-1,30, Br. 3-6 cm (oben geringfügig schmaler als unten); *Flunken:* L. 49-59 cm, Br. an der Wurzel 16-20 cm; *Querstücke:* ca. L. 15-40 cm; Br. 6-6,6 cm, Dicke ca. 1,5 cm; *Stein:* L. 1 m, Br. oben 16 cm, unten 14,5 cm; Gesamtgewicht ca. 80 kg.

Keramik: ca. 2000 Scherben gefunden, mehr als 80 Scherben von Tatinger Kanne aus Siedlung; 1 kleines Stück Mayener Keramik; Ostseekeramik (1 Scherbe in Füllschicht des Brunnens), Kugeltöpfe aus Nordseegebiet; Holzgefäße und Handgriffe aus Holz in dem feuchten Boden von »Brücke 2«.

Weitere Funde: einige Netzsenker aus Speckstein und mindestens einer aus Blei; größere Anzahl von Bootsnägeln; ca. *20 Münzen,* überwiegend Dirhems, aber auch 2 fränkische und eine angelsächsisch, keine später als 890 geprägt; *15 Bleigewichte,* 1,3-38,8 gr schwer; Silberreste und etwas Gold.

Datierung der Siedlung über die Importkeramik in das 9. Jh.
Ellmers 1972 Nr. 174; Blindheim 1969, Abb. 1 + 10 (S. 23); Tollnes 1969; Hougen 1969; Blindheim 1975; McGrail 1987, 263-4. 284 (Landeplatz) [Fundjahr und -nr. nach Grabungsjournal in Oldsaksamling]
Universitetes Oldsaksamling, Oslo.

2. Gräberfeld Søndre Kaupang
Eines der 3 Gebiete mit je einem großen und mehreren kleinen Gräberfeldern, die im Bereich der Siedlung von K. liegen, aber nicht zwingend zu dieser gehören; kein vollständiger Plan oder Zeichnung der Befunde der älteren Grabungen vorhanden.
Bootgrab: Hügel 6; Brandbestattung eines Mannes; 1867 aufgedeckt; Hügel soll bereits früher geöffnet worden sein; mind. 12 Eisenniete, darunter 4 ankerförmige, lassen auf ein Boot schließen.
a. Seilstrecker: S-förmiger Gegenstand; Walknochen; L. 9,7 cm; größte Br. an einem Ende 4,4 cm, am anderen 4,7 cm; größte Br. an der Mittelpartie 2,1 cm; Dicke 1,2 cm; Augen nicht ganz gleich groß; auf einer Seite Linie entlang der Kante, 3-5 mm davon entfernt, und in der Mittelpartie Schrägschraffierung; an der anderen Seite plan; Abnutzungsspuren von Tauwerk an den Kanten der Augen, besonders an den Enden; an einem Ende Rostspuren.
Weitere Funde: Waffen, Pferdegeschirr und Steigbügel aus Eisen und Bronze; *Werkzeug* aus Eisen: Sichel, 2 Messer, Raspel, Löffelbohrer; Haken und Beschläge einer Kiste; Schloßfr.; weitere Eisenfr., darunter möglicherweise Reste eines *Eisenkessels* mit flachem Boden.
Datierung über Beifunde in die erste Hälfte des 9. Jh.
Universitetets Oldsaksamling, Oslo 4314 (Grab Oslo 4293-4315).
Årsberetning 1867, 89, Nr. 6, Pl. IV fig. 41; Pedersen 1951, 282, Fig. 153; Blindheim u.a. 1981, 209, Pl. 36, 22.

54. Klåstad, Tjølling sn. + pg., Vestfold

Wrack: 1891 erstmals bei Drainagearbeiten entdeckt, 1941 und 1966 angeschnitten und 1970 gehoben; Fundort war Acker, der nicht allzuweit vom Klåstadkilen entfernt war; heute durch Landhebung festes Land; wohl gestrandet, da mittschiffs eine schwere Bruchstelle festzustellen war.
Schiff: Handelsschiff; L. des Kieles 16,15 m, Rekonstruktion auf sehr schwachen Füßen: L. wohl ca. 21 m, Br. ca. 4,8 m und H. (wenn man den 12. Plankengang als den letzten annimmt) 1,7 m; (L./Br. ca. 4,375); Erhaltung: Ganze Sb-Seite, beide Steven und die unteren Plankengänge fehlen; im Schiffsinneren dünne Haselzweige, die wohl zum Schutz der Ladung oder der Bordwand dienten.
a. 3 Keipen, die mit Sicherheit nicht auf dem Boot montiert waren.
1. L. 50 cm, Br. vorne 5 cm, hinten 3,2 cm; Gesamth. am Horn 14,4 cm, davon freier Zwischenraum für die Keipe 7,7 cm.
2. L. 47,5 cm, Br. vorne 4,6 cm, hinten 5,2 cm; vor dem Horn ein Loch von ca. 1 cm Durchm. aus dem Holz herausgearbeitet: Loch und Horn zusammen 10,1 cm lang, Gesamth. 8,1 cm.
3. L. 54 cm, Br. vorne 6,9 cm, hinten 5,6 cm; selbe Form wie Nr. 2: L. zusammen 10,2 cm, Gesamth. 13,4 cm.

Aufgelöstes Tauwerk und einige Reste von Basttau im Inneren des Schiffes gefunden; 1893 *Teile der Ladung* im unteren Teil des Schiffes gefunden: 3-4 Stücke von Specksteingefäßen, einige Tierknochen, ca. 50 Wetzsteine.
Datierung: C 14-Datum von dünnen Haselzweigen 800 ± 80.
Ellmers 1972 Nr. 176; Christensen & Leiro 1976; McGrail 1987, 114. 128.
Vestfold Fylkemuseum, Tønsberg.

55. Kvalsund, Herøy sn. + pg., Møre og Romsdal

Moorfund: Gnr. 4, an der SW Spitze der Insel Nerlandsøy; 1920 beim Torfstechen gefunden, Nachgrabung im selben Jahr, aber nicht flächendeckend (1925 weitere Teile der Schiffe angetroffen); wahrscheinlich Opfer, da Schiffe zerstört und z.T. angebrannt waren; andererseits auch Abwrackplatz nicht völlig ausgeschlossen, da der Fundplatz sehr nahe an der See liegt.
Neben den Teilen zweier Schiffen kamen noch Steine, abgehackte Zweige und einige Holzgeräte zutage; Boote anhand der damals (1929) bekannten Vergleichsfunde aus Norwegen rekonstruiert.

Boot 1: kleines Ruderboot mit Kiel; relativ gut erhalten; L. 9,56 m, Br. 1,5 m und H. 63 cm; L./Br. 6,37; 5 Plankengänge: oberster Plankengang aus Kiefer und mit Spiekern an den Spanten, die restlichen aus Eiche und mit Holznägeln an den Spanten befestigt; evtl. Esing: Zur Verstärkung und Verzierung ist eine äußere Leiste knapp unterhalb der Oberkante aus der Reling herausgearbeitet; auch innen eine entsprechende Falz an Spantenenden; von den *Keipen* nur Löcher in der Reling vorhanden.

1. **Boot 2:** großes Boot mit Kiel, Segelantrieb wenig wahrscheinlich; nicht so gut wie 1 erhalten; rekonstruierte Maße: L. 18 m, Br. 3,2 m und H. 91 cm; L./Br. 5,6; 8 Plankengänge, teils genagelt und teils gezurrt; Klampe zur Befestigung des Steuerruders in Form einer Halbkugel aus Holz (Fundnr. 111), nicht in situ angetroffen.
   a. Steuerruder, Fundnr. 110 + 112 (Ruderpinne), vor der Grabung gefunden: fast vollständig, am Blatt unten und an der hinteren Kante ausgebrochen; Eiche; L. 2,54 m, davon 2,20 m Blatt; größte erhaltene Br. 25 cm; relativ schmales Ruder mit gerade verlaufender Vorderseite, nach einer kurz abgesetzten Schulter verläuft die hintere Seite gerade, aber nicht parallel zur vorderen; im Hals ein längliches Loch für die Ruderpinne, oben am Blatt ein rundes Loch; *Ruderpinne*, soll in Loch des Ruders gefunden worden sein: Fr., wohl durch unkontrolliertes Schrumpfen; Kiefer; L. noch 68,5 cm; Zapfen mit hohem, schmalem Querschnitt wie das Loch, darunter ein dickerer rechteckiger Querschnitt, der langsam immer runder und schmaler wird, 3,5 cm im Durchm.

2. keinem bestimmten Boot zuzuweisen:
   a. Fr. von mind. 8 Riemen aus Kiefer:
      1. Fundnr. 1: 1,68 m L., Blatt abgebrochen; Durchm. am Ende des Griffs 4 cm, am Griff 9 cm und an der Bruchstelle 4,5 cm;
      2. Fundnr. 55: in den Boden am Rand des Fundplatzes gesteckt; nun 3 Stücke; L. 2,15 m, Br. des Blattes 10,7 cm, am Übergang zum Schaft ist Querschnitt fast viereckig;
      3. Fundnr. 58: Griff; L. 1,18 m, der L. nach gespalten und stark verwittert;
      4. Fundnr. 58b, 89 + 89a: nur am Blatt leicht beschädigt; L. 3,02 m (ursprünglich ca. 3,1 m); Durchm. an Oberkante des Griffes 4 cm, sonst nicht meßbar;
      5. Fundnr. 72: Fr. mit unten abgebrochenem Blatt und Teil des Schafts; L. noch 1,50 m, davon 0,90 m Blatt; Br. des Blattes noch 15 cm, ursprünglich wohl ca. 16 cm; recht schweres Exemplar;
      6. Fundnr. 77: Griff; stark verwittert; L. insges. 1,20 m, davon 8 cm Griff;
      7. Fundnr. 78: ohne Griff und an einer Seite stark beschädigt; L. noch 1,75 m; größte Br. des Blattes noch 7,5 cm;
      8. Fundnr. 97: nur Spitze des Blattes leicht verwittert; L. heute 3,15 m; Form wie Nr. 6;
      9. Fundnr. 98: sehr gut erhalten; L. 3,15 m; Blatt schließt mit einer leicht geschwungenen Kurve; direkt oben am Blatt Spuren einer alten Astgabelung.
      10. Fundnr. 99: Blatt abgebrochen und Stück stark verwittert und ausgetrocknet; L. noch 1,92 m;
      11. Fundnr. 129: Griff abgebrochen und Blatt defekt; in drei Stücke gebrochen; L. noch 1,77 m; kleiner Riemen;
      12. Fundnr. 130: in drei Stücken; zusammen 1,67 m L.;
      13. Fundnr. 131: Blatt eines ganz kleinen Riemens; L. 0,95 m;
      14. Fundnr. 132: Blatt; an Spitze unvollständig; L. 1,20 m;
      15. Fundnr. 133: Blatt; stark verwittert; L. 1,28 m;
      16. Fundnr. 134: 11 Holzstücke von zerstörten Riemen; keine weiteren Details
   b. Rundhölzer:
      1. Spiere: Fundnr. 100 + 125: Fr., an beiden Enden abgebrochen; Kiefer; rund und geglättet; L. insges. 3,70 m (1,50 + 2,20); Durchm. zwischen 7 cm und 10,6 cm ; *wohl ein Stück der Schiffsausrüstung;*
      2. Fundnr. 26 + wohl auch 85 (Bruchstelle paßt nicht ganz genau): Kiefer; Fr.; L. zus. 5,67 m (5 + 0,67); stark verwittert und Oberfläche zerstört, aber ursprünglich rund und geglättet; Durchm. 6,8 – 11,5 cm; als möglicher Mast oder Rahe angesprochen, was jedoch durch nichts zu belegen ist;
      3. 3 einfache Stangen Fundnr. 36, 54 + 136: junges Laubholz, Rinde noch vorhanden; L. 1,50, 1,50 bzw. 1,48 m; leicht schräg in den Boden eingetrieben angetroffen; dürften nicht zur Ausrüstung gehören.

Weitere Funde: trichterförmiger Gegenstand (»roper«) aus Laubholz; L. 72,5 cm, an Enden gerade abgeschnitten und 5,5 cm bzw. 6 cm Durchm.; wie ein schlanker Kegel geformt, innen hohl; Wand ca. 0,6 cm dick; Schale aus Holz, Fr., recht tief und 14-15 cm Durchm.

Datierung über Pollenanalyse und z.T typologisch in Zeit zwischen 400 und 800; meist 600 angegeben; C 14-Daten für beide gleich AD 690 ± 706 (unkalibriert 660 ± 70).

Müller-Wille 1968/69 III, Nr. 44; Ellmers 1972 Nr. 179a + b; McGrail 1987, 114. 127-8. 212. 215. 245-6 (Maße des Steuerruders falsch). 248. 250; Myhre 1980 (Datierung) [Fundnr. nach Shetelig & Johannessen 1929].

Bergen 7600.

56. Lurøy, L. pg., Nordland

Bootgrab ?: vor 1814 in einem Hügel des Gräberfeldes gefunden; keine weiteren Aufzeichnungen; Niete und andere Reste eines Bootes sowie Schädel.
a. Anker: Form und Material unbekannt.
Undatiert, aber da wahrscheinlich ein Grab, prähistorisch.
Müller-Wille 1968/69 I, Nr. 393.
Verloren.

57. Mangersnes, Straume pg., Hordaland

Moorfund: an der W-Seite der Insel Radøy; schmales, ca. 2 km langes, brackiges Gewässer mit zwei Ausläufen (einer davon direkt nach O in den Nesvågen, einen Naturhafen mit alten Naustresten); heute ist das Gewässer durch künstliche Aufstauung vermoort; Moor 1,5 m mächtig und der Boden nur 40-50 cm ü.M.; 1986/7 untersucht, bis jetzt nur Vorbericht faßbar.
Zwei ungefähr gleich mächtige fundführende Schichten, beide vorwiegend mit unbearbeitetem Holz angefüllt; insgesamt 101 Gegenstände angetroffen, darunter auch Pflugschar und 3 Fr. von Spanten.
a. 4 Keipen.
  1. Fr. in 2 nicht zusammenhängenden Teilen: vorderes Ende fehlt; L. noch 27 cm (ursprünglich über 30), Br. 3 cm; H. des Hornes 11 cm; Horn an der Basis mit dreieckiger Aussparung für die Sicherungsleine des Riemens und am oberen Ende gerade abgeschlossen; auf der Oberkante der Sbreling festgezurrt; in der unteren Schicht angetroffen;

2. Fr.: beide Enden und Horn abgebrochen; L. noch 27 cm, H. noch 5,5 cm; rundes Loch für Sicherungsleine des Riemens; an beiden Enden Reste der Spur zum Fetszurren, wahrscheinlich auf der Bbreling; in der unteren Schicht angetroffen;
3. L. 28 cm, Br. 4 cm; H. des Hornes 12 cm; Horn geschwungen und mit Furche an jeder Seite der Außenkante; unter der Keipe, direkt unter dem Horn, halbrunde Aussparung zum Durchführen der Sicherungsleine für den Riemen; Befestigung auf der Bbreling durch einen im Durchm. 1,8 cm großen Holznagel an beiden Enden; am hinteren Ende war Nagel ausgebrochen und erneut festgezurrt worden; in der oberen Schicht angetroffen;
4. Fr.: an beiden Enden beschädigt und stark verwittert; aus natürlichem Krummholz gefertigt; L. noch 32 cm; größte H. am Horn 10 cm; Loch für Sicherungsleine des Riemens rund und schräg gebohrt; Befestigung auf der Bbreling durch 2 Nägel am hinteren und einen am vorderen Ende; in der oberen Schicht angetroffen.

Datierung des gesamten Fundes in ältere Eisenzeit; kalibrierte C 14-Datierung der Keipen: 1. 155 ± 125; 3. 535 ± 90.
Ekroll 1988.

58. Oseberg, Sem sn. + pg., Vestfold

Bootgrab: Körperbestattung wahrscheinlich einer Frau unter einem Hügel; im Altertum beraubt, evtl. im Rahmen einer frühchristlichen translatio; 1904 untersucht und nicht für alle Bereiche Planumszeichnungen angelegt; Schiff unter einem Steinhaufen; Grabkammer direkt hinter dem Mast.

Schiff: Kriegsschiff; Eiche; L. 21,44 m (zwischen den Steven 21,25 m), Br. 5,1 m, H. 1,6 m (H. über Wasserlinie 0,85 m); L./Br. 4,2; Erhaltung: nicht durch den Grabraub beschädigt; aber in den 6 Räumen achtern des Mastes Beschädigungen, auch des Mastfisches, durch die Anlage der Grabkammer; durch den Druck Spanten verschoben und Partie unter der Grabkammer »gewrungen«; Schiff war zum Zeitpunkt der Niederlegung bereits alt und evtl. eine Weile außer Gebrauch; 12 Plankengänge; 17 Spanten, die mittels Bändern aus Walbarten festgezurrt sind; *Tiljen*: 2-3 cm dick und ursprünglich fast alle fest, da mit Nagellöchern versehen und auch Holznägel angetroffen, aber meist losgebrochen angetroffen; z.T. mit Grafitti versehen; liegen auf einer Ebene unter dem 2. Bordgang von oben; Riemen und möglicherweise auch das Steuerruder nicht fertig gearbeitet und wohl extra zur Verwendung in der Bestattung hergestellt.

a. Kielschwein: Eiche; Fr., ziemlich beschädigt; L. 1,75 m, Br. 30 cm in der Mitte, H. 33 cm; greift über den 9. und 10. Spant; Befestigung mittels 2 länglicher, keilförmiger Klampen an jeder Seite; *Mastspur:* direkt achterlich des 10. Spantes; nach vorne und zu den Seiten geschlossen, nach hinten eine 7 cm hohe Kante, die sich in einer schräg nach oben verlaufenden Rinne fortsetzt, mittels der der Mast eingeführt werden kann; vor der Mastspur ein aus dem Holzstück ausgesparter, nach oben ragender Arm, der den Mast am untersten Teil an drei Seiten einfaßt.

b. Mastfisch: aus Fr. zusammengesetzt, nur geringer Teil in situ angetroffen; Eiche, aus einem Stück gearbeitet; L. 3,26 m, Br. in der Mitte 53 cm, verjüngt sich zum Bug hin ungefähr zwischen 10. und 11. biti auf 23 cm und verbreitert sich auf der 11. biti auf 33 cm; hier schließt er auch in Form eines Fischschwanzes ab; liegt über 8.-11. biti; Befestigung: am vorderen Ende durch Falz an der Unterseite, die über die 11. biti geht, sowie durch Verzapfung von snelde mit biti und Mastfisch; in der Seitenansicht ist der Mastfisch von der 11. biti zum Mast ca. 40 cm an der Oberfläche und 20 cm an der Unterfläche über der sonstigen Ebene gewölbt; läuft über die 10. biti, und das Tiljedeck folgt dieser Wölbung am Mast; sowohl biti als auch Mastfisch durch den vom Kielschwein aufragenden Vorsprung gestützt; nach hinten ist der Mastfisch mit einem ca. 20 cm breiten Schlitz versehen; die beiden Arme werden getrennt über den 8. und 9. Spant geführt (diese Partie besonders zerstört); *Mastschloß* nur zur Hälfte erhalten (nach der 9. biti abgehauen); lag in einer Falz im Schlitz des Mastfisches; vor dem Mast zwei Eisenbänder, wohl von einer Reparatur.

c. Steuerruder: L. 3,18 m, davon 2,28 m Blatt; Br. unten 40 cm und gleichmäßig bis zum Anfang des Blattes auf 24 cm verjüngend; Dicke des Blattes 2,5 cm an der unteren Kante und 7 cm an der Mitte; Hals rund und Durchm. 13 cm; Befestigung: an Sb ca. 2 m von Achtersteven entfernt; Befestigung hoch am Blatt angebracht (30 cm unterhalb des Punktes, wo das Blatt in den Hals übergeht): am Ruder ein Loch von 5 cm Durchm., das am äußeren Rand der Innenseite verdickt ist; hier liegt das Ruder an einer abgerundeten und entlang des Randes mit einer Verdickung versehenen Klampe aus Eiche auf; Loch setzt sich durch die Schiffshaut bis zum Ruderspant fort und wurde mit einer Weidenrute versehen; Ruderspant an Sb mit einer 27 cm breiten Kante versehen; Hals durch ein breites, geflochtenes, 97 cm langes und an der Spitze mit einer Art Knopfloch versehenes *Lederband* an der Reling befestigt, so daß das Ruder gehoben werden konnte; reicht bis ca. 2 m unter den Kiel in rechtwinkeliger Stellung, Hals ragt dann ca. 40 cm über die Reling; keine Einrichtung für unteres Band; *ovales Loch für Pinne vorhanden*, aber Pinne selber nicht angetroffen.

d. 30 Rojepforten: auf jeder Seite im 12. Bordgang 15; Durchm. 9-11 cm, bis auf die vordersten an beiden Seiten mit schräg nach oben und achterlich verlaufendem, 3,5-7 cm langem Schlitz; die meisten liegen ca. 10 cm unter der Reling; Abstand vom Vordersteven 3, vom Hintersteven 4,2 m; Abstand untereinander 83-98 cm; keine Verschlüsse angetroffen.

e. 30 Riemen: alle Kiefer; L. 3,7-4,03 m; Blatt 17 cm Br. und mit profilierter Kantenleiste an jeder Seite; Griff 11 cm Durchm., der bis zum Griff auf 5 cm abnimmt; z.T. bemalt; alle Riemen neu, 7 oder 8 noch nicht einmal an Griffen fertig; Fo: im Schiff verteilt; 13 im Vorschiff (3 in Rojepforten, 10 entlang der Reling an Bb); 8 im Achterschiff hinter der Grabkammer (1 in Rojepforte an Bb); 9 unfertige Exemplare auf dem Dach der Grabkammer.

f. 2 Anker: an einem Tau befestigter Stein und Stockanker aus Eisen; bei ersterem nicht gesichert, daß er wirklich auf einer Fahrt verwendet und nicht eigens für die Bestattung hergerichtet wurde; Nagellöcher, die symmetrisch direkt achtern vom 16. Spant übereinander im 11. Bordgang im Vorschiff angebracht waren, können Spuren von Befestigungsklampen für den Anker sein.
1. Großer Stein, an dem ein schweres Tau festgezurrt ist: Tau verläuft entlang der Bbreling bis zur Stevenzier, schwenkt kurz vor dem Steven nach Sb und läuft hier über Bord; Befestigung am Schiff nicht dargestellt, genausowenig wie die Größe des Steines;
2. Stockanker aus Eisen: L. 1,02 m, Br. über die Flunken 65 cm; am oberen Ende ein Loch mit einem Ring von 14 cm Durchm. und im Kreuz ein weiteres Loch mit Ring mit 8 cm Durchm., beide in

einer Linie; Gewicht 9,8 kg; *Ankerstock* aus Eiche; L. 2,28 m, 6 cm an den Enden und 15 cm in der Mitte dick; runder Querschnitt; Spuren des Ankerschafts noch sichtbar, aber Art der Befestigung am Anker unklar; Fo: im Vorschiff, aber nicht zusammen; Eisenteil an Sb im vorderen Teil, ungefähr auf Höhe der Reling; Stock am Vorsteven quer über beide Relings liegend.

g. Laufplanke: Kiefer; aus einem Stück gearbeitet; L. 6,9 m, Br. 30 cm und 7 cm dick; auf der Unterseite glatt; Oberseite mit versenkter Mittelpartie und Kanten an den Seiten, quer über die Mittelpartie sind 23 Stufen ausgespart worden, deren Abstand 19-23 cm beträgt; an einem Ende ein Loch; Fo: im Vorschiff, ein Ende Bb am Steven, das andere fast am Mastfisch; fast parallel zum Kiel und ziemlich weit oben im Hügel liegend.

h. Gabel: L. 2,85 m, davon 50 cm Zinken; Br. der Zinken an der Unterkante 36 cm; Stock abgerundet und recht schwer; Fo unbekannt; evtl. beim Auf- und Niederbringen des Mastes verwendet.

i. 2 von ursprünglich 4 hohen Gabeln aus Holz: Laubholz; äußerer Arm ragt 82 cm über die Reling; Abstand zwischen beiden Armen 30 cm; wohl an jeder Seite des Schiffes 2; nur 2 an Sb im Vorschiff bzw. außerhalb des Schiffes an Bb gefunden; Befestigungsspuren legen Anbringung am 8. und am 11. Spant und am 11. und 12. Bordgang mittels Holznägel nahe.

j. »Stakstange«: L. 2,42 m, an einem Ende etwas unvollständig; größte Dicke 8,5 cm (50 cm vom unvollständigen Ende entfernt), zu beiden Enden auf 2,5 bzw. 3 cm verjüngt; fein und glatt zurechtgemacht; 67,5 cm vom vollständigen Ende entfernt befindet sich eine eingeschnittene flache Spur; Fo: im Vorschiff unter den Tiljen.

k. Ösfaß: aus einem Stück gearbeitet; L. 1,38 m, davon 57 cm Schaft; Form einer breiten und flachbodigen Schaufel; Fo: im vordersten Teil des Vorschiffes unter den Tiljen auf dem Boden des Schiffes.

l. Mast: Kiefer; in situ gefunden; H. noch 5,7 m; am Fuß viereckig wie Mastspur, sonst rund und recht grob behackt; Durchm. unten 20 cm; durch Snelde unter dem 10. Spant gestützt; Befestigung der 10. biti verstärkt.

m. Rack: 47 cm quer über den Halbkreis gemessen; an jedem Ende ein dreieckiges Loch; Fo: mit Tau an einer Spiere im Vorschiff befestigt.

n. Klampen: nur eine einfache Belegklampe angetroffen; an der Relingsplanke, direkt vor der 3. Rojepforte von achtern an Bb angebracht; in leicht schräger Stellung mit dem vorderen Horn höher als das hintere; mit 2 Holznägeln befestigt; nach den Nagellöchern haben sich *4 weitere Klampen* an der Reling befunden: je eine vor der 1. Rojepforte von achtern an Bb und Sb; eine direkt vor der 2. Rojepforte von achtern; eine hinter der 12. Rojepforte von achtern; insgesamt also 4 Klampen im Achterschiff und eine im Vorschiff, bei letzterer ist das hintere Horn das höher gelegene, bei allen anderen das vordere.

o. Löcher durch Holznägel in den obersten beiden Bordgängen: zur Befestigung von Tauwerk gedacht; sehr regelmäßig sitzt ein Loch direkt unter der Reling auf jeder Seite ganz achtern und ganz vorne; mittschiffs findet sich ungefähr in der Mitte zwischen der 9. und der 10. sowie der 11. und 12. Rojepforte je ein Nagelloch an Sb in der Relingsplanke; schräg unter dem letztgenannten Loch befindet sich ein zweites im darunterliegenden Bordgang sowie ein weiteres in selber Anordnung zwischen der 12. und 13. Rojepforte; an Bb je ein Loch unter der 10. und der 11. Rojepforte in dem zweitletzten Bordgang; im Vorschiff an Sb ein Loch direkt vor der 14. Rojepforte und zwischen der 12. und der 13. Rojepforte, jeweils in der Relingsplanke; zu weiteren Löchern vgl. g.; Funktion dieser Löcher im einzelnen nicht zu bestimmen, wie auch Art der Benutzung als Haltepunkte für Taue und Leinen.

p. Rundhölzer: brauchen nicht in unmittelbarer Verbindung mit der Takelage des Schiffes zu stehen; evtl. Reserveteile; Fo unsicher; eine der größeren Spieren lag an zwei Stellen mit Basttauen belegt im Vorschiff.

q. Taureste: in allen Dimensionen gefunden; die stärkeren eher aus Bast, die dünneren eher aus Hanf; bereits im Einbruchsschacht Reste, z.T. mit Knoten, angetroffen; eines der größeren Rundhölzer lag, an zwei Stellen mit Basttauen belegt, im Vorschiff; eine Trosse lag über den Vorsteven hinaus und war an einem großen Stein vertäut; weitere Trosse war um den Achtersteven herumgewunden und führte dann in das Achterschiff; kleineres Tau am Querbrett vor dem Achtersteven befestigt; schweres, 20-30 m L. Tau an der Bb-Seite im Achterschiff, direkt hinter der Grabkammer aufgeschossen; durch die 5. Rojepforte von achtern, an Bb, war ein zweimal durch das Loch gezogenes Tau; usw.; Taue nicht mit originalen Knoten konserviert.

r. Blöcke:
  1. 5 Knebel auf S. i, 308 abgebildet;
  2. Block: genaue Maße unbekannt; an einem Ende schmal und dick, mit einer Nut; am anderen Ende breit und blattförmig, mit zwei Löchern;
  3. 3 Seilspanner: Holz; S-förmig; in einem noch Reste des Taues vorhanden.

Weitere Funde:

2 Zelte, beide aus Esche und von ungefähr gleicher Konstruktion; unterscheiden sich aber durch Größe; zusammen im Vorschiff auf den Tiljen angetroffen, waren anscheinend vorher auseinandergenommen worden: großes Zelt: Windschirme L. 4,8 bzw. 4,7 m, alle vier Stangen oben verziert; First L. 5,25 m; Bodenstange 5,7 m, an den Giebelenden 4,8 m; durch Zapfen zusammensetzbar; Innenfläche ca. 5,3 x 4,5 m, H. in etwa 3,5 m; kleines Zelt: Windschirme L. 4,1 m, alle vier Stangen oben verziert; First L. 5,05 m; Bodenstange 5,7 m und 5,6 m, an den Giebelenden 4,5 m; durch Zapfen zusammensetzbar; Innenfläche ca. 5,3 x 4,15 m, H. in etwa 2,7 m; 2 Lampen aus Eisen, wie R 432; *Bastmatte*: Fr. in starker Auflösung angetroffen und ursprüngliche Größe nicht mehr zu bestimmen; noch 87 x 28 cm; Fo: nach Gustafson an Sb, nahe dem Anker, also bei der Reling (Nr. 297); weiterhin eine Strohmatte und Korbflechten angetroffen, die anscheinend beide (Korb sicher) aus dem Einbruchsgang stammen; *Werkzeug:* 2 Arbeitsäxte, wie R 553; lagen zusammen mit der anderen Küchenausrüstung im Achterschiff außerhalb der Wand der Grabkammer; dazu 2 kleine Eisenmesser und ein weiterer Schaft, wohl für Messer; Haushaltsgefäße: meist zusammen mit anderen Küchengeräten im Achterschiff vor der nördlichen Wand der Grabkammer gefunden; *3 Eisenkessel*, alle Fr. von R 731: einer wahrscheinlich auch mit Eisenkette, zusammen mit anderen Küchengeräten im Achterschiff gefunden; *Eisenkessel mit Stativ aus drei kräftigen Eisenstangen mit dreizinkigen Füßen:* Durchm. der Mündung ca. 50 cm, L. der Stangen 1,25 m, zusammen gefunden im Achterschiff, an der Wand der Grabkammer; Fr. eines wahrscheinlich recht großen Eisenkessels (Fundort unbekannt); Bratpfanne aus Eisen; **aus Holz:** *3 Tonnen*, alle Eiche, mit Eisenbändern zusammengehalten: evtl. als Wassertonnen anzusprechen: 1. Durchm. unten 1,02 m und oben ca. 88 x 98 cm, nicht ganz rund; H. innen ca. 60 cm; 37 Stäbe; Boden aus 4 Brettern; durch Eschenbänder

zusammengehalten; Fo: im Vorschiff am Steven (Nr. 298); 2.: Durchm. unten ca. 76 cm, oben ca. 70 cm; innere H. 77-78 cm; 23 Stäbe, die durch 8 Eschenbänder zusammengehalten werden; Fo: im Vorschiff, im oberen Bereich der oben genannten Tonne, kopfüber hineingestellt (Nr. 301); 14 Bottiche oder Eimer, z.T. verziert; 4 Tröge; 4 Holzschüsseln; 8/9 Holzschalen; 5 *Schöpfkellen:* große Schöpfkelle: aus einem Stück geschnitzt, aber in mehrere Teile zerbrochen; Durchm. an der Mündung ca. 23,5 cm, aber Rand leicht eingezogen; Tiefe von außen ca. 8,5 cm; Boden flach und Durchm. ca. 10 cm; Schaft: 18 cm L., Br. 2,4 cm, Dicke 2 cm, viereckiger Querschnitt; am Ende zu einem Haken umgearbeitet; schnitzverziert; Fo: in der Grabkammer neben den Fundnr. 145-146 (Nr. 147); die 4 anderen sind bedeutend kleiner; 3 Stück Keramik, Fo unbekannt.
Datierung über Funde in 1. Hälfte 9. Jh.
Müller-Wille 1968/69 I, Nr. 188; McGrail 1987, 213. 215. 225-9 (Maße des Kielschweines falsch). 232-5 (+ 12,5 m L. Spiere evtl. Rahe). 237. 245 (Maße des Steuerruder falsch). 247-8. 250. 253-6; [Nr. nach Oseberg I & II].
Universitetes Oldsaksamling, Oslo.

59. Rimbareid, Fitjar pg., Hordaland

Moorfund: Fundort auch »Kloster under Rimbareid« genannt; Schiffsteile und andere Hölzer mehr oder weniger zusammen 40-50 cm unter der Oberfläche gefunden; Interpretation als Opfer unsicher, da es sich nicht um ein halbwegs vollständiges Boot handelt.
Schiff läßt sich auf L. 8,95 m ergänzen, Br. nicht feststellbar.
a. 3 Stangen, Ansprache unsicher:
 1. Runde Stange:, Fr.; an einem Ende angespitzt; erhaltene L. 1,39 m; 5-6 cm Durchm.
 2. Runder Holzstock: Fr.; an einem Ende angespitzt; L. 61,2 cm; 2 cm Durchm.
 3. Runder Holzstock: L. 39,1 cm, 1,9 cm Durchm.
Fr. von 2 Fässern: Brett eines Fasses: Kiefer; L. 75 cm, Br. 8-11 cm; an jedem Ende ein Falz; kleines Brett eines Fasses: Balkenstück aus Kiefer; stark beschädigt; L. 38,5 cm, Br. 5,1 cm; Falz an jedem Ende.
Undatiert, typologisch wahrscheinlich in die WKZ oder später zu setzen.
Müller-Wille 1968/69 III, Nr. 25; Ellmers 1972 Nr. 194.
Bergen 8608.

60. Rong, Herdla sn. + pg., Hordaland

Moorfund: auf der Insel Rongøy, Gnr. 38, Bnr. 5 gefunden; 40 m vom Strand und 4 m über der mittleren Hochwasserlinie; 1941 kamen einige Schiffsteile zutage und 1945 Nachgrabung; zuvor war dort schon mehrfach Torf gestochen worden, wobei in der Nähe der Grabung ebenfalls Schifftsteile angetroffen wurden, die aber nicht ins Museum gelangten; von Færøyvik als Opferfund angesehen, da ein ganzes Boot in einem wachsenden Hochmoor niedergelegt worden sei; in Anbetracht der Nähe zum Meer und der Unvollständigkeit des Fundes auch Interpretation als gestrandetes Wrack möglich.
In der unmittelbaren und weiteren Umgebung an insgesamt vier Stellen je eine Hausruine mit 2-8 freigeräumten Bahnen zum Aufziehen von Booten (»oppdrag«); keine der Anlagen gegraben.
Insgesamt 10 Teile eines Bootes verstreut gefunden; evtl. als kleines Häuptlingsschiff zu bezeichnen, in der Bauweise mit Gokstad und Tune zu vergleichen, was für das Boot eine geschätzte L. von 13-14 m und eine geschätzte Br. von 2,8 ergeben würde.
a. Mastfisch: Fr., auf der Oberseite z.T. mangels Konservierung zerbröckelt, am vorderen Ende abgebrochen; Kiefer; 1941 in mehreren Abschnitten gefunden; Maße insges.: L. 2,75 m, Br. 51 cm und größte H. 36 cm; Rekonstruktion: L. 3,80 m, größte Br. 51 cm und größte H. 42 cm; viereckig; an beiden Enden geschlossen; Oberseite soweit erkennbar mit Wölbung zur Mitte hin und am erhaltenen Ende über der viereckigen Grundform wie ein Fischschwanz geschnitzt; an Unterseite flach mit 2 Querrillen (Br. 16 cm und 6 cm tief) für die bitar und am erhaltenen Ende ebenfalls eine Einkerbung (10 cm Br. und 5 cm tief), wo der Mastfisch auf einer biti auflag; *Öffnung für den Mast* 60 x 17 cm, viereckig und nach achtern eine 6 x 6 cm große Verlängerung für das Mastschloß; zum Bug hin in der Aussparung für den Spant eine weitere viereckige Öffnung, deren Zweck unbekannt ist.
b. 2 Fr. von Riemen, Zugehörigkeit zum Fund nicht sicher:
 1. Blatt: am Stiel abgebrochen: L. 1,28 m, größte Br. 13 cm, dort 1,5 cm dick; Fr. des Stiels mit Durchm. von 4 cm;
 2. Griff: Form durch Bewegung im Wasser verzogen; L. 66 cm, Br. und Dicke 8 cm; unten flach, an Oberseite gewölbt.
Undatiert; typologisch und durch Interpretation als Opfer in Zeit 600-800 gesetzt.
Müller-Wille 1968/69 III, Nr. 36; Ellmers 1972 Nr. 195.
Bergen 9207.

61. Sjøvollbukten, Asker pg., Buskerud

Wrack: aus flachem Wasser einer offenen Bucht; wegen des Wasserstandes konnten die untersten Planken nicht in situ geborgen werden.
Schiff: kleines Handelsschiff; Sbseite vollständig erhalten, Bbseite nur bis zu den ersten drei Bordgängen; L. 15-18 m, Br. 5 m, H. mittschiffs 2,5 m; L./Br. 3-3,4; Halbdecks vorne und achtern; sehr viele Reparaturen; *Bündel aus dünnen Zweigen,* manche noch mit Rinde: Schwer zu dokumentieren, doch anscheinend so angeordnet, daß sie längs zwischen zwei Spanten verlaufen; dienten entweder dazu, die Planken vor der Ladung zu schützen oder die Ladung vor Feuchtigkeit.
a. Kielschwein: am vorderen Ende abgeschlagen, aber vollständig vorhanden; Eiche; *Kräftig und lang;* Mast vor der Schiffsmitte und durch 2 Querbalken im oberen Bereich gestützt, deren Balkenköpfe aus der Bordwand herausragten; keine weiteren Informationen greifbar.
C 14-Datierung 1210 ± 80.
Ellmers 1972 Nr. 198.
Universitetets Oldsaksamling, Oslo.

62. Strand, Strand sn. + pg., Rogaland

Bootgrab: Hügel mit Brandbestattung eines Mannes; 130 Niete und Nägel einer Brandschicht mit einem Durchm. von 2,5 m; daneben in einer kleinen Steinkiste kalzilierte Knochen und die Beigaben.
a. Seilstrecker: 8-förmiger Gegenstand aus Knochen; L. 11,7 cm, Dicke ca. 1 cm; Linie entlang der Kante, 3 mm davon entfernt.
Datierung über Beifunde in 10. Jh.

Petersen 1951, 282; Müller-Wille 1968/69 I, Nr. 242 (hier Museum Stavanger 6185).
Museum Stavanger 6186 ii.

63. Tune, Rolvsøy pg., Østfold

Nedre Haugen; Bootgrab: 2 Hügel nebeneinander, eines ein Kammergrab, das andere ein Bootgrab; letzteres 1867 untersucht: SSO-NNW ausgerichtet; Grabkammer im Achterteil; weitere Funde: 2 nicht identifizierte Eisengegenstände.
Schiff: Kriegsschiff, H. im Verhältnis zur Br. recht gering; bis auf biti (Kiefer) alles aus Eiche; nur unterer Teil ohne Steven erhalten; L. 15 m erhalten, ursprünglich wohl ca. 20 m, Br. ca. 4,35 m, H. 1,2 m; L./Br. ca. 4,6; 10. Plankengang wohl Reling; Holzbretter im Schiff können nicht als Tiljen gedient haben; keine Riemen oder Rojepforten gefunden, aber aufgrund der Spanten 11 Ruderer anzunehmen.
a. Kielschwein: L. 3,14 m, Br. 30 cm und H. 32 cm in der Mitte; greift über 6.-9. Spant; *Mastspur* 15 x 15 cm groß und 6 cm tief; unmittelbar vor der Mastspur auf dem Kiel ein 35 cm hoher Vorsprung; Reste des Mastes noch darin angetroffen; Mast stand unmittelbar vor dem 8. Spant.
b. Mastfisch: ziemlich schwerer Block aus Eiche; L. 3,85 m, Br. 70 cm und 37 cm dick in der Mitte; Unterseite flach und für biti eingekerbt, Oberseite gewölbt; reicht über 6.-10. biti; Öffnung nach hinten L. ca. 1 m, Br. 18-20 cm, aber ursprünglich wohl schmaler (Stück verwittert); *Mastschloß* nicht gefunden; vor dem Mast, zwischen 8. und 9. biti ist quer durch den Mastfisch eine Öffnung geschnitten.
c. Steuerruder: Kiefer; geschwungene Seite durch Trocknungsprozeß verursacht; oben nicht ganz vollständig; L. nun 1,94 m, Br. in der Mitte 25 cm und unten 30 cm; Durchm. des Halses 10 cm, der übrigen Teile 12 cm, verjüngt sich nach unten hin auf 2,5 cm; am Hals ein Loch für die Ruderpinne und oberhalb des Blattes ein Loch zum Befestigen des Steuerruders am Schiff; recht weit unten am Blatt eine Eisenöse, um das Ruder wieder aufbringen zu können; Fo: lag quer über dem Achterschiff; eigentlicher Platz, Sb achtern, nicht erhalten.
Datierung typologisch über Beifunde 1. H. 10. Jh.
Müller-Wille 1968/69 I, Nr. 179 (Fundort »Nedre Haugen«); McGrail 1987, 228-9. 245 (Maße geringfügig falsch). 248.
Universitetets Oldsaksamling, Oslo 23838.

64. Yttersø, Hedrum pg., Vestfold

Wrack (?): unter 1,5-1,75 m Sand 1940 gefunden; neben Bootsresten auch weitere, nicht identifizierbare Holzstücke.
Bootsreste: Fr. eines Spantes und einer Kielplanke.
a. Keipe: nicht gut erhalten; L. 61 cm; zwei Löcher an jedem Ende: wahrscheinlich auf der Reling »festgenäht«; weitere Informationen nicht greifbar.
Undatiert, Datierung typologisch in j RKZ (wegen der Kielplanke mit Nydam verglichen).
Müller-Wille 1968/69 III, Nr. 12; Ellmers 1972 Nr. 210; Christensen 1984, 84, Fig. 4.1. 2: Photos ohne Maßstab; Christensen 1985, 120.
Universitetets Oldsaksamling, Oslo 2707666.

Schweden

65. Årby, Rasbokil sn., Uppland

Bootgrab: Körperbestattung ohne sichtbaren Hügel; geplündert und am Achterteil beschädigt; Boot stand auf Rollen und war an der Seite durch Birkenäste abgestützt.
Kleines Ruderboot: L. 3,8 m, Br. 1,2 m; L./Br. 3,16; Achtersteven und Sbreling fehlen; Bodenplanke mit Strichkiel; 2 Bordgänge; 3 Spanten, mit Wasserdurchlässen nach mittschiffs; *Ablaufloch für Wasser* an Sb in unterem Bordgang, 17 cm vor dem 4. Spant; natürliches Astloch (ca. 3 cm Durchm.), das mit 5 cm hohen Zapfen aus Kiefer verschlossen war; evtl. *Setzbord*: auf Bbreling 7 kleine Löcher, mittels derer wahrscheinlich eine zusätzliche Planke aufgesetzt wurde; vorderstes Loch 90 cm vom Vorsteven entfernt, das letzte Loch direkt hinter dem 3. Spant, wo die Reihe offensichtlich auch aufhören sollte.
a. Steuerruder ?: Paddelruder; fast vollständig, unterste Spitze abgebrochen; Kiefer; L. 1,52 m, davon 57 cm Blatt; runder Schaft, der oben in einem Knopf abschließt, größter Durchm. 40-50 cm unterhalb des Knopfes; L. des Blattes 57 cm, Br. 10,7 cm, ca. 1,5 cm dick; spitzoval; vom Schaft läuft eine Mittelrippe weiter auf das Blatt; Mittelpartie schwach konvex; Paddelruder; Fo: mittschiffs in oberer Schicht angetroffen.
b. Keipe: nur wenig an der Unterkante beschädigt; Birke; L. 95 cm, größte Br. ohne Horn ca. 9 cm, Dicke ca. 2 cm; Horn: ca. 42 cm vom achterlichen Ende entfernt; Br. ca. 4,5 cm, H. ca. 6,5 cm, Dicke ca. 1,5 cm; viereckiger Querschnitt; Loch mit 1,5 cm Durchm. direkt unter dem Horn, noch Reste des Taus vorhanden; mit zwei Holznägeln innen an der Bordwand Bb zwischen 2. und 3. Spant angebracht.
c. 2 Riemen, Kiefer.
 1. L. 1,51 m; Griff: L. 10,5-11 cm; geht nach einer 2-3 cm L. Abschrägung in den verdickten Schaft über, der sich zum Blatt hin verjüngt; Blatt: L. 25,5 cm, Br. 6,6 cm (davon an den Kanten eine Abschrägung von 0,3-0,4 mm), sehr klein und spitzoval;
 2. Fr.; 59 cm des Griffs erhalten.
Weitere Funde: Haushaltsgeräte aus Holz: außerhalb der östlichen Reling in der Nähe des Achterstevens ineinander bzw. übereinander gefunden: Schale, 2 kleine Schöpfkellen, kleiner Löffel; im vorderen Teil des Bootes ziemlich weit oben: größere Holzschüssel.
Schlechte Datierung durch Beifunde in (frühe) WKZ.
Müller-Wille 1968/69 I, Nr. 70; McGrail 1987, 206-8, 212, 214-5.
Statens Historiska Museum, Stockholm 21062.

66. Äskekärr, Starrkärrs sn., Västergötland

Wrack: aus der Talniederung der Göta älv, ca. 9 km N der Kung älv, heutiger Flußverlauf ca. 50 m entfernt
Handelsschiff: nur untere Partie erhalten; L. über 16 m und Br. über 3,5 m; vorn und achtern kurze Halbdecks anzunehmen; kein Hinweis auf einen Mastfisch; anhand der naturwissenschaftlichen Datierungen ca. 100 Jahre in Gebrauch gewesen; Holz von Reparaturen stammt aus einem Gebiet, wo es im Sommer wärmer ist als in der Umgebung des Fundortes.

a. Kielschwein: Fr., an den Enden abgebrochen; L. 2,5 m; Br. an der Basis 80 cm, größte Br. in der Mitte 21 cm; H., bis auf Astgabelung vor der Mastspur, 22 cm; *Mastspur* 12,5 (oben 13 cm) x 9,5 cm (oben 10 cm), mit schräg nach vorn verlaufendem Abflußloch; direkt davor eine natürliche Astgabelung, abgebrochen: größte H. (über der Ebene des Kielschweins ohne Mastspur) 19 cm, größte Br. 9 cm; über Spanten 8-10 gefunden; relativ roh gearbeitet.
Datierung: dendrochronologisch 950-960 für die Schiffskonstruktion, für Kielschwein 1057-67; C 14-Datum (unkalibriert) 840 ± 75.
Ellmers 1972 Nr. 102; Datierung: Med. Mar. Säll 1, 1982, 25/6; Nancke-Krogh 1987.
Museum Göteborg.

67. Bulverket, Tingstäde sn., Gotland

Siedlungsfund: als Teil der Holzkonstruktion einer künstlichen Insel in dem Binnensee Tingstäde träsk gefunden; hier soll sich auch ein künstliches Hafenbassin befunden haben; Grabungen 1921-1936 von einem Laien durchgeführt und bis heute nur unzureichend publiziert. Eine ca. 170 x 170 m große Holzkonstruktion mit einer Öffnung in der NW Ecke schließt eine offene Wasserfläche ein; besteht aus zusammenhängenden Holzkästen, von denen 2-4 nebeneinander stehen; Holzpalisaden aus Pfählen darum herum; Art der Besiedlung unbekannt, doch einige Hinweise auf Häuser in Blockbauweise.
Schiff: in Einzelteilen gefunden bzw. geborgen; in den 1970ern von Varenius zusammengesetzt; rekonstruierte Maße: L. ca. 8 m, Br. ca. 2 m, geschätzte H. 0,8 m; L./Br. 4; als Schiff skandinavischer Tradition mit leicht slawischem Einschlag betrachtet, letzteres bezieht sich auf die Mastspur; Kiel nicht gefunden, aber anhand der Löcher an der Unterseite der Bodenhölzer anzunehmen.
a. Mastspur in Bodenholz 4: in der Mitte auf der Oberseite eine rechteckige Eintiefung (6 x 4 cm, 3 cm tief).
b. obere Mastführung: in biti 11 ein a. entsprechendes rundes Loch; das Bitiknie wurde mit 2 Extranägeln befestigt.
C 14-Daten: Bodenplanke 8 = 1180 ± 80; Bodenplanke 9 = 1215 ± 100; dendrochronologische Datierung der Palisade in das späte 11./ frühe 12. Jh.
Ellmers 1972 Nr. 126; Varenius 1979; zu den Befunden vgl. Bendegård 1983; Rönnby 1984, 13 f.

68. Falsterbo, Schonen

Wrack unter einer mittelalterlichen Kulturschicht: Bootsteile z.T. weit verstreut und nicht sachgemäß ergraben und dokumentiert; Rekonstruktion beruht auf der Auswertung zahlreicher unzusammenhängender Einzelteile.
Schiff: L. ca. 13,5 m, Br. 4,5 m, H. mittschiffs 2,7 m; L./Br. ca. 3; 21 Spanten; 15 oder 16 geklinkerte Bordgänge; keine Aussagen über Decks, Reling und Ruderlöcher möglich.
a. Kielschwein: L. mindestens 4,5 m; weitere Details unbekannt.
Datierung 1100 ± 70 (unkalibriert); Schiff unter einer Kleischicht mit Münze von 1286/1316; Pollenanalysen weisen auf frühes Mittelalter hin.
Ellmers 1972 Nr. 106 f.
Museum Falsterbo.

69. Lund, Schonen

Mittelalterliche Stadt; erste Besiedlung in der späten WKZ (Friedhof um 990), angenommene Gründung um 1020 (Einsetzen der Münzprägung) durch Knud den Großen; ab ca. 1060 Bischofs- und ab ca. 1100 Erzbischofssitz; für 1085 Grundstückssteuer belegt; ca. 1134 (Roskildechronik) Befestigung mit einem Wall; früheste Stadt wohl zwischen 2 kleinen, 2 m tiefen Flüssen angelegt, wobei die heutige Stora Södergatan parallel zum westlicher gelegenen Fluß läuft.
Mehrere Grabungen innerhalb des Stadtgebietes, die sich in der Hauptsache auf kirchlich genutzte Plätze beschränken.
Kv. St. Clemens Nr. 8 (PKbanken).
Grabung 1974/5 auf einer über 200 m² großen Fläche; Kulturschicht 3-4,5 m mächtig (ab ca. 1300 hörte die Schichtbildung auf).
Fläche durchgehend von ca. 1000 ab (Friedhof mit dazugehöriger Bebauung) durch kirchliche Institutionen benutzt, aber auch kleine Ausschnitte weltlicher Bauten.
Aus der Phase I (ca. 1000- ca. 1050) stammen 258 der 368 gefundenen Gräber, die nach christlichem Ritus und bis auf 47 in Särgen bestattet wurden.
Gräber 105, 255 322: Särge z.T. aus *sekundär verwendeten Bootsteilen*, Teile der Bordwände von klinkergebauten Schiffen; Grab 255 mit Holznägeln geklinkerte Planke, in der 2 Rojepforten eingearbeitet waren.
a. Planke mit *2 Rojepforte:* Planke: L. 1,36 m, Br. 31 cm; 1 Rojepforte vollständig, die andere nur fragmentarisch erhalten; Abstand zwischen beiden 72 cm, was einem Spantenabstand von ca. 78 cm entspricht; die vollständige lag ca. 7 cm von der Reling entfernt und hatte einen Durchm. von 10 cm.
Weitere Funde: *Fischereigeräte* offenbar über die Schichten verteilt gefunden: Angelhaken aus Eisen, Schwimmer, Netzrest, Netzsteche (Nätsticka) aus Esche, 19,5 cm L.; weder Schichten noch Fundzusammenhänge genannt; Fig. 172-4 S. 227/8; *2 Beschläge für einen Eisstock:* Eisen, mit Tülle und Nagelloch sowie flacher Spitze an anderer Seite; 7 bzw. 12,5 cm L.; zum Anschieben beim Schlittschuhlaufen; KM 66166:779. 2309 - Fig. 338 S. 386; daneben Eisspieker und Schlittschuhe aus Knochen gefunden; *Waagen und Gewichte:* 3 Gewichte; mehr als 4 Balancewaagen aus Bronze aus der 1. Phase (1000-1050); 9 *Münzen* aus dem 11./12. Jh., älteste von Knud dem Großen aus Stamford (1023/29); ein Münzstempel von Erik Plovpenning (1241-50); anscheinend keine Importkeramik.
Mårtensson (Hg) 1976 Fig. 101, 1.
Kulturhistoriska Museum Lund (Sarg des Grabes 255: KM 66166:814).

70. Sigtuna, Stadt S., Uppland

Mittelalterliche Stadt mit Ursprung im 10. Jh.; am Mälarsee, an einem natürlichen Zugang in das Uppland, gelegen; gilt als Nachfolger Birkas als Handelsplatz; im 11. und 12. Jh. Bischofssitz; verlor ab Mitte des 13. Jh. seine Bedeutung z.T. an Uppsala, aber auch an Stockholm.
Seit Anfang dieses Jahrhunderts mehrere kleinere Grabungen, die aber alle nur sporadisch veröffentlicht wurden; über das Fundmaterial liegen nur sehr summarische Angaben vor; Strandlinie bis zum 12. Jh. entlang der 4-5 m Höhenlinie angenommen.
Funde zeigen deutlich, daß Sigtuna am Fern- wie auch am Nahhandel teilnahm: Fr. von Waagschalen und Gewichten; Hinweise auf Handwerk; Keramik: meist A IV Ware, aber auch A II (vendische schwarze

Keramik) sowie byzantinische Ware; Fischerei durch Eisenhaken und Senksteine belegt;

Kv. Guldet Nr. 5

Landungsbrücke ?; 84 m² im Strandbereich; angenommen, daß Wasser 3 m über dem heutigen Stand war.

3 Schichten: 1. Überschwemmungsbereich um 1100 entstanden; 2. Schwemmsandschicht; 3. Pfostenlöcher, die auf Landungsbrücke hinweisen, Funde des 12./13. Jh.; unterste Schicht: sehr dünne Schicht aus Erde über gewachsenem Boden; diese Schicht zumindest zeitweise unter Wasser; hierin eine größere Anzahl Pfostenlöcher und andere Eintiefungen; *Pfostenlöcher* wild gestreut, bis auf den Westteil, wo 9 Pfostenlöcher paarweise aufgestellt waren, die alle auf einem Niveau liegen und in dieselbe Richtung weisen; sonst keine Konstruktionen erkennbar; die darüberliegenden Schichten zeigen keine Spuren von Besiedlung, aber alle drei mit Siedlungsschutt, darunter auch Knochen; durch Keramik in späte WKZ datiert.

Syse & Sten 1987.

1. Kv. Trekanten

Siedlungsfund, ohne Zusammenhang mit Einrichtungen für Schiffe. Grabung 1925; Befunde des 11. Jh., darunter auch Häuser; darüber weiteres Haus mit Knüppeldamm davor; im Bereich des ersten Hauses, zwischen der Lehmschicht, die von den umgefallenen Wänden herrührt (= unter dem Knüppeldamm).

a. Rack: keine Maße angegeben.

In selber Schicht Netzsenker aus flachem Stein, mit kreuzweise gebundenem Tauwerk.

Datierung über Beifunde in der Schicht ins 11. Jh.

Ellmers 1972 Nr. 121.

Sigtuna Fornhem, z.Z. nicht auffindbar.

2. S:t Persgatan (Hamngatan)

1961 bei Ausschachtungsarbeiten gefunden; 2,35 m ü.M., an der Grenze zwischen Lehm und darüberliegendem Humus, unter einer Reihe verstreut liegender Steine angetroffen; anscheinend im damaligen Hafen verlorengegangen.

b. Anker: Stockanker aus Eisen; Fr. in 3 Teilen, von den 2 aneinander passen; Stock nicht erhalten; oberer Teil (Bein mit oberem Ende): L. 1,30 m, Br. 6 cm, Dicke ca. 3 cm; Bein mit plattem, viereckigem Querschnitt und einem Ring im oberen Bereich von 16,5 cm Durchm.; unteres Teil (Teil des Beines mit Armen, ohne Flunken): L. 1,39 m; Br. zwischen den Armen 80 cm; Br. der Arme ca. 6,5 cm; Dicke ca. 2 cm; unter dem Kreuz Reste eines großen Ringes.

Undatiert, aber anhand der Fundlage wahrscheinlich vor 1200.

Sigtuna, Fornhem 2666 (Dnr 16/64).

Zu Sigtuna: Douglas 1978; Douglas & Folin 1978.

71. Södertälje, Södermanland

Wrack ? bzw. Einzelfund; 1832 im Zusammenhang mit dem Bau des Södertäljekanals gefunden; Funde nachträglich identifiziert, so daß eine Verwechslung der beiden Fundstücke miteinander und mit dem Anker aus Tröllhättan (Nr. 68.a) nicht auszuschließen ist

Einer auf der zum Mälar gelegenen Seite der Schleuse 2 *zusammen mit 2 sehr alten Wracks* angetroffen; über diese nichts weiter bekannt; der andere im Kanal weiter oberhalb Richtung Mälarsee gefunden; die von Webe vorgenommene Zuweisung der Anker an einen der beiden Fundorte ist nicht nachvollziehbar.

a. Anker: Stockanker aus Eisen; Fr., nur am oberen Ende abgebrochen; L. 2 m; Bein: Br. 8 cm, Dicke 3,5 cm, mit flachem, rechteckigem Querschnitt; Br. über die Flunken 1,04 m; Br. der Arme 3,5 cm; Flunken: L. ca. 21 cm, Br. ca. 10 cm, spitz; im unteren Bereich des Kreuzes ein Loch von 3,5 cm Durchm.

b. Anker: Stockanker aus Eisen; Fr., am oberen Ende abgebrochen; L. ca. 1,36 m; Bein: Br. 7 cm, Dicke 5 cm, mit flachem, rechteckigem Querschnitt; Br. über die Flunken 1,23 m; Br. der Arme 4,5 cm; Flunken: L. ca. 19,2 cm, Br. ca. 10,8 cm, spitz; im unteren Bereich des Kreuzes ein Loch von 4 cm Durchm., in dem der Ring noch vorhanden war (Durchm. 4,5 cm).

Datierung unbekannt, doch da einer der Anker zusammen mit Schiffen angetroffen wurde, also zu einer Zeit in den Boden gelangte, als der Södertäljekanal noch Wasser führte, muß er aufgrund der Landhebung spätestens um 1000 n.Chr. datiert werden.

Hagberg 1960, 82; Webe 1979/80; Fv. 1972, 125 (Wasserstand des Kanals).

Statens Sjöhistoriska Museum, Stockholm 5859 (a.). 5861 (b.); früher beide Statens Historiska Museum, Stockholm 581.

72. Trollhättan, Trollhättan sn., Västergötland

Fund aus See; 1798 in Verbindung mit dem Bau des Trollhättankanals im Åkers insjön, direkt südlich von Trollhättan, gefunden; Fund nachträglich identifiziert, so daß eine Verwechslung mit den Ankern aus Södertälje (Nr. 71) nicht auszuschließen ist; Fundort z.Z. des Kanalbaus nicht mehr für Schiffe zugänglich und ca. 112 Fuß über der Göta älv, mit der der See nur über einen Wasserfall in Verbindung stand; aufgrund der Lage ist anzunehmen, daß es sich bei den Schmucksachen um einen Opferfund handelt; doch ist es nicht auszuschließen, daß über dieselbe Stelle später ein Anlegeplatz errichtet wurde.

Dem Fundbericht des Ingenieurs, der die Arbeiten leitete, ist folgendes zu entnehmen: Nachdem das Wasser des Sees abgelassen worden war, lag der Boden trocken, der unter einer Schicht aus Blaulehm und Kiesel aus einer 3 Fuß tiefen Torfschicht bestand; hier fand sich eine »Menge Eichenholz«, die als Brücke bezeichnet wurde; in unmittelbarer Nähe vor diesem Gebilde im See traf man auf den Anker und die anderen Funde.

Geborgene Funde neben dem Anker: Spirale mit 2 Perlen daran, 2 Fingerringe (Silber und Silber vergoldet), 1 Relieffibel (Silber), 1 Ringfibel (Bronze).

a. Anker: Stockanker aus Eisen; Fr., oben an der Schlaufe und an einem Arm abgebrochen, Kanten recht stark abgeschliffen; L. ca. 1,69 m; Bein: Br. 4,5 cm, Dicke 3 cm, mit flachem, rechteckigem Querschnitt; am oberen Ende ca. 14,5 cm unterhalb der Bruchstelle eine Ausbuchtung nach beiden Seiten von ca. 5,5 cm Gesamtbr. und 1,5 cm L. zur Befestigung des Stocks; danach eine erneute Verjüngung und direkt darüber die Verbreiterung zum Loch für das Kabel; L. der erhaltenen Flunke vom Mittelpunkt des Kreuzes aus gemessen ca. 45,6 cm; Br. des Armes 3,5 cm; Flunke: L. ca. 17,5 cm, Br. ca. 13,8 cm, spitz; im unteren Bereich des Kreuzes ein Loch von 3,8 cm Durchm.

Datierung des Schmucks in das 6. Jh., was sehr wahrscheinlich auch für den Anker zutrifft.

Hagberg 1960; Westerdahl 1981.

Statens Sjöhistoriska Museum, Stockholm 5860 (Anker); früher Statens Historiska Museum, Stockholm 581 (auch für die Schmucksachen)

73. Tuna, Alsike sn., Uppland

Flachgräberfeld mit 10-11 Bootgräbern: Alle sicheren stammen aus der WKZ, ein unsicheres (Grab XIII) aus der frühen VeZ; 6-7 Gräber ohne Boot; 2 Gräber mit Frauenausstattungen, Rest mit Männerausstattung; 1895.
Grab VIb: Sehr schlecht erhalten, da es ein älteres Grab stört; nicht alle bei der Grabung 1896 dokumentierten Gegenstände gelangten ins Museum; Körperbestattung, wahrscheinlich einer Frau; Boot: L. 7,8 m, max. Br. 1,4 m; 5 oder 6 Plankengänge und einer Kielplanke.
a. Beschlag (Fundnr. 30): Ansprache unsicher; Eisen; 2 runde Stangen (L. 7,4 cm), die durch 2 rechteckige, abgebrochene Platten (L. 10,6 cm, Br. 2,7 cm) miteinander verbunden sind; an den Platten Holzreste; Fo: in der Nähe des O-Stevens, auf der Kiellinie (Feld C/D-4).
Beifunde: Schmuck; Kamm; aus Eisen: 1 großer und 4 kleine Eisnägel; Schlüssel; zwei Eisenringe und weitere Eisenteile unbekannter Funktion; Bronzereste; 1 arabische Silbermünze (unbestimmt); Spielsteine; 2 Tongefäße; unbestimmbare Holzreste; Pferdekiefer; Vogelskelett.
Datierung über Beifunde in 1. Hälfte 9. Jh.
Müller-Wille 1968/69 I, Nr. 96.
Statens Historiska Museum, Stockholm 10289.

74. Uppsala, Stadt U., Uppland

Mittelalterliche Stadt; Grabungen an mehreren Stellen, doch Besiedlung vor 1200 nur schwer faßbar.
Kv. Näktergalen, Kaufhaus Tempo
Grabung direkt an Stora Torget, im zentralen Teil der alten Stadt; 1934 gegraben.
Fläche war einmal Teil des Seebodens des Fjordes, der zur Bachmündung führte; im 12. Jh. aufgeschüttet; Fo: auf dem gewachsenen Boden, aber auch in der Kulturschicht.
a. Steuerruder: Kiefer; L. 1,38 m, größte Br., am Blatt, 17 cm; Vorderseite gerade, Rückseite mit leicht markierter Schulter am Übergang zum Blatt; im Profil Blatt deutlich abgesetzt; mehrere Schabspuren an der wahrscheinlich dem Schiff zugewendeten Seite; *2 Löcher für Ruderpinnen* im oberen Bereich: 2 längliche Löcher, wohl für Pinne: A 4,2 x ca. 2 cm; B, Oberkante 26 cm unterhalb des Griffanfangs, 4,7 x 1,8 cm; Loch A geht nicht gerade durch den Mittelpunkt des Halses, B schon; im Zusammenhang mit diesen Löchern für Pinnen horizontale Schabspuren 2 Stück 3-3,5 cm unterhalb von A und 3 cm unterhalb von B; weiter unten weitere solcher Spuren (als 2 bezeichnet), unterste Spur 12 cm unterhalb von B; *2 Löcher zur Befestigung am Rumpf:* Loch C mit Holzpflock und starken Schleifspuren nur an der zum Boot gewandten Öffnung; D besteht eigentlich aus 2 direkt nebeneinander liegenden Löchern und Schleifspuren schräg nach unten; unmittelbar unter D weiter Schleifspuren (Nr. 3).
Datierung über Funde in der Kulturschicht vor 12. Jh.

Ellmers 1972 Nr. 127.
Uppsala, Upplandsmuseet.

75. Valsgärde, Gamla Uppsala sn., Uppland

Gräberfeld der jRKZ bis WKZ mit Brand- und Körperbestattungen; Fo auf dem Gebiet eines königlichen Hauses (Husby), das auch zu einem Tuna-Hof gehört; Verteilung und Auswahl der Beigaben einer festen Regel unterworfen: Gegenstände oft bereits unbrauchbar oder ziemlich verschlissen, bevor sie ins Grab kamen; persönliche Ausstattung wie Fingerringe und Trachtenschmuck fehlen; Prunkwaffen waren deutlich nicht in der Position, wo es einen Sinn ergäbe; Bettstellen vorhanden; daneben Trinkgeschirr, Schalen und Löffel aus Holz und andere Holzgefäße (mit Haselnüssen darin); bei allen publizierten Gräbern ist ein Eisenkessel mit einer Kette zum Aufhängen angetroffen worden; in der Regel Hunde und Pferde mitgegeben, bei Pferden befand sich meist ein Eisnagel.
15 Bootgräber mit Körperbestattung aus der ersten Hälfte 7.-11. Jh.: 5 aus VeZ, 10 aus WKZ sowie 1 Schiffssetzung (ohne Beigaben); bei keinem Grab mehr als kleine Holzfragmente und Niete vom Boot erhalten; soweit feststellbar, waren Boote zwischen 8 und 10 m lang; die Boote der Gräber 1 (Nr. 1.a) und 6 mit Beschlägen, die eindeutig zur Verbindung der einzelnen Bauteile untereinander dienten; lediglich die Boote der Gräber 1, 2, 4 sowie 6 bis 8 sind publiziert; Informationen über die restlichen hier aufgeführten Boote stammen von Müller-Wille (1968/69) und aus dem Mus. Uppsala; für diese Funde war kein Plan zugänglich, so daß die Lage sowie die Zugehörigkeit zum betreffenden Boot fraglich bleiben muß.

1. **Grab 2:** Boot: L. 9,1 m, Br. 1,96; 1 Kiel- und 8 Bordplanken, 8-9 Spanten;
a. Beschläge an der Reling: Eisen; genaue Anzahl und Maße unbekannt; U-förmige Bänder; dort gefunden, wo wegen der Nietkonzentration Spanten anzunehmen sind, d.h. in einem Abstand von ca. 1 m; genaue Art der Anbringung wegen des schlechten Erhaltungszustandes nicht zu klären.
b. Ring mit Splint: Eisen; Maße unbekannt; Fo: ca. 1 m von einem Steven entfernt; aufgrund des Befundes am ehesten innen und an der Reling montiert, doch dies nicht sicher.
Beifunde: Waffen; Pferdegeschirr; kleine Holzkiste mit Schere und »ranglar«.
Datierung über Beifunde in E. 9./A. 10 Jh.

2. **Grab 3:** Boot: L. 13 m.
a. 2 Relingsbeschläge.
Datierung über Beifunde in 1. Hälfte 10. Jh.

3. **Grab 4:** Boot: L. 7,95 m, Br. 1,9 m; 1 Kiel- und 5 Bordgänge, vermutlich 8 Spanten; ein länglicher Beschlag an der Lasche zwischen Bodenplanke und dem Steven, an dem auch der Ring angebracht war; Ansprache von Vor- und Hintersteven nicht möglich
a. Eisenring: Maße unbekannt; relativ dünn und mit drei lose laufenden Ösen, evtl. Thorshammer, versehen; wahrscheinlich im oberen Stevenbereich angebracht; Fo: über der letzten Nietreihe, leicht zu einer Seite geneigt.
Beifunde: Waffen; Pferdegeschirr; Beutel mit einer arabischen Münze (Prägezeit 870-892); *Haushaltsgeräte:* Gefäß aus Keramik; Holzkasten mit Henkel; Bratspieß.
Datierung über Beifunde in 1. Hälfte 10. Jh.

4. **Grab 7:** Boot: Eiche mit etwas eingebautem Kiefernholz; L. ca. 8,5 m, Br. 1,6 m; größte belegte H. mittschiffs 80 cm; ca. 75 cm vom Stevenbeschlag entfernt und am anderen Steven zwei Gruppen von je 5 Eisenspiralen, die wahrscheinlich zu einer Stevenzier gehören.

a. 2 Stevenbeschläge:
1. Fundnr. 500: Eisen; 10 x 3,5 x 5,5-4,5 cm; U-förmig deformiert (sekundär ?); Fo: vor dem S-Steven.
2. Fundnr. 48: Zuweisung unsicher; Eisen; Maße unbekannt; in der Nähe des N-Stevens angetroffen.

Beifunde: Waffen; Pferdegeschirr; *Werkzeug:* Zange, Axt, Schere, 3 Messer, Feuerstahl; persönliche Ausrüstung (3 Kämme, Pinzette); Spielsteine; Reste von Stoffen und Federn; *Haushaltsgeräte:* alle im Bug bzw. Vorschiff beieinander stehend angetroffen; Bronzebeschläge von 3 Trinkhörnern; aus Eisen: Kessel (Durchm. 26 cm, der auf einen Mündungsdurchm. von ca. 40 cm schließen läßt) mit Henkel und Kette aus 6 Gliedern und Stab mit Haken an beiden Enden, Gesamtl. ca. 1,16 m; Gabel; Bratspieß; Bratpfanne; Fr. von Gefäßen aus Holz: 6 oder 7 Schalen; Daubengefäß oder Kästchen; 3 Eimer: Fundnr. 418. 462 (Wassereimer ?) anscheinend relativ groß und mit einem oberen Durchm. von bis zu 80 cm, aber nur zwei sehr stark fragmentierte Eisenringe vorhanden, Eimer I mit einem Mindestdurchm. von 23 cm und Eimer II von 28 cm; *rechteckige Kiste:* Holz; mind. 2 Seiten- und 3 Bodenplanken durch Niete miteinander verbunden und mit Haarfilz abgedichtet; L. ca. 2,75 m, Br. mind. 90 cm; Reparaturspuren und Versuche der nachträglichen Dichtung; diente im Grab als Bahre für den Toten; Fo: mittschiffs unter den Waffen.

Datierung über Beifunde in 2. Hälfte 7. Jh.

5. **Grab 11:** Keine weiteren Angaben.
a. 2 Stevenbeschläge.
Datierung über Beifunde in 11. Jh.

6. **Grab 12:** Aufgrund der Nietmenge wird ein Grabüberbau, der gleichfalls aus einem Boot bestand, angenommen.
a. 2 Bootsbeschläge: Tragring mit Splint; keine weiteren Angaben.
Datierung über Beifunde in 2. Hälfte 10. Jh.

7. **Grab 14:** Keine weiteren Angaben; Fundnr. 14:37: langer, dünner Eisenstift, dessen eines Ende zu einer kleinen Öse gebogen ist (L. ca. 23 cm); Hering oder Stift zur Befestigung einer Bootsleine?
a. Stevenbeschlag: viereckig gebogen; keine weiteren Angaben.
b. Bootsbeschlag: Tragring mit Splint; keine weiteren Angaben.
Datierung über Beifunde in 1. Hälfte 9. Jh.

8. **Grab 15:** Keine weiteren Angaben.
a. 2 Relingsbeschläge.
Datierung über Beifunde in 2. Hälfte 10. Jh.

Müller-Wille 1968/69 I, Nr. 71-85. II, 32; Arwidsson 1977. 1983.
Museum Uppsala.

76. Visby, Gotland

Mittelalterliche Stadt mit Besiedlungsspuren der VeZ/WKZ; wegen der Landhebung ist nicht damit zu rechnen, daß vor dem 7. Jh. an dieser Stelle ein Naturhafen vorhanden war.

Stadtentwicklung: *Älteste Besiedlung* lag am alten Hafen (heute Almedalen) mit fester Besiedlung; Lesefunde zwischen Odalgatan und St. Nicolai evtl. als alte Zufahrtswege zu Hafen zu erklären; Gräber geben äußerste Grenze für die Siedlung an, da sie als extra muros liegend gedacht sind; darüber hinaus nur negative Belege für WKZ; VeZ ohne Kulturschicht, aber mit kleinen Befunden und Streufunden, die sporadische Nutzung des Strandgebietes anzeigen; nach C 14-Daten Besiedlung bereits vor 1000; *im 12./13. Jh.* zuerst Wachstum nach S und SW und dann Ausbau bis zur mittelalterlichen Stadtmauer; Kirchen liegen alle außerhalb der wikingerzeitlichen Besiedlung; auf den *Gräberfeldern* ausschließlich gotländische Formen.

C-14 Daten von 4 Fundorten: AD 665 ± 120 bis 1030 ± 100 (Kv. Kanonen mit Probe aus evtl. Schiff 980 ± 100).

Strandgatan, vor Nr. 30.
Einzelfund in einer Füllschicht des Hafens in 2 m Tiefe und anscheinend in einer Schicht, die über weite Strecken mit Material des 13. Jh. verfüllt war; 1941 gefunden.

a. Steuerruder; nur im oberen Teil gut erhalten, Blatt stark fragmentiert; L. ca. 3,50 m; weitere Maße unbekannt.

Datierung durch Schichtzugehörigkeit in Zeit 12./13. Jh.

Ellmers 1972 Nr. 131c; Svahnström 1984, 36. 38; Befund der Siedlung: Andersson-Westholm 1982; Westholm 1985; Engeström 1988.
Gotlands fornsal.

Polen

77. Bagart, Dzierzgon, Pow. Szumi (ehem. Baumgarth)

Wrack: Einzelfund in einem moorigen alten Flußbett der ca. 350 m im O fließenden Sorge, die über den Drausensee mit dem Frischen Haff in Verbindung steht; 1894 beim Grabenziehen angetroffen und 1895 ausgegraben; in der Nähe ein Menschen- und mehrere Tierknochen sowie unbearbeitetes Holz angetroffen, deren Verbindung zum Boot jedoch unsicher sind; wahrscheinlich ein verunglücktes oder abgewracktes Schiff.

Boot: Nicht alle Teile im Verbund angetroffen und nur untere Partien erhalten; L. ca. 11,90 m, Br. 2,60 m, H. ca. 86 cm; L./Br. 4,57; 7 mit Eisennägeln geklinkerte Bordgänge; 11 Spanten in einem Abstand von ca. 1 m; von Riemeneinrichtung nichts angetroffen, aber H. der Duchten läßt ein Rudern über die Reling annehmen.

a. Mastspur in Spant VI: ca. 3 m vom Boot entfernt angetroffen; rechteckige Vertiefung, 11,5 x 7,5 cm groß; zu beiden Seiten jeweils eine weitere, kleinere, rechteckige Spur; diese evtl. zur Stützung seitlicher Stützen der darüberliegenden Ducht b.; Spant an der Mastspur breiter als die übrigen.

b. Mastführung in Ducht: lose aufgelegte Ducht: fast vollständig; L. 2,52 m, Br. 12,5-23 cm, Dicke 8 cm an den Enden und 2,5-2 cm in der Mitte; in der Mitte ein elliptisches Loch mit einem Durchm. von 12,5 x 14,5 cm; auf der Unterseite neben diesem Loch an beiden Seiten je eine kleine, fast quadratische Eintiefung, die der Mastspur in a. entspricht.

c. 3 Stangen, von denen mindestens 2 einem Zelt zugeschrieben werden: nicht pollierte Eiche; L. 2,14-2,80 m, Umfang an einem Ende 20-24 cm, am anderen 10-15 cm; an den stärkeren Enden bei zwei Stangen auf einer Seite eine Einkerbung (L. ca. 13 cm, ca. 2-4 cm tief), deren Ecken einmal scharfkantig und das andere Mal abgerundet sind; Interpretation mangels genauerer Daten sehr unsicher.

Undatiert, typologisch in die späte VeZ/frühe WKZ gesetzt.
Ellmers 1972 Nr. 75a.
Verbleib unbekannt.

78. Charbrów, Pow. Lebork (ehem. Charbrow)

Wrack: 1898 im Lebamoor, nicht weit vom Ufer des Lebasees in 1 m Tiefe gefunden;
Schiff mit Kiel: Steven und oberer Bereich fehlen, so daß Maße nur grob zu schätzen sind: L. 13,20 m, Br.3,30 m, H. 1 m; L./Br. 4; die mindestens 7 Plankengänge mit Holzdübeln untereinander verbunden, 13 Spanten in 90 bis 100 cm Abstand.
a. Mastspur, am Mittelspant festgezurrt: viereckige Lasche, die zum Spant hin ein Loch für den Mast freiläßt; das von Lemcke (1899) als Mastspur angesprochene Loch ist eine Eintiefung für eine Duchtstütze.
b. Reste einer Herdstelle ?: im Inneren des Vorschiffes Bruchstücke von durch Feuer geschwärzten Findlingen, wie sie in slawischen Siedlungen als Herdunterlage dienen; dazu unverzierte slawische Keramik; spätere Einschwemmung nicht auszuschließen.
Undatiert; aufgrund der Keramik in das 11.-12 Jh. gesetzt.
Ellmers 1972 Nr. 80.a.
Verbleib unbekannt.

79. Czarnowsko, Pow. Lebork (ehem. Lebafeld)

Wrack: 1931 am Ufer des Lebasees gefunden, 1957 gehoben.
Handelsschiff mit Kiel: L. ca. 13,76 m, Br. 3,35 m, H. 85; L./Br. 4,1; 9 mittels Holzdübeln geklinkerte Plankengänge, 12 Spanten in einem Abstand von 80 bis 100 cm.
a. Mastspur am Mittelspant festgezurrt: Lasche aus Birke vor den Spant gezurrt, so daß eine Mastspur entsteht; mit Bast festgezurrt.
Undatiert; aus typologischen Gründen kaum vor die 2. Hälfte des 11. Jh. zu setzen.
Ellmers 1972 Nr. 89.a.
Szczecin, Muzeum Pomorza Zachodniego.

80. Gdańsk (ehem. Danzig)

Mittelalterliche Stadt; Besiedlung ab der 2. Hälfte des 10. Jh.; Hafenanlagen erst ab dem 13. Jh. nachgewiesen.[7]
Aus den Stadtgrabungen bis 1969; Zeitraum bis 1308 Schiffe und Teile davon von Smolarek bearbeitet; genauer Fundort der Stücke nicht zu ermitteln; offensichtlich sind nicht alle Stücke vermessen worden, bevor der Schrumpfungsprozeß einsetzte.
a. 14 Riemen, von denen 8 in die Zeit vor 1205 datiert werden[8]; von den 4 von Smolarek aufgelisteten Typen, die bis auf Typ b alle durch Einzelstücke repräsentiert sind, sind 2 vor 1205 in den Boden gelangt:
  1. Typ a (Inv.Nr. 1951/431): einziges Exemplar dieses Typs; Fr., am Stiel abgebrochen; Maße unbekannt; deutlich abgesetzte Schultern, fast parallel verlaufende Blattkanten; auf der Rückseite des Blattes ein kleiner Mittelgrat; Datierung: Übergang Schicht 7/8 (1160);
  2-8. Typ b: Anscheinend alle Fr.; keine individuellen Maße genannt; Blatt. beträgt ca. 1/3 der L. des Stieles; maximale Blattbr. am geraden Ende : 8-17,5 cm (Durchschnittswert 10-15 cm); Vorderseite plan, Rückseite meist mit Mittelgrat; Übergang vom Stiel zum Blatt abgeschrägt; manche Exemplare mit löffelförmig gebogenem Blatt; Stiel meist rund, aber auch ellipsenförmig, Durchm. bis zu 3,5 cm; Datierungen: 980-1000 (Schicht 16/17: Inv.Nr. 1954/9544)[9]; 1065-1080 (Schicht 12: Inv.Nr. 1953/311, 1954/129); 1115-1140 (Schicht 9: Inv.Nr. 1951/529); 1140-1160 (Schicht 8: Inv.Nr. 1951/917, 1951/924).
Smolarek 1969, 334/5 (Fig. 90) Fundliste: Taf. 24; zum Hafen: Zbierski 1964; Smolarek 1981.

81. Gdańsk-Orunia (ehem. Danzig-Ohra)

3 Wracks: 1933/34 beim Grabenziehen in der Niederung der Radaune in 1,3-2 m Tiefe angetroffen und in Grabungen gehoben.
Wrack 1: Ruderboot mit Kiel; besonders im oberen Bereich wenig erhalten, Teile einzeln geborgen und im Museum zusammengesetzt; rekonstruierte Maße: L. 12,76 m, Br. 2,37 m, H. 70 cm; L./Br. 5,83; 6 Plankengänge mittels Holznägeln geklinkert verbunden; 13 Spanten in 88 cm Abstand; 9 Paar Ruder angenommen und mit Sicherheit keine Segelvorrichtungen.
a. Vorrichtung für Dollen: keine vollständig angetroffen, aber an zwei Stellen so viel erhalten, daß sich die folgende Rekonstruktion ergibt: In dem innen angebrachten Dollbord befinden sich rechteckige Einschnitte (4,8 x 2 cm groß), die in Verbindung mit der dahinter liegenden Reling die Zapflöcher für eine Ruderdolle bilden; unmittelbar achterlich der Dolle eine Ausrundung in Reling und Dollbord, ca. 2,5 cm tief und L. ca. 16 cm; keine Dolle erhalten.
Von den zwei weiteren Schiffen sind keine Ausrüstungsgegenstände erhalten; beide von gleicher Bauweise wie Wrack 1; *Wrack 2:* Lastschiff; L. ca. 11 m, Br. ca. 2,27 m; L./Br. 4,84; *Wrack 3* Ruderboot mit Kiel; L. ca. 13,30 m, Br. ca. 2,46 m; L./Br. 5,4; bei Wrack 2 sind aufgrund der Höhe der Bordwand Rojepforten anzunehmen, bei 3 läßt die Höhe der Duchten auf Keipen schließen, obwohl auch hier 7 Plankengänge rekonstruiert wurden; beide Boote ohne Hinweis auf eine Segeleinrichtung, die auch für sie nicht wahrscheinlich ist.
Datierung: sicher vor der Eindeichung des Gebietes im 13. Jh.; typologisch in die WKZ gesetzt.
Ellmers 1972 Nr. 82.

82. Puck, Bez. Gdańsk (ehem. Putzig)

Grabungen seit 1979, bisher nur Vorberichte über die Schiffe publiziert.
Im mittelalterlichen Hafen wurden Wasserfronten unbekannten Aussehens des 6./7.-13 Jh. angetroffen sowie mehrere Schiffsteile.
Wrack 2: nur mittlere Bodenpartie erhalten; geklinkertes Kielboot; L. nicht zu ermitteln, erschlossene Br. 2,25-2,50 m; Planken mit Holznägeln aneinander befestigt; zahlreiche Fragmente frühmittelalterlicher Keramik und Tierknochen um das Boot herum gefunden; eine Keramikscherbe im Boot angetroffen, die jedoch auch eingeschwemmt sein kann.

---

7 Die von Zbierski und Smolarek erwähnten und pauschal in die Zeit vom 10. bis zum 13. Jh. gesetzten Anlagen scheinen alle relativ spät zu sein; der Publikationsstand erlaubt keine Differenzierung.
8 3 Exemplare kamen später in den Boden, 3 sind nicht in der Fundliste Taf. 24 aufgelistet und dürften undatiert sein.
9 Fundliste Taf. 24; im Text 1065–1080 als erstes Auftauchen genannt.

a. Kielschwein: Eiche; L. 2,75 m, größte Br. 15 cm; Maße der Mastspur: 11 x 8 x 8 cm; Astgabelung vollständig erhalten (L. von der Basis 80 cm), vorne flach und hinten halbrund gearbeitet; über vier Spanten gelegt; zusätzlich mit drei über dem Kielschwein liegenden Querhölzern festgehalten (das achterlichste wurde durch einen eingezapften Stab aufrecht gehalten).
Datierung: drei C 14-Proben genommen, die 810 ± 90, 555 ± 50 und 770 ± 45 ergaben; der Ausgräber rechnet mit einem zeitlichen Ansatz in der 2. Hälfte des 8. Jh.
Stępień 1984; 1987.

83. Szczecin (ehem. Stettin)

Mittelalterliche Stadt; Grabungen an mehreren Stellen, aber keine zusammenfassende Publikation; Besiedlung seit dem 8. Jh. nachgewiesen.
Hafenanlagen: Diejenige, an der das Boot befestigt worden sein soll, ist nicht publiziert; im nördlichen Teil der Vorburg 2 Phasen angetroffen; die Anlagen des 10. Jh. nicht publiziert; aus dem *12. Jh.* stammten trapezförmig angeordnete Kisten aus bis zu 12 übereinander gelegten Eichenbalken, die in Blockbautechnik gezimmert und mit Erde und Steinen aufgefüllt wurden; H. der Kisten 1,63 m, L. in einem Fall 4,6 m; Interpretation als Kaianlage muß jedoch aufgrund der wahrscheinlich geringen Wassertiefe - nicht über ungefähr 1,50 m - bis zur vollständigen Vorlage der Grabungsbefunde fraglich bleiben.
Wrack: Geklinkertes Kielboot; L. ca. 8,05 m, Br. 2,20 m, H. 66 m; L./Br. 3,5; wahrscheinlich 5 Plankengänge, die untereinander mit Holzdübeln geklinkert waren, und 6 Spanten; keine Spuren von Riemen- oder Segeleinrichtungen; wahrscheinlich am ursprünglichen Ufer der Oder festgemacht und dann gesunken.
In der Einschwemmschicht des Schiffes gefunden, aber Zugehörigkeit zweifelhaft:
a. Steuerruder: Paddelruder; L. ca. 4,85 m, davon ca. 1,70 m Blatt; Br. des Blattes ca. 90 cm.
b. Ösfaß: Eiche; an der Schale oben und am vorderen Ende ausgebrochen; erhaltene L. ca. 39 cm; L. des Griffs ca. 16 cm; erhaltene H. der Schale ca. 11 cm.
Datierung des Schiffes stratigraphisch in die 2. Hälfte des 9. Jh.; Ausrüstungsteile nicht eigenständig datiert.
Ellmers 1972 Nr. 94.a; Filipowiak 1989; Rulewicz 1974;
Szczecin, Muzeum Pomorza Zachodniego.

84. Wolin, Woi. Szczecin (ehem. Wollin)

Mittelalterliche Stadt; erste Besiedlungsspuren anscheinend im 7. Jh.; offene Siedlung mit Hinweisen handwerklicher Produktion Ende 8./Anfang 9. Jh.; Mitte 9. Jh. Expansion des Siedlungsareals und Umwallung; ab. 2. Hälfte 9. Jh. rechtwinkelig angeordnete Straßen, die auf den Hafen zuliefen; bis Ende 12. Jh. nur noch sehr wenige Veränderungen, dann rascher ökonomischer Abstieg.
Intensive Grabungen vor und besonders nach dem 2. Weltkrieg, die jedoch bis jetzt nicht hinreichend aufgearbeitet sind und lediglich in kurzen Grabungsberichten vorliegen.
Hafenanlagen ab Mitte 9. Jh.: auf 250-300 m L. »Kaianlage«, bei der jedoch die Wassertiefe unbekannt ist, bestehend aus Spundwand aus halbierten Eichenstämmen, an der Vorderseite durch Längsbalken angestützt und mit Faschinen und Holz aufgefüllt (Uferbefestigung?); Ende 10. Jh. Bau von Landungsbrücken, die ins tiefe Wasser reichen; *Bootswerft* aus dem 9. Jh. mit dem *Vorläufer einer Slipanlage*, zu der auch eine große Winde aus Eiche gehörte; hier auch Schiffsreste und Holzdübel angetroffen..
Teile von Schiffen verstreut in der Siedlung angetroffen, darunter auch Eisenniete; Befunde in einem Fall so interpretiert, daß ein Plankenboot mit Nieten umgedreht und als Werkplatz gebraucht wurde.
a. Konstruktion einer Mastspur: L. ca. 43 cm, Maße unbekannt; Lasche, die vor einem Spant angebracht wurde, so daß zwischen beiden die Mastspur entstand; 2 lange Holznägel zum Befestigen am Mastspant in situ angetroffen; Fo: Grabungsstelle 4; im Unterbau eines Hauses, wo auch ein noch nicht in einem Schiff verbauter Steven angetroffen wurde; Schicht XVII (1. Hälfte 10. Jh.); vom Ausgräber (Filipowiak 1954, 184) als »Türgriff« angesprochen.
b. Anker: Fo: Hafenviertel, Grabungsstelle 4 (in der Nähe der Werft); Anker aus Holz, nur der untere Bereich, das eigentliche Kreuz, und Stein zur Beschwerung gefunden; Maße unbekannt; Datierung: 2. Hälfte 9. Jh. (Schicht XIIIb).
c. Ösfaß: Fo: Hafenviertel; Grabungsstelle 8; L. 36,9 cm, davon ca. 13 cm Griff; Schale: innere L. am Boden ca. 13 cm, am Rand ca. 19,4 cm, innere Br. ca. 11,9 bzw. 17,5 cm, H. ca. 7,8 cm; Schale vorne gerade abgeschlossen und mit abgeschrägter Wand; Griff setzt unten an der Schale an und ist zum Ende hin leicht nach oben gebogen; Datierung: 2. Hälfte 10. Jh. (Schicht XV).
d. Unbekannte Anzahl von Knebeln: offenbar aus allen Schichten nach dem 9. Jh.
Weitere Funde: Tauwerk; eine unbekannte, aber sicherlich große Anzahl von Netzschwimmern, Angelhaken und Netzen; **Haushaltsgeräte:** Keramik nicht systematisch publiziert; Specksteingefäße unbekannter Anzahl; *Bronzekessel* und Teile davon aus dem Hafen: Kessel 1: Fr., erhaltener Teil 28 x 8,5 cm groß; Kessel 2: vollständig, Durchm. 28,7 cm, H. 15 cm bis zm Rand, 2 dreieckige Ohren mit einem Loch zur Aufhängung auf dem Rand befestigt; Kessel 3: vollständig, Durchm. 17,2 cm, H. bis zum Rand 9 cm, Henkel wie Kessel 2; Datierung: 7./9. Jh.; Haken zum Aufhängen eines Kessels (Grabungsstelle 8, Schicht XV, Wende 9./10. Jh.);
Ellmers 1972 Nr. 97d; Filipowiak 1955; 1985; 1988; 1989.
Szczecin, Muzeum Pomorza Zachodniego.

Russland

85. Novgorod

Mittelalterliche Stadt; älteste Besiedlung am Ende des 10. Jh.; Häuser und Straßenzüge angetroffen; Funde lassen auf ausgedehntes Handwerk und Gewerbe schließen.
Funde so numeriert, daß zuerst der Fundhorizont, dann die willkürlich gesetzte Fundebene und schließlich das Planquadrat angegeben wird
a. 4 Steuerruder: insgesamt 16 für größere Schiffe und 9 Paddelruder gefunden; alle mit breitem Blatt, das bis zur Hälfte der Gesamtlänge ausmacht, und eine Querstange als Griff; Unterschiede bestehen nur in ihrer Größe.

1. 21-24-1536: L. 2,10 m, davon 90 cm Blatt; Br. am Blatt 27 cm, Dicke 2 cm; Durchm. am Stiel 2 cm; Datierung: 1096-1115;
2. 17-20-1081: L. des Blattes 80 cm, Br. 20 cm, Dicke 2,5 cm; Durchm. am Stiel 5 cm; Datierung: 1177-1198;
3. 17-20-1081: Fr., Maße nicht genannt; Datierung: 1177-1198;
4. 24-28-864: L. 1,80 m, davon 64 cm Blatt; Br. am Blatt 14 cm, Dicke 1,4 cm; Durchm. am Stiel 3,2 cm; Datierung: 1025-1054.

b. 25 Keipen: Insgesamt ca. 40 gefunden; die meisten offenbar Fr.
1. 26-30-145: L. 56 cm, Br. 6 cm, Dicke 2,5 cm; H. 16 cm; Durchm. des Hornes 3,5 cm; Datierung: 989-1005;
2. 25-29-137: L. 34 cm, Br. 5,5 cm[10], Dicke 2,3 cm; H. 18 cm; Durchm. des Hornes 4 cm; Datierung: 1006-1024;
3. 22-24-901: L. 46 cm, Br. 11 cm, Dicke 2,5 cm; H. 21 cm; Durchm. des Hornes 4 cm; Datierung: 1076-1095;
4. 21-24-1544: L. 83 cm, Br. 9 cm, Dicke 2,8 cm; H. 25 cm; Durchm. des Hornes 2,5 cm; Datierung: 1096-1115;
5. 21-23-1554: L. 58 cm, Br. 11 cm, Dicke 2,5 cm; H. 25 cm; Durchm. des Hornes 4 cm; Datierung: 1096-1115;
6. 20-31-123: L. 31 cm, Br. 6 cm, Dicke 2,8 cm; H. 13 cm; Durchm. des Hornes 2 cm; Datierung: 1115-1133;
7-25: Fr., Maße nicht genannt; Datierungen: 953-971 (3), 972-988 (1), 989-1005 (5), 1025-1054 (1), 1055-1075 (2), 1076-1095 (2), 1096-1115 (1), 1116-1133 (1), 1134-60 (3).

c. 15 Riemen: insgesamt 56 gefunden, davon nur 1 vollständig und 30 Fr. mit Blatt; Maße nur summarisch angegeben: L. der Blätter 55-70 cm, Br. nie mehr als 12 cm; Form variiert stark, u.a. solche mit geschwungenen Seitenkanten; Griffe, soweit ersichtlich, alle mit Gegengewicht; das vollständige Exemplar, datiert 1224-1238: L. 3,10 m, davon 55 cm Blatt; Br. des verzierten Blattes 12 cm, Dicke 1,5 cm; Gegengewicht: L. 80 cm, Durchm. 14 cm; Durchm. des Stiels 3,5-4 cm; Datierungen: 953-971 (2), 972-988 (2), 989-1005 (1), 1096-1115 (4), 1116-1133 (1), 1134-1160 (2), 1177-1198 (3).

d. 11 Knebel: insgesamt 35 gefunden; Maße nur summarisch angegeben: L. 6-16 cm, Durchm. 1-3 cm; Datierungen: 989-1005 (2), 1006-1024 (1), 1025-1054 (2), 1076-1095 (1), 1096-1115 (3), 1177-1198 (2).

Kolchin 1989

Island

86. Glaumbær, Reykdælahreppur, Suður-Thingeyjarsýsla

Bootgrab ?: Hügel 2; 1915 untersucht; in einem Hügelgräberfeld aus wahrscheinlich 2 Körper- und 3 oder 4 separaten Pferdebestattungen (Pferdebestattung in Hügel 1 evtl. zum Hügel 2 mit dem Bootgrab gehörend).
Neben 25 Nieten auch Hundeskelett und Fr. eines Speers, eines Schwertes sowie weitere Eisenfr.
Zwischen den Hügeln 1 (Pferdebestattung) und 2 (Bootgrab) gefunden:
a. 1 Riemen: Fr. in 2 Teilen.
Datierung: aufgrund der Grabform und der Beigaben in das 10. Jh.
Müller-Wille 1968/69 I, Nr. 405.
Museum Reykjavík 6919/20.

87. Vatnsdalur, Barðastrandarsýsla

Bootgrab: bei Baggerarbeiten 1964 am S Ufer des Patreksfirði gefunden; z.T. gestört; 3 männliche und 4 weibliche Skelette unregelmäßig verteilt, aber wahrscheinlich nur eine Frau bestattet, während die anderen Skelette aus anderen Gräbern stammen; Grab in eine Sanddüne eingetieft und dann mit einem flachen Hügel überdeckt; wahrscheinlich Teil eines zerstörten Gräberfeldes.
Vom Boot nur die Niete und Abdrücke im Sand erhalten: L. noch 5,8 m, Br. noch 0,95 m, aber ursprünglich nicht viel größer; Bug und Heck nicht gut zu unterscheiden, aber angenommen, daß Heck im OSO lag; 6 Bordgänge; relativ flachbodig.
a. 2 Gegenstände zur Führung von Tauen: Walknochen; an der Innenseite der Reling mit je 2 Eisennägeln (1 noch in situ) befestigt, wo Bb angenommen wird; beide mit gleicher Form: Gerade Unterkante, angerundete, zur Oberkante hin einziehende Seiten und an der Oberkante eine fast die gesamte L. ausfüllende, nicht sehr tiefe Einkerbung; dienten wahrscheinlich zum Schutz der Reling vor laufenden Leinen.
1. L. ca. 10,5, H. 6 cm; Einkerbung etwas länger als bei 2.; Abnutzungsspuren eher im achterlich gelegenen Bereich; ca. 20 cm vom vordersten Nagel, dem angenommenen Vorsteven, entfernt;
2. L. ca. 10,5, H. 6,5 cm; Entfernung zum angenommenen Steven ca. 70 cm.

Beifunde: Ca. 200 Niete; 13 Bleigewichte für eine Waage; Fr. eines Dirhems, wahrscheinlich 870-930 geprägt; einige wenige Schmuckgegenstände, darunter ein Thorshammer; Fr. einer kleinen Bronzeglocke; 3 Knochenkämme.
Datierung historisch und über Beifunde in das 10. Jh.
Müller-Wille 1968/69 I, Nr. 409.
Verbleib unbekannt.

---

10 Kolchin 1989, Tab. XXXIV nennt 55 cm, was aber wohl ein Druckfehler sein dürfte.

FUNDTABELLEN

Gegenstände zum Betrieb eines Schiffes

Ruder	Anker	Lauf- planken	Beiboote	Ösfässer	Gabeln/ Ständer
7.a	4.a	47.1.g	48.2	1.c	26.b
9.a.b	20.a	48.1.c		15.a	47.1.h
11.a	32.a	58.g		27.b	58.i
12.b	34.4.a			30.c	
17.a.a	36.a			34.1.b	
23.a	38.b			41.b	
30.a	44.a			58.k	
31.a	47.1.f			83.b	
34.2.a	48.1.b			84.c	
35.a	53.1.b				
39.a	56.a				
43.a	58.f				
45.a	70.2.b				
46.a	71.a.b				
47.1.c	84.b				
47.2.a					
47.3.a					
47.4.a					
50.a					
52.a					
55.1.a					
58.c					
63.c					
65.a					
74.a					
76.a					
83.a					
85.a					

Ruderantrieb

Paddel oder Riemen	Dollen	Rojepforten	Stangen, Funktion fraglich
1.b	1.a	2.b	22.a
5.a	3.a	19.1.b	34.4.b
17.b	10.a	37.1.b	55.2.b
22.b	25.b	31.3.b	58.j.p
25.a	29.1.a	31.4.a	59.a
30.b	34.1.a	47.1.d	77.c
34.2.c	34.2.b	48.1.a	
38.a	34.3.a	58.d	
40.a	41.a	69.a	
46.b	47.2.b		
47.1.e	47.4.b		
47.5.b	51.a		
55.2.a	53.1.a		
58.e	54.a		
60.b	57.a		
61.a	64.a		
65.c	65.a		
80.a	81.a		
85.c	85.b		
87.a			

Gegenstände der Besegelung

Kielschwein Mastspur	Mastfisch Mastführung	Mast	Beschläge am Boot	Blöcke	Racks	Andere Funde
2.a	24.a	12.c	42.a	41.c.d	2.d	2.c
8.2.a	28.a	47.1.i	73.a	47.5.c	58.m	18.a
12.a	47.1.b	54.1	75.1.a.b	53.2.a	70.1.a	19.1.c
14.a	58.b		75.2.a	58.r		19.2.a
19.1.a	60.a		75.3.a	62.a		27.a
21.a	63.b		75.3.a	84.d		32.b
26.a	67.b		75.4.a	85.d		37.1.c.d
29.2.a	77.b		75.5.a			37.3.c.d
33.a			75.6.a			37.4.c
37.1.a			75.7.a.b			47.1.j.k
37.2.a			75.8.a			47.4.c
37.3.a			88.a			47.5.d.e
37.4.a						58.l.n.o
37.5.a						
47.1.a						
47.5.a						
58.a						
63.a						
66.a						
67.a						
68.a						
77.a						
78.a						
79.a						
82.a						
84.a						

LITERATUR

Verzeichnis der Zeitschriftenabkürzungen:

AA = Acta Archaeologica, København
Årbøger = Årbøger for nordisk Oldkyndighed og Historie
Arch. Korr. = Archäologisches Korrespondenzblatt
ÅSOM = Årbog for Svendborg & Omegns Museum
AuF = Ausgrabungen und Funde
Ber. RGK = Berichte der Römisch-Germanischen Kommission
BMÅ = Bergens Museums Årbog
Bn. Jb. = Bonner Jahrbücher
BROB = Berichten van de Rijksdienst voor het Oudheidkundig Bodemonderzoek
FFT = Finska Fornminnesföreningens Tidskrift
Fv. = Fornvännen
GA = Gotländiskt Arkiv
GBFT = Göteborg och Bohusläns Fornminnesförenings Tidskrift
HSMK = Handels- og Søfartsmuseet på Kronborg, Årbog
IJNA = International Journal of Nautical Archaeology and Underwater Exploration
Jb. RGZM = Jahrbuch des Römisch-Germanischen Zentralmuseums Mainz
LSAK = Lübecker Schriften für Kunst- und Kulturgeschichte
Mat. Zachod. = Materiały Zachodnie-Pomorskie
Med. Arch. = Medieval Archaeology
Med. Lund N.S. = Meddelanden från Lunds Universitet
Med. Mar. Sel. = Meddelanden från Marinarkeologiska Sellskapet
MM = Mariner's Mirror
NAFNS = Neue Ausgrabungen und Funde in Niedersachsen
NAR = Norwegian Archaeological Review
Nat. Arbejdsm. = Fra Nationalmuseets Arbejdsmark
PPS = Proceedings of the Prehistoric Society
PZ = Prähistorische Zeitschrift
UOÅ = Universitetets Oldsaksamlings Årbok
Upplands Fornm. T. = Upplands Fornminnesförenings Tidskrift
ZAM = Zeitschrift für Archäologie des Mittelalters
ZfA = Zeitschrift für Archäologie

Verzeichnis der zitierten Quellen und deren Übersetzungen:

ÍF = Íslenzk Fornrit, hrsg. von Íslenzka Fornritafélag. Bd. 1 ff.. Reykjavík 1968ff.
Tacitus, Germania = Tacitus, Germania, hrsg. von M. Fuhrmann. Stuttgart 1972
Thule = Thule. Altnordische Dichtung und Prosa. Bd. 1 ff.. Jena 1934ff.

ACTA VISBYENSIA 7 = Society and Trade in the Baltic during the Viking Age. Acta Visbyensia 7, Visbysymposiet för historiska vetenskaper, 1983, hrsg. von Sven-Olof Lindquist. Uddevalla 1985
ADAMS 1979 Lauren: Early Islamic Pottery from Flaxengate, Lincoln. In: Med. Arch. 23, 1979, 218/9
ÅKERLUND 1942 Harald: Galtabäcksbåtens ålder och härstamning. In: GBFT 1942, 24-49
ÅKERLUND 1951 Harald: Fartygsfynden i den forna hamnen i Kalmar. Göteborg 1951
ÅKERLUND 1955/56 Harald: Áss och beiti-áss. In: Unda maris 1955/56, 30-92
ÅKERLUND 1963 Harald: Nydamskeppet. En studie i tidig skandinavisk skeppsbyggnadskonst. Göteborg 1963
ALMGREN 1962 Bertil: Vikingatåg och vikingaskepp. In: Tor 8, 1962, 186-200
ALMGREN-AITKEN 1979 E.: Stora Karlsö – rastplads eller frihamn? In: Arkeologi på Gotland. Visby 1979, S. 69-72
AMBROSIANI 1985 Björn: Jetties in Birka and Stockholm and the Changing Water Levels in the Mälaren Area. In: Herteig (Hg.) 1985a, 66-8
AMBROSIANI U.A. 1973: = B. Ambrosiani, B. Arrhenius, K. Danielson, O. Kyhlberg, G. Werner: Birka. Svarta Jordens Hamnområdet. Arkeologisk Undersökning 1970/71. Riksantikvarieämbetet Rapport C 1. Stockholm 1973

AMENT 1976 Hermann: Die fränkischen Grabfunde aus Mayen und der Pellenz. Germanische Denkmäler der Völkerwanderungszeit Serie B. Die fränkischen Altertümer des Rheinlandes. Berlin 1976

ANDERSEN 1975 Erik: Hals og skaut, mast og sejl. In: Norske Sjøfartsmuseums Årsberetning 1975, 47-100

ANDERSEN 1980 Erik: Nordlandsbådens sødygtighed og sejlegenskaber belyst gennem skriftligt kildemateriale. In: Nordlandsbåden 1980, 13-200

ANDERSEN 1986 Erik: Steering Experience with Square Rigged Vessels. In: Crumlin-Pedersen & Vimmer (Hg.) 1986, 208-19

ANDERSEN & ANDERSEN Bent & Erik 1989: Råsejlet – Dragens Vinge. Roskilde 1989

ANDERSEN-WESTHOLM 1982 Gun: Det arkeologiska materialet och Visby äldsta historia. In: Bebyggelsehistorisk tidskrift 3, 1982 – Den medeltida staden 173-84

ARBMAN 1926 Holger: Bidrag till kännedomen om det äldsta Sigtuna. Undersökningar sommaren 1925. In: Fv. 21, 1926, 171-95

ARBMAN 1937 Holger: Schweden und das karolingische Reich. Kungl. Vitterhets Historie och Antikvitets Akademiens Handlingar 43. Stockholm 1937

ARBMAN 1939 Holger: Birka. Sveriges äldsta handelsstad. Stockholm 1939

ARBMAN 1940 Holger: Der Årby-Fund. In: AA 11, 1940, 43-102

ARBMAN 1940/3 Holger: Birka I. Die Gräber. 2 Bd. Uppsala 1940 und 1943

ARBMAN 1955 Holger: Svear i Österviking. Stockholm 1955

ARNE 1934 Ture J.: Das Bootgräberfeld von Tuna in Alsike, Uppland. Stockholm 1934

ARNOLD 1980 Béat: Navigation sur le lac de Neuchâtel: une esquisse à travers le temps. In: Helvetia Archaeologica 11 (43/44), 1980, 178-195

ARRHENIUS 1976 Birgit: Die ältesten Funde von Birka. In: PZ 51, 1976, 178-95

ARRHENIUS 1980 Birgit: Die Zeitstellung des Grabes 14 von Tuna, Kirchspiel Alsike. In: PZ 55, 1980, 228-58

ARRHENIUS 1987 Birgit: Helgö as a Border Post between Uppland and Södermanland. In: AA 58, 1987, 137-50

ARWIDSSON 1977 Greta: Valsgärde 7. Die Gräberfunde von Valsgärde III. Uppsala 1977

ARWIDSSON 1983 Greta: Valsgärde. In: Lamm & Nördström (Hg.) 1983, 71-82

AYERS 1985 Brian S.: The Growth of a Saxon Port. In: Herteig (Hg.) 1985a, 46-54

BANTELMANN 1957/58 Albert: Die kaiserzeitliche Marschensiedlung von Ostermoor bei Brunsbüttelkoog. In: Offa 16, 1957/58, 53-79

BANTELMANN 1975 Albert: Die frühgeschichtliche Marschensiedlung beim Elisenhof in Eiderstedt. Landschaftsgeschichte und Baubefunde. Stud. Küstenarch. Schleswig-Holstein, Ser. A. Elisenhof 1. Franfurt/M. u.a. 1975

BATEMAN & MILNE 1983 N. & G.: A Roman Harbour in London: excavation and observations near Pudding Lane, City of London. In: Britannia 14, 1983, 207-26

BECK 1987 Heinrich: Kaufungen, Kaupangr und Köping(e). In: Handel und Verkehr IV, 358-73

BECKER 1948 Carl J.: Tørvegravning i ældre Jernalder. In: Nat. Arbejdsm. 1948, 92-100

BEHRE 1983 Karl-Ernst: Ernährung und Umwelt der wikingerzeitlichen Siedlung Haithabu. Die Ausgrabungen in Haithabu 8. Band. Neumünster 1983

BEHM-BLANKE 1989 Günter: Heiligtümer, Kultplätze und Religion. In: J. Herrmann (Hg.): Archäologie in der Deutschen Demokratischen Republik. Bd. 1. Stuttgart 1989, 166-76

BENCARD & AISTRUP 1979 Mogens & Maj Stief: Jernankeret fra Ribe. In: Nat. Arbejdsm. 1979, 156-61

BENDEGARD 1983 Christina: Bulverket i Tingstäde träsk. In: Gutar och vikingar, 89-98

BENDIXEN 1972 Kirsten: Mønterne fra Dankirke. In: Nat. Arbejdsm. 1972, 61-6

BERKE 1990 Stephan: Römische Bronzegefäße und Terra Sigillata in der Germania Libera. Boreas, Beiheft 7. Münster 1990

BERTHEUSSEN 1958 Carl: Ei gåta frå Gokstadskipet. In: Viking 21/22 1958, 165-74

BINDERUP 1989 Merete: Undersøgelser af kysten ved Danmarks ældste handelsplads, »Lundeborg« – foreløbig meddelelse. In: Geografisk Tidskrift 89, 1989, 82-6

BLINDHEIM 1969 Charlotte: Kaupangundersøkelsen avsluttet. In: Viking 33, 1969, 5-79

BLINDHEIM 1989 Charlotte: Internal Trade in Viking Age Norway. In: Handel und Verkehr IV, 758-807

BLINDHEIM 1982 Martin: De gyldne skipsfløyer fra sen vikingetid. Bruk og teknikk. In: Viking 46, 1982, 85-111

BLOMKVIST 1974 Niels: Handelsplätze und Silberschatzfunde auf Öland in der Zeit von 800-1200. In: ZAM 2, 1974, 63-74

BØE 1934 Johannes: Boplassen i Skipshelleren på Straume i Nordhordland. Bergen Museums Skrifter Nr. 17. Bergen 1934

BONDE 1984 Niels: Dendrochronologiske undersøgelser på skibstømmer fra Fribrødreå på Falster. In: Hikuin 10, 1984, 275-8

BOOM 1977 G. C.: Greco-Roman Anchor-stock from North Wales. In: The Antiquaries Journal 57, 1977, 10-30

BOOTH 1984 Benjamin: A handlist of maritime radiocarbon dates. In: IJNA 13, 1984, 189-204

BRANDT 1986 Bengt: Bandlundviken – en vikingatida handelsplats på Gotland. Uppsats for påbyggnadskurs. Institut för Arkeologi vid Stockholms Universitet. Stockholm 1986

BRANDT 1977a Klaus: Die Ergebnisse der Grabung in der Marschensiedlung Bentumersiel/ Unterems in den Jahren 1971-1973. In: Probl. Küstenf. 12, 1977, 1-32

BRANDT 1977b Klaus: Handelsplätze des frühen und hohen Mittelalters in der Marsch zwischen Ems- und Wesermündung. In: ZAM 5, 1977, 122-44

BRINKMANN & SHETELIG 1920 August & Håkon: Ruskenesset. En stenalders jagtplass. Norske Oldfund II. Kristiania 1920

BROBERG & HASSELMO 1978 Brigitta & Margareta: Söderköping. Medeltidsstaden 5. 1978

BRØGGER 1910 A. W.: Vestnorske hulefund fra ældre jernalder. In: BMÅ 1910, Nr. 12.

BRØGGER & SHETELIG ²1971 A. W. & H.: The Viking Ships. Their Ancestry and Evolution. Nachdruck der englischen Ausgabe von 1951 mit erweitertem Abbildungsteil. Oslo ²1971

BURENHULT 1986 Göran: Speglingar av det forflutna. Höganäs 1986

BUSSON 1976 Ludwig: Der Bildstein von Ardre VIII auf Gotland. Göttermythen, Heldensagen und Jenseitsglaube der Germanen im 8. Jahrhundert n.Chr. Abhandlungen der Akademie der Wissenschaften in Göttingen. Phil.-Hist. Klasse, dritte Folge Nr. 102. Göttingen 1976

CALLMER 1981/82 Johan: Production Site and Market Area. Some Notes on Fieldwork in Progress. In: Med. Lund N.S. 1981/82

CAMERON 1982 P. N.: Saxon, Sea and Sail. In: IJNA 11,1982, 319-32

CAMPBELL U.A. 1982 = J. Campbell, E. John, P. Wormald: The Anglo-Saxons. Oxford 1982

CAPELLE 1980 Torsten: Parallelüberlieferung, Tradition und Quellenbrücke im ur- und frühgeschichtlichen Fundgut. Bemerkungen zu Holz als Werkstoff. In: Frühmittelalterliche Studien 14, 1980, 410-22

CAPELLE 1982 Torsten: Untersuchungen auf dem mittelalterlichen Handelsplatz Gautavík, Island. Zeitschrift für Archäologie des Mittelalters, Beiheft 2. Bonn 1982

CAPELLE 1984 Torsten: Containerumschlag vor 1000 Jahren. In: Deutsches Schiffahrtsarchiv 7, 1984, 207-12

CAPELLE 1986 Torsten: Schiffssetzungen. In: PZ 61, 1986, 1-63

CARE EVANS & BRUCE-MITFORD 1975 Angela & Rupert: The Ship. In: R. Bruce-Mitford, The Sutton Hoo Ship-Burial. Vol 1 Kap V, 345-435

CARLSSON 1987 Dan: Äldre hamnar – ett hotat kulturarv. In: Fv. 82, 1987, 6-17

CEDERLUND 1980 Carl Olof: Bulverketbåten – en modell för dokumentation av båt- och fartygslämningar. In: Fv. 75, 1980, 29-42

CHRISTENSEN 1959 Arne Emil: Færingen fra Gokstad. In: Viking 23, 1959, 57-70

CHRISTENSEN 1964 Arne Emil: Birka – Hedebymyntene som kilde til skipets historie på 800-tallet. In: Norsk Sjøfartsmuseum Årsbereting 1964, 81-7

CHRISTENSEN 1968 Arne Emil: The Sjøvollen Ship. In: Viking 32, 1968, 131-54

CHRISTENSEN 1973 Arne Emil: Skipsfunnet på Sørenga i Oslo. In: Naturen 1973, 99-105

CHRISTENSEN 1979a Arne Emil: Viking Age Rigging, a Survey of Sources and Theories. In: McGrail (Hg.) 1979, 183-93

CHRISTENSEN 1979b Arne Emil: Klåstad-skipet – utgravning og restaurering. In: Det norske Videnskaps-Akademis årbok 1979, 81-84

CHRISTENSEN 1985 Arne Emil: Boat Finds from Bryggen. In: Herteig (Hg.) 1985b, 47-278

CHRISTENSEN 1986 Arne Emil: »Viking«, a Gokstad Ship Replica from 1893. In: Crumlin-Pedersen & Vimmer (Hg.) 1986, 68-77

CHRISTENSEN 1987 Arne Emil: Husfruen fra Oseberg. In: Vestfoldminne 1987, 4-10

CHRISTENSEN & LEIRO 1976 Arne Emil & Gunnar: Klåstadskipet. In: Vestfoldminne 1976, 5-21

CHRISTOPHERSEN U.A. 1989: = A. Christophersen, E. Jondell, O. Marstein, S.W. Nordeide und I.W. Reed: Utgravning, kronologi og bebyggelsesutvikling. Fortiden i Trondheims Bygrunn: Folkebibliothekstomten. Meddelelser Nr. 13. Trondheim 1989

CLARKE 1988 Helen: Seasonally-Occupied Settlements and Anglo-Saxon Towns. In: FS Stjernqvist, 247-53

CLARKE & SIMMS (HG.) 1985 H. B & A.: The Comparative History of Urban Origins in Non-Roman Europe. BAR International Series 255 (2 Bd.). Oxford 1985

CLAVIEZ 1973 Wolfram: Seemännisches Wörterbuch. Bielefeld/ Berlin 1973

CARTER 1981 A.: Norwich. In: Milne & Hobley (Hg.) 1981, 139-41

COLES 1977 John: Experimental Archaeology – theory and principles. In: McGrail (Hg.) 1977, 233-43

COLES 1979 John: Experimental Archaeology. London 1979

COTTELL 1984 G.A.: The Gokstad Viking Ship: Some New Theories Concerning the Purpose of Certain of its Constructional Features. In: MM 70, 1984, 129-42

COWIE & WHYTEHEAD 1989 Robert & Robert: Lundenwic: the archaeological evidence for middle Saxon London. In: Antiquity 63, 1989, 706-18

CRAWFORD 1987 Barbara E.: Scandinavian Scotland. Scotland in the Early Middle Ages 2. Leicester 1987

CRICHTON 1978 Michael: Människoätarna. Den arabiske diplomaten Ibn Fadlans berättelse om sina äventyr med vikingarna i österled, och om hur man möter vikingarnas värsta fiender. Stockholm 1978

CRUMLIN-PEDERSEN 1960 Ole: Sideroret fra Vorså. In: Kuml 1960, 106-16

CRUMLIN-PEDERSEN 1965 Ole: Kog – Kogge – Kåg. Træk af en frisisk skibstypes historie. In: HSMK 1965, 81-141

CRUMLIN-PEDERSEN 1966 Ole: Two Danish Side Rudders. In: MM 52, 1966, 251-8

CRUMLIN-PEDERSEN 1972a Ole: Skin or Wood? A study of the Origin of the Scandinavian Plank Boat. In: Hasslöf 1972, 208-34

CRUMLIN-PEDERSEN 1972b Ole: Kællingen og kløften. Nogle jyske fund af kølsvin og mastfisk fra 800-1200 e.Kr. In: HMSK 1972, 63-80

CRUMLIN-PEDERSEN 1973a Ole: Helnæs-sperringen. In: Fynske Minder 1973, 29-48

CRUMLIN-PEDERSEN 1973b Ole: Ein Kielschwein aus der Schleswiger Altstadt. In: Beiträge zur Schleswiger Stadtgeschichte 18, 1973, 18/9

CRUMLIN-PEDERSEN 1975 Ole: »Æ Lei« og »Margrethes Bro«. In: Nordslesviske Museer 1975, 9-25

CRUMLIN-PEDERSEN 1978 Ole: Søvejen til Roskilde. In: Historisk Årbog fra Roskilde Amt 1978, 3-79

CRUMLIN-PEDERSEN 1979a Ole: Danish Cog-Finds. In: McGrail (Hg.) 1979

CRUMLIN-PEDERSEN 1979b Ole: Lynæsskibet og Roskilde søvej. In: 13. bidrag til Roskilde. Roskilde 1979, 63-77

CRUMLIN-PEDERSEN 1981 Ole: Skibe på havbunde. In: HSMK 1981, 28-63

CRUMLIN-PEDERSEN 1983 Ole: Skibe, sejlads og ruter hos Ottar og Wulfstan. In: Ottar og Wulfstan, 32-44

CRUMLIN-PEDERSEN 1984 Ole: Fotevik. De marinarkæologiske undersøgelser 1981 og 1982. In: Pugna Forensis - ? Lund 1984, 7-68

CRUMLIN-PEDERSEN 1985a Ole: Wrecks as a Source for Ships and Sea Routes. In: 5th International Congress of Maritime Museums. Proceedings 1984. Hamburg u.a. 1985, 67-73

CRUMLIN-PEDERSEN 1985b Ole: Ship Finds and Ship Blockage A.D. 800-1200. In: Kristian Kristensen, Archaeological Formation Processes. København 1985, 215-28

CRUMLIN-PEDERSEN 1986 Ole: Aspects of Wood Technology in Medieval Shipbuilding. In Crumlin-Pedersen & Vimmer (Hg.) 1986, 138-49

CRUMLIN-PEDERSEN 1987 Ole: Häfen und Schiffahrt in der Römischen Kaiserzeit sowie in der Völkerwanderungs- und Merowingerzeit in Dänemark. In: Frühmittelalterliche Studien 21, 1987, 101-23

CRUMLIN-PEDERSEN 1988 Ole: Schiffe und Schiffahrtswege im Ostseeraum während des 9.-12. Jahrhunderts. In: Ber. RGK 69, 1988, 530-63

CRUMLIN-PEDERSEN 1989 Ole: Schiffstypen aus der frühgeschichtlichen Seeschiffahrt in den nordeuropäischen Gewässern. In: Handel und Verkehr 5, 405-30

CRUMLIN-PEDERSEN & VIMMER (HG.) 1986 Ole & Max: Sailing into the Past. Roskilde 1986

CRUMLIN-PEDERSEN U.A. 1980 = Ole Crumlin-Pedersen, Lis Nymark u. Christian Christiansen: Kyholm 78 – A joint archaeological-geological investigation around a

13th century wreck at Kyholm, Samsø, Denmark. In: IJNA 9, 1980, 193-216

CULLBERG 1986 Carl: Medeltida ekpaddel från Orust. In: Bohuslän, Årsbok 1986, 27-30

CUNLIFF 1972 Barry: The Late Iron Age Metalwork from Bulbury, Dorset. In: The Antiquaries Journal 52, 1972, 293-308

CUNNINGTON 1884 E.: On a hoard of bronze, iron and other objects found in Bulbury Camp, Dorset. In: Archaeologia 48, 1884, 115-20

DAMMANN 1983 Werner: Das Gokstadschiff und seine Boote. In: Das Logbuch 1983 (Sonderdruck Hildesheim 1983)

DE BOE & BERNARD 1986 G. & J.P.: Une pirogue gallo-romaine à Ramegnies-Chin (com. de Tournai). In: Archaeologia Belgica 2 (1), 1986, 69-73

DE BOE & HUBERT 1977 G. & F.: Une installation portuaire d'époque romaine à Pommeroeul. In: Archaeologia Belgica 192, 1977

DE JONG 1977 J.: Conservation of Old Waterlogged Wood. In: McGrail (Hg.) 1977, 23-44

DE WEERD 1978 M.D.: Ships of the Roman period at Zwammerdam/ Nigrum Pullum. Germania Inferior. In: du Plat Taylor & Cleere (Hg.) 1978, 15-21

DE WEERD 1987 M.D.: Sind »keltische« Schiffe römisch? Zur angeblich keltischen Tradition des Schifftyps Zwammerdam. In: Jb RGZM 34, 1987, 383-410

DILCHER 1985 Gerhard: Marktrecht und Kaufmannsrecht im frühen Mittelalter. In: Handel und Verkehr III, 392-417

DIRIKS 1863 C. F.: Om de forskjellige Slags Baade i Norge. In: Folkevennen 12, 1863, 310-56

DOLLINGER ⁴1989 Philippe: Die Hanse. Stuttgart ⁴1989

DORAN 1967 Edwin Jr.: The Origin of Leeboards. In: MM 53, 1967, 39-53

DOUGLAS 1978 Marietta: Sigtuna. Medeltidsstaden 6. Stockholm 1978

DUBY 1984 George: Krieger und Bauern. Die Entwicklung der mittelalterlichen Wirtschaft und Gesellschaft bis um 1200. Frankfurt/M. 1984

DYFVERMAN 1929 Magnus: Båtgraven Nr. 2 vid Valsgärde, Gamla Uppsala. In: Rig 12, 1929, 170-9

DYSON 1981 A.G.: The term »Quay« and »Wharf« and the Early Medieval London Waterfront. In: Milne & Hobley (Hg.) 1981, 37-8

ECKSTEIN 1981 D.: The Medieval Waterfront of Schleswig. In: Milne & Hobley (Hg.) 1981, 96-102

EGGERS 1951 Hans Jürgen: Der römische Import im freien Germanien. Atlas der Urgeschichte Bd. 1. Hamburg 1951

EICHLER 1990 Curt W.: Holzbootsbau – und der Bau von stählernen Booten und Yachten. Kiel 1990

EISLEBEN 1984 Dieter: Andenraum. In: Koch (Hg.) 1984, 229-35

EKROLL 1988 O.: Båt i myr – eit eldre jernalders båtfunn fra Nordhordland. In: Festskrift til Anders Hagen. Arkeologiske Skrifter fra Museet og Universitetet i Bergen 4. Bergen 1988, 390-401

ELDJÄRN 1956 K.: Kuml ok Haugfé. Reykjavík 1956

ELLMERS 1969 Detlev: Keltischer Schiffbau. In: Jb. RGZM 16, 1969, 73-122

ELLMERS 1972 Detlev: Frühmittelalterliche Handelsschiffahrt in Mittel- und Nordeuropa. Schriften des Deutschen Schiffahrtsmuseums 3. Offa Buch Bd. 28. Neumünster 1972

ELLMERS 1975 Detlev: Antriebstechniken germanischer Schiffe im 1. Jht. n.Chr. In: Deutsches Schiffahrtsarchiv 1, 1975, 79-90

ELLMERS 1977/78 Detlev: Die erste bildliche Darstellung zu Schiff fahrender Sachsen aus dem römischen Trier. In: Die Kunde NF 28/29, 1977/78, 99-103

ELLMERS 1978a Detlev: Die Schiffe der Angelsachsen. In: Sachsen und Angelsachsen. Katalog Hamburg-Harburg 1978, 495-509

ELLMERS 1978b Detlev: Shipping on the Rhine during the Roman Period. In: Joan du Platt Taylor, Henry Cleere (Hg.), Roman shipping and trade: Britain and the Rhine Provinces. The Council for British Archaeology. Research Report 24. London 1978, 1-14

ELLMERS 1979a Detlev: The Cog of Bremen and related boats. In: McGrail (Hg.) 1979, 1-16

ELLMERS 1979b Detlev: Schiffsarchäologie. In: H. Jankuhn und R. Wenskus (Hg.), Geschichtswissenschaft und Archäologie. Vorträge und Forschungen, hrsg. vom Konstanzer Arbeitskreis für mittelalterliche Geschichte Bd. 22. Sigmaringen 1979,

ELLMERS 1981 Detlev: Post-Roman Waterfront Installations on the Rhine. In: Milne & Hobley (Hg.) 1981, 88-95

ELLMERS 1983 Detlev: Vor- und frühgeschichtlicher Boots- und Schiffbau nördlich der Alpen. In: Jankuhn u.a.

(Hg.), Das Handwerk in vor- und frühgeschichtlicher Zeit. Bd. II. Göttingen 1983, 471-534

ELLMERS 1985a Detlev: Bodenfunde und andere Zeugnisse zur frühen Schiffahrt der Hansestadt Lübeck. Teil I: Bauteile von Koggen. In: LSAK 11, 1985, 155-62

ELLMERS 1985b Detlev: Loading and Unloading Ships using Horse and Cart, standing in the Water. In: Herteig (Hg.) 1985a, 25-30

ELLMERS 1986 Detlev: Schiffsdarstellungen auf skandinavischen Grabsteinen. In: H. Roth (Hg.): Zum Problem der Deutung frühmittelalterlicher Bildinhalte. Sigmaringen 1986, 341-72

ELLMERS 1987 Detlev: Die Anker der Nydam-Schiffe und ihr Stellenwert in der Geschichte der Schiffsausrüstung. In: Offa 44, 1987, 155-65

ELLMERS 1989 Detlev: Die Archäologie der Binnenschiffahrt in Europa nördlich der Alpen. In: Handel und Verkehr VI, 291-350

ENDEMANN 1964 Traute: Markturkunden und Markt in Frankreich und Burgund vom 9. bis 11. Jahrhundert. Konstanz/Stuttgart 1964

ENNEN [4]1987 Edith: Die europäische Stadt des Mittelalters. Göttingen [4]1987

ENGELHARDT 1865 Conrad: Nydam Mosefund. Kjøbenhavn 1865

ENGELHARDT 1866 Conrad: Nydamsbåden og Nordlandsbåden. In: Årbøger 1866, 197-206

ENGELHARDT 1869 Conrad: Vimosefundet. Kjøbenhavn 1869

ENGESTRÖM 1988 Ragnar: Visby. Medeltidsstaden 71. Stockholm 1988

ENSTRÖM 1985 Erik: Byggningsgrundet – del i Birkas sjöförsvar? In: Med. Mar. Sel. 1985 (1), 2-7

ERSGÅRD 1988 Lars: »Vår Marknad i Skåne« – Bebyggelse, handel och urbanisering i Skanör och Falsterbo under medeltiden. Lund Studies in Medieval Archaeology 4. Lund 1988

ESKERÖD 1970 Albert: Båtar. Från ekstock till trålare. Lund 1970

EVANS 1897 Arthur: On a votive deposit of Gold Objects found on the North-West Coast of Ireland. In: Archaeologia or Miscellaneous Tracts relating to Antiquity 55, 1897, 391-408

EWE 1972 H.: Schiffe auf Siegeln. Rostock 1972

FALK 1912 Hjalmar: Altnordisches Seewesen. Wörter und Sachen 4. Heidelberg 1912

FALK 1969 Waldemar: Visby hamn och sjömuren. In: GA 1969, 65-78

FÆRØYVIK 1946/47 Bernhard: Skipsfunnet (myrfunnet) frå 900-talet på Rong i Herdla pgd. In: BMÅ 1946/47, H. 2

FÆRØYVIK & FETT 1943 Bernhard & Per: Fjørtoftbåtane. In: BMÅ 1943, H. 3

FARRELL 1977 A. W.: Mast and sail in Scandinavia in the Bronze Age? In: MM 63, 1977, 190

FARRELL 1979a A. W.: Mast and sail in Scandinavia in the Bronze Age? In: MM 65, 1979, 83

FARRELL 1979b A. W.: The Use of Iconographic Material in Medieval Ship Archaeology. In: McGrail (Hg.) 1979, 227-46

FENWICK 1978 Valerie: The Graveney Boat. BAR British Series 53. Oxfort 1978

FIORI & JONCHERAY 1973 P. & J.-P.: Mobilier métallique provenant de fouilles sous marines. In: Cahier d'Archéolgie Subaquatique 2, 1973, 74-90

FILIPOWIAK 1955 Władisław: Kotłybrążowe z wczesnoredniowiecznego portu Wolina. In: Mat. Zachod. 1, 1955, 81-9

FILIPOWIAK 1981 Władisław: Port wczesnoredniowiecznego Wolina. In: Mat. Zachod. 2, 1955, 183-206

FILIPOWIAK 1981 Władisław: Wolin, Poland. In: Milne & Hobley (Hg.) 1981, 61-69

FILIPOWIAK 1985 Władisław: Die Bedeutung Wolins im Ostseehandel. In: Acta Visbyensia 7, 121-138

FILIPOWIAK 1986 Władisław: Wolin – Wineta. Ausgrabungen in einer versunkenen Stadt. Rostock/Stralsund 1986

FILIPOWIAK 1988 Władisław: Handel und Handelsplätze an der Ostseeküste Westpommerns. In: Ber. RGK 69, 1988, 690-719

FILIPOWIAK 1989 Władisław: Die Häfen und der Schiffbau an der Odermündung im 9.-12. Jahrhundert. In: Handel und Verkehr V, 351-98

FISCHER 1969 Christian: Skibet skal sejle. In: Skalk 1969 (3), 4-10

FORRER 1927 Robert: Strasbourg-Argentorate préhistorique, gallo-romain et mérovingien. Bd. 2. Strasbourg 1927

FORSELL 1980 Henry: Ett medeltida båtfynd vid Åbo slot. In: Finsk Museum 87, 1980, 11-21

FORSELL 1985 Henry: Sewn Boats of Finland. In: McGrail & Kentley (Hg.) 1985, 195-210

FRIDELL 1930 A.: Den första båtgraven vid Valsgärde i Gamla Uppsala socken. In: Fv. 25, 1930, 217-37

GEISSLINGER 1967 Helmut: Horte als Geschichtsquelle, dargestellt an den völkerwanderungs- und merowingerzeitlichen Funden des südwestlichen Ostseeraumes. Offa Bücher NF 19. Neumünster 1967

GIBBON 1984 Guy: Anthropological Archaeology. New York 1984

GIBBS-SMITH 1957 Charles H.: Anmerkung zu den Tafeln. In: Stenton (Hg.) 1957, 168-84

GJESSING 1986 Einar: Rowing – The Physiological Background. In: Crumlin-Pedersen & Vimmer (Hg.) 1986, 160-7

GJESSING 1935 Gutorm: Båtfunnene fra Bårset og Øyksnes. Tromsø Museums årshefte 56, 1935 (8) [1941]

GJESSING 1941 Gutorm: Båtfunnene fra Bårset og Øksnes. To Nordnorske Jernalderfunn. Tromsø 1941

GLÄSER 1985 Manfred: Befunde zur Hafenrandbebauung Lübecks als Niederschlag der Stadtentwicklung im 12. und 13. Jhd. Vorbericht zu den Grabungen Alfstraße 36/38 und Untertrave 111/112. In: LSAK 11, 1985, 117-129

GLÄSER 1988 Manfred: Der Lübecker Hafenmarkt und die angrenzende Bebauung. Die Ausgrabungen auf dem Grundstück Alfstraße 36/38. In: LSAK 17, 1988, 125-9

GLOB 1942 P.V.: Pflüge vom Walle-Typus aus Dänemark. In: AA 13, 1942, 258-69

GOETZE 1983 Jochen: Der Anteil Lübecks an der Entwicklung des Seerechts I. Das Mittelalter bis 1530. In: Zeitschrift des Vereins für Lübeckische Geschichte und Altertumskunde 63, 1983, 129-43

GOODBURN 1986 D.M.: Do we have evidence of a Saxon boat-building tradition ? In: IJNA 15, 1986, 39-48

GÖTHCHE 1985 Morten: Færøbåden. Vikingeskibshallen i Roskilde 1985

GREENHILL (HG.) 1976 Basil: Archaeology of the boat. London 1976

GÜNTHER 1987 Karen: Wort- und Sachgeschichte der Schiffahrt in Mittel- und Nordeuropa von den Anfängen bis zum späten Mittelalter. Ein Beitrag zu »Wörter und Sachen« anhand ausgewählter Beispiele. Germanistische Arbeiten zu Sprache und Kulturgeschichte Bd. 8. Frankfurt/M. u.a. 1987

GUTAR OCH VIKINGAR = I. Jansson (red.), Gutar och vikingar. Historia i fickformat. Stockholm 1983

HAARNAGEL 1937 Werner: Die frühgeschichtlichen Siedlungen in der schleswig-holsteinischen Elb- und Störmarsch, insbesondere die Siedlung Hodorf. In: Offa 2, 1937, 31-78

HAARNAGEL 1941 Werner: Die Grabung auf der Wurt Hessens und ihr vorläufiges Ergebnis. In: Probleme der Küstenforschung 2, 1941, 117-56

HAARNAGEL 1969 Werner: Die Ergebnisse der Grabung auf der ältereisenzeitlichen Siedlung Boomsburg/Hatzum, Kreis Leer, in den Jahren von 1965 bis 1967. In: AUFN 4, 1969, 58-97

HAARNAGEL 1979 Werner: Die Grabung Feddersen Wierde. Methode, Hausbau, Siedlung- und Wirtschaftsformen sowie Sozialstruktur. Feddersen Wierde II. Wiesbaden 1979

HAARNAGEL & SCHMID 1984 Werner & Peter: Siedlungsstrukturen. In: Kossack u.a. (Hg.) 1984, 193-244

HAGBERG 1960 Ulf-Erik: »Uråldriga silfvernipper« från Trollhätte kanal. In: Västergötlands Fornminnesförenings Tidskrift 1960, 75-86

HAGBERG 1972/73 Ulf-Erik: Köping på Öland. In: Tor 15, 1972/73, 209-36

HAGBERG 1973 Ulf-Erik: Vikingatidens Köping på Öland. In: FFT 75, 1973 (= Festschrift Kivikovski), 44-9

HAGBERG 1985 Ulf-Erik: Ports and trading places on Öland and in the Kalmarsund area. In: Acta Visbyensia VII, 139-47

HAKÁNSSON 1984 S.: (Fotevik c 14). In: Radiocarbon 25 (3), 1984, 888

HAMILTON 1956 J.R.C.: Excavation at Jarlshof, Shetland. Archaeological Reports No. 1. Edinburgh 1956

HANDEL UND VERKEHR III = Klaus Düwel, Herbert Jankuhn, Harald Siems, Dieter Timpe (Hg.): Untersuchungen zu Handel und Verkehr der vor- und frühgeschichtlichen Zeit in Mittel- und Nordeuropa. Bd. 3, Der Handel des frühen Mittelalters. Abhandlungen der Akademie der Wissenschaften in Göttingen, Phil.-Hist. Kl. III/150. Göttingen 1985

HANDEL UND VERKEHR IV = Klaus Düwel, Herbert Jankuhn, Harald Siems, Dieter Timpe (Hg.): Untersuchungen zu Handel und Verkehr der vor- und frühgeschichtlichen Zeit in Mittel- und Nordeuropa. Bd. 4, Der Handel der Karolinger- und Wikingerzeit. Abhandlungen der Akademie der Wissenschaften in Göttingen, Phil.-Hist. Kl. III/156. Göttingen 1987

HANDEL UND VERKEHR V = Herbert Jankuhn, Wolfgang Kimmig, Else Ebel (Hg.): Untersuchungen zu Handel und Verkehr der vor- und frühgeschichtlichen Zeit in Mittel- und Nordeuropa. Bd. 5, Der Verkehr, Verkehrswege, Verkehrsmittel, Organisation. Abhandlungen der Akademie der Wissenschaften in Göttingen, Phil.-Hist. Kl. III/180. Göttingen 1989

HARCK & ULBERT 1984 O. & U.: Kulturverhältnisse. In: Kossack u.a. (Hg.) 1984, 309-41

HARDT 1988 Nis: Glimt fra Lundeborg. In: ÅSOM 1988, 20-30

HARRIS 1973 Edward C.: Bergen, Bryggen 1972: the evolution of a habour front. In: World Archaeology 5, 1973, 61-71

HARTHMANN 1984 Horst: Boote aus Nordamerika. In: Koch (Hg.) 1984, 210-16

HASSE 1908 M. George: La pêche dans la région d'Anvers de la période Robenhausien au Moyen Age. In: Mémoires de la Société d'Anthropologie de Bruxelles 27, 1908, Heft 7

HASSE 1930: Notes sur la rapture de digues dans le polder de Grembergen-Moerzeke. In: Bulletin de la Société d'Anthropologie de Bruxelles 45, 1930, 196-8

HASSLÖF U.A. (HG.) 1972 = O. Hasslöf, H. Henningsen, A. E. Christensen: Ships and Shipsyards, Sailors and Fishermen. København 1972

HÅSUM 1974 Sibylla: Vikingatidens segling och navigation. Theses and Papers in North European Archaeology 4. Stockholm 1974

HATT 1957 Gudmund: Nørre Fjand. An Early Iron-Age Village Site in West Jutland. Arkæologisk-kunsthistoriske Skrifter. Det Kongelige Danske Videnskabernes Selskab 2, 2. København 1957

HEDEAGER 1987 Lotte: Empire, frontier and the barbarian hinterland: Rome and northern Europe from AD 1-400. In: Rowland, M., M. Larsen, K. Kristiansen (Hg.): Centre and Periphery in the Ancient World. New Directions in Archaeology. Cambridge 1987, 125-40

HEINSIUS ²1986 Paul: Das Schiff der hansischen Frühzeit. Quellen und Darstellungen zur hansischen Geschichte NF Bd. XII. Zweite, erweiterte Auflage der Ausgabe von 1956. Köln/Wien 1986

HELFRICH 1984 Gerd: Boote aus Melanesien und Australien. In: Koch (Hg.) 1984, 33-54

HERFERT 1967 Peter: Die frühmittelalterliche Großsiedlung mit Hügelgräberfeld in Ralswiek, Kr. Rügen (Grabungsbericht). In: AuF 12, 1967, 213-222

HERFERT 1968 Peter: Frühmittelalterliche Bootsfunde in Ralswiek, Kr. Rügen (Zweiter Grabungsbericht). In: AuF 13, 1968, 211-22

HERRMANN 1978 Joachim: Ralswiek auf Rügen – ein Handelsplatz des 9. Jahrhunderts und die Fernhandelsbeziehungen im Ostseegebiet. In: ZfA 12, 1978, 163-80

HERRMANN 1980 Joachim: Die Ausgrabungen im nordwestslawischen Seehandelsplatz Ralswiek auf Rügen 1978-1979. In: AuF 25, 1980, 154-61

HERRMANN 1981 Joachim: Ein neuer Bootsfund im Seehandelsplatz Ralswiek auf Rügen. In: AuF 26, 1981, 145-58

HERRMANN 1984 Joachim: Ralswiek – Seehandelsplatz, Hafen und Kultstätte. Arbeitsstand 1983. In: AuF 29, 1984, 128-35

HERRMANN 1985a Joachim: Hofverband und Handwerksproduktion als Grundlage des frühgeschichtlichen Handels im Ostseegebiet. In: Acta Visbyensia 7, 55-62

HERRMANN 1985b Joachim: Ralswiek – Maritime Trading Station and Harbour Development from the 8th to the 10th Century along the Southern Baltic Sea. In: Herteig (Hg.) 1985a, 55-8

HERRMANN 1988 Joachim: Zur Struktur von Handel und Handelsplätzen im südwestlichen Ostseegebiet vom 8.-10. Jahrhundert. In: Ber. RGK 69, 1988, 720-739

HERTEIG 1969 Asbjørn: Kongers havn og handels sete. Fra de arkeologiske undersøkelser på Bryggen i Bergen 1955-68. Oslo 1969

HERTEIG 1978 Asbjørn: Vesterhavshavner. In: XV Nordisk arkäologmötet. Visby 1978, 6:1-22

HERTEIG 1981 Asbjørn: The medieval harbour of Bergen. In: Milne & Hobbley (Hg.) 1981, 80-7

HERTEIG 1985 Asbjørn: The Archaeological Excavation at Bryggen, »The German Wharft«, in Bergen, 1955-68. In: Herteig (Hg.) 1985b, 9-46

HERTEIG (HG.) 1985a: Conference on Waterfront Archaeology in Northern European Towns No 2 Bergen 1983. Bergen 1985

HERTEIG (HG.) 1985b: The Bryggen Papers. Main Series Vol. 1. Bergen u.a. 1985

HEYERDAL-LARSEN 1979a Birgit: Import av halvedelstener i Kaupang. In: UOÅ 1979, 150-7

HEYERDAL-LARSEN 1979b Birgit: Spor av østlige kulturkontakter i Vestfolds vikingtid. In: Viking 42, 1979, 115-27

HINGST & KERSTEN 1955 H & K: Die Tauchaktionen vor Haithabu im Jahre 1953. (Fundchronik des Landes Schleswig-Holstein 1953-54) In: Germania 33, 1955, 265-71

HOBLEY 1981 B.: The London Waterfront – the Exception or the Rule? In: Milne & Hobley (Hg.) 1981, 1-9

HÖCKMANN 1983 Olaf: »Keltisch« oder »römisch«? Bemerkungen zur Typgenese der spätrömischen Ruderschiffe von Mainz. In: Jb. RGZM 30, 1983, 403-34

HODGES 1981 Richard: The Hamwih pottery. The local and imported wares from 30 years excavation at the Middle Saxon Southampton and their European context. London 1981

HODGES 1982 Richard: Dark Age Economics. The origin of towns and trade A.D. 600-1000. London 1982

HODGES 1988 Richard: Primitive & Peasant Markets. Oxford 1988

HOEKSTRA 1975 Tarquinius J.: Utrecht. In: IJNA 4, 1975, 390-2

HOEKSTRA 1988 Tarquinius: The Early Topography of the City of Utrecht and its Cross of Churches. In: Journal of the British Archaeological Association CXLI, 1988, 1-34

HOLMQVIST 1977 Wilhelm: Die Ergebnisse der Grabungen auf Helgö (1954-1974). In: PZ 51, 1977, 127-77

HORNELL 1946 James: Water Transport. Origins and Early Evolution. Cambridge 1946

HOUGEN 1922 Bjørn: Et hulefund fra folkevandringstiden fra Hildershavn, Os s. og pgd., Hordaland. In: Oldtiden 9, 1922, 97-105

HOUGEN 1969a Ellen Karine: Leirkarmaterialet fra Kaupang. In: Viking 33, 1969, 97-118

HOUGEN 1969b Ellen Karine: Glassmaterialet fra Kaupang. In: Viking 33, 1969, 119-37

HULST & LEHMANN 1974 R. S. & L. TH.: The Roman Barge of Druten. In: BROB 24, 1974, 7-24

HUMBLA 1930 Philibert: Ett båtfynd i Göta Älv vid Gamla Lödöse. In: GBFT 1930, 20-41

HUMBLA 1934 Philibert: Bådfyndet vid Äskekärr. In: GBFT 1934, 1-21

HUMBLA & VON POST 1937 Philibert & Lennart: Galtabäcksbåtan. Göteborg 1937

HUTCHINSON 1986 G.: The Southwold Side Rudders. In: Antiquity 60, 1986, 219-21

ILKJÆR & LØNSTRUP 1981 Jørgen & Jørn: Ankret. In: Skalk 1981 (2), 12-15

INGELMAN-SUNDBERG 1972 Catharina: Undervattensarkeologisk undersökning utanför Birka. In: Fv. 65, 1972, 127-35

JANKUHN 1943 Herbert: Die Ausgrabungen in Haithabu (1937-1939). Vorläufiger Grabungsbericht. Berlin 1943

JANKUHN 1971 Herbert: Typen und Funktionen vor- und frühgeschichtlicher Handelsplätze im Ostseegebiet. Österreichische Akademie der Wissenschaften, Phil.-Hist. Klasse, Sitzungsberichte Bd. 273 (5). Wien 1971

JANKUHN 1979 Herbert: Die römische Kaiserzeit und die Völkerwanderungszeit. In: K.W. Struve, H. Hingst und H. Jankuhn: Von der Bronzezeit bis zur Völkerwanderungszeit. Geschichte Schleswig-Holsteins Bd. 2. Neumünster 1979

JANKUHN 1980 Herbert: Beobachtungen zur »Infrastruktur« des wikingerzeitlichen Seewesens. In: Offa 37, 1980, 146-53

JANKUHN [8]1986 Herbert: Haithabu. Ein Handelsplatz der Wikingerzeit. Neumünster 81986

JANSEN 1985 Henrik: Early Urbanisation in Denmark. In: Clarke & Simms (Hg.) 1985, 183-216

JANSSEN 1987 Walter: Die Importkeramik von Haithabu. Die Ausgrabungen in Haithabu 9. Neumünster 1987

JEFFROY 1978 R.: Notes sur les deux ferrets Mérovingiens des collections du Musée des Antiquités Nationales. In: Fleury, M. & P. Pervin (Hg.), Problèmes de chronologie relative et absolute concernant les cimetières Mérovingiens d'entre Loire et Rhin. Paris 1978, 195-7

JENSEN 1989 Jørgen: The Hjortspring boat reconstructed. In: Antiquity 63, 1989, 531-5

JENSEN U.A. 1989 = Jørgen Jensen, John Nørlem Sørensen, Flemming Rieck, Maj Stief Aistrup: Hjortspringbåden genopstillet. In: Nat. Arbejdsm. 1989, 101-14

JENSEN 1984 Lars Bo: Limfjorden i Vikingetid. Kilde- og metodproblemer i en lokalhistorisk undersøgelse. In: Land og Bygd i Middelalderen. 3. Symposium Skanör 1984. o.O. o.J., 50-68

JOHANNESSEN 1940 F: Båtene fra Gokstadskipet. In: Viking 4, 1940, 125-30

JOHNSTONE 1980 Paul: The Sea-craft of Prehistory. London and Henley 1980

JONDELL 1985 Erik: Medieval Waterfronts in Trondheim. In: Herteig (Hg.) 1985a, 125-8

KAPITÄN 1984 Gerhard: Ancient anchors – technology and classification. In: IJNA 13, 1984, 33-44

KARS & WEVERS 1982 Henk & Joyce M.A.R.: Early Medieval Dorestad, an Archaeo-Petrological Study. Part III: A Trachyte Mortar, the Soapstone Finds and the Tuyères. In: BROB 32, 1982, 169-82

KAUL 1988 Fleming: Da våbene tav. Hjortspringfundet og dets baggrund. København 1988

KEILING 1974 Horst: Ein bei Wietersdorf, Kr. Güstrow, verunglückter Germane aus der spätrömischen Kaiserzeit? In: AuF 19, 1974, 201-7

KING ²1972 A.M.: Beaches and Coasts. London ²1972

KIRPICNIKOV 1988 Anatol N.: Staraja Ladoga/ Alt Ladoga und seine überregionale Beziehungen im 8.-10. Jahrhundert. Anmerkungen zur Verbreitung und Verwendung von Dirhems im europäischen Handel. In: Ber. RGK 69, 1988, 307-37

KJELLMARK & V. POST 1936, Knut & Lennart: Fynd och föremål i svenska museer. En förhistorisk paddelåra funnen nära Gemla i Småland. In: Fv. 31, 1936, 364-70

KOCH 1984 Gerd: Polynesien und Mikronesien. In: Koch (Hg.) 1984, 11-32

KOCH (HG.) 1984 Gerd: Boote aus aller Welt. Ausstellungskatalog der Staatliche Museen Preußischer Kulturbesitz für Völkerkunde Berlin. Berlin 1984

KOHRTZ ANDERSEN 1983 Per: Kollerupkoggen. Museet for Thy og Vester Hanherred. o.O. 1983

KOLCHIN 1989 B.A.: Wooden Artefacts from Medieval Novgorod. BAR International Series 495 (2 Bd.). Oxford 1989

KÖRBER-GROHNE 1967 Udelgard: Geobotanische Untersuchungen auf der Feddersen Wierde. Feddersen Wierde Bd. I. Wiesbaden 1967

KOSSACK U.A. (HG.) 1984 = G. Kossack, K.-E. Behre und P. Schmid: Archäologie und naturwissenschafliche Untersuchungen an ländlichen und frühstädtischen Siedlungen im deutschen Küstengebiet vom 5. Jahrhundert v.Chr. bis zum 11. Jahrhundert n.Chr. Bd. 1 Ländliche Siedlungen. Weinheim 1984

KRIEGER 1987 Karl-Friedrich: Die Anfänge des Seerechts im Nord- und Ostseeraum (von der Spätantike bis zm Beginn des 13. Jahrhunderts). In: Handel und Verkehr IV, 246-65

KRISTJÁNSSON 1964 Lúðvíg: Gränlenzki landnemaflotinn og breiðfirzki báturinn. In: Árbok hins Íslenzka Fornleifafélags 1964, 20-68

KUNOW 1983 Jürgen: Der römische Import in der Germania libera bis zu den Markomannenkriegen. Göttinger Schriften zur Vor- und Frühgeschichte Bd. 21. Neumünster 1983

KYHLBERG 1986 Ola: Late Roman and Byzantine Solidi. An archaeological analysis of coins and hoards. In: Helgö X, 13-126

LAING 1975 Lloyd: The Archaeology of Late Celtic Britain and Ireland c. 400-1200 AD. London 1975

LARSEN 1984/85: En mulig handelsplass i Grimstadområdet i vikingetiden. In: UOÅ 1984/85, 111-120

LARSSON 1986 Lars J.: Kring ett fynd i sjön Furen. In: Värendsbygden 1986, 91-6

LATOUCH 1966 Richard: The birth of western economy: economic aspects of the Dark Ages. New York 1966

LAUX 1978-80 Friedrich: Der Reihengräberfriedhof in Oldendorf, Samtgemeinde Amelinghausen, Kr. Lüneburg/Niedersachsen. Ein Beitrag zu den frühgeschichtlichen Gräberfeldern im Bardengau. In: Hammaburg NF 5, 1978-80 [1983], 91-148

LAUX 1987 Friedrich: Die Zeit der Reihengräberfriedhöfe. In: Ralf Busch (Hg.): Von den Sachsen zur Hammaburg. Neumünster 1987, 26-32

LEBECQUE 1983 Stéphane: Marchands et navigateurs frisons du haut moyen âge. 2 Bd. Lille 1983

LEIGHTON 1972 Albert C.: Transport and communication in early medieval Europe AD 500-1100. Newton Abbot 1972

LEMCKE 1911 H.: Das Wikingerboot von Charbrow. In: Bau- und Kunstdenkmäler des Reg.-Bez. Köslin. Bd. II, Heft 2. Stettin 1911, 305-17

LIEBGOTT 1979a Niels-Knud: Telt, hytte, bod. In: Strejflys over Danmarks bygningskultur. In: Festschrift Harald Langberg. Herning 1979, 9-22

LIEBGOTT 1979b Niels-Knud: Stakhaven. Arkæologiske undersøgelser i senmiddelalderens Dragør. Nationalmuseets Skrifter Arkæologisk-historisk række 19. København 1979

LIEBGOTT 1980 Nils-Knud: Skuldevig. In: Skalk 1980 (2), 3-8

LIENAU 1934 Otto: Die Bootsfunde von Danzig-Ohra aus der Wikingerzeit. Danzig 1934

LINDER-WELLIN 1974 U.: The first arrival of Oriental Coins in Scandinavia and the Inception of the Viking Age in Sweden. In: Fv. 69, 1974, 22-9

LINDQVIST 1981 J.: Lödde Kar. In: Med. Mar. Sel. (3) 1981, 32-8

LINDQVIST 1941 Sune: Gotlands Bildsteine. Uppsala 1941

LITHBERG 1921 Niels: Knut Stjernas grävningar på Studentholmen. In: Upplands Fornminnesförenings Tidskrift Heft 36, 1921, 237-66

LIVERSAGE 1968 G. D.: Excavation at Dalkey Island, Co. Dublin. In: Proceedings of the Royal Irish Academy 66, 1968, 53-235

LØKKEGAARD POULSEN 1978 Karen: Eisenzeitliche Muschelhaufen in Dänemark. In: Offa 35, 1978, 64-85

LØNSTRUP 1984 Jörn: Older and new theories. The find from Thorsbjerg in the light of new discoveries. In: Frühmittelalterliche Studien 18, 1984, 91-101

LORANGE 1887 A.: Storhaugen paa Karmøen. Nyt Skibsfund fra Vikingetiden. In: BMÅ 1887, Heft 4, 1-16

LÜDTKE 1987 Hartwig: Die Keramik von Hollingstedt. In: Ausgrabungen in Haithabu 25. Neumünster 1987, 9-82

LUND 1983 Niels: Af den oldengelske Orosius. In: Ottar og Wulfstan, 18-31

LUND HANSEN 1987 Ulla: Römischer Import im Norden. Warenaustausch zwischen dem Römischen Reich und dem freien Germanien. Nordiske Fortidsminder Serie B Bd. 10. København 1987

LUNDSTRÖM 1976 Agneta: Bead Making in Scandinavia in the Early Middle Ages. In: Early Middle Ages 9, 1976.

LUNDSTRÖM 1980a Agneta: Gravgåvorna i Vendel. In: Vendeltid, 19-30

LUNDSTRÖM 1980b Agneta: Gravgåvorna i Valsgärde. In: Vendeltid, 65-79

LUNDSTRÖM (HG.) 1988 Agneta: Thirteen Studies on Helgö. Statens Historiska Museum Stockholm. Studies 7. Borås 1988

LUNDSTRÖM 1981 Per: De kommo vida ... Vikingars hamn vid Paviken på Gotland. Uddevalla 1981

LUNDSTRÖM 1976 Sven: Båtdetaljer. In: Pkbanken, 135-44

MADSEN 1984 Jan Skamby: Et skibsværft fra vikingetid/tidlig middelalder ved Fribrødreå på Falster. In: Hikuin 10, 1984, 261-74

MAGNUS 1974 Bente: Fisker eller Bonde. Undersøkelser av hustufte på ytterkysten. In: Viking 38, 1974, 68-108

MAGNUS & MYHRE 1976 Bente & Bjørn: Forhistorien. Bd. 1 von Norges Historie, red. Knut Mykland. Oslo 1976

MAGNÚSSON 1966 Thór: Bátkumlith í Vatnsdál í Patreksfirði. In: Árbók hins íslenzka fornleifafélags 1966, 5-32

MALMER 1966 Brita: Nordiska mynt före år 1000. Acta Archaeologica Lundensia. Series in 8°. N° 4. Bonn/Lund 1966

MALMROS 1985 Rikke: Leding og Skjaldekvad. Det elvte århundredes nordiske krigsfloder, deres teknologi og organisation og deres placering i samfundet, belyst gennem den samtidige fyrstedigtning. In: Årbøger 1985, 89-139

MARCHAL 1982 C.A.: Segeltheorie und -praxis. Bielefeld/Berlin 1971

MARSDEN 1967 Peter: A Ship of the Roman Period, from Blackfriars, in the City of London. London 1967

MARSDEN 1976 Peter: A boat of the Roman Period found at Bruges, Belgium, in 1899, and related types. In: IJNA 5, 1976, 23-55

MARSDEN 1981 Peter: Early shipping and the Waterfronts of London. In: Milne & Hobley (Hg.) 1981, 10-6

MÅRTENSSON 1976 Anders W.: Båtdetaljer. In: PKbanken, 135-43

MCGRAIL 1983 Seán: Cross-Channel Seamanship and Navigation in the Late First Millenium BC. In: Oxford Journal of Archaeology Nr. 3,2 1983, 299-339

MCGRAIL 1987 Seán: Ancient Boats in N.W. Europe. The Archaeology of Water Transport to AD 1500. London 1987

MCGRAIL (HG.) 1977 Seán: Sources and Techniques in Boat Archaeology. National Maritime Museum Greenwich, Archaeological Series 1. BAR Supplementary Series 29. Oxford 1977

MCGRAIL (HG.) 1984 Seán: Aspects of Maritime Archaeology and Ethnography. London 1984

MCGRAIL & FARRELL Seán & Anthony: Rowing: aspects of the ethnographic and iconographic evidence. In: IJNA 8, 1979, 155-66

MCGRAIL & KENTLEY (Hg.) 1985 Seán & Eric: Sewn Plank Boats. National Maritime Museum, Greenwich, Archaeological Series no 10 = BAR International Series 276. Oxford 1985

MCGRAIL & MCKEE 1974 Seán & E: The Building and Trials of the Replica of an Ancient Boat: The Gokstad Færing. Martime Monographs and Reports 11, 1974, 2 Bd.

MELSTEÐ 1912-14 Bogi Th.: Ferðir, Siglingar og Samgöngur milli Íslands og annara Landa á Dögum Thjóðveldisins. Bd. IV von: Safni til Sögu Íslands. Kaupmannahöfn 1912-14

MENZEL 1986 Horst: Die Tjalk – das weitverbreitetste Binnenschiff der Niederlande. Seine Entwicklung, Konstruktion und Bauweise. Kiel 1986

MILLER 1977 Louise: New Fresh Wharf 2, the Saxon and early medieval waterfront. In: The London Archaeologist 3 (2), 1977, 47-53

MILLER 1986 William Ian: Gift, Sale, Payment, Raid: Case Studies in the Negotiation and Classification of Exchange in Medieval Iceland. In: Speculum 61, 1986, 18-50

MILNE 1981 Gustav: Medieval Riverfront Reclamation in London. In: Milne & Hobley (Hg.) 1981, 32-6

MILNE & MILNE 1978 G. & C.: Excavation on the Thames waterfront at Trig Lane, London. In: Med. Arch. 22, 1978, 84-104

MILNE & GOODBURN 1990 Gustav & Damian: The early medieval port of London AD 700-1200. In: Antiquity 60, 1990, 629-36

MILNE & HOBLEY 1981 Gustav & Brian: Waterfront Archaeology in Britain and Northern Europe. London 1981

MITCHELL U.A. 1984: = J.G. Mitchell, H. Asvik und H.G. Resi: Potassium-argon Ages Schist Honestones from the Viking Age Sites at Kaupang (Norway), Hedeby (West-Germany) and Wolin (Poland), and their Archaeological Implications. In: Journal of Arch. Science 11, 1984, 171-6

MITZKA 1933 Walther: Deutsche Bauern- und Fischerboote. Grundfragen aus einem Sachkreis der Volkskunde. Wörter und Sachen Beiheft Bd. 6. Heidelberg 1933

MØLLER 1973 Andreas: Både og bådefolk i marsken. Fiskeri- og Søfartsmuseet, Saltvandsakvariet Esbjerg. Esbjerg 1973

MORRISON 1973 Ian: Jarlshof. The marine environment of a Viking settlement. In: IJNA 2, 1973, 382-4

MORRISON 1985 Ian: Landscape with Lake Dwellings. The crannogs of Scotland. Edingburgh 1985

MUCH & JANKUHN 1967 Rudolf & Herbert: Die Germania des Tacitus, hg von Wolfgang LANGE. Heidelberg 1967

MUCKELROY 1978 Keith: Maritime archaeology. Cambridge 1978

MUCKELROY U.A. 1978 = K. Muckelroy, C. Haselgrove und D. Nash: A pre-Roman coin from Canterbury and the ship represented on it. In: PPS 44, 1978, 439-44

MÜLLER-WILLE 1968/69 Michael: Bestattung im Boot. In: Offa 25/26 1968/69

MUNCH U.A. 1986: = Gerd Stramsø Munch, Ingegerd Larsen und Olav Sverre Johansen: A Chieftain's Farm at Borg, Lofoten, N.-Norway. In: Med. Arch. 30, 1986, 88-90

MUNCH & JOHANSEN 1988 Gerd Stamsø & Olav Sverre: Borg in Lofoten – An Inter-Scandinavian Research Projekt. In: NAR 21 (2), 1988, 119-26

MUNRO 1882 R.: Ancient Scottish Lake Dwellings or Crannogs. Edingburgh 1982

MYHRE 1973 Bjørn: Nausttuft fra eldre jernalder. In: Arkeo 1973 (1), 20-3

MYHRE 1977 Bjørn: Nausttufte fra jernalder på Stend i Fana. Nausttuftene som kilde til kunnskap om bygningskonstruksjon, bosetning og samfunnsforhold. In: Viking 40, 1977, 29-78

MYHRE 1981 Bjørn: Nydatering av våre eldste båter. In: Arkeologisk meddelelser fra Historisk museum, Universitetet i Bergen, 1981, 27-30

MYHRE 1985 Bjørn: Boathouses as Indicators of Political Organisation. In: NAR 18, 1985, 36-60

MYRVOLL 1987 Siri: Archaeological Investigations in Bergen 1980-1986: Some New Aspects on the Development of the Town. In: NAR 20, 1987, 100-9

NANCKE-KROGH 1977 Søren: Sagntidens havn. In: Skalk 1977, 6, 11-5

NANCKE-KROGH 1987: Omkring Äskekärrskeppet. In: Fynd (1) 1987, 14-25

NÆSS 1969 Jenny-Rita: Grav i båt eller båt i grav? In: Stavanger Museums Årsskrift 79, 1969, 57-76

NEEDAM & LONGLEY 1981 S.P. & D.: Runnymede Bridge. In: Milne & Hobley (Hg.) 1981, 48-50

NEUGEBAUER 1964/65 Werner: Der Burgwall von Alt-Lübeck. Geschichte, Stand und Aufgabe der Forschung. In: Offa 21/22, 1964/65, 127-257

NEWEKLOWSKY 1952 Ernst: Die Schiffahrt und Flößerei im Raum der oberen Donau. Bd. 1. Schriftenreihe des Institutes für Landeskunde von Oberösterreich Bd. 5. Linz 1952

NICOLAYSEN 1882 Nicolas: Langskibet fra Gokstad ved Sandefjord. Kristiania 1882

NIELSEN 1984 Svend: Karby-udgravning på Mors. Med nogle bemærkninger om den keramiske udvikling i yngre jernalder. In: Årbøger 1984, 260-81

NIHLÉN & BOETHIUS 1933 J. & G.: Gotländiska gårda och byar under äldre järnåldren. Stockholm 1933

NORDLANDSBÅDEN 1980: = Nordlandsbåden – analyseret og provesejlet af Vikingeskibshallens Bådelaug. Working Papers 12. The National Museum of Denmark. København 1980

NUMMEDAL 1911 A.: Dalehelleren og Valseshulen. To stenalders bopladser i Kristiansund. Det Kgl. Norske Videnskabernes Selskabs Skrifter 1910, Nr. 11. Trondhjem 1911, 1-26

NYLÉN 1973 Erik: Bygden, skeppet och havet. Antikvariskt Arkiv 49. Stockholm 1973

NYLÉN 1981 Erik: Segla, ro, släp och dra – skepp til Miklagård. In: GA 53, 1981, 21-30

NYLÉN 1983a Erik: Gutarnas farkoster. In: Guta och vikingar, 120-152

NYLÉN 1983b Erik: I Österled. Med vikingaskepp mot Miklagård I. Uppström genom Polen. RAGU Arkeologiska skrifter 1983:2

NYLÉN 1985 Erik: Handel und Seefahrt zwischen Skandinavien und dem Ostbaltikum um 1000. In: Acta Universitatis Stockholmiensis. Studia Baltica Stockholmiensia 1, 1985, 83-97

NYLÉN 1986 Erik: The »Krampmacken« Project. In: Crumlin-Pedersen & Vimmer (Hg.) 1986, 104-13

NYLÉN 1987 Erik: Vikingaskepp mot Miklagård. Krampmacken i Österled. Borås 1987

NYLÉN & LAMM 1981 Erik & Jan Peder: Bildsteine auf Gotland. Neumünster 1981

O'BRIEN 1988 Colm: Objects of wood, metal and stone. In: Colm O'Brien, Lucy Brown, Skaron Dixon, Rebecca Nicholson (Hg.): The Origins of the New Castle Quayside. Excavations at Queen Street and Dog Bank. The Society of Antiquaries of Newcastle upon Tyne. Monograph Series No. 3. Newcastle upon Tyne 1988, 104-10

ODENCRANTS 1929/33 Reinhold: Båtgraven Nr. 4 vid Valsgärde. In: Upplands Fornminnesföreningens Tidskrift 43, 1929/33, 225-40

ÖDMAN 1987 Anders: Stockholms tre borgar. Från vikingatida spärrfäste till medeltida kastellborg. Monographier utgivna av Stockholms stad 80. Stockholm 1987

OHLMARKS 1946 Åke: Gravskeppet. Studier i förhistorisk nordisk religionshistoria. Stockholm 1946

OHLSSON 1975/76 Tom: The Löddeköpinge Investigation I. The Settlement at Vikshögsvägen. In: Med. Lund N.S. 1, 1975/76, 59-161

OHLSSON 1979/80 Ole: The Löddeköpinge Investigation II. The Northern Part of the Village Area. In: Med. Lund N.S. 3, 1979/80, 68-111

OLSEN = Terje Olsen: Båt og fiske. Materialrapport for publiserings projektet »Søndre bydel«. Tønsberg

OLSEN & CRUMLIN-PEDERSEN 1967 Olaf & Ole: Skuldelev Ships II. In: AA 38, 1967, 73-174

O'NEILL HENCKEN 1936 Hugh: Ballingderry Crannog No. 1. In: PIA 43 C, 1936, 103-239

ØRSNES 1988 Mogens: Ejsbøl I. Waffenopferfunde des 4.-5. Jahrh. nach Chr.. Nordiske Fortidsminder Serie B, Bind 11. København 1988

OSEBERG I = A.W. Brøgger, Hj. Falk und H. Shetelig: Osebergfundet. Bd. I. Kristiania 1917

OSEBERG II = W.A. Brøgger & H. Shetelig: Osebergfundet. Bd. 2. Oslo 1928

OTTAR OG WULFSTAN = Ottar og Wulfstan. To rejsebeskrivelser fra vikingetiden. Vikingeskibshallen Roskilde 1983

ØYE 1989 Ingvild: Kaupangen i Sogn i komparativ belysning. In: Viking 52, 1989, 166-80

PETERSEN 1951 Jan: Vikingetidens Redskaper. Skrifter utgitt av Det Norske Videnskaps-Akademi i Oslo II. Hist.-Filos. Klasse No. 4. Oslo 1951

PETERSEN 1975 Kai Strand: Om Limfjordens postglaciale marine udvikling og niveau-forhold, belyst ved molluskfaunaen og C-14 dateringer. In: Danmarks Geologiske Undersøgelser. Årbog 1975, 75-104

PHILIPSEN 1965 Johannes P.W.: The Utrecht Ship. In: MM 51, 1965, 35-46

PIEPER 1989 Peter: Die Weserrunenknochen. Neue Untersuchungen zur Problematik: Original oder Fälschung. Archäologische Mitteilungen aus Nordwestdeutschland. Beiheft 2. Oldenburg 1989

PKBANKEN: = Anders W. Mårtensson (Hg.), Uppgrävt förflutet för PKbanken i Lund. Archaeologica Lundensia VII, Malmö 1976

POHANKA 1986 Reinhard: Die eisernen Agrargeräte der Römischen Kaiserzeit in Österreich. Studien zur römischen Agrartechnologie in Rätien, Noricum und Pannonien. BAR International Series 298. Oxford 1986

RADTKE 1981 Christian: Die Oldenburg an der Schleimündung. In: Offa 38, 1981, 333-47

RALSWIEK UND RÜGEN I 1986: = Ralswiek und Rügen. Landschaftsentwicklung und Siedlungsgeschichte der

Ostseeinsel. Teil 1. Die Landschaftsgeschichte der Insel Rügen seit dem Spätglazial. 2 Bd., von Elsbeth Lange, Lebrecht Jeschke, Hans Dieter Knapp. = Schriften zur Ur- und Frühgeschichte 38. Berlin 1986

RASCH 1988 Monika: Today's Beach – Yesterday's Harbour? In: FS Stjernqvist, 279-85

RASMUSSEN 1968 A. Hjorth: Hundert Jahre dänische Fischerei. Führer durch das Fischerei- und Seefahrtsmuseum Esbjerg. Esbjerg 1968

RASMUSSEN 1972 A. Hjorth: Kystfiskeri, landingsplads og havn. Fiskeri- og Søfartsmuseet, Saltvandsakvariet Esbjerg. Samtidsundersøgelser 2. Esbjerg 1972

RASMUSSEN 1953 Holger: Hasslø-egen. Et bidrag til de danske stammebådes historie. In: Kuml 1953, 15-46

RATHJE & SCHIFFER 1982 William R. & Michael B.: Archaeology. New York u.a. 1982

RAUSING 1989/90 Gad: Löddeköpinge, Lund and Lödde kar. In: Med. Lund N.S. 8, 1989-1990, 143-8

REES 1979 Sian E.: Agricultural Implements in Prehistoric and Roman Britain. BAR British Series 69. Oxford 1979

REINDERS 1985 Reinder: Cog finds from the IJsselmeerpolders. Flevobericht 248. Lelystad 1985

REITAN 1927 E.: Die Neuaufstellung des Wikingerbootes aus Baumgarth, Kr. Stuhm (Westpreußen). In: Blätter für deutsche Vorgeschichte, Heft 5, 1927, 11-22

RENFREW 1984a Colin: Trade as Action at a Distance. In: ders, Approaches to Social Archaeology. Edinburgh 1984, 86-132 [Erstveröffentlichung 1975]

RENFREW 1984b: Alternative Models for Exchange and Spatial Distribution. In: ders, Approaches to Social Archaeology. Edinburgh 1984, 135-53 [Erstveröffentlichung 1977]

RESI 1979 Heid Gjöstein: Die Specksteinfunde aus Haithabu. In: Ausgrabungen in Haithabu 14, 9-167

REUTER 1985 Timothy: Plunder and Tribute in the Carolingian Empire. In: Transactions of the Royal Historical Society 5. Series, 35, 1985, 75-94

ROBERTS 1984 Owain: Viking sailing performance. In: McGrail 1984, 123-51

ROBERTS 1986 Owain: The Årby Boat Replica. In: Crumlin-Pedersen & Vimmer (Hg.) 1986, 120-3

ROBERTS 1990 Owain: Shroudless in Scandinavia? In: IJNA 19, 1990, 123-7

ROBINSON 1988 David: En handelsplads fra 3. og 4. århundrede e.Kr. In: ÅSOM 1988, 31-42

ROES 1963 Anna: Bone and Antler Objects from the Frisian Terp-Mounds. Haarlem 1963

ROES 1965 Anna: Vondsten van Dorestad. Archaeologica Traiectina VII. Groningen 1965

ROESDAHL 1977 Else: Fyrkat. En jysk vikingeborg. Bd. II Oldsagerne og gravpladsen. Nordiske Fortidsminder B, 4. København 1977

ROESDAHL 1981 Else: Aggersborg in the Viking Age. In: Hans Bekker-Nielsen, Peter Foote und Olaf Olsen (Hg.): Proceedings of the Eighth Viking Congress, Århus 1977. Odense 1981, 107-22

ROESDAHL 1982 Else: Viking Age Denmark. London 1982

ROLFSEN 1974 Perry: Båtnaust på Jærkysten. Stavanger Museums Skrifter Nr 8. Stavanger 1974

RÖNNBY 1989a Johan: Undervattensrekognosering. Björkö, Adelsö sn. 3/7 1988. In: Med. Mar. Sel. (1/2) 1989, 8

RÖNNBY 1989b Johan: Bulverket – och vikingartid/medeltid på Gotland. In: Med. Mar. Sel. (1/2) 1989, 13-7

ROSENBERG 1984 Björn: Åhus. Medeltidsstaden 52. Stockholm 1984

ROSENBERG 1937 Gustav: Hjortspringfundet. Nordiske Fortidsminder III, 1. København 1937

RUDOLPH 1966 Wolfgang: Handbuch der volkstümlichen Boote im östlichen Niederdeutschland. Veröffentlichungen des Instituts für Deutsche Volkskunde Bd. 41. [Ost] Berlin 1966

RULEWICZ 1974 Marian: Ze studiów nad rybołówstwem we wczesnośredniowiecznychmiastach przy ujściu Odry. In: Archeologia Polski 19, 1974, 387-475

RULEWICZ 1984 Marian: Tymczasowe wyniki badán archeologicznych na Podzamczu w Szczecinie, Prowazonych w latach 1975-1978. In: Sprawozdamia Archeologiczne 36, 1984, 151-65

RUPRECHT 1958 Arndt: Die ausgehende Wikingerzeit im Lichte der Runeninschriften. Palaestra Bd. 224. Göttingen 1958

SALISBURY 1965, W.: Side rudders and steering oars, and the Nydam ship. In: MM 51, 1965, 359-61

SAWYER 1977 Peter: Kings and merchants. In: P. Sawyer & I.N. Wood (Hg.), Early Medieval Kingship. Leeds 1977, 139-58

SCHAEFFER 1939 Claude F. A.: Un voilier de l'époque mérovingien du Nord de la France. In: Revue Archéologique 6. Ser. Bd. 14, 1939, 181-7

SCHALIES 1988 Ingrid: Erkenntnisse der Archäologie zur Geschichte des Lübecker Hafens vom 12.-16. Jahrhundert. In: LSAK 17, 1988, 129-32

SCHIETZEL 1984 Kurt: Der Hafen. In: H. Jankuhn (Hg.), Archäologische und naturwissenschaftliche Untersuchungen an ländlichen und frühstädtischen Siedlungen im deutschen Küstengebiet vom 5. Jahrhundert v.Chr. bis zum 11. Jahrhundert n.Chr. Bd. 2. Weinheim 1984, 116-21

SCHIFFER & SKIBO 1987 Michael B. & James M.: Theory and Experiment in the Study of Technological Change. In: Current Anthropology 28, 1987, 595-622

SCHINDLER 1948/49a Reinhard: Ausgrabungen in der Hamburger Altstadt. In: Hammaburg 1, 1948/49, 25-33

SCHINDLER 1948/49b Reinhard: Die Ausgrabungen in der Hamburger Altstadt im Jahre 1948. In: Hammaburg 1, 1948/49, 161-80

SCHINDLER 1960 Reinhard: Die Bodenaltertümer der Freien und Hansestadt Hamburg. Veröffentlichungen des Museums für Hamburgische Geschichte. Abteilung Bodendenkmalpflege Bd. 1. Hamburg 1960

SCHMID 1985 Peter: Der Handel der römischen Kaiserzeit im niedersächsischen Nordseeküstengebiet aufgrund archäologischer Zeugnisse. In: Düwel u.a. (Hg.) Teil I, 451-9

SCHMID 1983 Günther: Der Schiffsanker. Hamburg 1983

SCHNALL 1975 Uwe: Navigation der Wikinger. Nautische Probleme der Wikingerzeit im Spiegel schriftlicher Quellen. Schriften des Deutschen Schiffahrtsmuseums Bd. 6. Oldenburg/Hamburg 1975

SCHOFIELD 1981 J.A.: Medieval Waterfront Buildings in the City of London. In: Milne & Hobley (Hg.) 1981, 24-31

SCHOKNECHT 1977 Ulrich: Menzlin – Ein frühgeschichtlicher Handelsplatz an der Peene. Beiträge zur Ur- und Frühgeschichte der Bezirke Rostock, Schwerin und Neubrandenburg Bd. 10. Berlin 1977

SCHOKNECHT 1978 Ulrich: Eine skandinavische Vogelfibel aus Schönfeld, Kreis Demmin. In: Bodendenkmalpflege Mecklenburg, Jahrbuch 1978, 237-42

SCHOKNECHT 1981 Ulrich: Eine vendelzeitliche Fibel von Verchen, Kr. Demmin. In: AuF 26, 1981, 142-5

SCHOVSBO 1980 P. O.: Mast and sail in Scandinavia in the Bronze Age. In: MM 66, 1980, 15/6

SCHÜCK 1926 Adolf: Studier rörande det svenska stadsväsenets uppkomst och äldsta utveckling. Stockholm 1926

SCHULZE 1978 Hella: Köpingsvik under vikingatiden. In: Kalmar Län 63, 1978, 103-7

SCHULZE 1980 Hella: Vikingatida kulturlager Solberga, Köpingsvik, Köping sn, Öland. Riksantikvarieämbetet Rapport över Undersökningsverksamheten 1980:14

SEEHANN 1977 Günther: Pilzfunde aus Haithabu. In: Ausgrabungen in Haithabu 11. Neumünster 1977, 120-40

SHANKS & TILLEY 1987 Michael & Christopher: Social Theory and Archaeology. Cambridge 1987

SHETELIG 1902 Håkon: En plyndret baadgrav. In: BMÅ 1902 (8), 1-14

SHETELIG 1917 Håkon: Tuneskibet. Skibsfundet på Nedre Haugen på Rolvsøy. Norske Oldfund II. Kristiania 1917

SHETELIG 1928 Håkon: Holmedalsfunnet. En båtgrav i Sunnfjord. In: BMÅ 1928, H.3, 50-62

SHETELIG 1930 Håkon: Das Nydamschiff. In: AA 1, 1930, 1-30

SHETELIG (HG.) 1940 Håkon: Viking Antiquities in Great Britain and Ireland. Bd. IV. Oslo 1940

SHETELIG & JOHANNESSEN 1929 H. & F.: Kvalsundfunnet og andre norske myrfunn av fartøjer. Bergens Museums Skrifter. Ny Række II, 2. Bergen 1929

SIMMER 1988 Alain: Le cimetière mérovingien d'Audun-le-Tiche (Moselle). Archéologie aujourd'hui. Association française d'Archéologie Mérovingienne (Mémoire volume 2). Paris 1988

SKÅRE 1964 Kolbjørn: Skibsavbildninger på Birka-Hedeby Mynter. In: Norsk Sjøfartsmuseum Årsbereting 1964, 75-80

SKÅRUP 1979 Jørgen: En middelalderlig ladeplads ved Vitsø Nor på Ærø. Forløbig beretning om undersøgelsen 1976-1978. In: Antikv. Studier 3, 1979, 69-86

SKOV 1952 Sigvard: Et middelalderligt Skibsfund fra Eltang Vig. In: Kuml 1952, 65-83

SLASKI 1978 Kazimierz: Slawische Schiffe der westlichen Ostsee. In: Offa 35, 1978, 116-27

SMOLAREK 1969 Przemysław: Studia nad szkutnictwem Pomorza Gdańskiego X-XIII w. Prace Museum Morskiego w Gdańsku III. Gdańsk 1969

SMOLAREK 1981 Przemysław: Ships and Ports in Pomorze. In: Milne & Hobley (Hg.) 1981, 51-60

SOGNNES 1988 Kalle: Sentrumsdannelser i Trøndelag. En kvantitativ analyse av gravmaterialet fra yngre jernalder.

Fortiden i Trondheims Bygrunn: Folkebibliotekstomten. Meddelelser Nr. 12. Trondheim 1988

STEENSBERG 1986 Axel: Man the manipulator. An ethnoarchaeological basis for reconstructing the past. Copenhagen 1986

STENHOLM 1981 Leif: Lerbottnar till belysning. In: Ale 1981, 2, 17-30

STĘPIÉN 1984 Wladisław: Archaeological excavation in Puck Harbour, Gdańsk Distrikt, Poland. In: IJNA 13, 1984, 311-21

STĘPIÉN 1987 Wiesław: Wczesnosredniowieczny wrak łodzi klepkowej W-2 z zatoki puckiej. In: Prace i Materiały Muzeum Archeologicznego i Etnograficznego w Łodzi 34, 1987, 139-54

STEUER 1979 Heiko: Die Keramik. Elisenhof Bd. 3. Stud. Küstenarch. Schleswig-Holstein, Ser. A. Frankfurt/M. u.a. 1979, 3-147

STEUER 1987 Heiko: Der Handel der Wikingerzeit zwischen Nord- und Westeuropa aufgrund archäologischer Zeugnisse. In: Handel und Verkehr IV, 113-97

STIESDAL 1960 H.: Kanalen der skærer Samsø over. In: Skalk 1960 (4), 6-8

FS STJERNQVIST 1988: = B. Hårdh, L.Larsson, D.Olausson, R. Petré (Hg.), Trade and Exchange in Prehistory. Studies in Honour of Berta Stjernqvist. Lund 1988

STRUVE 1981 Karl Wilhelm: Die Burgen in Schleswig-Holstein. Bd. 1 Die slawischen Burgen. Offa-Bücher Bd. 35. Neumünster 1981

SUNDQVIST 1948 Nils: En styråra från Aros. In: Tor 1, 1948, 65-72

SVAHNSTRÖM 1984 Gunnar: Visby under tusen år. Stockholm 1984

SYSE & STEN 1987 Bent & Sabine: Guldet – Ett kvarter med medeltida kulturlager i Sigtuna. Riksantikvarieämbetet Rapport over Undersökningsverksamheten 1987:5

SZABÓ U.A. 1985 = Mattias Szabó, G. Grenande-Nyberg & Janken Myrdal: Elisenhof. Bd. 5, Die Holzfunde. Stud. Küstenarch. Schleswig-Holstein, Ser. A. Frankfurt/M. u.a. 1985, 1-217

TATTON-BROWN 1986 Tim: The Topography of Anglo-Saxon London. In: Antiquity 60, 1986, 21-8

TESCH 1985: Vid Storåns kant – ett tidigmedeltida hamnanlägg och en högmedeltida bebyggelse. Riksantikvarieämbetet Rapport over Undersökningsverksamheten 1985:18

THOMSEN 1986 Per O.: Lundeborg I. Havn og handelsplads fra 3. og 4. århundrede efter Kr. In: ÅSOM 1986, 12-52

THOMSEN 1987a Per O.: Havn og handelsplads. In: Skalk 1987, 5, 3-8

THOMSEN 1987b Per O.: Undersøgelse af havn og handelsplads ved Lundeborg. In: ÅSOM 1987, 17-29

THOMSEN 1989 Per O.: Lundeborg – En foreløbig redegørelse efter 4 udgravningskampagner. In: ÅSOM 1989, 8-35

THORDEMAN 1922/24 Bengt: Från det äldsta Sigtuna. In: Upplands Fornm. T. 9, Heft 37, 1922/24, 14-31

THORLÁKSSON 1978 Helgi: Islandske Havner. In: XV Nordiska Arkeologmötet Visby 1978, 7:1-22

THORSTEINSSON 1985 Björn: Island. Politikens Danmarkshistorie. København 1985

THORVILDSEN 1972 Elise: Dankirke. In: Nat. Arbejdsm. 1972, 47-60

THORVILDSEN, HANSEN & BENDIXEN 1976 E., U.L. & K.: Dankirke – 1. Die Siedlung, 2. Gläser, 3. Münzen. In: Hoops' Reallexikon Bd. 5. Berlin u.a. 1976

THORVILDSEN 1957 K.: Ladby-Skibet. Nordiske Fortidsminder VI,1. København 1957

THRANE 1987a Henrik: The Ladby Ship Revised. In: Antiquity 61, 1987, 41-9

THRANE 1987b Henrik: Das Gudme-Problem und die Gudme-Untersuchung. Fragen der Besiedlung in der Völkerwanderungs- und Merowingerzeit auf Fünen. In: Frühmittelalterliche Studien 21, 1987, 1-48

TOLLNES 1969 Roar L.: Bygningsrester fra Kaupang. In: Viking 23, 1969, 41-96

TROTZIG 1978 Gustav: En gotländsk bronsklubba i Västermans läns museum. In: Västermanlands Fornminnesförening Årsskrift 56, 1978, 104-11

UECKER 1966 Heiko: Die altnordischen Bestattungssitten in der literarischen Überlieferung. München 1966

ULBERT 1977 Günter: Die römische Funde von Bentumersiel. In: Probleme der Küstenforschung 12, 1977, 33-65

ULRIKSEN 1990 Jens M.: Teorier og virkelighed i forbindelse med lokalisering af anløbspladser fra germanertid og vikingetid i Danmark. In: Årbøger 1990, 69-101

UNGER 1980 Richard W.: The Ship in the Medieval Economy 600-1600. London 1980

VAN DER HEIDE 1955 G. D.: Zuiderseearchaeologie. In: Antiquity and Survival 2-3, 1955

VAN ES 1965/66 W. A: Friesland in Roman Times. In: BROB 15/16, 1965/66, 37-68

VAN ES & VERWERS 1980 W. A. & W. J. H.: Excavation at Dorestad I. The Harbour: Hoogstraat I. Nederlandse Oudheden 9. Amersfoort 1980

VAN ES & VERWERS 1981 W. A. & W. J. H.: Dorestad: A Carolingian Waterfront on the Rhine. In: Milne & Hobley (Hg.) 1981, 72-6

VANG PETERSEN 1987 Peter: Nydam III – et våbenoffer fra ældre germansk jernalder. In: Årbøger 1987, 105-37

VON SCHULER-SCHÖMIG 1984 Immina: Boote aus Mittelamerika und dem Andenraum. In: Koch (Hg.) 1984, 217-27

VARENIUS 1979 Björn: Bulverketbåden. Ett gammalt fynd i ny belysning. Statens sjöhistoriska museum. Rapport 11. Stockholm 1979

VENDELTID = Ann Sandwall (red.), Vendeltid. Historia i fickformat, Statens historiska museum. Borås 1980

VIMMER 1980 Max: Forsøgssejladser. Sammenligninger og konklusion. In: Nordlandsbåden, 237-85

VINCE 1985 A. G.: The Saxon and Medieval Pottery of London: A Review. In: Med. Arch. 29, 1985, 25-93

VLEK 1987 Robert: The Medieval Utrecht Boat. BAR International Series 382. National Maritime Museum, Greenwich. Archaeological Series No 11. Oxford 1987

VOGEL 1977 Volker: Die Anfänge des Schleswiger Hafens. Ausgrabungen in Schleswig. In: Beiträge zur Schleswiger Stadtgeschichte 22, 1977, 21-8

VOGEL 1983 Volker: Archäologische Stadtkernforschung in Schleswig 1969-1982. In: Ausgrabungen und Funde in Schleswig. Berichte und Studien 1. Neumünster 1983, 9-54

WAGNER 1986 Peter: Wood Species in Viking Age Shipbuilding. In: Crumlin-Pedersen & Vimmer (Hg.) 1986, 130-7

WALLACE 1981 Patrik W.: Dublin's Waterfront at Wood Quay: 900-1317. In: Milne & Hobley (Hg.) 1981, 109-18

WALLACE 1985 Patrik W.: The Archaeology of Viking Dublin. In: Clarke & Simms (Hg.) 1985, 103-46

WALLACE 1987 Patrik W.: The Economy and Commerce of Viking Age Dublin. In: Handel und Verkehr IV, 200-45

WATKINS 1980 Trevor: A prehistoric coracle in Fife. In: IJNA 9, 1980, 277-86

WEBE 1979/80 Gösta: Ankare från järnåldern. In: Sjöhistorisk årshefte 1979/80, 70/1

WESOŁOWSKI 1963 S: Odkrycie łodiz słowianskiej na podgrodzui w Szczecinie. In: Z Odchłani Wiekow 29, 1963, 254-8

WESTERDAHL 1980 Christer: On Oral Traditions and Place Names. In: IJNA 9, 1980, 311-29

WESTERDAHL 1981 Christer: De äldasta fartygsankarna i Norden. In: Med. Mar. Sel. (3) 1981, 9-11

WESTERDAHL 1983 Christer: Nydamankaret än en gång. In: Med. Mar. Säll. 6, 1983 (3), 39

WESTERDAHL 1984 Christer: [Kurze Notiz unter der Rubrik »Nyheter«] In: Med. Mar. Sel. 7, 1984 (1), 21

WESTERDAHL 1985a Christer: Sewn Boats of Sweden. In: McGrail & Kentley (Hg.) 1985, 211-232

WESTERDAHL 1985b Christer: Treenails and History. A Maritime Archaeological Hypothesis. In: FS Baudou. Archaeology and Environment 4, 1985, 395-414

WESTHOLM 1985 Gun: The settlement at Vi, at the foot of the cliff. In: Acta Visbyensia 7, 293-304

WIHLBORG 1980 Anders: Nyupptäckta boplatslämningar Elleköpinge, Åhus sn, Skåne. Riksantikvarieämbetet Rapport over Undersökningsverksamheten 1980:5

WILSON 1966 David M.: Medieval boat from Kentmere, Westmoreland. In: Med. Arch. 10, 1966, 81-9

WOOD BREESE 1977 Lauren: The Persistence of Scandinavian Connections in Normandy in the Tenth and Early Eleventh Centuries. In: Viator 8, 1977, 47-61

WRIGHT 1990 Edward: The Ferriby Boats. Seacraft of the Bronze Age. London/New York 1990

WYLIE 1985 Alison: The reaction against analogy. In: Advances in Archaeological Method and Theory Bd. 8, hrsg. von M. Schiffer. Orlando u.a. 1985, 63-111

ŻAK 1988 Jan: Das Problem der skandinavischen »Importe« im Oder-Weichsel-Raum während des 9.-11. Jahrhunderts. In: Ber. RGK 69, 1988, 675-89

ZBIERSKI 1964 Andrej: Port Gdański na tle miasta w X-XIII wieku. Prace komisji Archeologicznej Bd. 5. Gdańsk 1964

ZBIERSKI 1974 Andrej: Slawische Seehäfen im Frühmittelalter. In: Archaelogia Polona 15, 1974, 107-22

ZETTERBERG 1958 Inger: Furenfyndet – ett senvikingatida småländskt handelsfynd. In: Tor 4, 1958, 151-69

ZWIERS & VLIERMAN 1988 P.B. & K.: De LUTINA. En overijssels vrachtschip, vergaan in 1888. Flevobericht 292. Lelystad 1988

ABBILDUNGSNACHWEIS

Abb. 1: a. McGrail 1987, Abb. 1; b: Crumlin-Pedersen 1985a, S. 67

Abb. 2: a. Rosenberg 1937, Fig. 63, a; b. Arbmann 1940, Abb. 21; c. Filipowiak 1989, Abb. 6, b; d. Rieck und Crumlin-Pedersen 1988, S. 126

Abb. 3: a. Engelhardt 1865, Pl. 2, 9; b. Marsden 1976, Fig. 6; c. Oseberg I, Pl. 25, Fig. 1

Abb. 4: a. Shetelig & Johannessen 1929, Pl. IV, 6; b-d Dammann 1983, Taf. 6, a. b; 7, f

Abb. 5: a-c. Crumlin-Pedersen 1981, Fig. 12; d. Lindquist 1948, Fig. 2

Abb. 6: a. Cunliff 1972, Fig. 4; b. Engelhardt 1865, S. 35

Abb. 7: Zeichnung Sjöfartsmuseum Stockholm

Abb. 8: Zeichnung Sjöfartsmuseum Stockholm

Abb. 9: a. Shetelig & Johannessen 1929, Fig. 30; b. Ellmers 1972, Fig. 112

Abb. 10: Ellmers 1972, Fig. 115. 116. 118

Abb. 11: a-c. Ellmers 1972, Abb. 100; d. Fenwick 1978, Fig. 8.4; e. Ellmers 1972, Abb. 99

Abb. 12: a. Rosenberg 1937, Fig. 38; b. Engelhardt 1865, Pl. IV, 35; c. Filipowiak 1989, Abb. 6, c; d. O'Neill 1936, Fig. 19; e. Christensen 1985, Fig. 10, 3; f. Filipowiak 1989, Abb. 40

Abb. 13: a. Oseberg I, Pl. 24, Fig. 2; b. Szabó u.a. 1985, Taf. 31

Abb. 14: Oseberg I, Pl. 25, Fig. 2

Abb. 15: a. Steensberger 1986, S. 96; b. Cullberg 1986, S. 29

Abb. 16: a. Rosenberg 1937, Fig. 63, b; b. Keiling 1974, Abb. 3, a; c. O'Neill 1936, Fig. 8, A

Abb. 17: Ekroll 1988, Fig. 4-7

Abb. 18: Ellmers 1972, Abb. 4

Abb. 19: Engelhardt 1865, Pl. III, 15-20. IV, 24. 25. 27

Abb. 20: a. Crumlin-Pedersen 1989, Abb. 11; b. Ellmers 1972, Abb. 19

Abb. 21: a. Arbmann 1940, Fig. 21; b. Zeichnung O. Roberts in Sjöfartsmuseum Stockholm; c. Shetelig & Johannessen 1929, Pl. IV, 7; d. Oseberg I, Pl. 23, 2

Abb. 22: a. Dammann 1983, Taf. 17; b. a.a.O., Taf. 18, f

Abb. 23: a. Lienau 1934, Abb. 25; b. Ellmers 1972, Abb. 70

Abb. 24: a. Christensen 1985, Fig. 8, 11; b-g. Kolchin 1989, Pl. 100, 2-6. 8

Abb. 25: a. b Kolchin 1989, Pl. 94, 1. 3

Abb. 26: Roland Denk: Segeln: Klar zum A-Schein. München 1971, S. 34; b. c. Håsum 1974, Fig. 49. 50

Abb. 27: Zeichnung G. Leiro, Sjöfartsmuseum Stockholm

Abb. 28: a. Crumlin-Pedersen 1972b, Fig. 4; Olsen & Crumlin-Pedersen 1967 Fig. 33. 42

Abb. 29: a. b. Crumlin-Pedersen 1981, Fig. 9; c. d. Crumlin-Pedersen 1972b, Fig. 7. 6

Abb. 30: Dammann 1983, Taf. 8, Pl. III

Abb. 31: a. Ellmers 1972, Abb. 63. 23, b; b. Christensen 1972, Fig. 4

Abb. 32: Herfert 1968, Abb. 3, a. b; 4 f. i

Abb. 33: Ellmers 1972, Abb. 65. 66

Abb. 34: Vlek 1987, Abb. 5.1.1

Abb. 35: a. Ellmers 1972, Abb. 46; b-d. Crumlin-Pedersen 1989, Abb. 11, A. C. D

Abb. 36: Andersen 1980, Fig. 4

Abb. 37: Andersen 1980, Fig. 5

Abb. 38: Olsen & Crumlin-Pedersen 1967, Fig. 36

Abb. 39: Crumlin-Pedersen 1986, Fig. 4

Abb. 40: Andersen & Andersen 1989, Fig. 81

Abb. 41: Olsen & Crumlin-Pedersen 1967, Fig. 44

Abb. 42: Crumlin-Pedersen 1989, Fig. 4

Abb. 43: a-e. Nylén & Lamm 1978, S. 42; Roberts 1986, Fig. 6.5

Abb. 44: Nylén & Lamm 1978, S. 65. 91. 69

Abb. 45: Ellmers 1972, Abb. 12

Abb. 46: Nylén & Lamm 1978, S. 107

Abb. 47: Nylén & Lamm 1978, S. 114/5

Abb. 48: a. Fenwick 1978, Fig. 8.2.a; ; b. c. Mallmer 1968, Fig. 1, 7. 8; d-g. Ellmers 1972, Abb. 39, a. b. i. g

Abb. 49: Dammann 1983, Pl. I

Abb. 50: Dammann 1983, Taf. 8, 1-6; Taf. 10, g

Abb. 51: Dammann 1983, Taf. 10, a-f. h-j

Abb. 52: Bertheussen 1958, Fig. 3. 2

Abb. 53: a. Dammann 1983, Taf. 11, d; b. Falk 1912, Abb. 16; c. Åkerlund 1956/57, Fig. 27

Abb. 54: a. d. Oseberg I, Pl. 26, 4, Fig. 109, d; b. c Ellmers 1972, Abb. 192, b. a; e. Petersen 1951, Fig. 154

Abb. 55: Olsen & Crumlin-Pedersen 1967, Fig. 16. 25
Abb. 56: Olsen & Crumlin-Pedersen 1967, Fig. 26
Abb. 57: Thorvildsen 1957, Fig. 22; Taf. IV
Abb. 58: Herrmann 1981, Fig. 4
Abb. 59: Crumlin-Pedersen u.a. 1980, Fig. 2
Abb. 60: a. Ellmers 1985a, Abb. 69, 4; b. McGrail 1987, Fig. 12, 22
Abb. 61: O'Brien 1988, Fig. 37, 38
Abb. 62: a. d. e. Christensen 1985, Fig. 9, 10. 14. 13; b. Blindheim u.a. 1981, Pl. 36, 22; c. Ambrosiani u.a. 1973, Fig. 28
Abb. 63: Dyfverman 1929, Fig. 2-4
Abb. 64: Odencrants 1929/33, Fig. 1
Abb. 65: Arwidsson 1977, Taf. 44
Abb. 66: Magnússon 1966, Abb. 10.
Abb. 67: a. Marsden 1976, Fig. 23; b. Ellmers 1972, Abb. 104
Abb. 68: a. b. Muckelroy u.a. 1978, Taf. 39; c. McGrail 1987, Fig. 12, 2
Abb. 69: Vimmer 1980, Fig. 75
Abb. 70: Wagner Smitt 1986, Fig. 4
Abb. 71: Brandt 1977a, Abb. 2
Abb. 72: Brandt 1977a, Abb. 8
Abb. 73: Ellmers 1972, Abb. 163-164
Abb. 74: Myhre 1985, Fig. 1
Abb. 75: Rolfsen 1974, Fig. 9
Abb. 76: Rolfsen 1974, Fig. 10
Abb. 77: Rolfsen 1974, Fig. 16
Abb. 78: Rolfsen 1974, Fig. 17
Abb. 79: Rolfsen 1974, Fig. 23
Abb. 80: Rolfsen 1974, Fig. 24
Abb. 81: Myhre 1985, Fig. 2
Abb. 82: Magnus 1974, Fig. 1
Abb. 83: Hougen 1922, Fig. 3. 4
Abb. 84: a. Siegfried Fliedner: »Kogge« und »Hulk« - Ein Beitrag zur Schiffstypengeschichte. In: K. Abel u.a., Die Bremer Hansekogge. Monographien der Wittheit zu Bremen 8. Bremen 1969, Abb. 87; b. Carlsson 1987, Fig. 1
Abb. 85: Carlsson 1987, Fig. 2. 6
Abb. 86: Haarnagel & Schmid 1984, Abb. 61. 64
Abb. 87: Haarnagel & Schmid 1984, Abb. 63, 2
Abb. 88: Ellmers 1972, Abb. 96
Abb. 89: Crumlin-Pedersen 1987, Fig. 11
Abb. 90: Crumlin-Pedersen 1987, Fig. 13
Abb. 91: Thomsen 1989, Fig. 8
Abb. 92: Thomsen 1989, Fig. 3
Abb. 93: Liversage 1968, Text Fig. 1. 2
Abb. 94: Van Es & Verwers 1981, Fig. 74 (WF)
Abb. 95: Cowie & Whytehead 1989, Fig. 1. 2
Abb. 96: Miller 1977, Fig. 1. 4
Abb. 97: Schofield 1981, Fig. 25
Abb. 98: Hermann 1985b, Fig. 3. 4
Abb. 99: Blindheim 1969, Faltplan ohne Nr.
Abb. 100: Filipowiak 1989, Abb. 2
Abb. 101: Ambrosiani u.a. 1973, S. 33
Abb. 102: Ambrosiani u.a. 1973, Fig. 12. 13
Abb. 103: Schietzel 1984, Abb. 96. 100
Abb. 104: Lundström 1981, Fig. 2
Abb. 105: Lundqvist 1981, Abb. 3
Abb. 106: Ohlsson 1979/80, Fig. 2
Abb. 107: Burenhult 1986, S. 97
Abb. 108: Herteig 1981, Fig. 82. 83
Abb. 109: Eckstein 1981, Fig. 98
Abb. 110: Filipowiak 1989, Abb. 14
Abb. 111: Ellmers 1972, Abb. 98
Abb. 112: a. Neweklowsky 1952, Taf. 8, 43; Keiling 1974, Abb. 3, b; Arbman 1940/3, Taf. 185, 11; d. Ellmers 1972, Abb. 85, g
Abb. 113: a. Laux 1978/80, Abb. 2, 8; b. Simmer 1988, Abb. S. 116
Abb. 114: Van Es & Verwers 1980, Fig. 134, 1. 2. 5
Abb. 115: Van Es & Verwers 1980, Fig. 134, 7
Abb. 116: Van Es & Verwers 1980, Fig. 134, 8. 9